Casebooks
Entscheidungen des EuGH

Herausgegeben von
Professor Dr. Reiner Schulze

Band 3

Ingo Saenger (Hrsg.)

Casebook Europäisches Gesellschafts- und Unternehmensrecht

Nomos Verlagsgesellschaft
Baden-Baden

Die Deutsche Bibliothek – CIP-Einheitsaufnahme

Ein Titeldatensatz für diese Publikation ist bei der
Deutschen Bibliothek erhältlich. (http://www.ddb.de)

ISBN 3-7890-7825-5

1. Auflage 2002

Einleitung

Die überragende Bedeutung des Gemeinschaftsrechts für die Rechtsanwendung in den Mitgliedstaaten bedarf beim gegenwärtigen Stand der Rechtsentwicklung keiner besonderen Hervorhebung. Dies gilt gerade auch für das Gesellschafts- und Unternehmensrecht, das die rechtlichen Rahmenbedingungen für die Tätigkeit von Unternehmen vorgibt. Es umfaßt neben dem Gesellschaftsrecht vor allem das Bilanzrecht, das Kartellrecht und das Steuerrecht. Diese Bereiche werden nicht nur durch Richtlinien und Verordnungen gemeinschaftsrechtlich beeinflußt, sondern auch von der Rechtsprechung des EuGH. Immer wieder hat der Gerichtshof Entwicklungen, die auf der Gesetzgebungsebene ins Stocken geraten waren, neuen Anstoß gegeben, zuletzt in bezug auf die grenzüberschreitende Sitzverlegung durch die *Centros*-Entscheidung. Nicht nur dieses Urteil läßt erwarten, daß das europäische Gesellschafts- und Unternehmensrecht noch weiter an Bedeutung gewinnen wird.

In diesem Casebook sind die wichtigsten Entscheidungen des EuGH zum europäischen Gesellschafts- und Unternehmensrecht zusammengefaßt. Um den aktuellen Stand der Rechtsprechung und die zu erwartende Rechtsentwicklung darstellen zu können, wird besonderes Gewicht auf Urteile aus jüngerer Zeit gelegt. Frühere Urteile von grundlegender Bedeutung sind ebenfalls behandelt. Die Darstellung einer jeden Entscheidung folgt dabei einer bestimmten Struktur, die im Abschnitt „Die Casebooks – Ziele und Aufbau der Bände" im einzelnen erläutert wird. Zitate der Bestimmungen des EGV beziehen sich auf die aktuelle, also durch den Vertrag von Amsterdam neu numerierte Fassung des EGV. In den wiedergegebenen Entscheidungen ist die aktuelle Artikelbezeichnung durch Klammerzusatz eingefügt.

Wie das erste in dieser Reihe erschienene Casebook ist das vorliegende Werk am Centrum für Europäisches Privatrecht (CEP) der Universität Münster entstanden. Als Korrespondenten sind beteiligt:

Dr. *Christina González Beilfuss*, Professorin an der Universität Barcelona (für Spanien),

Dr. *John Birds*, Professor an der Universität Sheffield (für das Vereinigte Königreich),

Dr. *Pedro Bueso*, Professor an der Universität Zaragoza (für Spanien),

Dr. *Irene Grassi*, Rechtsanwältin in Bologna (für Italien),

Alexander Kessler, Wissenschaftlicher Mitarbeiter an der Universität Münster (für Deutschland),

Karl-Heinz Lauser, Rechtsanwalt in Bologna (für Italien),

Dr. *Dominique Legeais*, Professor an der Universität Paris V (für Frankreich).

Dank gebührt vor allem meinem Mitarbeiter, Herrn Alexander Kessler, der nicht nur die Länderberichte für Deutschland verfaßt hat, sondern in dessen Händen auch die Gesamtorganisation des Projekts lag. Neben den übrigen Mitarbeitern meines Lehrstuhls, die auf vielfältige Weise das Zustandekommen des Werks unterstützt haben, gilt besonderer Dank meiner Sekretärin, Frau Andrea Freund.

Münster, im Oktober 2001

Ingo Saenger

Inhaltsverzeichnis

Gesellschaftsrecht

Bilanzrecht/Publizität und Offenlegung

Kartellrecht

Die Casebooks – Ziele und Aufbau der Bände

Die Reihe der Casebooks führt in die Rechtsprechung des Europäischen Gerichtshofs (EuGH) ein und zeigt zugleich, wie diese Rechtsprechung auf das Recht der Mitgliedstaaten einwirkt. Der erste Band stellt Entscheidungen des EuGH vor, die grundlegend für den Einfluß des Gemeinschaftsrechts auf die Entwicklung des Privatrechts in Europa sind (Bd. 1: Europäisches Privatrecht, 1999). Die folgenden Bände widmen sich der Rechtsprechung des EuGH und ihrer Wirkung auf das Recht der Mitgliedstaaten für einzelne Hauptgebiete des Rechts. Bereits erschienen ist als Band 2 das Casebook zum Europäischen Verbraucherrecht (1999). Das Casebook zum Europäischen Wettbewerbsrecht befindet sich in Vorbereitung. Auf allen diesen Gebieten entwickelt sich das europäische Recht nicht nur durch die Fortgestaltung der grundlegenden Verträge für die Europäische Union und die Europäische Gemeinschaft oder durch den Erlaß von Richtlinien und Verordnungen, sondern zu einem großen Teil durch die Rechtsprechung des EuGH in Luxemburg. Häufig sind Bestimmungen der grundlegenden Verträge der Union und europäische Rechtsakte noch weit mehr als nationale Gesetze auslegungsbedürftig, so daß der Rechtsprechung des EuGH als letztlich ausschlaggebender Instanz für die verbindliche Auslegung herausragende Bedeutung zukommt. Auf vielen Gebieten entsteht darüber hinaus das europäische Recht als „Case Law“, das der EuGH selbst – beispielsweise anhand der im EGV geregelten Marktfreiheiten – schafft (vertiefend hierzu die zugleich mit der Eröffnung dieser Reihe erschienenen Bände *Reiner Schulze* (Hrsg.), Auslegung europäischen Privatrechts und angeglichenen Rechts; *Hans Schulte-Nölke/Reiner Schulze* (Hrsg.), Europäische Rechtsangleichung und nationale Privatrechte; beide 1999).

Die Casebooks richten sich an Juristen in Ausbildung und Praxis, die sich Zugang zu Grundlagen und Strukturen des weithin noch wenig übersichtlichen europäischen Rechts verschaffen möchten. Geleitet durch die maßgebliche Rechtsprechung des EuGH wird der Leser in jedem Band in die zentralen Felder des jeweiligen Rechtsgebietes eingeführt und gleichzeitig mit den Argumenten und dem Stil des Gerichtshofs vertraut gemacht. Die Kernpassagen der Leitentscheidungen des EuGH auf diesem Rechtsgebiet sind im Wortlaut wiedergegeben. In einer kurzen Anmerkung zu jedem dieser Fälle werden Hintergründe und Folgen für das europäische Recht zusammengefaßt sowie weitere wichtige Entscheidungen erläutert. Daran anschließend werden bei jedem Fall die Auswirkungen der Entscheidung in einzelnen Ländern kurz vorgestellt. Auf diese Weise entsteht ein konkretes Bild vom Ineinandergreifen des europäischen und des mitgliedstaatlichen Rechts. Eine Auswahl wichtiger Literatur und Rechtsprechung aus den Mitgliedstaaten erlaubt eine Vertiefung.

Die Casebooks eignen sich sowohl zum Selbststudium als auch als Grundlage für Unterricht und Fortbildung. Die Auswahl der behandelten Themen in den einzelnen Bänden richtet sich vor allem nach den Bedürfnissen des Anwalts oder Richters, der mit dem betreffenden Rechtsgebiet befaßt ist. Trotz der erforderlichen Beschränkung des Umfangs zielt die Zusammenstellung der Bände darauf, das didaktische Anliegen eines einführenden Überblicks mit der repräsentativen Zusammenstellung der maßgeblichen Entscheidungen des EuGH zu verbinden. Der Einstieg in ein Casebook ist an jeder Stelle möglich. Durch Verweisungen auf Parallelprobleme sind die einzelnen Fälle miteinander verzahnt. Register der behandelten Fälle ermöglichen außerdem den Einsatz der Casebooks als Nachschlagewerke zur schnellen Information. Die Entscheidungen des EuGH sind auf der Grundlage der offiziellen Sammlung der Entscheidungen des Gerichtshofs der Europäischen Gemeinschaften wiedergegeben.

Ebenso wie den weiteren Bänden liegt auch dem vorliegenden Band zum Europäischen Gesellschafts- und Unternehmensrecht folgende Struktur zugrunde: Zu Beginn finden sich Angaben zu den Parteien, das Aktenzeichen sowie Fundstellen der Entscheidung, gefolgt von Tenor bzw. Leitsätzen. Im Anschluß daran werden die für die Entscheidung des Falles maßgeblichen Rechtsgrundlagen aufgeführt. Abgesehen von den Vorschriften des EGV sind die Rechtsgrundlagen, insbesondere die Bestimmungen des nationalen Rechts, vollständig im Wortlaut abgedruckt. Es folgt die Wiedergabe des Sachverhalts, wobei grundsätzlich die Ausführungen des EuGH übernommen werden. Lediglich in den Fällen Nr. 14 und Nr. 15 war es mit Blick auf den Umfang des Sachverhalts unerläßlich, das dem Verfahren zugrundeliegende Geschehen zusammengefaßt darzustellen. Die Entscheidungsgründe schließen sich an, die grundsätzlich vollständig wiedergegeben werden. Da die meisten Entscheidungen aufgrund eines Vorabendentscheidungsersuchens ergangen sind, folgt unter einem eigenen Gliederungspunkt die Wiedergabe der Vorlagefrage, die das nationale Gericht dem EuGH gestellt hat und die den Rahmen für Begründetheitsprüfung vorgibt. In all diesen Bereichen sind Originalpassagen durch eine besondere Schriftart hervorgehoben.

Die auf diese Weise dargestellte Entscheidung wird anschließend ausführlich kommentiert. Im europarechtlichen Teil soll der Argumentationsgang des EuGH nachvollzogen werden. Dabei wird besonderes Gewicht auf einen engen Normbezug sowie auf die Grundsätze juristischer Entscheidungsfindung und Methodik gelegt. Es folgen die einzelnen „Länderberichte“, die aus der Sicht der jeweiligen Rechtsordnung die Wirkungen der Entscheidungen auf das mitgliedstaatliche Recht zum Thema haben. Die Länderberichte behandeln – in dieser Reihenfolge – Deutschland, Frankreich, Italien, Spanien und das Vereinigte Königreich. Die dabei gesammelten Erfahrungen mit den Korrespondenten in mehreren Ländern, die jeweils mit ihren Initialen angegeben werden, sollen genutzt werden, um bei einer Fortführung des Vorhabens künftig weitere Länder einzubeziehen. Die Anmerkungen dienen insgesamt dazu, einen Einblick in die jeweils maßgeblichen Fragen des Europarechts und deren Zusammenhang mit den Rechtsordnungen der Mitgliedstaaten zu geben. Im Hinblick auf diese Einführungs- und Orientierungsfunktion ist Vollständigkeit in der Sache und in den weiterführenden Literatur- und

Rechtsprechungsangaben weder möglich noch angestrebt. Inhaltlich bezwecken die Länderberichte die Darstellung, wie die jeweilige Entscheidung des EuGH im nationalen Schrifttum aufgenommen wurde und ob sie in der Rechtsprechung der Gerichte des Mitgliedstaates zitiert wird. Im Mittelpunkt steht die Frage, welche Einflüsse der EuGH-Rechtsprechung in den mitgliedstaatlichen Rechtsordnungen spürbar sind. Die Länderberichte sollen vor allem deutlich machen, wie sich die verschiedenen Rechtsmassen überlagern und wechselseitig beeinflussen. Der Leser bekommt eine Reihe von Beispielen an die Hand, auf welchen Feldern und auf welche Weise die „Europäisierung" der Rechtsordnungen in den Mitgliedstaaten voranschreitet.

Literaturverzeichnis

Baumbach, Adolf / Hopt, Klaus J.: Handelsgesetzbuch, 30. Aufl., München 2000.

Birk, Dieter: Steuerrecht, 3. Aufl., Heidelberg 2000.

Bleckmann, Albert: Europarecht, 6. Aufl., Köln u. a. 1997.

Dauses, Manfred (Hrsg.): Handbuch des EU-Wirtschaftsrechts, Loseblatt, München 1998 (zit.: *Bearbeiter*, in: Dauses).

Emmerich, Volker: Kartellrecht, 9. Aufl., München 1999.

Fischer-Zernin, Cornelius: Der Rechtsangleichungserfolg der Ersten gesellschaftsrechtlichen Richtlinie der EWG, Hamburg 1986, Diss.

Geiger, Rudolf: EUV, EGV: Kommentar, 3. Aufl., München 2000.

Habersack, Mathias: Europäisches Gesellschaftsrecht, München 1999.

Herdegen, Matthias: Europarecht, 3. Aufl., München 2001.

Herzig, Norbert (Hrsg.): Europäisierung des Bilanzrechts, Köln 1997 (zit.: *Verfasser*, in: Herzig).

Hesse, Konrad: Grundzüge des Verfassungsrechts der Bundesrepublik Deutschland, 20. Aufl., Heidelberg 1999.

Hüffer, Uwe: Aktiengesetz, 4. Aufl., München 1999.

Hummer, Waldemar / Simma, Bruno / Vedder, Christoph: Europarecht in Fällen, 3. Aufl., Baden-Baden 1999.

Jarass, Hans / Pieroth, Bodo: Grundgesetz für die Bundesrepublik Deutschland, Kommentar, 5. Aufl., München 2000.

Jauernig, Othmar: Bürgerliches Gesetzbuch, 9. Aufl., München 1999 (zit.: Jauernig/*Bearbeiter*).

Kilian, Wolfgang: Europäisches Wirtschaftsrecht, München 1996.

Klauer, Irene: Europäisierung des Privatrechts, Baden-Baden 1998.

Kübler, Friedrich: Gesellschaftsrecht, 4. Aufl., Heidelberg 1994.

Larenz, Karl / Canaris, Claus-Wilhelm: Methodenlehre der Rechtswissenschaft, 3. Aufl., Berlin u. a. 1995.

Lecheler: Helmut: Einführung in das Europarecht, München 2000.

Lehner, Moris (Hrsg.): Steuerrecht im europäischen Binnenmarkt, Köln 1996 (zit.: *Verfasser*, in: Lehner).

Lutter, Marcus: Europäisches Unternehmensrecht, 4. Aufl., Berlin u. a. 1996.

Münchner Kommentar zum Handelsgesetzbuch, Band 1 Erstes Buch. Handelsstand (§§ 1 – 104) (zit.: MüKo/*Bearbeiter*).

Oppermann, Thomas: Europarecht, München 1991.

Pieper, Stefan Ulrich / Schollmeier, Andres / Krimphove, Dieter: Europarecht – Das Casebook, 2. Aufl., Köln u. a. 2000.

Pieroth, Bodo / Schlink, Bernhard: Grundrechte, 16. Aufl., Heidelberg 2000.

Röhricht, Volker / von Westphalen, Friedrich: Kommentar zu Handelsstand, Handelsgesellschaften, Handelsgeschäften und besonderen Handelsverträgen, Köln 1998 (zit.: *Bearbeiter*, in: Röhricht/von Westphalen).

Schmidt, Karsten: Gesellschaftsrecht, 3. Aufl., Köln u. a. 1997.

Schulze, Reiner / Engel, Arno / Jones, Jackie (Hrsg.): Casebook Europäisches Privatrecht, Baden-Baden 2000 (zit.: Casebook zum Europäischen Privatrecht).

Schulze, Reiner / Schulte-Nölke, Hans (Hrsg.): Casebook Europäisches Verbraucherrecht, Baden-Baden 1999 (zit.: Casebook zum Europäischen Verbraucherrecht).

Schwarz, Günter Christian: Europäisches Gesellschaftsrecht, Baden-Baden 2000.

– Europäisches Gesellschaftsrecht Textsammlung, Baden-Baden 2000 (zit.: Schwarz, Textsammlung)

Streinz, Rudolf: Europarecht, 5. Aufl., Heidelberg 2001.

Tipke, Klaus / Lang, Joachim: Steuerrecht, 16. Auflage, Köln 1998.

Wiedemann, Herbert: Gesellschaftsrecht, Band 1, München 1980.

Zimmer, Daniel: Internationales Gesellschaftsrecht, Heidelberg 1996.

Grundzüge des europäischen Gesellschafts- und Unternehmensrechts

A. Begriff des Gesellschafts- und Unternehmensrechts

Gesellschaftsrecht ist das Recht der privaten Zweckverbände,[1] wobei unter Recht eine Gesamtheit von Rechtssätzen zu verstehen ist. Vom Begriff des Gesellschaftsrechts sind also solche Rechtssätze nicht erfaßt, die öffentlich-rechtliche Verbandsformen (z. B. Anstalten des öffentlichen Rechts) oder schlichte Interessengemeinschaften (etwa Erbengemeinschaften) betreffen. Daneben gibt es Rechtsgebiete, die nicht unmittelbar die Rechtsstellung privater Zweckverbände regeln und deswegen nicht dem Gesellschaftsrecht zugerechnet werden können, jedoch für Gesellschaften typischerweise von besonderer Bedeutung sind, wie das Bilanzrecht, das Konzernrecht, das Umwandlungsrecht, das Kartellrecht, das (sonstige) Wettbewerbsrecht oder das Steuerrecht. Diese Rechtsgebiete lassen sich unter dem Begriff des Unternehmensrechts[2] zusammenfassen.

Von *europäischem* Gesellschafts- bzw. Unternehmensrecht spricht man, wenn die betreffenden Rechtssätze eine europarechtliche Grundlagen haben.[3] Wichtigste Rechtsgrundlage auf europäischer Ebene ist der EGV (Teil des sog. Primärrechts[4]), der neben allgemeinen Vorschriften zur Europäischen Gemeinschaft und ihren Organen auch Regelungen enthält, die dem Gesellschafts- bzw. Unternehmensrecht zuzuordnen sind.[5] Im Gegensatz zu Verordnungen, die im europäischen Gesellschafts- und Unternehmensrecht einen geringen Stellenwert haben,[6] kommt der Rechtssetzung durch Richtlinien große Bedeutung zu (Art. 249 Abs. 3 EGV).[7] Den Teilrechtsbereichen des Europäischen Gesellschafts- und Unternehmensrechts wird unter D. genauer nachgegangen.

---

1 Siehe nur *Wiedemann*, S. 3.

2 Eine allgemeine Definition dieses Begriffes wurde von *Ballerstedt*, ZHR 135 (1971), 484 gewagt. Mit *Karsten Schmidt* (§ 1 II. 4. b) muß man feststellen, daß dieser Begriff bis heute nicht klar umrissen ist (siehe auch *Deckert*, EWS 1996, 265 in Fn. 2). Vgl. auch den Gliederungsvorschlag von *Lutter*, S. 4. Zur Abgrenzung zum Kapitalmarktrecht *Habersack*, Rn. 4 und *Schmidt*, § 1 II. 3.

3 Hierzu lassen sich auch die auf Grundlage von Art. 293 EGV geschlossenen Übereinkommen zählen (hierzu etwa *Kilian*, Rn. 477). Sie werden hier nicht näher behandelt.

4 Zum Begriff und zu sonstigen Bestandteilen *Bleckmann*, Rn. 526.

5 Dazu sogleich unter D.

6 Verordnung und Richtlinie sind Teile des Sekundärrechts. Zum Sekundärrecht *Bleckmann*, Rn. 527 ff.

7 Einen umfassenden Überblick über die zahlreichen Richtlinien auf dem Gebiet des Europäischen Unternehmensrechts vermittelt die Aufsatzreihe von *Wiesner* in der EuZW (EuZW 1992, 270; 1993, 500; 1994, 588; 1995, 821; 1998, 619).

B. Verhältnis des nationalen Rechts zum europäischen Recht

Für das Verständnis einer gemeinschaftsrechtlich geregelten oder beeinflußten Rechtsmaterie ist es unerläßlich, mit den Grundzügen des Verhältnisses zwischen nationalem und europäischem Recht vertraut zu sein. Sie sollen hier deshalb in der gebotenen Kürze skizziert werden.

I. Anwendungsvorrang

Die gemeinschaftsrechtlichen Rechtsnormen bilden eine eigenständige Rechtsordnung.[8] Dies hat vor allem zur Folge, daß Gemeinschaftsrecht sämtlichem nationalem Recht vorgeht.[9] Weitgehende Einigkeit besteht darin, daß diese Vorrangwirkung in rechtstechnischer Hinsicht über die Lehre vom Anwendungsvorrang zu realisieren ist. Danach ist eine nationale Norm, die inhaltlich dem Gemeinschaftsrecht widerspricht, nicht etwa nichtig, also schlechthin ungültig,[10] sondern lediglich im zu entscheidenden Fall, dem sog. Kollisionsfall,[11] nicht anwendbar.[12] Man kann auch sagen, daß die nationale Norm vom Gemeinschaftsrecht verdrängt wird.[13]

Besonders zu betonende Voraussetzung des Anwendungsvorrangs ist neben dem inhaltlichen Widerspruch der beiden Normen die unmittelbare Anwendbarkeit der Gemeinschaftsrechtsnorm. Eine europarechtliche Norm ist dabei nicht schon wegen der Eigenständigkeit der Gemeinschaftsrechtsordnung unmittelbar anwendbar. Die unmittelbare Geltung bedarf vielmehr besonderer Legitimation. Für Verordnungen findet sich diese in der ausdrücklichen Anordnung des Art. 249 Abs. 2 S. 1 EGV. Sonstige Normen des

---

8 EuGH, Slg. 1964, 1269 ff. (*Costa ./. E.N.E.L.*) (3. Leitsatz). Hierzu etwa *Lecheler*, S. 50 m. w. N.

9 Näher zum Vorrang des Gemeinschaftsrechts etwa *Streinz*, Rn. 179 ff. m. w. N. Aus Sicht des EuGH war das schon immer so (Slg. 1964, 1269 ff. – *Costa ./. E.N.E.L.*). Das BVerfG hat sich in dieser Frage hingegen stets zurückhaltender geäußert, zumindest sofern es um den Vorrang des Gemeinschaftsrechts gegenüber deutschem Verfassungsrecht, insbesondere den Grundrechten, ging (zum Verlauf der Rechtsprechung - *Solange I*, *Solange II*, *Maastricht* - etwa *Nicolaysen/Nowak*, Teilrückzug des BVerfG aus der Kontrolle der Rechtmäßigkeit gemeinschaftsrechtlicher Rechtsakte: Neuere Entwicklungen und Perspektiven, NJW 2001, 1233; *Scholz*, Wie lange bis „Solange III", NJW 1990, 941). Seit der *Bananenmarkt*-Entscheidung (NJW 2000, 3124 = JZ 2000, 1155 = EuZW 2000, 702 = ZIP 2000, 1456 = WM 2000, 1661) bewegt sich aber auch das BVerfG weitgehend auf der Linie des EuGH (zu dieser Entscheidung siehe die Anmerkung von *Classen*, JZ 2000, 1155 sowie die Beiträge von *Nicolaysen/Nowak*, NJW 2001, 1233 und *Mayer*, Grundrechtsschutz gegen europäische Rechtsakte durch das BVerfG: Zur Verfassungsmäßigkeit der Bananenmarktordnung, EuZW 2000, 685).

10 So das im deutschen Recht geltende Nichtigkeitsdogma (Art. 20 Abs. 3 GG), siehe etwa *Jarass/Pieroth*, Art. 20 Rn. 33.

11 Etwa *Lecheler*, S. 58.

12 EuGH, Slg. 1978, 629, Rn 17 – 18 (*Simmenthal*); *Lecheler*, S. 58.

13 Etwa *Ress*, DÖV 1994, 489, 490 („Verdrängungseffekt").

Gemeinschaftsrechts können ebenfalls unmittelbar anwendbar sein, jedoch nur unter bestimmten Voraussetzungen. Dies hat der EuGH im grundlegenden *van Gend & Loss*-Urteil[14] festgestellt. Erforderlich ist danach jedenfalls, daß die Vorschrift hinreichend klar, vollständig und unbedingt abgefaßt ist. Einen Sonderfall stellen Richtlinienbestimmungen dar, auf die unter C. gesondert einzugehen ist.

II. Gemeinschaftsrechtskonforme Auslegung

Liegen die Voraussetzungen für eine unmittelbare Anwendung der Gemeinschaftsrechtsnorm nicht vor, bleibt zu prüfen, ob sich die europarechtlichen Vorgaben nicht im Rahmen der Auslegung des nationalen Rechts realisieren lassen. Man spricht von gemeinschaftsrechtkonformer, insbesondere richtlinienkonformer Auslegung. Mit ihr befassen sich die Entscheidungen *Marleasing*[15] und *Ubbink.*[16]

C. Grundsätzliches zur Richtlinie

Besonders wichtige Rechtsquelle des Gemeinschaftsrechts, auch des Europäischen Gesellschafts- und Unternehmensrecht, ist die Richtlinie.

I. Konzeption des Vertrages

Verordnung und Richtlinie unterscheiden sich vor allem dadurch, daß die in einer Verordnung enthaltenen Regelungen unmittelbar gelten (Art. 249 Abs. 2 S. 2 EGV),[17] während die Richtlinie nur hinsichtlich ihres Ziels verbindlich ist (Art. 249 Abs. 3 EGV) und somit der Umsetzung in nationales Recht bedarf. Dabei können die Mitgliedstaaten über die Mittel zur Erreichung dieses Ziels entscheiden, also insbesondere prüfen, wie sich die europäischen Vorgaben am besten mit etwaigen Besonderheiten der nationalen Rechtsordnung in Einklang bringen lassen. Das zur Umsetzung einer europäischen Richtlinie geschaffene Recht hat also den Status nationalen Rechts. Die Richtlinie selbst ist an die Mitgliedstaaten adressiert und eher ein Rechtsanwendungs- bzw. Rechtsschaffungsbefehl als ein eigenständiger, vollwertiger Rechtssatz.[18] Man kann sie mit dem im

---

14 Slg. 1963, 5, 24. Hierzu ausführlich im Casebook zum Europäischen Privatrecht (Fall Nr. 1) sowie *Bleckmann*, Rn. 1174 ff. und *Stettner*, in: Dauses, A. IV. Rn. 14.

15 Fall Nr. 5 in diesem Casebook, unter B. I. 2.

16 Fall Nr. 9 in diesem Casebook, unter B. I. 2. b) aa).

17 Unmittelbar geltendes Europarecht läßt sich als originär europäisches Europarecht bezeichnen (etwa *Deckert*, EWS 1996, 265, 266). Hierunter fallen nicht nur die Verordnungen, sondern auch diejenigen Bestimmungen des EGV, die den Voraussetzungen genügen, die der EuGH in seiner Rechtsprechung für die unmittelbare Geltung von Primärrecht aufgestellt hat (dazu unter B. I.).

18 Die Richtlinie läßt sich daher durchaus als „unvollständige Norm" bezeichnen (so der Vortrag der Klägerin im Fall *Marleasing*, Slg. 1990, I-4142).

deutschen Verfassungsrecht bekannten Rahmengesetz (Art. 75 GG) vergleichen.[19] Setzt ein Mitgliedstaat die Richtlinie verspätet oder inhaltlich unrichtig um, steht nach der Konzeption des Vertrages der Gemeinschaft als einzige Sanktionsmöglichkeit die Einleitung eines Vertragsverletzungsverfahrens nach Art. 226 EGV zur Verfügung.

II. Rechtsprechung des EuGH

Über diese gesetzlichen Vorgaben hat sich der EuGH freilich schnell hinweggesetzt.[20] Im Jahre 1974 hat er in der Entscheidung *van Duyn*[21] ausgesprochen, daß auch eine Richtlinie (entgegen Art. 249 Abs. 3 EGV) unmittelbar wirken könne. Nach mittlerweile gefestigter Rechtsprechung kommt einer Richtlinienbestimmung dann unmittelbare Wirkung zu, wenn sie vom Mitgliedstaat nicht rechtzeitig oder nicht ordnungsgemäß umgesetzt worden ist und die fragliche Richtlinienbestimmung den allgemeinen Erfordernissen genügt, die für die unmittelbare Anwendbarkeit von Gemeinschaftsrecht gelten.[22] Wichtige zusätzliche Voraussetzung ist nach der *Dori*-Entscheidung,[23] daß die Anwendung der Richtlinienbestimmung nicht zu Lasten Privater gehen darf. Ist eine Vorschrift hiernach unmittelbar anwendbar, so kann sich der Begünstigte direkt auf sie berufen. Möglicherweise entgegenstehendes nationales Recht wird gemäß der Lehre vom Anwendungsvorrang unanwendbar bzw. verdrängt.[24] Der Betroffene muß also nicht warten, bis der Gesetzgeber des betreffenden Mitgliedstaates sein nationales Recht angepaßt hat.

D. Die einzelnen Bereiche des europäischen Gesellschafts- und Unternehmensrechts

I. Recht auf freie Niederlassung (Art. 43, 48 EGV)

Dem in Art. 43 EGV normierten Recht der freien Niederlassung, das gemäß Art. 48 Abs. 1 EGV auch Gesellschaften i. S. v. Art. 48 Abs. 2 EGV zusteht, kommt im Bereich

---

19 So *Klinke*, ZGR 1993, 1, 10.

20 Die Rechtsprechung zur unmittelbaren Wirkung von Richtlinienbestimmungen kann als allgemein anerkannt bezeichnet werden, da sie heute kaum noch in Frage gestellt wird. Ob sie sich dogmatisch wirklich rechtfertigen läßt, ist indes zweifelhaft. Siehe hierzu die Ausführungen des BFH im *Kloppenburg*-Verfahren, EuR 1985, 191 ff. (= *Hummer/Simma/Vedder*, S. 46 ff.) mit der anschließenden Entscheidung des BVerfG, E 75, 223 ff. (= *Hummer/Simma/Vedder*, S. 49 ff.); zur Geschichte des Verfahrens sowie zum gleich gelagerten Fall *Becker* siehe *Streinz*, Rn. 394 ff.; bereits der französische Conseil d'Etat, EuR 1979, 292 ff. (*Cohn-Bendit*), stand der EuGH-Rechtsprechung ablehnend gegenüber.

21 Slg. 1974, 1337, Rn. 12.

22 Dazu soeben oben unter B. I.

23 Slg. 1994, I-3325 = Fall Nr. 11 im Casebook zum Europäischen Verbraucherrecht.

24 Siehe oben B. I.

des Gesellschafts- und Unternehmensrechts herausragende Bedeutung zu. Die unmittelbare Anwendbarkeit der Vorschrift nach den Grundsätzen der *van Gend & Loos*-Rechtsprechung[25] steht dabei seit langem außer Frage.[26] Die Niederlassungsfreiheit wird vom EuGH in ganz unterschiedlichen Teilbereichen des europäischen Gesellschafts- und Unternehmensrechts als Maßstab für die Anwendbarkeit nationaler Vorschriften herangezogen.[27] Da sich die Niederlassungsfreiheit folglich keinem Teilrechtsbereich eindeutig zuordnen läßt, soll sie vorab dargestellt werden. Von den in diesem Casebook besprochenen Entscheidungen befassen sich insbesondere *Factortame II* (Nr. 1), *Daily Mail* (Nr. 2) und *Centros* (Nr. 3), aber auch die steuerrechtlichen Entscheidungen *ICI* (Nr. 16) und *St. Gobain* (Nr. 18) mit der Vorschrift des Art. 43 EGV.

1. Schutzbereich

Bei der Beurteilung eines Sachverhalts ist als erstes zu prüfen, ob der Schutzbereich[28] der Niederlassungsfreiheit betroffen ist. Dabei ist zwischen dem sachlichem und dem persönlichem Schutzbereich zu unterscheiden.

a) Sachlicher Schutzbereich

In sachlicher Hinsicht muß geklärt werden, ob sich die vom Betroffenen als beeinträchtigt gerügte Tätigkeit als ein Akt der freien Niederlassung (Art. 43 Abs. 1 S. 1 EGV) darstellt. Der Begriff der freien Niederlassung wird von Art. 43 Abs. 2 EGV und Art. 43 Abs. 1 S. 2 EGV näher bestimmt. Daneben arbeitet der EuGH häufig[29] mit der Formel, der Niederlassungsbegriff im Sinne der Art. 43 ff. EGV umfasse „die tatsächliche Ausübung einer wirtschaftlichen Tätigkeit mittels einer festen Einrichtung in einem anderen Mitgliedstaat auf unbestimmte Zeit“, ohne daß deren Verhältnis zu der gesetzlichen Konkretisierung des Niederlassungsbegriffs durch die Art. 43 Abs. 2, Abs. 1 S. 2 EGV klar würde. Der EuGH scheint also davon auszugehen, daß die Vorschriften der Art. 43 Abs. 1 S. 2, Abs. 2 EGV den Begriff der freien Niederlassung nicht abschließend bestimmen, sondern Raum für eine allgemeine Definition des in Art. 43 Abs. 1 S. 1 EGV

---

25 Dazu oben B. I.

26 Siehe hierzu die Nachweise etwa bei *Behrens*, IPRax 1999, 323, Fn. 10 und Fn. 13. Dies hatte der EuGH in der *Reyners*-Entscheidung (Slg. 1974, 631, 1. Leitsatz) sogar für die frühere, vor dem Vertrag von Amsterdam geltende Fassung des Art. 43 EGV ausgesprochen, obwohl deren Wortlaut deutlich gegen eine unmittelbare Wirkung der Vorschrift sprach.

27 Insbesondere dient sie als Maßstabsnorm für nationale Steuervorschriften, siehe aus diesem Casebook die Entscheidungen *ICI* (Fall Nr. 16), *Halliburton Services* (Fall Nr. 17) und *St. Gobain* (Fall Nr. 18). Vgl. auch *Klinke*, ZGR 1995, 373, 391 f.

28 Diese, der Grundrechtsdogmatik entstammende Terminologie läßt sich ohne weiteres auf die Grundfreiheiten übertragen.

29 Etwa in Rn. 20 der *Factortame II*-Entscheidung (Fall Nr. 1 in diesem Casebook).

verwendeten Begriffs bleibt. Angesichts der Systematik der Vorschrift und der Anordnung des Art. 43 Abs. 1 S. 1 EGV, daß sich der Umfang des Rechts auf freie Niederlassung „nach Maßgabe der folgenden Bestimmungen" bemessen soll, ist dieses Verständnis nicht ganz bedenkenfrei.

b) Persönlicher Schutzbereich

Das Recht auf freie Niederlassung steht unter den Voraussetzungen des Art. 48 Abs. 1 EGV auch den in Art. 48 Abs. 2 EGV genannten Gesellschaften zu.[30] In den meisten Fällen genügt die kurze Feststellung, daß die betroffene Gesellschaft zu den in Art. 48 Abs. 2 EGV genannten Gesellschaften gehört.[31]

2. Beschränkungsebene

Ist der Schutzbereich der Niederlassungsfreiheit betroffen, ist in einem zweiten Schritt zu prüfen, ob die Maßnahme, gegen die sich der Kläger wendet, eine Beschränkung darstellt, die von Art. 43 EGV erfaßt wird. Die neueren Entscheidungen des Gerichtshofes zu dieser Frage lassen sich dabei nur verstehen, wenn man mit dem Verlauf der Rechtsprechung zu den Grundfreiheiten im allgemeinen vertraut ist.

a) Diskriminierungs- oder Beschränkungsverbot?

Hierbei muß man sich insbesondere vergegenwärtigen, daß die Grundfreiheiten nach und nach von bloßen sog. Diskriminierungsverboten[32] zu sog. Beschränkungsverboten ausgebaut worden sind.

aa) Diskriminierungsverbot

Versteht man die Grundfreiheiten allein als Diskriminierungsverbote, enthalten sie nicht mehr als das Recht, vom jeweiligen Mitgliedstaat nicht anders als dessen Staatsangehörige behandelt zu werden. Sieht sich ein Staatsangehöriger eines Mitgliedstaates einer Regelung eines anderen Mitgliedstaates ausgesetzt, die ihn schlechter behandelt oder stellt als die Staatsangehörigen dieses Mitgliedstaates (wie z. B. das Erfordernis einer besonderen Erlaubnis für die Aufnahme einer Tätigkeit), so kann er kraft der Grundfreiheiten verlangen, daß diese Regelung nicht auf ihn angewendet wird.

Eine Diskriminierung setzt als erstes voraus, daß zwei vergleichbare[33] Sachverhalte ungleich behandelt werden. Diese Ungleichbehandlung muß aus Gründen der Staatsange-

---

30 Näher zu diesen beiden Vorschriften *Schwarz*, Rn. 147 ff.

31 Ausführlicher zu Art. 48 EGV in der *Centros*-Entscheidung (Fall Nr. 3 in diesem Casebook), B. I. 3.

32 Nichts anderes ist gemeint, wenn man von „Inländergleichbehandlung" spricht (etwa Generalanwalt *La Pergola*, EuGH Slg. 1999, I-1459, 1468; *Pieper/Schollmeier/Krimphove*, S. 221).

hörigkeit erfolgen. Hierzu ist grundsätzlich erforderlich, daß die nationale Regelung die Staatsangehörigkeit einer natürlichen Person oder den Sitz einer Gesellschaft[34] zum Anknüpfungspunkt für eine unterschiedliche Behandlung macht. Man spricht dann von offener Diskriminierung. Die Diskriminierung kann aber auch versteckter oder mittelbarer Natur sein. Die nationale Regelung knüpft dann nicht (offen) an die Staatsangehörigkeit an, sondern an andere Kriterien, die aber typischerweise bei Ausländern anzutreffen sind. In diesem Fall liegt also letztlich auch eine Diskriminierung aus Gründen der Staatsangehörigkeit vor. Man spricht von versteckter[35] Diskriminierung.[36]

Behandelt der Mitgliedstaat schon seine eigenen Angehörigen „schlecht", so helfen die Grundfreiheiten – verstanden als Diskriminierungsverbote – nicht weiter, da der Berechtigte nur verlangen kann, genauso (schlecht) gestellt zu werden wie die Angehörigen des Mitgliedstaates, nicht aber kann er die Regelung selbst angreifen.

bb) Beschränkungsverbot

Einen ganz anderen, viel weiteren Anwendungsbereich erhalten die Grundfreiheiten, wenn man sie auch als Beschränkungsverbote sieht.[37] Sie sind dann nicht nur auf solche Regelungen anwendbar, die Ausländer schlechter stellen als Inländer (diskriminierende Regelungen), sondern auf sämtliche Beschränkungen. Die Grundfreiheiten können dann auch gegenüber Vorschriften in Ansatz gebracht werden, die für die Staatsangehörigen des betreffenden Mitgliedstaates in gleicher Weise gelten, also nicht zwischen In- und Ausländern differenzieren. Sie wirken dann prinzipiell wie die Grundrechte des Grundgesetzes:[38] Kann ein ausreichendes Maß[39] an Belastung oder Beschränkung festgestellt

---

33 Das Kriterium der Vergleichbarkeit der Sachverhalte erlangt vor allem bei steuerrechtlichen Entscheidungen Bedeutung, siehe etwa Rn. 45 der *St. Gobain*-Entscheidung (Fall Nr. 18 in diesem Casebook).

34 Der Staatsangehörigkeit der natürlichen Person entspricht der Sitz der juristischen Person oder sonstigen Gesellschaft (vgl. Art. 48 Abs. 1 EGV), ständige Rechtsprechung: Slg. 1986, 273 (*avoir fiscal*; zu dieser Entscheidung siehe die europarechtliche Anmerkung zur *ICI*-Entscheidung, Fall Nr. 16 in diesem Casebook, unter B. II. 2. b) bb)), Rn. 18; Slg. 1993, I-4017 (*Commerzbank*), Rn. 13; *ICI* (Fall Nr. 16 in diesem Casebook), Rn. 20; *Halliburton Services* (Fall Nr. 17 in diesem Casebook), Rn. 15; *St. Gobain* (Fall Nr. 18 in diesem Casebook), Rn. 35.

35 Mitunter wird auch der Begriff der „mittelbaren" Diskriminierung benutzt. Dieser Begriff sollte indes allein für den Fall verwendet werden, daß die nationale Rechtsverschrift nicht unmittelbar, sondern über Umwegen zu einer Belastung beim Betroffenen führt. Dies kann dann offen oder versteckt erfolgen. Deutlich wird dies etwa in der *Halliburton Services*-Entscheidung (Fall Nr. 17 in diesem Casebook), unter B. I. 3. c).

36 Ein Beispiel liefert die *Factortame II*-Entscheidung (Fall Nr. 1 in diesem Casebook), unter B. II. 2. a) bb).

37 Hierzu näher *Lecheler*, S. 264 ff.; *Roth*, in: Dauses, E. I. Rn. 61 ff.; *Streinz*, Rn. 669 ff.

38 Zutreffend *Blumenwitz*, NJW 1989, 621, 622.

39 Hierzu noch unter cc).

werden (Eingriff), kommt es nur noch darauf an, ob die Beschränkung verhältnismäßig ist bzw. durch gegenläufige Interessen gerechtfertigt werden kann (vgl. für die Niederlassungsfreiheit Art. 46 Abs. 1 EGV).

Die Entwicklung der Grundfreiheiten hin zu Beschränkungsverboten hat der EuGH bei der Warenverkehrs- und der Dienstleistungsfreiheit bereits vollzogen. Grundlegend war das Urteil *Dassonville*[40], welches Art. 28 Abs. 1 EGV auf „jede Handelsregelung der Mitgliedstaaten anwendbar machte, die geeignet ist, den innergemeinschaftlichen Handel unmittelbar oder mittelbar, tatsächlich oder potentiell zu behindern" (sog. *Dassonville*-Formel). Weiter hätte man kaum formulieren können. Zwar hat der EuGH später zwei Korrekturen dieser Rechtsprechung vorgenommen: Im *Keck*-Urteil[41] wurden bestimmte Beschränkungen von der *Dassonville*-Formel ausgenommen und in der Entscheidung *Cassis de Dijon*[42] wurden zusätzliche Rechtfertigungsmöglichkeiten für solche Regelungen anerkannt, die unterschiedslos für In- und Ausländer gelten, also nicht diskriminierend sind. Gleichwohl hat die Warenverkehrsfreiheit durch die Rechtsprechung des EuGH einen bemerkenswert großen Anwendungsbereich erhalten. Eine vergleichbare Entwicklung ist beim Recht auf freie Dienstleistung (Art. 49 ff. EGV) zu verzeichnen. Hier sind insbesondere die Urteile *van Binsbergen*[43] und *Säger ./. Dennemeyer*[44] zu nennen. Ob auch die Niederlassungsfreiheit als Beschränkungsverbot aufzufassen ist, hat der EuGH bislang nicht eindeutig entschieden. Es finden sich aber Urteile, die deutlich in diese Richtung weisen, wobei vor allem die Entscheidung *Klopp*[45] ins Auge fällt.[46]

Die Herleitung von Beschränkungsverboten aus den Grundfreiheiten des Vertrages muß zumindest für die Niederlassungsfreiheit als bedenklich bezeichnet werden.[47] Denn das Recht auf freie Niederlassung wird in Art. 43 Abs. 1 EGV nur „nach Maßgabe der folgenden Bestimmungen" gewährt. Zu diesen Bestimmungen gehört insbesondere Art. 43 Abs. 2 EGV, der seinem eindeutigen Wortlaut nach nur ein Recht auf Gleichstellung gibt, also darauf, als EG-Ausländer nicht schlechter behandelt zu werden als die Angehörigen des betreffenden Mitgliedstaates. Diese unzweideutige Formulierung unter-

---

40 Slg. 1974, 837. Dazu ausführlich im Casebook zum Europäischen Privatrecht, Fall Nr. 5.

41 Slg. 1993, I-6097. Dazu ausführlich im Casebook zum Europäischen Privatrecht, Fall Nr. 9.

42 Slg. 1979, 649. Dazu ausführlich im Casebook zum Europäischen Privatrecht, Fall Nr. 6, sowie im Casebook zum Europäischen Verbraucherrecht, Fall Nr. 3.

43 Slg. 1979, 1299. Dazu ausführlich im Casebook zum Europäischen Privatrecht, Fall Nr. 10.

44 Slg. 1991, I-4221. Vgl. zu dieser Entscheidung das Casebook zum Europäischen Privatrecht, S. 205.

45 Slg. 1984, 2971 = Fall 42 bei *Pieper/Schollmeier/Krimphove*.

46 *Blumenwitz*, NJW 1989, 621, 623; *Pieper/Schollmeier/Krimphove*, S. 221; *Schwarz*, Rn. 137 ff.; *Wägenbaur*, EuZW 1991, 427, 431.

47 Eine gelungene Zusammenstellung der maßgeblichen Argumente liefert *Blumenwitz*, NJW 1989, 621, 622 f.

scheidet das Recht auf freie Niederlassung[48] von der Kapitalverkehrsfreiheit, die diese Einschränkung nicht enthält (Art. 56 EGV: „alle Beschränkungen des Kapitalverkehrs").[49] Europaweite Rechtsangleichung läßt sich also mit Art. 43 EGV nicht bewerkstelligen. Dies ist ein durchaus stimmiges Ergebnis, da der Vertrag hierfür die Kompetenzgrundlage des Art. 47 Abs. 2 EGV bereithält.[50]

Diese Vorgaben des Vertrages kann der EuGH nicht einfach ignorieren. Wie in anderen Bereichen[51] hat sich die Rechtsprechung des Gerichtshofes gleichwohl über das dogmatisch Mögliche hinweggesetzt. Es ist zu erwarten, daß der EuGH in den nächsten Jahren einen vollständigen Gleichlauf seiner Rechtsprechung zu den einzelnen Grundfreiheiten erreicht haben und somit auch die Niederlassungsfreiheit als umfassendes Beschränkungsverbot handhaben wird.

cc) Zum Prüfungsablauf

Für den Prüfungsablauf kann man hieraus die Schlußfolgerung ziehen, daß auf Beschränkungsebene noch nicht festgestellt werden muß, ob eine Diskriminierung vorliegt.[52] Diese Frage erlangt dann erst auf Rechtfertigungsebene Bedeutung.[53] Auf der anderen Seite darf nicht übersehen werden, daß eine umfassende Dogmatik zum Beschränkungsverbot erst noch entwickelt werden muß. Nicht jede Art der Beschränkung kann genügen. Vielmehr steht zu erwarten, daß sich entsprechend der Diskussion zum Eingriffsbegriff im Sinne der deutschen Grundrechtsdogmatik[54] bestimmte Kriterien herausbilden werden, anhand derer relevante Beeinträchtigungen von irrelevanten abgegrenzt werden,[55] beispielsweise indem man eine bestimmte Schwere der Beeinträchtigung, eine bestimmte Zielrichtung („Finalität") oder einen besonderen Bezug zur geschützten Tätigkeit („Unmittelbarkeit") fordert. Es bietet sich dann an, das Vorliegen einer Diskriminierung bereits auf Beschränkungsebene zu prüfen, da bei positivem Ergebnis dieser Prüfung jedenfalls – also ohne Rücksicht auf eingrenzende Kriterien – eine relevante Beschränkung der Grundfreiheit anzunehmen ist. Kann eine Diskriminierung nicht festgestellt werden, handelt es sich also lediglich um eine Beeinträchtigung der geschützten Tätigkeit, muß weiter geprüft werden, ob diese gleichwohl als relevante Be-

---

48 Siehe auch Art. 39 Abs. 2 EGV und Art. 50 Abs. 3 EGV.

49 *Streinz*, Rn. 667; das übersieht *Behrens*, IPRax 1989, 354, 356.

50 *Blumenwitz*, NJW 1989, 621, 622; *Wägenbaur*, EuZW 1991, 427, 430.

51 Etwa die unmittelbare Wirkung von Richtlinienbestimmungen (dazu oben C. II.)

52 So etwa Generalanwalt *Tesauro* im *ICI*-Verfahren (Fall Nr. 16 in diesem Casebook), Slg. 1998, I-4698, Rn. 20.

53 Sogleich unter 3.

54 Hierzu etwa *Jarass/Pieroth*, Vorb. vor Art. 1, Rn. 25 ff.

55 Die Dassonville-Formel (oben D. I. 2. a) bb) ist hierfür offensichtlich nicht geeignet.

schränkung der Grundfreiheiten zu qualifizieren ist. Dabei werden die genannten Kriterien zu berücksichtigen sein.

b) Wirkung der Niederlassungsfreiheit gegenüber dem eigenen Staat?

Auf Beschränkungsebene ist ferner zu prüfen, ob man sich auch gegenüber seinem eigenen Staat auf die Niederlassungsfreiheit berufen kann.[56] Die Antwort auf diese Frage muß nach dem Wortlaut von Art. 43 Abs. 1 Satz 1 EGV eindeutig ausfallen: Erfaßt sind (lediglich) „Beschränkungen der freien Niederlassung von Staatsangehörigen *eines* Mitgliedstaats im Hoheitsgebiet eines *anderen* Mitgliedstaats". Auch in diesem Punkt hat der EuGH indessen Erweiterungen zugelassen.[57]

3. Rechtfertigung

Ergibt sich hiernach eine Beschränkung des Rechts auf freie Niederlassung, bleibt der deutschen Grundrechtsdogmatik vergleichbar zu prüfen, ob sich für diese Beschränkung eine Rechtfertigung finden läßt.[58]

Diese kann sich zunächst aus Art. 46 Abs. 1 EGV ergeben.[59] Diese Vorschrift ist jedoch sehr eng gefaßt und wird zudem vom EuGH zurückhaltend angewendet. Sie läßt sich demnach nur in den seltensten Fällen zur Rechtfertigung einer Beschränkung heranziehen.

Daneben gilt auch für die Niederlassungsfreiheit die Beschränkungsmöglichkeit, die der EuGH im Urteil *Cassis de Dijon*[60] – für die Warenverkehrsfreiheit – entwickelt hat.[61] Nach dieser Rechtsprechung sind unterschiedslos für In- und Ausländer geltende Beschränkungen auch dann gerechtfertigt, wenn „zwingende Erfordernisse des Allgemein-

---

56 Dies ist ein Problem, das von der Frage, ob die Niederlassungsfreiheit auch ein Beschränkungsverbot enthält, zu trennen ist (zutreffend *Behrens*, IPRax 1989, 354, 360). Diese Problemkreise hängen allerdings insofern miteinander zusammen, als die Anwendung von Art. 43 EGV gegenüber dem eigenen Staat dann von vornherein ausscheidet, wenn man die Niederlassungsfreiheit nur als Diskriminierungsverbot versteht.

57 Dazu näher in den nachfolgenden Entscheidungen: *Factortame II* (Fall Nr. 1 in diesem Casebook), unter B. II. 2. a) cc); *Daily Mail* (Fall Nr. 2 in diesem Casebook), B. II. 2. b); *Centros* (Fall Nr. 3 in diesem Casebook), B. I. 4. c); *ICI* (Fall Nr. 16 in diesem Casebook), B. II. 1. b) cc). Siehe im übrigen die Entscheidung des EuGH in der Rechtssache *Werner* (Slg. 1993, I-423). Ferner *Behrens*, IPRax 1989, 354, 360; *Blumenwitz*, NJW 1989, 623, 624 f.; *Klinke*, ZGR 1994, 153, 158 ff. (m. w. N. in Fn. 40).

58 Hierzu anschaulich Generalanwalt *Tesauro* im *ICI*-Verfahren (Fall Nr. 16 in diesem Casebook), Slg. 1998, I-4698, Rn. 20.

59 Ausführlich zu Art. 46 Abs. 2 EGV etwa *Roth*, in: Dauses, E. I. Rn. 72 ff.

60 Oben D. I. 2. a) bb).

61 EuGH, Slg. 1977, 765 (*Thieffry*), Rn. 18. Hierzu *Lecheler*, S. 268 und 244 ff.

interesses"[62] sie erfordern. Für diskriminierende Beschränkungen gilt diese Rechtsprechung hingegen nicht.[63]

Auch die sog. Mißbrauchsrechtsprechung, die der EuGH in ganz unterschiedlichen Bereichen und Konstellationen heranzieht,[64] dient als Grundlage für die Rechtfertigung von Beschränkungen.[65]

II. Gesellschaftsrecht

Wichtigster Teilrechtsbereich des europäischen Unternehmensrechts ist das Gesellschaftsrecht. Dem Gesellschaftsrecht ist vor allem die Kapitalrichtlinie[66] zuzuordnen, die Vorschriften über Kapitalaufbringung und -erhaltung bei der Aktiengesellschaft enthält. Wichtige gesellschaftsrechtliche, das Außenverhältnis von AG, KGaA und GmbH regelnde Vorschriften sind im zweiten und dritten Abschnitt der Publizitätsrichtlinie[67] enthalten. Relativ detaillierte Vorgaben für die innere Organisation der Aktiengesellschaft enthält die Strukturrichtlinie, die bislang jedoch lediglich als Richtlinienvorschlag

---

62 Rn. 9 der *Cassis de Dijon*-Entscheidung, Slg. 1979, 649.

63 EuGH, Slg. 1988, 2085 (*Bond van Adverteerders*), Rn. 32. Das scheint der EuGH indes nicht immer genau vor Augen zu haben, siehe Fn. 20 der *ICI*-Entscheidung (Fall Nr. 16 in diesem Casebook).

64 Auf dem Gebiet des Unternehmensrechts (aus diesem Casebook): *Centros* (Fall Nr. 3 in diesem Casebook), Rn. 24 (siehe auch dort unter B. I. 5.); *Diamantis* (Fall Nr. 6 in diesem Casebook), Rn. 33 – 34 (siehe auch dort unter B. I. 3. a.). Für den Bereich des freien Dienstleistungsverkehrs: EuGH, Slg. 1974, 1299 (*van Binsbergen*), Rn. 13; EuGH, Slg. 1994, I-4795 (*TV 10*), Rn. 21. Auf dem Gebiet des freien Warenverkehrs: EuGH, Slg. 1985, 1 (*Leclerc*), Rn. 27. Auf dem Gebiet der gemeinsamen Agrarpolitik: EuGH, Slg. 1993, I-779 (*General Milk Products*), Rn. 21. Auf dem Gebiet der sozialen Sicherheit: EuGH, Slg. 1996, I-2357 (*Paletta*), Rn. 24.

65 Sie ist hingegen keine Schranke für die Rechtsausübung i. S. e. allgemeinen Rechtsmißbrauchverbots. Hierzu näher in der *Diamantis*-Entscheidung (Fall Nr. 6 in diesem Casebook) unter B. I. 3. a) aa).

66 Richtlinie 77/91/EWG des Rates vom 13. 12. 1976 über die Vorschriften für die Gründung von Aktiengesellschaften sowie für die Erhaltung und Änderung ihres Kapitals, ABl. 1977, L 26, S. 1 (zweite Richtlinie auf dem Gebiet des Gesellschaftsrechts).

67 Richtlinie 68/151/EWG des Rates über die Publizität, die Vertretungsmacht der Organe und die Nichtigkeit von Gesellschaften vom 9. 3. 1968, ABl. 1968, L 65, S. 8 (erste Richtlinie auf dem Gebiet des Gesellschaftsrechts). Zu dieser Richtlinie ausführlich *Einmahl*, AG 1969, 131 ff., 167 ff., 210 ff.

existiert und damit nicht zum geltenden Recht zu zählen ist.[68] Auch die Art. 1 – 2, 4 ff. der Einpersonen-GmbH-Richtlinie[69] sind gesellschaftsrechtlicher Natur.

Bislang war die in der EWIV-VO[70] geregelte Europäische Wirtschaftliche Interessenvereinigung die einzige originäre europarechtliche Gesellschaftsform. Aufgrund nur sehr beschränkter Einsatzmöglichkeiten kommt ihr jedoch keine all zu große praktische Bedeutung zu.[71] Um so erfreulicher ist es, daß endlich Einigkeit über das Statut einer Europäischen Aktiengesellschaft erzielt wurde.[72] Ferner existieren Entwürfe über die Errichtung eines Europäischen Vereins,[73] einer Europäischen Genossenschaft[74] und einer Europäischen Gegenseitigkeitsgesellschaft.[75]

Mit gesellschaftsrechtlichen Fragen befassen sich die Entscheidungen des EuGH in Sachen *Siemens ./. Nold*, *Diamantis*, *Marleasing*, *Rabobank*, *Meilicke* und *Ubbink*, die allesamt in diesem Casebook besprochen werden (Fälle Nr. 4 – 9).

---

68 Vorschlag für eine Richtlinie des Rates vom 20. 11. 1991 über die Struktur der Aktiengesellschaft sowie die Befugnisse und Verpflichtungen ihrer Organe, ABl. 1991, C 321, S. 9 (dann fünfte Richtlinie auf dem Gebiet des Gesellschaftsrechts). Ausführlich zur Strukturrichtlinie *Schwarz*, Rn. 705 ff. m. zahlreichen w. N. vor Rn. 705.

69 Richtlinie 89/667/EWG des Rates vom 21. 12. 1989 betreffend Gesellschaften mit beschränkter Haftung mit einem einzigen Gesellschafter, ABl. 1989, L 395, S. 40. Hierzu *Eckert*, Die Harmonisierung des Rechts der Einpersonen-GmbH, EuZW 1990, 54; *Lutter*, Mißglückte Rechtsangleichung: das Chaos der Ein-Personen-Gesellschaft in Europa, in: Pfeiffer, FS für Hans-Erich Brandner, Köln 1996, 81; *Schimmelpfennig/Hauschka*, Die Zulassung der Ein-Personen-GmbH in Europa und die Änderungen des deutschen GmbH-Rechts, NJW 1992, 942. Siehe auch die Nachweise in Fn. 85.

70 Verordnung Nr. 2137/85 des Rates vom 25. 7. 1985 über die Schaffung einer Europäischen wirtschaftlichen Interessenvereinigung (EWIV), ABl. 1985, L 199, S. 1.

71 *Von Bernstorff*, EWS 1998, 397, 400 f.

72 Verordnung Nr. 2157/2001 des Rates vom 8. Oktober 2001 über das Statut der Europäischen Gesellschaft (SE), ABl. 2001, Nr. L 294, S. 1 ff. und Richtlinie 2001/86/EG des Rates vom 8. Oktober 2001 zur Ergänzung des Statuts der Europäischen Gesellschaft hinsichtlich der Beteiligung der Arbeitnehmer, ABl. 2001, Nr. L 294, S. 22 ff. Hierzu *Hommelhoff*, Einige Bemerkungen zur Organisationsverfassung der Europäischen Aktiengesellschaft, AG 2001, 279; *Jahn/Herfs-Röttgen*, Die Europäische AG – Societas Europaea, DB 2001, 631; *Kellerhals/Trüten*, Neues zur Europäischen Aktiengesellschaft, SJZ 97 (2001), 337; *Pluskat*, Die neuen Vorschläge für die Europäische Aktiengesellschaft, EuZW 2001, 524; *Wiesner*, Der Nizza-Kompromiss zur Europa-AG – Triumph oder Fehlschlag, ZIP 2001, 397. Vgl. auch *Schwarz*, Rn. 1085 ff. m. zahlreichen w. N. vor Rn. 1085; ZIP 2001, A 54 Nr. 130 (Heft 28).

73 Vorschlag für eine Verordnung des Rates über das Statut des Europäischen Vereins, ABl. 1993, C 236, S. 1. Ausführlich *Schwarz*, Rn. 1253 ff.

74 Vorschlag für eine Verordnung des Rates über das Statut der Europäischen Genossenschaft, ABl. 1993, C 236, S. 17. Ausführlich *Schwarz*, Rn. 1304 ff.

75 Vorschlag für eine Verordnung des Rates über das Statut der Europäischen Gegenseitigkeitsgesellschaft, ABl. 1993, C 236, S. 40. Ausführlich *Schwarz*, Rn. 1369 ff.

III. Umwandlungs-, Übernahme- und Konzernrecht

Dem Gesellschaftsrecht eng verwandt sind das Umwandlungs-, das Übernahme- und das Konzernrecht. Umwandlungsrechtliche Vorschriften finden sich auf europäischer Ebene in der Verschmelzungs-[76] sowie in der Spaltungsrichtlinie,[77] zu denen eine EuGH-Entscheidung bislang nicht ergangen ist. Die Richtlinie über die grenzüberschreitende Verschmelzung existiert bislang lediglich als Vorschlag.[78] Der Inhalt einer zukünftigen Übernahmerichtlinie wird bereits seit Jahrzehnten vehement diskutiert.[79] Gegenwärtige Diskussionsgrundlage ist der Richtlinienvorschlag vom 11. 11. 1997,[80] der am 4. 7. 2001 vom Europäischen Parlament in dritter und entscheidender Lesung abgelehnt wurde.[81] Ein erneuter Vorstoß zum Erlaß der Richtlinie ist daher mittelfristig kaum zu erwarten. Ähnlich düster sieht es für den Entwurf einer Konzernrechtsrichtlinie[82] aus, der teilweise bereits als „tot“ angesehen wird.[83] Inwieweit der Einmann-GmbH-Richtlinie[84] konzernrechtliche Aussagen zu entnehmen sind, ist im deutschen Schrifttum stark umstritten.[85]

---

76 Richtlinie 78/855/EWG des Rates vom 9. 10. 1978 betreffend die Verschmelzung von Aktiengesellschaften, ABl. 1978, L 295, S. 36 (dritte Richtlinie auf dem Gebiet des Gesellschaftsrechts, auch Fusionsrichtlinie genannt).

77 Richtlinie 82/891/EWG des Rates vom 17. 12. 1982 betreffend die Spaltung von Aktiengesellschaften, ABl. 1982, L 378, S. 47 (sechste Richtlinie auf dem Gebiet des Gesellschaftsrechts).

78 Vorschlag für eine Richtlinie des Rates über die grenzüberschreitende Verschmelzung von Aktiengesellschaften, ABl. 1985, C 23, S. 11 (dann zehnte Richtlinie auf dem Gebiet des Gesellschaftsrechts).

79 Hierzu etwa *Munscheck*, Der Vorschlag zur EG-Übernahmerichtlinie, RIW 1995, 388; *Schuster*, Der neue Vorschlag für eine EG-Takeover-Richtlinie und seine Auswirkungen auf den Übernahmekodex; *Weber*, Der geänderte Vorschlag der Kommission für eine Takeover-Richtlinie vom 10. 11. 1997, EuZW 1998, 464; *Witt*, Der neue Vorschlag für eine EG-Richtlinie über Übernahmeangebote, EWS 1998, 318.

80 Vorschlag für eine Richtlinie des Europäischen Parlaments und des Rates über Übernahmeangebote, ABl. 1997, C 378, S. 10 (dann dreizehnte Richtlinie auf dem Gebiet des Gesellschaftsrechts).

81 Hierzu ZIP 2001, A 52 Nr. 123 (Heft 27).

82 Abgedruckt etwa bei *Schwarz*, Textsammlung, unter 9.

83 *Hopt*, EuZW 1999, 577.

84 Siehe oben Fn. 69.

85 Hierzu *Drygala*, Konzernhaftung und Einmann-Richtlinie, in: ZIP 1992, 1528; *Hirte*, Die Zwölfte EG-Richtlinie als Baustein eines Europäischen Konzernrechts?, ZIP 1992, 1122; *Kindler*, Gemeinschaftsrechtliche Grenzen der Konzernhaftung in der Einmann-GmbH, ZHR 157 (1993), 1; *Meilikke*, Unvereinbarkeit der Video-Rechtsprechung mit EG-Recht, DB 1992, 1867; *Neye*, Die Video-Rechtsprechung und das EG-Recht, DWiR 1992, 452; *Roth*, „Video“-Nachlese und das (immer noch) vergessene Gemeinschaftsrecht, ZIP 1992, 1054; *Schüppen*, Haftung im qualifiziert faktischen GmbH-Konzern und 12. EG-Richtlinie, DB 1993, 969; *Schwarz*, GmbH-Konzernrecht und Europäisches Gemeinschaftsrecht, IStR 1993, 23; *Wilhelm*, Haftung im qualifiziert-faktischen Konzern und Europarecht, EuZW 1993, 729.

IV. Bilanzrecht

Besonders detaillierte Vorgaben für die nationale Rechtsetzung enthält das europäische Bilanzrecht. Es besteht aus der Bilanzrichtlinie,[86] die auch Jahresabschlußrichtlinie genannt wird und insbesondere durch die Mittelstandsrichtlinie[87] und die GmbH & Co. KG-Richtlinie[88] modifiziert worden ist, der Konzernabschlußrichtlinie[89] und der Abschlußprüferrichtlinie.[90] Zu diesem Bereich ist die viel beachtete *Tomberger*-Entscheidung des EuGH ergangen (Fall Nr. 10). Mit bilanzrechtlichen Fragen befaßt sich ferner das *DE + ES Bauunternehmung*-Urteil.[91]

V. Publizität und Offenlegung

Als Teilrechtsbereich des Unternehmensrechts – dem Bilanzrecht freilich eng verwandt – lassen sich ferner die Vorschriften zu Publizität und Offenlegung begreifen. Sie sind im ersten Abschnitt der Publizitätsrichtlinie,[92] in der Richtlinie über die Offenlegung von Zweigniederlassungen[93] und im zehnten Abschnitt der Bilanzrichtlinie[94] enthalten. Mit Publizitätsfragen befaßt sich die als Fall Nr. 11 besprochene *Daihatsu*-Entscheidung des EuGH.

---

86 Richtlinie 78/660/EWG des Rates vom 25. 7. 1978 über den Jahresabschluß von Gesellschaften bestimmter Rechtsformen, ABl. 1978, L 222, S. 11 (vierte Richtlinie auf dem Gebiet des Gesellschaftsrechts).

87 Richtlinie 90/604/EWG des Rates vom 8. 11. 1990 zur Änderung der Richtlinie 78/660/EWG über den Jahresabschluß und der Richtlinie 83/349/EWG über den konsolidierten Abschluß hinsichtlich der Ausnahme für kleine und mittlere Gesellschaften sowie der Offenlegung von Abschlüssen in ECU, ABl. 1990, L 317, S. 57.

88 Richtlinie 90/605/EWG des Rates vom 8. 11. 1990 zur Änderung der Richtlinien 78/660/EWG und 83/349/EWG über den Jahresabschluß bzw. den konsolidierten Abschluß hinsichtlich ihres Anwendungsbereichs, ABl. 1990, L 317, S. 60.

89 Richtlinie 83/349/EWG des Rates vom 13. 6. 1983 über den konsolidierten Abschluß, ABl. 1983, L 193, S. 1 (siebte Richtlinie auf dem Gebiet des Gesellschaftsrechts).

90 Richtlinie 84/253/EWG des Rates vom 10. 4. 1984 über die Zulassung der mit der Pflichtprüfung der Rechnungslegungsunterlagen beauftragten Person, ABl. 1985, L 126, S. 20 (achte Richtlinie auf dem Gebiet des Gesellschaftsrechts).

91 Hierzu in der deutschen Anmerkung zur *Tomberger*-Entscheidung (Fall Nr. 10 in diesem Casebook), B. I. 4. b), Fn. 57.

92 Siehe oben Fn. 67.

93 Richtlinie 89/666/EWG des Rates vom 21. 12. 1989 über die Offenlegung von Zweigniederlassung, die in einem Mitgliedstaat von Gesellschaften bestimmter Rechtsformen errichtet wurden, die dem Recht eines anderen Mitgliedstaats unterliegen, ABl. 1989, L 395, S. 36 (elfte Richtlinie auf dem Gebiet des Gesellschaftsrechts).

94 Siehe oben Fn. 86.

VI. Kartellrecht

Das europäische Kartellrecht bildet eine mittlerweile klar konturierte eigene Rechtsmaterie innerhalb des europäischen Unternehmensrechts. Rechtsgrundlagen enthalten der EGV (Art. 81 ff.) sowie verschiedene Verordnungen.[95] Aus dem Kartellrecht werden im folgenden die Entscheidungen *Continental Can* (Nr. 12), *Zellstoff* (Nr. 13), *Kali und Salz* (Nr. 14) und *Volkswagen* (Nr. 15) behandelt. Daneben gibt es eine Vielzahl weiterer wichtiger Entscheidungen des EuGH zu diesem Bereich. Besonders hingewiesen sei auf die Urteile *Grundig/Consten*,[96] *Walt Wilhelm*,[97] *BAT/Reynolds*,[98] *Brasserie de Haecht II*,[99] *Farbstoff*[100] und *Delimitis*.[101]

VII. Steuerrecht

Im europäischen Steuerrecht waren zunächst nur die indirekten Steuern von Bedeutung, da der EGV mit Art. 93 allein für diesen Bereich eine ausdrückliche Ermächtigungsgrundlage bereithält. Hier wurden bereits früh mehrere Richtlinien erlassen. Mittlerweile sorgen zahlreiche Richtlinien für die Vereinheitlichung des Rechts der indirekten Steuern in der Gemeinschaft, vor allem im Bereich der Umsatzsteuer und den Verbrauchssteuern.[102]

Die direkten Steuern lassen sich hingegen allein auf Grundlage der allgemeinen Angleichungskompetenz aus Art. 94 EGV einer gemeinschaftsrechtlichen Regelung zuführen. Da diese Ermächtigungsgrundlage Einstimmigkeit voraussetzt, ist die Entwicklung in diesem wichtigen Bereich eher schleppend verlaufen. Erst 1990 sind die beiden bislang verabschiedeten Richtlinien in Kraft getreten, nämlich die Fusionsrichtlinie[103] und die

---

95 Zur Fusionskontrollverordnung, der sog. VO Nr. 17 und einigen Gruppenfreistellungsverordnungen näher in den kartellrechtlichen Entscheidungen *Kali + Salz* (Fall Nr. 14) und *Volkswagen* (Fall Nr. 15).

96 Slg. 1966, 321 = JZ 1966, 673 = BB 1966, 835.

97 Slg. 1969, 1 = NJW 1969, 1000 = EuR 1969, 147.

98 Dazu näher in der *Continental Can*-Entscheidung (Fall Nr. 12 in diesem Casebook), unter B. I. 1. a), B. I. 2. und B. II.

99 Slg. 1973, 77. Zu dieser Entscheidung ausführlich im Casebook zum Europäischen Privatrecht (Fall Nr. 18).

100 Hierzu in der *Zellstoff*-Entscheidung (Fall Nr. 13 in diesem Casebook), unter B. I. 3. b) aa).

101 Slg. 1991, I-935 = EuZW 1991, 376. Hierzu ausführlich im Casebook zum Europäischen Privatrecht (Fall Nr. 19).

102 Näher *Birkenfeld*, StuW 1998, 55, 57 f. m. w. N.

103 Richtlinie 90/434/EWG des Rates vom 23. 7. 1990 über das gemeinsame Steuersystem für Fusionen, Spaltungen, die Einbringung von Unternehmensteilen und den Austausch von Anteilen, die Gesellschaften verschiedener Mitgliedstaaten betreffen, ABl. 1990, L 225, S. 1. Hierzu im Überblick nur *Knobbe-Keuk*, EuZW 1992, 336, 341 ff.

Mutter-Tochter-Richtlinie.[104] Auch der EuGH wahrte zunächst Zurückhaltung. Dies änderte sich erst 1986 mit der *avoir fiscal*-Entscheidung.[105] Seitdem sind im Bereich der direkten Steuern zahlreiche Entscheidungen ergangen, denen wegen des knappen geschriebenen Rechts ganz erhebliche Bedeutung zukommt. Hiervon werden im folgenden als Fälle Nr. 16 – 18 die Urteile *ICI*, *Halliburton Services* und *St. Gobain* besprochen. Daneben sind in chronologischer Reihenfolge folgende Entscheidungen zu nennen:[106] *Biehl*,[107] *Werner*,[108] *Commerzbank*,[109] *Wielockx*,[110] *Svensson-Gustavson*,[111] *Asscher*,[112] *Futura/Singer*,[113] *Gilly*,[114] *Royal Bank of Scotland*,[115] *Eurowings*,[116] *Veestergaard*,[117] *X AB und Y AB*[118] und *Baars*.[119]

---

104 Richtlinie 90/435/EWG des Rates vom 23. 7. 1990 über das gemeinsame Steuersystem der Mutter- und Tochtergesellschaften verschiedener Mitgliedstaaten, ABl. 1990, L 225, S. 56. Dazu einführend etwa *Knobbe-Keuk*, EuZW 1992, 336, 337 ff.

105 Hierzu näher in der deutschen Anmerkung zur *ICI*-Entscheidung (Fall Nr. 16 in diesem Casebook) unter B. III. 1. sowie in der *St. Gobain*-Entscheidung (Fall Nr. 18 in diesem Casebook), unter B. II. b) bb).

106 Einen Überblick über die Entscheidungen des EuGH im Bereich der indirekten Steuern liefern z. B. *de Weerth*, Jahresüberblick 1998: EG-Recht und direkte Steuern, EWS 1999, 511; *ders.*, EG-Recht und direkte Steuern – Jahresüberblick 1999, RIW 2000, 509; *Ebke/Deutschmann*, Einkommensbesteuerung im Recht der Europäischen Union, JZ 1999, 1131; *Hirsch*, Wichtige Einflüsse der EuGH-Rechtsprechung auf das deutsche Steuerrecht, DStZ 1998, 489; *Lenz*, Neuere Rechtsprechung des Gerichtshofes der Europäischen Gemeinschaften auf dem Gebiet der direkten Steuern, DStR 1997, 541; *Saß*, Zur Rechtsprechung des EuGH und einigen Folgerungen für das deutsche Steuerrecht, FR 1998, 1.

107 Slg. 1990, 1779.

108 Slg. 1993, 429 = FR 1993, 368. Hierzu z. B. *Lenz*, DStZ 1997, 541, 542; *Klein*, in: Lehner, S. 20.

109 Slg. 1993, 4017.

110 Slg. 1995, 2493 = DB 1995, 2150. Hierzu z. B. *Hirsch*, DStZ 1998, 489, 492; *Saß*, FR 1995, 647.

111 Slg. 1995, 3955 = IStR 1995, 46.

112 Slg. 1996, 2508. Hierzu *Ebke/Deutschmann*, JZ 1999, 1131, 1136.

113 Slg. 1997, 567 = DB 1997, 1211. Hierzu *Ebke/Deutschmann*, JZ 1999, 1131, 1136.

114 Slg. 1998, 2793 = DB 1998, 1381 = EWS 1998, 216 = FR 1998, 847 = RIW 1998, 568. Hierzu *de Weerth*, EWS 1999, 511; *Klapda*, EWS 1998, 263 f.; *Lehner*, IStR 1998, 341 f.; *Rainer*, IStR 1998, 340 f.

115 Slg. 1999, I-2651 = DB 1999, 1197 = EWS 1999, 260 = FR 1999, 822 = HFR 1999, 587 = IStR 1999, 341 = RIW 1999, 630. Hierzu *Dautzenberg*, FR 1999, 822; *Saß*, DStRE 1999, 520.

116 Slg. 1999, I-7447 = BB 2000, 29 = DB 1999, 2246 = EWS 1999, 462 = DVBl. 2000, 114 = FR 1999, 1330 = IStR 1999, 691 = RIW 2000, 63. Hierzu *de Weerth*, RIW 2000, 509, 514; *Knebel*, NWB 2000, 167; *Saß* 2000, 176; *Thömmes*, IStR 1999, 753.

117 Slg. 1999, I-7641 = BB 2000, 288 = DVBl. 2000, 141 = IStR 1999, 694 = RIW 2000, 234. Hierzu *de Weerth*, RIW 2000, 509, 515.

118 Slg. 1999, I-8261 = EWS 2000, 23 = FR 2000, 64 = RIW 2000, 147. Hierzu *de Weerth*, RIW 2000, 509, 511.

119 Slg. 2000, I-2787 = ZIP 2000, 697.

Fall Nr. 1 - Factortame II[1]

PARTEIEN: *The Queen* gegen *Secretary of State for Transport,* ex parte *Factortame Ltd.* u. a.
AKTENZEICHEN: Rs. C-221/89
FUNDSTELLE: Slg. 1991, I-3905

A. Urteil des EuGH vom 25. Juli 1991

I. Leitsätze

1. Beim gegenwärtigen Stand des Gemeinschaftsrechts ist es Sache der Mitgliedstaaten, im Einklang mit den allgemeinen Bestimmungen des Völkerrechts die Voraussetzungen für die Eintragung eines Schiffes in ihre Register und die Einräumung des Rechts zur Führung ihrer Flagge festzulegen. Die Mitgliedstaaten müssen bei der Ausübung dieser Befugnis jedoch das Gemeinschaftsrecht wahren.

2. Es ist einem Mitgliedstaat nach dem Gemeinschaftsrecht, insbesondere nach Artikel 52 EGV [nunmehr Art. 43 EGV], untersagt, Rechtsvorschriften zu erlassen, in denen als Voraussetzungen für die Eintragung eines Fischereifahrzeugs in sein nationales Register verlangt wird,

a) daß die Eigentümer, Charterer, Manager und Betreiber des Schiffes Staatsangehörige dieses Mitgliedstaats oder in diesem Staat registrierte Gesellschaften sind und daß im letztgenannten Fall das Gesellschaftskapital zu mindestens 75 % Staatsangehörigen dieses Mitgliedstaats oder Gesellschaften, die dieselben Voraussetzungen erfüllen, gehört sowie die Geschäftsführer der Gesellschaft zu 75 % Staatsangehörige dieses Mitgliedstaats sind;

b) daß diese Eigentümer, Charterer, Manager, Betreiber, Anteilseigner und Geschäftsführer jeweils ihren Aufenthaltsort und ihr Domizil in diesem Mitgliedstaat haben.

Weder die Existenz eines gemeinschaftsrechtlichen Systems nationaler Fangquoten noch die Tatsache, daß der zuständige Minister von dem Staatsangehörigkeitserfordernis bei natürlichen Personen unter Berücksichtigung der Zeitspanne, in der sie sich in diesem Mitgliedstaat aufgehalten haben und in der dortigen Fischwirtschaft tätig gewesen sind, absehen kann, kann die Vereinbarkeit solcher Rechtsvorschriften mit dem Gemeinschaftsrecht herbeiführen.

---

1 Die Entscheidung ist zu unterscheiden vom Urteil „*Factortame I*“ (Slg. 1990, I-2433 = EuZW 1990, 578 = NJW 1991, 2271; ausführlich dazu im Casebook zum Europäischen Privatrecht, Fall Nr. 4). Auch am zumeist sog. *Brasserie du Pecheur*-Verfahren (Slg. 1996, I-1029) war *Factortame* als Partei beteiligt. Zum Hintergrund siehe Smith, EuZW 1992, 308, 310 ff.

Dagegen ist es einem Mitgliedstaat nach dem Gemeinschaftsrecht nicht untersagt, als Voraussetzung für die Eintragung eines Fischereifahrzeugs in sein nationales Register zu verlangen, daß das fragliche Schiff von diesem Mitgliedstaat aus operiert und sein Einsatz von dort aus geleitet und überwacht wird.

II. Rechtsgrundlagen

1. Nationales Recht: Section 14 Merchant Shipping Act[2]

Nach Section 14 (1) kann ein Fischereifahrzeug nur dann in das neue Register eingetragen werden, wenn a) es in britischem Eigentum steht, b) es vom Vereinigten Königreich aus operiert und sein Einsatz von dort aus geleitet und überwacht wird und c) sein Charterer, Manager oder Betreiber eine berechtigte Person oder Gesellschaft ist.

Gemäß Section 14 (2) gilt ein Fischereifahrzeug dann als in britischem Eigentum stehend, wenn das rechtliche Eigentum (legal ownership) insgesamt einer oder mehreren berechtigten Personen oder Gesellschaften und das wirtschaftliche Eigentum (beneficial ownership) einer oder mehreren berechtigten Gesellschaften oder zu mindestens 75 % einer oder mehreren berechtigten Personen zusteht; nach Section 14 (7) ist „berechtigte Person" eine Person, die britischer Bürger ist sowie im Vereinigten Königreich ihren Aufenthaltsort und ihr Domizil hat, und „berechtigte Gesellschaft" eine Gesellschaft, die im Vereinigten Königreich eingetragen ist, die dort ihren Hauptsitz (principal place of business) hat, deren Gesellschaftskapital zu mindestens 75 % einer oder mehreren berechtigten Personen oder Gesellschaften gehört und deren Geschäftsführer zu mindestens 75 % aus berechtigten Personen bestehen.

Schließlich kann der Verkehrsminister nach Section 14 (4) bei natürlichen Personen unter Berücksichtigung der Zeitspanne, in der sie sich im Vereinigten Königreich aufgehalten haben und in der dortigen Fischwirtschaft tätig gewesen sind, von dem Staatsangehörigkeitserfordernis absehen.

2. Völkerrecht: Art. 5 Abs. 1 des Genfer Übereinkommens über die Hohe See

Jeder Staat legt die Bedingungen fest, zu denen er Schiffen seine Staatszugehörigkeit gewährt, sie in seinem Hoheitsgebiet in das Schiffsregister einträgt und ihnen das Recht einräumt, seine Flagge zu führen. Schiffe besitzen die Staatszugehörigkeit des Staates, dessen Flagge zu führen sie berechtigt sind. Zwischen dem Staat und dem Schiff muß eine echte Verbindung bestehen; insbesondere muß der Staat über die seine Flagge führenden Schiffe seine Hoheitsgewalt und seine Kontrolle in technischen, sozialen und Verwaltungsangelegenheiten tatsächlich ausüben.

---

2 Vgl. auch die Darstellung der nationalen Rechtslage in den Rn. 4 ff. des Sitzungsberichts, Slg. 1991, I-3906.

3. Gemeinschaftsrecht: Art. 43, 48 EGV und Art. 294 EGV

III. Zum Sachverhalt

1. Der High Court of Justice von England und Wales hat mit Beschluß vom 10. März 1989, beim Gerichtshof eingegangen am 17. Juli 1989, gemäß Artikel 177 EGV [nunmehr Art. 234 EGV] vier Fragen nach der Auslegung der gemeinschaftsrechtlichen Vorschriften insbesondere über das Niederlassungsrecht sowie des Verhältnismäßigkeitsgrundsatzes und des Verbots der Diskriminierung aus Gründen der Staatsangehörigkeit zur Vorabentscheidung vorgelegt, um beurteilen zu können, ob die nationalen Rechtsvorschriften über die Voraussetzungen für die Registrierung von Fischereifahrzeugen mit dem Gemeinschaftsrecht vereinbar sind.

2. Diese Fragen stellen sich in einem Rechtsstreit zwischen dem Secretary of State for Transport (nachstehend: Verkehrsminister) auf der einen Seite und der Factortame Ltd. sowie anderen dem Recht des Vereinigten Königreichs unterworfenen Gesellschaften nebst ihren Geschäftsführern und Anteilseignern, die größtenteils spanische Staatsangehörige sind (nachstehend: Kläger des Ausgangsverfahrens), auf der anderen Seite.

3. Wie sich aus den Akten ergibt, sind die Kläger des Ausgangsverfahrens Eigentümer oder Betreiber von 95 Fischereifahrzeugen, die nach dem Merchant Shipping Act 1894 (Seehandelsgesetz von 1894) im britischen Schiffsregister eingetragen waren. 53 dieser Schiffe waren ursprünglich in Spanien registriert gewesen und unter spanischer Flagge gefahren; sie wurden jedoch ab 1980 zu verschiedenen Zeitpunkten in das britische Register eingetragen. Die übrigen 42 Schiffe waren stets im Vereinigten Königreich registriert; sie wurden aber von den fraglichen Gesellschaften zu verschiedenen Zeitpunkten, hauptsächlich seit 1983, erworben.

4. Die gesetzliche Regelung über die Registrierung britischer Fischereifahrzeuge wurde durch Teil II des Merchant Shipping Act 1988 (Seehandelsgesetz von 1988, nachstehend: Gesetz von 1988) und durch die Merchant Shipping (Registration of Fishing Vessels) Regulations 1988 (Verordnung über die Registrierung der Fischereifahrzeuge von 1988, nachstehend: Verordnung von 1988; S. I 1988, Nr. 1926) grundlegend geändert. Es steht fest, daß das Vereinigte Königreich diese Änderung vorgenommen hat, um dem sogenannten „Quotenspringen" ein Ende zu machen, einer Praxis, die der Regierung des Vereinigten Königreichs zufolge darin besteht, daß Schiffe, die unter britischer Flagge fahren, jedoch nicht wirklich britische Schiffe sind, die dem Vereinigten Königreich zugewiesenen Fangquoten „ausplündern".

5. – 8. Das Gesetz von 1988 hat die Errichtung eines neuen Registers vorgesehen, in das nunmehr alle britischen Fischereifahrzeuge einschließlich derjenigen einzutragen sind, die bereits in dem früheren allgemeinen Register aufgrund des Seehandelsgesetzes von 1894 eingetragen waren. In das neue Register können jedoch nur diejenigen Fischereifahrzeuge eingetragen werden, die die in Section 14 des Gesetzes von 1988 festgelegten Voraussetzungen erfüllen. [...] Das Gesetz und die Verordnung von 1988 traten am 1. Dezember 1988 in Kraft. [...]

9. Zur Zeit der Eröffnung des Verfahrens, das zu dem Ausgangsrechtsstreit geführt hat, erfüllten die 95 Fischereifahrzeuge der Kläger des Ausgangsverfahrens zumindest eine der in Section 14 des Gesetzes von 1988 vorgesehenen Registrierungsvoraussetzungen nicht, so daß sie nicht in das neue Register eingetragen werden konnten.

10. Da diesen Schiffen vom 1. April 1989 an der Fischfang nicht mehr gestattet wurde, machten die Kläger des Ausgangsverfahrens durch einen am 16. Dezember 1988 beim High Court of Justice, Queen's Bench Division, gestellten Antrag auf gerichtliche Überprüfung geltend, Teil II des Gesetzes von 1988 sei mit dem Gemeinschaftsrecht unvereinbar.

IV. Vorlagefragen

11. Um diesen Rechtsstreit entscheiden zu können, hat der High Court of Justice dem Gerichtshof folgende Fragen zur Vorabentscheidung vorgelegt:

1. Beeinflußt das Gemeinschaftsrecht die Voraussetzungen, unter denen ein Mitgliedstaat gesetzlich vorschreibt, welche Schiffe in diesem Staat registriert werden dürfen, die Flagge dieses Staates führen dürfen und dessen Staatszugehörigkeit besitzen dürfen?

2. Darf ein Mitgliedstaat im Lichte der Bestimmungen und Grundsätze des Gemeinschaftsrechts – insbesondere (aber nicht ausschließlich) des Verbots der Diskriminierung aus Gründen der Staatsangehörigkeit, des Niederlassungsrechts und des Verhältnismäßigkeitsgrundsatzes – vorschreiben, daß ein Fischereifahrzeug nur dann in diesem Mitgliedstaat registriert wird und dessen Flagge führen darf,

a) wenn das rechtliche Eigentum an dem Schiff zu 100 % Staatsangehörigen dieses Mitgliedstaats, die dort ihren Aufenthaltsort und ihr Domizil haben, oder einer Gesellschaft zusteht, deren Gesellschaftskapital zu mindestens 75 % rechtlich und wirtschaftlich von solchen Personen (legal owners und beneficial owners) gehalten wird und deren Geschäftsführer zu mindestens 75 % solche Personen sind (nachstehend: berechtigte Gesellschaft), und

b) wenn das wirtschaftliche Eigentum (beneficial ownership) an dem Schiff zu mindestens 75 % Staatsangehörigen dieses Mitgliedstaats zusteht, die dort ihren Aufenthaltsort und ihr Domizil haben, oder wenn es zu 100 % einer oder mehreren berechtigten Gesellschaften oder wenn es teilweise einer oder mehreren berechtigten Gesellschaften zusteht, vorausgesetzt, daß mindestens 75 % des verbleibenden Eigentumsanteils an dem Schiff Staatsangehörigen dieses Mitgliedstaats, die dort ihren Aufenthaltsort und ihr Domizil haben, zustehen, und

c) wenn das Schiff von diesem Mitgliedstaat aus operiert und seine Einsätze von dort aus geleitet und überwacht werden und

d) wenn Charterer, Manager oder Betreiber des Schiffes ein Staatsangehöriger dieses Mitgliedstaats, der dort seinen Aufenthaltsort und sein Domizil hat, oder eine berechtigte Gesellschaft ist, soweit keine Ausnahme für Staatsangehörige anderer Mitgliedstaaten vorgesehen ist, außer daß der Mitgliedstaat von dem Staatsangehörigkeitserfordernis bei natürlichen Personen unter Berücksichtigung der Zeitspanne, in der sie sich in dem Mitgliedstaat aufgehalten haben und in der dortigen Fischwirtschaft tätig gewesen sind, absehen kann?

3. Ist für die Beantwortung der Frage 2 die Tatsache von Bedeutung, daß es nationale Fangquoten gibt, die den Mitgliedstaaten im Rahmen der gemeinsamen Fischereipolitik zugeteilt werden?

4. Ist für die Beantwortung der Fragen 2 und 3 die Tatsache von Bedeutung, daß die fragliche Maßnahme zu dem Zweck und mit der Wirkung eingeführt wurde, daß eine Reihe von Fischereifahrzeugen – die unmittelbar vor Inkrafttreten dieser Maßnahme in dem betreffenden Mitgliedstaat ordnungsgemäß registriert und zum Fischfang zugelassen waren und die im wesentlichen im wirtschaftlichen Eigentum (beneficial ownership) von Angehörigen eines anderen Mitgliedstaats stehen, die in diesem anderen Mitgliedstaat ihren Aufenthaltsort und ihr Domizil haben – nicht mehr unter der Flagge des erstgenannten Mitgliedstaats fahren und daher auch nicht mehr zu Lasten der Fangquoten fischen dürfen, die diesem Mitgliedstaat im Rahmen der gemeinsamen Fischereipolitik zugeteilt werden, wenn nicht Angehörige dieses Mitgliedstaats, die dort ihren Aufenthaltsort und ihr Domizil haben, gemäß den Bestimmungen der genannten Maßnahme Eigentümer und Betreiber der Schiffe werden?

V. Entscheidungsgründe

1. Zur ersten Frage

13. Zunächst ist darauf hinzuweisen, daß die Befugnis zur Festlegung der Voraussetzungen für die Registrierung von Schiffen beim gegenwärtigen Stand des Gemeinschaftsrechts den Mitgliedstaaten zusteht. Der Gerichtshof hat im Urteil vom 19. Januar 1988 in der Rechtssache 223/86 (Pesca Valentia, Slg. 1988, 83, Randnr. 13) speziell im Hinblick auf Fischereifahrzeuge entschieden, daß sich die Verordnung (EWG) Nr. 101/76 des Rates vom 19. Januar 1976 über die Einführung einer gemeinsamen Strukturpolitik für die Fischwirtschaft (ABl. L 20, S. 19) zwar auf Fischereifahrzeuge bezieht, die „die Flagge eines Mitgliedstaats führen" oder dort „registriert" sind, daß die nähere Bestimmung dieser Begriffe jedoch den Rechtsordnungen der Mitgliedstaaten überlassen bleibt.

14. Die Mitgliedstaaten müssen die ihnen verbliebenen Befugnisse jedoch unter Wahrung des Gemeinschaftsrechts ausüben (vgl. zuletzt Urteile vom 7. Juni 1988 in der Rechtssache 57/86, Griechenland/Kommission, Slg. 1988, 2855, Randnr. 9, und vom 21. Juni 1988 in der Rechtssache 127/87, Kommission/Griechenland, Slg. 1988, 3333, Randnr. 7).

15. Die Regierung des Vereinigten Königreichs, die belgische Regierung und die griechische Regierung tragen allerdings vor, in bezug auf die völkerrechtliche Befugnis eines jeden Staates zur souveränen Festlegung der Bedingungen, unter denen er Schiffen das Recht zur Führung seiner Flagge einräume, gelte etwas anderes. Sie berufen sich inso-

weit auf Art. 5 Abs. 1 des Genfer Übereinkommens vom 29. April 1958 über die Hohe See (Recueil des traités des Nations Unies 450, Nr. 6465; BGBl. 1972 II, S. 1091). [...]

16. Dieses Vorbringen könnte nur von Bedeutung sein, wenn die Anforderungen, denen die Mitgliedstaaten bei der Ausübung der ihnen verbliebenen Befugnis im Bereich der Schiffsregistrierung nach dem Gemeinschaftsrecht unterliegen, dem Völkerrecht widersprächen.

17. Auf die erste Frage ist deshalb zu antworten, daß es beim gegenwärtigen Stand des Gemeinschaftsrechts Sache der Mitgliedstaaten ist, im Einklang mit den allgemeinen Bestimmungen des Völkerrechts die Voraussetzungen festzulegen, unter denen ein Schiff in ihre Register eingetragen und diesem Schiff das Recht zur Führung ihrer Flagge eingeräumt wird, daß die Mitgliedstaaten bei der Ausübung dieser Befugnis jedoch das Gemeinschaftsrecht wahren müssen.

2. Zur zweiten Frage

18. Mit dieser Frage möchte das vorlegende Gericht wissen, ob die drei Voraussetzungen, an die das Gesetz von 1988 die Registrierung von Fischereifahrzeugen im Vereinigten Königreich knüpft, mit dem Gemeinschaftsrecht vereinbar sind. Sie ist daher wie folgt zu verstehen:[3]

> 1) Ist das Gemeinschaftsrecht – insbesondere der Grundsatz der Niederlassungsfreiheit, das Verbot der Diskriminierung aus Gründen der Staatsangehörigkeit und der Verhältnismäßigkeitsgrundsatz – dahin auszulegen, daß es einem Mitgliedstaat untersagt ist, als Voraussetzungen für die Eintragung eines Fischereifahrzeugs in sein nationales Register zu verlangen,
>
> a) daß die Eigentümer (legal owners und beneficial owners), Charterer, Manager und Betreiber des Schiffes Staatsangehörige dieses Mitgliedstaats oder in diesem Staat registrierte Gesellschaften sind und daß im letztgenannten Fall das Gesellschaftskapital zu mindestens 75 % Staatsangehörigen dieses Mitgliedstaats oder Gesellschaften, die dieselben Voraussetzungen erfüllen, gehört sowie die Geschäftsführer der Gesellschaft zu 75 % Staatsangehörige dieses Mitgliedstaats sind;
>
> b) daß diese Eigentümer (legal owners und beneficial owners), Charterer, Manager, Betreiber, Anteilseigner und Geschäftsführer jeweils ihren Aufenthaltsort und ihr Domizil in diesem Mitgliedstaat haben;
>
> c) daß das Schiff von diesem Mitgliedstaat aus operiert und sein Einsatz von dort aus geleitet und überwacht wird?

---

3 Der EuGH formuliert in dieser Passage die Vorlagefrage um bzw. spaltet sie auf. Diese Vorgehensweise ist auch in anderen Entscheidungen zu beobachten, siehe z. B. Rn. 11 der *Daily Mail*-Entscheidung (Fall Nr. 2 in diesem Casebook); Rn. 14 der *Centros*-Entscheidung (Fall Nr. 3 in diesem Casebook); Rn. 10 der *Daihatsu*-Entscheidung (Fall Nr. 11 in diesem Casebook). *Hirte*, NJW 1999, 36, 37 bezeichnet das bereits als üblich.

2) Lautet die Antwort auf Frage 1 anders, wenn von dem Staatsangehörigkeitserfordernis bei natürlichen Personen unter Berücksichtigung der Zeitspanne, in der sie sich in dem fraglichen Mitgliedstaat aufgehalten haben und in der dortigen Fischwirtschaft tätig gewesen sind, abgesehen werden kann?

a) Zu Punkt 1. a) und b) der umformulierten zweiten Frage

19. Die Kommission hat in der mündlichen Verhandlung geltend gemacht, die Registrierung eines Schiffes stelle als solche einen Akt der Niederlassung im Sinne der Art. 52 ff. EGV [nunmehr Art. 43 ff. EGV] dar, so daß die Vorschriften über die Niederlassungsfreiheit Anwendung fänden.

20. Dazu ist zu bemerken, daß der Niederlassungsbegriff im Sinne der Art. 52 ff. EGV [nunmehr Art. 43 ff. EGV] die tatsächliche Ausübung einer wirtschaftlichen Tätigkeit mittels einer festen Einrichtung in einem anderen Mitgliedstaat auf unbestimmte Zeit umfaßt.

21. Die Registrierung eines Schiffes bedeutet somit nicht notwendigerweise eine Niederlassung im Sinne des Vertrages, insbesondere dann nicht, wenn das Schiff nicht zur Ausübung einer wirtschaftlichen Tätigkeit eingesetzt wird oder wenn der Registrierungsantrag von einer Person oder für Rechnung einer Person gestellt wird, die in dem betreffenden Staat nicht niedergelassen ist und nicht beabsichtigt, sich dort niederzulassen.

22. Stellt das Schiff jedoch ein Mittel zur Ausübung einer wirtschaftlichen Tätigkeit dar, die eine feste Einrichtung in dem betreffenden Staat voraussetzt, so kann seine Registrierung von der Ausübung der Niederlassungsfreiheit nicht losgelöst werden.

23. Folglich dürfen die Voraussetzungen für die Registrierung von Schiffen der Niederlassungsfreiheit im Sinne der Art. 52 ff. EGV [nunmehr Art. 43 ff. EGV] nicht entgegenstehen.

24. Die Regierung des Vereinigten Königreichs und die belgische Regierung sind jedoch der Ansicht, die Registrierung eines Schiffes in einem Mitgliedstaat sei keine notwendige Vorbedingung für die Niederlassung in diesem Staat, da natürliche Personen oder Gesellschaften nicht daran gehindert seien, ihre Schiffe, und zwar auch Fischereifahrzeuge, beispielsweise vom Vereinigten Königreich aus im Rahmen von Vorhaben zu betreiben, die mit dem Gebiet dieses Staates verbunden seien; eine solche Niederlassung im Vereinigten Königreich sei für jedes in einem der übrigen Mitgliedstaaten registrierte Schiff möglich.

25. Diesem Vorbringen kann nicht gefolgt werden. Nach Art. 52 Abs. 2 EGV [nunmehr Art. 43 Abs. 2 EGV] umfaßt die Niederlassungsfreiheit für die Staatsangehörigen eines Mitgliedstaats „die Aufnahme und Ausübung selbständiger Erwerbstätigkeiten ... nach den Bestimmungen des Aufnahmestaats für seine eigenen Angehörigen".

26. Die Regierung des Vereinigten Königreichs, die belgische Regierung, die dänische Regierung und die griechische Regierung tragen vor, der Vertrag stehe einem Staatsangehörigkeitserfordernis der im Ausgangsverfahren streitigen Art deshalb nicht entgegen, weil nur dann von einer Diskriminierung aus Gründen der Staatsangehörigkeit die Rede sein könne, wenn nach den Rechtsvorschriften eines Mitgliedstaats Rechtssubjek-

te wegen ihrer unterschiedlichen Staatsangehörigkeit unterschiedlich behandelt würden. Im vorliegenden Fall gehe es aber nicht um eine diskriminierende Behandlung aus Gründen der Staatsangehörigkeit, sondern um eine Voraussetzung für die Verleihung der Staatsangehörigkeit; in diesem Bereich könnten die Mitgliedstaaten frei entscheiden, wem sie ihre Staatsangehörigkeit gewähren wollten und wem nicht, und zwar sowohl bezüglich natürlicher Personen als auch in bezug auf Schiffe.

27. Dazu ist zu bemerken, daß sich die „Staatszugehörigkeit" von Schiffen, die keine Rechtssubjekte sind, von der „Staatsangehörigkeit" natürlicher Personen unterscheidet.

28. Das für das Niederlassungsrecht insbesondere in Art. 52 EGV [nunmehr Art. 43 EGV] niedergelegte Verbot der Diskriminierung aus Gründen der Staatsangehörigkeit gilt für die unterschiedliche Behandlung von natürlichen Personen, die Staatsangehörige der Mitgliedstaaten sind, sowie von Gesellschaften, die nach Art. 58 EGV [nunmehr Art. 48 EGV] diesen natürlichen Personen gleichgestellt sind.

29. Daher hat jeder Mitgliedstaat bei der Ausübung seiner Befugnis zur Aufstellung der Voraussetzungen, unter denen er einem Schiff seine „Staatszugehörigkeit" gewährt, das Verbot der Diskriminierung von Staatsangehörigen der Mitgliedstaaten aus Gründen ihrer Staatsangehörigkeit zu beachten.

30. Daraus folgt, daß Art. 52 EGV [nunmehr Art. 43 EGV] einer Bedingung der im Ausgangsverfahren streitigen Art entgegensteht, nach der die natürlichen Personen, die Eigentümer oder Charterer eines Schiffes sind, sowie im Falle einer Gesellschaft die Anteilseigner und Geschäftsführer eine bestimmte Staatsangehörigkeit besitzen müssen.

31. Eine solche Bedingung verstößt auch gegen Art. 221 EGV [nunmehr Art. 294 EGV], der die Mitgliedstaaten verpflichtet, die Staatsangehörigen der anderen Mitgliedstaaten hinsichtlich ihrer Beteiligung am Kapital von Gesellschaften im Sinne des Art. 58 EGV [nunmehr Art. 48 EGV] den eigenen Staatsangehörigen gleichzustellen.

32. Soweit die Eigentümer, Charterer, Manager und Betreiber des Schiffes sowie im Falle einer Gesellschaft die Anteilseigner und Geschäftsführer ihren Aufenthaltsort und ihr Domizil im Registrierungsstaat haben müssen, ist festzustellen, daß eine solche Bedingung, die keine Rechtfertigung in den Rechten und Pflichten findet, die durch die für ein Schiff erteilte Erlaubnis zur Führung einer Nationalflagge begründet werden, auf eine Diskriminierung aus Gründen der Staatsangehörigkeit hinausläuft. Die Staatsangehörigen des fraglichen Staates haben nämlich ganz überwiegend ihren Aufenthaltsort und ihr Domizil in diesem Staat und erfüllen somit diese Bedingung ohne weiteres, während die Staatsangehörigen der übrigen Mitgliedstaaten ihren Aufenthaltsort und ihr Domizil meist in diesen Staat verlegen müßten, um seinen gesetzlichen Anforderungen gerecht zu werden. Art. 52 EGV [nunmehr Art. 43 EGV] steht folglich einer solchen Bedingung entgegen.

33. Einem Mitgliedstaat ist es mithin nach dem Gemeinschaftsrecht, insbesondere nach Art. 52 EGV [nunmehr Art. 43 EGV], untersagt, als Voraussetzungen für die Eintragung eines Fischereifahrzeugs in sein nationales Register zu verlangen, a) daß die Eigentümer (legal owners und beneficial owners), Charterer, Manager und Betreiber des Schiffes Staatsangehörige dieses Mitgliedstaats oder in diesem Staat registrierte Gesellschaften

sind und daß im letztgenannten Fall das Gesellschaftskapital zu mindestens 75 % Staatsangehörigen dieses Mitgliedstaats oder Gesellschaften, die dieselben Voraussetzungen erfüllen, gehört sowie die Geschäftsführer der Gesellschaft zu 75 % Staatsangehörige dieses Mitgliedstaats sind; b) daß diese Eigentümer (legal owners und beneficial owners), Charterer, Manager, Betreiber, Anteilseigner und Geschäftsführer jeweils ihren Aufenthaltsort und ihr Domizil in diesem Mitgliedstaat haben.

b) Zu Punkt 1. c) der umformulierten zweiten Frage

34. Insoweit genügt der Hinweis, daß sich eine Bedingung für die Registrierung eines Schiffes, wonach dieses Schiff vom Registrierungsmitgliedstaat aus operieren sowie sein Einsatz von dort aus geleitet und überwacht werden muß, im wesentlichen mit dem Niederlassungsbegriff im Sinne der Art. 52 ff. EGV [nunmehr Art. 43 ff. EGV] deckt, der eine feste Einrichtung voraussetzt. Daher können diese Artikel, die gerade die Niederlassungsfreiheit verbürgen, nicht dahin ausgelegt werden, daß sie einer solchen Bedingung entgegenstehen.

35. Eine solche Bedingung wäre jedoch dann mit diesen Bestimmungen nicht vereinbar, wenn sie so zu verstehen wäre, daß sie die Registrierung im Falle einer Zweitniederlassung ausschließt, in dem die Einsatzzentrale für das Schiff im Registrierungsstaat nach den Weisungen einer im Mitgliedstaat der Hauptniederlassung befindlichen Entscheidungszentrale handelt.

36. Dem vorlegenden Gericht ist daher zu antworten, daß es einem Mitgliedstaat nach dem Gemeinschaftsrecht nicht untersagt ist, als Voraussetzung für die Eintragung eines Fischereifahrzeugs in sein nationales Register zu verlangen, daß das fragliche Schiff von diesem Mitgliedstaat aus operiert und sein Einsatz von dort aus geleitet und überwacht wird.

c) Zu Punkt 2. der umformulierten zweiten Frage

37. Mit diesem Teil der Frage wird im wesentlichen das Problem aufgeworfen, ob die Tatsache, daß der zuständige Minister eines Mitgliedstaats von dem Staatsangehörigkeitserfordernis bei natürlichen Personen unter Berücksichtigung der Zeitspanne, in der sie sich in diesem Mitgliedstaat aufgehalten haben und in der dortigen Fischwirtschaft tätig gewesen sind, absehen kann, eine Vorschrift gemeinschaftsrechtlich rechtfertigen kann, die die Registrierung eines Fischereifahrzeugs von der Staatsangehörigkeit sowie vom Aufenthaltsort und vom Domizil abhängig macht.

38. Dazu ist zu bemerken, daß nach ständiger Rechtsprechung des Gerichtshofes eine vertragswidrige nationale Maßnahme nicht allein deshalb gerechtfertigt ist, weil die zuständige Stelle zur Gewährung von Befreiungen oder Ausnahmen ermächtigt ist, auch wenn von dieser Ermächtigung großzügig Gebrauch gemacht wird (vgl. insbesondere Urteile vom 24. Januar 1978 in der Rechtssache 82/77, Van Tiggele, Slg. 1978, 25, und vom 16. Dezember 1980 in der Rechtssache 27/80, Fietje, Slg. 1980, 3839).

39. Dem vorlegenden Gericht ist somit zu antworten, daß die Tatsache, daß der zuständige Minister eines Mitgliedstaats von dem Staatsangehörigkeitserfordernis bei natürli-

chen Personen unter Berücksichtigung der Zeitspanne, in der sie sich in diesem Mitgliedstaat aufgehalten haben und in der dortigen Fischwirtschaft tätig gewesen sind, absehen kann, eine Vorschrift, die die Registrierung eines Fischereifahrzeugs von der Staatsangehörigkeit sowie vom Aufenthaltsort und vom Domizil abhängig macht, gemeinschaftsrechtlich nicht rechtfertigen kann.

3. Zur dritten Frage

40. Zunächst ist daran zu erinnern, daß der Gerichtshof in den Urteilen vom 14. Dezember 1989 in den Rechtssachen C-3/87 und C-216/87 (Agegate und Jaderow, Slg. 1989, 4459 und 4509) entschieden hat, daß die Mitgliedstaaten in Ausübung ihrer Zuständigkeit zur Festlegung der Einzelheiten für die Nutzung ihrer Quoten bestimmen können, welche Schiffe ihrer Fischereiflotte unter Ausnutzung ihrer nationalen Quoten fischen dürfen, vorausgesetzt, die aufgestellten Kriterien sind mit dem Gemeinschaftsrecht vereinbar. In dem letztgenannten Urteil hat der Gerichtshof unter anderem für Recht erkannt, daß ein Mitgliedstaat Bedingungen aufstellen darf, durch die sichergestellt werden soll, daß das Schiff eine wirkliche wirtschaftliche Beziehung zu diesem Staat aufweist, wenn diese Beziehung nur das Verhältnis zwischen den Fischereitätigkeiten dieses Schiffes und der von der Fischerei abhängigen Bevölkerung sowie den damit verbundenen Gewerbezweigen betrifft.

41. Sodann ist darauf hinzuweisen, daß eine die Schiffsregistrierung betreffende nationale Regelung der im Ausgangsverfahren streitigen Art nicht die Festlegung der Einzelheiten für die Nutzung der Quoten zum Gegenstand hat. Deshalb kann eine solche Regelung, welche Ziele der nationale Gesetzgeber damit auch immer verfolgt haben mag, durch ein gemeinschaftsrechtliches System nationaler Quoten nicht gerechtfertigt werden.

42. Auf die dritte Frage ist mithin zu antworten, daß die Existenz des gegenwärtigen Systems der nationalen Quoten die Antworten auf die zweite Frage nicht ändern kann.

4. Zur vierten Frage

43. Diese Frage ist für den Fall gestellt worden, daß der Gerichtshof Erfordernisse der Staatsangehörigkeit, des Aufenthaltsorts und des Domizils der im Ausgangsverfahren streitigen Art nicht für gemeinschaftsrechtswidrig erachten sollte. Da dieser Fall nicht eingetreten ist, erübrigt sich eine Beantwortung der vierten Frage.

B. Anmerkungen

I. Vorbemerkungen

Bevor man sich der Lösung des Falles zuwenden kann, bedarf es eines genauen Überblicks über das Ineinandergreifen der verschiedenen Teile der komplizierten Regelung in Section 14 des britischen Merchant Shipping Acts. Die Rechtsfolge der Vorschrift liefert Antwort auf die Frage, wann ein Fischereifahrzeug in das vom Vereinigten Königreich für Fischereifahrzeuge geführte Register eingetragen werden kann. Nur wenn ein Fischereifahrzeug in dieses Register eingetragen ist, darf mit ihm in britischen Gewässern Fischfang betrieben werden. Ausgangsnorm ist Section 14 (1). Dessen lit. a) wird konkretisiert durch Section 14 (2), wobei die in Section 14 (1) und (2) verwendeten Begriffe „berechtigte Person" und „berechtigte Gesellschaft" von Section 14 (7) Unterabs. 1 und 2 definiert werden. Der Begriff der „berechtigten Person" erweist sich dabei als der letztlich maßgebende, da auch die „berechtigte Gesellschaft" (Section 14 (7) Unterabs. 2) unter Rückgriff auf die „berechtigte Person" definiert wird. „Berechtigte Person" ist im Falle einer natürlichen Person (vgl. Section 14 (7) Unterabs. 2 lit. b.) nur eine solche Person, die britischer Bürger ist und im Vereinigten Königreich ihren Aufenthaltsort und ihr Domizil hat (Section 14 (7) Unterabs. 2 lit. a.).

II. Europarecht

1. Der EuGH wendet sich zunächst der Frage zu, ob den Mitgliedstaaten die Befugnis zur Festlegung der Voraussetzungen für die Registrierung von Schiffen zusteht (Rn. 13 – 17). Dieser Ansatz ist nicht ohne weiteres verständlich, da der rechtliche Gesichtspunkt, unter dem dieser Aspekt Bedeutung für die Lösung des Falles erlangen soll, nicht genannt wird. Vom EuGH angesprochen ist das Kompetenzverhältnis zwischen der Gemeinschaft und den Mitgliedstaaten, also die Frage, ob die Gemeinschaft oder die Mitgliedstaaten zur Regelung einer bestimmten Materie befugt sind. In diesem Bereich ist eine gesicherte Dogmatik noch zu vermissen, was wohl auch der Grund für die sehr allgemein gehaltenen Ausführungen des EuGH ist. Letztlich stellt sich die herrschende Meinung wie folgt dar:[4]

a) Zunächst ist zu prüfen, ob der Gemeinschaft die ausschließliche Zuständigkeit für ein Sachgebiet zusteht. Die Existenz ausschließlicher Zuständigkeiten der Gemeinschaft wird in Art. 5 Abs. 2 EGV vorausgesetzt und entspricht seit langem herrschender Meinung.[5] Ob eine der Gemeinschaft zugewiesene Kompetenz ausschließlicher Natur ist, muß durch Auslegung der jeweiligen Kompetenznorm ermittelt werden, da der Vertrag – anders als das deutsche Grundgesetz (Art. 73 GG) – ausdrückliche Aussagen hierüber nicht enthält.[6] Fällt eine Materie in die ausschließliche Zuständigkeit der Gemeinschaft, bedeutet dies für die Mitgliedstaaten, daß sie in diesem Gebiet nicht tätig werden dürfen. Eine gleichwohl erlassene nationalstaatliche Vorschrift ist schon aus diesem Grund[7] europarechtswidrig und damit nicht anwendbar.[8] Anhaltspunkte dafür, daß die Regi-

4 Nicht eingegangen wird auf den Fall „paralleler Kompetenz", siehe hierzu *Geiger*, Art. 10 EGV Rn. 13.

5 Etwa *Lecheler*, S. 47.

6 *Geiger*, Art. 5 EGV Rn. 7; *Lecheler*, S. 47. Zu Bereichen der ausschließlichen Zuständigkeit siehe *Geiger*, Art. 10 EGV Rn. 11; *Schön*, ZGR 1995, 1, 20 ff.; *Streinz*, Rn. 129.

7 Also ohne daß eine inhaltliche Prüfung erforderlich wäre (zutreffend *Geiger*, Art. 10 EGV Rn. 10).

8 Zum Anwendungsvorrang in den Grundzügen unter B. I.

strierung von Fischereifahrzeugen in die ausschließliche Zuständigkeit der Gemeinschaft fallen sollte, lassen sich nicht finden.

b) Dem deutschen Recht (Art. 72, 74 GG) vergleichbar, geht man auch im Gemeinschaftsrecht davon aus, daß es neben der ausschließlichen Zuständigkeit eine konkurrierende Zuständigkeit der Gemeinschaft gibt.[9] In diesen Bereichen können die Mitgliedstaaten solange tätig werden, wie die Gemeinschaft von ihrer Kompetenz keinen Gebrauch gemacht hat. Danach ist ihnen ein Tätigwerden entsprechend den obigen Ausführungen untersagt. Hier könnte man daran denken, daß die Gemeinschaft durch Erlaß der Verordnung über die Einführung einer gemeinsamen Strukturpolitik für die Fischwirtschaft[10] von einer ihr zustehenden Kompetenz Gebrauch gemacht hat. Wie der EuGH zutreffend ausführt, wird in dieser Verordnung zwar von Fischereifahrzeugen gesprochen, die „die Flagge eines Mitgliedstaats führen" oder dort „registriert" sind. Diese Begriffe werden aber weder definiert noch werden besondere Anforderungen für die Registrierung aufgestellt. Ein Tätigwerden der Mitgliedstaaten auf diesem Bereich wird durch die Verordnung also nicht unmöglich gemacht.

Handeln die Mitgliedstaaten im Bereich konkurrierender Gemeinschaftszuständigkeit, müssen sie dabei die europarechtlichen Bindungen, insbesondere also auch die Grundfreiheiten beachten. Bei diesem Hinweis des EuGH in Rn. 14 handelt es sich letztlich um eine reine Selbstverständlichkeit, die sich unmittelbar aus der Autonomie des Gemeinschaftsrechts und seinem Vorrang vor dem nationalen Recht ergibt.

c) Ein wiederum heikler und wenig betrachteter Aspekt wird indes in den Rn. 15, 16 angesprochen. In Rn. 15 wird die Auffassung insbesondere Englands referiert, die Festlegung der Voraussetzungen für die Eintragung in das Register bzw. für die Befugnis, die Flagge des Vereinigten Königreiches führen zu dürfen, falle in die Souveränität des Vereinigten Königreiches. Diesem Vorbringen liegt die Vorstellung zugrunde, es gebe nicht nur einen ausschließlichen Zuständigkeitsbereich der Gemeinschaft, sondern auch einen ausschließlichen Zuständigkeitsbereich[11] der Mitgliedstaaten. In diesem, so die nächste Prämisse, könne Gemeinschaftsrecht nicht gelten,[12] also insbesondere auch nicht Art. 43 EGV. Inwiefern diese Thesen zum Bestandteil des geltenden Europarechts gezählt werden können, ist unklar und kann hier nicht beantwortet werden. Leider nutzt auch der EuGH nicht die Möglichkeit zu einer eindeutigen Stellungnahme.

---

9 *Geiger*, Art. 10 EGV Rn. 12.

10 Verordnung Nr. 101/76 vom 19. Januar 1976 (ABl. 1976, L 20, S. 19).

11 Vgl. das Vorbringen der belgischen und griechischen Regierung, Rn. 22 der Schriftlichen Erklärungen zum Verfahren, Slg. 1991, I-3905, 3912.

12 Andere Formulierungen: „sich nicht auswirken" (Vorbringen der belgischen und griechischen Regierung, Rn. 22 der Schriftlichen Erklärungen zum Verfahren, Slg. 1991, I-3905, 3912), „nicht beeinflussen" (so die Vorlagefrage des englischen Gerichts, Slg. 1991, I-3905, 3961).

Daß es sich bei der streitigen Materie um eine ausschließliche Zuständigkeit der Mitgliedstaaten handele, hatte das Vereinigte Königreich mit dem erfolgversprechenden Hinweis auf Art. 5 Abs. 1 des Genfer Übereinkommens über die Hohe See von 1958 zu begründen versucht. Dem entgegnet der EuGH in Rn. 16: „Dieses Vorbringen könnte nur von Bedeutung sein, wenn die Anforderungen, denen die Mitgliedstaaten bei der Ausübung der ihnen verbliebenen Befugnis im Bereich der Schiffsregistrierung nach dem Gemeinschaftsrecht unterliegen, dem Völkerrecht widersprächen.“ Dieser Satz ist schon in sich kaum verständlich; zumindest erwartet man eine Fortsetzung, an der es jedoch fehlt.

2. Anschließend prüft der EuGH, ob Section 14 Merchant Shipping Act in inhaltlicher Hinsicht mit Europarecht vereinbar ist.

a) Als Prüfungsmaßstab zieht er hierbei zunächst das Recht auf freie Niederlassung (Art. 43 EGV) heran (Rn. 19 – 30), welches gemäß Art. 48 Abs. 1 EGV auch den in Art. 48 Abs. 2 EGV genannten Gesellschaften – also auch der Klägerin *Factortame Ltd.* – zusteht.[13]

aa) Um eine Verletzung von Art. 43 EGV feststellen zu können, muß als erstes geprüft werden, ob der sachliche Schutzbereich[14] dieser Grundfreiheit betroffen ist, d. h. ob sich die vom Kläger als beeinträchtigt gerügte Tätigkeit als ein Akt der freien Niederlassung darstellt. Diese definiert das Gericht als „die tatsächliche Ausübung einer wirtschaftlichen Tätigkeit mittels einer festen Einrichtung in einem anderen Mitgliedstaat auf unbestimmte Zeit“ (Rn. 20).[15] Hierunter subsumiert der EuGH in den Rn. 21, 22 auch die Registrierung eines Schiffes. Dies muß schon deshalb verwundern, weil die Registrierung eines Schiffes isoliert betrachtet sicherlich keine wirtschaftliche Tätigkeit ausmacht. Die in Rede stehende wirtschaftliche Tätigkeit von *Factortame Ltd.* ist vielmehr das Betreiben von Fischfang in Gewässern des Vereinigten Königreiches zu gewerblichen Zwecken.

bb) Es ist dann eine auf Beschränkungsebene zu prüfende Frage, ob in den besonderen Erfordernissen für die Registrierung eine Beschränkung dieser Tätigkeit gesehen werden kann. Diese Frage hätte sich unschwer bejahen lassen: Die Registrierung ist unabdingbare Voraussetzung für die rechtmäßige Ausübung des Fischfangs. Indem das Vereinigte Königreich der Klägerin als Voraussetzung für die Registrierung weitreichende Vorgaben für die Zusammensetzung ihres Gesellschafterkreises und für die Person ihres Ge-

---

13 Das stellt der EuGH – viel zu spät – in Rn. 28 fest.

14 Dieser der Grundrechtsdogmatik entnommene Begriff kann auch bei den Grundfreiheiten verwendet werden. Man kann aber auch von „sachlicher Reichweite“ sprechen (*Lecheler*, S. 236, 264).

15 Zu diesem Vorgehen siehe Grundzüge, D. I. 1. a).

schäftsführers macht, wird die Möglichkeit des Betreibens von Fischfang in englischen Gewässern ganz erheblich eingeschränkt.[16]

cc) Gemäß Art. 43 Abs. 1 S. 1 EGV muß die Beschränkung, die die geschützte Tätigkeit des Staatsangehörigen eines Mitgliedstaats erfährt, im Hoheitsgebiet eines anderen Mitgliedstaats erfolgen.[17] Die Niederlassungsfreiheit ist also nur auf sog. grenzüberschreitende Sachverhalte anwendbar.[18] Bei der Anwendung von Art. 43 EGV auf Gesellschaften (Art. 48 EGV) ist freilich zu beachten, daß diese keine Staatsangehörigkeit i. S. v. Art. 43 Abs. 1 S. 1 EGV besitzen können. Gemäß Art. 48 Abs. 1 EGV kommt es statt dessen darauf an, nach welchen Rechtsvorschriften die Gesellschaft gegründet worden ist und wo sie ihren satzungsmäßigen Sitz, ihre Hauptverwaltung oder ihre Hauptniederlassung hat. Die Klägerin ist nach den Rechtsvorschriften des Vereinigten Königreiches gegründet worden; es ist davon auszugehen, daß sich dort auch ihr satzungsmäßiger Sitz oder ihre Hauptverwaltung bzw. Hauptniederlassung befindet. *Factortame Ltd.* ist also jedenfalls[19] eine englische Gesellschaft. Hieran ändert es nichts, daß ihr Gesellschafterkreis ganz überwiegend aus spanischen Staatsangehörigen besteht. Demnach muß festgestellt werden, daß sich vorliegend eine Gesellschaft des Vereinigten Königreichs gegenüber dem eigenen Land auf Art. 43 EGV beruft. Diese Konstellation wird von Art. 43 EGV zumindest seinem Wortlaut nach nicht erfaßt. Ob die Niederlassungsfreiheit im Verhältnis des Begünstigten zum eigenen Staat trotzdem Anwendung finden kann, ist eine bislang nicht vollständig geklärte Frage.[20] Leider spricht der EuGH diese Punkte in der vorliegenden Entscheidung nicht mit einem Wort an.

dd) Art. 43 EGV erfaßt seinem Wortlaut nach nicht jede Art der Beschränkung der freien Niederlassung, sondern gewährt lediglich ein Recht auf Gleichbehandlung mit den Staatsangehörigen des betreffenden Mitgliedstaates.[21] Danach sind lediglich Diskriminierungen, also Schlechterstellungen aus Gründen der Staatsangehörigkeit, verboten. In Rn. 29 geht der EuGH davon aus, daß es sich bei Section 14 Merchant Shipping Act um

16 Damit wird der Schutz von Art. 43 EGV auf solche Tätigkeiten erstreckt, die mit der „Haupttätigkeit“ (hier dem Fischen) in unmittelbarem Zusammenhang stehen bzw. die für die Haupttätigkeit von besonderer Bedeutung sind (unglücklich hingegen *Klinke*, ZGR 1993, 1, 18: „zeitliche Vorverlegung des Geltungsbereichs der Niederlassungsfreiheit“; die zeitliche Komponente steht hier aber nicht im Vordergrund). Diese Erstreckung ist geboten und von der deutschen Grundrechtsdogmatik her bekannt (etwa die Werbung für den Beruf i. S. v. Art. 12 GG).

17 Hierzu bereits in den Grundzügen unter D. I. 2. b).

18 Hierzu näher in den Grundzügen unter D. I. 2. b). Der Begriff des grenzüberschreitenden Sachverhalts ist allerdings sehr offen. Man sollte sich besser an den genauen Wortlaut von Art. 43 Abs. 1 S. 1 EGV halten.

19 Zur Bestimmung der „Staatsangehörigkeit“ einer Gesellschaft näher in der *Centros*-Entscheidung (Fall Nr. 3 in diesem Casebook) unter B. I. 2.

20 Hierzu die Nachweise in den Grundzügen unter D. I. 2. b).

21 Zum Verständnis der Niederlassungsfreiheit als Beschränkungsverbot Grundzüge, D. I. 2. a) bb).

eine diskriminierende Regelung handele. Reibungslos läßt sich das nicht begründen. Denn Section 14 Merchant Shipping Act gilt für alle Gesellschaften unterschiedslos.[22] Es werden also nicht etwa ausländische Gesellschaften schlechter behandelt als inländische Gesellschaften. Eine Differenzierung mit der Anknüpfung an die Staatsangehörigkeit erfolgt nicht bezüglich der Gesellschaft, sondern bezüglich der Gesellschafter und des Geschäftsführers der Gesellschaft (Section 14 (7) lit. b) und c) Merchant Shipping Act). Es hätte dargelegt werden müssen, inwiefern hierin gleichzeitig eine (mittelbare oder versteckte) Diskriminierung[23] der Gesellschaft gesehen werden kann. Da die Gesellschafter (und Geschäftsführer) ausländischer Gesellschaften typischerweise Ausländer sind, läßt sich eine mittelbare Diskriminierung (der Gesellschaft) indes unschwer annehmen.

Im Ergebnis nicht anders verhält es sich mit dem Erfordernis, daß Eigentümer, Charterer, Manager und Betreiber des Schiffes bzw. die Anteilseigner der das Schiff haltenden Gesellschafter ihren Aufenthaltsort und ihr Domizil im Vereinigten Königreich haben müssen. Hier wird ebenfalls nicht offen an die Staatsangehörigkeit angeknüpft. Von der Regelung werden jedoch de facto hauptsächlich nur Angehörige anderer Mitgliedstaaten betroffen. Letztlich handelt es sich also auch hier um eine Diskriminierung aus Gründen der Staatsangehörigkeit, mag sie auch versteckt erfolgen.

dd) Sieht man das Recht der Klägerin auf freie Niederlassung als durch Section 14 Merchant Shipping Act beschränkt an, muß geprüft werden, ob sich diese Beschränkung rechtfertigen läßt. Die Prüfung dieser Frage nimmt in Entscheidungen des EuGH zur Niederlassungsfreiheit (oder anderen Grundfreiheiten) häufig den größten Raum ein.[24] Im vorliegenden Urteil findet sich hierzu bemerkenswerterweise nichts.[25]

b) In Rn. 31 prüft der Gerichtshof als weitere Maßstabsnorm Art. 294 EGV. Nach dieser Vorschrift haben die Mitgliedstaaten die Staatsangehörigen der anderen Mitgliedstaaten hinsichtlich ihrer Beteiligung am Kapital von Gesellschaften i. S. d. Art. 48 Abs. 2 EGV den eigenen Staatsangehörigen gleichzustellen. Entsprechend seinen Ausführungen zur Niederlassungsfreiheit bejaht der Gerichtshof auch einen Verstoß gegen Art. 294 EGV.

Die Prüfung dieser Vorschrift verwundert insofern, als daß Art. 294 EGV seinem ausdrücklichen Wortlaut allenfalls den Gesellschaftern einer Gesellschaft Rechte einräumt,

---

22 Zutreffend *Klinke*, ZGR 1993, 1, 18.

23 Siehe Grundzüge, D. I. 2. a) cc). Vgl. auch die deutsche Anmerkung (B. III.).

24 Aus diesem Casebook: Rn. 23 ff. der *Centros*-Entscheidung (Fall Nr. 3); Rn. 24 ff. der *ICI*-Entscheidung (Fall Nr. 16); Rn. 44 ff. der *St. Gobain*-Entscheidung (Fall Nr. 18).

25 In Rn. 30 wird das Vorliegen einer Beschränkung als Zwischenergebnis festgehalten; in Rn. 31 beginnt bereits die Prüfung von Art. 294 EGV (damals Art. 221 EGV).

nicht aber der Gesellschaft selbst. Die Klägerin hätte sich vor dem nationalen Gericht also überhaupt nicht auf Art. 294 EGV berufen können.

III. Deutschland

Zunächst ist anzumerken, daß sich *Factortame Ltd.* glücklich schätzen kann, den Prozeß nicht wegen einer taktischen Ungeschicklichkeit verloren zu haben.[26] Denn wäre nicht *Factortame* selbst, sondern die spanischen Gesellschafter von *Factortame* als Kläger aufgetreten, hätten sich die im europarechtlichen Teil unter 2. cc) und dd) dargestellten Probleme nicht gestellt. Die Gesellschafter hätten geltend machen können, bei der Beteiligung an einer englischen Gesellschaft (vgl. Art. 48 Abs. 2 EGV) und dem Betreiben des Fischfangs über diese englische Gesellschaft durch Section 14 Merchant Shipping Act beschränkt zu werden. Diese, auf die Gesellschafter bezogene Beschränkung wäre offensichtlich diskriminierend gewesen, weil die Staatsangehörigkeit der Gesellschafter zum Anknüpfungskriterium für die Regelung gemacht wird. Auch Art. 294 EGV hätte sich reibungsloser handhaben lassen.

Sofern das Urteil den Anwendungsvorrang des europäischen Rechts vor nationalem Recht bestätigt, hat es in Deutschland keine besondere Beachtung gefunden. Vielmehr werden die Bedeutung und die Konsequenzen dieses Grundsatzes bereits seit der *Costa ./. E.N.E.L.*-Entscheidung, die den Ausgangspunkt der Entwicklung markiert, ausführlich diskutiert.[27] Ganz anders ist das Urteil im Vereinigten Königreich aufgenommen worden. Dort machte das *Factortame*-Verfahren, vor allem auch die *Factortame I*-Entscheidung,[28] erstmals in vollem Umfang deutlich, welche Folgen eine konsequente Anwendung des Gemeinschaftsrechts zeitigen kann.[29] Vor allem mußte zur Kenntnis genommen werden, daß die Rechtsprechung des EuGH auch vor der traditionell stark betonten „sovereignty of parliament" nicht halt macht.

A. K.

IV. Spanien

Diese Entscheidung bestätigt erneut die Unzulässigkeit von Diskriminierungen aufgrund der Staatsangehörigkeit innerhalb der EU, diesmal bzgl. der Aufnahme und Ausübung selbständiger Erwerbstätigkeiten im Wirtschaftssektor der Fischerei. Wie von der briti-

---

26 Dies gilt zumindest für das Ausgangsverfahren. Zum Prüfungsumfang im Vorabentscheidungsverfahren siehe im europarechtlichen Teil der *Halliburton Services*-Entscheidung (Fall Nr. 17 in diesem Casebook), unter B. I. 3. a).

27 Siehe Grundzüge, B. I.

28 Siehe Fn. 1.

29 Näher hierzu *Smith*, EuZW 1992, 308 ff m. w. N. insbesondere aus dem britischen Schrifttum.

schen Regierung offen zugegeben wurde, verfolgte die Änderung der Regulierung über die Registrierung von Fischereifahrzeugen das Ziel, das sog. Quotenspringen („quota hopping") zu beenden. Diese nach Auffassung der britischen Regierung bösartige Praxis stellte indes in Wirklichkeit eine positive Folge der Niederlassungsfreiheit im Sektor der Fischerei dar, die nicht verhindert werden durfte, auch nicht mit der Begründung der Existenz des nationalen Fangquotensystems. Deshalb, wie vom EuGH entschieden, müssen die Mitgliedstaaten bei der Ausübung ihrer Befugnisse zur Festlegung der Voraussetzungen für die Registrierung von Schiffen das Gemeinschaftsrecht wahren. Da die Registrierung das Recht zur Führung der Flagge des Mitgliedstaates einräumt und die nationale Flagge die Voraussetzung für die Aufnahme und Ausübung der Fischereitätigkeit in diesem Mitgliedstaat darstellt, dürfen die Voraussetzungen für die Registrierung gegenüber Staatsangehörigen eines Mitgliedstaates der EU weder unmittelbar noch mittelbar an der Staatsangehörigkeit der Eigentümer anknüpfen. Die spanische Fischereiindustrie hat hiermit versucht, die Mängel der in Spanien verfügbaren Seeressourcen legitim auszugleichen.

Andererseits, wegen u. a. der oben angesprochen Mängel, muß die Ausübung der Fischereitätigkeit einer strengen Verwaltungsaufsicht durch die Mitgliedstaaten unterstellt werden (siehe für Spanien das Staatsseefischereigesetz[30]). Deshalb, aber auch als Ausdruck des Prinzips der echten Verbindung („genuine link") von Schiff und Flagge, wird vom EuGH zugelassen, daß die Erteilung des Rechts zur Führung einer Flagge eines Mitgliedstaates an Staatsangehörige anderer Mitgliedstaaten von der Erfüllung gewisser Voraussetzungen abhängig gemacht wird, die aber unabhängig von der Staatsangehörigkeit sein müssen – wie, in dem Fall der britischen Gesetzgebung, die Operation, die Leitung und die Überwachung des fraglichen Schiffes aus dem fraglichen Mitgliedstaat. Im Vergleich dazu wird von der spanischen Gesetzgebung lediglich verlangt, daß, wenn der Eigentümer des Schiffes eine natürliche oder juristische Person mit Wohnsitz in einem anderen Mitgliedstaat der EU ist, diese Person einen Vertreter in Spanien ernennen muß (Art. 76 Abs. 2 des Gesetzes über staatliche Häfen und Handelsmarine[31]). Das Gesetz wird hier von einer vorherigen Verordnung von 1989[32] ausgeführt, die aber, nach dem Gutachten 90/0384 der Europäischen Kommission, EG-konform ist, mit Ausnahme ihres Art. 63. Diese Vorschrift hat für die Eintragung, die Auflösung und den Listenwechsel der Fischereifahrzeuge in dem Seeregister den *positiven* Bericht des Landwirtschafts-, Fischerei- und Ernährungsministeriums vorausgesetzt. Diese Voraussetzung hat gegen Art. 28 und 29 EGV verstoßen, weil sie eine Maßnahme gleicher Wirkung bei dem Ein- und Ausfuhr von Fischereifahrzeugen darstellte. Deshalb ist diese Vorschrift

30 Ley 3/2001, de 26 de marzo, de Pesca Marítima del Estado.

31 Ley 27/1992, de 24 de noviembre, de Puertos del Estado y Marina Mercante.

32 Real Decreto 1027/1989, de 28 de julio, sobre abanderamiento, matriculación y Registro marítimo de buques.

vor kurzer Zeit geändert worden.[33] Derzeit wird der Bericht des Ministeriums weiter verlangt, muß aber nicht positiv ausfallen.

Literatur: *I. Arroyo Martínez*, Estatuto jurídico del buque y de la aeronave, in: R. Uria und A. Menéndez (Hrsg.), Curso de Derecho Mercantil, Bd. II, Madrid: Civitas, 2001, S. 1183 – 1212; *ders.*, Curso de Derecho Marítimo, Barcelona: Bosch, 2001.

P. B.

33 Real Decreto 167/2001, de 23 de febrero.

Fall Nr. 2 – Daily Mail

PARTEIEN: *The Queen* gegen *H. M. Treasury und Commissioners of Inland Revenue*, ex parte *Daily Mail and General Trust PLC*
AKTENZEICHEN: Rechtssache 81/87
FUNDSTELLE: Slg. 1988, 5483

A. Urteil des EuGH vom 27. September 1988

I. Leitsätze

1. Der EWG-Vertrag betrachtet die Unterschiede, die die Rechtsordnungen der Mitgliedstaaten hinsichtlich der für ihre Gesellschaften erforderlichen Anknüpfung sowie der Möglichkeit und gegebenenfalls der Modalitäten einer Verlegung des satzungsmäßigen oder wahren Sitzes einer Gesellschaft nationalen Rechts von einem Mitgliedstaat in einen anderen aufweisen, als Probleme, die durch die Bestimmungen über die Niederlassungsfreiheit nicht gelöst sind, sondern einer Lösung im Wege der Rechtssetzung oder des Vertragsschlusses bedürfen; eine solche wurde jedoch noch nicht gefunden. Unter diesen Umständen gewähren die Artikel 52 und 58 EGV [nunmehr Art. 43 und 48 EGV] beim derzeitigen Stand des Gemeinschaftsrechts einer Gesellschaft, die nach dem Recht eines Mitgliedstaats gegründet ist und in diesem ihren satzungsmäßigen Sitz hat, nicht das Recht, den Sitz ihrer Geschäftsleitung in einen anderen Mitgliedstaat zu verlegen.

2. Die Richtlinie 73/148 zur Aufhebung der Reise- und Aufenthaltsbeschränkungen für Staatsangehörige der Mitgliedstaaten innerhalb der Gemeinschaft auf dem Gebiet der Niederlassung und des Dienstleistungsverkehrs betrifft nach Titel und Text nur Reise und Aufenthalt von natürlichen Personen. Aufgrund ihres Inhalts können ihre Bestimmungen auf juristische Personen nicht analog angewandt werden. Die Richtlinie 73/148 gibt daher einer Gesellschaft nicht das Recht, den Sitz ihrer Geschäftsleitung in einen anderen Mitgliedstaat zu verlegen.

II. Rechtsgrundlagen

1. Nationales Recht

a) Internationales Privatrecht[1]

aa) Gründungstheorie

Auf Gesellschaften ist das Recht desjenigen Staates anzuwenden, in dem die Gesellschaft gegründet worden ist.

bb) Sitztheorie

Auf Gesellschaften ist das Recht desjenigen Staates anzuwenden, in dem die Gesellschaft ihren Verwaltungssitz hat.

b) Section 482 des britischen Income and Corporation Taxes Act 1970[2]

aa) Section 482 (1)

Vorbehaltlich anderweitiger Regelungen ist (u. a.) die Aufgabe des Gesellschaftssitzes im Vereinigten Königreich nur mit Zustimmung des Finanzministeriums rechtmäßig.

bb) Section 482 (4)

Die Zustimmung nach (1) kann

– entweder für den Einzelfall (also für näher bezeichnete Geschäfte) oder allgemein also nicht nur für bezeichnete Geschäfte) gegeben werden und
– wenn allgemein gegeben, vom Finanzministerium widerrufen werden, und
– jedenfalls bedingt oder unbedingt gegeben werden.

cc) Section 482 (5)

Ein Verstoß gegen Abs. 1 ist strafbar.

dd) Section 482 (6)

Das Vergehen kann mit Freiheitsstrafe bis zu zwei Jahren und einer Geldstrafe von bis zu 10 000 UKL oder einer der beiden Strafen oder im Falle einer Gesellschaft mit Geldstrafe bis zum Dreifachen des in 36 Monaten vor Begehung des Vergehens geschuldeten Steuerbetrags, mindestens aber von 10 000 UKL, bestraft werden.

---

1 Gründungs- und Sitztheorie sind Bestandteil des Internationales Privatrechts der Mitgliedstaaten und damit nationales – hier: englisches – Recht (vgl. unten bei Fn. 26).

2 Wiedergegeben nach Rn. 1 des Sitzungsberichts, Slg. 1988, 5484.

ee) Section 482 (7)

Eine Gesellschaft hat ihren Sitz im Vereinigten Königreich, wenn ihre Geschäftsleitung dort ausgeübt wird.

2. Gemeinschaftsrecht: Art. 43, 48, 44 Abs. 2 lit. g), Art. 293 3. Spiegelstrich EGV

III. Zum Sachverhalt

1. Mit Beschluß vom 6. Februar 1987, beim Gerichtshof eingegangen am 19. März 1987, hat der High Court of Justice, Queen' s Bench Division, gemäß Artikel 177 EGV [nunmehr Art. 234 EGV] vier Fragen nach der Auslegung der Artikel 52 und 58 EGV [nunmehr Art. 43 und 48 EGV] und der Richtlinie 73/148/EWG des Rates vom 21. Mai 1973 zur Aufhebung der Reise- und Aufenthaltsbeschränkungen für Staatsangehörige der Mitgliedstaaten innerhalb der Gemeinschaft auf dem Gebiet der Niederlassung und des Dienstleistungsverkehrs (ABl. L 172, S. 14) zur Vorabentscheidung vorgelegt.

2. Diese Fragen stellen sich im Rahmen eines Rechtsstreits zwischen der Daily Mail and General Trust PLC, Klägerin im Ausgangsverfahren (Klägerin), und dem britischen Finanzministerium, in dem insbesondere eine Erklärung des letzteren verlangt wird, die Klägerin bedürfe für die Verlegung ihres Sitzes aus dem Vereinigten Königreich in die Niederlande keiner wie auch immer gearteten Zustimmung kraft des britischen Steuerrechts.

3. Nach den Akten gestattet es das britische Gesellschaftsrecht einer Gesellschaft wie der Klägerin, die nach britischem Recht gegründet wurde und im Vereinigten Königreich ihren satzungsmäßigen Sitz (registered office) hat, ihre Geschäftsleitung außerhalb des Vereinigten Königreichs einzurichten, ohne ihre Rechtspersönlichkeit oder ihre Eigenschaft als Gesellschaft britischen Rechts zu verlieren.

4. Nach dem auf den vorliegenden Fall anwendbaren britischen Steuerrecht unterliegen im allgemeinen nur die Gesellschaften, die ihren steuerlichen Sitz im Vereinigten Königreich haben, der britischen Körperschaftsteuer. Der steuerliche Sitz ist als Ort des Sitzes der Geschäftsleitung definiert.

5. Das britische Einkommen- und Körperschaftsteuergesetz 1970 verbietet in Section 482 Abs. 1 lit. a) den Gesellschaften mit steuerlichem Sitz im Vereinigten Königreich, diesen Sitz ohne Zustimmung des Finanzministeriums aufzugeben.

6. Die Klägerin, eine Holding- und Investitionsgesellschaft, beantragte 1984 die vorgenannte Zustimmung zur Verlegung des Sitzes ihrer Geschäftsleitung in die Niederlande. Deren Recht steht der dortigen Einrichtung der Geschäftsleitung von Gesellschaften ausländischen Rechts nicht entgegen. Dort wollte die Klägerin insbesondere Sitzungen der Geschäftsleitung abhalten und Büroräume für ihre Verwaltung anmieten. Sie hat später dort, ohne die Zustimmung abzuwarten, ein Anlageberatungsbüro eröffnet, um Dritten Dienstleistungen anbieten zu können.

7. Hauptziel der beabsichtigten Verlegung des Sitzes der Geschäftsleitung war es für die Klägerin, nach Errichtung des steuerlichen Sitzes in den Niederlanden einen erheblichen Teil der Papiere ihres Betriebsvermögens zu verkaufen und aus dem Erlös eigene Aktien

zurückkaufen zu können, ohne hierfür die Steuern entrichten zu müssen, die nach britischem Steuerrecht insbesondere angesichts des erheblichen Wertzuwachses der zu verkaufenden Papiere darauf zu zahlen wären.[3] Zwar unterläge die Klägerin nach Errichtung des Sitzes ihrer Geschäftsleitung in den Niederlanden der niederländischen Körperschaftsteuer, die beabsichtigten Transaktionen hätten jedoch nur eine Besteuerung des nach der Verlegung des steuerlichen Sitzes anfallenden Wertzuwachses zur Folge.[4]

8. Nach langwierigen Verhandlungen mit dem Finanzministerium, das ihr den Verkauf mindestens eines Teils der fraglichen Papiere vor der Verlegung des steuerlichen Sitzes aus dem Vereinigten Königreich vorschlug, erhob die Klägerin 1986 Klage zum High Court of Justice, Queen' s Bench Division. Dort machte sie geltend, die Artikel 52 und 58 EWG-Vertrag [nunmehr Art. 43, 48 EGV] gäben ihr das Recht, den Sitz ihrer Geschäftsleitung ohne vorherige Zustimmung in einen anderen Mitgliedstaat zu übertragen oder eine solche Zustimmung ohne Bedingung zu erhalten.

IV. Vorlagefragen

9. Das vorlegende Gericht hat das Verfahren ausgesetzt und dem Gerichtshof die folgenden Fragen vorgelegt:

> 1) Ist es einem Mitgliedstaat durch die Artikel 52 bis 58 EGV [nunmehr Art. 43 und 48 EGV] verwehrt, einer juristischen Person, die ihre Geschäftsleitung in diesem Mitgliedstaat hat, zu verbieten, diese ohne vorherige Zustimmung in einen anderen Mitgliedstaat zu verlegen, sofern einer der folgenden Umstände oder auch beide vorliegen, nämlich
>
> a) die Zahlung von Steuern auf bereits eingetretene Gewinne möglicherweise unterbleibt,
>
> b) in dem Fall, daß die Gesellschaft ihre Geschäftsleitung verlegt, Steuern, die möglicherweise entstünden, wenn die Gesellschaft ihre Geschäftsleitung in diesem Mitgliedstaat behielte, nicht anfielen?
>
> 2) Gibt die Richtlinie 73/148/EWG des Rates einer juristischen Person mit Geschäftsleitung in einem Mitgliedstaat das Recht, ihre Geschäftsleitung unter den in der Frage 1 aufgeführten Umständen ohne Zustimmung in einen anderen Mitgliedstaat zu verlegen? Wenn ja, sind die betreffenden Vorschriften in diesem Fall unmittelbar anwendbar?

---

3 Es geht also um einen Fall der Realisierung stiller Reserven. Hierunter versteht man die Differenz, die zwischen Buch- und Verkehrswert, also des bei Veräußerung zu erzielenden Preises, eines Vermögensgegenstandes (so die handelsrechtliche Terminologie) bzw. Wirtschaftsgutes (so die steuerrechtliche Terminologie) besteht. Diese Differenz kann beträchtlich sein, so daß ein erhebliches Interesse daran besteht, die Besteuerung der aufgedeckten Reserven (vgl. für Deutschland § 17 EStG) zu vermeiden.

4 Der auf die Zeit, in der *Daily Mail* ihren Sitz in England hatte, entfallende Wertzuwachs wäre also außer Betracht geblieben. Näher zum steuerrechtlichem Hintergrund des Falles *Behrens*, IPRax 1989, 354, 356.

3) Darf ein Mitgliedstaat, wenn eine solche Zustimmung verlangt werden darf, diese aus den in der Frage 1 genannten Gründen verweigern?

4) Ändert sich etwas dadurch, daß nach den einschlägigen Rechtsvorschriften des Mitgliedstaats keine Zustimmung erforderlich ist, wenn eine natürliche Person oder eine Personengesellschaft ihren Wohnsitz bzw. Sitz verlegt?

V. Entscheidungsgründe

1. Zur ersten Frage

11. In der ersten Frage geht es zunächst der Sache nach darum, ob die Artikel 52 und 58 EGV [nunmehr Art. 43 und 48 EGV] einer Gesellschaft, die nach dem Recht eines Mitgliedstaats gegründet ist und in diesem ihren satzungsmäßigen Sitz hat, das Recht gewähren, den Sitz ihrer Geschäftsleitung in einen anderen Mitgliedstaat zu verlegen. Bejahendenfalls möchte das vorlegende Gericht weiter wissen, ob der Herkunftsmitgliedstaat dieses Recht von einer nationalen Zustimmung abhängig machen darf, deren Gewährung mit der steuerlichen Lage der Gesellschaft verknüpft ist.[5]

12. Zum ersten Teil der Frage macht die Klägerin im wesentlichen geltend, Artikel 58 EGV [nunmehr Art. 48 EGV] räume den dort angesprochenen Gesellschaften ausdrücklich dasselbe Recht zur Primärniederlassung in einem anderen Mitgliedstaat ein, wie es natürlichen Personen in Artikel 52 [nunmehr Art. 43 EGV] zuerkannt sei. Die Verlegung des Sitzes der Geschäftsleitung einer Gesellschaft in einen anderen Mitgliedstaat stelle die Niederlassung dieser Gesellschaft in diesem Mitgliedstaat dar, da die Gesellschaft dort ihr Entscheidungszentrum errichte, was einer tatsächlichen und echten wirtschaftlichen Tätigkeit entspreche.

13. Das Vereinigte Königreich macht im wesentlichen geltend, der EWG-Vertrag gewähre Gesellschaften kein allgemeines Recht zur Verlegung des Sitzes ihrer Geschäftsleitung von einem Mitgliedstaat in einen anderen. Die Errichtung des Sitzes der Geschäftsleitung in einem Mitgliedstaat bringe nicht notwendig eine tatsächliche und echte wirtschaftliche Tätigkeit in diesem Mitgliedstaat mit sich und könne daher nicht als Niederlassung im Sinne des Artikels 52 EGV [nunmehr Art. 43 EGV] angesehen werden.

14. Die Kommission weist zunächst darauf hin, beim derzeitigen Stand des Gemeinschaftsrechts richteten sich die Voraussetzungen dafür, daß eine Gesellschaft ihren Sitz von einem Mitgliedstaat in einen anderen verlegen könne, weiter nach dem nationalen Recht des Gründungsstaats und dem des Gaststaats. Das Gesellschaftsrecht unterscheide sich in den verschiedenen Mitgliedstaaten erheblich. Einigen sei die Verlegung des Sitzes der Geschäftsleitung bekannt; von diesen mäßen ihr einige keinerlei Rechtsfolgen bei, auch nicht auf steuerlichem Gebiet. In anderen habe die Verlegung der Geschäftsleitung oder des Entscheidungszentrums einer Gesellschaft aus dem Grün-

---

5 Zur Umformulierung von Vorlagefragen siehe bereits Fn. 3 der *Factortame II*-Entscheidung (Fall Nr. 1 in diesem Casebook). Kritisch zu dieser Vorgehensweise im vorliegenden Fall *Behrens*, IPRax 1989, 354, 357.

dungsstaat hinaus den Verlust der Rechtspersönlichkeit zur Folge. Überall sei es jedoch möglich, eine Gesellschaft in einem Mitgliedstaat aufzulösen und sie in einem anderen neu zu gründen. Soweit die Verlegung des Sitzes der Geschäftsleitung nach nationalem Recht möglich sei, sei das Recht, diesen Sitz in einen anderen Mitgliedstaat zu verlegen, von Artikel 52 EGV [nunmehr Art. 43 EGV] geschützt.

15. Angesichts dieses Meinungsstandes ist zunächst im Einklang mit einer ständigen Rechtsprechung des Gerichtshofes darauf hinzuweisen, daß die Niederlassungsfreiheit eine der grundlegenden Vorschriften der Gemeinschaft darstellt und daß die entsprechenden Bestimmungen des EWG-Vertrags seit dem Ablauf der Übergangszeit unmittelbar anwendbar sind. Diese Bestimmungen gewähren das Recht auf Niederlassung in einem anderen Mitgliedstaat nicht nur den Gemeinschaftsbürgern, sondern auch den in Artikel 58 bezeichneten Gesellschaften.

16. Zwar sollen diese Bestimmungen ihrer Fassung nach insbesondere die Inländerbehandlung im Aufnahmemitgliedstaat sicherstellen, sie verbieten es aber auch dem Herkunftsstaat, die Niederlassung seiner Staatsangehörigen oder einer nach seinem Recht gegründeten, der Definition des Artikels 58 [nunmehr Art. 48 EGV] genügenden Gesellschaft in einem anderen Mitgliedstaat zu behindern. Wie die Kommission zu Recht ausgeführt hat, wären die in Artikel 52 ff. [nunmehr Art. 43 ff. EGV] gewährten Rechte sinnentleert, wenn der Herkunftsstaat Unternehmen verbieten könnte auszuwandern, um sich in einem anderen Mitgliedstaat niederzulassen. Für natürliche Personen ist das Recht zur Ausreise aus dem Hoheitsgebiet zu diesem Zweck ausdrücklich in der Richtlinie 73/148 geregelt, die Gegenstand der zweiten Vorlagefrage ist.

17. Eine Gesellschaft macht vom Niederlassungsrecht im allgemeinen durch die Gründung von Agenturen, Zweigniederlassungen und Tochtergesellschaften Gebrauch, wie es in Artikel 52 Absatz 1 Satz 2 [nunmehr Art. 43 Abs. 1 S. 2 EGV] ausdrücklich vorgesehen ist. Eine solche Niederlassung hat die Klägerin im vorliegenden Fall mit der Eröffnung ihres Anlageberatungsbüros in den Niederlanden geschaffen. Eine Gesellschaft kann von ihrem Niederlassungsrecht weiter Gebrauch machen, indem sie an der Gründung einer Gesellschaft in einem anderen Mitgliedstaat teilnimmt; insoweit garantiert ihr Artikel 221 EGV [nunmehr Art. 294 EGV] für die Beteiligung am Kapital der neuen Gesellschaft die Inländerbehandlung.

18. Die britische Rechtsvorschrift, um die im Ausgangsverfahren gestritten wird, beschränkt solche Niederlassungsvorgänge in keiner Weise. Sie verhindert auch nicht die teilweise oder selbst vollständige Übertragung des Kapitals einer Gesellschaft britischen Rechts auf eine in einem anderen Mitgliedstaat neu gegründete Gesellschaft, gegebenenfalls nach Liquidierung und damit nach Abschluß der Steuerrechnung der britischen Gesellschaft. Die Zustimmung des Finanzministeriums ist nur für den Fall vorgeschrieben, daß diese Gesellschaft unter Beibehaltung ihrer Rechtspersönlichkeit und ihrer Eigenschaft als Gesellschaft britischen Rechts den Sitz ihrer Geschäftsleitung aus dem Vereinigten Königreich verlegen will.

19. Im Gegensatz zu natürlichen Personen werden Gesellschaften aufgrund einer Rechtsordnung, beim gegenwärtigen Stand des Gemeinschaftsrechts aufgrund einer

nationalen Rechtsordnung, gegründet. Jenseits der jeweiligen nationalen Rechtsordnung, die ihre Gründung und ihre Existenz regelt, haben sie keine Realität.[6]

20. Hinsichtlich dessen, was für die Gründung einer Gesellschaft an Verknüpfung mit dem nationalen Gebiet erforderlich ist, wie hinsichtlich der Möglichkeit einer nach einem nationalen Recht gegründeten Gesellschaft, diese Verknüpfung nachträglich zu ändern, bestehen erhebliche Unterschiede im Recht der Mitgliedstaaten. Hierauf hat die Kommission hingewiesen. In einigen Staaten muß nicht nur der satzungsmäßige, sondern auch der wahre Sitz, also die Hauptverwaltung der Gesellschaft, im Hoheitsgebiet liegen; die Verlegung der Geschäftsleitung aus diesem Gebiet hinaus setzt somit die Liquidierung der Gesellschaft mit allen Folgen voraus, die eine solche Liquidierung auf gesellschafts- und steuerrechtlichem Gebiet mit sich bringt. Andere Staaten gestehen den Gesellschaften das Recht zu, ihre Geschäftsleitung ins Ausland zu verlegen, aber einige, unter ihnen das Vereinigte Königreich, beschränken dieses Recht; die rechtlichen Folgen der Verlegung, insbesondere auf steuerlichem Gebiet, sind in jedem Mitgliedstaat anders.

21. Der EWG-Vertrag trägt diesen Unterschieden im nationalen Recht Rechnung. Bei der Definition der Gesellschaften, denen die Niederlassungsfreiheit zugute kommt, in Artikel 58 EGV [nunmehr Art. 48 EGV] werden der satzungsmäßige Sitz, die Hauptverwaltung und die Hauptniederlassung einer Gesellschaft als Anknüpfung gleich geachtet. In Artikel 220 EGV [nunmehr Art. 293 EGV] ist, soweit erforderlich, der Abschluß von Übereinkommen unter den Mitgliedstaaten vorgesehen, um unter anderem die Beibehaltung der Rechtspersönlichkeit bei Verlegung des Sitzes von einem Mitgliedstaat in einen anderen sicherzustellen. Bis heute ist ein derartiges Übereinkommen nicht in Kraft getreten.

22. Auch keine der Richtlinien zur Koordinierung des Gesellschaftsrechts, die gemäß Artikel 54 Absatz 3 Buchstabe g EGV [nunmehr Art. 44 EGV] erlassen wurden, bezieht sich auf die angeführten Unterschiede.

23. Nach alledem betrachtet der EWG-Vertrag die Unterschiede, die die Rechtsordnungen der Mitgliedstaaten hinsichtlich der für ihre Gesellschaften erforderlichen Anknüpfung sowie der Möglichkeit und gegebenenfalls der Modalitäten einer Verlegung des satzungsmäßigen oder wahren Sitzes einer Gesellschaft nationalen Rechts von einem Mitgliedstaat in einen anderen aufweisen, als Probleme, die durch die Bestimmungen über die Niederlassungsfreiheit nicht gelöst sind, sondern einer Lösung im Wege der Rechtssetzung oder des Vertragsschlusses bedürfen; eine solche wurde jedoch noch nicht gefunden.

24. Somit gewähren die Artikel 52 und 58 EGV [nunmehr Art. 43 und 48 EGV] den Gesellschaften nationalen Rechts kein Recht, den Sitz ihrer Geschäftsleitung unter Bewahrung ihrer Eigenschaft als Gesellschaften des Mitgliedstaats ihrer Gründung in einen anderen Mitgliedstaat zu verlegen.

---

6 Das Verständnis dieser Passage fällt nicht ganz leicht, vgl. hierzu *Behrens*, IPRax 1989, 354, 359.

25. Auf den ersten Teil der ersten Frage ist daher zu antworten, daß die Artikel 52 und 58 EGV [nunmehr Art. 43 und 48 EGV] beim derzeitigen Stand des Gemeinschaftsrechts einer Gesellschaft, die nach dem Recht eines Mitgliedstaats gegründet ist und in diesem ihren satzungsmäßigen Sitz hat, nicht das Recht gewähren, den Sitz ihrer Geschäftsleitung in einen anderen Mitgliedstaat zu verlegen.

26. Der zweite Teil der ersten Frage braucht somit nicht mehr beantwortet zu werden.

2. Zur zweiten Frage

27. Die zweite Frage des vorlegenden Gerichts geht dahin, ob die Richtlinie 73/148/EWG des Rates vom 21. Mai 1973 zur Aufhebung der Reise- und Aufenthaltsbeschränkungen für Staatsangehörige der Mitgliedstaaten innerhalb der Gemeinschaft auf dem Gebiet der Niederlassung und des Dienstleistungsverkehrs einer Gesellschaft das Recht gibt, den Sitz ihrer Geschäftsleitung in einen anderen Mitgliedstaat zu verlegen.

28. Nach Titel und Text betrifft diese Richtlinie nur Reise und Aufenthalt von natürlichen Personen. Aufgrund ihres Inhalts können die Bestimmungen dieser Richtlinie auf juristische Personen nicht analog angewandt werden.

29. Auf die zweite Frage ist daher zu antworten, daß die Richtlinie 73/148/EWG einer Gesellschaft nicht das Recht gibt, den Sitz ihrer Geschäftsleitung in einen anderen Mitgliedstaat zu verlegen.

3. Zur dritten und zur vierten Frage

30. Angesichts dieser Antworten auf die ersten beiden Fragen brauchen die dritte und die vierte Frage des vorlegenden Gerichts nicht mehr beantwortet zu werden.

B. Anmerkungen

I. Vorbemerkungen: Das Internationale Gesellschaftsrecht

1. Um die Tragweite der Entscheidung des EuGH in der Rechtssache *Daily Mail* zu erkennen, bedarf es zunächst eines Überblicks über das Ineinandergreifen von nationalem Gesellschaftsrecht und Internationalem Privatrecht, wobei man die (etwaige) Einwirkung von Europarecht zunächst aus der Betrachtung ausblenden muß. Tritt eine Vereinigung von Personen im Rechtsverkehr als Gesellschaft auf, so stellt sich unter vielfältigen Gesichtspunkten die Frage, ob diese Personenvereinigung tatsächlich eine (rechtlich bestehende bzw. rechtliche anerkannte[7]) Gesellschaft ist.[8] Eine Gesellschaft besteht,

---

7 Ausführlich zu diesem Begriff (und zu dessen mitunter unbedachter bzw. Verwirrung stiftender Verwendung) *Behrens*, ZGR 1978, 499 ff.; *Schmidt*, ZGR 1999, 20, 24.

8 Einer dieser Gesichtspunkte liegt dem *Centros*-Urteil (Fall Nr. 3 in diesem Casebook) zugrunde: Ein ausländischer Personenverband kann nach dänischem Recht (vgl. für Deutschland § 13 e Abs. 2 S. 2

wenn sie wirksam gegründet und nicht wieder aufgelöst worden ist. Ob diese Voraussetzungen gegeben sind, beurteilt sich bei rein nationalen Sachverhalten allein nach nationalem Gesellschaftsrecht, im Fall einer deutschen AG also vor allem nach dem deutschen Aktiengesetz. Weist der Sachverhalt hingegen Auslandsbezug auf, so muß in einem vorausgehenden Schritt geklärt werden, ob deutsches Recht überhaupt anwendbar ist oder ob nicht vielmehr das Recht des Staates, zu dem der Auslandsbezug besteht, zur Entscheidung berufen ist. Dies ergibt sich für Deutschland aus Art. 3 Abs. 1 S. 1 EGBGB, der Einstiegsnorm in das internationale Privatrecht (IPR). Das IPR wird auch als Kollisionsrecht bezeichnet, das streng vom jeweiligen sog. Sachrecht (z. B. dem deutschen Aktiengesetz) zu trennen ist. Kollisionsrechtliche Normen sind in Deutschland in den Art. 7 ff. EGBGB enthalten, unter denen man allerdings nach einer für Gesellschaften im allgemeinen und deren Rechtsfähigkeit im besonderen geltenden Vorschrift vergeblich sucht.[9] Deswegen haben Rechtsprechung und Lehre versucht, einen entsprechenden Rechtssatz durch Rechtsfortbildung zu entwickeln.[10] Einigkeit über den Inhalt dieses Rechtssatzes ist bis heute freilich nicht erzielt worden. Es stehen sich die Sitztheorie und die Gründungstheorie gegenüber.[11] Nach der Sitztheorie ist auf eine Gesellschaft das Recht des Staates anzuwenden (sog. Gesellschaftsstatut), in dem die Gesellschaft ihren tatsächlichen Verwaltungssitz hat. Die Gründungstheorie sieht als Gesellschaftsstatut hingegen das Gesellschaftsrecht des Staates an, nach dessen Recht die Gesellschaft gegründet wurde.[12] Der sog. kollisionsrechtliche Anknüpfungspunkt ist also je nach Theorie ein ganz anderer.[13] Die herrschende Meinung in Deutschland[14] folgt der Sitztheorie.[15]

HGB) nur dann eine Zweigniederlassung im Inland eintragen lassen, wenn er rechtlich besteht (vgl. auch BayObLG, DB 1998, 2318 = IPrax 1999, 364 = RIW 1998, 966). – Zivilprozessuale Parteifähigkeit kann nach § 50 Abs. 1 ZPO nur vorliegen, wenn der Kläger rechtsfähig ist (vgl. zu dieser Perspektive z. B. OLG Düsseldorf, JZ 2000, 203; OLG Brandenburg, NJW-RR 2001, 29).

9 Art. 7 Abs. 1 S. 1 EGBGB gilt nicht, da der zweite Abschnitt nur für natürliche Personen gilt (vgl. dessen Überschrift).

10 Siehe aus jüngerer Zeit etwa BayObLG, DB 1998, 2318, 2319 m. w. N.

11 Die von *Sandrock/Austmann* (RIW 1989, 505; vgl. auch *Sandrock*, BB 1999, 1337) vorgeschlagene Überlagerungstheorie hat hingegen keine Anhänger gefunden. Ebenso die von *Zimmer* (S. 232 ff.) vertretene Kombinationslehre.

12 Irrelevant ist es hingegen, ob die Gesellschaft *in* diesem Staat gegründet wurde.

13 Es ist noch einmal ausdrücklich zu betonen, daß die von Sitz- und Gründungstheorie gelieferten Rechtssätze rein kollisionsrechtlicher Natur sind. Sie treffen eine Aussage zum anwendbaren Recht. Sie geben hingegen nicht schon Aufschluß darüber, ob die Gesellschaft rechtlich besteht („Anerkennung"); das ist vielmehr eine Frage, die aus dem nach Anwendung von Sitz- oder Gründungstheorie maßgeblichen nationalen Sachrecht zu beantworten ist (hierauf weisen zu Recht *Kindler*, NJW 1999, 1993, 1994 und Schmidt, ZGR 1999, 20, 22 f. hin). Wie *Kindler*, NJW 1999, 1993, 1994 zutreffend bemerkt, werden diese Zusammenhänge häufig verkannt.

2. Hat eine Gesellschaft ihren Verwaltungssitz aus dem Staat, nach dessen Recht sie gegründet wurde (sog. Gründungsstaat[16] oder Wegzugstaat[17] oder Ausgangsstaat), in einen anderen Staat verlegt[18] (sog. Zuzugstaat[19]), so stellt sich die (kollisionsrechtliche) Frage nach dem auf die Gesellschaft anzuwendenden Recht sowohl für den Gründungsstaat als auch für den Zuzugstaat.

a) Überschaubar ist die Rechtslage, wenn beide Staaten der Gründungstheorie folgen. Dann ist sowohl für den Gründungsstaat als auch für den Zuzugstaat das Recht des Gründungsstaats das maßgebliche Sachrecht. Die Voraussetzungen, die dieses Sachrecht für das rechtliche Bestehen einer Gesellschaft aufstellt (z. B. Eintragung in das nationale Handelsregister, Einzahlung eines Mindestbetrages auf das Stammkapital etc.), werden in aller Regel gegeben sein. Die Gesellschaft wird also auch nach der Sitzverlegung in beiden Staaten als rechtlich bestehend anerkannt.

b) Komplizierter wird es, wenn beide Staaten der Sitztheorie anhängen. Der Ausgangsstaat verweist dann auf das Recht des Zuzugstaates. Der Zuzugstaat nimmt diese Verweisung an, da auch er der Sitztheorie folgt und sich der Sitz der Gesellschaft in seinem Gebiet befindet. Für beide Staaten ergibt sich das Gesellschaftsstatut also aus dem Sachrecht des Zuzugstaats. Eine Einordnung der Gesellschaft als Kapitalgesellschaft (mit einer auf das Gesellschaftsvermögen beschränkten Haftung) scheidet dabei aus, da es an der hierzu nach dem Sachrecht des Zuzugstaates in allen Mitgliedstaaten erforderlichen Eintragung im (nationalen) Handelsregister[20] oder einem ähnlichen Register fehlt.[21] Denn die Gesellschaft mag im Ausgangsstaat eingetragen sein; im Zuzugstaat ist sie es nicht. In Deutschland verbleibt damit aufgrund des sog. Rechtsformzwangs allein die Möglichkeit, die Gesellschaft als Personengesellschaft einzustufen, was insbesondere eine unbeschränkte Haftung der Gesellschafter zur Folge hat.[22] In den anderen Mitgliedstaaten stellt sich die Rechtslage ähnlich dar. Eine Sitzverlegung unter Erhaltung der in aller Regel als unerläßlich empfundenen Haftungsbeschränkung läßt sich folglich nur er-

---

14 Zur jeweils herrschenden Meinung in den anderen Mitgliedstaaten siehe die Übersicht bei *Schwarz*, Rn. 164.

15 Nachweise in Fn. 42.

16 So *Kindler*, NJW 1999, 1993, 1994.

17 So *Schwarz*, z. B. in Rn. 170.

18 Die Sitzverlegung begründet also den Auslandsbezug des Sachverhalts i. S. v. Art. 3 Abs. 1 S. 1 EGBGB und vergleichbaren Regelungen anderer Länder.

19 So *Schwarz*, etwa in Rn. 169.

20 Für Deutschland §§ 21 BGB, 41 Abs. 1 AktG, 11 Abs. 1 GmbHG, 13 GenG.

21 Zum Erfordernis der Registereintragung als maßgeblichem Hindernis *Behrens*, IPRax 1989, 354, 355; *Kindler*, NJW 1999, 1993, 1998 (Fn. 88).

22 *Kindler*, NJW 1999, 1993, 1994; *Roth*, ZIP 2000, 1597, 1600; *Schmidt*, ZGR 1999, 20, 24.

reichen, wenn man die Gesellschaft im Zuzugstaat neu gründet.[23] Dies setzt die Auflösung im Gründungsstaat voraus, die zumeist mit erheblichen insbesondere steuerlichen Nachteilen[24] verbunden ist. Aus dem Zusammenspiel von Sitztheorie (als Teil des Internationalen Privatrechts) und nationalem Sachrecht ergibt sich in diesem Fall also eine erhebliche Einschränkung der Mobilität von Gesellschaften. Auch wenn diese Beschränkung genau genommen erst aus dem Zusammenwirken von Internationalem Privatrecht und nationalem Gesellschaftsrecht folgt,[25] ist gleichwohl die Sitztheorie der hierbei maßgebliche Faktor. Denn sie führt dazu, daß die Gesellschaft den Anforderungen des *ausländischen* Rechts zu genügen hat, was sie in aller Regel – ohne Neugründung – nicht kann. Daß das ausländische Recht besondere Anforderungen enthält (wie vor allem die Registereintragung) ist hingegen eine Selbstverständlichkeit. Daher ist es nicht zu beanstanden, wenn der EuGH allein die Sitztheorie – und nicht (auch) das nationale Sachrecht – am Maßstab von Art. 43 EGV überprüft.

II. Europarecht

Diese Zusammenhänge sind der Entscheidung des EuGH gewissermaßen vorgelagert. Er hatte sich allein mit der sich anschließenden Frage zu beschäftigen, ob diese aus dem nationalen Recht[26] erwachsenden Rechtsfolgen mit Gemeinschaftsrecht, insbesondere der Niederlassungsfreiheit, vereinbar sind. Dabei soll unter 1. – 4. dargestellt werden, welche Punkte bei vollständiger Prüfung von Art. 43 EGV hätten problematisiert werden müssen. Von einer umfassenden Prüfung konnte der EuGH hingegen absehen, da er schon die Anwendbarkeit dieser Vorschrift verneint (dazu unter 5.).

1. a) Der persönliche Schutzbereich ist eröffnet (i. V. m. Art. 48 EGV).

b) Mit Blick auf den sachlichen Schutzbereich ist zu prüfen, ob sich die Verlegung des Verwaltungssitzes als Akt der freien Niederlassung begreifen läßt. Diese Frage hat der EuGH in der vorliegenden Entscheidung nicht beantwortet.[27] Ihr wird hier in Fall Nr. 3 (*Centros*) näher nachgegangen.[28] Wie dort zu sehen ist, läßt sie sich mit guten Gründen bejahen.

2. a) Auf zweiter Ebene, der Beschränkungsebene, muß zunächst diejenige Vorschrift, die man auf ihre beschränkende Wirkung hin untersucht, klar identifiziert werden. Im

---

23 Siehe nur *Behrens*, IPRax 1989, 354, 355 (Fn. 6). Wohlgemerkt: Diese Folge ist nicht mehr Bestandteil der Sitztheorie, sondern ergibt sich – so gesehen mittelbar – aus dem nationalen Sachrecht (*Behrens*, IPRax 1989, 354, 355 und besonders deutlich *Schmidt*, ZGR 1999, 20, 23).

24 Wie vor allem die Aufdeckung und Besteuerung stiller Reserven.

25 Deutlich etwa *Behrens*, IPRax 1989, 354, 355. Zutreffend auch *Roth*, ZIP 2000, 1597, 1599.

26 Auch das Internationale Privatrecht ist nationales Recht (etwa *Behrens*, IPRax 1999, 323).

27 *Behrens*, IPRax 1989, 354, 358 mit kritischer Stellungnahme.

28 Dort unter B. I. 2.

Fall geht es an sich allein um Section 482 des britischen Income and Corporation Taxes Act 1970, also derjenigen Vorschrift, die die steuerrechtliche Anerkennung der Sitzverlegung von einer vorherigen Zustimmung des britischen Finanzministeriums abhängig macht. Beschränkend wirkt also eine Vorschrift aus dem britischen Steuerrecht, nicht hingegen die sich aus dem Internationalen Privatrecht ergebende Sitztheorie. Diese hätte auch gar nicht Anlaß des Verfahrens sein können, da das Vereinigte Königreich der Gründungstheorie folgt. Die Klägerin hätte ihren Verwaltungssitz also in die Niederlande verlegen können, ohne gesellschaftsrechtliche Konsequenzen fürchten zu müssen.[29] Gleichwohl ergreift der EuGH die Gelegenheit, die in ihrer Aussage viel weiter reichende Sitztheorie auf ihre Vereinbarkeit mit Gemeinschaftsrecht zu prüfen.[30]

b) Dabei stellt sich das Problem, daß sich die Klägerin gegenüber dem eigenen Staat auf das Niederlassungsrecht beruft.[31] Zwar setzt sich der EuGH auch in dieser Entscheidung nicht mit dem Wortlaut von Art. 43 Abs. 1 S. 1 EGV[32] auseinander. Jedoch spricht er dieses Problem in Rn. 16 der Urteilsgründe immerhin ausdrücklich an. Er bejaht die Frage mit dem Argument, anderenfalls seien „die von Art. 52 ff. EGV [nunmehr Art. 43 ff. EGV] gewährten Rechte sinnentleert". Diese Begründung kann nicht befriedigen. Zum einen geht es gerade darum, welche Rechte die Niederlassungsfreiheit im einzelnen gewährt. Zum anderen hat Art. 43 EGV auch ohne Erstreckung auf Beschränkungen durch den eigenen Staat durchaus einen beachtlichen Anwendungsbereich. Von einer „Sinnentleerung" kann also keine Rede sein.

3. Hält man den Schutzbereich für eröffnet und nimmt man eine relevante Beschränkung an, muß in einem weiteren Schritt geprüft werden, ob sich diese Beschränkung rechtfertigen läßt.[33] Sieht man die englische Steuervorschrift – wie an sich geboten – als die maßgebliche Beschränkung an, kann man diese vor allem dann als durch Allgemeininteressen legitimiert ansehen, wenn man sich vergegenwärtigt, daß die Nichtberücksichtigung stiller Reserven bei der laufenden Besteuerung lediglich einen Steueraufschub, nicht eine Steuerbefreiung darstellt:[34] Die Besteuerung soll nicht komplett ausbleiben, sondern – letztlich aus Praktikabilitätsgründen – erst bei Veräußerung des Vermögensgegenstandes, d. h. bei Realisierung eines entsprechendes Gewinns, erfolgen. Der im englischen Recht enthaltene Zustimmungsvorbehalt sollte lediglich gewährleisten, daß

---

29 *Behrens*, IPRax, 1989, 354, 356 und 360; *Schwarz*, Rn. 178.

30 Warum der EuGH dies getan hat, bleibt freilich im Dunkeln. *Behrens*, IPRax 1989, 354, 360 hält das für einen taktischen Fehler. Jedenfalls sind die Ausführungen des EuGH zu dieser Frage nicht lediglich als obiter dictum ergangen (so aber *Timme/Hülk*, NJW 1999, 1055, 1056), sondern eigentlicher Inhalt der Entscheidung.

31 Dazu Grundzüge, D. I. 2. b) sowie die dortigen Nachweise.

32 Hierzu Grundzüge, D. I. 2. b).

33 Zu den Rechtfertigungsmöglichkeiten näher in den Grundzügen unter D. I. 3.

34 *Behrens*, IPRax, 1989, 354, 360.

diese Besteuerung nicht dadurch vereitelt wird, daß der Akt der Veräußerung zu einer Zeit vorgenommen wird, zu der die Gesellschaft bereits nicht mehr dem englischem Steuerrecht unterliegt.

4. Der EuGH lehnt eine Verletzung der Niederlassungsfreiheit letztlich unter einem ganz besonderen Aspekt ab. Er führt im zweiten Satz des ersten Leitsatzes der Entscheidung (sowie in Rn. 25 der Entscheidungsgründe) aus, daß „die Artikel 52 und 58 EGV [nunmehr Art. 43 und 48 EGV) beim derzeitigen Stand des Gemeinschaftsrechts einer Gesellschaft, die nach dem Recht eines Mitgliedstaats gegründet ist und in diesem ihren satzungsmäßigen Sitz hat, nicht das Recht [hat], den Sitz ihrer Geschäftsleitung in einen anderen Mitgliedstaat zu verlegen“. Auf den ersten Blick scheint es, als mache der EuGH hiermit Ausführungen zum sachlichen Schutzbereich. Dies ist aber nicht der Fall, da der EuGH unter den Begriff der freien Niederlassung nicht subsumiert,[35] diesen nicht einmal definiert. Vielmehr wendet er Art. 43 EGV auf den vorliegenden Sachverhalt von vornherein nicht an, da der EGV in den Art. 293 3. Spiegelstrich und Art. 44 Abs. 2 lit. g) EGV Kompetenzgrundlagen für den zu regelnden Bereich der grenzüberschreitenden Sitzverlegung enthalte und von diesen (noch) kein Gebrauch gemacht worden sei.[36] Man kann also sagen, daß der EuGH Art. 43 EGV von spezielleren Regelungen als verdrängt ansieht, demnach bereits die Anwendbarkeit der Vorschrift verneint.

Dies ist eine in dogmatischer Hinsicht vollends zufriedenstellende Lösung. In der Tat ist das Problem der grenzüberschreitenden Sitzverlegung von Gesellschaften in Art. 293 3. Spiegelstrich EGV explizit der Regelung durch staatliche Übereinkommen zugewiesen. Es wurde im Jahre 1968 auch der Versuch unternommen, einen entsprechenden Kompromiß zu finden. Der Vorschlag wurde jedoch nicht von allen Staaten ratifiziert. Der Hinweis auf die Möglichkeit, den Bereich durch eine Richtlinie auf der Grundlage von Art. 44 Abs. 2 lit. g) EGV zu regeln, ist ebenfalls überzeugend. Auch hier hat es allein an der politischen Übereinkunft gefehlt. Lediglich ein Vorentwurf eines Richtlinienvorschlags ist vorhanden.[37]

---

35 Zutreffend *Behrens*, IPRax, 1989, 354, 358.

36 Zum Verhältnis dieser beiden Kompetenzgrundlagen zueinander siehe die Nachweise bei *Ebke*, JZ 1999, 656, 660, Fn. 27.

37 Vorentwurf für eine Richtlinie über die Verlegung des Sitzes einer Gesellschaft in einen anderen Mitgliedstaat mit Wechsel des für die Gesellschaft maßgeblichen Rechts vom 22. 4. 1997, abgedruckt etwa bei *Schwarz*, Textsammlung, Nr. 14 sowie in ZGR 1999, 157. Siehe dazu die Aufsatzreihe in ZGR 1999: *di Marco*, Der Vorschlag der Kommission für eine 14. Richtlinie – Stand und Perspektiven, ZGR 1999, 3; *Heinze*, Arbeitsrechtliche Probleme bei der grenzüberschreitenden Sitzverlegung, ZGR 1999, 54; *Hügel*, Steuerrechtliche Hindernisse bei der Internationalen Sitzverlegung, ZGR 1999, 71; *Neye*, Die Vorstellungen der Bundesregierung zum Vorschlag einer 14. Richtlinie, ZGR 1999, 13; *Priester*, EU-Sitzverlegung – Verfahrensablauf, ZGR 1999, 36; *Rajak*, Britisches Recht und der Vorschlag einer 14. Richtlinie, ZGR 1999, 111; *Schmidt*, Sitzverlegungsrichtli-

III. Deutschland

Bemerkenswert an der *Daily Mail*-Entscheidung ist vor allem die dort an den Tag gelegte Zurückhaltung des EuGH. Seine Lösung ist – wie im europarechtlichen Teil gesehen – dogmatisch ohne jede Einschränkung tragfähig. Gleichwohl wäre auch das entgegengesetzte Ergebnis begründbar gewesen.[38] Trotzdem wählt der Gerichtshof den weniger integrationsfreundlichen Weg. Das verwundert deshalb, weil der EuGH im allgemeinen keine Möglichkeit ungenutzt läßt, den Einigungsprozeß voranzutreiben und sich als „Motor der Integration" unter Beweis zu stellen. Dabei stören ihn dogmatische Hürden in aller Regel wenig. In dieser Entscheidung läßt er hingegen Vorsicht walten und achtet auf diese Weise die Autorität der Mitgliedstaaten sowie der anderen Organe der Gemeinschaft: Wenn sich weder die Mitgliedstaaten (Art. 293 3. Spiegelstrich EGV) noch die Organe der Gemeinschaft (Art. 44 Abs. 2 lit. g) EGV) zu einer Regelung der grenzüberschreitenden Sitzverlegung durchringen können, so ist es nicht Aufgabe des Gerichtshofes, diese Funktion zu übernehmen.

Daneben fällt auf, daß der EuGH offenbar von dem Bestreben geleitet war, die Vereinbarkeit der Sitztheorie mit Gemeinschaftsrecht durch einen eindeutigen Urteilsspruch zu klären. Denn wie unter B. II. 2. a) dargestellt, hätte sich der Fall ohne weiteres unter Umgehung dieser Problematik lösen lassen.[39] Dazu hätte der Gerichtshof nur streng die Vorlagefrage beantworten müssen, deren Gegenstand allein eine Vorschrift aus dem englischen Steuerrecht war, nicht hingegen das englische Internationalen Gesellschaftsrecht.[40]

Die Entscheidung hat in Deutschland eine umfangreiche Diskussion ausgelöst.[41] Denn sie hat jedem deutlich vor Augen geführt, daß Gemeinschaftsrecht auch als Maßstab für

---

nie, Freizügigkeit und Gesellschaftspraxis, ZGR 1999, 20; *Timmermann*, Sitzverlegung von Kapitalgesellschaften nach niederländischem Recht und die 14. EU-Richtlinie, ZGR 1999, 147; *Wymeersch*, Die Sitzverlegung nach belgischem Recht, ZGR 1999, 126.

38 Zum Beispiel mit den Argumenten von *Behrens*, IPRax 1989, 354, 357 f.

39 Hierzu nochmals *Behrens*, IPRax, 1989, 354, 361.

40 Welches überdies der Sitztheorie überhaupt nicht folgt (siehe oben B. II. 2. a).

41 Siehe z. B. *Behrens*, Die grenzüberschreitende Sitzverlegung von Gesellschaften in der EWG, IPRax, 1989, 354; *Bogler*, Gesellschafts- und Gesellschafterhaftung bei Auseinanderfallen von Gründungs- und Sitzstaat, DB 1991, 848; *Ebenroth/Auer*, Die Vereinbarkeit der Sitztheorie mit europäischem Recht, GmbHR 1994, 16; *Ebenroth/Bippus*, Die Sitztheorie als Theorie effektiver Verknüpfungen der Gesellschaft, JZ 1988, 677; *Ebenroth/Eyles*, Die Beteiligung ausländischer Gesellschaften an einer inländischen Kommanditgesellschaft, DB 1988, Beil. 2; *Großfeld*, Freizügigkeit für Unternehmen in Europa?, IStR 1993, 236; *ders.*, Europäisches Gesellschaftsrecht, WM 1992, 2121; *Großfeld/König*, Das Internationale Gesellschaftsrecht der Europäischen Gemeinschaft, RIW 1992, 433; *Großfeld/Luttermann*, Anmerkung zu EuGH, Urteil v. 27. 9. 1988, JZ 1989, 386; *Meilikke*, Sitztheorie und EWG-Vertrag nach Handels- und Steuerrecht, RIW 1990, 449; *Sandrock*, Sitztheorie, Überlassungstheorie und der EWG-Vertrag: Wasser, Öl und Feuer, RiW 1989, 505; *San-*

das Internationale Gesellschaftsrecht in Betracht kommt und es trotz der Zurückhaltung des EuGH in der *Daily Mail*-Entscheidung zumindest fragwürdig ist, ob sich die Sitztheorie mit Gemeinschaftsrecht in Einklang bringen läßt. Die Frage ist deshalb von besonderer Brisanz, weil in Deutschland abgesehen von vereinzelten Gegenstimmen die Sitztheorie vertreten wird, insbesondere auch von der Rechtsprechung.[42]

Die Anknüpfung an den Sitz wird damit gerechtfertigt, daß Gesellschaften regelmäßig zu dem Staat, in dem sie ihren Sitz haben, die engste Verbindung aufweisen, und dieser Staat deswegen das Recht haben müsse, die Gesellschaft einer Regelung zu unterwerfen. Die Gründungstheorie führe hingegen unweigerlich zum einen „race to the bottom",[43] d. h. zu einem Wettbewerb der nationalen Unternehmensrechtsordnungen hin zu möglichst geringen Anforderungen an insbesondere die Gründung, Kapitalaufbringung und Kapitalerhaltung. Vermutet wird also, daß Gesellschaften in der Regel nach dem jeweils laxesten Gesellschaftsrecht gegründet werden. Nicht zuletzt[44] der in den Vereinigten Staaten zu beobachtende sog. *Delaware*-Effekt spricht dafür, daß diese Vermutung der Realität entspricht.

An der *Daily Mail*-Entscheidung fällt im Unterschied zur als Fall Nr. 3 zu besprechenden *Centros*-Entscheidung[45] auf, daß sie klare Vorgaben für die praktische Rechtsanwendung enthält. Daher berufen sich deutsche Gerichte selbst nach Erlaß der *Centros*-Entscheidung noch auf Passagen der *Daily Mail*-Entscheidung.[46] Dies kann nicht als von vornherein unzulässig bezeichnet werden, da der EuGH in der *Centros*-Entscheidung mit keinem Wort auf das Verhältnis dieser Entscheidung zum *Daily Mail*-Urteil

---

drock/Austmann, Das Internationale Gesellschaftsrecht nach der Daily Mail-Entscheidung des Europäischen Gerichtshofs: Quo Vadis?, RIW 1989, 249; *Schümann*, Die Vereinbarkeit der Sitztheorie mit dem europäischen Recht, EuZW 1994, 269; *Thönnes*, Identitätswahrende Sitzverlegung von Gesellschaften in Europa, DB 1993, 1021. Zum nach Erlaß des *Centros*-Urteils ergangenen Schrifttum siehe Fn. 36 zu Fall Nr. 3 in diesem Casebook.

42 Zuletzt BGH, ZIP 2000, 967, 968. Ferner BGHZ 97, 269, 271; BGHZ 134, 116, 118; BayObLG, DB 1998, 2318.

43 Siehe nur *Ebke*, JZ 2000, 204.

44 Siehe auch den Sachverhalt der *Centros*-Entscheidung (Fall Nr. 3 in diesem Casebook).

45 Fall Nr. 3 in diesem Casebook. Die Aussage dieser Entscheidung ist alles andere als klar (siehe die deutsche Anmerkung dort).

46 So etwa OLG Brandenburg, NJW-RR 2001, 29, 30. Ein ähnlicher gelagerter Fall wurde vom BayObLG (DB 1998, 2318; dazu *Kindler*, NJW 1999, 1993, 1998), allerdings noch vor dem *Centros*-Urteil, entschieden. Das Gericht beruft sich konsequent auf die *Daily Mail*-Entscheidung, ohne dessen Maßgeblichkeit in Zweifel zu ziehen (ebenso OLG Düsseldorf, JZ 2000, 203 mit Anm. *Ebke*). Vgl. auch AG Heidelberg, ZIP 2000, 1617, 1618.

eingegangen ist,[47] somit nicht ohne weiteres davon ausgegangen werden kann, daß das *Daily Mail*-Urteil durch die *Centros*-Entscheidung hinfällig geworden ist.

A. K.

IV. Frankreich

In der *Daily Mail*-Entscheidung urteilt der EuGH, daß die Artikel 43 und 48 EGV beim derzeitigen Stand des Gemeinschaftsrechts einer Gesellschaft nicht das Recht gewähren, ihren Sitz in einen anderen Mitgliedstaat zu verlegen. Die einzig wirklich zulässige Möglichkeit besteht in der Auflösung der Gesellschaft und deren Neugründung in einem anderen Staat. Diese Lösung ist für französische Gesellschaften jedoch kaum praktikabel. Zum einen zieht die Auflösung der Gesellschaft hohe steuerliche Abgabepflichten nach sich. Es erfolgt eine unverzügliche Besteuerung aller Gewinne und darüber hinaus des nicht veranlagten Wertes, der sich aus der Auflösung der stillen Reserven ergibt, sowie die Besteuerung des Liquidationserlöses. Zum anderen muß man die Gesellschaft – rechtlich gesehen – vor Beginn der Neugründungsformalitäten in dem Staat, in dem sie bisher ihren Sitz hatte, auflösen. Lediglich für die EWIV, die durch das Gesetz vom 13. Juni 1999[48] in französisches Recht umgesetzt wurde, besteht ausdrücklich die Möglichkeit, ihren Sitz von einem Mitgliedstaat in einen anderen zu verlegen. Allerdings ist der Unternehmensgegenstand der EWIV begrenzt, da er zwingend an die Aktivitäten seiner Gesellschafter gebunden ist. Außerdem hat die EWIV lediglich Hilfscharakter. Lehre und Praxis erachten deswegen als einzig wirklich gangbaren Weg in Frankreich die Gründung von Filialen oder Niederlassungen.

Literatur: RTDE 1989, note Cartou; JDI 1989, S. 429, note *Boutard Labarde*; *Galvada et Parléani*, Droit des affaires de l'Union Européenne, Litec 1999, Nr. 240.

D. L.

V. Italien

Die *Daily Mail*-Entscheidung des EuGH ist in Italien insbesondere unter drei Gesichtspunkten relevant:

1. Nationalität von Gesellschaften

Die Frage, welchem Recht eine Gesellschaft untersteht, ist in Italien nunmehr durch das Gesetz 218/95 (Gesetz zum Internationalen Privatrecht, IPR-Gesetz) geregelt. Dieses hat

---

47 Näher hierzu unter B. I. 1 der Anmerkungen zur *Centros*-Entscheidung (Fall Nr. 3 in diesem Casebook). Siehe auch Punkt 1. der deutschen Anmerkung zu dieser Entscheidung.

48 Menjuc: Juris-classeur Europe, Fasc. 810.

die Artikel 2505 und 2509 des italienischen Zivilgesetzbuches („Codice Civile“, C. C.) ersetzt.

Angeknüpft wird gemäß Art. 25 des Gesetzes 218/95 an den Ort, in dem sich die Gründung der Gesellschaft vollzogen hat. Italien folgt daher zumindest im Ausgangspunkt der Gründungstheorie. Daher werden Gesellschaften, die in Italien gegründet wurden, dem italienischen Recht unterstellt. Eine Einschränkung wird aber dann gemacht, wenn einer faktischen Verbindung zwischen der Tätigkeit der Gesellschaft und Italien Rechnung zu tragen ist. Demnach werden Gesellschaften, welche zwar im Ausland gegründet wurden, die jedoch ihren Verwaltungssitz („sede dell'amministrazione“) bzw. ihren Hauptgegenstand („oggetto principale“) in Italien haben, dem italienischen Recht unterstellt.[49] Eine der Folgen der Anwendung italienischen Rechts ist beispielsweise, daß die Handelnden gem. Art. 2331 C. C. unbeschränkt und gesamtschuldnerisch haften, wenn die Gesellschaft den Eintragungsverpflichtungen bzgl. des Unternehmensregisters („registro delle imprese“) nicht nachkommt.[50]

Verlegt eine ausländische Gesellschaft ihren Verwaltungssitzes bzw. den hauptsächlichen Geschäftsgegenstand nach Italien und sind damit die Voraussetzungen von Art. 25 Nr. 1 2. Halbs. IPR-Gesetz erfüllt, so bleibt die Gesellschaft zwar weiter eine ausländische Gesellschaft und damit dem Recht des Gründungsstaates unterstellt. Gleichzeitig ist daneben jedoch auch italienisches Recht auf diese Gesellschaft anzuwenden. Für sich genommen, macht eine solche Sitzverlegung vom Ausland nach Italien nicht die Neugründung der Gesellschaft in Italien erforderlich. Anders kann dies sein, wenn das Recht des Staates, in dem die Gesellschaft gegründet wurde, mit der Sitzverlagerung in das Ausland deren Auflösung verknüpft. Im umgekehrten Fall der Verlegung des Verwaltungssitzes oder des hauptsächlichen Geschäftsgegenstandes einer in Italien gegründeten Gesellschaft ins Ausland folgt aus italienischer Sicht daraus nicht, daß die Gesellschaft aus diesem Grund nicht mehr italienischem Recht unterliegt, wenngleich die Anwendung dieser Normen *in concreto* auch problematisch werden kann.

In der Rechtsprechung wurde angenommen, daß die Sitzverlegung und die Löschung aus dem ausländischen Register eine Umwandlung der Gesellschaft in den vom italienischen Recht vorgesehenen Gesellschaftstyp zur Folge hat. Dabei handelt es sich nach einer Entscheidung des Tribunale di Roma[51] nicht um eine bloße Umwandlung. Die ausländische Gesellschaft verliert danach vielmehr ihre Rechtspersönlichkeit und muß in Italien nach den hier geltenden Normen neu gegründet werden. Anders entschied das

49 Zu den Folgen der *Centros*-Entscheidung des EuGH für diese Norm siehe die italienische Anmerkung zu dieser Entscheidung (Fall Nr. 3 in diesem Casebook).

50 Cassazione Urteil Nr. 6459 vom 13. 12. 1980.

51 Urteil vom 9. 12. 1982, in: Riv. Not. 1983, S. 1213.

Tribunale di Pordenone im Urteil vom 28. 9. 1990.[52] Danach habe man es in einem derartigen Fall mit der bloßen Umwandlung eines bestehenden Rechtssubjekts zu tun.

Wenn hingegen weder der statutarische Sitz noch der Verwaltungssitz noch der hauptsächliche Geschäftsgegenstand in Italien verbleiben, bleibt für die Anwendung italienischen Rechts kein Raum mehr. Wenn in einem solchen Fall das ausländische Recht (des Sitzstaates) die Umwandlung anerkennt, wird eine solche Gesellschaft aus italienischer Sicht als ausländische Gesellschaft angesehen. Dies ergibt sich nunmehr aus Art. 25 Nr. 3 IPR-Gesetz. Zweck ist augenscheinlich, staatenlose Gesellschaften zu vermeiden. Demgemäß erscheint auch die von dem Berufungsgericht Turin („Corte di Appello di Torino") in seinem Urteil vom 1. 12. 1995[53] vertretene Auffassung überholt, wonach der Beschluß einer Sitzverlegung von Italien in die Schweiz zwar gerichtlich im Verfahren der „omologazione"[54] gebilligt werden kann, nicht hingegen der gleichzeitig gefaßte Beschluß der Umwandlung von einer italienischen Kapitalgesellschaft in eine S. A. des schweizerischen Rechts.[55]

Demgegenüber hat die Literatur auch vor dem Inkrafttreten des Gesetzes 218/95 immer die Kontinuität der Gesellschaft auch im Falle einer Sitzverlegung ins Ausland (und umgekehrt) vertreten. Vereinzelt wurden die Ausführungen des EuGH in der *Daily Mail*-Entscheidung (insbesondere unter Rn. 20) als Bestätigung der Rechtsprechung ausgelegt, da der EuGH ausführe, daß nach den Rechtsordnungen einiger Länder die Sitzverlegung die Auflösung der Gesellschaft voraussetze. Im übrigen statuiert das italienische Recht keinerlei besondere Voraussetzungen für eine Sitzverlagerung in das Ausland oder knüpft diese an irgendwelche Genehmigungen.

Aus Art. 25 Nr. 2 des IPR-Gesetzes erschließt sich schließlich die Reichweite des so ermittelten Gesellschaftsstatuts. Es erstreckt sich auf die Rechtsnatur der Gesellschaft (Personengesellschaft oder juristische Person), die Firmierung, die Gründung, die Umwandlung und die Auflösung sowie die Bestellung, die Rechtsmacht und die Organisation der Organe, die gesetzliche Vertretung, die Gesellschafterstellung, die Haftung für Verbindlichkeiten der Gesellschaft sowie die Folgen von Verstößen gegen das Gesetz oder den Gesellschaftsvertrag.

---

52 In: Foro Padano 1991, I, S. 187.

53 In: Giurisprudenza Commerciale 1996, S. 415.

54 Hierzu näher in der italienischen Anmerkung zum *Centros*-Urteil (Fall Nr. 3 in diesem Casebook), unter B. IV. 2.

55 Vgl. dazu Ballarino, Diritto Internazionale Privato, Padua 1999, S. 373.

2. Anknüpfung zu steuerlichen Zwecken

Dieselbe Anknüpfung, welche zivilrechtlich zugrunde gelegt wird, wird auch für die steuerliche Behandlung herangezogen, um die „residenza fiscale“, also den steuerlich relevanten Sitz zu ermitteln.

Gemäß Art. 87 TUIR[56] unterstehen juristische Personen (Kapitalgesellschaften) der Steuerpflicht auf das Einkommen, wenn sie in Italien ansässig sind („residenti nel Territorio dello Stato“). Ist dies der Fall, unterliegen sämtliche Einkünfte der Steuerpflicht in Italien (Welteinkommensprinzip).[57]

Personengesellschaften (ohne Rechtspersönlichkeit) werden gem. Art. 5 TUIR auf der Gesellschafterebene besteuert, wobei jedoch die Kriterien für die Bestimmung des steuerlich maßgeblichen Sitzes/Wohnsitzes gleichermaßen zugrunde gelegt werden: Gemäß Art. 5 Nr. 3 i. V. m. Art. 87 TUIR gelten als in Italien steuerlich ansässig diejenigen Gesellschaften, welche im Veranlagungszeitraum überwiegend entweder ihren Sitz oder den Verwaltungssitz (verstanden als der Ort, an dem der Inhaber der Leitungsmacht seine auf die Gesellschaft bezogenen Verwaltungshandlungen ausübt) oder den hauptsächlichen Geschäftsgegenstand innehatten. Liegt eine der genannten Voraussetzungen für mehr als sechs Monate während eines Veranlagungszeitraums vor, so unterliegen sämtliche Einkünfte der Steuerpflicht in Italien.

Gemäß Art. 112 TUIR sind schließlich ausländische Gesellschaften (gleich ob mit oder ohne eigener Rechtspersönlichkeit) in Italien hinsichtlich derjenigen Einkünfte steuerpflichtig, welche in Italien erzielt werden.

Sämtliche Ausführungen gelten vorbehaltlich der Bestimmungen im Doppelbesteuerungsabkommen.

3. Anknüpfung im Falle der Insolvenz

Eine Besonderheit gibt es in Italien schließlich in bezug auf die Anwendung von Normen aus dem Bereich des Konkursrechts auf ausländische Gesellschaften bzw. italienische Gesellschaften, welche ihren Sitz ins Ausland verlegt haben.

Die internationale (und örtliche) Zuständigkeit der italienischen Gerichte für die Entscheidung über die Eröffnung eines Insolvenzverfahrens bestimmt sich nach dem Ort

56 DPR 22. 12. 1986 n. 917.

57 Zum Welteinkommensprinzip siehe auch in der *St. Gobain*-Entscheidung (Fall Nr. 18 in diesem Casebook), unter B. I. 2.

der hauptsächlichen Geschäftstätigkeit des Unternehmens. Fallen statutarischer und tatsächlicher Sitz auseinander, so ist letztgenannter maßgeblich.[58]

Außerdem ist es nach italienischem Recht möglich, über das Vermögen von Gesellschaften mit Sitz im Ausland das Konkursverfahren (oder andere Insolvenzverfahren) zu eröffnen. Dies gilt insbesondere dann, wenn das ausländische Unternehmen in Italien eine oder mehrere Zweigniederlassungen unterhält.

Die Auswirkungen einer Sitzverlegung in das Ausland auf die internationale Zuständigkeit in Konkurssachen wurden in der italienischen Rechtsprechung nur selten relevant. Nach einer Entscheidung des Kassationsgerichtshofes[59] bleibt es bei der internationalen Zuständigkeit italienischer Gerichte, wenn die Sitzverlegung ins Ausland nach Stellung eines Insolvenzantrages erfolgt.

Der Problemkreis dürfte jedoch nach Inkrafttreten der europäischen Insolvenzverordnung[60] im Jahre 2002 endgültig geklärt sein. Denn dort ist in Art. 3 eine Zusammenstellung der Kriterien zur Feststellung der internationalen Zuständigkeit enthalten.

Weitere Literatur: *Borio*, Guida alle Convenzioni Internazionali contro le Doppie Imposizioni, Mailand 1998; *Santa Maria*, Kommentar zu Art. 25 Gesetz 218/95, in: Riv. di Dir. Intern. Priv. e Proc. 1995, S. 1036 ff.

I. G. / K.-H. L.

VI. Vereinigtes Königreich

Das Vereinigte Königreich ist ein Staat, in dem die Gründungstheorie („incorporation theory“) gilt. Es wird auf eine Gesellschaft also das Recht desjenigen Staates angewandt, in dem sie als Gesellschaft eingetragen ist und ihren satzungsmäßigen Sitz hat, unabhängig davon, wo ihre Geschäfte tatsächlich geführt werden. Somit ergibt sich für Juristen im Vereinigten Königreich auch kein Problem, wenn eine britische Gesellschaft den Sitz ihrer Geschäftsleitung in das Ausland verlegt. Da auch im Aufnahmestaat, den Niederlanden, die Gründungstheorie gilt, hätten in gesellschaftsrechtlicher Hinsicht keine Hindernisse bestanden.

In Ermanglung eines einheitlichen Steuerrechts für Unternehmen unterschiedlicher Mitgliedstaaten hat jedoch jeder Staat anerkanntermaßen das Recht, von einem umzugswil-

---

58 Tribunale di Torino, Urteil vom 16. 12. 1991, in: Diritto Fallimentare 1993, II, S. 653.

59 Cassazione 94/9417.

60 Verordnung Nr. 1346/2000 des Rates vom 29. 5. 2000 über Insolvenzverfahren, ABl. 2000, L 160, S. 1 ff. Hierzu ausführlich *Eidenmüller*, Europäische Verordnung über Insolvenzverfahren und zukünftiges deutsches internationales Insolvenzrecht, IPRax, 2001, 2.

ligen Unternehmen zu verlangen, vor Verlegung seines Sitzes seine Steuerschulden zu begleichen. Dies scheint auch der Ansicht des Generalanwalts zu entsprechen. Allerdings enttäuscht das Urteil des Europäischen Gerichtshofs aufgrund der engen Sichtweise, die es in bezug auf die Niederlassungsfreiheit für Gesellschaften an den Tag legt. Natürlich spielten in diesem Zusammenhang auch politische Erwägungen eine Rolle. Vermutlich bestand der Wunsch, diejenigen Staaten nicht zu verärgern, die der Sitztheorie („real seat approach") folgen. Ungeachtet dessen hätte sich der EuGH der Meinung der Kommission anschließen sollen, nach der eine Sitzverlegung ins Ausland dann von Art. 43 EGV geschützt sein soll, wenn sie nach nationalem Recht möglich ist. Dies hätte eine abschließende Entscheidung im Streit zwischen Gründungs- und Sitztheorie schon zu einem früheren Zeitpunkt auf die Tagesordnung gebracht. Denn dieser Meinungsstreit bedarf einer raschen verbindlichen Klärung, damit ein wahrer gemeinsamer Markt entstehen kann. Es bleibt zu hoffen, daß der Entwurf einer 14. Richtlinie zu einer ernstzunehmenden Bewegung auf diesem Gebiet führt, dem allerdings der Vorwurf zu machen ist, sich nicht den steuerrechtlichen Fragestellungen anzunehmen.

J. B.

Fall Nr. 3 – Centros

PARTEIEN: *Centros Ltd.* gegen *Erhvervs- og Selskabsstyrelsen*
AKTENZEICHEN: Rs. C-212/97
FUNDSTELLE: Slg. 1999, I-1459[1]

A. Urteil des EuGH vom 9. März 1999

I. Leitsatz

Ein Mitgliedstaat, der die Eintragung der Zweigniederlassung einer Gesellschaft verweigert, die in einem anderen Mitgliedstaat, in dem sie ihren Sitz hat, rechtmäßig errichtet worden ist, aber keine Geschäftstätigkeit entfaltet, verstößt gegen die Artikel 52 und 58 EGV [nunmehr Art. 43 und 48 EGV], wenn die Zweigniederlassung es der Gesellschaft ermöglichen soll, ihre gesamte Geschäftstätigkeit in dem Staat auszuüben, in dem diese Zweigniederlassung errichtet wird, ohne dort eine Gesellschaft zu errichten und damit das dortige Recht über die Errichtung von Gesellschaften zu umgehen, das höhere Anforderungen an die Einzahlung des Mindestgesellschaftskapitals stellt. Diese Auslegung schließt jedoch nicht aus, daß die Behörden des betreffenden Mitgliedstaats alle geeigneten Maßnahmen treffen können, um Betrügereien zu verhindern oder zu verfolgen. Das gilt sowohl – gegebenenfalls im Zusammenwirken mit dem Mitgliedstaat, in dem sie errichtet wurde – gegenüber der Gesellschaft selbst als auch gegenüber den Gesellschaftern, wenn diese sich mittels der Errichtung der Gesellschaft ihren Verpflichtungen gegenüber inländischen privaten oder öffentlichen Gläubigern entziehen möchten.

II. Rechtsgrundlagen

1. Nationales Recht

a) § 117 Abs. 1 Anpartsselskabslov (dänisches GmbHG[2])

Die Gesellschaften mit beschränkter Haftung und die ausländischen Gesellschaften gleicher Rechtsform, die in einem Mitgliedstaat der Europäischen Gemeinschaften niedergelassen sind, können in Dänemark über eine Zweigniederlassung tätig werden.

b) Sitz- und Gründungstheorie[3]

---

1 NJW 1999, 2027 = EuZW 1999, 216 = DStR 1999, 772 L = EuGRZ 1999, 469 = EuR 1999, 274 = EWS 1999, 140 = GewA 1999, 375 = GmbHR 1999, 474 = IPRax 1999, 361 = IStR 1999, 253 = JZ 1999, 669 = RiW 1999, 447 = WM 1999, 956 = ZIP 1999, 438 = DStRE 1999, 414.

2 Hierzu aus dem deutschen Schrifttum etwa *Cornelius*, Die GmbH im dänischen Recht, GmbHR 1991, 188.

3 *Daily Mail*-Entscheidung (Fall Nr. 2 in diesem Casebook), A. II. 3. – 4.

2. Gemeinschaftsrecht: Art. 43, 48 EGV und Art. 293 3. Spiegelstrich EGV

III. Zum Sachverhalt

1. Das Højesteret hat mit Beschluß vom 3. Juni 1997, beim Gerichtshof eingegangen am 5. Juni 1997, gemäß Artikel 177 EGV [nunmehr Art. 234 EGV] eine Frage nach der Auslegung der Artikel 52, 56 und 58 EGV [nunmehr Art. 43, 46 und 48 EGV] zur Vorabentscheidung vorgelegt.

2. Diese Frage stellt sich im Rahmen eines Rechtsstreits zwischen der Centros Ltd. (nachstehend: Centros), einer am 18. Mai 1992 in England und Wales eingetragenen „private limited company", und der dem dänischen Handelsministerium unterstehenden Erhvervs- og Selskabsstyrelse (Zentralverwaltung für Handel und Gesellschaften) wegen deren Weigerungen, eine Zweigniederlassung von Centros in Dänemark einzutragen.

3. Aus den Akten ergibt sich, daß die Centros seit ihrer Errichtung keine Geschäftstätigkeit entfaltet hat. Da das Recht des Vereinigten Königreichs bei Gesellschaften mit beschränkter Haftung die Einzahlung eines Mindestgesellschaftskapitals nicht vorschreibt, wurde das Gesellschaftskapital der Centros von 100 UKL weder in die Gesellschaft einbezahlt noch zu deren Verwendung individualisiert. Das Kapital zerfällt in zwei Anteile, deren Eigentümer die Eheleute Bryde, in Dänemark ansässige dänische Staatsangehörige, sind. Frau Bryde ist Direktorin der Centros, deren Sitz sich im Vereinigten Königreich, an der Adresse eines Freundes von Herrn Bryde, befindet.

4. Nach dänischem Recht ist die Centros als „private limited company" als eine ausländische Gesellschaft mit beschränkter Haftung anzusehen. Die Vorschriften über die Anmeldung von Zweigniederlassungen solcher Gesellschaften finden sich im Anpartsselskabslov.

6. Im Sommer 1992 beantragte Frau Bryde bei der Zentralverwaltung die Eintragung einer Zweigniederlassung von Centros in Dänemark.

7. Die Zentralverwaltung lehnte die Eintragung u. a. mit der Begründung ab, die Centros, die seit ihrer Errichtung keine Geschäftstätigkeit im Vereinigten Königreich entfaltet habe, beabsichtige unter Umgehung der nationalen Vorschriften insbesondere über die Einzahlung eines Mindestgesellschaftskapitals von 200 000 DKR gemäß dem Gesetz Nr. 886 vom 21. Dezember 1991 in Wirklichkeit, in Dänemark nicht eine Zweigniederlassung, sondern einen Hauptsitz zu errichten.

8. Die Centros erhob gegen den ablehnenden Bescheid Klage beim Østre Landsret.

9. Der Østre Landsret folgte in einem Urteil vom 8. September 1995 dem Vorbringen der Zentralverwaltung. Die Centros legte ein Rechtsmittel beim Højesteret ein.

10. Im Rahmen dieses Verfahrens macht die Centros geltend, sie erfülle die Voraussetzungen, von deren Erfüllung das GmbH-Gesetz die Eintragung der Zweigniederlassung einer ausländischen Gesellschaft abhängig mache. Da sie im Vereinigten Königreich rechtmäßig errichtet worden sei, habe sie nach Artikel 52 [nunmehr Art. 43 EGV] in Ver-

bindung mit Artikel 58 EGV [nunmehr Art. 48 EGV] das Recht, eine Zweigniederlassung in Dänemark zu eröffnen.

11. Daß sie seit ihrer Errichtung im Vereinigten Königreich keine Geschäftstätigkeit entfaltet habe, berühre ihre Niederlassungsfreiheit nicht. Der Gerichtshof habe nämlich im Urteil vom 10. Juli 1986 in der Rechtssache 79/85[4] festgestellt, daß es gegen die Artikel 52 und 58 EGV [nunmehr Art. 43 und 48 EGV] verstoße, wenn die zuständigen Stellen eines Mitgliedstaats dem Geschäftsführer einer Gesellschaft den Anschluß an ein nationales Krankenversicherungssystem nur aus dem Grund verweigerten, daß die Gesellschaft ihren Sitz in einem anderen Mitgliedstaat habe, auch wenn sie dort keine Geschäftstätigkeiten entfalte.

12. Die Zentralverwaltung macht geltend, die Verweigerung der Eintragung stehe im Einklang mit den Artikeln 52 und 58 EGV [nunmehr Art. 43 und 48 EGV], da die Anmeldung einer Zweigniederlassung in Dänemark als eine Umgehung des im nationalen Recht vorgesehenen Mindesteinlagenerfordernisses anzusehen sei. Die Verweigerung der Eintragung sei außerdem erforderlich, um die öffentlichen und privaten Gläubiger und die Vertragspartner zu schützen und den betrügerischen Bankrott zu bekämpfen.

IV. Vorlagefrage

13. Das Højesteret hat demgemäß das Verfahren ausgesetzt und dem Gerichtshof folgende Frage zur Vorabentscheidung vorgelegt:

> Ist es mit Artikel 52 [nunmehr Art. 43 EGV] in Verbindung mit den Artikeln 56 und 58 EGV [nunmehr Art. 46 und 48 EGV] vereinbar, die Eintragung einer Zweigniederlassung einer Gesellschaft, die ihren Sitz in einem anderen Mitgliedstaat hat und mit einem Gesellschaftskapital von 100 UKL (etwa 1 000 DKR) nach dem Recht dieses Mitgliedstaats rechtmäßig errichtet worden ist und besteht, abzulehnen, wenn die Gesellschaft selbst keine Geschäftstätigkeit betreibt, die Zweigniederlassung aber in der Absicht errichtet wird, die gesamte Geschäftstätigkeit in dem Land zu betreiben, in dem die Zweigniederlassung errichtet wird, und wenn davon auszugehen ist, daß dieses Vorgehen statt der Errichtung einer Gesellschaft in dem letztgenannten Mitgliedstaat gewählt wurde, um die Einzahlung eines Mindestgesellschaftskapitals von 200 000 DKR, heute 125 000 DKR, zu vermeiden?

V. Entscheidungsgründe

14. Die Frage des nationalen Gerichts geht dahin, ob ein Mitgliedstaat, der die Eintragung der Zweigniederlassung einer Gesellschaft verweigert, die in einem anderen Mitgliedstaat, in dem sie ihren Sitz hat, rechtmäßig errichtet worden ist, aber keine Geschäftstätigkeit entfaltet, gegen die Artikel 52 und 58 EGV [nunmehr Art. 43 und 48 EGV] verstößt, wenn die Zweigniederlassung es der Gesellschaft ermöglichen soll, ihre gesamte Geschäftstätigkeit in dem Staat auszuüben, in dem diese Zweigniederlassung errichtet wird, ohne dort eine Gesellschaft zu errichten und damit das dortige Recht über die

---

4 Slg. 1986, 2375 (*Segers*).

Errichtung von Gesellschaften zu umgehen, das höhere Anforderungen an die Einzahlung des Mindestgesellschaftskapitals stellt.

15. Die Zentralverwaltung bestreitet nicht, daß jede Aktiengesellschaft oder Gesellschaft mit beschränkter Haftung, die ihren Sitz in einem anderen Mitgliedstaat hat, in Dänemark mittels einer Zweigniederlassung tätig werden kann. Im allgemeinen akzeptiert sie also die Eintragung einer Zweigniederlassung einer nach dem Recht eines anderen Mitgliedstaats errichteten Gesellschaft in Dänemark. Insbesondere hätte sie die Eintragung der Zweigniederlassung der Centros in Dänemark zugelassen, wenn diese in England und Wales eine Geschäftstätigkeit entfaltet hätte.

16. Nach den Ausführungen der dänischen Regierung ist Artikel 52 EGV [nunmehr Art. 43 EGV] im Ausgangsfall nicht anwendbar, da es sich um eine rein interne dänische Situation handele. Die Eheleute Bryde, die dänische Staatsangehörige seien, hätten nämlich im Vereinigten Königreich eine Gesellschaft errichtet, ohne dort irgendeine tatsächliche Geschäftstätigkeit zu entfalten, mit dem einzigen Ziel, mittels einer Zweigniederlassung in Dänemark eine Geschäftstätigkeit auszuüben und so die Anwendung des dänischen Rechts über die Errichtung der Gesellschaften mit beschränkter Haftung zu umgehen. Unter solchen Umständen stelle die Errichtung einer Gesellschaft durch die Staatsangehörigen eines Mitgliedstaats in einem anderen Mitgliedstaat keinen gemeinschaftsrechtlich, insbesondere im Hinblick auf die Niederlassungsfreiheit relevanten, über den nationalen Rahmen hinausweisenden Aspekt dar.

17. Eine Sachlage, in der eine nach dem Recht eines Mitgliedstaats, in dem sie ihren satzungsgemäßen Sitz hat, gegründete Gesellschaft eine Zweigniederlassung in einem anderen Mitgliedstaat gründen will, fällt unter das Gemeinschaftsrecht. Daß die Gesellschaft im ersten Mitgliedstaat nur errichtet wurde, um sich in dem zweiten Mitgliedstaat niederzulassen, in dem die Geschäftstätigkeit im wesentlichen oder ausschließlich ausgeübt werden soll, ist dabei ohne Bedeutung (vgl. in diesem Sinne das Urteil Segers, Randnr. 16).

18. Daß die Eheleute Bryde die Centros im Vereinigten Königreich zu dem Zweck gegründet haben, das dänische Recht über die Einzahlung eines Mindestgesellschaftskapitals zu umgehen, was weder in den schriftlichen Erklärungen noch in der mündlichen Verhandlung bestritten wurde, ändert ebenfalls nichts daran, daß die Gründung einer Zweigniederlassung in Dänemark durch diese britische Gesellschaft unter die Niederlassungsfreiheit im Sinne der Artikel 52 und 58 EGV [nunmehr Art. 43 und 48 EGV] fällt. Die Frage der Anwendung der Artikel 52 und 58 EGV [nunmehr Art. 43 und 48 EGV] ist nämlich eine andere als die, ob ein Mitgliedstaat Maßnahmen ergreifen kann, um zu verhindern, daß sich einige seiner Staatsangehörigen unter Mißbrauch der durch den EGV geschaffenen Erleichterungen der Anwendung des nationalen Rechts entziehen.

19. Die Eheleute Bryde machen geltend, die Verweigerung der Eintragung ihrer nach dem Recht eines anderen Mitgliedstaats, in dem sie ihren Sitz hat, errichteten Gesellschaft in Dänemark stelle eine Beschränkung der Niederlassungsfreiheit dar. Nach ständiger Rechtsprechung umfaßt die Niederlassungsfreiheit, die Artikel 52 EGV [nunmehr Art. 43 EGV] den Gemeinschaftsangehörigen zuerkennt, das Recht zur Aufnahme und Ausübung selbständiger Erwerbstätigkeiten sowie zur Errichtung von Unternehmen und

zur Ausübung der Unternehmertätigkeit nach den Bestimmungen, die im Niederlassungsstaat für dessen eigene Angehörigen gelten. Außerdem stellt Artikel 58 EGV [nunmehr Art. 48 EGV] die nach dem Recht eines Mitgliedstaats gegründeten Gesellschaften, die ihren satzungsmäßigen Sitz, ihre Hauptverwaltung oder ihre Hauptniederlassung innerhalb der Gemeinschaft haben, den natürlichen Personen gleich, die Angehörige der Mitgliedstaaten sind.

20. Hieraus folgt unmittelbar, daß diese Gesellschaften das Recht haben, ihre Tätigkeit in einem anderen Mitgliedstaat durch eine Agentur oder eine Zweigniederlassung oder Tochtergesellschaft auszuüben, wobei ihr satzungsmäßiger Sitz, ihre Hauptverwaltung oder ihre Hauptniederlassung, ebenso wie die Staatsangehörigkeit bei natürlichen Personen, dazu dient, ihre Zugehörigkeit zur Rechtsordnung eines Mitgliedstaats zu bestimmen (vgl. in diesem Sinne die Urteile Segers, Randnr. 13; vom 28. Januar 1986 in der Rechtssache 270/83, Kommission/Frankreich, Slg. 1986, 273, Randnr. 18; vom 13. Juli 1993 in der Rechtssache C-330/91, Commerzbank, Slg. 1993, I-4017, Randnr. 13; und vom 16. Juli 1998 in der Rechtssache C-264/96, ICI, Slg. 1998, I-4695, Randnr. 20).

21. Verweigert ein Mitgliedstaat unter bestimmten Umständen die Eintragung der Zweigniederlassung einer Gesellschaft, die ihren Sitz in einem anderen Mitgliedstaat hat, so werden die nach dem Recht dieses anderen Mitgliedstaats gegründeten Gesellschaften an der Wahrnehmung ihres Niederlassungsrechts aus den Artikeln 52 und 58 EGV [nunmehr Art. 43 und 48 EGV] gehindert.

22. Ein solches Vorgehen beschränkt also die Ausübung der in diesen Bestimmungen gewährleisteten Freiheiten.

23. Die dänischen Behörden machen geltend, die Eheleute Bryde könnten sich dennoch nicht auf diese Bestimmungen berufen, da die von ihnen beabsichtigte gesellschaftsrechtliche Konstruktion einzig den Zweck verfolge, die Anwendung des nationalen Rechts über die Errichtung von Gesellschaften mit beschränkter Haftung zu umgehen, und deshalb eine mißbräuchliche Ausnutzung des Niederlassungsrechts darstelle. Das Königreich Dänemark sei deshalb berechtigt, Maßnahmen zur Verhinderung eines solchen Mißbrauchs zu treffen, indem es die Eintragung der Zweigniederlassung verweigere.

24. Nach der Rechtsprechung des Gerichtshofes ist ein Mitgliedstaat zwar berechtigt, Maßnahmen zu treffen, die verhindern sollen, daß sich einige seiner Staatsangehörigen unter Mißbrauch der durch den EGV geschaffenen Möglichkeiten der Anwendung des nationalen Rechts entziehen; die mißbräuchliche oder betrügerische Berufung auf Gemeinschaftsrecht ist nicht gestattet (vgl. u. a. im Bereich des freien Dienstleistungsverkehrs die Urteile vom 3. Dezember 1974 in der Rechtssache 33/74, Van Binsbergen, Slg. 1974, 1299, Randnr. 13; vom 3. Februar 1993 in der Rechtssache C-148/91, Veronica Omroep Organisatie, Slg. 1993, I-487, Randnr. 12; und vom 5. Oktober 1994 in der Rechtssache C-23/93, TV10, Slg. 1994, I-4795, Randnr. 21; auf dem Gebiet der Niederlassungsfreiheit Urteile vom 7. Februar 1979 in der Rechtssache 115/78, Knoors, Slg. 1979, 399, Randnr. 25; und vom 3. Oktober 1990 in der Rechtssache C-61/89, Bouchoucha, Slg. 1990, I-3551, Randnr. 14; auf dem Gebiet des freien Warenverkehrs Urteil vom 10. Januar 1985 in der Rechtssache 229/83, Leclerc u. a., Slg. 1985, 1, Randnr. 27; auf

dem Gebiet der sozialen Sicherheit Urteil vom 2. Mai 1996 in der Rechtssache C-206/94, Paletta, Slg. 1996, I-2357, Randnr. 24; auf dem Gebiet der Freizügigkeit der Arbeitnehmer Urteil vom 21. Juni 1988 in der Rechtssache 39/86, Lair, Slg. 1988, 3161, Randnr. 43; auf dem Gebiet der gemeinsamen Agrarpolitik Urteil vom 3. März 1993 in der Rechtssache C-8/92, General Milk Products, Slg. 1993, I-779, Randnr. 21; auf dem Gebiet des Gesellschaftsrecht Urteil vom 12. Mai 1998 in der Rechtssache C-367/96, Kefalas u. a., Slg. 1998, I-2843, Randnr. 20).

25. Zwar können die nationalen Gerichte unter solchen Umständen im Einzelfall das mißbräuchliche oder betrügerische Verhalten der Betroffenen auf der Grundlage objektiver Kriterien in Rechnung stellen, um ihnen gegebenenfalls die Berufung auf das einschlägige Gemeinschaftsrecht zu verwehren; sie haben jedoch bei der Würdigung eines solchen Verhaltens die Ziele der fraglichen Bestimmungen zu beachten (Urteil Paletta, Randnr. 25).

26. Im Ausgangsfall sind die nationalen Vorschriften, denen sich die Betroffenen entziehen wollten, Vorschriften über die Errichtung von Gesellschaften, aber nicht Vorschriften über die Ausübung bestimmter beruflicher Tätigkeiten. Ziel der Vertragsvorschriften über die Niederlassungsfreiheit ist es jedoch gerade, es den nach dem Recht eines Mitgliedstaats errichteten Gesellschaften, die ihren satzungsmäßigen Sitz, ihre Hauptverwaltung oder ihre Hauptniederlassung innerhalb der Gemeinschaft haben, zu erlauben, mittels einer Agentur, Zweigniederlassung oder Tochtergesellschaft in anderen Mitgliedstaaten tätig zu werden.

27. Damit kann es für sich allein keine mißbräuchliche Ausnutzung des Niederlassungsrechts darstellen, wenn ein Staatsangehöriger eines Mitgliedstaats, der eine Gesellschaft gründen möchte, diese in dem Mitgliedstaat errichtet, dessen gesellschaftsrechtlichen Vorschriften ihm die größte Freiheit lassen, und in anderen Mitgliedstaaten Zweigniederlassungen gründet. Das Recht, eine Gesellschaft nach dem Recht eines Mitgliedstaats zu errichten und in anderen Mitgliedstaaten Zweigniederlassungen zu gründen, folgt nämlich im Binnenmarkt unmittelbar aus der vom EGV gewährleisteten Niederlassungsfreiheit.

28. Dabei ist unerheblich, daß das Gesellschaftsrecht in der Gemeinschaft nicht voll harmonisiert worden ist; außerdem bleibt es dem Rat jederzeit überlassen, aufgrund der ihm in Artikel 54 Absatz 3 Buchstabe g EGV [nunmehr Art. 44 Abs. 3 Buchstabe g EGV] übertragenen Befugnisse diese Harmonisierung zu vervollständigen.

29. Daß eine Gesellschaft in dem Mitgliedstaat, in dem sie ihren Sitz hat, keine Geschäftstätigkeiten entfaltet und ihre Tätigkeit ausschließlich im Mitgliedstaat ihrer Zweigniederlassung ausübt, belegt zudem nach Randnummer 16 des Urteils Segers noch kein mißbräuchliches und betrügerisches Verhalten, das es dem letzteren Mitgliedstaat erlauben würde, auf diese Gesellschaft die Gemeinschaftsvorschriften über das Niederlassungsrecht nicht anzuwenden.

30. Somit ist es mit den Artikeln 52 und 58 EGV [nunmehr Art. 43 und 48 EGV] unvereinbar, daß ein Mitgliedstaat es mit der Begründung ablehnt, die Zweigniederlassung einer nach dem Recht eines anderen Mitgliedstaats, in dem sie ihren Sitz hat, errichteten Gesellschaft einzutragen, die Zweigniederlassung solle es der Gesellschaft ermöglichen, ih-

re gesamte Geschäftstätigkeit im Aufnahmemitgliedstaat auszuüben, wobei die Zweigniederlassung dem nationalen Recht über die Einzahlung eines Mindestgesellschaftskapitals entzogen werde, da diese Weigerung jede Wahrnehmung der Freiheit zur Gründung einer Zweigniederlassung verhindert, die durch die Artikel 52 und 58 [nunmehr Art. 43 und 48 EGV] gerade gewährleistet werden soll.

31. Es stellt sich noch die Frage, ob das nationale Vorgehen aus den von den dänischen Behörden angeführten Gründen gerechtfertigt sein könnte.

32. Unter Bezugnahme auf Artikel 56 EGV [nunmehr Art. 46 EGV] und auf die Rechtsprechung des Gerichtshofes zu den zwingenden Gründen des Allgemeininteresses macht die Zentralverwaltung geltend, die Pflicht der Gesellschaften mit beschränkter Haftung zur Einzahlung eines Mindestgesellschaftskapitals verfolge zum einen den Zweck, die finanzielle Solidität der Gesellschaften zu verstärken, um die öffentlichen Gläubiger vor der Gefahr zu schützen, daß die öffentlichen Forderungen uneinbringlich würden, da diese anders als private Gläubiger ihre Forderungen nicht durch eine Sicherheit oder Bürgschaft sichern könnten; zum anderen solle sie ganz allgemein alle öffentlichen und privaten Gläubiger schützen, indem sie der Gefahr eines betrügerischen Bankrotts aufgrund der Zahlungsunfähigkeit von Gesellschaften mit unzureichendem Anfangskapital vorbeuge.

33. Es gebe kein milderes Mittel, um diese Ziele zu erreichen. Das andere Mittel zum Schutz der Gläubiger, gesetzlich bei Erfüllung bestimmter Voraussetzungen eine Durchgriffshaftung der Gesellschafter vorzusehen, sei nicht milder als die Verpflichtung zur Einzahlung eines Mindestgesellschaftskapitals.

34. Wie festgestellt, sind diese Gründe für Artikel 56 EGV [nunmehr Art. 46 EGV] ohne Belang. Im übrigen sind nach der Rechtsprechung des Gerichtshofes nationale Maßnahmen, die die Ausübung der durch den EGV garantierten Grundfreiheiten behindern oder weniger attraktiv machen können, zulässig, wenn vier Voraussetzungen erfüllt sind: Sie müssen in nichtdiskriminierender Weise angewandt werden, sie müssen zwingenden Gründen des Allgemeininteresses entsprechen, sie müssen zur Erreichung des verfolgten Zieles geeignet sein, und sie dürfen nicht über das hinausgehen, was zur Erreichung dieses Zieles erforderlich ist (vgl. die Urteile vom 31. März 1993 in der Rechtssache C-19/92, Kraus, Slg. 1993, I-1663, Randnr. 32; und vom 30. November 1995 in der Rechtssache C-55/94, Gebhard, Slg. 1995, I-4165, Randnr. 37).

35. Diese Voraussetzungen sind im Ausgangsfall nicht erfüllt. Zum einen ist das dänische Vorgehen nicht geeignet, das mit ihm verfolgte Ziel des Gläubigerschutzes zu erreichen, da die Zweigniederlassung in Dänemark eingetragen worden wäre, wenn die Gesellschaft eine Geschäftstätigkeit im Vereinigten Königreich ausgeübt hätte, obwohl die dänischen Gläubiger in diesem Fall ebenso gefährdet gewesen wären.

36. Da die Gesellschaft als Gesellschaft englischen Rechts, nicht als Gesellschaft dänischen Rechts auftritt, ist den Gläubigern weiter bekannt, daß sie nicht dem dänischen Recht über die Errichtung von Gesellschaften mit beschränkter Haftung unterliegt; sie können sich auf bestimmte gemeinschaftsrechtliche Schutzvorschriften berufen wie die Vierte Richtlinie 78/660/EWG des Rates vom 25. Juli 1978 aufgrund von Artikel 54 Absatz 3 Buchstabe g EGV [nunmehr Art. 44 Abs. 3 Buchstabe g EGV] über den Jah-

resabschluß von Gesellschaften bestimmter Rechtsformen (ABl. L 222, S. 11) und die Elfte Richtlinie 89/666/EWG des Rates vom 21. Dezember 1989 über die Offenlegung von Zweigniederlassungen, die in einem Mitgliedstaat von Gesellschaften bestimmter Rechtsformen errichtet wurden, die dem Recht eines anderen Staates unterliegen (ABl. L 395, S. 36).

37. Außerdem könnten entgegen dem Vorbringen der dänischen Behörden mildere Maßnahmen getroffen werden, die die Grundfreiheiten weniger beeinträchtigten. So könnten etwa die öffentlichen Gläubiger rechtlich die Möglichkeit erhalten, sich die erforderlichen Sicherheiten einräumen zu lassen.

38. Kann somit ein Mitgliedstaat die Eintragung der Zweigniederlassung einer nach dem Recht eines anderen Mitgliedstaats, in der sie ihren Sitz hat, errichteten Gesellschaft nicht verweigern, so kann er doch alle geeigneten Maßnahmen treffen, um Betrügereien zu verhindern oder zu verfolgen. Das gilt sowohl – gegebenenfalls im Zusammenwirken mit dem Mitgliedstaat, in dem sie errichtet wurde – gegenüber der Gesellschaft selbst als auch gegenüber ihren Gesellschaftern, wenn diese sich mittels der Errichtung der Gesellschaft ihren Verpflichtungen gegenüber inländischen privaten oder öffentlichen Gläubigern entziehen möchten. Jedoch kann die Bekämpfung von Betrügereien nicht rechtfertigen, die Eintragung einer Zweigniederlassung einer in einem anderen Mitgliedstaat niedergelassenen Gesellschaft zu verweigern.

39. Die Vorlagefrage ist demgemäß dahin zu beantworten, daß ein Mitgliedstaat, der die Eintragung der Zweigniederlassung einer Gesellschaft verweigert, die in einem anderen Mitgliedstaat, in dem sie ihren Sitz hat, rechtmäßig errichtet worden ist, aber keine Geschäftstätigkeit entfaltet, gegen die Artikel 52 und 58 EGV [nunmehr Art. 43 und 48 EGV] verstößt, wenn die Zweigniederlassung es der Gesellschaft ermöglichen soll, ihre gesamte Geschäftstätigkeit in dem Staat auszuüben, in dem diese Zweigniederlassung errichtet wird, ohne dort eine Gesellschaft zu errichten und damit das dortige Recht über die Errichtung von Gesellschaften zu umgehen, das höhere Anforderungen an die Einzahlung des Mindestgesellschaftskapitals stellt. Diese Auslegung schließt jedoch nicht aus, daß die Behörden des betreffenden Mitgliedstaats alle geeigneten Maßnahmen treffen können, um Betrügereien zu verhindern oder zu verfolgen. Das gilt sowohl – gegebenenfalls im Zusammenwirken mit dem Mitgliedstaat, in dem sie errichtet wurde – gegenüber der Gesellschaft selbst als auch gegenüber den Gesellschaftern, wenn diese sich mittels der Errichtung der Gesellschaft ihren Verpflichtungen gegenüber inländischen privaten oder öffentlichen Gläubigern entziehen möchten.

B. Anmerkungen

I. Europarecht[5]

1. Zunächst ist zu klären, ob der Anwendbarkeit von Art. 43 EGV auf den vorliegenden Sachverhalt nicht grundsätzliche Hindernisse entgegenstehen. Geht man nämlich davon

---

5 Siehe zunächst die Vorbemerkungen zur *Daily Mail*-Entscheidung (Fall Nr. 2 in diesem Casebook) (B. I.).

aus, daß es in dem Fall letztlich um die grenzüberschreitende Verlegung des Verwaltungssitzes geht,[6] so muß man sich die Frage stellen, ob diese Materie nicht einer Regelung durch Übereinkommen i. S. v. Art. 293 3. Spiegelstrich EGV oder Richtlinie auf der Grundlage von Art. 44 Abs. 2 lit. g) EGV vorbehalten ist. Auf diese Weise würde man den im Vertrag vorgesehenen Rechtsangleichungsmechanismen den Vorrang einräumen und diese nicht durch die allgemeine Vorschrift des Art. 43 EGV aushebeln. Diese Argumentation liegt der *Daily Mail*-Entscheidung zugrunde.[7] Die Tatsache, daß der EuGH im *Centros*-Urteil die Entscheidung in Sachen *Daily Mail* nicht mit einem Wort erwähnt, läßt den Rückschluß zu, daß er einen Fall grenzüberschreitender Sitzverlegung für nicht gegeben hält.[8] Dann ergibt sich auch kein Konflikt zur *Daily-Mail*-Entscheidung und dem dort postulierten Verhältnis zwischen Art. 293 3. Spiegelstrich, 44 Abs. 2 lit. g) EGV und der Niederlassungsfreiheit.

2. Zweitens ist zu fragen, ob der sachliche Schutzbereich der Niederlassungsfreiheit betroffen ist.

a) Diese Prüfung nimmt der EuGH in den Rn. 19 – 20 vor. Nach ständiger Rechtsprechung[9] umfasse die Niederlassungsfreiheit, die Art. 43 EGV den Gemeinschaftsangehörigen zuerkennt, das Recht zur Aufnahme und Ausübung selbständiger Erwerbstätigkeiten sowie zur Errichtung von Unternehmen und zur Ausübung der Unternehmertätigkeit nach den Bestimmungen, die im Niederlassungsstaat für dessen eigene Angehörigen gelten (Rn. 19). Hieraus folge unmittelbar, daß Gesellschaften i. S. v. Art. 48 Abs. 1 EGV das Recht haben, ihre Tätigkeit in einem anderen Mitgliedstaat durch eine Agentur, eine Zweigniederlassung oder Tochtergesellschaft auszuüben, wobei ihr satzungsmäßiger Sitz, ihre Hauptverwaltung oder Hauptniederlassung, ebenso wie die Staatsangehörigkeit bei natürlichen Personen, dazu diene, ihre Zugehörigkeit zur Rechtsordnung eines Mitgliedstaats zu bestimmen[10] (Rn. 20). Deswegen sei der sachliche Schutzbereich der Niederlassungsfreiheit betroffen.

Dabei hält der Gerichtshof offenbar Art. 43 Abs. 1 S. 2 EGV, also die sog. sekundäre Niederlassungsfreiheit, für einschlägig.[11] Denn der EuGH spricht im gesamten Urteil vom Recht der Klägerin, eine Zweigniederlassung zu errichten (Art. 43 Abs. 1 S. 2

---

6 Dazu sogleich unter B. I. 2. Vgl. auch die deutsche Anmerkung.

7 Fall Nr. 2 in diesem Casebook, B. II. 4.

8 Ähnlich *Roth*, ZIP 2000, 1597, 1599. Hierzu näher in der deutschen Anmerkung unter B. II. 1.

9 Hier hätte der Gerichtshof wegen Art. 43 Abs. 1 S. 2 EGV auf das Gesetz, nicht auf seine Rechtsprechung verweisen müssen.

10 Der EuGH verweist auf die Urteile *Segers*, (Slg. 1986, 2375), Rn. 13; *avoir fiscal* (Slg. 1986, 273; hierzu näher in der *St Gobain*-Entscheidung = Fall Nr. 18 in diesem Casebook), Rn. 18; *Commerzbank* (Slg. 1993, I-4017), Rn. 13; *ICI* (Fall Nr. 16 in diesem Casebook), Rn. 20.

11 Etwa *Thorn*, IPRax 2001, 102, 105.

2. Fall EGV). Diese Annahme ist freilich kaum nachvollziehbar. Denn die Gründung einer Zweigniederlassung setzt voraus, daß es (irgendwo[12]) eine Hauptniederlassung gibt und diese auch weiterhin besteht.[13] Wie der EuGH an anderer Stelle selbst feststellt, hatte *Centros* jedoch bislang keine Geschäftstätigkeit ausgeübt und verfügte somit nicht über eine Hauptniederlassung.[14] *Centros* wollte seine Hauptniederlassung vielmehr erst errichten.[15] Art. 43 Abs. 1 S. 2 EGV muß folglich ausscheiden.[16] Daß der EuGH gleichwohl mit der sekundären Niederlassungsfreiheit arbeitet, erschwert das Verständnis des Urteils ungemein.[17]

b) Damit ist aber noch nicht gesagt, daß der sachliche Schutzbereich der Niederlassungsfreiheit nicht eröffnet ist. Vielmehr bleibt zu prüfen, ob sich die Begründung einer Hauptniederlassung nicht unter Art. 43 Abs. 1 S. 1, Abs. 2 EGV (sog. primäre Niederlassungsfreiheit) subsumieren läßt.[18] In den sachlichen Schutzbereich der Niederlassungsfreiheit fällt vor allem die Aufnahme einer selbständigen Erwerbstätigkeit (Art. 43 Abs. 2 1. Fall EGV). Hierbei hat die Vorschrift natürliche Personen vor Augen. Gesellschaften können selbst keine selbständige Erwerbstätigkeit in diesem Sinne aufnehmen. Bei Gesellschaften entspricht der Aufnahme einer selbständigen Tätigkeit die Begründung ihres Verwaltungssitzes bzw. ihrer Hauptniederlassung. Bei einer Anwendung der Niederlassungsfreiheit über Art. 48 Abs. 1 EGV ist somit davon auszugehen, daß Art. 43 EGV die Begründung einer Hauptniederlassung schützt. Demnach fällt die Ver-

---

12 Wo die Hauptniederlassung zu bestehen hat, ist eine zusätzliche Frage.

13 Wegen des eindeutigen Wortlauts ist dies vollkommen unstreitig, siehe *Behrens*, IPRax 1989, 354, 358; *Leible*, NZG 1999, 300, 301; *Kieninger*, ZGR 1999, 724, 726 und 729. Auch Generalanwalt *La Pergola* (Slg. 1999, I-1459, 1472; vgl. auch S. 1464) geht wie selbstverständlich davon aus, daß es eine Zweigniederlassung nur mit Hauptniederlassung („Stammhaus") geben kann. Der Entscheidung läßt sich nicht entnehmen, ob der Gerichtshof diesen Aspekt schlechthin nicht gesehen oder ihn (nur) übergangen hat. Seine hier vertretene Ansicht steht jedenfalls im offenen Widerspruch zu seiner Rechtsprechung zu Art. 5 Nr. 5 1. Fall EuGVÜ (vgl. Slg. 1978, 2183, 2193, Rn. 12), worauf *Streinz*, NJW 1999, 810, 811 mit Recht hinweist.

14 Rn. 3, 7, 11. Ebenso *Kieninger*, ZGR 1999, 724, 729.

15 *Kieninger*, ZGR 1999, 724, 729 m. w. N.

16 Das Ergebnis des EuGH an dieser Stelle ist also als rechtsfehlerhaft abzulehnen. Nicht hilfreich ist es, diese Lösung dadurch zu retten, daß man die Ausführungen des Gerichtshofes einfach als „Erweiterung" der sekundären Niederlassungsfreiheit versteht (so aber *Kieninger*, ZGR 1999, 724, 734; vgl. auch *Behrens*, IPRax 1999, 323, 327). Vielmehr muß die primäre Niederlassungsfreiheit geprüft werden (dazu sogleich unter b.).

17 Zutreffend *Kieninger*, ZGR 1999, 724, 725; ähnlich *Thorn*, IPRax 2001, 102, 105; siehe auch die deutsche Anmerkung unter B. II. 1.

18 So auch die erste Vorlagefrage des AG Heidelberg, ZIP 2000, 1617, 1618. Näher zu dieser Entscheidung in der deutschen Anmerkung.

legung des Verwaltungssitzes in den sachlichen Schutzbereich der Niederlassungsfreiheit.[19]

Schließlich weist der Gerichtshof in Rn. 18 zutreffenderweise darauf hin, daß es bei der Prüfung des sachlichen Schutzbereichs nicht darauf ankommt, ob *Centros* in Umgehungsabsicht gehandelt hat. Dies ist vielmehr ein auf Rechtfertigungsebene zu würdigender Aspekt (siehe unter 5.).[20]

3. Auch der persönliche Schutzbereich muß eröffnet sein. Art. 48 Abs. 1 EGV erweitert den Anwendungsbereich der Niederlassungsfreiheit auf Gesellschaften i. S. v. Art. 48 Abs. 2 EGV,[21] dies allerdings nur unter den in Art. 48 Abs. 1 EGV genannten Voraussetzungen.

a) Danach ist als erstes erforderlich, daß die Gesellschaft nach den Rechtsvorschriften eines Mitgliedstaates gegründet worden ist. Die Gesellschafter von *Centros* haben ihre Gesellschaft nach englischem Recht (wirksam) gegründet.

b) Ferner muß die Gesellschaft ihren satzungsmäßigen Sitz, ihre Hauptverwaltung oder ihre Hauptniederlassung innerhalb der Gemeinschaft haben.[22] Eine Hauptverwaltung bzw. eine Hauptniederlassung wollte *Centros* erst begründen, so daß es allein auf den satzungsmäßigen Sitz ankommen kann. Der satzungsmäßige Sitz von *Centros* befindet sich in England, womit auch dieses Erfordernis gegeben ist. Zu einem anderen Ergebnis würde man nur dann kommen, wenn man diese Alternative von Art. 48 Abs. 1 EGV – entgegen dem Wortlaut – nur dann als gegeben ansieht, wenn man zusätzlich eine tatsächliche Verbindung mit dem Staat des Satzungssitzes fordert.[23] Zu dieser einengenden Auslegung besteht jedoch keine Notwendigkeit.

---

19 Im Ergebnis ebenso etwa AG Heidelberg, ZIP 2000, 1617, 1620 (hierzu *Roth*, ZIP 2000, 1597, 1598).

20 Vgl. auch *Streinz*, JuS 1999, 810, 811 („Trennung von Tatbestand und Schranke").

21 Art. 48 EGV ist also keine selbständige Vorschrift. Von einem anderen Verständnis scheint offenbar Generalanwalt *La Pergola* (EuGH Slg. 1999, I-1459, 1472) auszugehen („Der Fall ist aber *auch* [Hervorhebung durch Verf.] unter dem Blickwinkel des Art. 58 [nunmehr Art. 48] zu würdigen.").

22 Diese drei Kriterien entsprechen für die Gesellschaft dem, was für natürliche Personen die Staatsangehörigkeit (vgl. Art. 43 Abs. 1 S. 1 EGV) ist (vgl. Rn. 20 des Urteils; *Behrens*, IPRax 1999, 323, 326).

23 Vgl. hierzu *Geiger*, Art. 48 Rn. 7; Generalanwalt *La Pergola* in den Schlußanträgen, Slg. 1999, I-1459, 1469.

4. a) Auf Beschränkungsebene muß stets in einem ersten Schritt genau festgestellt werden, welcher Rechtssatz auf seine Vereinbarkeit mit der Niederlassungsfreiheit hin überprüft werden soll.[24]

Als die Niederlassungsfreiheit möglicherweise beschränkender Rechtssatz kommt zunächst die Sitztheorie in Betracht. Ähnlich der Entscheidung in Sachen *Daily Mail*[25] kann diese jedoch schon deswegen nicht die maßgebliche Beschränkung beinhalten, weil Dänemark[26] nicht der Sitztheorie, sondern der Gründungstheorie folgt.[27] Das dänische Registergericht hat also bei der Frage danach, ob *Centros* rechtlich existiert, allein englisches (Sach-) Recht anzuwenden. Da dessen Voraussetzungen geben sind, ist *Centros* auch in Dänemark als rechtlich existent zu behandeln (also anzuerkennen).[28]

Allerdings enthält das dänische Recht eine gewichtige Einschränkung dieses Grundsatzes. Das Recht des Gründungsstaates soll dann ausnahmsweise nicht maßgeblich sein, wenn die Gesellschaft nur deswegen im Gründungsstaat gegründet wurde, um die nationalen, dänischen Gründungsvorschriften zu umgehen.[29] In diesem Fall greift vielmehr dänisches Gesellschaftsrecht, dessen Voraussetzungen nicht eingehalten sind. Man kann das als eingeschränkte Gründungstheorie, aber auch als eingeschränkte Sitztheorie bezeichnen.[30]

b) Dieser Rechtssatz des dänischen Rechts schränkt das Recht von *Centros* auf freie Niederlassung ein.[31]

c) In Zweifel ziehen kann man aber, ob dem zu entscheidenden Fall ein grenzüberschreitender Sachverhalt zugrunde liegt, wie es Art. 43 EGV – zumindest grundsätzlich[32] – voraussetzt. Diese Zweifel hegte insbesondere die dänische Regierung (Rn. 16):

---

24 In der Diskussion um die Auswirkungen der *Centros*-Entscheidung auf das Internationale Gesellschaftsrecht wird diesem Schritt häufig nicht die gebotene Aufmerksamkeit geschenkt.

25 Fall Nr. 2 in diesem Casebook, dort unter B. II. 2. a).

26 Zumindest grundsätzlich, vgl. sogleich unten.

27 So die zumeist anzutreffende Meinung (vgl. *Schwarz*, Rn. 164; *Kieninger*, ZGR 1999, 724, 726, Fn. 19 m. w. N.; *Ebke*, JZ 1999, 656, 658); siehe aber die nachfolgenden Ausführungen.

28 *Kindler*, NJW 1999, 1993, 1997. Dem entspricht es, daß sich die dänische Regierung zu keiner Zeit des Verfahrens auf den Standpunkt gestellt hat, Centros bestehe als Gesellschaft überhaupt nicht (*Timme/Hülk*, NJW 1999, 1055, 1057). Vielmehr wurde allein versucht, die Versagung der Anerkennung aus Mißbrauchsgesichtspunkten zu rechtfertigen (dazu unter 5.).

29 Generalanwalt *La Pergola*, Slg. 1999, I-1462; vgl. aber *Ebke*, JZ 1999, 656, 658.

30 Unter anderem aus diesem Umstand resultiert die Unsicherheit, von der die Diskussion um die Frage nach der genauen Aussage der *Centros*-Entscheidung gekennzeichnet ist. Vgl. hierzu die deutsche Anmerkung, unter B. II. 1.

31 Hierzu – insbesondere zum Zusammenspiel von IPR und Gesellschaftsrecht – *Daily Mail* (Fall Nr. 2 in diesem Casebook), unter B. II. 2. a).

32 Hierzu Grundzüge, D. I. 2. b).

Schließlich besäßen die Gesellschafter von *Centros* die dänische Staatsangehörigkeit, und da es ihnen letztlich allein darum ginge, eine wirtschaftliche Tätigkeit in Dänemark zu entfalten, sei der Sachverhalt rein interner Natur.

Dem tritt der EuGH in Rn. 17 zu Recht entgegen. Die Betrachtung muß an dieser Stelle formaler ausfallen. Der Umstand, daß die dänischen Eheleute eine Gesellschaft gegründet haben, um auf diese Weise ein eigenständiges Rechtssubjekt zu schaffen, kann nicht einfach mit dem Hinweis darauf negiert werden, daß diese Gesellschaft zu dem Zweck gegründet worden sei, ihre Geschäftstätigkeit in Dänemark zu entfalten.

5. In Rn. 23 ff. prüft der EuGH, ob sich die dänische Regelung dadurch rechtfertigen läßt,[33] daß mit ihr die mißbräuchliche und betrügerische Berufung auf Gemeinschaftsrecht verhindert werden soll. Dem liegt die Prämisse zugrunde, daß „die mißbräuchliche oder betrügerische Berufung auf Gemeinschaftsrecht nicht gestattet" ist. Hierbei handelt es sich um einen allgemeinen europarechtlichen Grundsatz, den der EuGH in einer Reihe von Urteilen entwickelt hat[34] und dem unter ganz unterschiedlichen rechtlichen Gesichtspunkten Bedeutung zukommen kann. Im Bereich der Grundfreiheiten gibt er den Mitgliedstaaten eine zusätzliche Möglichkeit zur Rechtfertigung beschränkender Regelungen:[35] „Nach der Rechtsprechung des Gerichtshofes ist ein Mitgliedstaat [...] berechtigt, Maßnahmen zu treffen, die verhindern sollen, daß sich einige seiner Staatsangehörigen unter Mißbrauch der durch den EGV geschaffenen Möglichkeiten der Anwendung des nationalen Rechts entziehen." (Rn. 24)

Im Rahmen der Frage, ob die Umgehung von Vorschriften über die Gründung von Gesellschaften als Mißbrauch der aus Art. 43 EGV folgenden Freiheit zur Verlegung des Gesellschaftssitzes als mißbräuchlich in diesem Sinne anzusehen ist, hätten sich die Argumente würdigen lassen, die im Streit um Sitz- und Gründungstheorie vorgetragen werden. Diese Diskussion führt der EuGH leider nicht. Mit kurzen Worten lehnt der EuGH einen Mißbrauch ab (Rn. 27 und 29). Dabei argumentiert er eng am zu entscheidenden (Einzel-) Fall, ohne die weitreichende Bedeutung seiner Entscheidung auch nur anklingen zu lassen.

---

33 Dieser Gesichtspunkt ist der Rechtfertigungsebene zuzuordnen. Der EuGH beginnt die Rechtfertigungsprüfung hingegen erst in Rn. 31, ohne deutlich zu machen, auf welchen Prüfungspunkt sich die Ausführungen in Rn. 23 – 30 beziehen.

34 Siehe die in Rn. 24 der Entscheidung aufgeführten Urteile; ferner *Behrens*, IPRax 1999, 323, 326; *Ebke*, JZ 1999, 656, 659.

35 So auch *Behrens*, IPRax 1999, 323, 326; *Ebke*, JZ 1999, 656, 659. Der EuGH nimmt die gebotene Zuordnung dieser Rechtsprechung zur Rechtfertigungsebene hingegen nicht klar vor; die (förmliche) Prüfung der Rechtfertigungsebene beginnt für ihn erst in Rn. 31.

II. Deutschland

1. In Deutschland ist das *Centros*-Urteil noch intensiver besprochen worden als die *Daily Mail*-Entscheidung. Zu keinem Urteil des EuGH finden sich mehr Stellungnahmen.[36] Im Vordergrund der Diskussion steht die Klärung der Frage, ob der EuGH in dieser Entscheidung die Unvereinbarkeit der in Deutschland geltenden[37] Sitztheorie mit Gemeinschaftsrecht ausgesprochen hat. Die Antwort fällt unterschiedlich aus. Auf der einen Seite wird die Ansicht vertreten, Deutschland bleibe nichts anderes übrig, als die Sitztheorie aufzugeben.[38] Ihr sei durch das *Centros*-Urteil der „Garaus" gemacht.[39] Andere Autoren kommen in ihrer Würdigung der Entscheidung hingegen zu dem Ergebnis, daß sie der weiteren Anwendung der Sitztheorie nicht entgegensteht.[40]

Wegen der unter B. I. 4. a) ausgemachten Ungenauigkeiten in der Urteilsbegründung wird sich jedoch eine eindeutige Antwort auf diese Frage auch bei noch so großen Bemühungen nicht finden lassen. Dabei fällt insbesondere ins Gewicht, daß der Gerichtshof nicht in der erforderlichen Klarheit festgestellt hat, welcher Rechtssatz des däni-

---

36 Aus dem umfangreichen Schrifttum siehe nur: *Behrens*, Das Internationale Gesellschaftsrecht nach dem Centros-Urteil, IPRax 1999, 323; *Cascante*, Niederlassungsfreiheit contra Sitztheorie – Goodbye „Daily Mail"?, RIW 1999, 450; *Ebke*, Das Schicksal der Sitztheorie nach dem Centros-Urteil des EuGH, JZ 1999, 656; *Fock*, Sitztheorie im deutschen internationalen Steuerrecht nach der Centros-Entscheidung RIW 2000, 42; *Freitag*, Der Wettbewerb der Rechtsordnungen im Internationalen Gesellschaftsrecht, EuZW 1999, 267; *Geyrhalter*, Niederlassungsfreiheit contra Sitztheorie – Good-Bye „Daily Mail", EWS 1999, 201; *Hoffmann*, Neue Möglichkeiten zur identitätswahrenden Sitzverlegung in Europa?, ZHR 2000 (164), 43; *Kindler*, Niederlassungsfreiheit für Scheinauslandsgesellschaften?, NJW 1999, 1993; *Koblenzer*, Die Auswirkungen der „Centros"-Entscheidung des EuGH auf das deutsche Körperschaftssteuerrecht, EWS 1999, 418; *Kruse*, Sitzverlegung von Kapitalgesellschaften innerhalb der EG – Vereinbarkeit der einschlägigen Regelungen des deutschen Sach- und Kollisionsrechts mit dem EG-Vertrag, 1996; *Lurger*, „Centros Revisited": Die österreichische Sitztheorie und die Niederlassungsfreiheit des EG-Vertrages, IPRax 2001, 346; *Meilicke*, Anmerkung zum Centros-Urteil des EuGH, DB 1999, 625; *Roth*, Die Sitzverlegung vor dem EuGH, ZIP 2000, 1597; *Sandrock*, Centros: ein Etappensieg für die Überlagerungstheorie, BB 1999, 1337; *Sonnenberger/Großerichter*, Konfliktlinien zwischen internationalem Gesellschaftsrecht und Niederlassungsfreiheit RIW 1999, 721; *Roth*, „Centros": Viel Lärm um Nichts?, ZGR 2000, 311; *Streinz*, Anmerkung: „Zweigniederlassung" als Hauptsitz, JuS 1999, 810; *Steindorff*, Centros und das Recht auf die günstigste Rechtsordnung, JZ 1999, 1140; *Timme*, Das Ende der Sitztheorie im Internationalen Gesellschaftsrecht?, JuS 1999, 1055; *Ulmer*, Schutzinstrumente gegen die Gefahren aus der Geschäftstätigkeit inländischer Zweigniederlassungen von Kapitalgesellschaften mit fiktivem Auslandssitz, JZ 1999, 662; *Zimmer*, Mysterium „Centros", ZHR 2000 (164), 23.

37 Weil von der h. M. vertreten, *Daily Mail*-Entscheidung (Fall Nr. 2 in diesem Casebook), unter B. I. 1.

38 *Freitag*, EuZW 1999, 267, 269.

39 *Meilicke*, DB 1999, 625, 627.

40 *Ebke*, JZ 1999, 656, 660; *Kindler*, NJW 1999, 1993, 1996; *Roth*, ZHR 2000, 311, 328 ff.; *ders.*, ZIP 2000, 1597, 1599 („'Daily Mail' unangetastet"). Vgl. auch OLG Brandenburg, NJW-RR 2001, 29, 30.

schen Rechts auf seine Vereinbarkeit mit der Niederlassungsfreiheit hin überprüft wird.[41] Es ließe sich vertreten, daß das *Centros*-Urteil schon deswegen keine Aussage zur Gemeinschaftsrechtskonformität der Sitztheorie beinhalten könne, weil Dänemark der Gründungstheorie folgt. Auf der anderen Seite wurde bereits hervorgehoben,[42] daß in bezug auf Dänemark wohl lediglich festgestellt werden kann, daß es *grundsätzlich* der Gründungstheorie folgt. Denn bei zu befürchtender Umgehung der Gründungsvorschriften des dänischen Rechts versagen die dänischen Gerichte der ausländischen Gesellschaft ausnahmsweise doch die Anerkennung.[43] Damit stellt sich die Frage, ob das dänische Kollisionsrecht durch diese Einschränkung so sehr in die Nähe der Sitztheorie rückt, daß Gegenstand der Entscheidung letztlich doch die Sitztheorie wäre. Die Antwort kann nur spekulativ ausfallen.

Zusätzliche Unsicherheit tritt dadurch ein, daß der EuGH sein Urteil auf Art. 43 Abs. 1 S. 2 EGV, also die sekundäre Niederlassungsfreiheit gründet. Die Verlegung der Hauptniederlassung, die gleichbedeutend mit der Verlegung des Verwaltungssitzes im Sinne der Sitztheorie ist,[44] kann hierunter jedoch nicht fallen.[45] Dementsprechend wurde in der Vergangenheit allein Art. 43 Abs. 1 S. 1, Abs. 2 EGV (primäre Niederlassungsfreiheit) als mögliche Rechtsgrundlage für ein Recht auf Verlegung des Verwaltungssitzes diskutiert. An Art. 43 Abs. 1 S. 2 EGV wurde dabei nicht gedacht. Deswegen läßt sich der Umstand, daß sich der EuGH in an sich nicht nachvollziehbarer Weise allein auf Art. 43 Abs. 1 S. 2 EGV stützt, vielleicht als Indiz dafür verstehen, daß er eine Aussage zum Problemkreis der grenzüberschreitenden Sitzverlegung überhaupt nicht treffen wollte.[46]

Hierzu paßt es, daß sich der EuGH an keiner Stelle mit dem *Daily Mail*-Urteil[47] auseinandersetzt,[48] das anerkanntermaßen eine Aussage zur Vereinbarkeit der Sitztheorie mit Gemeinschaftsrecht enthält.[49] Auch Art. 293 3. Spiegelstrich EGV hätte der EuGH erwähnen müssen, wenn er von einem Fall der grenzüberschreitenden Verlegung des Verwaltungssitzes ausgegangen wäre.[50] Angesichts dieser Schwierigkeiten, die genauen Aussagen der *Centros*-Entscheidung zu ermitteln, ist es nicht zu beanstanden, wenn

---

41 B. I. 4. a). Die Worte „Gründungs"- und „Sitztheorie" tauchen in der Entscheidung übrigens an keiner Stelle auf.

42 B. I. 4. a).

43 B. I. 4. a).

44 *Ebke*, JZ 1999, 656, 657.

45 B. I. 2. a).

46 Ähnlich *Ebke*, JZ 1999, 656, 658.

47 Fall Nr. 2 in diesem Casebook. Vgl. auch deutsche Anmerkung dort (B. III.).

48 Siehe aber Rn. 28.

49 *Thorn*, IPRax 2001, 102, 104 geht recht in der Annahme, daß es sich hierbei angesichts des Bekanntheitsgrades des *Daily Mail*-Urteils nicht um ein Versehen gehandelt haben kann.

50 *Ebke*, JZ 1999, 656, 658.

deutsche Gerichte weiterhin in ähnlich gelagerten Fällen dem EuGH nach Art. 234 EGV vorlegen.[51]

2. Hinzuweisen bleibt auf die Urteile deutscher Gerichte, die nach der *Centros*-Entscheidung ergangen sind.[52]

a) Interessant ist zunächst eine Entscheidung des OLG Frankfurt aus dem Jahre 1999.[53] Das Gericht kommt zu dem Ergebnis, daß die Sitztheorie jedenfalls dann nicht angewendet werden kann, wenn die Gesellschaft überhaupt keinen tatsächlichen Verwaltungssitz aufweist. Im entschiedenen Fall hatten die Geschäftsführer die Geschäfte der Gesellschaft „im wahrsten Sinne des Wortes fliegend wahrgenommen".[54] Für diesen Fall folgt das Gericht der Gründungstheorie.

b) Hervorhebung verdient auch eine Entscheidung des AG Heidelberg.[55] Hier ging es nicht um die Anerkennung einer ausländischen Gesellschaft im Inland, sondern um die entgegengesetzte Perspektive, nämlich um die Folgen einer Verlegung des zunächst in Deutschland gelegenen Sitzes ins Ausland. Dies ist nach deutschem Recht unter Wahrung der Identität der Gesellschaft nicht möglich. Ein entsprechender Beschluß der Gesellschafterversammlung wird von der h. M. in einen Beschluß über die Auflösung der Gesellschaft umgedeutet,[56] während die Gegenfassung den Beschluß (lediglich, aber immerhin) für nichtig hält.[57] Auch wenn es an einem Beschluß fehlt, zieht die (faktische) Verlegung des Verwaltungssitzes nach h. M. die Auflösung der Gesellschaft nach sich.[58] Das Gericht legt dem EuGH – nach Art. 234 Abs. 2 EGV – die Frage vor, ob dieses Er-

---

51 Anders aber *Behrens*, EuZW 2000, 385 und *Zimmer*, BB 2000, 1361 für den vom AG Heidelberg entschiedenen Fall (ZIP 2000, 1617, dazu sogleich), in dem sie eine Vorlage für unzulässig halten (zur *acte clair*-Doktrin bereits in der *Meilicke*-Entscheidung, Fall Nr. 8 in diesem Casebook, unter B. I. 1. b).

52 OLG Brandenburg, NJW-RR 2001, 29; OLG Düsseldorf, BB 2001, 901 = NZG 2001, 506 = GmbHR 2001, 438 (hierzu *Emde*, BB 2001, 902); OLG Frankfurt, RIW 1999, 783 = IPRax 2001, 132; LG Potsdam, ZIP 1999, 2021 = IPRax 2001, 134; LG München, IPRax 2001, 137; AG Heidelberg, ZIP 2000, 1617, 1618. Zur Sitzverlegung ins EG-Ausland siehe OLG Hamm, DB 2001, 1084 = NZG 2001, 562 = GmbHR 2001, 440. Kurz vor der *Centros*-Entscheidung sind ergangen BayObLG, DB 1998, 2318 (dazu *Kindler*, NJW 1999, 1993, 1998); OLG Düsseldorf, JZ 2000, 203 (mit Anm. *Ebke*). Einen Überblick über die Entscheidungen deutscher Gerichte gibt *Thorn*, IPRax 2001, 102 ff.

53 RIW 1999, 783. Dazu *Haack*, RIW 2000, 56. Die Entscheidung ist mittlerweile rechtskräftig, da die Revision des Beklagten nicht zur Entscheidung angenommen wurde (RIW 2001, Heft 5, Seite II).

54 RIW 1999, 783.

55 ZIP 2000, 1617. Hierzu *Roth*, ZIP 2000, 1597 ff.

56 Nachweise bei *Scholz/Westermann*, Einl. Rn. 124 und *Roth*, ZIP 2000, 1597 f.

57 *Hüffer*, § 5 Rn. 12.

58 *Roth*, ZIP 2000, 1597, 1598.

gebnis mit den Art. 43 und 48 EGV in Einklang steht. Das OLG Düsseldorf hat in einem ganz ähnlichen Fall eine Vorlagepflicht hingegen verneint.[59]

c) Von besonderer Bedeutung ist freilich der Vorlagebeschluß des VII. Senats des BGH.[60] Dieser Entscheidung lag wiederum die „Zuzugssituation" zugrunde. Eine nach niederländischem Recht gegründete Gesellschaft hatte ihren Verwaltungssitz nach Deutschland verlegt und trat nun als Kläger vor Gericht auf. Die Vorinstanz und der BGH lehnen die Parteifähigkeit (§ 50 Abs. 1 ZPO) der Gesellschaft ab, da sie nicht rechtsfähig sei. Dieses Ergebnis ist auf dem Boden der Sitztheorie konsequent. Ihr zufolge bemißt sich die Frage, ob die Gesellschaft rechtlich existiert, nach dem Recht des Verwaltungssitzes, also (nunmehr) nach deutschem Recht. Die hiernach erforderliche Eintragung im Handelsregister fehlt, so daß die Gesellschaft vom deutschen Recht als nicht bestehend angesehen wird.

A. K.

III. Frankreich

In der *Centros*-Entscheidung, dessen Wichtigkeit von der Gesamtheit der französischen Handelsrechtslehre unterstrichen wird, hat der EuGH entschieden, daß die Behörden eines Mitgliedstaates – in Anwendung des Prinzips der Niederlassungsfreiheit – die Registereintragung der Niederlassung einer Gesellschaft, die in einem anderen Mitgliedstaat gegründet wurde und dort ihren Sitz hat, aber dort keine Geschäftstätigkeit ausübt, nicht versagen darf. Dies gilt selbst dann, wenn die Gesellschaft in diesem anderen Mitgliedstaat mit dem Ziel gegründet wurde, den gesetzlichen Bestimmungen hinsichtlich der Mindesteinlageerfordernisse in dem Mitgliedstaat zu entgehen, in dem sie beabsichtigt, ihre Geschäftstätigkeit auszuüben.

Der EuGH hat somit entschieden, daß einer Gesellschaft für ihre Gründung die freie Wahl des Mitgliedstaates offensteht, dessen Gesetzgebung für sie am vorteilhaftesten ist.[61] Der EuGH sagt indessen aber auch, daß es den Mitgliedstaaten unbenommen sein muß, gegen den Mißbrauch zu kämpfen, den diese freie Wahl nach sich ziehen kann. Die Behörden eines jeden Mitgliedstaates können nämlich jegliche Maßnahmen ergreifen, um Betrügereien zu verhindern oder zu sanktionieren, sei es im Hinblick auf die Gesellschaft selbst, sei es im Hinblick auf die Gesellschafter, durch die sie gegründet

---

59 OLG Düsseldorf, NZG 2001, 506. Das Gericht begründet seine Auffassung mit Inhalt und Entstehungsgeschichte des Vorentwurfs der 14. Richtlinie auf dem Gebiet des Gesellschaftsrecht (sog. Sitzverlegungsrichtlinie). Trotz der Überzeugungskraft dieses Argumentationsganges hätte mit Blick auf das *Centros*-Urteil eine Vorlagepflicht nicht verneint werden dürfen (vgl. *Thorn*, IPRax 2001, 102, 105).

60 ZIP 2000, 967. Hierzu *Meilicke*, GmbHR 2000, 693; Roth, ZIP 2000, 1597, 1599 ff.

61 J. F. Dom, obs. Bull. Joly 1999, S. 157.

wurde und die damit in Wirklichkeit versuchen, durch diese Art einer Gesellschaftsgründung ihren Verbindlichkeiten gegenüber privaten oder öffentlichen Gläubigern auf dem Gebiet des betroffenen Mitgliedstaates zu entgehen.

Trotzdem betont die französische Lehre, daß der EuGH keinen Hinweis gibt, wie Betrügereien zu verhindern sind oder welche Sanktionen zum Bekämpfen von Betrügereien ergriffen werden dürfen und wie zugleich die effektive Ausübung der Grundfreiheiten geschützt werden kann.[62]

In der Praxis ist es für Gesellschaften im französischen Recht schwierig genug, von den Freiheiten zu profitieren, die das Gemeinschaftsrecht ihnen hinsichtlich des „law shopping" gewährt. Die bestehenden nationalen Regelungen erschweren in der Tat die Verlegung des Firmensitzes ins Ausland sehr. Der Firmensitz (von den Gesellschaften gewählt und in ihren Satzungen aufgeführt) ist der Ort, an dem sich der rechtliche Mittelpunkt und die Geschäftsleitung der Gesellschaft befinden. Falls der Sitz, der in der Satzung genannt wird, nicht dem Ort entspricht, an dem die Gesellschaft ihre Zentrale hat, ist der Sitz fiktiv. Die Gerichte dürfen in einem solchen Fall den wirklichen Sitz der Gesellschaft festlegen. Dritte dürfen zwischen fiktivem und wirklichem Sitz wählen.[63]

Der Verlegung des Firmensitzes stehen auch rechtliche Hindernisse entgegen. Die Voraussetzungen für die Verlegung sind folgende: Die Einstimmigkeit der Gesellschafter ist erforderlich. Im französischen Recht gibt es keine Bestimmung, die die Verlegung des Firmensitzes einer Gesellschaft regelt. Dieses Fehlen von gesetzlichen Regelungen wird sozusagen als Verbot verstanden, die Gesellschaft zu verlegen, ohne sie neu zu gründen.[64]

Das französische Steuerrecht setzt die Verlegung des Firmensitzes ins Ausland mit einer Betriebsaufgabe oder einer Auflösung gleich. Im Falle einer Verlegung eines bis dahin im Ausland bestehenden Firmensitzes nach Frankreich wird dieses als Entstehen einer neuen juristischen Person angesehen. Deswegen müssen auch bei der Verlegung des Firmensitzes die Vorschriften des französischen Rechts über die Gründung von Gesellschaften angewendet werden.

Literatur: CJCE 9 Mars 1999: Europe Mai 1999, Nr. 183, obs. *L. Idot*; Pull. Joly 1999, S. 705; note *J. F. Dom*; JCP E 1999, S. 1285, obs. *Y. Reinhard*; JDI 2000, S. 482, obs. *M. Luby*; Rev. sociétés 1999, S. 391, note *G. Parléani*: M. Menjucq, Transfert international de siège social: état du droit positif: JCP E 1999, S. 1617.

D. L.

---

62 RTD com. 2000, S. 226.

63 *Ph. Merle*, Sociétés commerciales; Dalloz 2000, Nr. 83.

64 Menjucq: JCP E 1999, S. 1618.

IV. Italien

1. Die *Centros*-Entscheidung hat in Italien das Augenmerk auf eine besondere Problematik des internationalen Gesellschaftsrechts gelenkt. Dieses ist erst durch Gesetz Nr. 218/95 (IPR-Gesetz) im Jahre 1995 neu gefaßt worden.

Art. 25 dieses Gesetzes statuiert im Ausgangspunkt auf der Grundlage der traditionell in Italien vertretenen Auffassung, daß sich das Gesellschaftsstatut nach dem Recht richtet, in dem die Gründung vollzogen wurde (Gründungstheorie).Wenn jedoch die Gesellschaft außerhalb Italiens gegründet wurde, in Italien aber ihren Verwaltungssitz („sede amministrativa") oder den hauptsächlichen Gegenstand ihrer Aktivitäten („oggetto principale dell'impresa") hat, ist auf diese als ausländische Gesellschaft („società estera") angesehene Vereinigung italienisches Recht anzuwenden.

Diese neue Norm des italienischen Internationalen Privatrechts geht zurück auf den nunmehr gestrichenen Art. 2505 des Zivilgesetzbuches („Codice Civile", C. C.). Dieser sah vor, daß im Ausland gegründete Gesellschaften, welche in Italien den Verwaltungssitz oder den hauptsächlichen Geschäftsgegenstand haben, dem gesamten italienischen Recht unterliegen, auch im Hinblick auf die Voraussetzungen eines wirksamen Gründungsaktes. Wenngleich mit der Reform das Merkmal „auch im Hinblick auf die Voraussetzungen eines wirksamen Gründungsaktes" („requisiti di validità dell'atto costitutivo") weggefallen ist, so verblieben in der Aufzählung gem. Art. 25 Nr. 2 des neuen italienischen IPR-Gesetzes „die Gründung, die Umwandlung und die Auflösung" („la costituzione, la trasformazione e l'estinzione") als Sachbereiche, welche dem italienischen Recht unterliegen. In der Sache, so die vorherrschende Meinung, hat sich durch die Reform daher nichts geändert.[65]

Von der vorherrschenden Meinung in der Lehre wurden die Korrekturen an der Gründungstheorie durchaus positiv bewertet. Es wurde ausgeführt, daß die Anknüpfung an den Verwaltungssitz und den hauptsächlichen Geschäftsgegenstand es erlauben würden, die faktischen Verknüpfungen zu Italien und der italienischen Rechtsordnung in angemessener Weise zu berücksichtigen und damit den verbreitet als übertrieben angesehenen Formalismus der Gründungstheorie auszugleichen.

Die *Centros*-Entscheidung aber zwingt wohl dazu, diese Einschätzung in Italien zu überdenken. Wenn sich diese Konstellation statt in Dänemark in Italien ergeben hätte, so wäre das Ergebnis wahrscheinlich identisch gewesen: Unterstellt, daß der hauptsächliche Gegenstand der Geschäftstätigkeit der Gesellschaft nicht im Gründungsstaat, son-

65 *Santa Maria*, Commento all'art. 25 L. 218/95, in: Rivista del Diritto Internazionale Privato e Processuale, 1995, S. 1036 ff.; *Pocar*, Il nuovo Diritto Internazionale Privato Italiano, Mailand 1997, S. 72.

dern in Italien anzusiedeln ist, wäre gem. Art. 25 des italienischen IPR-Gesetzes als Gesellschaftsstatut italienisches Recht anzuwenden, einschließlich der Normen, welche die Gründung der Gesellschaft regeln. Diese aber sehen bei Gründung und als Eintragungsvoraussetzung die Einzahlung von mindestens drei Zehnteln des Stammkapitals vor. Dieses wiederum liegt in seiner Mindestgrenze für Kapitalgesellschaften deutlich über den Vorschriften, welche insoweit etwa in Großbritannien gelten. Damit wäre die *Centros* aus italienischer Sicht als nicht wirksam gegründet anzusehen gewesen mit der Folge, daß die Eintragung in das Unternehmensregister („registro delle imprese") wohl ebenfalls zunächst versagt worden wäre.

Diese Erkenntnis hat einen Teil der Lehre[66] zu der Annahme geführt, daß italienische Gerichte nach Ergehen der *Centros*-Entscheidung und unter Rückgriff auf die Niederlassungsfreiheit innerhalb der EU den zweiten Satz des Art. 25 Abs. 1 des italienischen IPR-Gesetzes in Fällen nicht anwenden dürften, in denen eine in einem anderen Mitgliedstaat (wirksam) gegründete Gesellschaft eine faktische Verbindung in Form des Verwaltungssitzes oder des hauptsächlichen Geschäftsgegenstandes nach Italien hat. Rechtsprechung zu diese Frage liegt weder für die Zeit vor der IPR-Reform noch für die Zeit danach vor.

2. Ein zweiter Problemkreis aus dem Themenbereich der *Centros*-Entscheidung wurde in der Vergangenheit in Italien in Rechtsprechung und Lehre häufig diskutiert, nämlich die Kontrolle über Niederlassungen ausländischer Gesellschaften in Italien. Die überwiegende Rechtsprechung nahm an, daß bei Gründung einer Niederlassung einer ausländischen Gesellschaft in Italien die sog. „omologazione" durch das Gericht erster Instanz („Tribunale") stattzufinden habe. Dieses Prüfungsverfahren war im italienischen Recht hinsichtlich des Gründungsaktes sowie hinsichtlich jedes Beschlusses, welcher dieses abänderte, für Gesellschaften vorgesehen. Ziel war es, die Vereinbarkeit dieser Rechtsakte mit dem italienischen Gesetz zu überprüfen. Dieses Verfahren der „omologazione" wurde jedoch durch Gesetz Nr. 340 vom 24. 11. 2000 abgeschafft. Die Kontrollbefugnis obliegt nunmehr ausschließlich dem Unternehmensregister sowie den Notaren.

Diese Auffassung wurde gestützt auf Art. 2506 C. C. in der Fassung vor Umsetzung der XI. gesellschaftsrechtlichen Richtlinie. Dieser sah bis dahin vor, daß ausländische Gesellschaften mit Zweigniederlassung in Italien „hinsichtlich der Einreichung und der Eintragung des Gründungsaktes beim Unternehmensregister" den Normen unterstellt sind, welche für italienische Gesellschaften gelten. Die Rechtsprechung sah darin das Gebot, Zweigniederlassungen ausländischer Gesellschaften denselben Normen zu unterstellen, welche auch für italienische Gesellschaften gelten.

---

66 Etwa *Gestri*, Mutuo Riconoscimento delle Società Comunitarie, in: Rivista del Diritto Internazionale Privato e Processuale, 2000, 71, 110.

Mit Umsetzung der XI. gesellschaftsrechtlichen Richtlinie durch Gesetzesdekret Nr. 516 vom 29. 12. 1992 wurde Art. 2506 C. C. geändert. Der aktuelle Text sieht vor, daß „im Ausland gegründete Gesellschaften, welche im Inland eine oder mehrere Zweigniederlassungen mit ständiger Vertretung eröffnen, für jede Niederlassung den italienischen Vorschriften zur Veröffentlichung der gesellschaftsrechtlichen Urkunden unterliegen". Diese Reform hat in der Rechtsprechung zu einem Umdenken geführt dahingehend, daß die Überprüfung des Gründungsaktes entfallen kann, da das Gesetz sich nunmehr auf die Verpflichtung beschränkt, diesen zu publizieren.[67] Nach Abschaffung der zitierten „omologazione" müßte derselbe Gedankengang nunmehr auch für das „registro delle imprese" im Hinblick auf die Eintragung von Zweigniederlassungen gelten. Eine inhaltliche Prüfung hat nicht (mehr) stattzufinden.

Der Vollständigkeit halber sei noch angeführt, daß als „Zweigniederlassung mit ständiger Vertretung" gemeinhin eine Unternehmenseinheit angesehen wird, an der regelmäßig eine mit Vertretungsmacht ausgestattete Person anwesend ist.

I. G. / K.-H. L.

V. Spanien

Dieses Urteil ist vom spanischen Schrifttum unterschiedlich aufgenommen worden. Einige Autoren interpretieren die Entscheidung in der Weise, daß sogar Staaten, deren Internationales Gesellschaftsrecht von der Sitztheorie ausgeht, gezwungen sind, Zweigstellen einer in einem anderen Mitgliedstaat rechtmäßig inkorporierten Gesellschaft zuzulassen und im Handelsregister einzuschreiben, auch wenn die Aktivitäten der Gesellschaft ausschließlich auf ihrem Hoheitsgebiet stattfinden. Art. 43 EGV überlagert nationale Kollisionsnormen, insbesondere auch die Sitztheorie, und führt nach dieser Ansicht zu einem „Delaware"-Prozeß innerhalb der EG. Nach dieser Interpretation ist eine Sitzverlegung „faktisch" innerhalb der Gemeinschaft möglich.

Nach der Deutung anderer Autoren hat sich der EuGH in dieser Entscheidung nur mit den durch das dänische Recht verursachten Diskriminierungen befaßt. Das Urteil sei daher nicht kollisionsrechtlich zu deuten. Man hat in dieser Hinsicht eine alternative Sitztheorie verteidigt, die den Sitzbegriff ausschließlich materiellrechtlich versteht. Ein Rechtssystem, das, wie das spanische, für Aktiengesellschaften und Gesellschaften beschränkter Haftung dem Sitzprinzip folgt, sei ausschließlich gezwungen, die Rechtsper-

67 Tribunale di Napoli, Beschluß vom 8. 7. 1995, in: Le Società 1995, S. 1488; Tribunale di Livorno, Beschluß vom 15. 3. 1994, in: Riv. Not. 1994, S. 1444; Tribunale di Udine, Beschluß vom 18. 6. 1993, in: Le società 1993, S. 1255.

sönlichkeit einer in einem anderen Mitgliedstaat gegründeten Gesellschaft anzuerkennen. Wenn die ausländische Gesellschaft ihre Aktivitäten ausschließlich im Anerkennungsstaat ausübe, könne man sie aber nicht als spanische AG oder GmbH ansehen, da sie nicht den Erfordernissen des spanischen Rechts genüge. Sie würde also als Gesellschaft des bürgerlichen Rechts („sociedad civil") oder als irreguläre Gesellschaft qualifiziert werden. Gegner dieser Theorie argumentieren, daß eine solche Anerkennung praktisch eine Nichtanerkennung sei, da deren Folgen ausschließlich formell und prozessual seien und sich nicht auf die Haftungsbeschränkung erstrecken würden.

Allgemein läßt sich feststellen, daß trotz erheblicher Diskrepanzen über die Reichweite des Urteiles die Folgen für Drittgläubiger besonders bedacht worden sind. Das spanische Gesellschaftsrecht schreibt Zweigstellen ausländischer Gesellschaften eine weitreichende Publizitätspflicht vor (art. 300 Reglamento del Registro mercantil).

Literatur: *F. J. Garcimartin Alferez*, La „Sitztheorie" es incompatible con el Tratado CE (Algunas cuestiones de Derecho internacional de sociedades iluminadas por la sentencia TJCE de 9 de marzo de 1999), in: Revista de Derecho mercantil 1999, S. 645; *ders.*, La sentencia „Centros": el status quaestionis un año después, in: Noticias de la Unión Europea 2001, S. 79; *D. Sancho Villa*, La dudosa compatibilidad con el Derecho comunitario de la construcción del Tribunal de justicia de la Comunidad Europea en la Sentencia Centros Ltd., in: La ley: Unión europea Nr. 49318, 1999, S. 3; *S. Sanchez Lorenzo*, El Derecho europeo de sociedades y la sentencia „Centros": la relevancia de la sede real en el ámbito comunitario, in: Anuario español de Derecho internacional privado 2000, S. 115.

C. G.

VI. Vereinigtes Königreich

Die *Centros*-Entscheidung wirft vor allem die Frage auf, ob sie zu einem „Delaware effect" führen wird, und zwar zugunsten des englischen Rechts, da dieses zumindest für die „private limited companies" die Rechtsordnung mit den niedrigsten Gründungsvoraussetzungen ist. Der EuGH scheint sich recht schnell der Sitztheorie anzunähern, wobei die Frage, wie sich das *Centros*-Urteil zur *Daily Mail*-Entscheidung verhält, im Vereinigten Königreich kein großes Interesse hervorgerufen hat.

Das englische Recht kannte Vorschriften zur Aufbringung des Mindestkapitals bei der Gründung von Gesellschaften nur für einige wenige Jahre nach Einführung des Eintragungssystems in den Jahren 1840 – 1850. Vor Umsetzung der zweiten gesellschaftsrechtlichen Richtlinie gab es selbst für die „public limited company" keine entsprechenden Vorschriften. Im allgemeinen wurde damals kaum zwischen der „private limited company" und der „public limited company" unterschieden. Nach wie vor gibt es ein aus gesetzlichen und Common Law-Regeln bestehendes Rechtsregime, das für sämtliche eingetragene Gesellschaften gilt. Insbesondere der Companies Act 1985 findet im Grundsatz auf alle Gesellschaftsformen Anwendung. Lediglich für kleinere Gesellschaften enthält das Gesetz einige Sonderregeln, beispielsweise Erleichterungen bei der Einberufung und Abhaltung von Gesellschafterversammlungen sowie bei der Pflicht zur Offenlegung von Dokumenten.

Dieser Trend scheint sich fortzusetzen. Im Rahmen der gegenwärtigen Bemühungen zur Überarbeitung des Gesellschaftsrechts hat sich die „think small first"-Philosophie durchgesetzt, die auf eine weitere Deregulierung abzielt. Die zur Revision („Review") des Company Law Acts 1985 eingesetzte *Steering Group* hat sich allen Bestrebungen widersetzt, eine eigenständige Rechtsgrundlage für „public limited companies" einerseits und „private limited companies" andererseits einzuführen. Vielmehr steht zu erwarten, daß das überarbeitete englische Gesellschaftsrecht aus allgemeinen, für alle Gesellschaftsformen geltenden Regeln bestehen wird, ergänzt durch strengere Vorschriften, die auf größere und börsennotierte Gesellschaften anzuwenden sind. Es ist erklärtes Ziel dieser Revision, das englische Recht im europäischen und internationalen Wettstreit der Rechtsordnungen attraktiver zu machen. Aus diesen Gründen wird die *Centros*-Entscheidung zumeist nachdrücklich begrüßt, da sie Unternehmen aus dem kontinentaleuropäischen Raum die Übersiedlung in das Vereinigte Königreich erleichtert. Die *Steering Group* hat sich dem freilich nicht offiziell angeschlossen, vielleicht aus politischen Erwägungen heraus.

Die Leichtigkeit, mit der im Vereinigten Königreich eine Gesellschaftsgründung vorgenommen werden kann („ease of incorporation"), ist aber auch stets Gegenstand von Kritik gewesen. Vor allem Gläubiger und Verbraucher können schwerwiegende Nachteile erleiden, wenn sie mit einer unterkapitalisierten Gesellschaft in Kontakt treten, die einfach liquidiert werden kann, während die Beteiligten bereits eine neue Gesellschaft zur Fortsetzung ihrer Tätigkeit gegründet haben. Diesem sog. „Phoenix syndrom" versucht das britische Recht durch insolvenzrechtliche Mechanismen zu begegnen, insbesondere indem es die Ablösung der „directors" erleichtert (Company Directors Disqualification Act 1986, vor allem Section (6)) und die persönliche Haftung für Personen anordnet, die eine Gesellschaft für „wrongful trading" mißbrauchen (Section 214 Insolvency Act 1986). Ob diese Vorkehrungen ausreichen, ist allerdings eine andere Frage. Eine Ablösung nach dem Company Directors Disqualification Act 1986 ist praktisch häufig nur schwer zu erreichen, und es gibt bislang keine Hinweise dafür, daß die Liquidatoren kleinerer Gesellschaften häufig von Section 214 Insolvency Act 1986 Gebrauch machen. Derartige Bedenken finden in Großbritannien allerdings nur wenig Gehör. Die Einführung von Vorschriften über eine Mindestkapitalausstattung erscheint kaum denkbar. Die vorherrschende Auffassung geht davon aus, daß solche Vorschriften insbesondere bei kleineren Gesellschaften nur von geringer Wirkung sind. Der Überlegung, daß ein Mindestkapital zumindest von symbolischer Bedeutung ist, wird keine Beachtung geschenkt.

Im Lichte der *Centros*-Entscheidung läßt sich zusammenfassend sagen, daß sich das überarbeitete Gesellschaftsrecht des Vereinigten Königreichs, das frühestens 2003 in Kraft tritt, weiterhin durch besondere Flexibilität auszeichnen wird und somit für immer mehr Wirtschaftsteilnehmer attraktiv ist.

J. B.

Fall Nr. 4 – Siemens ./. Nold

PARTEIEN: *Siemens AG* gegen *Henry Nold*
AKTENZEICHEN: Rs. C-42/95
FUNDSTELLE: Slg. 1996, I-6017[1]

A. Urteil des Gerichtshofs vom 19. November 1996

I. Tenor

Die Zweite Richtlinie des Rates vom 13. Dezember 1976 zur Koordinierung der Schutzbestimmungen, die in den Mitgliedstaaten den Gesellschaften im Sinne des Art. 58 Abs. 2 EGV [nunmehr Art. 48 Abs. 2 EGV] im Interesse der Gesellschafter sowie Dritter für die Gründung der Aktiengesellschaft sowie für die Erhaltung und Änderung ihres Kapitals vorgeschrieben sind, um diese Bestimmungen gleichwertig zu gestalten (77/91/EWG), insbesondere ihr Art. 29 Abs. 1 und 4, steht dem nationalen Recht eines Mitgliedstaats nicht entgegen, das bei Kapitalerhöhungen durch Sacheinlagen ein Bezugsrecht der Aktionäre begründet und die Rechtmäßigkeit eines Beschlusses, durch den dieses Bezugsrecht ausgeschlossen wird, einer Inhaltskontrolle der vom Bundesgerichtshof entwickelten Art unterwirft.

II. Rechtsgrundlagen

1. Nationales Recht

a) § 186 Abs. 3 AktG

Das Bezugsrecht kann ganz oder zum Teil nur im Beschluß über die Erhöhung des Grundkapitals ausgeschlossen werden. In diesem Fall bedarf der Beschluß neben den in Gesetz oder Satzung für die Kapitalerhöhung aufgestellten Erfordernissen einer Mehrheit, die mindestens drei Viertel des bei der Beschlußfassung vertretenen Grundkapitals umfaßt. Die Satzung kann eine größere Kapitalmehrheit und weitere Erfordernisse bestimmen. Ein Ausschluß des Bezugsrechts ist insbesondere dann zulässig, wenn die Kapitalerhöhung gegen Bareinlagen zehn vom Hundert des Grundkapitals nicht übersteigt und der Ausgabebetrag den Börsenpreis nicht wesentlich unterschreitet.

b) BGHZ 73, 40 1. Leitsatz

Eine Kapitalerhöhung durch Sacheinlagen ist – bei angemessener Bewertung von Leistung und Gegenleistung – zulässig, wenn die Gesellschaft nach vernünftigen kaufmän-

---

1 EuZW 1997, 52 = RIW 1997, 77 = EWS 1997, 20 = NJW 1997, 721 = JZ 1997, 1057.

nischen Überlegungen ein dringendes Interesse am Erweb des Gegenstandes hat und zu erwarten ist, der damit angestrebte Nutzen werde den verhältnismäßigen Beteiligungs- und Stimmrechtsverlust der vom Bezugsrecht ausgeschlossenen Aktionäre aufwiegen.

c) BGHZ 83, 319[2]

Ein Hauptversammlungsbeschluß, den Vorstand im Rahmen genehmigten Kapitals auch zum Ausschluß des Bezugsrechts zu ermächtigen, ist nur zulässig, wenn nach der Lage der Gesellschaft und dem Stand der Pläne für ihre Zukunft konkrete Anhaltspunkte dafür gegeben sind, es könnte sich innerhalb der dem Vorstand eingeräumten Frist als notwendig und auch im Hinblick auf die Interessen der betroffenen Aktionäre als vertretbar erweisen, bei der Ausgabe neuer Aktien das Bezugsrecht auszuschließen. Diese Voraussetzung hat der Vorstand in seinem Bericht nach § 186 Abs. 4 S. 2, § 203 Abs. 2 S. 2 AktG darzulegen.

2. Gemeinschaftsrecht

a) Art. 29 Abs. 1 der Kapitalrichtlinie[3]

Bei jeder Erhöhung des gezeichneten Kapitals durch Bareinlagen müssen die Aktien vorzugsweise den Aktionären im Verhältnis zu dem durch ihre Aktien vertretenen Teil des Kapitals angeboten werden.

b) Art. 29 Abs. 4

Dieses Bezugsrecht darf durch die Satzung oder den Errichtungsakt weder beschränkt noch ausgeschlossen werden. Dies kann jedoch durch Beschluß der Hauptversammlung geschehen. Das Verwaltungs- oder Leitungsorgan hat der Hauptversammlung einen schriftlichen Bericht über die Gründe für eine Beschränkung oder einen Ausschluß des Bezugsrechts zu erstatten und den vorgeschlagenen Ausgabekurs zu begründen. Die Hauptversammlung entscheidet nach den Vorschriften, die in Artikel 40 über Beschlußfähigkeit und Mehrheitserfordernisse festgelegt sind. Der Beschluß ist nach den in den Rechtsvorschriften der einzelnen Mitgliedstaaten gemäß Artikel 3 der Richtlinie 68/151/EWG vorgesehenen Verfahren offenzulegen.

III. Zum Sachverhalt

1. Der Bundesgerichtshof hat mit Beschluß vom 30. Januar 1995, beim Gerichtshof eingegangen am 23. Februar 1995, gemäß Art. 177 EGV [nunmehr Art. 234 EGV] eine Frage

---

2 Abgedruckt auch in JZ 1982, 643.

3 Alle im folgenden ohne Gesetzesbezeichnung genannten Artikel sind solche der Kapitalrichtlinie.

nach der Auslegung der Zweiten Richtlinie des Rates vom 13. Dezember 1976 zur Koordinierung der Schutzbestimmungen, die in den Mitgliedstaaten den Gesellschaften im Sinne des Art. 58 Abs. 2 EGV [nunmehr Art. 48 Abs. 2 EGV] im Interesse der Gesellschafter sowie Dritter für die Gründung der Aktiengesellschaft sowie für die Erhaltung und Änderung ihres Kapitals vorgeschrieben sind, um diese Bestimmungen gleichwertig zu gestalten (77/91/EWG) (ABl. 1977, L 26, S. 1, im folgenden: Zweite Richtlinie), insbesondere ihres Art. 29 Abs. 1 und 4, zur Vorabentscheidung vorgelegt.

2. Diese Frage stellt sich in einem Rechtsstreit zwischen Henry Nold (im folgenden: Kläger) und der Siemens AG, einer Gesellschaft deutschen Rechts (im folgenden: Beklagte). Der Kläger ist Aktionär der Beklagten und ficht einen Beschluß der Hauptversammlung der Beklagten an, durch den der Vorstand ermächtigt wurde, das Grundkapital durch Ausgabe von Stammaktien gegen Geld- oder Sacheinlagen um höchstens einen bestimmten Nominalbetrag zu erhöhen. Aufgrund der Kapitalerhöhung sollen den Arbeitnehmern Aktien angeboten und Beteiligungen an anderen Gesellschaften erworben werden können. In ihrem Beschluß schloß die Hauptversammlung das Bezugsrecht der Aktionäre aus.

3. Wie im Vorlagebeschluß ausgeführt, muß nach deutschem Gesellschaftsrecht bei einer Erhöhung des Grundkapitals durch Bar- oder Sacheinlagen jedem Aktionär auf sein Verlangen ein seinem Anteil an dem bisherigen Grundkapital entsprechender Teil der neuen Aktien zugeteilt werden. Eine der Voraussetzungen für einen Ausschluß dieses Bezugsrechts durch die Hauptversammlung ist die Vorlage eines schriftlichen Berichts durch den Vorstand, in dem der Grund für den Ausschluß angegeben und der vorgeschlagene Ausgabebetrag begründet wird.

4. Ferner unterliegen nach der Rechtsprechung des Bundesgerichtshofs Hauptversammlungsbeschlüsse, in denen das Bezugsrecht der Aktionäre ausgeschlossen wird, einer Inhaltskontrolle anhand weiterer Voraussetzungen.

5. Nach dem Urteil des Bundesgerichtshofs vom 13. März 1978 (BGHZ 71, 40) kann das Bezugsrecht der Aktionäre nur dann ausgeschlossen werden, wenn dies bei gebührender Berücksichtigung der Folgen für die vom Bezugsrecht ausgeschlossenen Aktionäre durch sachliche Gründe im Interesse der Gesellschaft gerechtfertigt ist. Die Prüfung dieser sachlichen Wirksamkeitsvoraussetzung schließt eine Abwägung der Gesellschafts- und Aktionärsinteressen und der Verhältnismäßigkeit von Mittel und Zweck ein.

6. Trifft die Hauptversammlung die Entscheidung über den Bezugsrechtsausschluß im Beschluß selbst, müssen die genannten Voraussetzungen nach dem Urteil des Bundesgerichtshofs vom 19. April 1982 (BGHZ 83, 319) zur Kapitalerhöhung im Rahmen des genehmigten Kapitals bereits zu diesem Zeitpunkt so konkret feststehen und offengelegt werden, daß eine endgültige Beurteilung durch die Hauptversammlung möglich ist.

7. Im vorliegenden Fall geht der Bundesgerichtshof davon aus, daß der Hauptversammlungsbeschluß der Beklagten insoweit den in seiner Rechtsprechung entwickelten Voraussetzungen nicht entspricht und folglich als gesetzwidrig anzusehen ist, als er das Bezugsrecht der Aktionäre bei der Ausgabe von Stammaktien zum Erwerb von Beteiligungen an anderen Gesellschaften ausschließt.

8. Der Bundesgerichtshof hat jedoch Zweifel, ob diese Rechtsprechung mit Art. 29 der Zweiten Richtlinie vereinbar ist, dessen Abs. 1 ein Bezugsrecht nur für eine Kapitalerhöhung durch Bareinlagen vorsieht, so daß sich die in Abs. 4 getroffene Regelung nicht auf Kapitalerhöhungen durch Sacheinlagen bezieht. [...]

10. Nach Auffassung des Bundesgerichtshofs stünde diese Bestimmung der in der Rechtsprechung entwickelten Inhaltskontrolle entgegen, wenn ihr zu entnehmen sein sollte, daß eine Kapitalerhöhung durch Sacheinlagen an keinerlei Voraussetzungen zum Schutz der Aktionäre vor einer Entwertung ihrer Beteiligung gebunden ist, sondern lediglich einer Mißbrauchskontrolle unterliegt. Denn die Anforderungen, die im Wege der Inhaltskontrolle an Hauptversammlungsbeschlüsse gestellt werden, mit denen eine Kapitalerhöhung durch Sacheinlagen unter Ausschluß des Bezugsrechts der Aktionäre vorgenommen wird, sind wesentlich strenger als die an einen solchen Beschluß bei der Mißbrauchskontrolle zu stellenden Anforderungen.

IV. Vorlagefrage

11. Das vorlegende Gericht hat daher das Verfahren ausgesetzt und folgende Frage zur Vorabentscheidung vorgelegt:

> Ist es mit der Zweiten Richtlinie des Rates der Europäischen Gemeinschaften vom 13. Dezember 1976 (77/91/EWG; ABl. L 26 vom 31. Januar 1977, S. 1), insbesondere Art. 29 Abs. 1 und 4 dieser Richtlinie, vereinbar, daß ein Hauptversammlungsbeschluß, der eine Kapitalerhöhung gegen Sacheinlagen bei gleichzeitigem Ausschluß des Bezugsrechts der Aktionäre zum Gegenstand hat, anhand einer Inhaltskontrolle nach den Grundsätzen der Entscheidungen BGHZ 71, 40 und BGHZ 83, 319 auf seine Rechtmäßigkeit hin überprüft wird?

V. Entscheidungsgründe

12. Mit dieser Frage möchte das vorlegende Gericht im Kern wissen, ob die Zweite Richtlinie, insbesondere ihr Art. 29 Abs. 1 und 4, dem nationalen Recht eines Mitgliedstaats entgegensteht, das bei Kapitalerhöhungen durch Sacheinlagen ein Bezugsrecht der Aktionäre begründet und die Rechtmäßigkeit eines Beschlusses, durch den dieses Bezugsrecht ausgeschlossen wird, einer Inhaltskontrolle der vom Bundesgerichtshof entwickelten Art unterwirft.

13. Die Zweite Richtlinie ist gemäß Art. 54 Abs. 3 Buchstabe g EGV [nunmehr Art. 44 Abs. 2 Buchstabe g EGV] auf die Koordinierung der Schutzbestimmungen gerichtet, die in den Mitgliedstaaten den Gesellschaften im Sinne des Art. 58 Abs. 2 EGV [nunmehr Art. 48 Abs. 2 EGV] vorgeschrieben sind, um diese Bestimmungen gleichwertig zu gestalten und die Interessen der Gesellschafter und Dritter zu schützen. Diese Richtlinie soll nach ihrer zweiten Begründungserwägung also beim Schutz der Aktionäre einerseits und der Gläubiger der Aktiengesellschaft andererseits ein Mindestmaß an Gleichwertigkeit sicherstellen.

14. Art. 29 Abs. 1 der Zweiten Richtlinie sieht vor, daß bei jeder Erhöhung des gezeichneten Kapitals durch Bareinlagen die Aktien vorzugsweise den Aktionären im Verhältnis zu

dem durch ihre Aktien vertretenen Teil des Kapitals angeboten werden müssen. Gemäß Art. 29 Abs. 4 kann die Hauptversammlung unter bestimmten Umständen eine Beschränkung oder einen Ausschluß dieses Rechts beschließen.

15. Schon ihrem Wortlaut nach erfaßt diese Bestimmung nur Kapitalerhöhungen durch Bareinlagen.

16. Zwar gilt sie somit nicht für Erhöhungen des gezeichneten Kapitals durch Sacheinlagen, doch kann daraus nicht geschlossen werden, daß der Gemeinschaftsgesetzgeber die Einräumung eines Bezugsrechts für die Aktionäre auf Kapitalerhöhungen durch Bareinlagen hätte beschränken wollen und den Mitgliedstaaten damit untersagt hätte, ein solches Bezugsrecht auch bei Kapitalerhöhungen durch Sacheinlagen vorzusehen.

17. Entgegen der Ansicht der Beklagten folgt letzteres auch nicht daraus, daß Art. 27 der Zweiten Richtlinie bei den Bestimmungen über Kapitalerhöhungen durch Einlagen, die nicht Bareinlagen sind, kein Bezugsrecht zugunsten der Aktionäre vorsieht.

18. Da die Zweite Richtlinie lediglich ein Bezugsrecht für Erhöhungen des gezeichneten Kapitals durch Bareinlagen vorschreibt und keine Regelung für den komplexen, in den meisten Mitgliedstaaten unbekannten Sachverhalt der Ausübung des Bezugsrechts bei Kapitalerhöhungen durch Sacheinlagen enthält, stellt sie es den Mitgliedstaaten im Gegenteil frei, ein Bezugsrecht für den letztgenannten Fall vorzusehen.

19. Eine nationale Regelung, durch die der Grundsatz des Bezugsrechts der Aktionäre auf Erhöhungen des Grundkapitals durch Sacheinlagen ausgedehnt wird, gleichzeitig dieses Recht aber unter bestimmten Voraussetzungen eingeschränkt bzw. ausgeschlossen werden kann, entspricht einem der Ziele der Zweiten Richtlinie, das darin besteht, einen wirksameren Schutz der Aktionäre zu gewährleisten. Diese können dann nämlich auch in solchen Fällen eine Verringerung ihrer prozentualen Beteiligung am Grundkapital verhindern.

20. Nach Auffassung der Beklagten ist eine Inhaltskontrolle von Hauptversammlungsbeschlüssen, durch die das Bezugsrecht bei einer Kapitalerhöhung durch Sacheinlagen ausgeschlossen wird, wie sie der Bundesgerichtshof in seiner Rechtsprechung entwickelt hat, nicht mit den Zielen der Zweiten Richtlinie vereinbar. Diese Rechtsprechung schütze das Bezugsrecht im Übermaß, da die Minderheitsaktionäre zum Nachteil der Gesellschaft und ihrer Gläubiger die Durchführung von Kapitalerhöhungen durch Klagen gegen Hauptversammlungsbeschlüsse verhindern könnten.

21. Eine solche Inhaltskontrolle, die einen verstärkten Schutz der Aktionäre gewährleistet, steht jedoch entgegen dieser Auffassung nicht im Widerspruch zu den Zielen der Zweiten Richtlinie, selbst wenn sie zu Verzögerungen bei der Durchführung der Kapitalerhöhungen führen sollte. Im übrigen obliegt es den nationalen Gerichten, unter Wahrung der Ziele der Richtlinie mit den Mitteln des innerstaatlichen Rechts in angemessener Weise auf in Verzögerungsabsicht erhobene oder offensichtlich unbegründete Klagen zu reagieren.

22. Nach alledem ist zu antworten, daß die Zweite Richtlinie, insbesondere ihr Art. 29 Abs. 1 und 4, dem nationalen Recht eines Mitgliedstaats nicht entgegensteht, das bei

Kapitalerhöhungen durch Sacheinlagen ein Bezugsrecht der Aktionäre begründet und die Rechtmäßigkeit eines Beschlusses, durch den dieses Bezugsrecht ausgeschlossen wird, einer Inhaltskontrolle der vom Bundesgerichtshof entwickelten Art unterwirft.

B. Anmerkungen

I. Europarecht

Der EuGH hatte in der Begründetheit des Vorabentscheidungsverfahrens zu prüfen, ob die Rechtsprechung des BGH, nach der Beschlüsse über den Ausschluß des Bezugsrechts (BGHZ 73, 40 1. Leitsatz; BGZ 83, 319) einer materiellen Kontrolle unterworfen werden,[4] mit der Kapitalrichtlinie in Einklang steht.

1. Bemerkenswert ist hieran zunächst, daß es nicht – wie zumeist – um die Europarechtskonformität einer nationalstaatlichen Rechtsvorschrift geht, sondern um einen durch die Rechtsprechung entwickelten Rechtssatz.[5] Diese Besonderheit ist für das Vorlageverfahren freilich ohne Belang. Geprüft wird die Vereinbarkeit des nationalen Rechts mit Europarecht. Dabei wird nicht danach gefragt, woraus sich das nationale Recht ergibt, ob es unmittelbar aus einer nationalen Norm folgt oder durch eine mehr oder weniger umfangreiche Auslegung von Generalklauseln gewonnen wird.[6]

2. Als europarechtliche Maßstabsnormen nennen sowohl BGH als auch EuGH Art. 29 Abs. 1 und 4. Genauer ist es, in Art. 29 Abs. 4 Sätze 2, 4 und 5 die einschlägigen Richtlinienbestimmungen zu erblicken. Man kann dann danach fragen, ob die Anforderungen, die nach europäischem Recht an einen das Bezugsrecht ausschließenden Beschluß zu stellen sind, in diesen Vorschriften erschöpfend aufgezählt sind. Bejahendenfalls müßte man die Vorlagefrage verneinen, da in Art. 29 eine inhaltliche Kontrolle des Beschlusses nicht erwähnt ist.

a) Zunächst war vom EuGH die Frage zu beantworten, ob Art. 29 auf die streitgegenständliche Kapitalerhöhung überhaupt anwendbar ist. Denn Art. 29 Abs. 4 bezieht sich auf Art. 29 Abs. 1, der nur die Kapitalerhöhung gegen Bareinlagen[7] regelt.[8] Gegenstand

---

4 Die vom BGH vorgenommene Beschlußkontrolle zeichnet sich dadurch aus, daß sie über eine reine Mißbrauchskontrolle, die schon nach § 242 BGB vorzunehmen wäre, hinausgeht (siehe nur *Wiedemann*, JZ 1997, 1058).

5 A. II. 1. a) und b). - Auch die Herleitung des Rechtssatzes aus dem nationalen Recht wird selbstverständlich nicht überprüft. Zu ihr in der deutschen Anmerkung (B. II.).

6 Die materielle Beschlußkontrolle stellt sich nach heute überwiegender Auffassung als Ausprägung der Treuepflicht dar, hierzu näher in der deutschen Anmerkung (B. II.).

7 Für Deutschland siehe § 182 AktG.

8 Das ist darauf zurückzuführen, daß manche Rechtsordnungen nur bei der Kapitalerhöhung gegen Bareinlagen ein Bezugsrecht vorsehen.

der Vorlagefrage war hingegen eine Kapitalerhöhung gegen Sacheinlagen.[9] Sieht also die Zweite Richtlinie ein Bezugsrecht bei der Kapitalerhöhung gegen Sacheinlagen überhaupt nicht vor, so ist wenig einsichtig, wie die Richtlinie nationalem Recht, das ein gleichwohl eingeräumtes Bezugsrecht einschränkt, entgegenstehen können soll.[10] Vielmehr sollte man meinen, daß die Richtlinie zu diesem Problemkreis überhaupt keine Aussage trifft.[11] Hierzu stellt der EuGH in Rn. 18 fest, daß die Richtlinie es den Mitgliedstaaten freistellt, ein Bezugsrecht auch für die Kapitalerhöhung gegen Sacheinlagen einzuräumen. So richtig diese Feststellung sein mag, so wenig liefert sie einen Beitrag zu der Frage, warum die Richtlinie Vorgaben für die Ausgestaltung dieses Rechts beinhalten soll.

b) Geht man mit dem EuGH über diesen Punkt hinweg, stellt sich die Frage, ob Art. 29 Abs. 4 eine inhaltliche Kontrolle des Beschlusses verbietet. Dies müßte bejaht werden, wenn die Anforderungen an den Beschluß in Art. 29 Abs. 4 erschöpfend aufgezählt sind, da die Vorschrift ihrem Wortlaut nach nur formelle Erfordernisse für den Beschluß aufstellt.[12] Hierauf ließe sich in ganz grundsätzlicher Weise antworten, daß jede Richtlinienbestimmung nur eine Mindestregelung enthalte und der Mitgliedstaat im nationalen Recht entsprechende Verschärfungen vornehmen könne (sog. Mindestnormtheorie).[13] Die Extremposition auf der andere Seite wird mit der These bezogen, jede Richtlinienbestimmung sei grundsätzlich abschließend, verschärfende Regelungen durch die Mitgliedstaaten also nur bei ausdrücklicher Ermächtigung zulässig.[14] Solche allgemeinen Ansätze müssen im Einzelfall zu bedenklichen Ergebnissen führen. Deshalb sollte man mit der wohl h. M. die Lösung bei der jeweiligen Richtlinienbestimmung suchen.[15] Teilweise enthalten diese eine ausdrückliche Regelung.[16] Fehlt sie, so muß die Antwort durch Auslegung der jeweiligen Richtlinienbestimmung gefunden werden. Dabei müssen insbesondere der Schutzzweck der Richtlinie, die zugrundeliegende Kompetenzgrundlage sowie die Begründungserwägungen Berücksichtigung finden. Auch der EuGH benutzt offenbar diesen Ansatz, wenn er in Rn. 19 – 21 auf die Ziele der Richtlinie abhebt. Sie solle nicht nur die Gläubiger der Gesellschaft schützen, sondern insbe-

---

9 Für Deutschland siehe §§ 182, 183 AktG.

10 Zutreffend *Lutter*, ZIP 1995, 648, 649.

11 Man kann deshalb mit *Lutter*, ZIP 1995, 648, 649 mit Blick auf das Erfordernis der Entscheidungserheblichkeit die Zulässigkeit der Vorlage bezweifeln.

12 Vgl. *Kindler*, ZHR 1994, 339, 344.

13 Nachweise bei *Kindler*, ZHR 1994, 339, 352.

14 Generalanwalt *Tesauro*, WM 1992, 1570, 1574 (zumindest für die zweite Richtlinie); *Kimpler*, DB 1994, 767, 770. Vgl. *Wiedemann*, JZ 1997, 1058, 1059 sowie den Vortrag der Kläger im *IBH ./. Lemmerz*-Verfahren, BGHZ 110, 47, 68 (hierzu näher in der *Meilicke*-Entscheidung, Fall Nr. 8 in diesem Casebook, unter B. I. 1. b) sowie in der deutschen Anmerkung zu dieser Entscheidung).

15 Etwa *Habersack*, Rn. 42; *Schwarz*, Rn. 241.

16 Wie z. B. Art. 11 S. 2 Publizitätsrichtlinie und Art. 2, 3, 6 Abs. 1, Art. 17 Abs. 2 Kapitalrichtlinie.

sondere auch die Aktionäre. Hervorzuheben ist insbesondere Erwägungsgrund Nr. 2 der Richtlinie, wonach die Richtlinie „ein Mindestmaß an Gleichwertigkeit" sicherstellen will. Die Richtlinie will also lediglich einen „kleinsten, gemeinsamen Nenner" an Aktionärsschutz schaffen. Darüber hinausgehenden Regelungen in den einzelnen Mitgliedstaaten steht sie demnach grundsätzlich nicht entgegen.

II. Deutschland

Die Frage, ob der Beschluß über den Ausschluß des Bezugsrechts, einer besonderen, ungeschriebenen Kontrolle zu unterwerfen ist, ist praktisch von großer Bedeutung und in Deutschland dementsprechend heftig diskutiert worden.[17] Der BGH hat diese Frage in der sog. *Kali und Salz*-Entscheidung[18] erstmals bejaht.[19] Später hat er nicht nur Bezugsrechtsausschlüsse im Rahmen der (normalen) Kapitalerhöhung gegen Einlagen i. S. v. § 186 Abs. 3 AktG auf ihre Angemessenheit hin überprüft, sondern in der sog. *Holzmann*-Entscheidung auch den Bezugsrechtsausschluß bei Schaffung genehmigten Kapitals (§ 203 Abs. 1, 2 AktG),[20] einem besonders wichtigen Finanzierungsinstrument für die Unternehmensführung. Sie gilt ferner bei der Ausgabe von Genußscheinen (§ 221 Abs. 4 S. 2 AktG).[21] Diese Linie hat der BGH auch in der *Deutsche Bank*-Entscheidung beibehalten.[22]

Die Herleitung einer inhaltlichen Kontrolle beim Bezugsrechtsausschluß erwies sich im deutschen Recht als besonders schwierig,[23] weil § 186 Abs. 3 AktG von einer inhaltlichen Beschlußkontrolle nichts weiß.[24] Als dogmatischer Ansatzpunkt kam eine im Hin-

---

17 Aus dem umfangreichen Schrifttum siehe etwa *Heinsius*, Bezugsrechtsausschluß bei der Schaffung von Genehmigtem Kapital, FS Kellermann, 1991, 115; *Kimpler*, Probleme im Falle des Bezugsrechtsausschlusses bei genehmigten Kapital und bei Kapitalerhöhungen in Tochtergesellschaften, DB 1994, 767; *Kindler*, Die sachliche Rechtfertigung des aktienrechtlichen Bezugsrechtsausschlusses im Lichte der Zweiten Gesellschaftsrechtlichen Richtlinie der Europäischen Gemeinschaft, ZHR 158 (1994), 339; *Lutter*, Materielle und formelle Erfordernisse eines Bezugsrechtsausschlusses – Besprechung der Entscheidung BGHZ 71, 40 (Kali + Salz), ZGR 1979, 401; *Martens*, Richterliche und gesetzliche Konkretisierungen des Bezugsrechtsausschlusses, ZIP 1994, 669; *Timm*, Der Bezugsrechtsausschluß beim genehmigten Kapital, DB 1982, 211; *Wiedemann*, Anmerkung zum Urteil des EuGH vom 19. 11. 1996, JZ 1997, 1058.

18 BGHZ 71, 40 (*Kali und Salz*), die von der gleichgenannten kartellrechtlichen Entscheidung des EuGH (Fall Nr. 14 in diesem Casebook) zu unterscheiden ist.

19 Anders hingegen das RG (RGZ 68, 235, 243 ff. – *Hiberna*; vgl. aber RGZ 132, 149, 163 – *Victoria*).

20 BGHZ 83, 319 (nicht zu verwechseln mit der *Holzmüller*-Entscheidung, BGHZ 83, 122).

21 Vgl. *Henze*, BB 1996, 489, 490.

22 *Kindler*, ZHR 1994, 339, 343; abweichend *Wiedemann*, EWiR 1994, 425: „Akzentverschiebung".

23 Anders in Italien, wo sich eine entsprechende Vorschrift findet, hierzu *Kindler*, ZHR 1994, 339, 348 (dort auch zum französischen Recht).

24 Dementsprechend umfänglich ist der Argumentationsgang in der *Kali und Salz*-Entscheidung, BGHZ 71, 40, 43 ff.

blick auf Art. 14 Abs. 1 GG möglicherweise erforderliche verfassungskonforme Auslegung von § 186 Abs. 3 AktG in Betracht. Nach heutigem Verständnis kann diese Schranke gleichzeitig im Konzept von der gesellschaftsrechtlichen Treuepflicht untergebracht werden.[25] Anfangs hatte es der BGH hingegen bewußt vermieden, die Rechtsprechung zur Beschlußkontrolle beim Bezugsrechtsausschluß mit der Treuepflicht in Verbindung zu bringen, da er im Fall *Audi/NSU*[26] entschieden hatte, daß in diesem Verhältnis bei der AG keine Treuebindungen herrschen.[27]

Seit Einführung der §§ 186 Abs. 4 S. 2 AktG, 186 Abs. 3 S. 4 AktG kann man indessen auch von einer gesetzgeberischen Anerkennung einer richterlichen Angemessenheitskontrolle sprechen.[28]

Die besondere Ironie des Verfahrens liegt darin, daß der BGH seine *Holzmann*-Rechtsprechung, die er zum Gegenstand der Vorlage gemacht hatte, am Ende des Verfahrens aufgibt, obwohl sie vom EuGH gebilligt worden war.[29] Die im *Holzmann*- sowie im *Kali und Salz*-Urteil aufgestellten Kriterien haben sich nach Auffassung des BGH als zu streng und nicht praktikabel erwiesen und nehmen dem Institut des genehmigten Kapitals letztlich seine hervorragende Eigenschaft, nämlich ein besonderes Maß an Flexibilität.[30] Besonders hemmend wirkte insbesondere das Erfordernis, daß der Vorstandsbericht das geplante Vorhaben in hinreichend konkreter Weise kennzeichnen mußte.[31] Nunmehr genügt es, „wenn die Maßnahme, zu deren Durchführung der Vorstand ermächtigt werden soll, der Hauptversammlung allgemein und in abstrakter Form bekannt gegeben wird".[32] Schwer handhabbar ist auch das in der *Kali und Salz*-Rechtsprechung aufgestellte Kriterium, die Maßnahme müsse „im wohlverstandenen Interesse der Gesellschaft liegen".[33]

Diese Rechtsprechungsänderung gibt der Unternehmensleitung mehr Spielraum bei der Entscheidungsfindung, ohne dabei die Interessen der Aktionäre zu vernachlässigen. Sie ist als sachgerechter Kompromiß zu begrüßen. Sie wird dazu beitragen, die mittlerweile im Bereich der Bezugsrechtsausschlüsse, insbesondere beim genehmigten Kapital, ein-

---

25 Siehe nur *Wiesner*, in: Münchener Handbuch des Gesellschaftsrechts IV, München 1999, § 17 Rn. 16 a. E.

26 JZ 1976, 561.

27 Hierzu *Raiser*, ZHR 1987, 422, 433.

28 Vgl. *Hüffer*, § 186 Rn. 25.

29 BGH, NJW 1997, 2815.

30 BGH, a. a. O.

31 Zu diesem Aspekt *Bungert*, NJW 1998, 488.

32 BGH, a. a. O.

33 BGH, a. a. O.

getretene Rechtsunsicherheit[34] zu lindern. Die genauen Hintergründe des Verfahrens bleiben allerdings im dunkeln.

Abschließend ist darauf hinzuweisen, daß die *Siemens ./. Nold*-Entscheidung allein zum genehmigten Kapital ergangen ist. Ob der BGH seine Haltung auch im Bereich der normalen Kapitalerhöhung lockern wird, bleibt abzuwarten.

A. K.

III. Spanien

Sowohl Art. 155 des spanischen Aktiengesetzes[35] (im folgenden: LSA) für die „sociedad anónima“ (Aktiengesellschaft; im folgenden: S. A.), der gemäß des allgemeinen Verweises des Art. 152 des „Código de comercio“ (spanisches Handelsgesetzbuch; im folgenden: Ccom) auch für die „sociedad comanditaria por acciones“ (Kommanditgesellschaft auf Aktien; im folgenden: S. Com. p. A.) gilt, als auch Art. 74 Abs. 3 des spanischen Gesetzes betreffend die Gesellschaften mit beschränkter Haftung[36] (im folgenden: LSRL) für die „sociedad de responsabilidad limitada“ (Gesellschaft mit beschränkter Haftung; im folgenden: S. R. L.), stellen eine Sonderregelung für den Aktien- bzw. Geschäftsanteilserwerb gegen Sacheinlagen für den Fall einer Kapitalerhöhung auf. Kurz zusammengefaßt, ist der Vorstand bzw. der Geschäftsführer dazu verpflichtet, einen Bericht vorzulegen, in dem eine genaue Beschreibung der Sacheinlagen gegeben werden muß, zusammen mit der Angabe der entsprechenden Einleger, der Anzahl und des Nennwerts der als Gegenleistung auszuhändigenden Aktien bzw. Geschäftsanteilen und der ergriffenen Sicherungen, die von der Natur der fraglichen Einlagen abhängen werden.

Allerdings bestehen zwischen den Regelungen der LSA und denen der LSRL auch Unterschiede. Zunächst muß hervorgehoben werden, daß während das LSA das Institut des genehmigten Kapitals erlaubt (Art. 153 LSA), das LSRL dies nicht tut. Weitere Unterschiede werden von der Handelsregisterverordnung[37] (im folgenden: RRM) eingeführt. Die RRM führt die Sonderregelung des LSA und LSRL aus, indem Art. 168 Abs. 2 RRM für die S. A. bzw. Art. 199 Abs. 2 RRM für die S. R. L. die Anwendung der unterschiedlichen Bestimmungen betreffend der Bewertung von Sacheinlagen bei der

---

34 Vgl. *Bungert*, NJW 1998, 488, 490.

35 Real Decreto Legislativo 1564/1989, de 22 de diciembre, por el que se aprueba el Texto Refundido de la Ley de Sociedades Anónimas.

36 Ley 2/1995, de 23 de marzo, de Sociedades de Responsabilidad Limitada.

37 Real Decreto 1784/1996, de 19 de julio, por el que se aprueba el Reglamento del Registro Mercantil.

Gründung einer S. A. und einer S. R. L. (Art. 38 ff. LSA bzw. Art. 20 f. LSRL) auch im Fall einer Kapitalerhöhung durch Sacheinlagen ausdrücklich verlangt.

Trotz der oben bemerkten Unterschiede gewährleistet das spanische Kapitalgesellschaftsrecht beiden, den Aktionären der S. A. und den Gesellschaftern der S. R. L., ein Bezugsrecht für den Fall einer Kapitalerhöhung (Art. 158 LSA bzw. Art. 75 LSRL). Weiter ermöglichen beide Gesetze, dieses Bezugsrecht unter bestimmten Voraussetzungen auszuschließen (Art. 159 LSA bzw. Art. 76 LSRL). Allerdings wird hier kein Regelungsunterschied aufgrund der Einlage eingeführt: Der spanische Gesetzgeber hat sich dafür entschieden, den Ausschluß des Bezugsrechts der Aktionäre bzw. Gesellschafter mit allgemeinem Charakter zu erlauben, wobei die gleiche Regelung, unabhängig davon, ob die Kapitalerhöhung durch Bar- oder Sacheinlagen stattfindet, gilt: Die Versammlung kann den Ausschluß beschließen, wenn es vom Interesse der Gesellschaft verlangt wird und bestimmte Vorkehrungen getroffen werden. Unter anderem ist ein Bericht des Vorstands bzw. des Geschäftsführers erforderlich, in dem der Vorschlag zum Ausschluß des Bezugsrechts detailliert begründet wird, mit Angabe der Identität der künftigen Aktionäre bzw. Gesellschafter, begleitet von einem Bericht der Wirtschaftsprüfer über den Realwert der Aktien bzw. Geschäftsanteile. Außerdem muß der Nennwert der Aktien bzw. Geschäftsanteile ggf. zusammen mit dem Wert der Prämien dem oben festgestellten Realwert entsprechen (bei der S. R. L. wird der Wirtschaftsprüfer durch den Geschäftsführer ersetzt). Schließlich wird das Bezugsrecht im Fall der Übernahme einer anderen Gesellschaft durch Verschmelzung oder der Aufnahme eines gespalteten Vermögens einer anderen Gesellschaft gesetzlich ausgeschlossen (bei der S. A., ebenso aufgrund der Umwandlung von Schuldverschreibungen in Aktien).

Die Regelung des Ausschlusses des Bezugsrechts für den Fall einer Kapitalerhöhung stellte eine Neuheit für das spanische Kapitalgesellschaftsrecht dar, die im Rahmen der Umsetzung der Zweiten gesellschaftsrechtlichen EG-Richtlinie eingeführt wurde. Allerdings ging der spanische, wie der deutsche, Gesetzgeber weiter als eine ausreichende Umsetzung der fraglichen Richtlinienvorschriften verlangt hätte. Dies ist aber zulässig, wie in der Entscheidung des EuGH erklärt wird, wobei das Interesse der Aktionäre bzw. Gesellschafter stärker geschützt wird.

Neuerdings wird aber der Schutz des Bezugsrechts der Aktionäre bzw. Gesellschafter in Frage gestellt, insbesondere wenn es sich um eine in der Börse notierte S. A. handelt. Dies hat schon zur Folge gehabt, daß die Regelung der LSA durch die 1998 bzgl. der Kapitalerhöhung durchgeführten Änderungen (im Rahmen der Novellierung des Wertpapierhandelsgesetzes) flexibler geworden ist: So ist es u. a. möglich, daß im Fall des genehmigten Kapitals der Ausschluß des Bezugsrechts der Aktionäre vom Vorstand selbst beschlossen wird.

Literatur: *C. Alonso Ledesma*, La exclusión del derecho de suscripción preferente en sociedades anónimas, Madrid: McGraw-Hill, 1995; *R. Largo Gil*, La exclusión del derecho de suscripción preferente del accionista (Situación después de la Ley 37/1998, de 16 de noviembre, de reforma de la Ley del Mercado de Valores), in: Revista de Derecho de Sociedades 2000-1 (14), S. 109 – 196; *D. Vázquez Alabert*, La exclusión del derecho de suscripción preferente, Madrid: Civitas, 2000.

P. B.

IV. Vereinigtes Königreich

1. Im Vereinigten Königreich stehen zwar verschiedene Bestimmungen der zweiten gesellschaftsrechtlichen Richtlinie in der Kritik, die auch von der zur Überarbeitung des britischen Company Law Acts eingesetzten *Steering Group* geteilt wird. Uneingeschränkt begrüßt wird hingegen die Vorschrift des Art. 29 der Richtlinie, nach der den Gesellschaftern einer „public limited company" (Aktiengesellschaft) unter bestimmten Voraussetzungen ein Bezugsrecht bei der Ausgabe neuer Aktien zu gewähren ist. Daher ist zu erwarten, daß die *Steering Group* eine Beibehaltung der derzeitigen Bestimmungen zum Bezugsrecht empfehlen wird. Es könnte allenfalls der Standpunkt eingenommen werden, daß die derzeitigen britischen Bestimmungen nicht weit genug gehen, um eine Verwässerung des Anteils- und Stimmrechts des Gesellschafters zu verhindern. Es scheint zum jetzigen Zeitpunkt indes unwahrscheinlich, daß die Bestimmungen zum Bezugsrecht in nennenswerter Weise ausgebaut werden.

Bevor die Richtlinie im Vereinigten Königreich umgesetzt wurde, gab es nur sehr wenige Bestimmungen, die sich mit der Kapitalerhöhung befassen. Insbesondere war die Frage des Bezugsrechts nicht geregelt. Bezugsrechte waren jedoch nach „Listing Rules" der Börsen bei allen „equity shares" zwingend einzuräumen. Heute werden die „Listing Rules" von der *Financial Services Authority* veröffentlicht, ergänzt durch die „Guidelines" des *London Stock Exchange.* Diese erfordern unter anderem, daß börsennotierte Gesellschaften den Ausschluß von Bezugsrechten billigen lassen müssen und nicht mehr als 5 % des Grundkapitals der Gesellschaft ohne Bezugsrecht verteilt werden dürfen.

2. Es fehlt jedoch an wirklich effektiven Sanktionen für den Fall, daß diese Regeln nicht eingehalten werden. Das liegt vor allem daran, daß das Common Law ein Bezugsrecht des Gesellschafters nicht anerkennt (*Mutual Life Insurance Co of New York v. The Rank Organisation Ltd.* (1985) BCLC 11). Unter gewissen Umständen kann allerdings die Ausgabe von Aktien unter Ausschluß des Bezugsrechts eine Pflichtverletzung der „directors" (Mitglieder des geschäftsführenden Organs) begründen. Die gerichtliche Geltendmachung dieser Pflichtverletzung begegnet allerdings praktischen Schwierigkeiten. Die Gesellschaft selbst wird aller Wahrscheinlichkeit nach nicht gegen die „directors" vorgehen, und einer Klage des Minderheitsaktionärs stehen besondere Hindernisse ent-

gegen. Die wirksamsten Sanktionen sind faktischer Natur: Weitreichende Bezugsrechtsausschlüsse ziehen einen schlechten Ruf auf dem Kapitalmarkt nach sich und erzeugen Druck von seiten der institutionellen Anleger.

3. Die derzeitigen gesetzlichen Bestimmungen (Sections 89 bis 95 des Companies Act 1985) gelten sowohl für „public limited company" als auch für die „private limited company" (Gesellschaft mit beschränkter Haftung) und gehen insoweit über die Vorgaben der Richtlinie hinaus. Dies ist vor allem darauf zurückzuführen, daß das britische Recht diese beiden Gesellschaftsformen zumindest im Grundsatz gleich behandelt. Eine „private limited company" hat jedoch die Möglichkeit, die Geltung der Sections 89 – 95 durch die Satzung auszuschließen, wovon die meisten Gesellschaften auch Gebrauch machen.

Die Vorschriften des britischen Rechts finden lediglich auf Aktienverteilungen Anwendung, bei denen die Gegenleistung in bar zu bewirken ist (Bareinlage), gelten also nicht für Sacheinlagen. Angesichts dieser bedeutsamen Gesetzeslücke muß es begrüßt werden, daß der EuGH die deutsche Rechtslage, nach der auch bei der Kapitalerhöhung gegen Sacheinlagen ein Bezugsrecht des Aktionärs besteht, für europarechtskonform erklärt. Es bleibt zu hoffen, daß der britische Gesetzgebers dies bei zukünftigen Änderungen des britischen Rechts berücksichtigt, auch wenn dies zum jetzigen Zeitpunkt als nicht all zu wahrscheinlich bezeichnet werden muß.

Die Gesellschafterversammlung kann das Bezugsrecht der Anteilseigner durch besonderen Beschluß ausschließen (Section 95), was den Vorgaben von Art. 29 Abs. 4 der Richtlinie entspricht. In diesem Fall könnte ein beschwerter Gesellschafter den Beschluß wohl mit der Begründung angreifen, daß der Beschluß nicht im Interesse der Gesellschaft liege. Obwohl dieses Anfechtungsrecht vom Common Law anerkannt wird, kommt ihm keine größere Bedeutung zu. Denn die Entscheidung über das Bestehen dieses Rechts wird aus einer rein subjektiven Perspektive getroffen. Es genügt, daß die Mehrheit der Auffassung ist, daß der Beschluß im Interesse der Gesellschaft liegt. Es gibt zwar eine Entscheidung, in der eine eher objektive Beurteilung angestellt wurde (*Clemens v Clemens Bros Ltd* [1976] 2 All ER 268). Die meisten britischen Autoren halten dieses Urteil indes für fragwürdig und messen ihm keine maßgebende Wirkung für die Praxis bei. Im Ergebnis ist also das Anfechtungsrecht des Minderheitsaktionärs nur sehr schwer durchzusetzen.

4. Dem englischen Recht müssen insofern Versäumnisse vorgeworfen werden, als daß es wirksame Sanktionen für einen Verstoß gegen die gesetzlichen Vorschriften nicht enthält. Eine Aktienzuteilung, die im Widerspruch zu den gesetzlichen Bestimmungen vorgenommen wird, könnte nur in dem einen Fall für ungültig erklärt werden, daß dem Anteilseigner nicht die 21-Tages-Frist zur Entscheidung über die Ausübung des Bezugsrechts eingeräumt worden ist (*Re Thundercrest Ltd* [1994] BCC 857). Es gibt allerdings

einen gesetzlichen Anspruch auf Entschädigung gegen die Gesellschaft und jeden an der Pflichtverletzung beteiligten „officer“.

J. B.

Fall Nr. 5 – Marleasing

PARTEIEN: *Marleasing SA* gegen *La Comercial Internacional de Alimentation SA*
AKTENZEICHEN: Rs. C-106/89
FUNDSTELLE: Slg. 1990, I-4135

A. Urteil des EuGH vom 13. November 1990

I. Leitsätze

1. Die sich aus einer Richtlinie ergebende Verpflichtung der Mitgliedstaaten, das in dieser Richtlinie vorgesehene Ziel zu erreichen, sowie die Pflicht der Mitgliedstaaten gemäß Art. 5 EGV [nunmehr Art. 10 EGV], alle zur Erfüllung dieser Verpflichtung geeigneten Maßnahmen allgemeiner oder besonderer Art zu treffen, obliegen allen Trägern öffentlicher Gewalt in den Mitgliedstaaten, und zwar im Rahmen ihrer Zuständigkeiten auch den Gerichten. Daraus folgt, daß ein nationales Gericht, soweit es bei der Anwendung des nationalen Rechts – gleich, ob es sich um vor oder nach der Richtlinie erlassene Vorschriften handelt – dieses Recht auszulegen hat, seine Auslegung soweit wie möglich am Wortlaut und Zweck der Richtlinie ausrichten muß, um das mit der Richtlinie verfolgte Ziel zu erreichen und auf diese Weise Art. 189 Abs. 3 EGV [nunmehr Art. 249 Abs. 3 EGV] nachzukommen.

2. Ein nationales Gericht, bei dem ein Rechtsstreit auf einem Gebiet anhängig ist, das in den Anwendungsbereich der Richtlinie 68/151 des Rates zur Koordinierung der Schutzbestimmungen, die in den Mitgliedstaaten den Gesellschaften im Sinne des Art. 58 Abs. 2 EGV [nunmehr Art. 48 Abs. 2 EGV] im Interesse der Gesellschafter sowie Dritter vorgeschrieben sind, um diese Bestimmungen gleichwertig zu gestalten, fällt, muß sein nationales Recht unter Berücksichtigung des Wortlauts und des Zwecks dieser Richtlinie auslegen, um zu verhindern, daß eine Aktiengesellschaft aus anderen als den in Art. 11 der Richtlinie aufgezählten Gründen für nichtig erklärt wird. Diese Nichtigkeitsgründe sind angesichts der Zielsetzung der Richtlinie eng auszulegen; daher ist der Nichtigkeitsgrund, der darauf beruht, daß der tatsächliche Gegenstand des Unternehmens rechtswidrig ist oder gegen die öffentliche Ordnung verstößt, dahin zu verstehen, daß er sich ausschließlich auf den im Errichtungsakt oder in der Satzung umschriebenen tatsächlichen Gegenstand des Unternehmens bezieht.

II. Rechtsgrundlagen

1. Art. 1265 Nr. 3 und Art. 1275 S. 1 des spanischen Bürgerlichen Gesetzbuchs

Verträge ohne rechtlichen Grund oder mit einem unerlaubten Grund sind unwirksam.

2. Gemeinschaftsrecht: Art. 11 der Publizitätsrichtlinie[1]

Die Rechtsvorschriften der Mitgliedstaaten können die Nichtigkeit der Gesellschaften nur nach Maßgabe folgender Bedingungen regeln:

1. Die Nichtigkeit muß durch gerichtliche Entscheidung ausgesprochen werden.

2. Die Nichtigkeit kann nur in folgenden Fällen ausgesprochen werden:

a) wenn der Errichtungsakt fehlt oder wenn entweder die Formalitäten der vorbeugenden Kontrolle oder die Form der öffentlichen Beurkundung nicht beachtet wurden;

b) wenn der tatsächliche Gegenstand des Unternehmens rechtswidrig ist oder gegen die öffentliche Ordnung verstößt;

c) wenn der Errichtungsakt oder die Satzung die Firma der Gesellschaft, die Einlagen, den Betrag des gezeichneten Kapitals oder den Gegenstand des Unternehmens nicht aufführt;

d) wenn die einzelstaatlichen Rechtsvorschriften über die Mindesteinzahlung auf das Gesellschaftskapital nicht beachtet wurden;

e) wenn alle an der Gründung beteiligten Gesellschafter geschäftsunfähig waren;

f) wenn entgegen den für die Gesellschaft geltenden einzelstaatlichen Rechtsvorschriften die Zahl der an der Gründung beteiligten Gesellschafter weniger als zwei betrug.

Abgesehen von diesen Nichtigkeitsfällen können die Gesellschaften aus keinem Grund inexistent, absolut oder relativ nichtig sein oder für nichtig erklärt werden.

III. Zum Sachverhalt

1. Der Juzgado de Primera Instancia e Instruccion Nr. 1 Oviedo hat mit Beschluß vom 13. März 1989, beim Gerichtshof eingegangen am 3. April 1989, gemäß Art. 177 EGV [nunmehr Art. 234 EGV] eine Frage nach der Auslegung von Art. 11 der Richtlinie 68/151/EWG des Rates vom 9. März 1968 zur Koordinierung der Schutzbestimmungen, die in den Mitgliedstaaten den Gesellschaften im Sinne des Art. 58 Abs. 2 EGV [nunmehr Art. 48 Abs. 2 EGV] im Interesse der Gesellschafter sowie Dritter vorgeschrieben sind, um diese Bestimmungen gleichwertig zu gestalten (ABl. L 65, S. 8), zur Vorabentscheidung vorgelegt.

---

1 Alle im folgenden ohne Gesetzesbezeichnung genannten Artikel sind solche der Publizitätsrichtlinie.

2. Diese Frage stellt sich in einem Rechtsstreit zwischen der Marleasing SA, der Klägerin des Ausgangsverfahrens, und mehreren Beklagten, zu denen La Comercial Internacional de Alimentacion SA (nachstehend: La Comercial) gehört. Letztere wurde als Aktiengesellschaft von drei Personen errichtet; zu diesen gehört die Firma Barviesa, die ihr Vermögen in die Gesellschaft einbrachte.

3. Aus den Gründen des Vorlagebeschlusses geht hervor, daß die Firma Marleasing [...] in erster Linie beantragt hat, den Gesellschaftsvertrag zur Gründung von La Comercial für nichtig zu erklären, da die Errichtung dieser Gesellschaft ohne Rechtsgrund, nur zum Schein und zu dem Zweck erfolgt sei, die Gläubiger der Firma Barviesa, einer Mitgründerin der Beklagten, in ihren Rechten zu schädigen. La Comercial hat beantragt, die Klage insgesamt abzuweisen, insbesondere mit der Begründung, daß die Richtlinie 68/151, in deren Art. 11 die Fälle der Nichtigkeit von Aktiengesellschaften abschließend aufgezählt seien, das Fehlen eines Rechtsgrundes nicht als Nichtigkeitsfall vorsehe.

4. Das vorlegende Gericht weist darauf hin, daß das Königreich Spanien gemäß Art. 395 der Akte über die Bedingungen des Beitritts des Königreichs Spanien und der Portugiesischen Republik zu den Europäischen Gemeinschaften (ABl. 1985, L 302, S. 23) verpflichtet gewesen sei, mit seinem Beitritt die Richtlinie in Kraft zu setzen, was bis zum Tag des Erlasses des Vorlagebeschlusses noch nicht geschehen sei.

IV. Vorlagefrage

[Noch] 4. In der Erwägung, daß der Rechtsstreit ein gemeinschaftsrechtliches Auslegungsproblem aufwerfe, hat das vorlegende Gericht dem Gerichtshof folgende Frage gestellt: Ist Art. 11 der Richtlinie 68/151/EWG des Rates vom 9. März 1968, wenn er nicht in innerstaatliches Recht umgesetzt worden ist, unmittelbar anwendbar, so daß eine Aktiengesellschaft nicht aus anderen als den in diesem Artikel genannten Gründen für nichtig erklärt werden kann?

V. Entscheidungsgründe

6. Zu der Frage, ob sich ein einzelner gegenüber einem nationalen Gesetz auf die Richtlinie berufen kann, ist auf die ständige Rechtsprechung des Gerichtshofes zu verweisen, wonach eine Richtlinie nicht selbst Verpflichtungen für einen einzelnen begründen und eine Richtlinienbestimmung daher als solche nicht gegenüber einem einzelnen in Anspruch genommen werden kann (Urteil vom 26. Februar 1986 in der Rechtssache 152/84, Marshall, Slg. 1986, 723).

7. Aus den Akten ergibt sich jedoch, daß das vorlegende Gericht im wesentlichen wissen möchte, ob ein nationales Gericht, bei dem ein Rechtsstreit auf einem Gebiet anhängig ist, das in den Anwendungsbereich der Richtlinie 68/151 fällt, sein nationales Recht unter Berücksichtigung des Wortlauts und des Zwecks dieser Richtlinie auslegen muß, um zu verhindern, daß eine Aktiengesellschaft aus anderen als den in Art. 11 der Richtlinie aufgezählten Gründen für nichtig erklärt wird.

8. Wie der Gerichtshof in seinem Urteil vom 10. April 1984 in der Rechtssache 14/83 (Von Colson und Kamann, Slg. 1984, 1891, Randnr. 26) entschieden hat, obliegen die sich aus

einer Richtlinie ergebende Verpflichtung der Mitgliedstaaten, das in dieser Richtlinie vorgesehene Ziel zu erreichen, sowie die Pflicht der Mitgliedstaaten gemäß Art. 5 EGV [nunmehr Art. 10 EGV], alle zur Erfüllung dieser Verpflichtung geeigneten Maßnahmen allgemeiner oder besonderer Art zu treffen, allen Trägern öffentlicher Gewalt in den Mitgliedstaaten, und zwar im Rahmen ihrer Zuständigkeiten auch den Gerichten. Daraus folgt, daß ein nationales Gericht, soweit es bei der Anwendung des nationalen Rechts – gleich, ob es sich um vor oder nach der Richtlinie erlassene Vorschriften handelt – dieses Recht auszulegen hat, seine Auslegung soweit wie möglich am Wortlaut und Zweck der Richtlinie ausrichten muß, um das mit der Richtlinie verfolgte Ziel zu erreichen und auf diese Weise Art. 189 Abs. 3 EGV [nunmehr Art. 249 Abs. 3 EGV] nachzukommen.

9. Das Erfordernis einer Auslegung des nationalen Rechts, die im Einklang mit Art. 11 der Richtlinie 68/151 steht, verbietet es somit, die nationalen Rechtsvorschriften über Aktiengesellschaften dergestalt auszulegen, daß die Nichtigkeit einer Aktiengesellschaft aus anderen als den in Art. 11 dieser Richtlinie abschließend aufgezählten Gründen ausgesprochen werden kann.

10. Zur Auslegung des Art. 11 der Richtlinie, insbesondere seiner Nr. 2 Buchstabe b, ist festzustellen, daß diese Bestimmung es den Mitgliedstaaten untersagt, in ihren Rechtsvorschriften eine gerichtliche Nichtigerklärung in anderen als den in der Richtlinie abschließend aufgezählten Fällen vorzusehen, zu denen der Fall gehört, daß der tatsächliche Gegenstand des Unternehmens rechtswidrig ist oder gegen die öffentliche Ordnung verstößt.

11. Die Kommission ist der Meinung, der Ausdruck „tatsächlicher Gegenstand des Unternehmens" sei so auszulegen, daß damit ausschließlich der im Errichtungsakt oder in der Satzung umschriebene Unternehmensgegenstand gemeint sei. Eine Gesellschaft könne daher nicht wegen der von ihr tatsächlich ausgeübten Tätigkeit, wie etwa der Vereitelung von Ansprüchen der Gläubiger der Gründungsgesellschafter, für nichtig erklärt werden.

12. Dieser Auffassung ist zu folgen. Wie sich aus der Präambel der Richtlinie 68/151 ergibt, sollen die Fälle der Nichtigkeit sowie die Rückwirkung der Nichtigerklärung beschränkt werden, „um die Rechtssicherheit in den Beziehungen zwischen der Gesellschaft und Dritten sowie im Verhältnis der Gesellschafter untereinander zu gewährleisten" (sechste Begründungserwägung); außerdem „muß der Schutz Dritter ... durch Bestimmungen gewährleistet werden, welche die Gründe, aus denen im Namen der Gesellschaft eingegangene Verpflichtungen unwirksam sein können, soweit wie möglich beschränken". Daraus folgt, daß jeder in Art. 11 der Richtlinie vorgesehene Nichtigkeitsgrund eng auszulegen ist. Der Ausdruck „tatsächlicher Gegenstand des Unternehmens" ist somit dahin zu verstehen, daß er sich auf den im Errichtungsakt oder in der Satzung umschriebenen Unternehmensgegenstand bezieht.

13. Auf die Vorlagefrage ist daher zu antworten, daß ein nationales Gericht, bei dem ein Rechtsstreit auf einem Gebiet anhängig ist, das in den Anwendungsbereich der Richtlinie 68/151 fällt, sein nationales Recht unter Berücksichtigung des Wortlauts und des Zwecks dieser Richtlinie auslegen muß, um zu verhindern, daß eine Aktiengesell-

schaft aus anderen als den in Art. 11 der Richtlinie aufgezählten Gründen für nichtig erklärt wird.

B. Anmerkungen

I. Europarecht

1. Zunächst hatte der EuGH in Rn. 6 zu klären, ob Art. 11 unmittelbare Wirkung zukommt. Das hätte zur Folge gehabt, daß kraft des Anwendungsvorrangs[2] keine nationale Nichtigkeitsvorschrift neben Art. 11 hätte angewendet werden dürfen. Zu prüfen waren also die Voraussetzungen, unter denen nach der Rechtsprechung des EuGH Richtlinienbestimmungen unmittelbare Wirkung entfalten.[3] Die Umsetzungsfrist hatte Spanien verstreichen lassen. Art. 11 ist auch hinreichend konkret formuliert. Jedoch lehnt der EuGH die unmittelbare Anwendbarkeit von Art. 11 zu Recht ab, indem er sich auf seine schon zum Zeitpunkt der Entscheidung gefestigte Rechtsprechung beruft, nach der eine unmittelbare Anwendung einer Richtlinienbestimmung zu Lasten Privater nicht in Betracht kommt.[4] Die Anwendung von Art. 11 hätte sich zuungunsten der *Marleasing SA* ausgewirkt, da der Gesellschaftsvertrag von *La Comercial* nur bei der ausschließlichen Anwendung des spanischen Rechts für nichtig hätte erklärt werden können.[5] Deswegen mußte eine unmittelbare Anwendung ausscheiden.

2. Mit dieser Feststellung ist der Fall aber noch nicht gelöst. Vielmehr bleibt zu prüfen, ob Art. 11 nicht zumindest bei der Auslegung des nationalen Rechts Beachtung finden muß.

a) Es besteht Einigkeit darin, daß europäisches Recht bei der Auslegung nationalen Rechts zu beachten ist (sog. gemeinschaftsrechtskonforme Auslegung[6]). Als Begründung zieht der EuGH in Rn. 8 die Verpflichtung der Mitgliedstaaten heran, die in den europarechtlichen Richtlinien vorgesehenen Ziele zu erreichen und hierzu alle geeigne-

---

2 Grundzüge, B. I.

3 Zu diesen in den Grundzügen, unter B. I.

4 Der EuGH verweist hierzu auf das *Marshall*-Urteil (Slg. 1986, 723). Vgl. auch die *Dori*-Entscheidung (Slg. 1994, I-3325 = Fall Nr. 11 im Casebook zum Europäischen Verbraucherrecht).

5 Vgl. *Klinke*, ZGR 1993, 1, 11 (Fn. 78).

6 Hierzu ausführlich *Di Fabio*, Richtlinienkonformität als ranghöchstes Normauslegungsprinzip?, NJW 1990, 947; *Ehrike*, Die richtlinienkonforme und die gemeinschaftsrechtskonforme Auslegung nationalen Rechts, RabelsZ 1995, 598; *Jarass*, Richtlinienkonforme bzw. EG-rechtskonforme Auslegung nationalen Rechts, EuR 1991, 211; *ders.*, Grundfragen der innerstaatlichen Bedeutung des EG-Rechts, 1994; *Kohler-Gehrig*, Europarecht und nationales Recht – Auslegung und Rechtsfortbildung, JA 1998, 807; *Ress*, Die richtlinienkonforme „Interpretation" innerstaatlichen Rechts, EuR 1991, 211; *Scherzberg*, Die innerstaatlichen Wirkungen von EG-Richtlinien, Jura 1993, 225. Ferner *Herdegen*, Rn. 182; *Streinz*, Rn. 393 a, 405.

ten Maßnahmen zu treffen hat.[7] Als Rechtsgrundlage dieser Verpflichtung kann man Art. 249 Abs. 3 EGV, Art. 10 S. 1 EGV oder die erlassene Richtlinie selbst ansehen. Diese Verpflichtung obliege nicht nur den Mitgliedstaaten selbst, sondern allen mitgliedstaatlichen Trägern öffentlicher Gewalt, also – im Rahmen ihrer Zuständigkeit – auch den Gerichten.[8]

An dieser Begründung mag man kritisieren, daß ein Rechtssatz, nach dem alle Pflichten, die an ein bestimmtes Rechtssubjekt adressiert sind, gleichzeitig auch all seine Untergliederungen treffen, nur schwer zu begründen ist. Hinzu kommt, daß die Gerichte bei der Entscheidung von Zivilrechtsstreitigkeiten zumindest nicht im eigentlichen Sinne öffentliche Gewalt ausüben, sondern auch als Mittler zwischen Privaten auftreten.[9] Überzeugender ist es deshalb, die Notwendigkeit gemeinschaftsrechtskonformer Auslegung damit zu begründen, daß das europäische Recht dem nationalen Recht übergeordnet ist.[10] Bei der Anwendung und Auslegung von Recht ist das jeweils höherrangige Recht zu beachten, ohne Rücksicht darauf, ob es sich um höherrangiges nationales oder europäisches Recht handelt, und unabhängig davon, *wer* das Recht anwendet oder auslegt.

b) Mit Recht weist der EuGH in Rn. 8 darauf hin, daß das Gebot der gemeinschaftsrechtskonformen Auslegung auch für Vorschriften gilt, die bereits vor Erlaß der gemeinschaftsrechtlichen Norm in Kraft waren.

c) Somit gelangt der EuGH in Rn. 9 zu der Schlußfolgerung, daß die Verpflichtung zur richtlinienkonformen Auslegung vorliegend dazu zwingt, „die nationalen Rechtsvorschriften über Aktiengesellschaften dergestalt auszulegen, daß die Nichtigkeit einer Aktiengesellschaft aus anderen als den in Art. 11 dieser Richtlinie abschließend aufgezählten Gründen ausgesprochen werden kann“. Diese Aussage muß insoweit als bedenklich bezeichnet werden, als der EuGH an keiner Stelle die Frage aufwirft, ob das nationale Recht überhaupt den Spielraum bereit hält, den eine richtlinienkonforme Auslegung erfordert bzw. – mit anderen Worten – eine Auslegung überhaupt erst ermöglicht (Ge-

---

7 Diese wurde bereits in der Entscheidung *von Colson und Kamann* (Slg. 1984, 1891, 1909, Rn. 26) ausgesprochen.

8 EuGH, a. a. O.

9 Dies zeigt sich im deutschen Recht daran, daß im Verhältnis zwischen privater Prozeßpartei und rechtsprechendem Zivilgericht die Grundrechte nicht unmittelbar gelten; Art. 1 Abs. 3 GG ist insoweit nicht einschlägig. Vielmehr hat das Gericht allein das für das streitige Rechtsverhältnis geltende (Zivil-) Recht anzuwenden. Erst bei dessen Auslegung kann das Verfassungsrecht zu berücksichtigen sein (sog. mittelbare Wirkung bzw. Drittwirkung der Grundrechte, dazu etwa Bleckmann, Rn. 100 ff.; Pieroth/Schlink, Rn. 177 ff. m. w. N.).

10 Hierzu im allgemeinen Teil unter B. I. Ähnlich *Schwarz*, Rn. 244.

sichtspunkt der Auslegungsfähigkeit nationalen Rechts).[11] Denn es darf nicht übersehen werden, daß auch die richtlinien- bzw. gemeinschaftsrechtskonforme Auslegung nicht mehr als Auslegung ist und ihre Grenze daher im möglichen Wortsinn des Gesetzes findet.[12] Jenseits dieser Grenze beginnt die Analogie, also Rechtsanwendung über das geschriebene Recht hinaus. Hierzu kann aber die Richtlinie nicht verpflichten, da ihr insofern uneingeschränkt unmittelbare Wirkung zukäme. Die eigentliche Rechtsnatur der Richtlinie, wie sie sich aus Art. 249 Abs. 3 EGV ergibt, würde vollends verwässert. Gleiches gilt, wenn ein nationaler, die Materie regelnder Rechtssatz schlechthin nicht vorhanden ist, da auch in diesem Fall das nationale Recht nicht auslegungsfähig ist.[13] Deswegen kann diese Vorgehensweise des EuGH, die auch in anderen Entscheidungen zu beobachten ist,[14] nicht gutgeheißen werden. Sie ist allerdings verständlich, weil der EuGH im Vorabentscheidungsverfahren das nationale Recht nicht prüfen und daher auch nicht auf Auslegungsspielräume untersuchen kann.

d) Folgt man dieser Prämisse des EuGH, so ist damit entschieden, daß der Gesellschaftsvertrag von *La Comercial* nicht nach den spanischen Vorschriften nichtig sein konnte. Sie durften wegen Art. 11 Nr. 2 S. 2 nicht zur Nichtigkeit führen, da sie inhaltlich von den in Art. 11 Nr. 2 S. 1 genannten Nichtigkeitsgründen abweichen.[15]

e) Denkbar ist aber, daß einer der in Art. 11 Nr. 2 S. 1 genannten Fälle gegeben ist. In Betracht kommt Art. 11 Nr. 2 S. 1 lit. b).[16] Dazu hatte die Klägerin *Marleasing SA* vorgetragen, der tatsächliche Gegenstand der von *La Comercial* unternommenen Tätigkeit liege darin, Ansprüche der Gläubiger der Gründungsgesellschafter zu vereiteln, worin ein Verstoß gegen die öffentliche Ordnung zu sehen sei. Hierzu entscheidet der EuGH, daß „tatsächlicher Unternehmensgegenstand" i. S. v. Art. 11 Nr. 2 S. 1 lit. b) der „im Er-

---

11 Diese Voraussetzung für die Zulässigkeit einer gemeinschaftsrechtskonformen Auslegung wird nicht nur durch den EuGH mißachtet. Auch im Schrifttum wird dieser Gesichtspunkt nur selten betont. Hervorzuhebende Ausnahmen sind z. B. *Klauer*, S. 196 in Fn. 596 und *Klinke*, ZGR 1993, 1, 21 („Auslegung scheitert, wo einzelstaatliches Recht nicht ausgelegt werden kann bzw. wo auslegungsfähiges einzelstaatliches Recht nicht vorhanden ist.").

12 Siehe nur *Larenz/Canaris*, S. 143 f. Auch der EuGH betont, daß die richtlinienkonforme Auslegung ihre Grenze in den nationalen Auslegungsregeln finde (Darstellung der einschlägigen Entscheidungen bei *Jarass*, EuR 1991, 211, 217). Er beachtet diese Vorgabe indes nur selten.

13 Zutreffend *Klinke*, a. a. O.

14 Etwa in der *Ubbink*-Entscheidung (Fall Nr. 9 in diesem Casebook), siehe dort unter B. I. 2. b) aa).

15 Hieran zeigt sich noch einmal deutlich, daß der EuGH Art. 11 de facto unmittelbare Wirkung beilegt. Hierzu *Schwarz*, Rn. 363: „Der EuGH lehnt die unmittelbare horizontale Wirkung der Richtlinienvorschrift ab, kam jedoch letztlich zum gleichen Ergebnis." Ähnlich *Klinke*, ZGR 1993, 1, 12. Zutreffend auch *Lutter*, JZ 1992, 593, 597: „In Wirklichkeit geht es nicht mehr um Auslegung im hergebrachten Sinn, sondern um eine Änderung des Verständnisses vom Inhalt des spanischen Rechts..."

16 Dazu *Klauer*, S. 188.

richtungsakt oder in der Satzung umschriebene Unternehmensgegenstand“ sei (Rn. 11 und 12). Für diese Auffassung spricht, daß sich nur der aus Errichtungsakt oder Satzung ergebende Unternehmensgegenstand zweifelsfrei ermitteln läßt. Der „tatsächliche Unternehmensgegenstand“ kann sich hingegen laufend verändern. Das würde die Rechtssicherheit, auf die sich der EuGH in Rn. 12 beruft, in nicht unerheblichem Maße beeinträchtigen. Andererseits fällt auf, mit wie wenigen Worten der EuGH zu dem Ergebnis gelangt, daß „tatsächlicher Unternehmensgegenstand“ i. S. d. Richtlinie gerade nicht der tatsächliche Unternehmensgegenstand (im Wortsinn) sei.[17] Hier liegt erkennbar ein Versäumnis bei der Ausarbeitung der deutschen Richtlinienfassung bzw. der Übersetzung vor,[18] das als solches hätte identifiziert werden müssen. Auch im Ergebnis erscheint die vom Gerichtshof bevorzugte Auslegung bedenklich. Denn wie *Klauer*[19] zutreffend bemerkt, werden die Gründer einer Gesellschaft selten so ungeschickt sein, ausdrücklich eine Passage in die Statuten aufzunehmen, wonach Gegenstand der Gesellschaft die Herstellung illegaler Waffen, der Betrieb verbotenen Glücksspiels, die Förderung der Prostitution o. ä. ist. Durch die Auslegung des EuGH verbleibt Art. 11 Nr. 2 S. 1 lit. b) kaum ein praktisch relevanter Anwendungsbereich.

II. Deutschland

1. Im deutschen Schrifttum finden sich zwar Stellungnahmen zur *Marleasing*-Entscheidung.[20] Deren Ausmaß läßt jedoch nicht die Bedeutung der Entscheidung erkennen. Dies ist darauf zurückzuführen, daß die Entscheidung einen eher unspektakulären Sachverhalt zum Gegenstand hat. Die Art und Weise, in der der Gerichtshof das Instrument der gemeinschaftsrechtskonformen Auslegung im *Marleasing*-Urteil zur Anwendung bringt, bedarf indes besonderer Aufmerksamkeit. Denn bereits auf den ersten Blick ist ersichtlich, daß sich der EuGH nicht mit den Grenzen zulässiger Rechtsauslegung befaßt. Auslegung kann nur bis zum möglichen Wortsinn eines Tatbestandsmerkmals reichen.[21] Es mag sein, daß diese Vorgabe auch in der deutschen Rechtsanwendung häufig nicht beachtet wird. Gleichwohl ist diese Erkenntnis zu keiner Zeit ernsthaft in Frage gestellt worden.

---

17 Vgl. auch *Lutter*, JZ 1992, 593, 599 und *Schwarz*, Rn. 361 („Über das Wort ‚tatsächlich‘ muß man hinweglesen.“).

18 *Lutter*, JZ 1992, 593, 599 zu anderssprachigen Versionen, bei denen sich dieses Problem wegen einer anderen Formulierung nicht stellt.

19 S. 189.

20 *Habersack*, Rn. 110; *Klauer*, S. 186 ff.; *Lutter*, S. 21 und S. 47; *ders.*, Die Auslegung angeglichenen Rechts, JZ 1992, 593; *Schwarz*, Rn. 361 ff. Vgl. ferner *Saunders*, Marleasing – A Fatal Blow to the Rule of Construction, EBLR 1992, Vol. 3, Nr. 12, S. 339.

21 Siehe nur *Larenz/Canaris*, S. 141 ff.

Dabei ist der gelegentlich anzutreffenden Auffassung entgegenzutreten, der mögliche Wortsinn sei ohnehin stets nur mit Schwierigkeiten zu bestimmen und könne deswegen keine taugliche Grenze für die Auslegung darstellen. Richtig ist zwar, daß das Recht häufig offene Begriffe verwendet, deren genauer möglicher Wortsinn nur mit besonderen Mühen bestimmt werden kann. Die meisten Tatbestandsmerkmale sind aber durchaus so konkret formuliert, daß ihnen nicht jedes beliebige Verständnis beigelegt werden kann.[22]

2. Die übrigen wesentlichen Aussagen der Entscheidung beziehen sich auf die Interpretation des Begriffs des Unternehmensgegenstands i. S. d. Publizitätsrichtlinie. Schon im europarechtlichen Teil[23] konnte gesehen werden, daß es zu erheblichen Schwierigkeiten führen muß, wenn man hierunter mit dem EuGH den durch die Satzung bestimmten Unternehmensgegenstand verstehen will. Denn das Gesetz spricht ausdrücklich vom *tatsächlichen* Unternehmensgegenstand, und sachgerechte Ergebnisse liefert diese Ansicht ebenfalls nicht. In diesem Punkt kann die Entscheidung nicht überzeugen.

Bemerkenswert ist, daß der deutsche Gesetzgeber bei der Umsetzung dieser Bestimmung ebenfalls nicht den Wortlautvorgaben der Richtlinie gefolgt ist. In §§ 275 AktG, 75 GmbHG, welche die Nichtigerklärung von AG und GmbH regeln, stellt das deutsche Recht ebenso wie der EuGH nicht auf den tatsächlichen Unternehmensgegenstand, sondern allein auf die „Bestimmungen der Satzung über den Unternehmensgegenstand" ab. Gemäß §§ 23 Abs. 3 Nr. 2 1. Hs. AktG, 3 Abs. 1 Nr. 2 GmbHG muß der Gegenstand des Unternehmens in der Satzung der AG und im Gesellschaftsvertrag der GmbH bezeichnet werden. Fehlen diese Bestimmungen oder sind sie nichtig, geben §§ 275 Abs. 1, 75 Abs. 1 GmbHG den Gesellschaftern, den Mitgliedern des Verwaltungsorgans sowie den Mitgliedern des Aufsichtsorgans[24] die Möglichkeit, die Gesellschaft für nichtig erklären zu lassen. Insofern entspricht also die deutsche Gesetzeslage den Feststellungen des EuGH im *Marleasing*-Urteil. Im Widerspruch hiermit steht allerdings die zumindest für die AG ganz h. M.,[25] daß sich die Nichtigkeit der Bestimmungen über den Unternehmensgegenstand auch aus Umständen ergeben kann, die außerhalb der Satzung liegen. Insbesondere kann die tatsächliche Tätigkeit der Gesellschaft, also der tatsächliche Unternehmensgegenstand i. S. d. Publizitätsrichtlinie, dazu führen, daß die Bestimmungen über den Unternehmensgegenstand als nichtig anzusehen sind. Diese Auffas-

22 Das Tatbestandsmerkmal „schwarz" kann auch bei noch so großen Auslegungsbemühungen niemals die Bedeutung „weiß" haben.

23 Unter B. I. 2. e).

24 Bei der GmbH ist ein Aufsichtsrat nur dann einzurichten, wenn der Gesellschaftsvertrag (§ 52 GmbHG) oder die Mitbestimmungsgesetze dies vorsehen.

25 *Hüffer*, § 275 Rn. 12 m. w. N.

sung, der aus den oben genannten[26] Gründen beizupflichten wäre, verträgt sich nicht mit den Vorgaben der *Marleasing*-Entscheidung.

Auch andere Fragen im Zusammenhang mit dem Unternehmensgegenstand sind nicht abschließend geklärt. Dies gilt vor allem für das Verhältnis dieses Begriffs zum Gesellschaftszweck. Hierbei handelt es sich um einen Zentralbegriff des Gesellschaftsrechts, der in der Grundnorm des § 705 BGB zur Voraussetzung für das Vorliegen einer Gesellschaft gemacht wird. Nach zumindest für das Kapitalgesellschaftsrecht verbreiteter Auffassung[27] stehen diese Begriffe in einer Mittel-Zweck-Relation. Der Gesellschaftszweck bezeichnet das Ziel, zu dem sich die Gesellschafter zusammenschließen. Bei Kapitalgesellschaften ist dies in aller Regel die Erzielung von Gewinn.[28] Der Unternehmensgegenstand gibt an, mit welchem Mittel dieses Ziel erreicht werden soll (z. B. Herstellung eines bestimmten Produkts, Handel mit bestimmten Gütern, Verwaltung bestimmter Beteiligungen etc.).

Weitgehend unbestritten ist hingegen, daß der Unternehmensgegenstand eine Schranke für die Geschäftsführungsbefugnis darstellt.[29] Die Geschäftsführungsbefugnis ist das aus dem Geschäftsführungsverhältnis stammende Recht der geschäftsführenden Person,[30] über die Vornahme von Geschäftsführungsmaßnahmen zu entscheiden und diese Maßnahmen durchzuführen. Diese Befugnis ist zumeist in ganz unterschiedlicher Weise begrenzt. Schranken können sich unmittelbar aus dem Gesetz ergeben (z. B. §§ 116 Abs. 2, 164 S. 1 2. Hs. HGB, 111 Abs. 4 S. 2 AktG, 37 Abs. 2 GmbHG) oder sich dem Gesetz zumindest durch Auslegung entnehmen lassen (vor allem die sog. *Holzmüller*-Kompetenz[31] bei der AG). Häufig enthält auch der Gesellschaftsvertrag Beschränkungen der Geschäftsführungsbefugnis. Daneben ist die geschäftsführende Person gehalten, keine Geschäftsführungsmaßnahmen jenseits des Unternehmensgegenstands vorzunehmen. Beabsichtigt sie, eine solche Maßnahme zu treffen, muß sie zuvor eine Änderung des Gesellschaftsvertrags erreichen. Vor allem in diesem Zusammenhang wird deshalb auch von „faktischer Satzungsänderung“ gesprochen. Wie *Hüffer*[32] treffend bemerkt, ist diese Begriffsverwendung irreführend. Es geht um einen Verstoß des Organs gegen seine

---

26 B. I. 2. e).

27 *Hüffer*, § 23 Rn. 22 m. w. N.

28 *Hüffer*, § 23 Rn. 22.

29 Siehe nur *Hüffer*, § 23 Rn. 21. Vgl. auch die deutsche Anmerkung zur *Rabobank*-Entscheidung (Fall Nr. 7 in diesem Casebook), unter B. II. 1. b) aa).

30 Bei den Personengesellschaften (§§ 161 Abs. 1, 105 Abs. 3 HGB) und der KGaA (§ 278 Abs. 2 AktG) ist dies der nicht von der Geschäftsführung ausgeschlossene persönlich haftende Gesellschafter (§§ 114 Abs. 1 HGB, 709 BGB), bei der AG das Vorstandsmitglied (§ 76 Abs. 1 AktG) und bei der GmbH der Geschäftsführer (§§ 6, 35 ff. GmbHG).

31 BGHZ 83, 122.

32 § 179 Rn. 9.

Pflicht, die ihm eingeräumte Geschäftsführungsbefugnis einzuhalten, die durch die Vorschriften der Satzung über den Unternehmensgegenstand konkretisiert wird. Es handelt sich also um einen Satzungsverstoß, nicht um eine Satzungsänderung.

A. K.

III. Frankreich

Nach der *Marleasing*-Entscheidung ist von einer strengen Auslegung der in der Ersten (gesellschaftsrechtlichen) Richtlinie genannten Nichtigkeitsgründe auszugehen. Einerseits entscheidet der EuGH, daß der Ausdruck „Unternehmensgegenstand“ dahingehend interpretiert werden muß, daß damit einzig und allein der satzungsmäßige Unternehmensgegenstand gemeint ist und daß eine Gesellschaft nicht aufgrund der in Wahrheit verfolgten Tätigkeit für nichtig erklärt werden kann. Andererseits stellt der EuGH fest, daß der nationale Richter, der wegen eines in den Anwendungsbereich einer Richtlinie fallenden Streites angerufen wird, gehalten ist, das nationale Recht im Lichte und unter Berücksichtigung von Sinn und Zweck der Richtlinie auszulegen, um zu vermeiden, daß die Gesellschaft aus anderen als in Art. 1 der Richtlinie abschließend aufgezählten Gründen für nichtig erklärt wird.

Die Richtlinie wurde durch Gesetz vom 20. Dezember 1969 in französisches Recht umgesetzt. Im französischen Recht kann eine Gesellschaft oder ein satzungsändernder Beschluß nur für nichtig erklärt werden, wenn dies eine ausdrückliche Regelung in diesem Gesetz oder den Gesetzen, die die Nichtigkeit von Verträgen regeln, vorsieht. Die Auslegung des französischen Gesetzes deckt sich nicht ganz mit den Prinzipien, die durch die *Marleasing*-Entscheidung aufgestellt werden. Nichtig ist nämlich nach französischem Recht die Gesellschaft, die einen rechtswidrigen oder gegen die guten Sitten verstoßenden Unternehmensgegenstand hat oder die nicht im gemeinsamen Interesse aller Gesellschafter gegründet worden ist.[33]

Dieselbe Lösung ergibt sich im Fall des Fehlens des „affectio sociétatis“. Nach der französischen Rechtsprechung beurteilt sich die Rechtswidrigkeit auf der Grundlage der wirklichen Geschäftstätigkeit der Gesellschaft und nicht aufgrund der in der Satzung angegebenen. Ein Handelsgewerbe kann auch ausgeübt werden, wenn es nicht als Unternehmensgegenstand aufgeführt ist. Die Nichtbeachtung von Formvorschriften, die für die Eintragung im Handelsregister vorgeschrieben sind, hat keine Auswirkung auf dessen Rechtmäßigkeit oder Rechtswidrigkeit. Die Rechtsprechung läßt auch die Auflösung einer Gesellschaft wegen Betrugs im Rahmen von Art. 360 des Gesetzes von 1966 zu. Der Betrug ist im französischen Recht somit als Nichtigkeitsgrund anerkannt. Dies gilt trotz der Strenge der Richtlinie und der *Marleasing*-Entscheidung, welche ausschließt,

33 *Ph. Merle*, sociétés commerciales, Dalloz 2000, S. 89.

daß für die Auflösung auf die Rechtswidrigkeit des Gesellschaftszweckes zurückgegriffen wird – ein Rückgriff, dem der EuGH einen nur sehr engen Anwendungsbereich läßt.[34]

Literatur: CJCE 13 nov. 1990: Rev. sociétés 1991, S. 552, note *Y. Chaput*; JCP E 1991, II, 156, obs. *P. Level*; RTD Com. 1991, S. 68, obs. *Cl. Champaud*; *F. Leclerc*, Que reste t-il des nullités de sociétés en droit francais après l´arrêt Marleasing? RJC 1992, S. 321: *B. Saintourens*, Les causes de nullité des sociétés: L´impact de la directive CEE de 1968 sur les sociétés interprétée par la CJCE: Bull. Joly 1991, S. 123; *M. Germain / Y. Reinhard*, Trente années d´influence du droit communautaire sur le droit des sociétés, Rev. sociétés 1005, S. 649.

D. L.

IV. Italien

In Umsetzung des Art. 11 der Publizitätsrichtlinie wurde Art. 2332 des italienischen Zivilgesetzbuches „Codice Civile" (C. C.) durch das D. P. R. Nr. 1127 vom 29. 12. 1969 geändert. Art. 2332 C. C. verhält sich über die Nichtigkeitsgründe bezogen auf eingetragene Gesellschaften. Er zählt acht Nichtigkeitsgründe auf, welche sämtlich auf Ziff. 2 des Art. 11 der Publizitätsrichtlinie zurückgehen.

Einerseits ist unbestritten, daß die Aufzählung in Art. 2332 C. C. abschließend ist, andererseits wenden Rechtsprechung und Lehre diese Norm nur auf das Unternehmensregister bei der zuständigen Industrie- und Handelskammer („registro delle imprese") an. Dies bedeutet, daß vor dieser Eintragung die Nichtigkeit eines Gesellschaftsvertrages nach den allgemeinen Vorschriften über die Nichtigkeit von Verträgen (Art. 1418 C. C.) geltend gemacht werden kann. Als Nichtigkeitsgründe können insoweit das Fehlen wesentlicher Voraussetzungen (wie etwa fehlende Willenseinigung oder fehlender Rechtsgrund, fehlender oder rechtswidriger Gegenstand des Rechtsgeschäfts, Form etc.), angeführt werden.

Die Frage der Simulation hingegen ist in Italien im Bereich des Gesellschaftsrechts zwischen Rechtsprechung und Literatur heftig umstritten. Nach Umsetzung der Publizitätsrichtlinie vertritt die vorherrschende Rechtsprechung die Auffassung, daß die auf Feststellung der Simulation gerichtete Klage zumindest nach Eintragung der Gesellschaft in das „Registro delle Imprese" nicht mehr zulässig sei. Mit der Eintragung gelange die Gesellschaft unwiderruflich zum Entstehen. Deren Wirksamkeit könne dann nicht mehr über die Feststellung einer Simulation in Frage gestellt werden. Letzteres sei nur noch

---

34 V. Cass. com. 28 janv. 1992: Bull. Joly 1992, Avril S. 421, note *P. Le Cannu*.

durch Feststellung der abschließend in Art. 2332 C. C. aufgeführten Nichtigkeitsgründe möglich.[35]

Während ein Teil der Lehre dieser Position folgt, vertritt ein anderer Teil die Auffassung, daß die Simulationsklage auch nach Eintragung der Gesellschaft in das „Registro delle Imprese“ noch möglich sei. Zur Begründung wird dabei auf eine enge Auslegung von Art. 2332 Nr. 1 C. C. abgehoben. Danach fehle in Fällen der Simulation ein wirksamer Gesellschaftsvertrag, was nach dieser Vorschrift zur Nichtigkeit der Gesellschaft führe.

Was schließlich die Nichtigkeit infolge Nichtbeachtung der formellen Voraussetzungen im Verfahren vor der Eintragung anbelangt, so ist darauf hinzuweisen, daß dieses Verfahren der „omologazione“ vor dem zuständigen Gericht erster Instanz („Tribunale“)[36] mit Gesetz vom 24. 11. 2000 Nr. 340 abgeschafft wurde. Damit entfällt seither eine gerichtliche Prüfung des Vorliegens der gesetzlichen Voraussetzung im Hinblick auf sämtliche eintragungspflichtigen Entscheidungen und Tatsachen hinsichtlich Kapitalgesellschaften. Diese Aufgabe nehmen seither das „Registro delle Imprese“ bzw. der beurkundende Notar vor.

Die Nichtigkeit einer Gesellschaft ist prozessual in Italien nach Durchführung eines kontradiktorischen Verfahrens durch Urteil („sentenza“) und damit nicht im Beschlußverfahren („procedimento in Camera di Consiglio“) festzustellen. Zur Antragstellung legitimiert sind der einzelne Gesellschafter sowie – jedenfalls nach Ansicht der vorherrschenden Meinung – Dritte, welche ein berechtigtes Interesse an der Feststellung der Nichtigkeit haben.[37] Passivlegitimiert ist die Gesellschaft selbst.

Literatur: *Ambrosini*, Soggetti legittimati all'esercizio dell'azione di nullità, in: Le Società 1994, S. 625; *Di Chio*, Simulazione del Contratto costitutivo di Società di Capitali, in: Le Società 1992, S. 1091; *Leocata*, Società di persone, incapacità, simulazione e trasformazione in società di capitali, in: Le Società 1999, S. 1225.

I. G. / K.-H. L.

35 Cassazione, Urteil vom 17. 11. 1994, Nr. 12302, in: Rep. Foro It. 1992, S. 410; Cassazione, Urteil vom 28. 4. 1997, Nr. 3666, in: Giur. Comm 1998, II, S. 193; Tribunale di Milano, Urteil vom 12. 3. 1992, in: Le Società 1992, S. 1091.

36 Hierzu näher in der italienischen Anmerkung zur *Centros*-Entscheidung (Fall Nr. 3 in diesem Casebook), unter B. IV. 2.

37 Corte di Appello di Milano, Urteil vom 15. 2. 1994, in: Le Società 1994, S. 625.

V. Spanien

Bei der *Marleasing*-Entscheidung handelt es sich um eine der bekanntesten Entscheidungen des EuGH in der spanischen Rechtskultur. Allerdings beruht ihre Beliebtheit weder auf der Erklärung des geschlossenen Charakters des in Art. 11 Nr. 2 der Ersten EG-Gesellschaftsrechtsrichtlinie bestimmten Katalogs von Nichtigkeitsgründen des Gesellschaftsvertrags noch auf der Festlegung der Bedeutung des in Buchst. b des oben angegebenen Artikels und seiner Nummer zu findenden Wortlauts „Gegenstand des Unternehmens", sondern wegen der Klarstellung der Wirkung einer nicht rechtzeitig umgesetzten Richtlinie gegenüber dem nationalen Recht. Auch wenn die gesellschaftsrechtlichen Elemente der Entscheidung nicht unwichtig sind, wird die Stelle des Urteils „...Daraus folgt, daß ein nationales Gericht, soweit es bei der Anwendung des nationales Rechts – gleich ob es sich um vor oder nach der Richtlinie erlassene Vorschriften handelt – dieses Recht auszulegen hat, seine Auslegung soweit wie möglich am Wortlaut und Zweck der Richtlinie ausrichten muß, um das mit der Richtlinie verfolgte Ziel zu erreichen ..." (Rn. 8) sowohl vom „Tribunal Constitucional" (spanisches Verfassungsgericht; im folgenden: TC)[38] als auch vom „Tribunal Supremo" (spanischer Gerichtshof; im folgenden: TS)[39] und von verschiedenen „Audiencias Provinciales" (spanische Provinzgerichte; im folgenden: AP) am häufigsten zitiert.[40] Dies deutet an, daß leider die verspätete Umsetzung von EG-Richtlinien nicht selten vorkommt, wie es auch hier der Fall war.

Vielleicht deswegen beteiligte sich die spanische Regierung am Verfahren nicht. Außer der Europäischen Kommission tat es lediglich der Kläger des Ausgangsverfahrens. Dieses Verfahren endete sowohl vor dem „Juzgado de Primera Instancia e Instrucción" (Gericht Erster Instanz) Nr. 1 Oviedo[41] als auch nach der Berufung vor dem AP Oviedo[42] zugunsten von *Marleasing S. A.* Zur Kenntnis des Ergebnisses kann man durch das Urteil TS vom 15. 3. 1997 kommen. Leider aber nicht zur Begründung der vorigen Entscheidungen, da der TS sich lediglich mit der Frage der Verfahrenskosten beschäftigt und die fraglichen Entscheidungen nicht in den üblichen Rechtsprechungssammlungen verfügbar sind. Deshalb muß man gewagte Vermutungen anstellen, wie die Richter das noch nicht EG-komforme Recht anwendeten, um die Entscheidung des EuGH zu befolgen. Es gab zwei Lösungen, die ergriffen werden konnten: Einerseits die vom TS entwickelte richterliche Doktrin der Durchgriffshaftung[43] oder andererseits und richtiger, die Anfechtung der Einlage des Aktionärs *Barviesa S. A.* in *La Comercial Internacional*

---

38 Siehe z. B. Urteil Nr. 45/1996 vom 25. 3. 1996.

39 Etwa Urteil vom 10. 12. 1996.

40 Siehe etwa die Urteile des AP Castellón vom 10. 5. 1999 oder des AP Segovia vom 18. 5. 2000.

41 Urteil vom 23. 2. 1991.

42 Urteil vom 9. 2. 1993.

43 Hierzu TS in einem ähnlichen Fall, Urteil vom 23. 1. 1998.

de Alimentación S. A. wegen Gläubigerschädigung in Ausübung der sog. „acción pauliana",[44] die in Art. 1111 des „Código civil" (spanisches Bürgerlichen Gesetzbuches; im folgenden: Cciv) geregelt ist. Weil die weiteren zwei Lösungen, die Nichtigkeitserklärung und die Aufhebung des Gesellschaftsvertrags zur Gründung von *La Comercial Internacional de Alimentación S. A.* gemäß der Entscheidung des EuGH eindeutig nicht in Betracht kamen.

Vielleicht aber war der Grund für die Abwesenheit der spanischen Regierung im Verfahren die Tatsache, daß eine große Reform des Gesellschaftsrechts damals schon im Gange war. Und diese Reform regelte die Nichtigkeit des Gesellschaftsvertrags von Kapitalgesellschaften gemäß der Vorschriften der Ersten Richtlinie, wie heute Art. 34 LSA (für die S. A. und der S. Com. p. A. gemäß des allgemeinen Verweises des Art. 152 Ccom) und Art. 16 LSRL (für die S. R. L.) zeigen. Dort wird eindeutig bestimmt, daß der Katalog von Nichtigkeitsgründen als numerus clausus zu verstehen ist (siehe Art. 31 Abs. 1 S. 1 und Abs. 2 LSA und Art. 16 Abs. 1 S. 1 und Abs. 2 LSRL). Weiter hat der spanische Gesetzgeber die in Buchst. b) bis f) der Nr. 2 des Art. 11 der Ersten Richtlinie bestimmten Nichtigkeitsfälle fast wörtlich übernommen (siehe Art. 34 Abs. 1 Buchst. a) bis d) LSA und Art. 16 Abs. 1 Buchst. a) bis e) LSRL). Außerdem wird der Wortlaut „Gegenstand des Unternehmens" als „in der Satzung umschriebener Unternehmensgegenstand" („objeto social") verstanden. Die Unterschiede beziehen sich auf folgende Punkte: (1) Im Fall der S. R. L. stellt die Mißachtung der Vorschrift über die Volleinzahlung auf das Gesellschaftskapital (Art. 4 LSRL) – und nicht über die Mindesteinzahlung, wie es im Fall der S. A. bleibt (Art. 12 LSA) – einen Nichtigkeitsfall dar (siehe Art. 16 Abs. 1 Buchst. d) LSRL und vgl. Art. 11 Nr. 2 Buchst. d) Erste Richtlinie und Art. 34 Abs. 1 Buchst. b) LSA). Und (2) der in Art. 11 Nr. 2 Buchst. f) Erste Richtlinie geregelte Grund bzw. die Zahl der an der Gründung beteiligten Gesellschafter trägt der Möglichkeit der Einmanngesellschaft, sowohl Einmann-S. R. L. („Sociedad Unipersonal de Responsabilidad Limitada" [S. U. R. L.]) als auch Einmann-S. A. („Sociedad Anónima Unipersonal" [S. A. U.]), Rechnung (siehe Art. 34 Abs. 1 Buchst. e) LSA und Art. 16 Abs. 1 Buchst. b) LSRL; siehe auch Zwölfte gesellschaftsrechtliche EG-Richtlinie vom 21. 12. 1989 [89/667/EWG]). Eigentlich ist es wegen der streng bestehenden Handelsregisterkontrolle sehr unwahrscheinlich, daß die Nichtigkeitsgründe vorliegen, außer, wenn überhaupt, der letzte, weil nicht nur eine bestimmte Zahl von Gesellschaftern zur Ableistung der Gründungswillenserklärung, sondern auch ihres „wirklichen" oder „tatsächlichen Willens" („voluntad efectiva") verlangt wird, was vom Handelsregister nicht vollkommen kontrolliert werden kann. Wichtiger ist aber, daß das Fehlen des Errichtungsaktes oder die Mißachtung der Formalitäten der vorbeugenden Kontrolle oder der Form der öffentlichen Beurkundung (siehe Art. 11 Nr. 2 Buchts. a) der Ersten

---

44 Zu einem ähnlichen Fall siehe Urteil des AP Barcelona vom 29. 9. 1999.

Richtlinie) für das spanische Kapitalgesellschaftsrecht keinen Fall der Nichtigkeit darstellen. Darüber wird aber in der spanischen Anmerkung zur *Ubbink*-Entscheidung des EuGH[45] berichtet.

Rechtsprechung: Urteil TC Nr. 45/1996 vom 25. 3. 1996 (RTC 1996\45); Urteil des TS vom 10. 12. 1996 (RJ 1996\9014), vom 15. 3. 1997 (RJ 1997\1977) und vom 23. 1. 1998 (RJ 1998\547); Urteil AP Barcelona (15. Senat) vom 29. 9. 1999 (AC 1999\8136); Urteil AP Castellón (1. Senat) vom 10. 5. 1999 (AC 1999\6643); Urteil AP Segovia vom 18. 5. 2000 (AC 2000\1106).

Literatur: *J.-L. Fernández Ruiz*, La nulidad de la sociedad anónima en el Derecho comunitario y en el Derecho español, Madrid: Civitas, 1991; *R. Largo Gil*, La nulidad de la sociedad de responsabilidad limitada, in: F. Rodríguez Artigas (Hrsg.), Derecho de Sociedades de Responsabilidad Limitada, Bd. I, Madrid: McGraw-Hill, 1996, S. 259 – 301; *E. J. Lázaro Sanchez*, La nulidad de la sociedad anónima, Barcelona: Bosch, 1994; *F. Sánchez Calero*, La sociedad nula, in: Derecho de sociedades anónimas, Bd. I (La fundación), Madrid: Facultad de Derecho de Albacete/Civitas, 1991, S. 1009 – 1030.

P. B.

45 Fall Nr. 9 in diesem Casebook.

Fall Nr. 6 - Diamantis[1]

PARTEIEN: *Dionysios Diamantis* gegen *Elliniko Dimosio, Organismos Oikonomikis Anasygkrotisis Epicheiriseon AE (OAE)*
AKTENZEICHEN: Rs. C-373/97
FUNDSTELLE: Slg. 2000, I-1705[2]

A. Urteil des EuGH vom 23. März 2000

I. Leitsätze

Es ist gemeinschaftsrechtlich zulässig, daß die nationalen Gerichte eine Bestimmung des nationalen Rechts anwenden, nach der sie prüfen dürfen, ob ein Recht aus einer gemeinschaftsrechtlichen Bestimmung mißbräuchlich ausgeübt wird. Jedoch darf bei dieser Prüfung einem Aktionär, der sich auf Artikel 25 Absatz 1 der Zweiten Richtlinie 77/91/EWG des Rates vom 13. Dezember 1976 zur Koordinierung der Schutzbestimmungen, die in den Mitgliedstaaten den Gesellschaften im Sinne des Artikels 58 Absatz 2 EGV [nunmehr Art. 48 Abs. 2 EGV] im Interesse der Gesellschafter sowie Dritter für die Gründung der Aktiengesellschaft sowie für die Erhaltung und Änderung ihres Kapitals vorgeschrieben sind, um diese Bestimmungen gleichwertig zu gestalten, beruft, eine mißbräuchliche Ausübung des Rechts aus dieser Bestimmung nicht deshalb zur Last gelegt werden, weil er Minderheitsaktionär ist, weil ihm die Sanierung der einer Sanierungsregelung unterliegenden Gesellschaft zugute gekommen ist, weil er sein Bezugsrecht nicht ausgeübt hat, weil er zu den Aktionären gehört, die die Unterstellung der Gesellschaft unter die für Gesellschaften in ernsten Schwierigkeiten geltende Regelung beantragt haben, oder weil er vor der Klageerhebung eine gewisse Zeit hat verstreichen lassen. Dagegen steht das Gemeinschaftsrecht der Anwendung einer solchen Bestimmung des nationalen Rechts durch die nationalen Gerichte nicht entgegen, wenn sich ein Aktionär unter den Rechtsbehelfen, die für die Behebung einer durch einen Verstoß gegen die Richtlinie entstandenen Lage zur Verfügung stehen, für denjenigen entscheidet, der den berechtigten Interessen Dritter einen derart schweren Schaden zufügt, daß er offensichtlich unverhältnismäßig ist.

---

1 Dieser Entscheidung sind mehrere ähnliche Verfahren vorausgegangen, auf die der Gerichtshof auch verweist. Zu nennen sind folgende Urteile: 1. *Karella und Karellas* (Slg. 1991, I-2691); 2. *Vasko* (Slg. 1992, I-2111); 3. *Kerafina* (Slg. 1992, I-5699); 4. *Pafitis* (Slg. 1996, I-1347 = EWS 1996, 130 = RIW 1996, 433). Diese Entscheidungen vermitteln einen guten Einblick in das nicht nur in gesellschaftsrechtlicher Hinsicht interessante griechische Gesetz zur Zwangsverwaltung von Gesellschaften. Hierzu auch *Klauer*, S. 193 ff.

2 IStR 2000, 319 = ZIP 2000, 663.

II. Rechtsgrundlagen[3]

1. Nationales Recht

a) Das griechische Gesetz Nr. 1386/1983 (vom 5. August 1983)[4]

Durch das griechische Gesetz Nr. 1386/1983 (vom 5. August 1983), das für Gesellschaften in ernsten finanziellen Schwierigkeiten gilt, wurde der OAE geschaffen.

aa) Art. 2 Abs. 2

Der OAE soll zur wirtschaftlichen und sozialen Entwicklung des Landes beitragen.

bb) Art. 2 Abs. 3

Zu diesem Zweck kann der OAE u. a. die Verwaltung und laufende Geschäftsführung von Unternehmen übernehmen, die gerade saniert werden oder verstaatlicht worden sind, sich am Kapital von Unternehmen beteiligen, Darlehen gewähren und bestimmte Anleihen auflegen oder aufnehmen, Schuldverschreibungen erwerben sowie Aktien übertragen, insbesondere an Arbeitnehmer oder ihre Interessenvertretungen, an Gebietskörperschaften oder an andere juristische Personen des öffentlichen Rechts, an gemeinnützige Einrichtungen, an soziale Körperschaften oder an Privatpersonen.

cc) Art. 5 Abs. 1

Der Wirtschaftsminister kann beschließen, Unternehmen, die sich in ernsten finanziellen Schwierigkeiten befinden, der Regelung dieses Gesetzes zu unterstellen.

dd) Art. 7

Der zuständige Minister kann beschließen, dem OAE die Verwaltung des der Regelung des Gesetzes unterstellten Unternehmens zu übertragen, dessen Schulden zur Sicherung seiner Lebensfähigkeit entweder durch eine Zwangserhöhung des Kapitals mittels neuer Einlagen oder Schuldenkapitalisierung oder durch Umschuldung zu regeln oder aber das Unternehmen gemäß Artikel 9 abzuwickeln.

ee) Art. 8 Abs. 8

Der OAE kann während der zeitweiligen Verwaltung der betreffenden Gesellschaft abweichend von den geltenden aktienrechtlichen Bestimmungen, die die ausschließliche Befugnis hierfür der Hauptversammlung zuweisen, das Grundkapital dieser Gesellschaft erhöhen. Die Kapitalerhöhung bedarf der Genehmigung durch den zuständigen Minister.

---

3 Der Inhalt der griechischen Gesetze ist wiedergegeben nach den Rn. 6 ff. der Entscheidungsgründe.
4 Amtsblatt der Hellenischen Republik Teil I, Nr. 107 vom 8. August 1983, S. 14.

Die bisherigen Aktionäre behalten jedoch ihr Bezugsrecht, das sie innerhalb einer im ministeriellen Genehmigungsbescheid festgesetzten Frist ausüben können.

b) Änderung des Gesetzes Nr. 1386/1983 durch das Gesetz Nr. 1882/1990[5]

Während der zeitweiligen Verwaltung einer Gesellschaft gemäß dem Gesetz Nr. 1386/1983 muß jede Kapitaländerung durch die Hauptversammlung beschlossen werden.

[Wie die Zweite Richtlinie selbst legt das Gesetz Nr. 1882/1990 für einen Verstoß gegen seine Bestimmungen keine spezielle Sanktion fest, so daß die gewöhnlichen Sanktionen des Privatrechts eingreifen können.]

c) Gesetz Nr. 2685/1999 (vom 11. Januar 1999)[6]

Das Gesetz Nr. 2685/1999 vom 11. Januar 1999 sieht bei einer unter Verstoß gegen die Zweite Richtlinie, insbesondere gegen ihren Artikel 25 Absatz 1, beschlossenen Kapitalerhöhung als einzigen Rechtsbehelf eine Klage auf vollen Ersatz des durch eine solche Kapitalerhöhung erlittenen Schadens vor. Nach Artikel 28 Absatz 2 des Gesetzes ist eine solche Schadensersatzklage ausschließlich gegen den griechischen Staat und nicht gegen die betroffene Gesellschaft zu richten.

d) Art. 281 des Zivilgesetzbuches

Die Ausübung eines Rechts ist [...] unzulässig, wenn sie die sich aus Treu und Glauben, aus den guten Sitten oder aus dem sozialen oder wirtschaftlichen Zweck des betreffenden Rechts ergebenden Schranken offensichtlich überschreitet.

---

5 Amtsblatt der Hellenischen Republik Teil I, Nr. 43 vom 23. März 1990. Anlaß für den Erlaß des Gesetzes war ein Vertragsverletzungsverfahren, das die Kommission am 7. März 1989, d. h. nach den Vorgängen, die dem Ausgangsverfahren zugrunde liegen, aber vor Erlaß des Vorlagebeschlusses gegen die Hellenische Republik eingeleitet hat (vgl. Rn. 10 der Entscheidungsgründe).

6 Amtsblatt der Hellenischen Republik Teil I, Nr. 35 vom 18. Februar 1999. Dem Urteil läßt sich nicht deutlich entnehmen, unter welchen Gesichtspunkten diesem Gesetz Bedeutung für die Lösung des Falles zukommt. Schließlich hatte der Kläger bereits im Jahre 1991 die Klage erhoben (vgl. Rn. 25).

2. Gemeinschaftsrecht

a) Art. 25 Abs. 1 der Kapitalrichtlinie[7]

Jede Kapitalerhöhung muß von der Hauptversammlung beschlossen werden. Dieser Beschluß sowie die Durchführung der Erhöhung des gezeichneten Kapitals sind nach den in den Rechtsvorschriften der Mitgliedstaaten gemäß Artikel 3 der Richtlinie 68/151/EWG vorgesehenen Verfahren offenzulegen.

b) Art. 29 Abs. 4

Bei jeder Erhöhung des gezeichneten Kapitals durch Bareinlagen müssen die Aktien vorzugsweise den Aktionären im Verhältnis zu dem durch ihre Aktien vertretenen Teil des Kapitals angeboten werden.

III. Zum Sachverhalt

14. Herr Diamantis war Aktionär der Aktiengesellschaft Plastika Kavalas AE (im folgenden: Plastika Kavalas) und hielt 1 000 Anteile im Wert von je 1 000 GRD vom ursprünglichen Grundkapital, das sich auf 87 000 000 GRD belief und in 87 000 Anteile (je 1,15 %) aufgeteilt war.

15. Anfang der achtziger Jahre geriet die 1973 gegründete Gesellschaft in ernste finanzielle Schwierigkeiten. Im September 1982 wurde ihr Werk bis auf weiteres geschlossen; 1983 befand sie sich wegen Überschuldung am Rande des Konkurses. Am 24. August 1983 stellten 32 Aktionäre der Plastika Kavalas den Antrag, das Unternehmen der Regelung des Gesetzes Nr. 1386/1983 zu unterstellen. Am 20. Dezember 1983 wurde dieser Antrag wiederholt.

16. Auf den Antrag hin gab der in Artikel 11 des Gesetzes Nr. 1386/1983 vorgesehene Beratende Ausschuß nach Feststellung der sehr schwierigen Lage der Plastika Kavalas am 22. Dezember 1983 eine Stellungnahme ab, in der er empfahl, das Unternehmen der besonderen Abwicklungsregelung nach den Artikeln 7 und 9 des genannten Gesetzes zu unterstellen.

17. Diese Regelung hätte, wie zuvor bei einer Reihe anderer wirtschaftlich bedrängter oder überschuldeter Unternehmen, zur sofortigen Liquidierung der Aktiva der Plastika Kavalas und Begleichung ihrer Schulden geführt.

18. Trotz dieser mit Gründen versehenen Empfehlung, das Unternehmen abzuwickeln, unterstellte der Wirtschaftsminister die Plastika Kavalas mit dem Bescheid Nr. 212 vom 3. Februar 1984 (Amtsblatt der Hellenischen Republik Teil II, Nr. 60 vom 8. Februar 1984) der Regelung der zeitweiligen Verwaltung durch den OAE gemäß Artikel 7 des Gesetzes Nr. 1386/1983. Diese Regelung wurde bis Anfang Januar 1987 aufrechterhalten.

7 Alle im folgenden ohne Gesetzesbezeichnung genannten Artikel sind solche der Kapitalrichtlinie.

19. Während der zeitweiligen Verwaltung beschloß der OAE am 28. Mai 1986, das Kapital der Plastika Kavalas durch Ausgabe von 1 770 000 neuen Aktien zum Nennwert von 100 GRD um 1 770 000 000 GRD zu erhöhen. Das Gesellschaftskapital wurde damit auf einen Betrag von 264 000 000 GRD angehoben. Mit dem Bescheid Nr. 155 vom 6. Juni 1986 (Amtsblatt der Hellenischen Republik Teil II, Nr. 414 vom 11. Juni 1986) billigte der Industrieminister diese Entscheidung.

20. Da die bisherigen Aktionäre ihr Bezugsrecht nicht innerhalb der festgelegten Frist von 45 Tagen ab Veröffentlichung des genannten ministeriellen Bescheids ausübten, wurden sämtliche neuen Aktien dem OAE zur Verfügung gestellt, der damit ungefähr 67 % des Grundkapitals der Plastika Kavalas hielt.

21. Am 11. Dezember 1986 wurde das Grundkapital durch einen Beschluß der Hauptversammlung, in der der OAE die Mehrheit hielt, auf die gesetzlich zulässige Mindesthöhe von 5 000 000 GRD herabgesetzt. Diese Herabsetzung war dadurch veranlaßt, daß die Lage der Plastika Kavalas netto durch einen Negativsaldo gekennzeichnet war, und wurde dadurch herbeigeführt, daß alle Altaktien annulliert und 5 000 neue Aktien zum Nennwert von je 1 000 GRD ausgegeben wurden, die unter den zu diesem Zeitpunkt vorhandenen Aktionären der Gesellschaft nach Maßgabe ihrer Beteiligung am Grundkapital aufgeteilt wurden. Der betreffende Beschluß der Hauptversammlung wurde vom Präfekten von Kavala mit dem Bescheid Nr. 882 vom 4. März 1987 genehmigt (Amtsblatt der Hellenischen Republik Nr. 262 vom 19. März 1987).

22. Mit dem Bescheid Nr. 14 vom 9. Januar 1987 (Amtsblatt der Hellenischen Republik Teil II, Nr. 25 vom 16. Januar 1987) genehmigte der stellvertretende Minister für Industrie, Energie und Technologie eine neue Erhöhung des Grundkapitals. Diese Erhöhung betrug 1 262 200 000 GRD und bestand zum einen aus einer Zwangsumwandlung von Schulden in Höhe von 972 000 000 GRD und zum anderen aus einer Bareinlage des OAE in Höhe von 290 000 000 GRD zur Abfindung der Gläubiger.

23. Nach diesen Änderungen belief sich das Grundkapital der Plastika Kavalas auf 1 267 200 000 GRD, aufgeteilt in 1 267 200 Aktien. Anschließend war das Unternehmen mehr als vier Jahre lang normal tätig. Aufgrund des ministeriellen Bescheids Nr. 14 wurde das Gesetz Nr. 1386/1983 nicht weiter angewandt. Von diesem Zeitpunkt an wurde über die Verwaltung und die Tätigkeit der Plastika Kavalas durch die Beschlüsse der Hauptversammlung und des Verwaltungsrats bestimmt.

24. 1991 wurden die Aktien der Plastika Kavalas mehrheitlich zum Preis von 860 000 000 GRD an die Plastika Makedonias AE veräußert. Im Februar 1994 wurde die Plastika Kavalas schließlich dem Petzetakis-Konzern eingegliedert.

25. Am 22. Februar 1991 erhob Herr Diamantis beim vorlegenden Gericht Klage auf Feststellung, daß die Änderungen des Grundkapitals (zwei Erhöhungen und eine Herabsetzung) wegen Verstoßes gegen Artikel 25 der Zweiten Richtlinie nichtig waren. Die griechische Regierung und der OAE erhoben gegen ihn die Einrede mißbräuchlicher Rechtsausübung und beantragten Klageabweisung.

26. Das vorlegende Gericht bezieht sich in seinem Beschluß zunächst auf die bisherige Rechtsprechung des Gerichtshofes zur unmittelbaren Wirkung von Artikel 25 der Zweiten

Richtlinie (Urteile vom 30. Mai 1991 in den Rechtssachen C-19/90 und C-20/90, Karella und Karellas, Slg. 1991, I-2691, und vom 24. März 1992 in der Rechtssache C-381/89, Syndesmos Melon tis Eleftheras Evangelikis Ekklisias u. a., Slg. 1992, I-2111), aus der sich ergebe, daß die Artikel 8 und 10 des Gesetzes Nr. 1386/1983 der Zweiten Richtlinie zuwiderliefen.

27. Zwar sei die Klage deshalb rechtlich begründet, jedoch greife auch die Einrede gemäß Artikel 281 des Zivilgesetzbuchs, das Recht zur Klageerhebung sei mißbräuchlich ausgeübt worden, in rechtlicher und tatsächlicher Hinsicht durch.

28. Diese Einrede sei auf folgende tatsächliche Umstände gestützt:

– Herr Diamantis und 32 weitere Aktionäre hätten die Unterstellung der Plastika Kavalas unter die Regelung des Gesetzes Nr. 1386/1983 beantragt;

– wegen der bedrängten wirtschaftlichen Lage der Plastika Kavalas habe der Kläger des Ausgangsverfahrens eine Erhöhung des Grundkapitals niemals gewünscht und deshalb auch bei der ersten Erhöhung von seinem Bezugsrecht keinen Gebrauch gemacht;

– die Plastika Kavalas sei durch die Kapitalisierung ihrer Schulden und die Abfindung ihrer Gläubiger saniert worden, und dies habe sich, was die Aktien angehe, tiefgreifend und irreversibel auf die Verteilung ihres Kapitals ausgewirkt, denn seit der ersten Kapitalerhöhung seien fünf und seit der zweiten vier Jahre verstrichen, und das Kapital sei inzwischen herabgesetzt worden.

29. Artikel 281 des Zivilgesetzbuchs könne deshalb auch aus dem Gemeinschaftsrecht folgenden Rechten entgegengehalten werden, wenn sie im Sinne der Vorschrift mißbräuchlich ausgeübt würden. Berücksichtige man aber, wie der Gerichtshof in seinem Urteil vom 12. März 1996 in der Rechtssache C-441/93 (Pafitis u. a., Slg. 1996, I-1347, Randnrn. 68 bis 70) eben die Erhebung der Einrede aus Artikel 281 des Zivilgesetzbuchs beurteilt habe, stelle sich die Frage, wie die Artikel 25 Absatz 1 und 29 Absatz 1 der Zweiten Richtlinie im Hinblick auf die Einrede mißbräuchlicher Rechtsausübung auszulegen seien.

IV. Vorlagefragen

30. Vor diesem Hintergrund hat das Polymeles Protodikeio Athen dem Gerichtshof folgende Fragen zur Vorabentscheidung vorgelegt:

1. Kommt in dem im Vorlagebeschluß dargelegten Sachverhalt formell- und M & Ateriell-rechtlich die Anwendung von Artikel 281 des griechischen Zivilgesetzbuchs im Hinblick auf eine mißbräuchliche Rechtsausübung durch den Kläger im Rahmen der Artikel 25 Absatz 1 und 29 Absatz 1 der Zweiten Richtlinie in Betracht?

2. Falls der Gerichtshof diese Einrede als formell- und materiell-rechtlich begründet erachtet, wie wirkt sie sich dann auf die Gültigkeit der ministeriellen Bescheide über die Erhöhung und die Herabsetzung des Kapitals der fraglichen Gesellschaft aus, deren Aktionär der Kläger ist, und wie ist darüber hinaus die Vereinbarkeit der Artikel 8

Absatz 8 und 10 Absatz 1 des Gesetzes Nr. 1386/1983 mit dem Gemeinschaftsrecht zu beurteilen, da diese Bestimmungen, wie erwähnt, ohne das Eingreifen von Artikel 281 des griechischen Zivilgesetzbuchs als der Richtlinie 77/91/EWG zuwiderlaufend erachtet worden sind?

V. Entscheidungsgründe

31. Mit seiner ersten Frage möchte das vorlegende Gericht im wesentlichen wissen, ob eine nationale Bestimmung, die eine Sanktion für mißbräuchliche Rechtsausübung vorsieht, unter Umständen wie im Ausgangsfall wirksam der auf Verletzung eines Rechts aus Artikel 25 der Zweiten Richtlinie gestützten Klage eines Aktionärs auf Nichtigerklärung gesellschaftsrechtlicher Rechtsakte entgegengehalten werden kann.

32. Nach dem Urteil des Gerichtshofes vom 12. Mai 1998 in der Rechtssache C-367/96 (Kefalas u. a., Slg. 1998, I-2843, Randnr. 28) soll Artikel 25 Absatz 1 der Zweiten Richtlinie den Aktionären die Gewähr bieten, daß eine Entscheidung, das Grundkapital zu erhöhen und damit die Proportionen der Anteile der Aktionäre zu verändern, nicht ohne ihre Beteiligung an der Ausübung der Entscheidungsbefugnis der Gesellschaft getroffen wird. Nach der Rechtsprechung wäre dieses Ziel ernstlich in Frage gestellt, wenn die Mitgliedstaaten von den Bestimmungen der Richtlinie abweichen könnten, indem sie Regelungen – mögen sie auch als Sonder- oder Ausnahmeregelungen bezeichnet werden – beibehalten, aufgrund deren durch eine Verwaltungsmaßnahme ohne jeden Hauptversammlungsbeschluß eine Erhöhung des Grundkapitals beschlossen werden kann (Urteil Karella und Karellas, Randnr. 26).

33. Jedoch ist die mißbräuchliche oder betrügerische Berufung auf Gemeinschaftsrecht nicht gestattet (Urteil Kefalas u. a., Randnr. 20, m. w. N.). Eine solche läge vor, wenn der sich auf Artikel 25 Absatz 1 der Zweiten Richtlinie berufende Aktionär eine Klage erhöbe, um widerrechtliche und mit dem Zweck dieser Vorschrift offensichtlich unvereinbare Vorteile zu Lasten der Gesellschaft zu erlangen (Urteil Kefalas u. a., Randnr. 28).

34. Die nationalen Gerichte können deshalb das mißbräuchliche Verhalten des Betroffenen auf der Grundlage objektiver Kriterien in Rechnung stellen, um ihm gegebenenfalls die Berufung auf die geltend gemachte Bestimmung des Gemeinschaftsrechts zu verwehren. Dabei müssen sie jedoch die mit dieser Bestimmung verfolgten Zwecke beachten (Urteil vom 2. Mai 1996 in der Rechtssache C-206/94, Paletta, Slg. 1996, I-2357, Randnr. 25). Die Anwendung einer nationalen Vorschrift wie Artikel 281 des Zivilgesetzbuchs darf somit die Wirksamkeit und die einheitliche Anwendung des Gemeinschaftsrechts in den Mitgliedstaaten nicht beeinträchtigen (Urteil Pafitis u. a., Randnr. 68).

35. Es obliegt dem vorlegenden Gericht, im bei ihm anhängigen Rechtsstreit festzustellen, ob die Anwendung von Artikel 281 des Zivilgesetzbuchs mit dieser Anforderung vereinbar ist. Allerdings liegt es in der Zuständigkeit des Gerichtshofes, dem nationalen Gericht alle für die Beurteilung dieser Frage geeigneten Auslegungskriterien an die Hand zu geben.

36. Nach den Urteilen Pafitis u. a., Randnr. 70, und Kefalas u. a., Randnr. 29, kann von einem Aktionär, der sich auf Artikel 25 Absatz 1 der Zweiten Richtlinie beruft, nicht allein

deshalb angenommen werden, daß er sein Recht mißbräuchlich ausübe, weil er Minderheitsaktionär einer Gesellschaft ist, die einer Sanierungsregelung unterliegt, weil ihm die Sanierung der Gesellschaft zugute gekommen ist oder weil er sein Bezugsrecht nicht ausgeübt hat. Ebensowenig kann es als Rechtsmißbrauch angesehen werden, daß der Kläger des Ausgangsverfahrens beantragt hat, die Plastika Kavalas der Regelung des Gesetzes Nr. 1386/1983 zu unterstellen.

37. Wie der Generalanwalt in der Nummer 29 seiner Schlußanträge dargelegt hat, eröffnet die Unterstellung einer Gesellschaft unter die Regelung dieses Gesetzes ein weites Spektrum verschiedener Lösungen für ihr weiteres Schicksal, so daß der Antrag auf Anwendung dieses Gesetzes nicht dahin gedeutet werden kann, daß damit einer Verlagerung der Entscheidungsbefugnis für Kapitalerhöhungen auf eine andere Instanz als die Hauptversammlung zugestimmt würde. Einem Aktionär, der sich auf Artikel 25 Absatz 1 der Zweiten Richtlinie beruft, läßt sich deshalb nicht mit der Begründung, er habe gemeinsam mit anderen Aktionären die Unterstellung der Gesellschaft unter die Regelung des Gesetzes Nr. 1386/1983 beantragt, zur Last legen, er übe das Recht aus dieser Vorschrift der Richtlinie mißbräuchlich aus.

38. Weiterhin ist zu entscheiden, ob es gemeinschaftsrechtlich zulässig ist, daß das vorlegende Gericht prüft, ob der Kläger des Ausgangsverfahrens mit einer Klage auf Nichtigerklärung der fraglichen Kapitaländerungen nach in einem Fall fünf, im anderen vier Jahren zu Lasten der Plastika Kavalas widerrechtliche und mit dem Zweck von Artikel 25 Absatz 1 der Zweiten Richtlinie offensichtlich unvereinbare Vorteile anstrebt und damit das sich aus dieser Bestimmung ergebende Recht mißbräuchlich ausübt.

39. Wird innerhalb der nach nationalem Recht für Klagen der betreffenden Art geltenden Verjährungsfrist, sei es auch erst nach einer gewissen Zeit, eine Klage erhoben, so kann dieser Vorgang als solcher nicht als ernsthafter und ausreichender Anhaltspunkt für einen Rechtsmißbrauch angesehen werden.

40. Allerdings ergibt sich aus dem Vorlagebeschluß, daß mehrere während der zeitweiligen Verwaltung getroffene Maßnahmen, so Käufe, Veräußerungen, Akte der Zwangsvollstreckung, der Erwerb von Geschäftsbereichen und die Fusion der Plastika Kavalas mit einer anderen Gesellschaft, angefochten werden könnten, wenn der Kläger des Ausgangsverfahrens mit seiner Klage auf Nichtigerklärung der in dieser Zeit vorgenommenen Änderungen des Grundkapitals der Plastika Kavalas obsiegen würde. Es ist außerdem unbestreitbar, daß die Nichtigerklärung der Kapitaländerungen zwangsläufig die Rechte gutgläubiger Dritter berühren würde.

41. Insoweit ist zu berücksichtigen, daß die Zweite Richtlinie für einen Verstoß gegen ihre Bestimmungen keine besondere Sanktion vorsieht, so daß die gewöhnlichen privatrechtlichen Sanktionen eingreifen können. Als der Kläger des Ausgangsverfahrens Klage erhob, durfte er sich also unter den Rechtsbehelfen, die das innerstaatliche Recht für die Sanktionierung eines Verstoßes gegen Artikel 25 der Zweiten Richtlinie zur Verfügung stellt – wie er es auch tat –, für eine Klage auf Nichtigerklärung der vorgenommenen Kapitaländerungen entscheiden.

42. Daher ist zu klären, ob es gemeinschaftsrechtlich zulässig ist, daß das vorlegende Gericht unter Berücksichtigung der nach den Änderungen des Grundkapitals eingetre-

tenen tatsächlichen und rechtlichen Umstände prüft, ob die begehrte Art der Schadensbehebung einen ernsthaften und ausreichenden Anhaltspunkt im vorgenannten Sinne dafür darstellt, daß der Aktionär das Recht aus Artikel 25 Absatz 1 der Zweiten Richtlinie mißbräuchlich ausübt.

43. Im vorliegenden Fall hat es nicht den Anschein, daß die einheitliche Anwendung des Gemeinschaftsrechts und seine Wirksamkeit beeinträchtigt würden, wenn einem sich auf Artikel 25 Absatz 1 der Zweiten Richtlinie berufenden Aktionär deshalb eine mißbräuchliche Rechtsausübung zur Last gelegt würde, weil er unter den verschiedenen Rechtsbehelfen, die für die Behebung einer durch einen Verstoß gegen diese Bestimmung entstandenen Lage zur Verfügung stehen, denjenigen ausgewählt hat, der den berechtigten Interessen Dritter einen derart schweren Schaden zufügt, daß er offensichtlich unverhältnismäßig ist. Eine solche Würdigung würde weder die Tragweite der genannten Bestimmung verändern noch ihre Zwecke beeinträchtigen.

44. Auf die erste Frage ist deshalb zu antworten, daß es gemeinschaftsrechtlich zulässig ist, daß die nationalen Gerichte eine Bestimmung des nationalen Rechts anwenden, nach der sie prüfen dürfen, ob ein Recht aus einer gemeinschaftsrechtlichen Bestimmung mißbräuchlich ausgeübt wird. Jedoch darf bei dieser Prüfung einem Aktionär, der sich auf Artikel 25 Absatz 1 der Zweiten Richtlinie beruft, eine mißbräuchliche Ausübung des Rechts aus dieser Bestimmung nicht deshalb zur Last gelegt werden, weil er Minderheitsaktionär ist, weil ihm die Sanierung der einer Sanierungsregelung unterliegenden Gesellschaft zugute gekommen ist, weil er sein Bezugsrecht nicht ausgeübt hat, weil er zu den Aktionären gehört, die die Unterstellung der Gesellschaft unter die für Gesellschaften in ernsten Schwierigkeiten geltende Regelung beantragt haben, oder weil er vor der Klageerhebung eine gewisse Zeit hat verstreichen lassen. Dagegen steht das Gemeinschaftsrecht der Anwendung einer solchen Bestimmung des nationalen Rechts durch die nationalen Gerichte nicht entgegen, wenn sich ein Aktionär unter den Rechtsbehelfen, die für die Behebung einer durch einen Verstoß gegen die Richtlinie entstandenen Lage zur Verfügung stehen, für denjenigen entscheidet, der den berechtigten Interessen Dritter einen derart schweren Schaden zufügt, daß er offensichtlich unverhältnismäßig ist.

B. Anmerkungen

I. Europarecht

1. Vom EuGH nicht mehr thematisiert wird die Frage, ob die in Art. 8 Abs. 8 des griechischen Gesetzes Nr. 1386/1983 getroffene Regelung mit Art. 25 Abs. 1 S. 1 vereinbar ist. Sie ist vom Gerichtshof bereits in der Entscheidung *Karella und Karellas* beantwortet und verneint worden. In der Tat ordnet die Vorschrift ohne jeden Auslegungsspielraum an, daß Kapitalerhöhungen von der Hauptversammlung zu beschließen sind. Eine Ausnahme hiervon ist allein in Art. 41 Abs. 1 vorgesehen,[8] dessen Voraussetzungen jedoch nicht vorliegen. Weitere Ausnahmen läßt der Gerichtshof nicht zu, obwohl sich

8 *Schwarz*, Rn. 616.

hierfür beachtliche Gründe finden ließen.[9] Denn die nach dem griechischen Gesetz erfolgende Zwangsverwaltung dient durchaus legitimen Zwecken. Sie wird vor allem bei Unternehmen vorgenommen, an deren Erhalt ein besonderes öffentliches Interesse besteht, sei es wegen ihrer Tätigkeit (z. B. bei Banken) oder wegen der Zahl der beschäftigten Arbeitnehmer oder der Bedeutung des Unternehmens für eine bestimmte Region. Folgt man dem Gerichtshof in diesem Punkt, steht Art. 8 Abs. 8 des Gesetzes Nr. 1386/1983, der in Abweichung von allgemeinem griechischem Gesellschaftsrecht einer staatlichen Instanz (also dem *OAE*) die Befugnis an die Hand gibt, das Kapital der zwangsverwalteten Gesellschaft zu erhöhen, mit Gemeinschaftsrecht nicht in Einklang.

2. Dies allein besagt aber noch nichts über die Wirksamkeit der vom *OAE* vorgenommenen Kapitalerhöhung. Sie ist nur dann rechtswidrig, wenn Art. 25 Abs. 1 S. 1 unmittelbare Wirkung im Sinne der *van Duyn*-Rechtsprechung[10] zukommt. Denn allein bei unmittelbarer Wirkung der gemeinschaftsrechtlichen Norm hat der inhaltliche Widerspruch des nationalen zum europäischen Recht zur Folge, daß die nationale Norm nicht angewendet werden und sich der Betroffene unmittelbar auf die gemeinschaftsrechtliche Vorschrift berufen kann.[11] Die unmittelbare Wirkung von Art. 25 Abs. 1 S. 1 steht seit der *Karella und Karellas*-Entscheidung[12] außer Frage. Insbesondere scheidet die unmittelbare Anwendung nicht deswegen aus, weil lediglich ein Horizontalverhältnis betroffen ist.[13] Denn die Tätigkeit des staatlich finanzierten und staatlich kontrollierten *OAE* läßt sich ohne weiteres dem griechischen Staat zurechnen.[14] Auch diesem Aspekt ist der EuGH in der vorliegenden Entscheidung daher nicht weiter nachgegangen.

3. Die vom EuGH in der *Diamantis*-Entscheidung allein behandelte Frage lautet, inwieweit einer unter Berufung auf Art. 25 Abs. 1 S. 1 erhobenen Klage der Einwand des Rechtsmißbrauchs entgegengehalten werden kann.[15]

a) Dazu bedarf es zunächst der Feststellung, ob es überhaupt einen Rechtssatz gibt, der Voraussetzungen und Rechtsfolgen eines Rechtsmißbrauchs regelt.

aa) Diesen Rechtssatz muß man zunächst im Gemeinschaftsrecht suchen. Da der EuGH im allgemeinen bei der Entwicklung ungeschriebener Prinzipien keine besondere Zu-

---

9 Dazu auch das Vorbringen der Beklagten im Ausgangsverfahren des *Pafitis*-Urteils (Fn. 1), dort Rn. 25 – 37. Siehe auch die berechtigte Kritik von *Klauer*, S. 198.

10 Hierzu die Ausführungen unter C. in den Grundzügen.

11 Zum Anwendungsvorrang näher in den Grundzügen unter B. I.

12 Slg. 1991, I-2691, 1. Leitsatz.

13 Näher Grundzüge, C.

14 *Klauer*, S. 196.

15 Es wird nicht ganz deutlich, ob es sich hierbei um einen materiell-rechtlichen oder aber um einen prozessualen Gesichtspunkt handelt. Das vorlegende Gericht ist offenbar von letzterem ausgegangen, da es vom Mißbrauch des „Rechts zur Klageerhebung“ (Rn. 27) spricht.

rückhaltung übt, wäre damit zu rechnen gewesen, daß der Gerichtshof ein Rechtsmißbrauchsverbot unter Berufung auf allgemeine Grundsätze aus dem Gemeinschaftsrecht herleitet. Die Ausführungen in Rn. 33 weisen auch in diese Richtung. Der Gerichtshof zitiert dort seine ständige Rechtsprechung, wonach „die mißbräuchliche oder betrügliche Berufung auf Gemeinschaftsrecht nicht gestattet" ist.[16] Wie sich aus Rn. 34 ergibt, beinhaltet diese Rechtsprechung jedoch entgegen dem ersten Eindruck keine eigenständige gemeinschaftsrechtliche Schranke gegenüber aus dem Gemeinschaftsrecht erwachsenden Rechtspositionen. Vielmehr liegt hierin eine (zusätzliche) Rechtfertigungsmöglichkeit für nationale Rechtsvorschriften, die an sich mit Gemeinschaftsrecht nicht in Einklang stehen.[17]

bb) Daher kann sich ein Rechtsmißbrauchsverbot nur aus den nationalen Rechtsordnungen ergeben. Für Griechenland ergibt sich dies aus Art. 281 des Zivilgesetzbuches.

b) Damit stellt sich das Problem, ob eine dem nationalen Recht entstammende Vorschrift über die mißbräuchliche Ausnutzung von Rechtspositionen ohne weiteres auf Rechte angewandt werden kann, die sich aus dem Gemeinschaftsrecht ergeben. Der Gerichtshof bejaht diese Frage in Rn. 34, wobei er sich auf die bereits erwähnte Aussage stützt, die mißbräuchliche oder betrügerische Berufung auf Gemeinschaftsrecht sei nicht gestattet. Demzufolge können griechische Gerichte Art. 281 des Zivilgesetzbuches anwenden, um unter Berufung auf Art. 25 Abs. 1 S. 1 erhobene Klagen abzuwehren, die sich als mißbräuchliche Ausnutzung des über Art. 25 Abs. 1 S. 1 vermittelten Klagerechts darstellen.

c) Es bleibt zu klären, ob im Fall *Diamantis* die Voraussetzungen vorliegen, um einen Rechtsmißbrauch i. S. v. Art. 281 des Zivilgesetzbuches anzunehmen.

aa) Wie vergleichbare Vorschriften aus anderen Rechtsordnungen ist Art. 281 des griechischen Zivilgesetzbuches eine Generalklausel, die in ganz besonderer Weise der Konkretisierung durch Auslegung bedarf. Dabei fragt es sich, ob Art. 281 als nationale Vorschrift nur von den griechischen Gerichten (und sonstigen Rechtsanwendern) ausgelegt werden darf oder ob auch der EuGH Vorgaben für die Auslegung dieser Norm geben kann.

(1) Dies wäre ohne weiteres zu bejahen, wenn die Auslegung von Art. 281 ein Fall der gemeinschaftsrechtskonformen Auslegung wäre. Gemeinschaftsrechtskonforme Auslegung kommt aber nur dann in Betracht, wenn das Gemeinschaftsrecht zum auszulegenden Merkmal überhaupt eine Regelung enthält. Dies ist aber – wie gesehen – nach Auffassung des EuGH für den Bereich des Rechtsmißbrauchs gerade nicht der Fall. Im Ge-

16 Vgl. Grundzüge, D. I. 3.
17 Dies gilt insbesondere auch im Bereich der Grundfreiheiten, Grundzüge, D. I. 3.

meinschaftsrecht besteht weder ein allgemeines Verbot des Rechtsmißbrauchs noch ein besonderes, auf Klagen gegen Kapitalerhöhungen oder sonstige gesellschaftsrechtliche Maßnahmen zugeschnittenes Verbot.[18]

(2) Daher kann es sich bei der Auslegung von Art. 281 nicht um gemeinschaftsrechtskonforme, sondern nur um gewöhnliche Auslegung nationalen Rechts handeln. Insoweit ergibt sich aber keine Zuständigkeit des EuGH. Der erste Satz von Rn. 35, in dem der EuGH die Zuständigkeit zur Auslegung von Art. 281 des griechischen Zivilgesetzbuches allein dem vorlegenden griechischen Gericht zuweist,[19] bestätigt zunächst dieses Ergebnis. Der Gerichtshof führt jedoch im zweiten Satz von Rn. 35 aus: „Allerdings liegt es in der Zuständigkeit des Gerichtshofes, dem nationalen Gericht alle für die Beurteilung dieser Frage geeigneten Auslegungskriterien an die Hand zu geben." Damit bejaht er seine Befugnis zur verbindlichen Auslegung von Art. 281 letztlich doch. Eine Begründung dieser These bleibt der EuGH schuldig. Allerdings findet sich in Rn. 68 der *Pafitis*-Entscheidung ein Begründungsansatz:[20] Dort stellt der Gerichtshof zu dieser Frage fest, daß „die Anwendung einer solchen Vorschrift die volle Wirksamkeit und die einheitliche Anwendung des Gemeinschaftsrechts in den Mitgliedstaaten nicht beeinträchtigen darf". Hiermit mag sich die Notwendigkeit einer gemeinschaftsrechtskonformen Auslegung begründen lassen, nicht jedoch die gewöhnliche Auslegung nationalen Rechts. Die Auffassung des EuGH entbehrt der rechtlichen Grundlage. Ihr kann somit nicht gefolgt werden.

bb) Ausgehend von der Lösung des EuGH bleibt abschließend zu klären, ob der Klageerhebung durch Herrn *Diamantis* Umstände zugrunde liegen, die die Ausübung des ihm grundsätzlich zustehenden Klagerechts als rechtsmißbräuchlich i. S. v. Art. 281 erscheinen lassen. In den Rn. 36 – 43 handelt der EuGH nacheinander verschiedene Aspekte ab, unter denen ein Rechtsmißbrauch anzunehmen sein könnte.

Dabei fällt auf, daß eine angemessene argumentative Absicherung der gefundenen Ergebnisse nicht stattfindet, denn der Gerichtshof versäumt zumeist, einzelne rechtliche Gesichtspunkte zu benennen, mit denen sich das Vorliegen oder das Nichtvorliegen der Voraussetzungen einer rechtsmißbräuchlichen Rechtsausübung belegen ließe. Vielmehr prüft der EuGH lediglich, ob durch die Anwendung von Art. 281 auf den jeweils behandelten Fall „die einheitliche Anwendung des Gemeinschaftsrechts und seine Wirksam-

18 Ähnlich BGH, NJW 1993, 2181 (dort ging es um einen Verschmelzungsbeschluß).

19 Noch deutlicher hatte der EuGH in Rn. 22 der *Kefalas*-Entscheidung (Fn. 1) formuliert: „Zwar kann der Gerichtshof nicht seine Beurteilung an die Stelle der Beurteilung der nationalen Gerichte setzen ..."

20 Hierauf wird in Rn. 22 der *Kefalas*-Entscheidung (Fn. 1) verwiesen.

keit beeinträchtigt“ wäre.[21] Hierbei handelt es sich um eine Formel, die zur Ableitung konkreter Ergebnisse letztlich nicht geeignet ist.[22] Ebenso ist es zu beurteilen, wenn sich der EuGH zur Begründung darauf beruft, daß anderenfalls „die Tragweite der genannten Bestimmung“ (gemeint ist Art. 25 Abs. 1 S. 1) oder ihr „Zweck“ beeinträchtigt seien.[23]

(1) Zunächst weist der Gerichtshof darauf hin, daß weder der Umstand, daß der klagende Aktionär lediglich Minderheitsaktionär ist,[24] noch die Tatsache, daß er sein Bezugsrecht nicht ausgeübt hat,[25] einen Rechtsmißbrauch begründen können. Es ist in der Tat nicht erkennbar, daß diese Umstände die Mißbräuchlichkeit der Rechtsausübung begründen sollen. Denn gerade der Minderheitsaktionär ist durch Kapitalmaßnahmen ganz besonders gefährdet. Auch kann er sein Bezugsrecht etwa deswegen nicht ausgeübt haben, weil ihm dazu die finanziellen Mittel fehlen. Es erscheint recht fernliegend, diese Aspekte als Begründung rechtsmißbräuchlichen Handels überhaupt in Betracht zu ziehen.

(2) Ernstzunehmender ist es hingegen, wenn der Aktionär durch die Kapitalerhöhung oder zumindest durch die Sanierung, im Rahmen derer die Kapitalerhöhung vorgenommen wurde, besondere Vorteile erlangt hat und die Kapitalerhöhung gleichwohl anficht. Nach Auffassung des EuGH kann allein hierin jedoch noch kein rechtsmißbräuchliches Handeln erblickt werden.[26]

(3) Rechtsmißbrauch liegt ferner dann nicht vor, wenn der klagende Aktionär dem Antrag, durch den die Gesellschaft der Zwangsverwaltung unterstellt worden ist, zugestimmt hat. Man könnte hierin ein widersprüchliches Verhalten (venire contra factum proprium) erblicken, das nach den Rechtsordnungen der meisten Mitgliedstaaten einen anerkannten Fall des Rechtsmißbrauchs darstellt. Das lehnt der EuGH jedoch mit zutreffender Argumentation in Rn. 37 ab: Die Zwangsverwaltung nach dem Gesetz Nr. 1386/1983 beinhaltet ein ganzes Spektrum unterschiedlicher Maßnahmen. Diese werden durch die Zustimmung zum Antrag auf Anordnung der Zwangsverwaltung nicht pauschal und von vornherein „abgesegnet“.

---

21 So z. B. im ersten Satz von Rn. 43. Mit diesem Kriterium arbeitet der EuGH auch in den Rn. 23 und 26 der *Kefalas*-Entscheidung (Fn. 1).

22 Noch bedenklicher ist es, wenn der EuGH die „gemeinschaftsrechtliche Zulässigkeit“, die es zu klären gilt, als Argument benutzt (so etwa in Rn. 28 des *Kefalas*-Entscheidung [Fn. 1]).

23 So etwa im letzten Satz von Rn. 43. Dieses Kriterium verwendet der EuGH auch in den Rn. 25 und 27 der *Kefalas*-Entscheidung (Fn. 1).

24 Rn. 36. Vgl. auch Rn. 70 der *Pafitis*-Entscheidung (Fn. 1).

25 Rn. 36. Dies hatte der EuGH in der *Kefalas*-Entscheidung (Rn. 22 – 25) entschieden.

26 Rn. 36. Siehe auch Rn. 24 der *Kefalas*-Entscheidung (Fn. 1); angesprochen auch in Rn. 70 des *Pafitis*-Urteils (Fn. 1).

(4) Rechtsmißbräuchliches Vorgehen sieht der Gerichtshof hingegen dann als gegeben an, wenn der Aktionär die Klage erhoben hat, um „widerrechtliche Vorteile zum Nachteil der Gesellschaft zu erlangen".[27] Dieser Fallgruppe ließe sich der dem deutschen Recht bekannte sog. „räuberische Aktionär" zuordnen, der mit seiner Anfechtungsklage lediglich erstrebt, durch das Angebot bestimmter Vorteile zur Rücknahme der Klage bewegt zu werden.[28]

(5) In den Rn. 37 – 39 setzt sich der EuGH mit der Frage auseinander, ob ein Rechtsmißbrauch darin liegen kann, daß der Kläger eine bestimmte Zeit hat verstreichen lassen, bevor er die streitige Maßnahme klageweise angegriffen hat. Dies ist nach richtiger Auffassung des EuGH allein vom nationalen Recht zu entscheiden. Gewährt dies entsprechende lange Klage- bzw. Verjährungsfristen, kann die Klage nicht unter diesem Aspekt rechtsmißbräuchlich sein.

(6) Am ausführlichsten behandelt der Gerichtshof in den Rn. 40 ff. die Frage, ob eine die Kapitalerhöhung angreifende Klage deswegen als rechtsmißbräuchlich zu qualifizieren ist, weil der betroffene Aktionär auch Schadensersatzklage hätte erheben können.[29] Der EuGH arbeitet hier offenbar mit dem Grundsatz der Verhältnismäßigkeit (vgl. Rn. 43), genauer gesagt mit dem Prinzip der Erforderlichkeit. Mit der Schadensersatzklage könnte dem Aktionär nämlich ein Mittel zur Verfügung stehen, das seinen Interessen ebenso angemessen Rechnung trägt wie die Anfechtung der Kapitalerhöhung, die Interessen anderer jedoch weniger stark beeinträchtigt. Von der Anfechtung der Kapitalerhöhung sind auch sonstige Aktionäre sowie insbesondere die Gläubiger der Gesellschaft betroffen, da die erfolgreiche Anfechtung der Kapitalerhöhung nach griechischem Recht[30] zur Folge hätte, daß auch andere im Rahmen der Zwangsverwaltung getroffene Maßnahmen angefochten werden können und somit das Sanierungskonzept im Ganzen gefährdet ist. In diesem Fall hat es nach Meinung des Gerichtshofes „nicht den Anschein, daß die einheitliche Anwendung des Gemeinschaftsrechts und seine Wirksamkeit beeinträchtigt" werden würde. Hier ist der auf Art. 281 gestützte Ausschluß der Klage wegen Rechtsmißbrauchs also zulässig.

II. Deutschland

1. Die Möglichkeit, eine private Gesellschaft umfassend unter Zwangsverwaltung zu stellen, ist in Deutschland gänzlich unbekannt. Das Instrument der Zwangsverwaltung ist im deutschen Recht nur bei Grundstücken bekannt, die zum Zwecke der Zwangsvoll-

27 Rn. 28 der *Kefalas*-Entscheidung (Fn. 1).

28 Dazu näher unter B. II. bei Fn. 32 – 34.

29 *Daß* dem Kläger nach griechischem Recht ein Schadensersatzanspruch zusteht, wird vom Gerichtshof nicht ausdrücklich festgestellt, aber in Rn. 41 f. vorausgesetzt.

30 Hiervon geht der EuGH in Rn. 40 aus.

streckung der Zwangsverwaltung unterworfen werden (§§ 146 ff. ZVG). Für Gesellschaften findet sich hingegen kein vergleichbares Mittel. Eine entsprechende Regelung müßte als verfassungsrechtlich bedenklich bezeichnet werden und würde jedenfalls großes Unbehagen hervorrufen, auch wenn nicht zu übersehen ist, daß die griechische Regelung durchaus legitime Zwecke verfolgt.

Soll ein Unternehmen saniert werden, fällt dies in die Zuständigkeit allein der Gesellschafter und Gläubiger der Gesellschaft. Sie können auf der Grundlage einer privatrechtlichen und damit von allen Beteiligten zu treffenden Vereinbarung die Umstrukturierung des Unternehmens vornehmen. Ist die Gesellschaft bereits insolvent (zu den Gründen für die Eröffnung des Insolvenzverfahrens siehe §§ 16 – 19 InsO sowie §§ 92 AktG, 64 GmbHG), kann dies nur unter Beachtung der InsO geschehen (vgl. §§ 217 ff. InsO).

Dem griechischen Recht zumindest ähnliche Instrumente sieht das deutsche Recht allein bei Unternehmen mit ganz besonderer öffentlich-rechtlicher Bindung vor. So gewährt das Gesetz über das Kreditwesen (KWG) dem Bundesaufsichtsamt für das Kreditwesen (vgl. §§ 5 ff. KWG) bestimmte Befugnisse gegenüber Kreditinstituten (vgl. §§ 1, 2 KWG), sobald deren Kapitalausstattung die vom Gesetz gestellten Anforderungen nicht erfüllt. Eine Kapitalerhöhung kann hiernach jedoch nicht vorgenommen werden. Lediglich die Ausschüttung von Gewinnen oder die Gewährung von Krediten läßt sich untersagen (§ 45 Abs. 1 KWG). Vergleichbare Vorschriften finden sich im VAG für Versicherungsgesellschaften.

2. Ebenfalls große Bedeutung hat in Deutschland hingegen die Figur des Rechtsmißbrauchs, gerade auch im Gesellschaftsrecht. Diskutiert wird dieses Problem vor allem bei Aktionärsklagen gegen Beschlüsse der Hauptversammlung zur Erhöhung des Grundkapitals.[31] Nach h. M. ist die Anfechtungsklage eines Aktionärs dann als rechtsmißbräuchlich zu qualifizieren,[32] wenn der Kläger mit der Klage „das Ziel verfolgt, die verklagte Gesellschaft in grob eigennütziger Weise zu einer Leistung zu veranlassen, auf die er keinen Anspruch hat und billigerweise auch nicht erheben kann".[33] Die Diskussion wurde bis in die letzten Jahre so intensiv geführt, daß sich der 63. Juristentag im Jahre 2000 in seiner wirtschaftsrechtlichen Abteilung diesem Thema angenommen hat. Aber auch in anderen Konstellationen ist die Frage, unter welchem Voraussetzungen von einem rechtsmißbräuchlichen Handeln auszugehen ist, von Bedeutung. Sie stellt

---

31 Siehe aus jüngerer Zeit nur *Bayer*, NJW 2000, 2609 ff. m. zahlreichen w. N.

32 Und damit unbegründet, nicht unzulässig (BGH, ZIP 1992, 1391); anders aber OLG Stuttgart, DB 2001, 321).

33 So die Formulierung in BGHZ 107, 296, 311 (*Kochs-Adler*). Weitere Entscheidungen des BGH zu diesem Bereich finden sich z. B. in AG 1991, 208 und AG 1992, 86.

sich z. B. bei der Anfechtung von Verschmelzungsbeschlüssen[34] und ist nicht nur bei Anfechtungs-, sondern auch bei Nichtigkeitsklagen von Belang.[35]

A. K.

III. Frankreich

Mit Hilfe der *Diamantis*-Entscheidung präzisiert der EuGH die Umstände, unter denen der Minderheitsaktionär sein Recht mißbraucht, Maßnahmen der Erhaltung und Änderung des Kapitals in Frage zu stellen, die nicht von der Hauptversammlung beschlossen worden sind.

Die Entscheidungen *Pafitis*[36] und *Kefalas*[37] haben bereits die Anwendung des aus einer nationalen Regelung herrührenden Instituts der mißbräuchlichen Rechtsausübung zugelassen. Die Tatsache, daß der Aktionär, der unter verschiedenen zur Verfügung stehenden Rechtsbehelfen wählen kann, denjenigen wählt, der den berechtigten Interessen Dritter einen besonders schweren Schaden zufügt und sich als offensichtlich unverhältnismäßig herausstellt, kann dabei ein Indiz für mißbräuchliche Rechtsausübung darstellen. Für den EuGH ist der Rückgriff auf die Einwendung der mißbräuchlichen Rechtsausübung in den Fällen nicht möglich, in denen die einheitliche Anwendung des Gemeinschaftsrechtes berührt wird.

Die französische Lehre kritisiert diese Lösung. So wird etwa hervorgehoben, daß es nur schwer vorstellbar sei, daß diese Auffassung die einheitliche Handhabung der Richtlinie 77/91 und deren Ziele schützt, wovon der EuGH ausgeht. „Das Gemeinschaftsrecht und das nationale Recht verfolgen verschiedene Zwecke; das Überprüfen von Regelungen des Gemeinschaftsrechtes über nationale Gesetze, wie hier geschehen, kann die Tragweite dieser Regelungen verändern.“[38] Die Entscheidung stellt ebenfalls den zwingenden Schutz der Aktionärsinteressen in Frage, zu dem der EuGH verpflichtet ist.

Demgegenüber wird eine andere Lösung vorgeschlagen. Es reiche aus, wenn ein allgemeiner gemeinschaftsrechtlicher Grundsatz der mißbräuchlichen Rechtsanwendung aufgestellt werde. Die *Centros*-Entscheidung, der ein allgemeiner gemeinschaftsrechtlicher Mißbrauchsvorbehalt entnommen wurde, könnte diesbezüglich einen Präzedenzfall darstellen.[39] Allerdings macht das Weiterbestehen der verschiedenen Konzeptionen miß-

---

34 Hierzu BGHZ 107, 296, 311; BGH, NJW 1993, 2181; BGH, NJW-RR 1990, 350 (noch zu § 340 c Abs. 1 AktG a. F.; mittlerweile gilt das UmwG) und vor allem BVerfG, ZIP 1990, 228.

35 Hierzu OLG Stuttgart, DB 2001, 321, 322.

36 Siehe Fn. 1.

37 Siehe Fn. 1.

38 *Peruzzetto*, RTD com. 2000, S. 778.

39 *Peruzzetto*, a. a. O.

bräuchlicher Rechtsanwendung in den verschiedenen Mitgliedstaaten die Verankerung eines solchen Grundsatzes schwierig. In Frankreich beruhen die Institute des Minderheits- bzw. Mehrheitsmißbrauchs auf richterlicher Rechtsfortbildung. So kann ein Mißbrauch vorliegen, wenn sich Minderheitsaktionäre in der außerordentlichen Hauptversammlung weigern, einer Kapitalerhöhung zuzustimmen. Die Vorstände müssen in einem solchen Fall beweisen, daß das Verhalten der Minderheitsaktionäre dem (Gemein-) Wohl der Gesellschaft zuwiderläuft, insofern als es die Verwirklichung wesentlicher Vorhaben verhindert, und daß diese Haltung mit dem einzigen Ziel eingenommen wurde, die eigenen Interessen zum Schaden der Gesamtheit der anderen Aktionäre durchzusetzen.[40]

Literatur: *L. Idot*, Rev. Europe, Mai 2000, Comm. 141; *S. Perruzetto*, RTD com. 2000, S. 777; *Karayannis*, L´abus de droits découlant de l´ordre juridique communautaire CDE 1999, S. 534; *P. Le Cannu*, L´abus de minorité, Bull. Joly 1986, S. 429; *A. Couret*, L´abus et le droit des sociétés, Dr. et Patrimoine, juin 2000, S. 66.

D. L.

40 *Ph. Merle*, Sociétés commerciales Nr. 581.

Fall Nr. 7 – Rabobank

PARTEIEN: *Coöperatieve Rabobank „Vecht en Plassengebied" BA* gegen *Erik Aarnoud Minderhoud*
AKTENZEICHEN: Rs. C-104/96
FUNDSTELLE: Slg. 1997, I-7211[1]

A. Urteil des EuGH vom 16. Dezember 1997

I. Leitsatz

Die Frage, ob Handlungen von Mitgliedern von Gesellschaftsorganen, bei deren Vornahme zwischen diesen und der vertretenen Gesellschaft ein Interessenkonflikt besteht, Dritten gegenüber wirksam sind, ist nicht in der Ersten Richtlinie 68/151/EWG des Rates vom 9. März 1968 zur Koordinierung der Schutzbestimmungen, die in den Mitgliedstaaten den Gesellschaften im Sinne des Artikels 58 Absatz 2 EGV [nunmehr Art. 48 Abs. 2 EGV] im Interesse der Gesellschafter sowie Dritter vorgeschrieben sind, um diese Bestimmungen gleichwertig zu gestalten, geregelt, sondern fällt in die Zuständigkeit des einzelstaatlichen Gesetzgebers.

II. Rechtsgrundlagen

1. Nationales Recht: Art. 256 S. 1 des Niederländischen Zivilgesetzbuches[2]

Sofern die Statuten nichts anderes bestimmen, wird die Gesellschaft in allen Fällen, bei welchen ein Interessengegensatz mit einem oder mehreren Geschäftsführern besteht, durch die Kommissare vertreten.

2. Gemeinschaftsrecht: Art. 9 der Publizitätsrichtlinie

(1) Die Gesellschaft wird Dritten gegenüber durch Handlungen ihrer Organe verpflichtet, selbst wenn die Handlungen nicht zum Gegenstand des Unternehmens gehören, es sei denn, daß diese Handlungen die Befugnisse überschreiten, die nach dem Gesetz diesen Organen zugewiesen sind oder zugewiesen werden können.

Für Handlungen, die den Rahmen des Gegenstands des Unternehmens überschreiten, können die Mitgliedstaaten jedoch vorsehen, daß die Gesellschaft nicht verpflichtet

1 EuZW 1998, 92 = RIW 1998, 234 = EWS 1998, 133.
2 Im folgenden: Art. 256 S. 1.

wird, wenn sie beweist, daß dem Dritten bekannt war, daß die Handlung den Unternehmensgegenstand überschritt, oder daß er darüber nach den Umständen nicht in Unkenntnis sein konnte; allein die Bekanntmachung der Satzung reicht zu diesem Beweis nicht aus.

(2) Satzungsmäßige oder auf einem Beschluß der zuständigen Organe beruhende Beschränkungen der Befugnisse der Organe der Gesellschaft können Dritten nie entgegengesetzt werden, auch dann nicht, wenn sie bekanntgemacht worden sind.

III. Zum Sachverhalt

1. Der Hoge Raad der Nederlanden hat mit Urteil vom 22. März 1996, beim Gerichtshof eingegangen am 1. April 1996, gemäß Artikel 177 EGV [nunmehr Art. 234 EGV] drei Fragen nach der Auslegung des Artikels 9 Absatz 1 der Ersten Richtlinie 68/151/EWG des Rates vom 9. März 1968 zur Koordinierung der Schutzbestimmungen, die in den Mitgliedstaaten den Gesellschaften im Sinne des Artikels 58 Absatz 2 EGV [nunmehr Art. 48 Abs. 2 EGV] im Interesse der Gesellschafter sowie Dritter vorgeschrieben sind, um diese Bestimmungen gleichwertig zu gestalten (ABl. L 65, S. 8; im folgenden: Erste Richtlinie), zur Vorabentscheidung vorgelegt.

2. Diese Fragen stellen sich in einem Rechtsstreit zwischen der Coöperatieve Rabobank „Vecht en Plassengebied" BA (im folgenden: Rabobank) – dem Finanzinstitut der Holdinggesellschaft Holland Data Groep BV (im folgenden: HDG), von fünf von dieser abhängigen Gesellschaften und der Firma Mediasafe BV (im folgenden: Mediasafe) – und dem Konkursverwalter der Mediasafe über die vom Konkursverwalter bestrittene Gültigkeit einer Vereinbarung über die Verrechnung von Soll- und Habensalden, die von der HDG, den fünf Gesellschaften und Mediasafe mit der Rabobank geschlossen worden war.[3]

3. Aus der Vorlageentscheidung ergibt sich, daß die Rabobank am 23. Oktober 1989 mit der HDG und den fünf von ihr abhängigen Gesellschaften eine Vereinbarung über die Zinsberechnung bei kombinierten Konten und die Verrechnung von Soll- und Habensalden schloß, wonach die Gesellschaften gegenüber der Rabobank gesamtschuldnerisch hafteten.

4. Am 21. November 1989 gründeten die HDG und die Stichting Nieuwegein die Firma Mediasafe, an der die HDG 99 Anteile und die Stichting Nieuwegein einen Anteil hielt. Die HDG wurde zur alleinigen Geschäftsführerin der Gesellschaft ernannt, und auf Vorschlag der Stichting Nieuwegein wurden zwei Kommissare bestimmt. Diese sollten im Namen der Stichting Nieuwegein die Leitung und den allgemeinen Gang der Geschäfte der Mediasafe überwachen.

5. Am 11. Dezember 1989 schloß die Rabobank eine neue Vereinbarung über die Verrechnung von Soll- und Habensalden, die den gleichen Inhalt und den gleichen Zweck

---

3 Näher zum Hintergrund solcher, in der Praxis üblicher Klauseln *Meilicke*, RIW 1996, 713.

hatte wie die vom 23. Oktober 1989. Die Mediasafe wurde von der HDG, ihrer alleinigen Geschäftsführerin, vertreten. In dieser Vereinbarung übernahmen alle Gesellschaften der HDG-Gruppe, darunter Mediasafe, die gesamtschuldnerische Haftung für ihre Schulden gegenüber der Rabobank.

6. Am 22. Mai 1990 wurde der Konkurs über das Vermögen der Mediasafe eröffnet. Herr Minderhoud wurde zum Konkursverwalter bestellt. Mediasafe hatte zu diesem Zeitpunkt bei der Rabobank einen Habensaldo von 447 117,60 HFL.

7. Die Rabobank erklärte mit Schreiben vom 5. Juni 1990 gegenüber dem Konkursverwalter gemäß der Vereinbarung vom 11. Dezember 1989 und Artikel 53 der Faillissementswet (niederländisches Konkursgesetz) die Aufrechnung der Soll- und Habensalden der übrigen Gesellschaften der HDG, für die die Mediasafe gesamtschuldnerisch haftete, und teilte mit, daß das Guthaben der Mediasafe bei der Rabobank zum Zeitpunkt der Konkurseröffnung nach der Aufrechnung 67 337,36 HFL betragen habe.

8. Durch Urteil vom 31. Juli 1990 wurde der Konkurs über das Vermögen der HDG und der anderen fünf von ihr abhängigen Gesellschaften eröffnet.

9. Der Konkursverwalter verlangte von der Rabobank Zahlung des Differenzbetrags von 379 780,24 HFL zwischen dem Habensaldo der Mediasafe vor und nach der Aufrechnung. Er führte aus, der Verrechnungsvereinbarung vom 11. Dezember 1989 könne keine Wirkung beigemessen werden, da zwischen der HDG – die die Vereinbarungen als alleinige Geschäftsführerin u. a. im Namen der Mediasafe geschlossen habe – und der Mediasafe ein Interessenkonflikt im Sinne des Artikels 12 Absätze 3 und 4 der Satzung der Mediasafe und des Artikels 2: 256 des niederländischen Bürgerlichen Gesetzbuches bestehe. Die HDG hätte deshalb die Mediasafe beim Abschluß dieser Vereinbarung nicht vertreten dürfen.

10. Das niederländische Bürgerliche Gesetzbuch bestimmt in Artikel 2: 146, der für „Naamloze vennootschappen" (Aktiengesellschaften) gilt, und in Artikel 2: 256, der für „Besloten vennootschappen met beperkte aansprakelijkheid" (Gesellschaften mit beschränkter Haftung) gilt, daß im Falle eines Interessenkonflikts beim Abschluß eines Rechtsgeschäfts zwischen der Gesellschaft und den Verwaltern dieses Rechtsgeschäft nur von den Kommissaren der Gesellschaft abgeschlossen werden kann.

11. Diese Vorschrift war im übrigen auch in Artikel 12 Absätze 3 und 4 der Satzung der Mediasafe aufgenommen worden, wo es heißt:

> „3. Im Fall eines Interessenkonflikts zwischen der Gesellschaft und einem oder mehreren Geschäftsführern sind die übrigen Geschäftsführer befugt, die Gesellschaft zu verpflichten.
>
> 4. Hat die Gesellschaft nur einen Geschäftsführer oder besteht der Interessenkonflikt mit allen Geschäftsführern, so wird die Gesellschaft durch den Rat der Kommissare vertreten."

Die Arrondissementsrechtbank Utrecht entschied mit Urteil vom 4. August 1993, daß die HDG aufgrund eines Interessenkonflikts im Sinne des Artikels 2: 256 des Bürgerlichen Gesetzbuches nicht befugt gewesen sei, im Namen der Mediasafe die Verrechnungsvereinbarung mit der Rabobank abzuschließen, und führte aus, daß letztere aufgrund ihrer Bankeigenschaft als von diesem Interessenkonflikt gebührend unterrichtet anzusehen sei. Die Arrondissementsrechtbank gab deshalb der Klage des Konkursverwalters statt.

13. Diese Urteil wurde aus denselben Gründen vom Gerechtshof Amsterdam bestätigt.

14. Die Rabobank führte vor dem Hoge Raad der Nederlanden aus, ein Interessenkonflikt im Sinne des Artikels 2: 256 des Bürgerlichen Gesetzbuches könne nur vorliegen, wenn ein Rechtsgeschäft zwischen der Gesellschaft und ihrem Verwalter abgeschlossen werde. Der Hoge Raad hat dieses Argument zurückgewiesen. Das Gericht fragt sich jedoch, ob es nicht gegen Artikel 9 der Ersten Richtlinie verstößt, wenn sich eine Gesellschaft gegenüber einem Dritten auf Artikel 2: 256 des Bürgerlichen Gesetzbuches beruft. [...]

IV. Vorlagefragen

15. Der Hoge Raad der Nederlanden ist der Auffassung, daß Artikel 2: 256 des niederländischen Bürgerlichen Gesetzbuches unter Berücksichtigung der Ersten Richtlinie auszulegen sei, und hat dem Gerichtshof folgende Fragen zur Vorabentscheidung vorgelegt:

> 1. Ist es mit der Ersten Richtlinie vereinbar, daß einer Gesellschaft gestattet wird, sich gegenüber einem Dritten, mit dem ein grundsätzlich zur Vertretung der Gesellschaft befugter Verwalter im Namen der Gesellschaft ein Rechtsgeschäft abgeschlossen hat, auf die mangelnde Befugnis dieses Verwalters mit der Begründung zu berufen, daß dieser ein mit den Interessen der Gesellschaft im Widerstreit stehendes Interesse an dem Rechtsgeschäft hat?
>
> 2. Ist die erste Frage nur dann zu bejahen, wenn der Interessenkonflikt dem Dritten beim Abschluß des Rechtsgeschäfts bekannt war oder aufgrund der Informationen, über die er zu diesem Zeitpunkt verfügte, bekannt sein konnte?
>
> 3. Ist die erste Frage nur dann zu bejahen, wenn der Interessenkonflikt beim Abschluß des Rechtsgeschäfts so deutlich war, daß ein redlich denkender Dritter ihn hätte erkennen müssen?

V. Entscheidungsgründe

19. Die Erste Richtlinie bezweckt, die Schutzbestimmungen zu koordinieren, die in den Mitgliedstaaten den in Artikel 1 genannten Aktiengesellschaften und Gesellschaften mit beschränkter Haftung insbesondere im Interesse Dritter vorgeschrieben sind.

20. Zu diesem Zweck enthält die Richtlinie in Abschnitt II Bestimmungen, die, wie es in ihrer fünften Begründungserwägung heißt, die Gründe, aus denen im Namen der Gesellschaft eingegangene Verpflichtungen unwirksam sein können, so weit wie möglich beschränken.

21. Artikel 9 Absatz 1 Unterabsatz 1 der Ersten Richtlinie bestimmt, daß die Gesellschaft Dritten gegenüber durch Handlungen ihrer Organe verpflichtet wird, selbst wenn die Handlungen nicht zum Gegenstand des Unternehmens gehören, es sei denn, daß diese

Handlungen die Befugnisse überschreiten, die nach dem Gesetz diesen Organen zugewiesen sind oder zugewiesen werden können.

22. Sowohl aus dem Wortlaut als auch aus dem Regelungsgehalt dieser Vorschrift ergibt sich jedoch, daß sie die Beschränkungen der den verschiedenen Organen der Gesellschaft gesetzlich zugewiesenen Befugnisse betrifft, nicht aber die Koordinierung der einzelstaatlichen Vorschriften bezweckt, die den Fall regeln, daß sich ein Mitglied eines Organs aufgrund seiner persönlichen Situation in einem Interessenkonflikt mit der von ihm vertretenen Gesellschaft befindet.

23. Zudem betrifft die in dieser Vorschrift enthaltene Regelung der Frage, welche Handlungen der Gesellschaft Dritten gegenüber wirksam sind, die Befugnisse, die nach dem Gesetz – auf das sich Dritte berufen können – dem Gesellschaftsorgan zugewiesen sind oder zugewiesen werden können, nicht dagegen die Frage, ob ein Dritter aufgrund der Umstände des betreffenden Falles wußte oder wissen mußte, daß ein Interessenkonflikt vorlag.

24. Somit ist die Frage, ob Handlungen, die von Mitgliedern der Organe der Gesellschaft in derartigen Fällen vorgenommen werden, Dritten gegenüber wirksam sind, nicht in der Ersten Richtlinie geregelt, sondern fällt in die Zuständigkeit des einzelstaatlichen Gesetzgebers.

25. Dem entspricht im übrigen auch der Vorschlag einer Fünften Richtlinie zur Koordinierung der Schutzbestimmungen, die in den Mitgliedstaaten den Gesellschaften im Sinne des Artikels 58 Absatz 2 EGV [nunmehr Art. 48 Abs. 2 EGV] im Interesse der Gesellschafter sowie Dritter hinsichtlich der Struktur der Aktiengesellschaft sowie der Befugnisse und der Verpflichtungen ihrer Organe vorgeschrieben sind (ABl. 1972, C 131, S. 49).

26. Nach Artikel 10 Absatz 1 dieses Vorschlags bedarf jeder Vertrag, an dem die Gesellschaft beteiligt ist und der auch nur mittelbar die Interessen eines Mitglieds des Leitungs- oder des Aufsichtsorgans berührt, zumindest der Genehmigung des Aufsichtsorgans.

27. Artikel 10 Absatz 4 des Vorschlags bestimmt:

> „Das Fehlen der Genehmigung des Aufsichtsorgans oder die Unrechtmäßigkeit des Beschlusses über die Erteilung dieser Genehmigung kann Dritten nur entgegengehalten werden, wenn die Gesellschaft beweist, daß dem Dritten das Fehlen der Genehmigung oder die Unrechtmäßigkeit des Beschlusses bekannt war oder daß er darüber nach den Umständen nicht in Unkenntnis sein konnte."

28. Deshalb ist zu antworten, daß die Frage, ob Handlungen von Mitgliedern von Gesellschaftsorganen, bei deren Vornahme zwischen diesen und der vertretenen Gesellschaft ein Interessenskonflikt besteht, Dritten gegenüber wirksam sind, nicht in der Ersten Richtlinie geregelt ist, sondern in die Zuständigkeit des einzelstaatlichen Gesetzgebers fällt.

B. Anmerkungen

I. Europarecht

Die erste Vorlagefrage bezieht sich auf die Regelung in Art. 256 S. 1 des Niederländischen Zivilgesetzbuches. Der EuGH hatte also zu prüfen, ob ein Rechtssatz mit Gemeinschaftsrecht in Einklang steht, nach dem die Vertretungsmacht eines Organs einer Gesellschaft schon dann ausgeschlossen ist, wenn in der Person des Organs ein Konflikt mit den Interessen der Gesellschaft gegeben ist. Prüfungsmaßstab sind Art. 9 Abs. 1 und 2 der Publizitätsrichtlinie.

1. Zunächst ist Art. 9 Abs. 1 Unterabs. 1 zu prüfen.

a) *Rabobank* steht in keiner besonderen Nähebeziehung zur vertretenen *Mediasafe* und ist damit ohne weiteres als „Dritter" i. S. v. Art. 9 Abs. 1 Unterabs. 1 anzusehen.

b) Die *HDG* war auch „Organ" der *Mediasafe*.

c) Ferner muß eine „Handlung" dieses Organs vorliegen. Diese Formulierung ist sehr weit geraten. Gemeint sind rechtsgeschäftliche Handlungen im Namen der Gesellschaft. Das ist bei einem Vertragsabschluß der Fall.

d) Allein auf diese Voraussetzungen stellt Art. 9 Abs. 1 Unterabs. 1 ab. Liegen sie vor, wird die Gesellschaft nach dem eindeutigen Wortlaut der Vorschrift grundsätzlich gegenüber Dritten verpflichtet. Es ist nicht ersichtlich, warum dies bei einem Interessenkonflikt in der Person des Vertreters (also im Falle des Art. 256 S. 1 des Niederländischen Zivilgesetzbuches) nicht der Fall sein sollte. Die nicht näher begründete Behauptung des EuGH (Rn. 22), solche Vorschriften fielen von vornherein nicht in den Anwendungsbereich von Art. 9, erweist sich somit nicht als tragfähig. Es bleibt aber zu prüfen, ob die Vorschrift des niederländischen Rechts nicht den beiden Ausnahmetatbeständen von Art. 9 Abs. 1 Unterabs. 1 unterfällt. Die Gesellschaft wird nämlich ausnahmsweise dann nicht verpflichtet, wenn die „Handlung die Befugnisse überschreitet, die nach dem Gesetz diesen Organen zugewiesen sind oder zugewiesen werden können". Es muß also geprüft werden, ob Art. 256 S. 1 des Niederländischen Gesetzbuches hierunter subsumiert werden kann. Den Entscheidungsgründen läßt sich nicht sicher entnehmen, ob der EuGH dieser Frage nachgegangen ist.[4]

---

4 Im allgemeinen vermag die Entscheidungsbegründung nicht zu überzeugen: In Rn. 19 wird mit einer Leerformel der Zweck der Publizitätsrichtlinie bezeichnet. In Rn. 20 wird die fünfte Begründungserwägung zur Publizitätsrichtlinie wiedergegeben, ohne daß deutlich würde, welche Relevanz sie für die Lösung des Falles hat. In Rn. 21 findet sich der Wortlaut von Art. 9 Abs. 1 Unterabs. 1. Rn. 22 und 23 enthalten nicht näher begründete Behauptungen. Allein die Ausführungen in den Rn. 25 – 27 lassen sich als Argumentation bezeichnen, indem im Sinne der systematischen Auslegung ein Blick

aa) Auf den ersten Blick muß sie bejaht werden: Denn Art. 256 S. 1 des Niederländischen Gesetzbuches trifft eine Regelung zum Umfang der (Vertretungs-) Befugnisse des geschäftsführenden Organs. Liegt in seiner Person ein Interessenkonflikt vor, so ist sie zur Vornahme von Rechtsgeschäften ausnahmsweise nicht befugt. Diese Zuständigkeit wird vielmehr den Kommissaren zugewiesen.

bb) Würde man sämtliche Vorschriften, die Beschränkungen der Befugnisse des Organs aufstellen, unter Art. 9 Abs. 1 Unterabs. 1 fallen lassen, müßte die Vorschrift als inhaltsleer bezeichnet werden. Denn sie stünde in vollständiger Relativität zum nationalen Recht: Jede Bestimmung des nationalen Rechts würde die von Art. 9 Abs. 1 Unterabs. 1 grundsätzlich getroffene Anordnung „schlagen“. Art. 9 Abs. 1 Unterabs. 1 will das nationale Recht aber nicht unbesehen hinnehmen, sondern – wie jede Richtlinienbestimmung – angleichen. Die Norm tritt gemäß ihrem eindeutigen Wortlaut insbesondere solchen nationalstaatlichen Vorschriften entgegen, die auf dem Boden der sog. ultra-vires-Lehre die Vertretungsmacht dann als nicht gegeben ansehen, wenn die Handlung den Unternehmensgegenstand überschreitet.[5] Auch in diesem Fall soll das Geschäft wirksam sein. Lediglich als Kompromiß[6] wurde Art. 9 Abs. 1 Unterabs. 2 aufgenommen, der den Mitgliedstaaten die Möglichkeit läßt, für diesen Fall eine andere Rechtsfolge anzuordnen, dies aber nur unter bestimmten Voraussetzungen.

Die in Art. 9 Abs. 1 Unterabs. 1 enthaltenen Ausnahmetatbestände müssen also in anderer Weise interpretiert werden.[7] Man wird darunter nur solche nationalstaatlichen Vorschriften subsumieren können, die in spezifischer Weise die Kompetenzverteilung zwischen den Organen der Gesellschaft regeln. Die Beschränkung auf *spezifische* Zuständigkeitszuweisungen ist deswegen erforderlich, weil letztlich jede Vorschrift über den Umfang der Vertretungsmacht eine Zuständigkeitszuweisung beinhaltet. Sind nach nationalem Recht beispielsweise Handlungen, die über den Unternehmensgegenstand hinausreichen, nicht von der Vertretungsmacht des geschäftsführenden Organs umfaßt, so bedeutet dies gleichzeitig, daß solche Handlungen nur von der Gesamtheit der Gesellschafter (oder einem besonderen Vertreter der Gesellschafter) vorgenommen werden können. Gleiches gilt für die dem deutschen allgemeinen Vertretungsrecht entstammende Vorschrift des § 181 BGB sowie für die Lehre vom Mißbrauch der Vertretungsmacht. Würde man auch solche allgemeinen Rechtssätze unter die beiden Ausnahmetatbestände von Art. 9 Abs. 1 Unterabs. 1 fallen lassen, liefe die Vorschrift – wie gesagt –

---

auf Art. 10 des Vorschlags zur Strukturrichtlinie geworfen wird. Dann folgt bereits die Antwort auf die Vorlagefrage (Rn. 28).

5 *Habersack*, Rn. 102.

6 Vgl. *Schmid*, AG 1998, 127, 129.

7 Einen ganz anderen Ansatz wählt *Meilicke*, RIW 1996, 713, 716, der in seiner Argumentation aber übersieht, daß die beiden in Art. 9 Abs. 1 Unterabs. 1 genannten Vorbehalte nicht kumulativ vorliegen müssen.

leer. Lediglich spezifische, also rein gesellschaftsrechtliche Zuständigkeitszuweisungen sollen von der Norm unangetastet bleiben, da dieser Bereich der Regelung durch die Strukturrichtlinie (vgl. Art. 10 Abs. 1 und 4, auf die der Gerichtshof in den Rn. 25 – 27 hinweist) vorbehalten ist,[8] die bis heute jedoch nicht verabschiedet und damit kein geltendes Recht ist.

Als spezifische Zuständigkeitszuweisung läßt sich zum Beispiel § 112 AktG begreifen, ebenso Art. 98 Abs. 2 des französischen Gesellschaftsgesetzes, nach dem Bürgschaften, Avale und Garantien von der Gesellschaft nur mit Zustimmung des Verwaltungsrates gegeben werden können.[9] Der streitgegenständliche Art. 256 S. 1 des Niederländischen Zivilgesetzbuches ist sicherlich ein Zweifelsfall. Einerseits werden die beiden als zuständig in Betracht kommenden Organe, die Geschäftsführer und die Kommissare, ausdrücklich genannt. Andererseits ist die Norm ausgesprochen weit gefaßt: Sie erfaßt jeglichen Interessenkonflikt in der Person des Geschäftsführers und stellt nicht einmal darauf ab, ob der Geschäftspartner hiervon Kenntnis hat oder haben mußte. Sie ist daher allgemeiner Natur und nicht Zuständigkeitsverteilung für einen bestimmten Fall. Das spricht dafür, sie nicht unter Art. 9 Abs. 1 Unterabs. 1 fallen zu lassen.

e) Art. 256 S. 1 des Niederländischen Zivilgesetzbuches steht folglich entgegen der Auffassung des EuGH mit Art. 9 Abs. 1 Unterabs. 1 nicht in Einklang.

2. Folgt man dieser Lösung, bleibt zu prüfen, ob sich Art. 256 S. 1 des Niederländischen Zivilgesetzbuches nicht Art. 9 Abs. 1 Unterabs. 2 zuordnen läßt. Die niederländische Vorschrift regelt jedoch nicht den Fall einer Überschreitung des Unternehmensgegenstandes, sondern den einer Interessenkollision in der Person des Vertreters. Schon deswegen läßt sich Art. 256 S. 1 des Niederländischen Zivilgesetzbuches nicht über Art. 9 Abs. 1 Unterabs. 2 rechtfertigen.

3. Auch Art. 9 Abs. 2 ist nicht einschlägig, da Art. 256 S. 1 des Niederländischen Zivilgesetzbuches nicht die Rechtsfolgen einer Überschreitung von Bindungen, die sich aus dem Gesellschaftsvertrag oder einem Beschluß der Gesellschafterversammlung ergeben, regelt.

4. Die Vorschrift ist mithin europarechtswidrig.[10]

---

8 *Habersack*, Rn. 104.

9 Vgl. *Meilicke*, RIW 1996, 713, 716.

10 Im Ergebnis ebenso *Schmid*, AG 1998, 127, 130.

II. Deutschland[11]

1. Zunächst stellt sich die Frage, ob der zwischen der *Rabobank* und *Mediasafe* getroffenen Verrechnungsabrede ebenso wie nach niederländischem Recht[12] die Rechtswirksamkeit zu versagen wäre, wollte man diese einer Prüfung nach deutschem Recht unterziehen.

a) Die grundsätzlich unbeschränkte Vertretungsmacht des Geschäftsführers einer Kapitalgesellschaft (vgl. §§ 78 Abs. 1 AktG, 35 Abs. 1 GmbHG) findet ihre Grenze zunächst in § 181 BGB. Die Anwendung dieser Vorschrift erweist sich als im Einzelfall besonders problematisch, gerade auch im Gesellschaftsrecht. Es kann als anerkannt bezeichnet werden, daß der Wortlaut der Norm teilweise zu weit, in anderen Konstellationen hingegen zu kurz greift. Bei wortlautgetreuer Anwendung ist § 181 BGB nur bei Rechtsgeschäften anwendbar, in denen auf beiden Seiten der Vertreter beteiligt ist, entweder im fremden oder im eigenen Namen handelnd. Nur auf diese Personenidentität stellt § 181 BGB ab, weshalb die Norm als formale Ordnungsvorschrift bezeichnet werden kann.[13] Dies hat den Vorzug erleichterter Handhabbarkeit, ist jedoch mit dem Nachteil verbunden, daß die Vorschrift auch dann eingreift, wenn der sie rechtfertigende Aspekt, nämlich die Abwehr einer Interessenkollision in der Person des Vertreters, überhaupt nicht einschlägig ist, andererseits dann nicht angewendet werden kann, wenn zwar Interessenkollision gegeben ist, jedoch keine Personenidentität besteht.[14] Ein stimmiges Konzept für die sachgerechte Anwendung von § 181 BGB ist bis heute nicht gefunden.

Im Fall *Rabobank* würde die Anwendung von § 181 BGB ebenfalls Probleme bereiten. Seinem Wortlaut nach läge § 181 BGB nicht vor, weil auf seiten von *Rabobank* der Vertreter – die *HDG* – nicht beteiligt ist, also keine Personenidentität gegeben ist. Gleichwohl ist offenkundig, daß in der Person der geschäftsführenden *HDG* bei Vertretung mehrerer Gesellschaften durchaus ein Interessenkonflikt gegeben sein kann. Trotzdem wendet die h. M. § 181 BGB in diesen Fällen (auch analog) nicht an.[15]

b) Die Vertretungsmacht ist weiterhin durch die ungeschriebene, aber allgemein anerkannte Lehre vom Mißbrauch der Vertretungsmacht begrenzt.[16] Nach ihr schlagen im

---

11 Literatur zur *Rabobank*-Entscheidung: *Habersack*, Rn. 105; *Klauer*, S. 191; *Meilicke*, Selbstkontrahieren nach europäischem Gemeinschaftsrecht, RIW 1996, 713; *Schmid*, Die gemeinschaftsrechtliche Überlagerung der Tatbestände des Mißbrauchs der Vertretungsmacht und des Insichgeschäfts, AG 1998, 127; *Schwarz*, Rn. 352.

12 Mit Art. 256 des niederländischen Zivilgesetzbuches hatte sich auch das AG Duisburg, RIW 1996, 329, zu befassen.

13 BGH WM 1981, 66; BGHZ 113, 270.

14 Siehe nur Hk-BGB/*Dörner*, § 181 Rn. 2; Jauernig/*Jauernig*, § 181 Rn. 6.

15 *Schmid*, AG 1998, 127, 128.

16 Siehe nur Jauernig/*Jauernig*, § 164 Rn. 8 m. w. N.; ausführlich z. B. *Fischer*, FS Schilling, S. 3 ff.

Innenverhältnis bestehende Beschränkungen unter bestimmten Voraussetzungen (ausnahmsweise) auf das Außenverhältnis durch.

aa) Im Gesellschaftsrecht werden die Beschränkungen im Verhältnis des Geschäftsführers zur Gesellschaft (Innenverhältnis) als Beschränkungen der Geschäftsführungsbefugnis bezeichnet. Sie können sich vor allem aus dem Gesellschaftsvertrag ergeben, ferner aus Beschlüssen der Gesellschafterversammlung (vgl. § 37 Abs. 1 2. Fall GmbHG[17]). Auch der Unternehmensgegenstand ist Grenze der Geschäftsführungsbefugnis.[18]

bb) Diese internen Beschränkungen beseitigen jedenfalls dann die Vertretungsmacht des Geschäftsführers, wenn er mit dem Geschäftspartner kollusiv zusammenwirkt. Hierunter versteht man den Fall, daß sowohl Vertreter als auch Dritter von der Überschreitung wissen und dabei zum Nachteil des Vertretenen handeln. Die h. M.[19] geht jedoch noch weiter: Danach genügt schon die Kenntnis des Geschäftspartners von der Überschreitung. Vielfach wird es sogar für ausreichend gehalten, daß sich die Überschreitung dem Dritten aufgedrängt hat (Evidenz).[20]

cc) Ob unter einem dieser Gesichtspunkte die der geschäftsführenden *HDG* obliegenden Bindungen im Innenverhältnis überschritten wurden, läßt sich nach dem Sachverhalt nicht eindeutig beantworten.[21] Jedenfalls fehlt es aber an einer entsprechenden Kenntnis bzw. Möglichkeit zur Kenntnisnahme auf seiten von *Rabobank*.

2. Obwohl die Voraussetzungen der Lehre vom Mißbrauch der Vertretungsmacht somit nicht vorliegen, wirft der Fall doch die Frage auf, ob diese Lehre für das Gesellschaftsrecht[22] als mit Art. 9 der Publizitätsrichtlinie vereinbar angesehen werden kann.

a) Wirft man einen Blick auf Art. 9 Abs. 2 Publizitätsrichtlinie, kann die Antwort nur negativ ausfallen. Die Vorschrift lautet: „Satzungsmäßige oder auf einem Beschluß der zuständigen Organe beruhende Beschränkungen der Befugnisse der Organe der Gesell-

---

17 Obwohl die Vorschrift von der „Befugnis, die Gesellschaft zu vertreten" spricht, meint sie in Wahrheit die Geschäftsführungsbefugnis. Während dieser Fehler beim insoweit gleichlautenden § 74 Abs. 1 AktG 1937 korrigiert wurde (hierzu näher *Kropff*, Begr. zum Regierungsentwurf des AktG, Düsseldorf 1965, S. 103), wurde eine Berichtigung des § 37 Abs. 1 GmbHG bislang versäumt.

18 Siehe nur *Hüffer*, § 23 Rn. 21. Hierzu bereits in der deutschen Anmerkung zur *Marleasing*-Entscheidung (Fall Nr. 6 in diesem Casebook), unter B. II. 2.

19 *Schmidt*, S. 267 f. m. w. N.

20 Hiermit ist ein gegenüber der Fahrlässigkeit engerer Maßstab gemeint. Denn Untersuchungspflichten treffen den Dritten unbestrittenermaßen nicht (*Schmid*, AG 1998, 127, 129; *Schwarz*, Rn. 351).

21 Vgl. *Schmid*, AG 1998, 127, 129 zu der Frage, ob nachteiliges Handeln als Voraussetzung kollusiven Zusammenwirkens anzunehmen ist. – Eine Überschreitung des Unternehmensgegenstandes ist wohl nicht anzunehmen (vgl. *Meilicke*, RIW 1996, 713, 715).

22 Art. 9 Publizitätsrichtlinie regelt nur die Vertretung von Gesellschaften; zur Vertretung im allgemeinen wird keine Aussage getroffen.

schaft können Dritten nie entgegengesetzt werden, auch dann nicht, wenn sie bekanntgemacht worden sind." Satzungsmäßige oder auf Beschluß der Gesellschafterversammlung sind die beiden klassischen Fälle einer Beschränkung der Geschäftsführungsbefugnis. Für sie ordnet Art. 9 Abs. 2 in unmißverständlicher Deutlichkeit an, daß sie dem Dritten *nie* entgegengesetzt werden können.[23]

b) Dieses Ergebnis muß befremden. Denn zumindest Vereinbarungen, die durch kollusives, also bewußtes und die Schädigung der Gesellschaft bezweckendes Zusammenwirken von Vertreter und Drittem zustande gekommen sind, muß die rechtliche Anerkennung versagt werden.

aa) Diese Korrektur könnte man möglicherweise mit einer analogen Anwendung von Art. 9 Abs. 1 Unterabs. 2 der Publizitätsrichtlinie erreichen. Diese Bestimmung sieht vor, daß den Unternehmensgegenstand überschreitende Handlungen die Gesellschaft dann nicht verpflichten, wenn dem Dritten die Überschreitung bekannt oder fahrlässigerweise unbekannt war. Da auch der Unternehmensgegenstand die Geschäftsführungsbefugnis beschränkt, kann man durchaus danach fragen, ob diese Vorschrift nicht analog auf sonstige Beschränkungen der Geschäftsführungsbefugnis, insbesondere auf die in Art. 9 Abs. 2 genannten, angewendet werden kann.

Letztlich führt diese Überlegung aber schon deswegen nicht weiter, weil Art. 9 Abs. 1 Unterabs. 2 den Mitgliedstaaten lediglich die Möglichkeit einräumt, eine entsprechende Regelung im nationalen Recht vorzusehen.[24] Die Vorschrift beinhaltet sonach keinen unmittelbar geltenden, analogiefähigen Rechtssatz.

Dieses Ergebnis wird durch das systematische Verhältnis der beiden Vorschriften zueinander gestützt: Da der Unternehmensgegenstand in der Satzung zu bezeichnen ist (vgl. für Deutschland die §§ 2 Abs. 3 Nr. 2 AktG, 3 Abs. 1 Nr. 2 GmbHG), ist die Beschränkung der Geschäftsführungsbefugnis durch den Unternehmensgegenstand i. S. v. Art. 9 Abs. 1 Unterabs. 2 immer auch eine satzungsmäßige Beschränkung der Geschäftsführungsbefugnis i. S. v. Art. 9 Abs. 2 1. Fall.[25] Art. 9 Abs. 1 Unterabs. 2 erweist sich somit als Spezialfall des Grundtatbestandes Art. 9 Abs. 2 1. Fall.[26] Eine Sonderregelung läßt sich nicht auf den allgemeineren Tatbestand erstrecken.

bb) Es ließe sich aber erwägen, die Vorschrift des Art. 9 Abs. 2 Publizitätsrichtlinie unter allgemeinen, aus dem Gemeinschaftsrecht selbst abzuleitenden Mißbrauchsgesichtspunkten zu korrigieren.[27] In der Tat werden kollusive Verhaltensweisen in jeder Rechts-

---

23 Ebenso – für den Eindruck prima facie – *Habersack*, Rn. 103.

24 Zutreffend *Meilicke*, RIW 1996, 713, 717.

25 *Schmid*, AG 1998, 127, 130.

26 *Schmid*, AG 1998, 127, 130.

27 Vgl. *Meilicke*, RIW 1996, 713, 718.

ordnung sanktioniert. Mit diesem Gedanken lassen sich aber lediglich absolute Evidenzfälle erfassen, also vor allem den der Kollusion. Die bloße Kenntnis bzw. fahrlässige Unkenntnis vom Verstoß gegen interne Beschränkungen kann hingegen nicht genügen. Anderenfalls würde man die Autorität des Gemeinschaftsgesetzgebers untergraben, dem unterstellt werden muß, bei der Verwendung des Wortes „nie" gerade diesen Fall vor Augen gehabt zu haben. Hinzu kommt, daß er die bloße Kenntnis und fahrlässige Unkenntnis im vorausgehenden Absatz (Art. 9 Abs. 1 Unterabs. 2) ausdrücklich berücksichtigt hat. Es wäre dem Ansehen des Gemeinschaftsgesetzgebers mithin nicht zuträglich, wenn man davon ausgehen wollte, er habe diesen Fall bei der Formulierung von Art. 9 Abs. 2 nicht bedacht.[28] Damit in Einklang steht seine in der fünften Begründungserwägung zur Publizitätsrichtlinie zum Ausdruck gebrachte Absicht, die Gründe, aus denen im Namen der Gesellschaft eingegangene Verpflichtungen unwirksam sein können, so weit wie möglich zu beschränken.

Daraus ergibt sich der Befund, daß bei Überschreitung des Unternehmensgegenstandes Kenntnis oder bestimmte fahrlässige Unkenntnis des Geschäftspartners die Unwirksamkeit der Verpflichtung zur Folge hat (Art. 9 Abs. 1 Unterabs. 2), während dies bei sonstigen Verstößen gegen interne Bindungen unschädlich ist (Art. 9 Abs. 2). Schmid[29] will diese Inkongruenz damit erklären, daß „Fälle der Überschreitung des Unternehmensgegenstandes regelmäßig viel leichter als Fälle des bloßen Verstoßes gegen die Satzung oder einen internen Beschluß zu erkennen sind". Dieser Erklärungsversuch kann nicht überzeugen. Denn gesellschaftsvertragliche Bestimmungen über den Unternehmensgegenstand sind typischerweise sehr allgemein gehalten; Bestimmungen über den Umfang der Geschäftsführungsbefugnis des Geschäftsführers sind hingegen häufig sehr konkret (z. B. keine Grundstücksgeschäfte, keine Geschäfte mit einem bestimmten Volumen). Auch kann die unterschiedliche Behandlung nicht etwa damit gerechtfertigt werden, daß nur die Bezeichnung des Unternehmensgegenstands der Offenlegungspflicht unterliege. Vielmehr ist gemäß Art. 2 Abs. 1 lit. a) der Publizitätsrichtlinie der gesamte Gesellschaftsvertrag offenzulegen. Ein sachlicher Grund für die Differenzierung läßt sich somit nicht ausmachen. Das allein kann es aber nicht rechtfertigen, die unmißverständliche Anordnung von Art. 9 Abs. 2 einfach zu ignorieren. Hier ist vielmehr der (Gemeinschafts-) Gesetzgeber gefordert.

c) Als Endergebnis bleibt damit festzuhalten, daß die im deutschen Recht von der ganz h. M. vertretene Lehre vom Mißbrauch der Vertretungsmacht im Gesellschaftsrecht insoweit nicht angewendet[30] werden kann, als sie auch die bloße Kenntnis bzw. fahrlässi-

---

28 So aber offenbar *Schmid*, AG 1998, 127, 130.

29 AG 1998, 127, 130.

30 Zum Anwendungsvorrang siehe Grundzüge, B. I.

ge Unkenntnis der Überschreitung interner Bindungen erfaßt.[31] Lediglich das bewußte, mit Schädigungsabsicht vorgenommene Zusammenwirken von Vertreter und Drittem zieht auch im europäischen Recht die Unwirksamkeit der Rechtshandlung nach sich.

A. K.

III. Frankreich

Die *Rabobank*-Entscheidung ruft ins Gedächtnis, daß – angesichts des Vorhandenseins nationalen Rechts – die gemeinschaftliche Harmonisierung durch Richtlinien zwingendes Recht ist und daß das Argumentieren mit Analogien nicht sachdienlich ist.[32] Es kommt also auf die Bestimmung der zu harmonisierenden Materie an, um daraus den Spielraum abzuleiten, der den nationalen Gesetzgebern gegeben ist. Darüber hinaus richtet sich die Richtlinie lediglich an die gesetzgebende Gewalt, betrifft jedoch nicht die Schlußfolgerungen, welche die nationalen Gesetze aus Interessenkonflikten ziehen.

Eine Ansicht in der französischen Lehre kritisiert die Entscheidung aufgrund der schlechten Umsetzung des Drittschutzes.[33] Der EuGH gibt in der Tat zu, daß das Risiko des Mangels an Gleichwertigkeit zwischen den einzelnen nationalen Rechten besteht.

Die französische Lehre unterstreicht, daß dieses Urteil nicht die von dem französischen Recht gefundenen Lösungen in Frage stellt. Art. L 235 12 des Code de Commerce trifft folgende Regelung: „Weder die Gesellschaft noch die Gesellschafter können sich gegenüber gutgläubigen Dritten auf Nichtigkeit berufen." Andererseits stattet Art. L 225-51 Abs. 1 Code de Commerce den Vorstandsvorsitzenden mit starken Rechten aus, damit dieser jederzeit im Rahmen des Unternehmensgegenstandes im Namen der Gesellschaft handeln kann – unter Ausschluß der Gegenstände, die das Gesetz ausdrücklich der Hauptversammlung zugewiesen hat und den Gegenständen, deren Behandlung dem (Gesamt-) Vorstand vorbehalten ist. In der Beziehung zu Dritten aber wird die Gesellschaft sogar bei nicht zum Unternehmensgegenstand gehörenden Handlungen durch den Vorstandsvorsitzenden verpflichtet, es sei denn, die Gesellschaft kann beweisen, daß der Dritte wußte, daß das Rechtsgeschäft außerhalb des Unternehmensgegenstandes lag, oder daß dieser es aufgrund der Umstände hätte wissen müssen, wobei ausgeschlossen ist, daß bereits die Veröffentlichung der Satzung ausreicht, diesen Beweis zu erbringen (Art. L 225-51 Abs. 3 Code de Commerce).

Um den Interessenkonflikt zwischen Vorstand und Gesellschaft zu lösen, hat der Gesetzgeber verschiedene Schutzmechanismen vorgesehen, hauptsächlich im Interesse der

---

31 Ebenso *Meilicke*, RIW 1996, 713, 718; a. A. *Schwarz*, Rn. 353 (ohne Begründung).

32 *Parléani*, Rev. soc. 1998, S. 792.

33 *Luby Joly*, mars 1998, S. 212.

Minderheitsaktionäre (Art. L 225-38 bis L 225-43 Code de Commerce). Bestimmte Verträge sind verboten, weil sie zu gefährlich für die Gesellschaft sind (Vereinbarungen, die mit einem Kredit gekoppelt sind), andere sind einer Kontrolle unterworfen, die eine Einwilligung des Vorstandes und ein Einschreiten des Rechnungsprüfers umfaßt (Art. L 225-38). Einzig Vereinbarungen, die zur gewöhnlichen Geschäftstätigkeit gehören und zu normalen Bedingungen abgeschlossen wurden, unterfallen dieser Kontrolle nicht (Art. 225-39 Code de Commerce).

Literatur: *G. Parléani*, Rev. Sociétés 1998, S. 790; *Ch. Luby*, Bull. Joly mars 1998, § 82. Siehe außerdem die Kommentierungen der *Kéfalas*-Entscheidung: Rev. sociétés 1998, S. 794, note *Dana-Demaret*.

D. L.

IV. Italien

Mit Gesetzesdekret Nr. 1127 vom 29. 12. 1969 wurde Art. 9 der Publizitätsrichtlinie in das italienische Recht umgesetzt; geändert wurden dadurch die Artikel 2384 und 2384 bis des italienischen Zivilgesetzbuches („Codice Civile", C. C.).

Gemäß Art. 2384 bis C. C. kann der Umstand, daß ein von den Geschäftsführern einer Gesellschaft eingegangenes Rechtsgeschäft außerhalb des Gegenstandes der Gesellschaft lag, gutgläubigen Dritten nicht entgegengehalten werden. Gem. Art. 2384 Abs. 2 C. C. können Beschränkungen in der Vertretungsbefugnis, welche sich aus der Gründungsurkunde oder der Satzung einer Gesellschaft ergeben, selbst dann Dritten nicht entgegengehalten werden, wenn diese Beschränkungen eingetragen sind. Dies gilt nur dann nicht, wenn bewiesen wird, daß die Dritten vorsätzlich zum Nachteil der Gesellschaft gehandelt haben.

Wie vom EuGH in der vorliegenden Entscheidung festgestellt, wird auch in Italien angenommen, daß vorgenannte Normen sich nicht auf die Folgen der Rechtsgeschäfte beziehen, welche die Geschäftsführer unter Verletzung des Verbotes eingehen, gegen die Gesellschaft gerichtete Interessen zu verfolgen (Interessenkonflikt).[34]

Was die Frage der Wirksamkeit derjenigen Rechtsgeschäfte anbelangt, welche von Geschäftsführern eingegangen wurden, die sich in einem Interessenkonflikt befinden, so wird in Italien unterschieden, je nachdem, wie das Vertretungsorgan der Gesellschaft zusammengesetzt ist:

1. Im Falle eines aus mehreren Geschäftsführern bestehenden Verwaltungsrates („Consiglio di amministrazione") wird Art. 2391 C. C. auf den Fall angewandt, daß die Ent-

34 Vgl. dazu Cassazione, Urteil vom 5. 7. 1984, Nr. 3945, in: Le Società 1994, S. 1219.

scheidung mit der Stimme eines Geschäftsführers gefällt wurde, der sich in einem Interessenkonflikt befand. Demnach kann der Beschluß angefochten werden. Die Anfechtung ist innerhalb von drei Monaten nach Beschlußfassung geltend zu machen und nur begründet, wenn der Beschluß der Gesellschaft zu einem Schaden gereicht und die Stimme des dem Interessenkonflikt unterliegenden Geschäftsführers zum Erreichen der Mehrheit erforderlich war. Zur Anfechtung des Beschlusses berechtigt sind diejenigen Geschäftsführer, welche an der Abstimmung nicht beteiligt waren oder gegen den Beschluß gestimmt haben. Ebenfalls anfechtungsberechtigt sind die Mitglieder des Aufsichtsrates („Collegio sindacale"). Nicht anfechtungsberechtigt sind hingegen die Gesellschafter. Greift die Anfechtung durch und wird der Beschluß daher für nichtig erklärt, ist die Unwirksamkeitserklärung des in Ausführung des Beschlusses abgeschlossenen Rechtsgeschäfts erforderlich. Diese richtet sich nach den allgemeinen Vorschriften, wobei die Rechte gutgläubiger Dritter geschützt werden.

2. Im Falle eines von einem Alleingeschäftsführer („amministratore unico") oder von einem mit der Geschäftsführung und Vertretung allein beauftragten Mitglieds des Verwaltungsrates („amministratore delegato") abgeschlossenen Rechtsgeschäfts wird auf die allgemeinen Regeln der Vertretung zurückgegriffen.[35] Gemäß Art. 1394 C. C. kann demnach das Rechtsgeschäft aufgehoben werden, weil ein Konflikt zwischen Vertreter und Vertretenem bestand; gem. Art. 1395 C. C. kann zudem ein Vertrag aufgehoben werden, welchen der Vertreter mit sich selbst abgeschlossen hat, ohne hierfür eigens bevollmächtigt worden zu sein. Letztgenannte Norm wird i. ü. auch auf die unter 1. genannten Fälle angewandt. Gutgläubige Dritte werden insoweit geschützt, als daß die Aufhebung von Rechtsgeschäften nur möglich ist, wenn der Interessenkonflikt dem Dritten bekannt oder für diesen erkennbar war.

In beiden Fällen ist der Schutz des gutgläubigen Dritten daher weniger ausgeprägt als in der Publizitätsrichtlinie für den Fall der Verletzung der Vertretungsmacht (Art. 2384 Abs. 2 C. C.) vorgesehen. Aus diesem Grund wurde vereinzelt vertreten, daß Art. 2384 Abs. 2 C. C. allgemein und damit auch auf den Fall des Interessenkonflikts anzuwenden sei. Diese Auffassung wird jedoch von der Rechtsprechung und der überwiegenden Meinung in der Lehre nicht geteilt.

Das Verbot, im Falle eines Interessenwiderstreites zu handeln, führt in jedem Fall und damit unabhängig von der Zusammensetzung des Vertretungsorgans zu einer Schadensersatzpflicht der Handelnden zugunsten der Gesellschaft. Ggf. kommt sogar eine strafrechtliche Verfolgung in Betracht.

---

35 Cassazione, Urteil vom 1. 2. 1994, Nr. 1089, in: Giur. Comm 1995, II, S. 30.

Literatur: *Cecchi*, Gli Amministratori di società di Capitali, Mailand 1999, S. 385 – 404; *Tassi*, Conflitto di interesse dell'Amministratore: Rapporto tra Art. 1394 und Art. 2391 C. C., in: Le Società 1997, S. 291.

I. G. / K.-H. L.

V. Spanien

Die Umsetzung des Art. 9 der Ersten gesellschaftsrechtlichen EG-Richtlinie bedeutete das Ende einer jahrelangen Diskussion zum Umfang der Vertretungsbefugnis des Vorstands bzw. des Geschäftsführers der Kapitalgesellschaften, sowohl im Außen- als auch im Innenverhältnis. Bezüglich des Außenverhältnisses bestimmen die gleichlautenden Vorschriften der Art. 129 LSA (für die S. A. und auch für die S. Com. p. A. gemäß des allgemeinen Verweises des Art. 152 Ccom) und Art. 63 LSRL (für die S. R. L.) eindeutig, daß die Gesellschaft Dritten gegenüber durch Handlungen ihres Vorstands bzw. ihres Geschäftsführers verpflichtet wird, wenn die Handlungen zum Unternehmensgegenstand gehören. Ebenso haftet die Gesellschaft für die nicht zum Unternehmensgegenstand gehörenden Handlungen, wenn die Dritten nach dem Gebot von Treu und Glauben und ohne grobe Fahrlässigkeit gehandelt haben. Wobei die Eintragung der Satzung in das Handelsregister weder die Achtung des Gebotes von Treu und Glauben noch die Zuverlässigkeit der Dritten beeinträchtigen darf. Diese von Art. 9 Erste Richtlinie verlangte Regel mindert die traditionelle Reichweite der positiven Wirkung der Handelsregisterpublizität, die aber für andere Fälle (z. B. für die Festlegung des haftenden Vermögens des verheirateten Kaufmanns; siehe Art. 6 ff. Ccom) weiterhin gilt.

Weiter wird bestimmt, daß jene Beschränkung der Vertretungsbefugnis, auch wenn sie in das Handelsregister eingetragen wurde, unwirksam Dritten gegenüber wird. Solche Beschränkungen, unabhängig davon, ob eingetragen oder nicht, gelten aber im Innenverhältnis. Ihre Mißachtung, sowie die Überschreitung der von dem Unternehmensgegenstand abzugrenzenden Vertretungsbefugnis, kann zur Abberufung – allerdings darf der Vorstand bzw. der Geschäftsführer in der Regel nach Belieben abberufen werden (siehe Art. 131 LSA und Art. 68 Abs. 1 LSRL; für die S. Com. p. A. siehe also Art. 155 Abs. 2 Ccom) – und zur unmittelbaren Haftung des Vorstands bzw. des Geschäftsführers (siehe Art. 133 ff. LSA und Art. 69 LSRL) führen.

Daraus ist zu folgern, daß nach spanischem Recht ein Interessenkonflikt der Gesellschaft mit dem Vorstand bzw. mit dem Geschäftsführer keineswegs Dritten gegenüber angeführt werden kann, um das Fehlen oder die Überschreitung der Vertretungsbefugnis im Außenverhältnis geltend zu machen, auch wenn die Dritten den Interessenkonflikt gekannt haben oder dieser offenkundig gewesen ist. Weiter darf man behaupten, daß die Gesellschaft sich Dritten gegenüber durch Handlungen ihres Vorstands bzw. ihres Geschäftsführers lediglich aufgrund seiner Bestellung verpflichtet. Sollten die Dritten nach dem Gebot von Treu und Glauben und ohne grobe Fahrlässigkeit gehandelt haben, spielt sogar der Unternehmensgegenstand in diesem Zusammenhang keine Rolle.

Deshalb ist nicht überraschend, daß die spanische Regierung, im Einklang mit der Europäischen Kommission, in dieser Rechtssache der Auffassung war, daß Art. 9 Abs. 1 der Ersten Richtlinie verbietet, einen Interessenkonflikt als Aufhebungs- oder Beschränkungsgrund der Vertretungsbefugnis des Vorstands bzw. des Geschäftsführers wirken zu lassen. Die spanische Regierung ist aber von der nationalen Rechtslage ausgegangen, wo weder ein Aufsichtsrat noch ein Beirat als Organ der Kapitalgesellschaften vorgesehen worden ist und ihre Vertretung ausschließlich vom Vorstand bzw. vom Geschäftsführer ausgeübt werden darf (siehe Art. 128 LSA und Art. 62 Abs. 1 LSRL). Aber in der Tat, wie vom EuGH erklärt, verbietet Art. 9 Abs. 1 Erste Richtlinie nicht (es heißt „Organe"), daß der nationale Gesetzgeber eine andere Aufgabenverteilung zwischen den Gesellschaftsorganen bestimmt, wie im Fall des niederländischen Gesetzgebers, um die negativen Auswirkungen von Interessenkonflikten auszuschalten. Die Dritten müssen immer darauf achten, welche die Verbandsverfassung ist, um die genauen praktischen Auswirkungen der Umsetzung des Art. 9 Erste Richtlinie festlegen zu können. Die Richtlinie, die die Koordinierung der einzelstaatlichen Vorschriften zur Verbandsverfassung erreichen sollte – die Fünfte gesellschaftsrechtliche EG-Richtlinie – hat das Entwurfsstadium noch nicht überwunden und hat seit 1991 keinerlei Antrieb bekommen.

Weder die LSA noch die LSRL regeln die Problematik des Interessenkonflikts der Gesellschaft mit dem Vorstand bzw. dem Geschäftsführer. Die LSRL bestimmt Regeln betreffend den Interessenkonflikt, aber nur der Gesellschaft mit den Gesellschaftern (siehe Art. 52 LSRL). Hier besteht ein Regelungsbedürfnis. Aber jedes gesetzliche Vorhaben müßte die Verbindungen dieser Problematik mit den Gebieten des Konzern- und des Insolvenzrechts herstellen, wie von der hier kommentierten Rechtssache deutlich gemacht wird. Allerdings wird es sich voraussichtlich eher um einen nationalen Anstoß handeln, da der Entwurf von der Neunten gesellschaftsrechtlichen EG-Richtlinie zum Konzernrecht seit 1984 auf Eis liegt und sich im Bereich des Insolvenzrechts derzeit erst die ersten Ergebnisse auf Gemeinschaftsebene spüren lassen.

Literatur: *A. Avila de la Torre*, Delimitación del ámbito del poder de representación de los administradores de la S. A., Revista Crítica de Derecho Inmobiliario 1996 (663), S. 463 – 504; *G. Esteban Velásco*, Organización y contenido del poder de repersentación en las sociedades de capital, in: La reforma del derecho español de sociedades de capital: (reforma y adaptación de la legislación mercantil a la normativa comunitaria en materia de sociedades), Madrid: Civitas, 1987, S. 389 – 449; *E. Polo*, Los administradores y el Consejo de administración de la sociedad anónima (Artículos 123 a 143 de la

Ley de Sociedades Anónimas), in: Comentario al régimen legal de las sociedades mercantiles, Bd. VI, Madrid: Civitas, 1992.

P. B.

VI. Vereinigtes Königreich

Was das Vereinigte Königreich anbelangt, scheint dies eine wichtige Entscheidung zu sein, wenngleich bei näherer Betrachtung klar wird, daß das britische Recht mit ihr und mit Art. 9 der Publizitätsrichtlinie des Rates vereinbar ist. Das Vereinigte Königreich hatte bei der Umsetzung des Art. 9, die ihm erst durch Einfügung der neuen Sections 35, 35 A und 35 B in den Companies Act 1985 gelungen ist, nicht gerade einen guten Ruf erworben. Diese schützen nunmehr Dritte bei Abschluß von Geschäften mit einer Gesellschaft, wenn deren vertretungsberechtigtes Organ seine Befugnisse bzw. die Grenzen überschreitet, die sich aus dem Gegenstand des Unternehmens ergeben, es sei denn, dem Dritten kann nachgewiesen werden, daß er bösgläubig war, was mit größeren Schwierigkeiten verbunden sein dürfte.

Nach herrschender Meinung sind diese Vorschriften jedoch nicht anzuwenden, wenn die Mitglieder des vertretungsberechtigten Organs, kollektiv oder einzeln, ihre Pflichten verletzt, d. h. ihre Befugnisse eher mißbraucht als überschritten haben. In dem Urteil *International Sales and Agencies Ltd v Marcus* [1982] 3 All ER 551 wurde entschieden, daß eine dritte Partei, die von einer Gesellschaft unter Umständen Eigentum erworben hatte, unter denen sie als Treuhänderin von Rechts wegen für die Gesellschaft galt, weil nach ihrer Kenntnis die Mitglieder des Vertretungsorgans das Eigentum mißbraucht hatten, nicht durch Art. 9 Abs. 1 des European Communities Act 1972, der Vorgängerregelung der Sections 35 – 35 B, geschützt war. In den aktuellen britischen Vorschriften gibt es keinen Anhaltspunkt dafür, daß das Ergebnis demnach ein anderes wäre. Es scheint, daß dieselben Grundsätze in den Fällen gelten müßten, in denen Mitglieder von Vertretungsorganen ihre Befugnisse dadurch mißbrauchen, daß sie bösgläubig oder zu unerlaubten Zwecken agieren oder in denen sie sich – wie in diesem Fall – in einem Interessenkonflikt befinden. Daher wäre eine Geschäftsführungsmaßnahme des Vertretungsorgans gegenüber einer dritten Partei anfechtbar, die von dem Machtmißbrauch Kenntnis hatte (siehe z. B. *Charterbridge Corporation v Lloyd's Bank Ltd* [1970] Ch 62 und *Rolled Steel Products Ltd v British Steel Corporation* [1984] BCLC 466). Unter bestimmten Umständen kann eine angeblich im Namen des Vertretungsorgans getroffene Geschäftsführungsmaßnahme ohne Rücksicht darauf nichtig sein, ob sie einer dritten Partei Rechte einräumt. In der Entscheidung *Guinness plc v Saunders* [1990] 2 AC 663 hatte eine Gruppe von Mitgliedern des Vertretungsorgans vereinbart, einem Mitglied ein bedeutendes Honorar zu zahlen. Dies war komplett unwirksam, weil die Gruppe nach dem Gesellschaftsvertrag überhaupt nicht befugt war, eine solche Vereinbarung zu treffen.

Diese Entscheidungen erscheinen mit der Auslegung des Art. 9 durch den EuGH vereinbar und gewährleisten insofern auch die Vereinbarkeit des britischen Rechts hiermit. Allerdings scheint ein gewichtiger Unterschied zwischen der betroffenen niederländischen Vorschrift und der entsprechenden britischen Regelung, die zum Common Law zählt, zu bestehen. Die niederländische Vorschrift scheint anzuordnen, daß in einem von ihr erfaßten Konfliktfall der dem Vertretungsorgan zuzurechnende Akt nichtig ist. Wie bereits oben ausgeführt, entspricht dies nicht dem britischen Standpunkt, nach dem Geschäftsführungsmaßnahmen in solchen Konfliktfällen nur anfechtbar sind, und nach dem sich die dritte Partei der Rechtswidrigkeit einer solchen Handlung bewußt sein muß, damit sie ihr entgegengehalten werden kann. Selbst wenn die Auslegung des Art. 9 davon abwiche, wäre britisches Recht wegen der Regelung des Abs. 1 immer noch richtlinienkonform. Da nur das Vertretungsorgan als ein geeignetes Gesellschaftsorgan i. S. d. Art. 9 anzusehen ist, kann diese Regelung offensichtlich nicht zur Anwendung gelangen, wenn eine Handlung von einem unberechtigten Kreis oder einer Gruppe aus diesem Organ in Frage steht, wie dies im *Guinness*-Urteil der Fall war.

J. B.

Fall Nr. 8 – Meilicke

PARTEIEN: *Wienand Meilicke* gegen *ADV/ORGA AG*
AKTENZEICHEN: Rs. C-83/91
FUNDSTELLE: Slg. 1992, I-4871[1]

A. Urteil des EuGH vom 16. Juli 1992

I. Leitsätze

1. Im Rahmen des in Art. 177 EGV [nunmehr Art. 234 EGV] vorgesehen Verfahrens der Zusammenarbeit zwischen dem Gerichtshof und den Gerichten der Mitgliedstaaten besitzt das vorlegende Gericht, das allein über eine unmittelbare Kenntnis des Sachverhalts verfügt, die besten Voraussetzungen, um unter Berücksichtigung der Besonderheiten der Rechtssache die Notwendigkeit einer Vorabentscheidung für den Erlaß seines Urteils zu beurteilen. Wenn daher die vom vorlegenden Gericht gestellten Fragen die Auslegung einer Bestimmung des Gemeinschaftsrechts betreffen, so ist der Gerichtshof grundsätzlich gehalten, darüber zu befinden.

Jedoch obliegt es dem Gerichtshof, zur Prüfung seiner eigenen Zuständigkeit die Umstände zu untersuchen, unter denen er vom vorlegenden Gericht angerufen worden ist. Denn der Geist der Zusammenarbeit, in dem das Vorabentscheidungsersuchen durchzuführen ist, verlangt, daß das vorlegende Gericht auf die dem Gerichtshof übertragene Aufgabe Rücksicht nimmt, zur Rechtspflege in den Mitgliedstaaten beizutragen, nicht aber Gutachten zu allgemeinen oder hypothetischen Fragen abzugeben.

2. Die Notwendigkeit, zu einer dem vorlegenden Gericht nützlichen Auslegung des Gemeinschaftsrechts zu gelangen, macht es erforderlich, den rechtlichen Rahmen zu umreißen, in den sich die erbetene Auslegung einfügen soll. Unter diesem Gesichtspunkt kann es je nach der Gestaltung des Falles von Vorteil sein, wenn zum Zeitpunkt der Vorlage an den Gerichtshof der Sachverhalt und die ausschließlich nach nationalem Recht zu beurteilenden Fragen geklärt sind, so daß der Gerichtshof sich über alle Tatsachen- und Rechtsfragen unterrichten kann, auf die es bei der von ihm vorzunehmenden Auslegung des Gemeinschaftsrechts möglicherweise ankommt.

3. Der Gerichtshof würde die Grenzen seiner Aufgabe überschreiten, wenn er beschließen würde, über eine Frage von hypothetischer Natur zu entscheiden, ohne über die tatsächlichen und rechtlichen Angaben zu verfügen, deren er für eine sachgerechte Beantwortung der ihm gestellten Vorabentscheidungsfragen bedarf.

---

1 AG 1992, 398.

II. Rechtsgrundlagen

1. Nationales Recht

a) § 362 Abs. 1 BGB

Das Schuldverhältnis erlischt, wenn die geschuldete Leistung an den Gläubiger bewirkt wird.

b) Lehre von der verdeckten Sacheinlage[2]

2. Gemeinschaftsrecht

a) Art. 11 der Kapitalrichtlinie

(1) Der Erwerb jedes Vermögensgegenstands, der einer unter Artikel 3 Buchstabe i) fallenden Person oder Gesellschaft gehört, durch die Gesellschaft für einen Gegenwert von mindestens 1/10 des gezeichneten Kapitals muß Gegenstand einer Prüfung und Offenlegung entsprechend der in Artikel 10 vorgesehenen sein; er unterliegt der Zustimmung der Hauptversammlung, falls er vor Ablauf einer Frist erfolgt, die in den einzelstaatlichen Rechtsvorschriften auf mindestens zwei Jahre nach der Gründung der Gesellschaft oder nach dem Zeitpunkt festzusetzen ist, in dem die Gesellschaft die Genehmigung zur Aufnahme ihrer Geschäftstätigkeit erhält.

Die Mitgliedstaaten können die Anwendung dieser Vorschriften auch vorsehen, wenn der Vermögensgegenstand einem Aktionär oder einer anderen Person gehört.

(2) Abs. 1 ist weder auf den Erwerb im Rahmen der laufenden Geschäfte der Gesellschaft noch auf den Erwerb, der auf Anordnung oder unter Aufsicht einer Verwaltungsbehörde oder eines Gerichts erfolgt, noch auf den Erwerb an der Börse anzuwenden.

b) Art. 234 EGV

III. Zum Sachverhalt

1. Das Landgericht Hannover hat mit Beschluß vom 15. Januar 1991, beim Gerichtshof eingegangen am 1. März 1991, gemäß Art. 177 EGV [nunmehr Art. 234 EGV] mehrere Fragen nach der Auslegung der Zweiten Richtlinie des Rates vom 13. Dezember 1976 zur Koordinierung der Schutzbestimmungen, die in den Mitgliedstaaten den Gesellschaften im Sinne des Art. 58 Abs. 2 EGV [nunmehr Art. 48 Abs. 2 EGV] im Interesse der Gesellschafter sowie Dritter für die Gründung der Aktiengesellschaft sowie für die Erhaltung und Änderung ihres Kapitals vorgeschrieben sind, um diese Bestimmungen gleichwertig

2 Zum genauen Inhalt dieser Lehre siehe unter B. I. 2. a).

zu gestalten (77/91/EWG; ABl. 1977, L 26, S. 1; im folgenden: Zweite Richtlinie), zur Vorabentscheidung vorgelegt.

2. Diese Fragen stellen sich in einem Verfahren, in dem Herr Wienand Meilicke als Antragsteller der ADV/ORGA AG (im folgenden: Antragsgegnerin) gegenübersteht, deren Aktionär er ist und deren Vorstand es in der Hauptversammlung der Aktionäre vom 16. Februar 1990 abgelehnt hat, ihm bestimmte Auskünfte zu erteilen.

3. Es handelt sich um einen Rechtsstreit im Rahmen des deutschen Aktiengesetzes (AktG) in seiner Auslegung durch den Bundesgerichtshof.

4. Das Aktiengesetz unterwirft Kapitaleinlagen, die nicht Bareinlagen sind (im folgenden: Sacheinlagen), strengeren Bedingungen hinsichtlich der Offenlegung und der Wertprüfung, als sie für Bareinlagen gelten.

5. Die deutsche Rechtsprechung qualifiziert jedoch bestimmte Bareinlagen als „verdeckte Sacheinlagen". Dies gilt namentlich für Bareinlagen, denen ein Geschäft vorausgeht oder nachfolgt, durch das die betreffende Gesellschaft dem Zeichner einen Betrag zahlt, der es dieser Gesellschaft ermöglicht, eine von ihr gegenüber dem Zeichner eingegangene Verbindlichkeit zu tilgen. Nach der Rechtsprechung des Bundesgerichtshofs kann eine solche Einlage nicht als Bareinlage angesehen werden und ist demzufolge den für Sacheinlagen geltenden besonderen Vorschriften des § 27 AktG und des Art. 10 der Zweiten Richtlinie unterworfen. Werden diese Bestimmungen nicht beachtet, so kommt der verdeckten Sacheinlage keine Erfüllungswirkung zu (vgl. insbesondere Urteil des Bundesgerichtshofs vorn 15. Januar 1990, 11 ZR 164/88, DB 1990, 311; BGHZ 110, 47).

6. Diese Rechtsprechung wurde vom Antragsteller wiederholt kritisiert, insbesondere in seinem Buch *Die „verschleierte" Sacheinlage; eine deutsche Fehlentwicklung* (Schäffer Verlag, Stuttgart, 1989), das den vom Antragsteller gemäß Art. 20 des Protokolls über die Satzung des Gerichtshofes beim Gerichtshof eingereichten schriftlichen Erklärungen als Anlage beiliegt. Der Antragsteller vertritt die Ansicht, die betreffende Rechtsprechung stehe im Widerspruch zur Zweiten Richtlinie, insbesondere zu deren Art. 11, der eine abschließende Regelung zur Verhinderung von Umgehungen der Vorschriften über Sacheinlagen enthalte.

7. Der Antragsteller ist Inhaber einer Aktie der Antragsgegnerin. Nachdem diese in finanzielle Schwierigkeiten geraten war, beschloß sie am 28. April 1989, ihr Kapital um 5 Millionen DM zu erhöhen. Die neuen Aktien wurden zu einem Kurs von 300 % ausgegeben, den die Commerzbank garantierte. Diese wurde letztlich Inhaber dieser Aktien.

8. In der Hauptversammlung der Antragsgegnerin vom 16. Februar 1990 stellte der Antragsteller dem Vorstand mehrere Fragen über die 1989 vorgenommene Kapitalerhöhung und die Verwendung der so erlangten flüssigen Geldmittel. Diese Fragen gingen im wesentlichen dahin, ob die Kapitaleinlage zur Verringerung der Verbindlichkeiten der Gesellschaft gegenüber der Commerzbank benutzt worden sind.

9. Der Antrag des Antragstellers war auf § 131 Abs. 1 S. 1 AktG gestützt, wonach der Vorstand jedem Aktionär auf Verlangen Auskunft über Angelegenheiten der Gesellschaft zu geben hat, soweit sie zur sachgemäßen Beurteilung des Gegenstands der Tagesordnung erforderlich ist. § 131 Abs. 3 legt fest, in welchen Fällen der Vorstand die Auskunft verweigern darf.

10. Der Antragsteller war der Ansicht, daß die Antworten des Vorstands auf die in der Hauptversammlung vom 16. Februar 1990 gestellten Fragen nicht zufriedenstellend gewesen seien und daß er somit nicht die Auskunft erhalten habe, auf die er nach § 131 AktG Anspruch gehabt habe. Er stellte deshalb gegen die Antragsgegnerin beim Landgericht Hannover einen Antrag nach § 132 AktG.

11. § 132 AktG sieht ein besonderes Verfahren für die Geltendmachung des Auskunftsanspruchs der Aktionäre vor. Nach Satz 1 dieser Vorschrift entscheidet über die Frage, ob der Vorstand die Auskunft zu geben hat, das Landgericht, in dessen Bezirk die Gesellschaft ihren Sitz hat.

12. Im schriftlichen Verfahren vor dem Landgericht Hannover machte der Antragsteller geltend, die Antworten der Antragsgegnerin auf seine Fragen seien erforderlich, um die Richtigkeit von deren Jahresbilanz beurteilen zu können. Ergänzend trug er vor, diese Antworten müßten ihm die Überprüfung der Frage ermöglichen, ob die Kapitalerhöhung der Gesellschaft von 1989 eine verdeckte Sacheinlage darstelle und ob die nach dem deutschen Recht und der deutschen Rechtsprechung geltenden Voraussetzungen für eine solche Einlage vorgelegen hätten.

13. Die Antragsgegnerin machte im schriftlichen Verfahren vor dem vorlegenden Gericht geltend, die vom Antragsteller verlangten Auskünfte seien für die Beurteilung der Richtigkeit der Bilanz nicht erheblich und die Voraussetzungen für die Anwendung von § 131 AktG seien nicht erfüllt. Sie bestritt ferner im Hinblick auf die Kritik, die der Antragsteller als Autor verschiedener Veröffentlichungen selbst an der deutschen Rechtsprechung geübt habe, das Rechtsschutzinteresse des Antragstellers. Außerdem vertrat sie die Ansicht, daß die Voraussetzungen für die Anwendung dieser Rechtsprechung nicht vorlägen.

14. In der mündlichen Verhandlung vor dem vorlegenden Gericht nahmen die Parteien insbesondere zu dem angeführten Urteil des Bundesgerichtshofs vom 15. Januar 1990 und zur Zweckmäßigkeit eines Vorabentscheidungsersuchens Stellung. Was letztere angeht, so forderte das vorlegende Gericht die Parteien auf, sich eingehender zu äußern.

15. Die Antragsgegnerin trug hierzu zunächst erneut vor, daß die Voraussetzungen für die Anwendung der Rechtsprechung des Bundesgerichtshofs zur verdeckten Sacheinlage nicht vorlägen und daß deshalb keine Veranlassung bestehe, den Gerichtshof anzurufen. Sie machte sodann vorsorglich geltend, falls das Landgericht der Ansicht sein sollte, daß eine verdeckte Sacheinlage als gegeben angesehen werden könne und nur ihre Höhe unbekannt sei, sei zu prüfen, ob der Vorstand rechtswidrig gehandelt habe. Zur Begründung dafür trug die Antragsgegnerin vor, das Verhalten des Vorstands könne dann nicht als rechtswidrig angesehen werden, wenn die deutsche Rechtsprechung der Zweiten Richtlinie widerspreche. In diesem Zusammenhang erklärte sie in Überein-

stimmung mit dem Antragsteller, daß die Frage der Vereinbarkeit nach Art. 177 EGV [nunmehr Art. 234 EGV] dem Gerichtshof vorgelegt werden sollte.

16. Der Antragsteller machte seinerseits geltend, der Sachverhalt des Ausgangsverfahrens könne tatsächlich eine verdeckte Sacheinlage im Sinne der deutschen Rechtsprechung erkennen lassen; auch seien die verlangten Auskünfte für diese Feststellung erforderlich. In Übereinstimmung mit der Antragsgegnerin vertrat er jedoch die Ansicht, die Frage der Vereinbarkeit der deutschen Rechtsprechung mit der Zweiten Richtlinie sollte zum Gegenstand eines Vorabentscheidungsersuchens gemacht werden; zu diesem Zweck legte er dem Landgericht Hannover sieben Vorschläge für Vorabentscheidungsfragen vor.

17. In seinem Vorlagebeschluß führt das Landgericht aus, die Voraussetzungen des § 131 AktG lägen dann vor, wenn die Grundsätze der von der deutschen Rechtsprechung und Rechtsliteratur entwickelten Lehre von der verdeckten Sacheinlage das Auskunftsbegehren des Antragstellers rechtfertigten. Es könnte unter Umständen sein, daß die Tilgung vor der Kapitalerhöhung begründeter Darlehensverbindlichkeiten der Antragsgegnerin mit Bareinlagemitteln des Darlehensgläubigers als Umgehung der aktienrechtlichen Vorschriften über den präventiven Kapitalaufbringungsschutz unwirksam wäre.

18. Das Landgericht sieht sich jedoch an einer Entscheidung über den Antrag gehindert, weil es Zweifel hat, ob das mit diesem verfolgte Ziel rechtmäßig ist. Wenn nämlich die Lehre von der verdeckten Sacheinlage nicht mit dem Gemeinschaftsrecht und insbesondere mit der Zweiten Richtlinie vereinbar sei, sei der Antrag zurückzuweisen. Aus dem Vorlagebeschluß geht hervor, daß die Antragsgegnerin diese Zweifel teilt und daß der Antragsteller geltend macht, daß die Unvereinbarkeit der fraglichen Lehre mit dem Gemeinschaftsrecht eindeutig feststehe und zur Abweisung seines Begehrens führen müsse.

IV. Vorlagefragen[3]

19. Das Landgericht hält es daher zur Förderung der Rechtssicherheit für geboten, von seinem Vorlagerecht an den Gerichtshof nach Art. 177 EGV [nunmehr Art. 234 EGV] Gebrauch zu machen und eine Vorabentscheidung über folgende Fragen einzuholen:

> 1) Ist es mit dem Recht der Europäischen Gemeinschaft vereinbar, die Tilgung vor einer Kapitalerhöhung einer Aktiengesellschaft begründeter Darlehnsverbindlichkeiten der Gesellschaft mit Bareinlagemitteln des Darlehnsgläubigers grundsätzlich nach den Schutzvorschriften für das Sacheinlagegeschäft abzuwickeln?

---

3 Um die nachfolgend aufgeführten Fragen geht es im wesentlichen. Insgesamt hatte das LG Hannover acht Vorlagefragen formuliert, von denen vier in zahlreiche Teilfragen unterteilt waren; insgesamt handelte es sich um 36 (!) Einzelfragen (ZIP 1991, 370 ff.). Schon das mag den EuGH zu der Annahme veranlaßt haben, daß das LG Hannover ihn allein zur Erstellung eines Rechtsgutachtens eingeschaltet hat (dazu unter B. I. 1. a).

2) Ist die 2. EG-Richtlinie zur Koordinierung des Gesellschaftsrechts, ABl. L 26, S. 1 vom 31. 1. 1977 direkt anwendbar in dem Sinne, daß der einzelne Bürger sich vor nationalen Gerichten darauf berufen kann und daß die nationalen Gerichte bei der Auslegung der nationalen Durchführungsgesetze (hier: Gesetz zur Durchführung der 2. Richtlinie des Rates der Europäischen Gemeinschaften zur Koordinierung des Gesellschaftsrechts vom 13. 12. 1978, BGBl. I 1978, S. 1959) den Wortlaut und die Ziele der Richtlinie berücksichtigen müssen?

3) Stellt die 2. EG-Richtlinie, insbesondere in ihren Art. 10, 11 und 27 Abs. 2, eine bloße Mindestnorm dar, die den Nationalstaaten gestattet, strengeres nationales Recht zu setzen oder anzuwenden, um die Umgehung der Wertprüfungs- und Offenlegungsvorschriften der Art. 10 und 27 Abs. 2 durch Vornahme von Verkehrsgeschäften in sachlichem und zeitlichem Zusammenhang mit einer Bareinlage zu unterbinden, oder stellt Art. 11 der Richtlinie eine abschließende Regelung des Umgehungsschutzes für die Einhaltung der Sacheinlagevorschriften der Art. 10 und 27 Abs. 2 der Richtlinie dar, die den Nationalstaaten verbietet, davon abweichendes strengeres oder milderes Recht zu setzen, oder folgt aus den Zielen der Art. 10 und 27 Abs. 2 der Richtlinie neben Art. 11 ein für alle Mitgliedstaaten verbindlicher Umgehungsschutz für die Einhaltung der Sacheinlagevorschriften? [...]

V. Entscheidungsgründe

21. Im Hinblick auf die Umstände, unter denen das vorlegende Gericht die Vorabentscheidungsfragen gestellt hat, sind einige Grundsätze für die Befugnisse des Gerichtshofes aus Art. 177 EGV [nunmehr Art. 234 EGV] in Erinnerung zu rufen und zu konkretisieren.

22. Nach ständiger Rechtsprechung (erstmals Urteil vom 1. Dezember 1965 in der Rechtssache 16/65, Schwarze, Slg. 1965, 1152, und letztmals Urteil vom 25. Juni 1992 in der Rechtssache 147/92, Ferrer Laderer, Slg. 1992, I-4097, Randnr. 6) ist das in Art. 177 EGV [nunmehr Art. 234 EGV] vorgesehene Verfahren ein Instrument für die Zusammenarbeit zwischen dem Gerichtshof und den nationalen Gerichten.

23. Ebenfalls nach ständiger Rechtsprechung (erstmals Urteil vom 29. November 1978 in der Rechtssache 83/78, Pigs Marketing Board, Slg. 1978, 2347, Randnr. 25, und letztmals Urteil vom 28. November 1991 in der Rechtssache C-186/90, Durighello, Slg. 1991, I-5773, Randnr. 8) besitzt im Rahmen dieser Zusammenarbeit das vorlegende Gericht, das allein über eine unmittelbare Kenntnis des Sachverhalts verfügt, die besten Voraussetzungen, um unter Berücksichtigung der Besonderheiten der Rechtssache die Notwendigkeit einer Vorabentscheidung für den Erlaß seines Urteils zu beurteilen.

24. Wenn daher die vom vorlegenden Gericht gestellten Fragen die Auslegung einer Bestimmung des Gemeinschaftsrechts betreffen, so ist der Gerichtshof grundsätzlich gehalten, darüber zu befinden (Urteil vom 8. November 1990 in der Rechtssache C-231/89, Gmurzynska-Bscher, Slg. 1990, I-4003, Randnr. 20).

25. Jedoch hat der Gerichtshof in seinem Urteil vom 16. Dezember 1981 in der Rechtssache 244/80 (Foglia, Slg. 1981, 3045, Randnr. 21) ausgeführt, daß es ihm obliege, zur Prüfung seiner eigenen Zuständigkeit die Umstände zu untersuchen, unter denen er von dem vorlegenden Gericht angerufen worden ist. Denn der Geist der Zusammenarbeit, in dem das Vorabentscheidungsersuchen durchzuführen ist, verlangt, daß das vorlegende Gericht auf die dem Gerichtshof übertragene Aufgabe Rücksicht nimmt, zur Rechtspflege in den Mitgliedstaaten beizutragen, nicht aber Gutachten zu allgemeinen oder hypothetischen Fragen abzugeben (Urteil Foglia, a. a. O., Randnr. 18 und 20, und Urteil vom 3. Februar 1983 in der Rechtssache 149/82, Robards/Insurance Officer, Slg. 1983, 171, Randnr. 19).

26. Wie der Gerichtshof schon bei früherer Gelegenheit dargelegt hat, macht es die Notwendigkeit, zu einer dem vorlegenden Gericht nützlichen Auslegung des Gemeinschaftsrechts zu gelangen, erforderlich, den rechtlichen Rahmen zu umreißen, in den sich die erbetene Auslegung einfügen soll. Unter diesem Gesichtspunkt kann es je nach der Gestaltung des Falles von Vorteil sein, wenn zum Zeitpunkt der Vorlage an den Gerichtshof der Sachverhalt und die ausschließlich nach nationalem Recht zu beurteilenden Fragen geklärt sind, so daß der Gerichtshof sich über alle Tatsachen- und Rechtsfragen unterrichten kann, auf die es bei der von ihm vorzunehmenden Auslegung des Gemeinschaftsrechts möglicherweise ankommt (Urteil vom 10. März 1981 in den verbundenen Rechtssachen 36/80 und 71/80, Irish Creamery Milk Suppliers Association, Slg. 1981, 735, Randnr. 6). Denn ohne solche Angaben ist der Gerichtshof möglicherweise außerstande, eine sachgerechte Auslegung vorzunehmen (Urteil vom 3. Februar 1977 in der Rechtssache 52/76, Benedetti, Slg. 1977, 163, Randnr. 20 bis 22, und Urteil vom 21. September 1983 in den verbundenen Rechtssachen 205/82 bis 215/82, Deutsche Milchkontor GmbH, Slg. 1983, 2633, Randnr. 36).

27. Unter Berücksichtigung dieser Erwägungen ist zunächst zu bemerken, daß der konkrete Rahmen des Rechtsstreits, der Anlaß zu dem Vorabentscheidungsersuchen gegeben hat, durch die §§ 131 und 132 AktG umrissen ist. Diese Vorschriften betreffen den Anspruch des Aktionärs auf Auskunft des Vorstands.

28. Die Vorabentscheidungsfragen beziehen sich nicht unmittelbar auf diesen Anspruch, sondern werfen im wesentlichen die Frage auf, ob die Lehre von der verdeckten Sacheinlage, wie sie sich insbesondere aus dem angeführten Urteil des Bundesgerichtshofs vom 15. Januar 1990 ergibt, mit der Zweiten Richtlinie vereinbar ist. Das vorlegende Gericht hält eine Antwort auf diese Fragen für erforderlich, um über das vom Antragsteller vorgebrachte Auskunftsbegehren entscheiden zu können. Das Gericht führt hierzu ergänzend aus, daß dieses Begehren zurückzuweisen wäre, wenn sich die Lehre von der verdeckten Sacheinlage, wie sie durch die deutsche Rechtsprechung umschrieben worden sei, als mit der Zweiten Richtlinie unvereinbar erweisen sollte.

29. Wie sich jedoch aus den Akten ergibt, steht nicht fest, ob die Voraussetzungen für die Anwendung dieser Lehre im Ausgangsverfahren erfüllt sind. Denn die Antragsgegnerin hat sowohl im Verfahren vor dem vorlegenden Gericht als auch in ihren vor dem Gerichtshof abgegebenen Erklärungen bestritten, daß die deutsche Rechtsprechung auf die Transaktionen zwischen ihr und der Commerzbank anwendbar sei. Das vorlegende Gericht selbst äußert sich hierzu im Konditional, indem es ausführt, daß es sein

könnte, daß die Einlage der Commerzbank mit der fraglichen Rechtsprechung unvereinbar wäre.

30. Demnach ist die Frage der Vereinbarkeit der Lehre von der verdeckten Sacheinlage mit der Zweiten Richtlinie hypothetischer Natur.

31. Ferner ist zu bemerken, daß der hypothetische Charakter der Frage, die dem Gerichtshof zur Stellungnahme vorliegt, dadurch bestätigt wird, daß in den Akten nicht die tatsächlichen und rechtlichen Gesichtspunkte angegeben sind, anhand deren geklärt werden könnte, in welchem Zusammenhang die Kapitalerhöhung der Antragsgegnerin stattgefunden hat, und die es ermöglichen würden, den Bezug zwischen der Einlage der Commerzbank und der Lehre von der verdeckten Sacheinlage, wie sie sich aus der deutschen Rechtsprechung ergibt, herzustellen. Die Vorabentscheidungsfragen betreffen aber gerade die Vereinbarkeit dieser Lehre mit der Zweiten Richtlinie und bringen daher zahlreiche Probleme zur Sprache, deren Lösung weitgehend von den Umständen abhängt, unter denen die Kapitalerhöhungen stattgefunden haben.

32. Der Gerichtshof ist daher vor die Aufgabe gestellt, über eine Frage von hypothetischer Natur zu entscheiden, ohne über die tatsächlichen und rechtlichen Angaben zu verfügen, deren er für eine sachgerechte Beantwortung der ihm gestellten Fragen bedarf.

33. Somit würde der Gerichtshof die Grenzen seiner Aufgabe überschreiten, wenn er beschließen würde, die ihm gestellten Vorabentscheidungsfragen zu beantworten.

34. Nach alledem besteht keine Veranlassung, über die Fragen des Landgerichts Hannover zu entscheiden.

B. Anmerkungen

I. Europarecht

1. Zunächst hatte der EuGH die Zulässigkeit des Vorabentscheidungsverfahrens zu prüfen.

a) Voraussetzung hierfür ist, daß das vorlegende Gericht einen zulässigen Vorlagegegenstand zum Inhalt seiner Vorlagefrage macht.

Die Gegenstände, über die der EuGH im Vorabentscheidungsverfahren entscheiden kann, sind in Art. 234 Abs. 1 lit. a) bis c) EGV aufgeführt. Hier geht es um die Auslegung bestimmter Normen der Kapitalrichtlinie, also einer „Handlung der Organe der Gemeinschaft" i. S. v. Art. 234 Abs. 1 lit. b) EGV.

Ferner ist gemäß Art. 234 Abs. 2 EGV erforderlich, daß der Ausgang des Rechtsstreits von der Antwort auf die gestellte Frage abhängig, sie mithin entscheidungserheblich ist. Wie sich aus Art. 234 Abs. 2 EGV ebenfalls ergibt, kommt es nur darauf an, daß diese Voraussetzung nach Auffassung des vorlegenden Gerichts gegeben ist.[4] Die Entscheidungserheblichkeit wird vom EuGH also nicht nachgeprüft. Dies gilt allerdings nur im Grundsatz. Im Urteil *Foglia/Novello,*[5] auf das in Rn. 25 der Entscheidung Bezug genommen wird, macht der Gerichtshof eine Ausnahme, wenn sich aus den Umständen des Falles ergibt, daß die Vorlage den Zwecken des Vorabentscheidungsverfahrens zuwider läuft. Das Vorlageverfahren ist ein Instrument der Zusammenarbeit zwischen dem Gerichtshof und den nationalen Gerichten. In dieser Eigenschaft dient es der Lösung konkreter Fälle bzw. dem Abschluß einzelner Verfahren. Im Rahmen des Vorlageverfahrens können also rein hypothetische Fragen, d. h. solche, die lediglich auf die Erstellung eines Gutachtens abzielen, nicht beantwortet werden.[6] Diesen Ausnahmefall sieht der Gerichtshof für gegeben an: Das LG Hannover wolle die Vereinbarkeit der im deutschen Recht geltenden Lehre von der verdeckten Sacheinlage mit Gemeinschaftsrecht geklärt wissen, ohne geprüft zu haben, ob die Voraussetzungen für die Anwendung dieser Lehre im konkreten Fall überhaupt vorliegen (Rn. 29). Deswegen sind die vom LG Hannover gestellten Vorlagefragen rein hypothetischer Natur.[7] Die Vorlage ist folglich unzulässig.[8]

---

4 Im Unterschied zu Art. 234 Abs. 3 EGV.

5 Slg. 1981, 3045.

6 Zu sonstigen Fällen *Geiger*, Art. 234 EGV Rn. 13; *Streinz*, Rn. 560; siehe auch EuGH, Slg. 1981, 1095 (*Dürbeck*).

7 „Verräterisch" dürfte insbesondere die Formulierung gewesen sein, daß es bei der Anwendung der Lehre von der verdeckten Sacheinlage „unter Umständen" sein könne, daß die Tilgung der Darlehensverbindlichkeit unwirksam ist (ZIP 1991, 369). Unglücklich ist auch das Bekenntnis, daß die „Kammer es aus Gründen der Rechtssicherheit für geboten hält, von ihrem Vorlage*recht* [...] Ge-

b) Bei diesem Punkt handelt es sich letztlich um eine verfahrensrechtliche Besonderheit, die aus unglücklichen Formulierungen des vorlegenden Gerichts resultiert. Sieht man hiervon ab, so muß man die Voraussetzungen für die Anwendung der Lehre von der verdeckten Sacheinlage wohl als gegeben ansehen. Die Entscheidungserheblichkeit hätte sich dann nicht verneinen lassen. Bei der Prüfung der weiteren Zulässigkeitsvoraussetzungen des Vorabentscheidungsverfahrens hätte problematisiert werden müssen, ob nicht die Voraussetzungen der sog. *acte clair*-Rechtsprechung des Gerichtshofes gegeben sind. Nach ihr muß und darf[9] das nationale Gericht – in Reduktion der Art. 234 Abs. 2 und 3 EGV – dann nicht vorlegen, „wenn die richtige Anwendung des Gemeinschaftsrechts derart offenkundig ist, daß für einen vernünftigen Zweifel an der Entscheidung der gestellten Frage für den betreffenden Streitfall kein Raum bleibt".[10]

Diese Voraussetzungen hat der BGH in der viel diskutierten[11] *IBH ./. Lemmerz*-Entscheidung, in der es ebenfalls um die Vereinbarkeit der Lehre von der verdeckten Sacheinlage mit Europarecht ging, als erfüllt angesehen.[12] Diese Auffassung erscheint indes schon deswegen bedenklich, weil der BGH mehr als fünf Seiten argumentativen Aufwands benötigt, um die Offensichtlichkeit der Entscheidung im Sinne der *acte clair*-Rechtsprechung zu begründen.[13]

c) Geht man davon aus, daß die Voraussetzungen für die Anwendung der Lehre von der verdeckten Sacheinlage gegeben sind und die Antwort auf die Frage nach ihrer Vereinbarkeit mit Europarecht nicht offenkundig ist, ist die Vorlage zulässig.

2. In der Begründetheit des Vorabentscheidungsverfahrens ist die Frage zu beantworten, ob die im deutschen Recht[14] geltende Lehre von der verdeckten Sacheinlage nicht im Widerspruch mit Vorschriften der Kapitalrichtlinie steht.

a) Dazu muß zunächst die genaue Aussage dieser Lehre ermittelt werden. Die Lehre von der verdeckten Sacheinlage besagt, daß der Barleistung auf eine Bareinlageverpflichtung dann die Erfüllungswirkung abzusprechen ist,[15] wenn sie einen besonderen, noch näher

---

brauch zu machen". Anzahl und Umfang der Vorlagefragen (vgl. oben Fn. 3) dürften ebenfalls unangenehm aufgefallen sein.

8 Ebenso *Schwarz*, Rn. 594.

9 Eine gleichwohl erfolgte Vorlage ist also unzulässig.

10 EuGH, Slg. 1982, 3415, 3430 f. Hierzu *Habersack*, Rn. 39; *Streinz*, Rn. 564.

11 Zu dieser Entscheidung etwa *Frey*, ZIP 1990, 288; *Joost*, EWiR 1991, 325; *Karollus*, ZIP 1994, 589; *Lutter*, EWiR 1990, 223; *Schmidt*, S. 893 f.

12 BGHZ 110, 47, 69 = NJW 1990, 982 = ZIP 1990, 156.

13 Hierzu näher in der deutschen Anmerkung (B. II.).

14 Zur Rechtslage in anderen Ländern siehe *Einsele*, NJW 1996, 2681, 2684.

15 So die Formulierung bei *Lutter/Gehling*, WM 1989, 1445, 1446.

zu kennzeichnenden[16] Zusammenhang mit einem Umsatzgeschäft zwischen Gesellschaft und Gesellschafter aufweist; das Umsatzgeschäft wird dann – in einem zweiten Schritt – als Sacheinlage angesehen. Dies gilt nicht nur für anläßlich der Gründung der Gesellschaft übernommene Einlagen, sondern gerade bei solchen Einlageverpflichtungen, die sich aus einer Kapitalerhöhung ergeben. Ferner wendet die h. M. die Lehre von der verdeckten Sacheinlage sowohl auf die AG, also auch auf die GmbH an.

aa) Hintergrund dieser Lehre ist, daß die Erbringung einer Sacheinlage mit besonderem Aufwand für Gesellschaft und Gesellschafter (auch Inferent genannt) verbunden ist. Denn das Gesetz trifft für diesen Vorgang insbesondere im Interesse des Gläubigerschutzes verschiedene Vorkehrungen. Bei einer Sacheinlage, also einer Einlage, die nicht Bareinlage ist (z. B. Art. 10 Abs. 1 Kapitalrichtlinie; vgl. aber § 27 Abs. 1 S. 1 1. Fall AktG), besteht nämlich die Gefahr, daß der Wert der Einlage nicht mit dem Nennbetrag der Aktien übereinstimmt, für die die Einlage übernommen wird. Will der Gesellschafter z. B. eine ihm gegen einen Dritten zustehende Forderung einbringen, kann der Wert der Forderung beispielsweise deswegen nicht mehr ihrem Nennwert entsprechen, weil der Dritte mittlerweile mit Liquiditätsproblemen zu kämpfen hat. Brächte der Gesellschafter die Forderung gleichwohl zum Nennwert ein, würde das Gesellschaftsvermögen nicht dem Grund- bzw. Stammkapital (vgl. § 266 Abs. 3 lit. A. I. HGB i. V. m. § 6 AktG bzw. § 5 Abs. 1 GmbHG) der Gesellschaft entsprechen. Zur Erreichung dieses Ziels ordnet das deutsche Recht als wichtigste Vorkehrung an, daß der Gegenstand der Sacheinlage sowie die Person des Inferenten im Gesellschaftsvertrag festzusetzen sind (§§ 27 Abs. 1 S. 1 AktG, 5 Abs. 4 S. 1 GmbHG). Geschieht dies nicht, ist der dem Umsatzgeschäft zugrundeliegende Vertrag (in der Regel ein Kaufvertrag) gemäß § 27 Abs. 3 S. 1 1. Fall AktG nichtig. Gleiches gilt bei der AG für die dingliche Ebene (§ 27 Abs. 3 S. 1 2. Fall AktG). Bei der GmbH soll das dingliche Geschäft hingegen – mit Rücksicht auf das Abstraktionsprinzip – wirksam sein.[17] Diese Unwirksamkeit wirkt sich grundsätzlich auf die gesamte Satzung aus; anderes gilt erst nach Eintragung der Gesellschaft ins Handelsregister (§ 27 Abs. 3 S. 2 AktG). § 27 Abs. 3 S. 3 AktG ordnet schließlich an, daß der Aktionär den Ausgabebetrag der Aktie ein*zahlen*, also durch Geldleistung bewirken muß. Ferner sieht das Gesetz vor, daß im Falle einer Sacheinlage besondere Angaben in den Gründungsbericht aufzunehmen sind (§ 32 Abs. 2 AktG; vgl. für die GmbH § 5 Abs. 4 S. 2 GmbHG). Bei der AG kommt hinzu, daß eine Sacheinlage eine Gründungsprüfung durch Gründungsprüfer erforderlich macht (§ 33 Abs. 2 Nr. 4 AktG), die sich insbesondere auf die Angemessenheit des Wertes der Sacheinlage erstrecken muß (§ 34 Abs. 1 AktG). Weitere Vorkehrungen sind in den

16 Dazu unter cc).

17 So die überwiegende Meinung, siehe nur *Lutter/Hommelhoff*, GmbH-Gesetz, Köln 2000, § 5 Rn. 47.

§§ 36 a Abs. 2 AktG,[18] 7 Abs. 3 GmbHG, dem auf die AG analog anzuwendenden[19] § 9 Abs. 1 GmbHG (sog. Differenzhaftung) und §§ 38 Abs. 2 S. 2 AktG, 9 c S. 2 GmbHG vorgesehen.

bb) Der mit diesen Mechanismen verbundene Aufwand sorgt dafür, daß immer neue Wege ersonnen werden, diese Vorschriften zu umgehen. Besonders beliebt ist das sog. Hin-und-Herzahlen: Obwohl der Gesellschafter eigentlich einen bestimmten, nur als Sacheinlage einlagefähigen Vermögensgegenstand einlegen will (z. B. ein Grundstück, einen Betriebsteil, eine Maschine, ein Patent, eine Forderung gegen einen Dritten[20] oder Verzicht auf eine dem Inferenten gegenüber der Gesellschaft zustehenden Forderung[21]), wird eine Bareinlage vereinbart. Nachdem der Gesellschafter hierauf geleistet hat, fließt die Einlageleistung als Entgelt für den zwischenzeitlich verkauften Vermögensgegenstand wieder an den Gesellschafter zurück. Im Ergebnis wurde also der Vermögensgegenstand eingelegt. Ließe man eine derartige Gestaltung uneingeschränkt zu, wären die Sacheinlagevorschriften erfolgreich umgangen. Deswegen soll nach der Lehre von der verdeckten Sacheinlage in solchen Fällen der Barleistung keine Erfüllungswirkung zukommen[22] und das Umsatzgeschäft Sacheinlage sein. Die weiteren Folgen ergeben sich dann aus dem allgemeinen Recht. Die Bareinlageverpflichtung besteht mangels Erfüllung (§ 362 Abs. 1 BGB) fort. Das dem Umsatzgeschäft zugrundeliegende Kausalgeschäft sowie die zur Ausführung ergangenen Rechtshandlungen sind gemäß § 27 Abs. 3 S. 1 AktG unwirksam. Dem Gesellschafter steht somit ein Anspruch auf Herausgabe des Gegenstandes aus dem jeweiligen Recht (z. B. § 985 BGB)[23] sowie aus § 812 Abs. 1 S. 1 1. Fall BGB (Besitz) zu. Diese Ansprüche kann er der Bareinlageforderung der Gesellschaft jedoch nicht entgegensetzen: Für eine Aufrechnung fehlt es schon an der Gleichartigkeit (§ 387 BGB). Im übrigen (etwa im Falle des § 818 Abs. 2

18 Hierzu *Hüffer*, § 36 a Rn. 4 ff., der mit Recht darauf hinweist, daß die Vorschrift aus sich heraus nicht verständlich ist.

19 BGHZ 64, 52, 62, der die Differenzhaftung bei der AG allerdings aus § 9 Abs. 1 AktG herleiten will. Überzeugender ist eine Analogie zu § 9 Abs. 1 GmbHG.

20 Hierzu etwa *Saenger*, EWiR 1997, 633 (§ 183 AktG 1/97).

21 Die Behandlung dieses besonderen Falles ist allerdings strittig.

22 Dies – und nicht mehr – ist die Rechtsfolge der Lehre von der verdeckten Sacheinlage. Die sonstigen Folgen ergeben sich dann aus dem allgemeinen Recht (vgl. dazu sogleich). *Dieser* Rechtssatz läßt sich dem Gesetz (entgegen der Auffassung von *Lutter/Gehling*, WM 1989, 1445, 1447 sowie 1450 sowie 1452) nicht entnehmen, sondern nur im Wege der Rechtsfortbildung gewinnen.

23 Damit ist der Gesellschafter in der Insolvenz der Gesellschaft immerhin aussonderungsberechtigt i. S. v. § 47 InsO. Dieses Recht läuft aber dann leer, wenn der Gegenstand zwischenzeitlich veräußert wurde oder das Recht auf andere Weise untergegangen ist (hierzu näher *Loos*, AG 1989, 381, 390).

BGB) greifen §§ 66 Abs. 1 S. 2 AktG, 19 Abs. 2 S. 2 GmbHG ein. § 273 Abs. 1 BGB läßt sich aus teleologischen Gründen nicht anwenden.[24]

cc) Die Härte dieser mit der Lehre von der verdeckten Sacheinlage verbundenen Rechtsfolgen läßt sich nur dann richtig abschätzen, wenn man auch die Voraussetzungen kennt, unter denen die beschriebenen Rechtsfolgen ausgelöst werden. Der Anwendungsbereich dieses Instituts ist von Rechtsprechung und Lehre immer weiter ausgebaut worden. Heute wird nicht mehr verlangt als ein zeitlicher und sachlicher Zusammenhang zwischen Barleistung und Umsatzgeschäft. In zeitlicher Hinsicht arbeitet man mehrheitlich mit einer Grenze von einem Jahr seit Gründung oder Kapitalerhöhung. In sachlicher Hinsicht ist lediglich erforderlich, daß das Umsatzgeschäft auch als Sacheinlage hätte getätigt werden können. Es kommt hingegen nach überwiegender Auffassung[25] nicht darauf an, ob bei den Beteiligten die Absicht vorliegt, die Sacheinlagevorschriften zu umgehen (Umgehungsabsicht). Dadurch werden zahlreiche, auch letztlich unbedenkliche Geschäfte der Lehre von der verdeckten Sacheinlage unterworfen, insbesondere auch solche, bei denen überhaupt kein Mißverhältnis von Leistung und Gegenleistung besteht.

dd) Die Lehre von der verdeckten Sacheinlage führt also dazu, daß der Gesellschafter bei ganz unterschiedlichen Geschäften im Zusammenhang mit Gründung oder Kapitalerhöhung Gefahr läuft, auf die Bareinlageforderung (noch einmal) zahlen zu müssen. Ihm steht zwar ein Anspruch auf Rückgewähr des Vermögensgegenstandes zu, den er im Rahmen des Umsatzgeschäfts geleistet hat. In der regelmäßig zwischenzeitlich eingetretenen Insolvenz läßt sich dieser aber nur eingeschränkt geltend machen; in aller Regel wird er nur in Höhe der Insolvenzquote befriedigt.

b) In der Kapitalrichtlinie sucht man vergebens nach Bestimmungen, aus denen sich eine Rechtslage ergibt, die mit den harten Folgen der im deutschen Recht geltenden Lehre von der verdeckten Sacheinlage vergleichbar ist. Dieses Institut kann also nur dann mit der Kapitalrichtlinie in Einklang stehen, wenn diese keine abschließende Regelung der Materie enthält.

aa) Es ist also zunächst einmal zu ermitteln, ob die Kapitalrichtlinie überhaupt Regelungen zu dem Bereich enthält, den die Lehre von der verdeckten Sacheinlage abdecken will. Dieses Institut soll dafür sorgen, daß die Vorschriften über die Sacheinlage eingehalten werden. Es ist seiner Natur nach also Umgehungsschutz. Art. 11 der Kapitalricht-

---

24 *Loos*, AG 1989, 381, 382.

25 Siehe nur *Lutter/Gehling*, WM 1989, 1445, 1446 f. Der BGH hat das hingegen bislang offen gelassen, vgl. BGHZ 118, 83, 95.

linie dient demselben Zweck:[26] Die Vorschrift erfaßt Rechtsgeschäfte zwischen Gesellschaft und Gesellschafter, die typischerweise im Zusammenhang mit der Gründung vorgenommen werden und bei denen die Gefahr besteht, daß Leistung und Gegenleistung in keinem angemessenen Verhältnis zueinander stehen. Nicht dem Schutz vor Umgehung der Sacheinlagevorschriften dienen hingegen die Art. 10, 27 Abs. 2,[27] zu deren Auslegung das LG Hannover ebenfalls verschiedene Fragen gestellt hatte.

bb) Art. 11 darf nicht abschließender Natur sein. Zur Frage, wann eine Richtlinienbestimmung eine abschließende Regelung trifft, lassen sich verschiedene Ansätze vertreten.[28] Am überzeugendsten ist es, die Antwort durch Auslegung der fraglichen Richtlinienbestimmung zu gewinnen.

(1) Bei Art. 11 fällt dabei auf, daß die Vorschriften es dem nationalen Gesetzgeber an zwei Stellen ermöglichen, Verschärfungen vorzusehen: Er kann einmal den Kreis der erfaßten Personen von den Gründern („unter Artikel 3 lit. i) fallende Person") auf Aktionäre und sonstige Personen erweitern (Art. 11 Abs. 1 Unterabs. 2). Auch die Frist, innerhalb derer nach Art. 11 Abs. 1 Unterabs. 1 2. Hs. eine Zustimmung der Hauptversammlung erforderlich ist, kann verlängert werden. Die Tatsache, daß der Gemeinschaftsgesetzgeber dermaßen konkrete Erweiterungsmöglichkeiten vorsieht, kann als Beleg für die These herangezogen werden, daß er im übrigen keine Erweiterungen zulassen wollte.[29]

(2) Auf der anderen Seite darf nicht übersehen werden, daß Art. 11 einen stark eingeschränkten Anwendungsbereich besitzt. Zum einen erfaßt er nur Geschäfte, deren Gegenwert mindestens 10 % des gezeichneten Kapitals ausmacht. Erschwerend kommt hinzu, daß die Vorschrift[30] nur Geschäfte nach der Gründung, nicht hingegen nach einer Kapitalerhöhung erfaßt (vgl. Art. 11 Abs. 1 Unterabs. 1 2. Hs.).[31] Verdeckte Sacheinlagen kommen aber gerade auch im Rahmen von Kapitalerhöhungen vor. Das von der Richtlinie gewährte Schutzniveau ist danach außerordentlich gering.[32] Ferner läßt sich

---

26 Vgl. etwa Generalanwalt *Tesauro* in seinen Schlußanträgen, AG 1992, 399, 402; ebenso BGHZ 110, 47, 70.

27 Zutreffend Generalanwalt *Tesauro*, AG 1992, 399, 401. Auch der BGH hat in der *IBH ./. Lemmerz*-Entscheidung allein Art. 11 der Kapitalrichtlinie als Maßstabsnorm herangezogen (BGHZ 110, 47, 70).

28 Dazu ausführlich in der *Siemens ./. Nold*-Entscheidung (Fall Nr. 4 in diesem Casebook) unter B. I. 2. b).

29 Generalanwalt *Tesauro*, AG 1992, 399, 402; *Schwarz*, Rn. 594.

30 Zumindest sofern es um das Zustimmungserfordernis der Hauptversammlung geht.

31 Sie ist insofern auch nicht erweiterungsfähig (Generalanwalt *Tesauro*, AG 1992, 399, 402).

32 Dieser Gedanke ist allerdings nur dann überzeugend, wenn der Gemeinschaftsgesetzgeber nicht davon ausgegangen ist, daß auch andere Mechanismen zum Schutz von Gesellschaft und Gläubiger beitragen. Hierbei kommen vor allem die Verhaltenspflichten des Vorstands sowie entsprechende

auf die zweite Begründungserwägung der Kapitalrichtlinie hinweisen, wonach die Richtlinie (lediglich) ein „Mindestmaß an Gleichwertigkeit" beim Schutz der Aktionäre und Gläubiger sicherstellen soll.[33] Auch die Gesetzgebungsgeschichte spricht dafür, daß Art. 11 keine abschließende Wirkung zukommt. Denn in der Begründung zum Entwurf der Richtlinie hat die Kommission ausgeführt, „es kann den nationalen Gesetzgebern überlassen bleiben, das Verfahren [über die Einbringung von Sacheinlagen und die Vermeidung ihrer Umgehung] gegebenenfalls weiter auszubauen".[34]

(3) Der EuGH hat diese Frage nicht entschieden. Generalanwalt *Tesauro* hat sich in den Schlußanträgen grundsätzlich für den abschließenden Charakter von Art. 11 ausgesprochen. Eine besondere Ahndung nach nationalem Recht komme nur bei Vorliegen von (nachgewiesener) Umgehungsabsicht in Betracht.[35] Wäre der EuGH dieser Auffassung gefolgt, hätte die Lehre von der verdeckten Sacheinlage in Deutschland – zumindest in ihrer heutigen Form – wegen Europarechtswidrigkeit nicht mehr angewendet werden dürfen.

II. Deutschland

Die Lehre von der verdeckten Sacheinlage ist seit langer Zeit fester Bestandteil des deutschen Gesellschaftsrechts.[36] Deswegen wurde das Verfahren aufmerksam beobachtet

---

Schadensersatzansprüche in Betracht (vgl. hierzu Generalanwalt *Tesauro*, AG 1992, 399, 402; *Loos*, AG 1989, 381, 383).

33 Hierzu näher *Ebenroth/Kräutter*, DB 1990, 2153, 2156.

34 ABl. Nr. C 48 vom 24. 4. 1970, S. 11. Hierzu *Schwarz*, Rn. 594 und Fn. 641; *Habersack*, Rn. 163.

35 AG 1992, 399, 403.

36 Bereits vom Reichsgericht in RGZ 18, 1 anerkannt; ferner BGHZ 15, 52; BGH, NJW 1982, 2444; BGH, NJW 1990, 982; BGHZ 110, 47 (*IBH ./. Lemmerz*). Aus dem umfangreichen Schrifttum: *Brüggemann*, Verdeckte Sacheinlagen in Kapitalgesellschaften, 1993; *Ebenroth/Kräutter*, Der Einfluß der 2. gesellschaftsrechtlichen EG-Richtlinie auf die Lehre von der verdeckten Sacheinlage bei der AG, DB 1990, 2153; *Ebenroth/Neiß*, Zur Vereinbarkeit der Lehre von der verdeckten Sacheinlage mit EG-Recht, BB 1992, 2085; *Einsele*, Verdeckte Sacheinlage, Grundsatz der Kapitalaufbringung und -erhaltung, NJW 1996, 2681; *Finkenauer*, Die verdeckte Sacheinlage im Kapitalgesellschaftsrecht, DStR 1992, 359; *Frey*, Das IBH-Urteil, ZIP 1990, 288; *v. Gerkan*, Verdeckte Sacheinlage in der GmbH, GmbHR 1992, 433; *Groß*, Die Lehre von der verdeckten Sacheinlage, AG 1991, 217; *Habetha*, Verdeckte Sacheinlage, endgültig freie Verfügung, Drittzurechnung und „Heilung" nach fehlgeschlagenen Bareinzahlungen im GmbH-Recht, ZGR 1998, 305; *Henze*, Zur Problematik der verdeckten (verschleierten) Sacheinlage im Aktien- und GmbH-Recht, ZHR 154 (1990), 105; *Lenz*, Die Heilung verdeckter Sacheinlagen bei Kapitalgesellschaften, 1996; *Loos*, Zur verschleierten Sacheinlage bei der Aktiengesellschaft, AG 1989, 381; *Lutter/Gehling*, Verdeckte Sacheinlagen – Zur Entwicklung der Lehre und zu den europäischen Aspekten, WM 1989, 1145; *Mayer*, Ein Beitrag zur ‚Entschleierung' der verschleierten Sacheinlage im Recht der GmbH, NJW 1990, 2593; *Meilicke*, Die „verschleierte" Sacheinlage – eine deutsche Fehlentwicklung, 1989; *Müller-Elsing*, Die verdeckte Sacheinlage, 1993; *Priester*, Verdeckte Sacheinlage, DStR 1990, 770; *Roth*, Schütt aus –

und die Entscheidung des EuGH mit Spannung erwartet. Dementsprechend groß war die Enttäuschung, als bekannt wurde, daß der EuGH die Chance zu einer Entscheidung in der Sache nicht genutzt hat. Mehrheitlich ging man aber davon aus, daß bald eine erneute Vorlage eines deutschen Gerichts an den Gerichtshof erfolgen werde, die dann endlich zur höchstrichterlichen Klärung der Frage führe, ob dieses ungeschriebene[37] Institut mit Gemeinschaftsrecht in Einklang zu bringen ist. Hierzu ist es jedoch bis heute nicht gekommen.

Aus diesem Grunde ist das Meinungsbild nach wie vor uneinheitlich. Die mit der Lehre von der verdeckten Sacheinlage verbundenen Folgen werden ganz unterschiedlich bewertet.[38] Dabei kreist die Diskussion vor allem um die Frage, ob mit Blick auf die im AktG enthaltenen Vorschriften überhaupt die für die Entwicklung eines ungeschriebenen Rechtssatzes erforderliche planwidrige Regelungslücke vorliegt.

Dies wird teilweise[39] eindeutig verneint: Das AktG weise ein klares Konzept zum Schutz der AG vor nachteiligen Rechtsgeschäften mit Aktionären auf. Durch verschiedene Anspruchsgrundlagen sorge das Gesetz dafür, sowohl die auf seiten der Gesellschaft beteiligten Vorstandsmitglieder[40] als auch den Aktionär[41] von der Vornahme solcher Geschäfte abzuhalten. Hinzu komme die ausdifferenzierte Regelung des § 52 AktG. Dieses abgestufte und facettenreiche System regele den Bereich des Abschlusses möglicherweise für die Gesellschaft nachteiliger Rechtsgeschäfte zwischen Gesellschaft und Gesellschafter umfassend und abschließend.

Die h. M.[42] geht hingegen davon aus, daß sich die Lehre von der verdeckten Sacheinlage sowohl mit Wertung und Systematik des Aktiengesetzes als auch mit der Kapitalrichtlinie vertrage. § 52 AktG wird insbesondere unter Berufung auf die Entstehungsgeschich-

---

hol zurück als verdeckte Sacheinlage, NJW 1991, 1913; *Schmidt*, S. 1120 ff.; *Ulmer*, Verdeckte Sacheinlagen im Aktien- und GmbH-Recht, ZHR 154 (1990), 128; *Wiedemann*, Die Erfüllung der Geldeinlagepflicht bei Kapitalerhöhungen im Aktienrecht, ZIP 1991, 1257; *ders.*, in: Lutter/Wiedemann, Gestaltungsfreiheit im Gesellschaftsrecht, 1998, S. 16 f.

37 Vgl. B. I. 2. a).

38 *Loos*, AG 1989, 381, 390 („blindwütender Exzeß in den Rechtsfolgen"), 391 („Grauzone größter Ungewißheit").

39 *Loos*, AG 1989, 381 ff.

40 Bei der AG kommen insbesondere Ansprüche nach §§ 93 Abs. 2 S. 1 AktG, 117 Abs. 2 S. 1 (i. V. m. § 117 Abs. 1 S. 1) AktG sowie § 823 Abs. 2 BGB i. V. m. § 266 Abs. 1 StGB in Betracht (hierzu näher *Loos*, AG 1989, 381, 382 ff.).

41 Ansprüche nach §§ 62 Abs. 1 S. 1 (i. V. m. § 57 Abs. 1 S. 1), 117 Abs. 1 S. 1, 317 Abs. 1 S. 1 AktG (hierzu näher *Loos*, AG 1989, 381, 382 ff.).

42 Etwa BGHZ 110, 47, 69 ff. (*IBH ./. Lemmerz*); *Hüffer*, § 27 Rn. 3; *Wiedemann*, ZIP 1991, 1257, 1268 f.; *Lutter*, S. 49; *Lutter/Gehling*, WM 1989, 1445 ff.; *Ebenroth/Kräutter*, DB 1990, 2153 ff.; *Ebenroth/Neiß*, BB 1992, 2085 ff.; *Frey*, ZIP 1990, 288, 294.

te kein abschließender Charakter zugebilligt.[43] Sonstige Mechanismen werden für nicht ausreichend gehalten, um die als besonders gravierend empfundenen Gefahren für Gesellschaft, Gesellschafter und Gläubiger wirksam zu bekämpfen.

Übereinstimmung besteht allerdings insoweit, als gegenüber der schon im europarechtlichen Teil erwähnten Entscheidung des BGH in Sachen *IBH ./. Lemmerz* wenig Verständnis aufgebracht wird. Dort hatte der BGH entschieden, daß wegen Offensichtlichkeit der richtigen Antwort eine Vorlagepflicht nicht bestehe. Diese Auffassung hat indessen sogar vor dem BVerfG Bestand gehabt[44] und ist vom BGH in nachfolgenden Entscheidungen nicht mehr in Frage gestellt worden.[45] Hierüber hat sich das LG Hannover offenbar bewußt hinweggesetzt.[46]

A. K.

---

43 *Lutter/Gehling*, WM 1989, 1445, 1448.

44 DB 1991, 2230.

45 Etwa BGHZ 118, 83, 103 (unter IV.).

46 Vgl. *Schwarz*, Rn. 594.

Fall Nr. 9 – Ubbink

PARTEIEN: *Ubbink Isolatie BV* gegen *Dak- en Wandtechniek BV*
AKTENZEICHEN: Rs. 136/87
FUNDSTELLE: Slg. 1988, 4665

A. Urteil des EuGH vom 20. September 1988

I. Leitsatz

Die Regelung über die Nichtigkeit von Gesellschaften im Sinne der Ersten Richtlinie 68/151 des Rates vom 9. März 1968 findet keine Anwendung, wenn im Namen einer Gesellschaft mit beschränkter Haftung gehandelt wurde, deren Bestehen sich jedoch nicht aus dem öffentlichen Register ergibt, weil die vom nationalen Recht geforderten Errichtungsformalitäten nicht erfüllt wurden.

II. Rechtsgrundlagen

1. Nationales Recht: Art. 182 Abs. 1 des niederländischen Bürgerlichen Gesetzbuchs[1]
2. Gemeinschaftsrecht: Art. 11 der Publizitätsrichtlinie[2]

Die Rechtsvorschriften der Mitgliedstaaten können die Nichtigkeit der Gesellschaften nur nach Maßgabe folgender Bedingungen regeln:

1. Die Nichtigkeit muß durch gerichtliche Entscheidung ausgesprochen werden.
2. Die Nichtigkeit kann nur in folgenden Fällen ausgesprochen werden:

a) wenn der Errichtungsakt fehlt oder wenn entweder die Formalitäten der vorbeugenden Kontrolle oder die Form der öffentlichen Beurkundung nicht beachtet wurden;

b) wenn der tatsächliche Gegenstand des Unternehmens rechtswidrig ist oder gegen die öffentliche Ordnung verstößt;

c) wenn der Errichtungsakt oder die Satzung die Firma der Gesellschaft, die Einlagen, den Betrag des gezeichneten Kapitals oder den Gegenstand des Unternehmens nicht aufführt;

---

1 Zum Inhalt dieser Vorschrift siehe Rn. 6 der Entscheidungsgründe.
2 Alle im folgenden ohne Gesetzesbezeichnung genannten Artikel sind solche der Publizitätsrichtlinie.

d) wenn die einzelstaatlichen Rechtsvorschriften über die Mindesteinzahlung auf das Gesellschaftskapital nicht beachtet wurden;

e) wenn alle an der Gründung beteiligten Gesellschafter geschäftsunfähig waren;

f) wenn entgegen den für die Gesellschaft geltenden einzelstaatlichen Rechtsvorschriften die Zahl der an der Gründung beteiligten Gesellschafter weniger als zwei betrug.

Abgesehen von diesen Nichtigkeitsfällen können die Gesellschaften aus keinem Grund inexistent, absolut oder relativ nichtig sein oder für nichtig erklärt werden.

III. Zum Sachverhalt

1. Der Hoge Raad der Nederlanden hat mit Urteil vom 24. April 1987, beim Gerichtshof eingegangen am 30. April 1987, gemäß Art. 177 EGV [nunmehr Art. 234 EGV] vier Fragen betreffend die Regelung über die Nichtigkeit von Gesellschaften in Abschnitt III der Ersten Richtlinie des Rates vom 9. März 1968 zur Koordinierung der Schutzbestimmungen, die in den Mitgliedstaaten den Gesellschaften i. S. d. Art. 58 Abs. 2 EGV [nunmehr Art. 48 Abs. 2 EGV] im Interesse der Gesellschafter sowie Dritter vorgeschrieben sind, um die Bestimmungen gleichwertig zu gestalten (68/151/EWG; ABl. L 65, S. 8; nachstehend: Erste Richtlinie) zur Vorabentscheidung vorgelegt.

2. Diese Fragen stellen sich in einem Rechtsstreit über die Erfüllung eines Vertrags zwischen der Dak- en Wandtechniek BV und einer Gesellschaft, die als Ubbink Isolatie BV aufgetreten ist (nachstehend: die Kassationsbeschwerdeführerin).

3. Zum Zeitpunkt des Abschlusses des streitigen Vertrags war im Handelsregister eine offene Handelsgesellschaft Ubbink Isolatie BV i. o. (Ubbink Isolatie GmbH, in Gründung befindlich) eingetragen; als ihre Gesellschafter waren die Ubbink Nederland BV und die Isetco BV, als Prokurist mit dem Titel eines Direktors ein gewisser Herr Juraske angegeben. Im Handelsregister war noch keine GmbH Ubbink Isolatie BV eingetragen. Das vorlegende Gericht geht davon aus, daß keine notarielle Urkunde über die Errichtung einer GmbH namens Ubbink Isolatie BV vorliege, so daß eine solche GmbH nicht errichtet worden sei.

4. Unter dem Namen Ubbink Isolatie BV, ohne den Zusatz „i. o.", schloß die Kassationsbeschwerdeführerin den streitigen Vertrag mit der Firma Dak- en Wandtechniek, wurde sie von dieser vor der Arrondissementsrechtbank Arnheim wegen Auflösung des Vertrags und vertraglicher Haftung verklagt und trat sie anfänglich in diesem Rechtsstreit auf.

5. Im Laufe des Verfahrens vor diesem Gericht machte die Kassationsbeschwerdeführerin geltend, die Firma Dak- en Wandtechniek habe ihre Klage zu Unrecht gegen die Ubbink Isolatie BV gerichtet. Die auf die Klage von Dak- en Wandtechniek hin zugestellte Ladung sei nichtig, und der Klage könne nicht stattgegeben werden, da eine Ubbink Isolatie BV nicht existiere.

6. Die Arrondissementsrechtbank Arnheim führte in einem Zwischenurteil aus, falls sich herausstelle, daß eine Ubbink Isolatie BV überhaupt nicht errichtet worden oder daß der Errichtungsakt fehlerhaft sei, so würde dies noch nicht bedeuten, daß die GmbH nicht existiere. Sie existiere vielmehr solange, als sie nicht nach dem niederländischen Bürgerlichen Gesetzbuch aufgelöst oder für nichtig erklärt worden sei. Aus Art. 182 Abs. 1 des Zweiten Buchs dieses Gesetzbuchs ergebe sich, daß, wenn im Namen einer GmbH gehandelt worden sei, obwohl die Gesellschaft nicht ins Handelsregister eingetragen worden sei und ohne daß eine von einem Notar unterzeichnete Errichtungsurkunde oder eine ministerielle Unbedenklichkeitserklärung vorliege, die Gesellschaft auf Antrag jeder Person, die hieran ein Interesse habe, oder auf Verlangen der Staatsanwaltschaft für nichtig zu erklären sei.

7. Dieses Zwischenurteil wurde vom Gerechtshof Arnheim bestätigt, nachdem die Kassationsbeschwerdeführerin hiergegen Berufung eingelegt hatte. Diese legte nunmehr Kassationsbeschwerde ein, wobei sie auftrat als „die Prozeßpartei, die in den vorhergehenden Instanzen als Ubbink Isolatie BV rechtlich belangt wurde und aufgetreten ist". Die Beschwerde wurde darauf gestützt, daß Art. 182 keine Anwendung in einem Fall wie dem vorliegenden finde, in dem keine GmbH errichtet und unregelmäßig für eine – oder unter dem Namen einer – Schein-GmbH gehandelt worden sei, ohne daß die Struktur einer GmbH vorgelegen habe und ohne daß irgendein Errichtungsakt erfolgt sei.

IV. Vorlagefragen

8. Da der Hoge Raad der Auffassung war, Art. 182 müsse unter Berücksichtigung der Bestimmungen von Abschnitt III der Ersten Richtlinie, namentlich von deren Art. 11 und 12, ausgelegt werden, setzte er das Verfahren bis zur Vorabentscheidung des Gerichtshofes über folgende Auslegungsfragen aus:

> 1. Führt, wenn im Namen einer Gesellschaft im Sinne der Ersten Richtlinie gehandelt wird, die Gesellschaft aber nach dem geltenden nationalen Recht nicht errichtet worden ist, weil – im Sinne von Artikel 11 Absatz 2 Buchstabe a der Richtlinie – ein öffentlich beurkundeter Errichtungsakt fehlt oder die Formalitäten der vorbeugenden Kontrolle nicht beachtet wurden, die Zielsetzung der Regelung in Abschnitt III der Richtlinie dazu, daß die „Gesellschaft" in einem gegen sie angestrengten Verfahren als bestehend anzusehen ist, solange ihre Nichtigkeit nicht in einem besonderen Verfahren zur Nichtigerklärung und Auflösung „der Gesellschaft" festgestellt worden ist?
>
> 2. Macht es für die Beantwortung der Frage 1 einen Unterschied, ob a) allein der öffentlich beurkundete Errichtungsakt fehlt oder allein die Formalitäten der vorbeugenden Kontrolle nicht beachtet wurden, oder aber ob b) dieser Akt fehlt und außerdem diese Formalitäten nicht beachtet wurden?
>
> 3. Macht es für die Beantwortung der Frage 1 einen Unterschied, ob a) die Handlungen im Rahmen einer Organisation von Personen und Sachen erfolgt sind, die – abgesehen von dem Auftreten unter dem Namen einer Gesellschaft – den Anschein ei-

ner Gesellschaft erweckt, oder ob b) die Handlungen erfolgt sind, ohne daß eine solche Organisation vorliegt?

4. Ist es für die Beantwortung der Frage 1 von Bedeutung, daß im Rahmen einer Organisation gehandelt worden ist, die nach dem geltenden nationalen Recht eine andere Rechtsform als die einer Gesellschaft im Sinne der Richtlinie hat – zum Beispiel die Rechtsform einer offenen Handelsgesellschaft – und als solche auch im Handelsregister eingetragen ist, jedoch unter einer Bezeichnung, die, abgesehen von der Angabe der Rechtsform, gleichlautend ist mit der Bezeichnung der nicht errichteten Gesellschaft, unter der gehandelt worden ist? [...]

V. Entscheidungsgründe

10. Mit seinen ersten beiden Fragen, die zusammen zu prüfen sind, möchte das vorlegende Gericht im wesentlichen wissen, ob die Regelung der Ersten Richtlinie über die Nichtigkeit anwendbar ist, wenn im Namen einer GmbH – einer von der Ersten Richtlinie erfaßten Rechtsform – gehandelt wurde, die nach nationalem Recht nicht zustande gekommen ist, weil die von diesem Recht geforderten Errichtungsformalitäten nicht erfüllt wurden. Die dritte und die vierte Frage gehen dahin, ob die ersten beiden Fragen anders zu beantworten sind, wenn eine von der Ersten Richtlinie nicht erfaßte personale Organisation oder eine Gesellschaft den Anschein des Bestehens einer Gesellschaft im Sinne dieser Richtlinie erweckt.

11. Die Erste Richtlinie soll die in den Mitgliedstaaten den Aktiengesellschaften und den Gesellschaften mit beschränkter Haftung vorgeschriebenen Schutzbestimmungen namentlich im Interesse Dritter koordinieren.

12. Zu diesem Zweck sieht sie in ihrem Abschnitt 1 die Offenlegung bestimmter Daten vor, damit Dritte sich im voraus über die wesentlichen Merkmale der Gesellschaften unterrichten können, auf die sich die Richtlinie bezieht. Wie in ihren Begründungserwägungen ausgeführt, soll die Offenlegung es Dritten erlauben, sich über die wesentlichen Urkunden der Gesellschaft sowie einige sie betreffende Angaben, insbesondere die Personalien derjenigen, die die Gesellschaft verpflichten können, zu unterrichten.

13. Infolgedessen können Dritte sich rechtmäßig auf Angaben über eine Gesellschaft im Sinne der Ersten Richtlinie berufen, wenn diese Angaben im Einklang mit den Bestimmungen von Abschnitt I der Richtlinie offengelegt wurden. Die Richtlinie zielt also nicht darauf ab, Dritten die Möglichkeit zu eröffnen, dem Anschein Glauben zu schenken, den das Verhalten von Gesellschaftsorganen oder -vertretern erweckt hat, wenn dieser Anschein nicht mit den im öffentlichen Register publizierten Angaben übereinstimmt.

14. Hieraus folgt, daß die Regelung des Abschnitts III der Ersten Richtlinie über die Nichtigkeit nur dann Anwendung findet, wenn Dritte durch die gemäß Abschnitt 1 offengelegten Angaben zu der Annahme veranlaßt wurden, es bestehe eine Gesellschaft im Sinne der Ersten Richtlinie.

15. Anders ist die Lage der Dritten dagegen, wenn keinerlei Angaben über eine Gesellschaft im Sinne der Ersten Richtlinie offengelegt wurden, insbesondere wenn die vom nationalen Recht vorgeschriebenen Errichtungsformalitäten – authentischer Errichtungs-

akt und vorbeugende Verwaltungskontrolle – nicht erfüllt wurden und die Gesellschaft aus diesem Grunde im öffentlichen Register als in Gründung befindliche Gesellschaft erscheint.

16. Auf die ersten beiden Fragen ist daher zu antworten, daß die Regelung über die Nichtigkeit von Gesellschaften im Sinne der Ersten Richtlinie keine Anwendung findet, wenn im Namen einer Gesellschaft mit beschränkter Haftung gehandelt wurde, deren Bestehen sich jedoch nicht aus dem öffentlichen Register ergibt, weil die vom nationalen Recht geforderten Errichtungsformalitäten nicht erfüllt wurden.

17. Da diese Antwort es dem vorlegenden Gericht gestattet, das aufgeworfene gemeinschaftsrechtliche Problem zu lösen, brauchen die übrigen in den Vorlagefragen bezeichneten Umstände nicht mehr geprüft zu werden.

18. Es ist jedoch klarzustellen, daß, soweit im Namen einer nicht errichteten Gesellschaft mit beschränkter Haftung vorgenommene Rechtshandlungen nach dem anwendbaren nationalen Recht als im Namen einer in Gründung befindlichen Gesellschaft i. S. v. Art. 7 der Ersten Richtlinie vorgenommen anzusehen sind, es Sache des nationalen Rechts ist, die unbeschränkte gesamtschuldnerische Haftung derjenigen zu regeln, die diese Handlungen vorgenommen haben. [...]

B. Anmerkungen

I. Europarecht

1. Der dem *Ubbink*-Verfahren zugrundeliegende Streit hätte sich nicht ergeben, wenn der für die Gesellschaft handelnde Vertreter[3] nicht im Namen der *Ubbink Isolatie BV*, sondern im Namen der *Ubbink Isolatie BV i. o.* aufgetreten wäre. Der Zusatz „i. o." bedeutet im niederländischen Recht, daß der Zweck der Gesellschaft auf die Gründung einer anderen Gesellschaft – also der *Ubbink Isolatie BV* – gerichtet ist. Diese Gründungsgesellschaft ist ordnungsgemäß errichtet und auch in das niederländische Handelsregister eingetragen worden,[4] so daß sie ohne weiteres von der Klägerin des Ausgangsverfahrens, der *Dak- en Wandtechniek BV*, hätte verklagt werden können.

2. Das Problem des Falles liegt darin, daß der Vertreter im Namen der *Ubbink Isolatie BV* gehandelt hat. Die rechtlich zweifellos bestehende Gründungsgesellschaft konnte damit nicht Partner des Vertrages geworden sein und deswegen auch nicht verklagt werden. Allenfalls die zu gründende Gesellschaft, die *Ubbink Isolatie BV*, kann aus dem Vertrag verpflichtet worden sein. Dies setzt aber voraus, daß diese Gesellschaft rechtlich

---

3 Den Entscheidungsgründen läßt sich nicht deutlich entnehmen, ob die in Rn. 3 genannte oder eine andere Person den Vertrag mit der *Dak- en Wandtechniek BV* abgeschlossen hat. Diese Frage ist für die Lösung des Falles jedoch ohne Belang.

4 Vgl. Rn. 3.

besteht. Hierauf bezieht sich die erste Vorlagefrage des Hoge Raad der Niederlande (vgl. Rn. 3).[5]

a) Eine Gesellschaft ist rechtlich existent, wenn sie wirksam gegründet worden ist, also sämtliche für ihre Gründung geltenden Erfordernisse beachtet worden sind. Das muß hier schon deswegen verneint werden, weil nicht einmal eine notarielle Urkunde über die Errichtung der *Ubbink Isolatie BV* vorhanden ist (Rn. 3).

b) Eine nicht wirksam gegründete Gesellschaft kann aber aus Gründen des Gläubiger- und Verkehrsschutzes als rechtlich bestehend zu behandeln sein. Sie wird dann einer wirksam gegründeten Gesellschaft gleichgestellt. Genau diese Rechtsfolge will der Hoge Raad in Übereinstimmung mit der Vorinstanz Art. 182 Abs. 1 des niederländischen Zivilgesetzbuches entnehmen (Rn. 6 und 7). Möglicherweise steht diese Regelung aber mit Art. 11 der Publizitätsrichtlinie in Widerspruch.

aa) Ein etwaiger inhaltlicher Widerspruch der beiden Normen hat für den Ausgangsrechtsstreit jedoch nur dann Bedeutung, wenn die Richtlinienbestimmung des Art. 11 unmittelbar anwendbar ist.[6] Dann wäre Art. 182 Abs. 1 als von Art. 11 verdrängt anzusehen und damit nicht anwendbar. Der EuGH prüft diesen Punkt nicht. Das muß verwundern, da er die unmittelbare Anwendbarkeit von Art. 11 in der *Marleasing*-Entscheidung[7] ausdrücklich verneint hatte.

Geht man davon aus, daß Art. 11 keine unmittelbare Wirkung zukommt, kann die Vorschrift lediglich über das Institut der gemeinschaftsrechtskonformen Auslegung Bedeutung für die Lösung des Ausgangsrechtsfalles erhalten.[8] Es ist indes nicht erkennbar, wie sich die – unter bb) und cc) zu ermittelnde – Aussage von Art. 11 im Rahmen der Auslegung von Art. 182 Abs. 1 des niederländischen Zivilgesetzbuches berücksichtigen lassen soll. Die Norm ist insofern klar gefaßt und bietet keinerlei Auslegungsspielraum.[9]

bb) Läßt man diese Zusammenhänge beiseite, so stellt sich bei der Prüfung von Art. 11 als erstes das Problem, daß diese Norm auf den ersten Blick überhaupt keine Aussage zum Verkehrsschutz enthält. In ihrer Nr. 1 regelt die Vorschrift lediglich, auf welche Art und Weise die Nichtigkeit einer Gesellschaft festgestellt werden kann; in der Nr. 2 sind mögliche Nichtigkeitsgründe aufgezählt. Durch das Zusammenspiel dieser Bestimmun-

---

5 Aus Sicht des vorliegenden Gerichts ist die Rechtsfähigkeit der *Ubbink Isolatie BV* nicht nur ein materiellrechtliches Problem. Vielmehr stellt sich diese Frage bereits bei der Prüfung der Zulässigkeitsvoraussetzungen, da nur eine rechtsfähige Gesellschaft auch parteifähig sein kann. In diesem Sinne ist die erste Vorlagefrage formuliert.

6 Hierzu näher Grundzüge, B. I. und C.

7 Fall Nr. 6 in diesem Casebook.

8 Grundzüge, B. II.

9 Hierzu näher in der *Marleasing*-Entscheidung unter B. I. 2. c).

gen trifft Art. 11 jedoch gleichzeitig auch eine verkehrsschutzrechtliche Regelung: Bevor die Nichtigkeit nicht durch gerichtliche Entscheidung nach Art. 11 Nr. 1 in den in Art. 11 Nr. 2 genannten Fällen ausgesprochen worden ist, muß die Gesellschaft als wirksam behandelt werden. Nur so erklärt sich, warum eine Vorschrift wie Art. 11 im systematischen Zusammenhang mit „reinen" Publizitätsvorschriften (Art. 2 – 6) erlassen werden konnte.

cc) Von Art. 11 nicht ausdrücklich geregelt ist die Frage, ab wann die Vorschrift gelten und damit die soeben gekennzeichnete Verkehrsschutzfunktion entfalten soll.

(1) Art. 182 Abs. 1 des niederländischen Gesetzbuches läßt es ausreichen, daß im Namen der Gesellschaft gehandelt worden ist. Eine Eintragung der Gesellschaft im dafür vorgesehenen Register ist nicht erforderlich. Es fragt sich, ob dies auch für Art. 11 gelten kann. Dies wird vom EuGH in Rn. 13 mit Recht klar verneint. Die Publizitätsrichtlinie bezweckt, Eintragungen in einem staatlichen Register (Art. 2 und 3) mit besonderer Verläßlichkeit auszustatten, um auf diese Weise Dritte, die mit der Kapitalgesellschaft in geschäftliche Beziehungen treten, zu schützen. Die Richtlinie „zielt hingegen nicht darauf ab, Dritten die Möglichkeit zu eröffnen, dem Anschein Glauben zu schenken, den das Verhalten von Gesellschaftsorganen oder -vertretern erweckt hat" (Rn. 13). Solche außer-registerlichen Umstände[10] genügen nicht, um den durch Art. 11 bezweckten Verkehrsschutz auszulösen.

(2) Die Vorschrift stellt sich folglich nicht als erschöpfende Regelung der Rechtsscheinhaftung dar, sondern hat spezifisch publizitätsrechtlichen Charakter. Damit kann sie frühestens dann anwendbar sein, wenn die Gesellschaft eingetragen ist.

(3) Undeutlich bleibt, ob der EuGH die bloße Eintragung genügen lassen will, oder ob einschränkend zu fordern ist, daß „Dritte durch die [...] offengelegten Angaben zu der Annahme veranlaßt wurden, es bestehe eine Gesellschaft [...]". Diese in Rn. 14 verwendete Formulierung wurde auch in den Leitsatz der Entscheidung übernommen. Verkehrsschutz würde Art. 11 dann nur entfalten, wenn sich der Geschäftspartner bei Vornahme des Geschäfts auf die Registerangaben verlassen hat. Damit hätte der EuGH den von Art. 11 bezweckten Verkehrsschutz ganz erheblich eingeschränkt, was nicht sein Bestreben gewesen sein kann. Damit würde das von der Richtlinie gewährte Schutzniveau deutlich hinter dem zurückbleiben, was in den Mitgliedstaaten anerkannt ist. Auch Rn. 16 spricht dafür, daß die in Rn. 14 verwendete Formulierung nicht wörtlich verstanden werden darf: In der abschließenden Antwort auf die Vorlagefrage spricht der EuGH

10 *Klauer*, S. 185.

nur noch von der Eintragung, nicht hingegen auch von sonstigen, zusätzlichen Erfordernissen.[11]

II. Deutschland

1. Die Entscheidung des EuGH in Sachen *Ubbink* spricht zunächst die Frage an, welche Rechtsfolgen ein Mangel der rechtsgeschäftlichen Grundlage des Verbands nach sich zieht. Dieses in Deutschland zumeist unter dem Stichwort der fehlerhaften Gesellschaft diskutierte Problem ist bis heute nicht befriedigend gelöst, obwohl es sich hierbei um eines der klassischen Problemfelder des Gesellschaftsrechts handelt. Dies liegt vor allem daran, daß der Blick zumeist entweder auf die Personengesellschaften einerseits oder die Kapitalgesellschaften andererseits verengt, nicht hingegen nach einem rechtsformübergreifenden Ansatz gesucht wurde.

Die dabei in Betracht kommenden Mängel sind ganz unterschiedlicher Natur. Dies erklärt sich zum einen daraus, daß die verbandsrechtliche Grundlage – zumindest im Ausgangspunkt – nichts anderes ist als ein (normaler) Vertrag i. S. d. Rechtsgeschäftslehre mit der Folge, daß die allgemeinen Nichtigkeitsgründe des BGB ihrem Wortlaut nach auch Gesellschaftsverträge erfassen.[12] Deswegen muß beispielsweise geklärt werden, ob die Gesellschaft Bestand haben kann, wenn die Willenserklärung eines am Abschluß des Gesellschaftsvertrages Beteiligten mangelhaft ist, beispielsweise weil er lediglich beschränkt geschäftsfähig (§§ 106 ff. BGB) oder gar geschäftsunfähig ist (§ 104 f. BGB) oder bei Abschluß des Vertrages getäuscht wurde (§ 123 BGB). Ferner könnte der Gesellschaftsvertrag wegen Verstoßes gegen ein gesetzliches Verbot nach § 134 BGB nichtig sein. Auch Nichtigkeit wegen Sittenwidrigkeit nach § 138 Abs. 1 BGB kommt in Betracht. Davon zu trennen ist die Frage, wie sich die Nichtigkeit nur einzelner Bestimmungen auf den Rest des Vertrages auswirkt; nach allgemeinem Zivilrecht wäre hier § 139 BGB anzuwenden. Hinzu treten Mängel, die sich aus der Nichteinhaltung besonderer gesellschaftsrechtlicher Vorschriften ergeben können. So fordern die §§ 23 Abs. 3 und 4 AktG, 3 Abs. 1 GmbHG einen bestimmten Mindestinhalt für die Satzung einer AG (bzw. einer KGaA, § 278 Abs. 3 AktG) und einer GmbH. Zusätzliche Angaben können erforderlich sein, insbesondere bei der praktisch häufigen Sachgründung (§§ 27 Abs. 1 S. 1 AktG, 5 Abs. 4 S. 1 GmbHG). Nehmen die Gründer einer AG über das Gesetz hinausreichende Bestimmungen in die Satzung auf, so ist zu prüfen, ob ein Verstoß gegen § 23 Abs. 5 AktG vorliegt.

Die in Deutschland herrschende Meinung ist von dem Bestreben geleitet, solche Mängel des Gesellschaftsvertrages grundsätzlich nicht zur Nichtigkeit der Gesellschaft führen zu

11 Auch *Habersack*, Rn. 112 gibt den Inhalt der *Ubbink*-Entscheidung allein in diesem Sinne wieder.
12 Ähnlich das französische Recht, siehe *Einmahl*, AG 1969, 210, 211 und *Wiedemann*, S. 148.

lassen. Entgegenstehende, vor allem dem allgemeinen Zivilrecht entstammende Nichtigkeitsnormen müssen hierzu notfalls entsprechend teleologisch reduziert werden. Gerechtfertigt wird dies mit Argumenten des Bestandsschutzes der Gesellschaft und des Verkehrsschutzes.[13] Es ist nämlich zu berücksichtigen, daß durch die Errichtung einer Gesellschaft ein in aller Regel komplexes Rechtsgebilde geschaffen wird, da nicht nur Rechtsverhältnisse unter den Gesellschaftern begründet werden, sondern eine Gesellschaft zumeist in vielfältiger Weise Rechtsbeziehungen zu Dritten eingeht. Diese Vorgänge können nicht über das an sich einschlägige, jedoch lediglich auf Zweipersonenverhältnisse zugeschnittene Bereicherungsrecht (§§ 812 ff. BGB) rückabgewickelt werden. Ferner muß der Rechtsverkehr in seinem Vertrauen auf das Bestehen einer Gesellschaft geschützt werden, insbesondere wenn sie eingetragen worden ist. Danach ist eine auf mangelhafter Grundlage beruhende Gesellschaft grundsätzlich gleichwohl als wirksam zu behandeln, sobald sie im Rechtsverkehr in Erscheinung getreten bzw. in Vollzug gesetzt worden ist. Den Mitgliedern soll lediglich ein die Liquidation einleitendes Recht zur Auflösung zustehen.[14]

Diesen Erwägungen wollen die in Umsetzung der Publizitätsrichtlinie geschaffenen §§ 275 ff. AktG, 75 ff. GmbHG, die für AG und GmbH eine Klage auf Nichtigerklärung der Gesellschaft vorsehen,[15] Rechnung tragen.[16] Ihnen könnte man im Wege des Gegenschlusses in der Tat entnehmen, daß alle in den §§ 275 Abs. 1 S. 1 AktG, 75 Abs. 1 GmbHG nicht genannten Gründe die Nichtigkeit der Gesellschaft nicht nach sich ziehen können. Das genaue Verständnis dieser Bestimmungen fällt jedoch bei näherem Hinsehen nicht ganz leicht. Bereits die Bezeichnung als Nichtigkeitsklage wird zu Recht kritisiert.[17] Denn hat die zu erhebende Klage Erfolg, hat dies keineswegs zur Folge, daß die Gesellschaft als rechtlich nicht existent (also nichtig) anzusehen wäre. Vielmehr ordnet das Gesetz als Rechtsfolge die Auflösung nach den jeweils geltenden Vorschriften an (§§ 277 Abs. 1 AktG, 77 Abs. 1 GmbHG); auch im Verhältnis zu Dritten wird die Gesellschaft nicht als inexistent behandelt (§§ 277 Abs. 2, 77 Abs. 2 GmbHG). Die Klage hätte man daher als Auflösungsklage bezeichnen[18] und im systematischen Zusammenhang mit der Auflösung (§§ 262 ff. AktG, 60 ff. GmbHG) regeln sollen.

Davon abgesehen ist nicht abschließend geklärt, ob sich den §§ 275 Abs. 1 S. 1 AktG, 75 Abs. 1 GmbHG tatsächlich entnehmen läßt, daß alle nicht erwähnten Mängel das Bestehen der Gesellschaft nicht berühren sollen. Dies wird vor allem für Mängel der von

---

13 Näher hierzu *Schmidt*, S. 147 f.

14 Siehe nur *Wiedemann*, S. 149 f.

15 Hierzu bereits in der deutschen Anmerkung zur *Marleasing*-Entscheidung, unter B. II. 2.

16 Daneben sind die §§ 144 – 144 b FGG zu berücksichtigen. Diese Vorschriften weisen dem Registergericht Befugnisse zu, sind also letztlich öffentlich-rechtliche Vorschriften.

17 *Schmidt*, S. 149.

18 *Schmidt*, a. a. O.

den Gründern abgegebenen Willenserklärungen bestritten.[19] Es erscheint befremdlich, auch einem Geschäftsunfähigen die sich aus der Beteiligung an einer Gesellschaft möglicherweise ergebenden Belastungen uneingeschränkt aufzuerlegen.

Zudem ist darauf hinzuweisen, daß die Vorschriften erst ab Eintragung anwendbar sind,[20] also Mängel der rechtsgeschäftlichen Grundlage auch insofern nicht erschöpfend regeln. Für den Zeitraum vor der Eintragung gelten nach h. M. vielmehr besondere, ungeschriebene Rechtsregeln, deren Inhalt unter dem Stichwort der Vor-AG bzw. Vor-GmbH diskutiert wird.[21]

2. Die Entscheidung spricht daneben Fragen des Verkehrsschutzes an. Die Vorgaben der Publizitätsrichtlinie zum Verkehrsschutz (vgl. auch Art. 3 Abs. 6 Unterabs. 2) hat der deutsche Gesetzgeber in § 15 Abs. 3 HGB umgesetzt. Die Vorschrift lautet:

„Ist eine einzutragende Tatsache unrichtig bekanntgemacht, so kann sich ein Dritter demjenigen gegenüber, in dessen Angelegenheiten die Tatsache einzutragen war, auf die bekanntgemachte Tatsache berufen, es sei denn, daß er die Unrichtigkeit kannte."

Der deutsche Gesetzgeber ist über den Umsetzungsauftrag weit hinaus gegangen: § 15 Abs. 3 HGB gilt für alle Gesellschaftsformen, also nicht nur für Kapitalgesellschaften (vgl. Art. 1 der Richtlinie). Ferner ist sein Anwendungsbereich nicht auf die in Art. 2 genannten Angaben beschränkt, sondern erfaßt schlechthin alle eintragungspflichtigen Tatsachen,[22] nach einer Meinung sogar auch bloß eintragungsfähige Tatsachen.[23]

Die Vorschrift hat aber vor allem deswegen bereits kurz nach ihrem Erlaß für heftige Diskussion[24] gesorgt, weil sie sehr viel weiter greift als die von Rechtsprechung und Lehre entwickelten Rechtsscheingrundsätze, die bislang diesen Bereich abdeckten. Diese zeichneten sich vor allem durch bestimmte Zurechnungskriterien aus, während § 15 Abs. 3 HGB nicht darauf abstellt, ob der Betroffene irgendeinen Anlaß für die unrichtige Bekanntmachung gesetzt hat. Nach früherer Rechtslage wurde der Betroffene z. B. dann nicht belastet, wenn die von ihm beim Handelsregister eingereichte Anmeldung fehlerfrei war.[25] Die unrichtige Eintragung ging dann zu Lasten des Dritten, der sich al-

---

19 *Kübler*, S. 447.

20 *Hüffer*, § 275 Rn. 8.

21 *Hüffer*, § 275 Rn. 8 m. w. N.

22 Siehe nur *Baumbach/Hopt*, § 15 Rn. 18.

23 *Bürck*, AcP 171 (1971), 328, 342; MüKo/*Lieb*, § 15 Rn. 66.

24 Siehe z. B. *Beuthien*, Fragwürdige Rechtsscheingrenzen im neuen § 15 Abs. 3 HGB, NJW 1970, 2283; *Beyerle*, Fragwürdige Rechtsscheinhaftung in § 15 Abs. 3 HGB n. F., BB 1971, 1482; *von Olshausen*, Neuerungen im System der handelsrechtlichen Rechtsscheingrundsätze, BB 1070, 137; *ders.*, Fragwürdige Rechtsscheingrenzen im neuen § 15 Abs. 3 HGB, NJW 1970, 966; *Steckhan*, Zu Normzweck und Rechtsfolge des neuen § 15 Abs. 3 HGB, NJW 1971, 1594.

25 *Beuthien*, NJW 1970, 2283.

lenfalls über einen Amtshaftungsanspruch (Art. 34 GG i. V. m. § 839 BGB) schadlos halten konnte.[26] Bei unmodifizierter Anwendung von § 15 Abs. 3 HGB würde der Anmeldende hingegen auch bei richtiger Anmeldung verpflichtet werden können. Ob § 15 Abs. 3 HGB unter diesem Gesichtspunkt teleologisch zu reduzieren ist, kann bis heute nicht als geklärt bezeichnet werden.[27]

A. K.

III. Italien

Unstreitig wird in Italien angenommen, daß die Unwirksamkeitsregeln der ersten Gesellschaftsrechtlichen Richtlinie (Publizitätsrichtlinie), welche in Italien durch D. P. R. vom 29. 12. 1969 Nr. 1127 und damit durch Art. 2332 des Zivilgesetzbuches („Codice Civile", C. C.) umgesetzt wurden, sich nur auf eingetragene Gesellschaften beziehen. Die Eintragung in das Register wird als konstitutiv nicht nur im Hinblick auf die Rechtspersönlichkeit, sondern auch im Hinblick auf die Gesellschaft als solche angesehen.[28]

Anders ausgedrückt: Vor der Eintragung gibt es kein Subjekt (etwa in Form einer Vorgesellschaft), auf das sich Rechte und Pflichten beziehen könnten. Ebensowenig gibt es damit eine (beschränkte oder unbeschränkte) Haftung der Gesellschafter (vorbehaltlich einer Haftung als Handelnde, s. u.). Die Rechtsprechung nimmt einerseits zwar an, daß vor Eintragung der Gesellschaft keine Gesellschafterversammlungen stattfinden können; andererseits aber wird zugelassen, daß die Gesellschafter bis dahin den Gründungsvertrag ändern können. Dies sei Ausdruck der Vertragsfreiheit.[29] Vor Eintragung kann die Nichtigkeit daher unter Bezugnahme auf die Vorschriften zur Unwirksamkeit von Verträgen (Art. 1418 C. C.), nicht aber unter Rückgriff auf die Vorschriften der ersten Gesellschaftsrechtlichen Richtlinie festgestellt werden.

Vor Eintragung verbleiben daher Rechtsgeschäfte in der persönlichen Sphäre der Handelnden. Nach Art. 2331 Abs. 2 C. C. haften die Handelnden aber unbeschränkt für Geschäfte, welche vor Eintragung im Namen der Gesellschaft eingegangen wurden. Hiervon sind alle Personen betroffen, welche im Namen der noch nicht eingetragenen Gesellschaft handeln, unabhängig davon, ob diese Personen später zu Geschäftsführern bestellt werden oder nicht.

---

26 *Beuthien*, a. a. O.

27 *Ammon*, in: Röhricht/von Westphalen, § 15 Rn. 42.

28 Cassazione, Urteil vom 22. 9. 1999, Nr. 10263, in: Le Società 1999, S. 1147; Cassazione, Urteil vom 16. 6. 1990, Nr. 6080, in: Giur. Comm, 1992, II, S. 206.

29 Cassazione, Urteil vom 5. 6. 1999, Nr. 5533, in: Le Società 1999, S. 1454; Corte di Appello di Trento, Beschluß vom 18. 2. 2000, in: Le Società 2000, S. 1100.

Die Rechtsprechung greift insoweit auf die Regeln der Vertretung ohne Vertretungsmacht zurück (wer im Namen der Gesellschaft handelt, wird als *falsus procurator* angesehen). Es wird als zulässig angesehen, daß die Gesellschaft nach ihrer Eintragung die in ihrem Namen zuvor eingegangenen Rechtsgeschäfte genehmigt und so die daraus resultierenden Rechte und Pflichten auf sich überleitet.[30] Eine Mindermeinung in der Lehre hingegen nimmt an, daß es sich um einen Fall der Vertretung ohne Vertretenen handele. Mit Eintragung entstehe der Vertretene, und so würden die zuvor begründeten Rechte und Pflichten automatisch auf diesen übergeleitet.

Die Haftung der Handelnden bleibt nach überwiegender Ansicht gleichwohl auch nach Eintragung der Gesellschaft und Genehmigung durch diese bestehen. Dies wird damit begründet, daß Art. 2331 C. C. keine zeitliche Begrenzung der Haftung vorsehe. Ohne eine solche könne die Haftung aus Gründen des Schutzes derjenigen, welche auf den oder die Handelnden vertraut haben, nicht beschränkt werden.[31]

Unabhängig von der Genehmigung durch die Gesellschaft wird angenommen, daß im Innenverhältnis diejenigen, welche von Dritten für Verpflichtungen, die für die Gesellschaft eingegangen wurden, in Anspruch genommen wurden, sich bei der Gesellschaft nach den Grundsätzen der Verwaltung fremder Angelegenheiten („gestione di affari altrui") sollen erholen können.

Art. 2331 C. C. wird als nicht zwingend angesehen. Abweichende Parteivereinbarungen sind daher möglich.

Literatur: *Bonavera,* Normativa CEE e nullità societarie, in: Le Società 1990, S. 18; *Di Sabato*, Manuale delle società, Turin 1995, S. 264 – 269; *Zagra*, Modifica dei patti sociali prima dell'iscrizione della società , in: Le società 2000, S. 1100.

I. G. / K.-H. L.

IV. Spanien

Wie vom EuGH erklärt, regelt die Erste gesellschaftsrechtliche EG-Richtlinie die Frage der faktischen (Kapital-) Gesellschaft („sociedad irregular") nicht. Ebenso bleibt die Frage nach der Abgrenzung zwischen der faktischen und der in Gründung befindlichen (Kapital-) Gesellschaft („sociedad en formación") ungeregelt. Lediglich bzgl. der in Gründung befindlichen (Kapital-) Gesellschaft – unabhängig davon, was sie nach nationalem Recht sein mag – wird, sofern nichts anderes vereinbart worden ist, die unbeschränkte und gesamtschuldnerische Haftung der Personen, die im Namen der in Gründung befindlichen Gesellschaft handelten, für den Fall bestimmt, daß die *später rechts-*

---

30 Cassazione, Urteil vom 21. 11. 1983, Nr. 6935, in: Giur. Comm. 1984, II, S. 554.
31 Cassazione, Urteil vom 6. 9. 1996, Nr. 8127, in: Le Società 1997, S. 32.

fähige Gesellschaft die Verpflichtungen nicht übernimmt, die sich aus den obigen Handlungen ergeben können (siehe Art. 7 Erste Richtlinie). In der Tat berührt diese Rechtssache eine der dogmatischen Kernfragen des Gesellschaftsrechts bzw. die Bestimmung des Zeitpunkts, in dem eine Gesellschaft Rechtspersönlichkeit erwirbt. Unmittelbar stellt sich aber die Frage der Bedeutung und des Umfangs der Rechtspersönlichkeit von Verbandsorganisationen. Es handelt sich um einen Komplex, worüber die nationalen Rechtssysteme der Mitgliedstaaten sehr unterschiedliche Auffassungen haben, abgesehen davon, daß es sich in der Regel schon um eine umstrittene Frage innerhalb der nationalen Rechtskulturen handelt. Ein weiterer Verschiedenheitsfaktor wird von der unterschiedlichen Funktion und Bedeutung der handelsregisterlichen Publizität verursacht. Ein gutes Beispiel liefert der vorliegende Fall. Das, was in dieser Rechtssache unter niederländischem Recht geschieht – es wird im Rahmen einer Verbandsorganisation gehandelt, die eine andere Rechtsform hat und auch als solche im Handelsregister eingetragen ist, jedoch unter einer praktisch identischen Bezeichnung bzw. ist die andere Gesellschaft als in Gründung befindliche GmbH eingetragene oHG –, kann unter spanischem Handelsregisterrecht nie geschehen (siehe Art. 395 ff. RRM). Die rechtsvergleichende Vertiefung des Komplexes überschreitet den Zweck dieser Anmerkung. Dagegen ist es angemessen und sinnvoll, die Regelung der Art. 15 und 16 LSA zusammenzufassen. Diese Vorschriften, die auch auf die S. Com. p. A. (gemäß des allgemeinen Verweises des Art. 152 Ccom) und die S. R. L. (siehe Verweis in Art. 11 Abs. 3 LSRL) anwendbar sind, beinhalten die Lösung des spanischen Gesetzgebers zur Problematik der in Gründung befindlichen und fehlerhaften (Kapital-) Gesellschaft. Sie setzen die in Art. 7 Erste Richtlinie bestimmte Maßnahme zum Schutz der Dritten um. Aber weiter dienen sie dazu, die Entwicklungen im Schrifttum teilweise zu positivieren.

Im spanischen Recht wird die Eintragung des Gründungsvertrags der Kapitalgesellschaft in das Handelsregister nicht als der Zeitpunkt angesehen, in dem die Gesellschaft ihre Rechtspersönlichkeit erwirbt, sondern als der Zeitpunkt der „regelmäßigen" Gründung („constitución ‚regular'") der Gesellschaft: Nach der Eintragung – die den letzten Schritt des Gründungsverfahrens darstellt – kommt der von den Gründungsbeteiligten gewollte Gesellschaftstyp zur Geltung. Nur dann wird die gewollte S. A., S. Com. p. A. oder S. R. L. bzw. eine S. A., eine S. Com. p. A. oder eine S. R. L. (siehe Art. 7 LSA und Art. 11. Abs. 1 LSRL). Aber die Rechtspersönlichkeit besteht schon vor diesem Zeitpunkt: Sie besteht, seitdem die Gründungsbeteiligten den Willen zeigten, in Gesellschaft zu handeln. Deshalb werden das Fehlen des Errichtungsakts oder die Mißachtung der der vorbeugenden Kontrolle dienenden Form der öffentlichen Beurkundung (im spanischen Recht erfordert dies die notarielle Beurkundung des Gründungsvertrags, der die Satzung einschließt, und dessen Eintragung in das Handelsregister) als Nichtigkeitsgrund des (Kapital-) Gesellschaftsgründungsvertrags betrachtet.[32] Trotzdem hat die Eintragung eine zentrale Rolle bei der Lösung der Problematik, die die Anfangsphase des Gesellschaftslebens aufwerfen kann. Wie schon oben erwähnt, wird diese Problematik durch zwei verschiedene Rechtsbegriffe behandelt.

Zunächst ist die in Gründung befindliche Gesellschaft zu nennen. Das Innenverhältnis wird nach der Bestimmung des gewollten Gesellschaftstyps geregelt, mit Ausnahme derjenigen Fragen, die eine Eintragung voraussetzen (z. B. die Aktienübertragung). Gegenüber Dritten können Satzungsklauseln, die vom nicht zwingenden Recht abweichen, nicht geltend gemacht werden, da deren Registerpublizität fehlt (siehe Art. 21 Ccom). Aber das größte Problem ist die Haftung für die Handlungen im Namen der in Gründung befindlichen Gesellschaft. Art. 15 LSA unterscheidet: (1) Konform zu Art. 7 Erste Richtlinie ist allgemeine Regel, daß für diese Handlungen unbeschränkt als Gesamtschuldner diejenigen Personen haften, die gehandelt haben. (2) Diese Personen haften ausnahmsweise nicht, wenn die Wirkung dieser Handlungen zur Eintragung und ggf. zu ihrer Übernahme von der eingetragenen Gesellschaft bedingt wurde. (3) Zusätzlich wird bestimmt, daß für diejenigen Handlungen, (a) die für die Eintragung der Gesellschaft unerläßlich sind, (b) die vom Vorstand bzw. vom Geschäftsführer durchgeführt worden sind und innerhalb der ihnen im Gründungsvertrag für den Zeitraum vor der Eintragung bestimmten Befugnisse fallen und (c) die aufgrund einer ausdrücklichen Bevollmächtigung von zu diesem Zweck von allen Gesellschaftern bestimmten Person durchgeführt worden sind, die in Gründung befindliche Gesellschaft mit dem aus den Einlagen der Gesellschafter gebildeten Vermögen haftet, wobei die Gesellschafter unmittelbar bis zur Grenze der verpflichteten Einlagen haften. (4) Nach der Eintragung haftet die Gesellschaft (a) *ex lege*, für die oben unter (3) bestimmten Handlungen und (b) nach ihrer Übernahme seitens der Gesellschaft in einem Zeitraum von drei Monaten nach der Eintragung, für all diejenigen, die die Gesellschaft beschließt zu übernehmen. In beiden Fällen endet die Gesamthaftung der Gesellschafter, des Vorstands bzw. des Geschäftsführers und der Vertreter zu diesem Zeitpunkt.

Zum anderen ist die fehlerhafte Gesellschaft zu nennen. Im Gegensatz zu dem oben geregelten Tatbestand taucht in Art. 16 LSA eine pathologische Lage auf: Hier besteht kein Wille, das Gründungsverfahren zu vollenden bzw. die Gesellschaft in das Handelsregister einzutragen, wobei dies vom Gesetz vermutet wird, wenn seit der notariellen Beurkundung des Gründungsvertrags ein Jahr ohne Eintragungsanmeldung vergangen ist, und die Gesellschaft trotzdem am Rechtsverkehr teilnimmt. Sollte der Unternehmensgegenstand handelsrechtlich sein, werden die Außenverhältnisse der fehlerhaften Gesellschaft von der Regelung der „sociedad colectiva" (offene Handelsgesellschaft; im

32 Siehe hierzu die spanische Anmerkung (B. IV.) zur *Marleasing*-Entscheidung (Fall Nr. 5 in diesem Casebook).

folgenden: S. C.) bestimmt: Die Gesellschafter haften subsidiär, unmittelbar, unbeschränkt und als Gesamtschuldner für die Verpflichtungen der Gesellschaft (siehe Art. 127 Ccom). In dem Innenverhältnis, sofern nichts anderes vereinbart worden ist, gilt ebenso die Regelung der S. C. Allerdings darf jeder Gesellschafter die Auflösung und Liquidation der fehlerhaften Gesellschaft vor Gericht beantragen.

Literatur: *A. Alonso Ureba*, La sociedad en formación, in: Derecho de sociedades anónimas, Bd. I (La fundación), Madrid: Facultad de Derecho de Albacete/Civitas, 1991, S. 519 – 611; *L. Fernández de la Gándara*, La sociedad anónima irregular, in: Derecho de sociedades anónimas, Bd. I (La fundación), Madrid: Facultad de Derecho de Albacete/Civitas, 1991, S. 613 – 649; *M. A. Martín Reyes*, La ‚iregularidad' de la sociedad unipersonal: una propuesta de interpretación, Revista de Derecho de Sociedades 2000-2 (15), S. 103 – 118; *R. García Villaverde*, Sociedades irregulares, Cuadernos de Derecho y Comercio 1993 (11), S. 13 – 50; *M. I. Sáez Lacave*, La sociedad mercantil en formación, Madrid: Civitas, 2001.

P. B.

Fall Nr. 10 – Tomberger

PARTEIEN: *Waltraud Tomberger* gegen *Gebrüder von der Wettern GmbH*
AKTENZEICHEN: Rs. C-234/94
FUNDSTELLE: Slg. 1996, I-3133[1]

A. Urteil des EuGH vom 27. Juni 1996

I. Tenor

Sofern

– eine Gesellschaft (Muttergesellschaft) Alleingesellschafterin einer anderen Gesellschaft (Tochtergesellschaft) ist und sie kontrolliert,

– die Mutter- und die Tochtergesellschaft nach nationalem Recht einen Konzern bilden,

– die Geschäftsjahre beider Gesellschaften deckungsgleich sind,

– der Jahresabschluß der Tochtergesellschaft für das fragliche Geschäftsjahr von ihrer Gesellschafterversammlung vor Abschluß der Prüfung des Jahresabschlusses der Muttergesellschaft für dieses Geschäftsjahr festgestellt wurde,

– aus dem Jahresabschluß der Tochtergesellschaft für das fragliche Geschäftsjahr, wie er von ihrer Gesellschafterversammlung festgestellt wurde, hervorgeht, daß die Tochtergesellschaft an ihrem Bilanzstichtag – d. h. am letzten Tag dieses Geschäftsjahres – der Muttergesellschaft einen Gewinn zugewiesen hat, und

– das nationale Gericht sich vergewissert hat, daß der Jahresabschluß der Tochtergesellschaft für das fragliche Geschäftsjahr ein den tatsächlichen Verhältnissen entsprechendes Bild ihrer Vermögens-, Finanz- und Ertragslage vermittelt,

verstößt es nicht gegen Art. 31 Abs. 1 Buchstabe c Unterabs. aa der Vierten Richtlinie 78/660/EWG des Rates vom 25. Juli 1978 aufgrund von Art. 54 Abs. 3 Buchstabe g des Vertrages über den Jahresabschluß von Gesellschaften bestimmter Rechtsformen in der Fassung der Siebenten Richtlinie 83/349/EWG des Rates vom 13. Juni 1983 aufgrund von Art. 54 Abs. 3 Buchstabe g des Vertrages über den konsolidierten Abschluß, wenn ein nationales Gericht befindet, daß die fraglichen Gewinne in der Bilanz der Muttergesellschaft für das Geschäftsjahr auszuweisen sind, in dem sie von der Tochtergesellschaft zugewiesen wurden.

---

1 NJW 1996, 2363 = DB 1996, 1400 = BB 1996, 1492 = EuZW 1996, 467 = GmbHR 1996, 521 = WM 1996, 1263 = ZIP 1996, 1168.

II. Rechtsgrundlagen

1. Art. 2 Abs. 3 der Jahresabschlußrichtlinie[2]

Der Jahresabschluß hat ein den tatsächlichen Verhältnissen entsprechendes Bild der Vermögens-, Finanz- und Ertragslage der Gesellschaft zu vermitteln.

2. Art. 2 Abs. 5 S. 1

Ist in Ausnahmefällen die Anwendung einer Vorschrift dieser Richtlinie mit der in Absatz 3 vorgesehenen Verpflichtung unvereinbar, so muß von der betreffenden Vorschrift abgewichen werden, um sicherzustellen, daß ein den tatsächlichen Verhältnissen entsprechendes Bild im Sinne des Absatzes 3 vermittelt wird.

3. Art. 31 Abs. 1

Die Mitgliedstaaten stellen sicher, daß für die Bewertung der Posten im Jahresabschluß folgende allgemeine Grundsätze gelten: [...]

c) Der Grundsatz der Vorsicht muß in jedem Fall beachtet werden. Das bedeutet insbesondere:

aa) Nur die am Bilanzstichtag realisierten Gewinne werden ausgewiesen.

bb) Es müssen alle voraussehbaren Risiken und zu vermutenden Verluste berücksichtigt werden, die in dem Geschäftsjahr oder einem früheren Geschäftsjahr entstanden sind, selbst wenn diese Risiken oder Verluste erst zwischen dem Bilanzstichtag und dem Tag der Aufstellung der Bilanz bekanntgeworden sind. [...]

d) Aufwendungen und Erträge für das Geschäftsjahr, auf das sich der Jahresabschluß bezieht, müssen berücksichtigt werden, ohne Rücksicht auf den Zeitpunkt der Ausgabe oder Einnahme dieser Aufwendung oder Erträge.

4. Art. 59 Abs. 1

Die Mitgliedstaaten können gestatten oder vorschreiben, daß eine Beteiligung im Sinne des Artikels 17 am Kapital eines Unternehmens, auf dessen Geschäfts- und Finanzpolitik ein maßgeblicher Einfluß ausgeübt wird, in der Bilanz nach den folgenden Absätzen 2 bis 9 je nach Lage des Falles entweder als Unterposten des Postens ‚Anteile an verbundenen Unternehmen' oder als Unterposten des Postens ‚Beteiligungen' ausgewiesen wird.

---

2 Alle im folgenden ohne Gesetzesbezeichnung genannten Artikel sind solche der Jahresabschlußrichtlinie.

III. Zum Sachverhalt

1. Der Bundesgerichtshof hat mit Beschluß vom 21. Juli 1994, beim Gerichtshof eingegangen am 18. August 1994, gemäß Art. 177 EGV [nunmehr Art. 234 EGV] eine Frage nach der Auslegung der Art. 31 Abs. 1 und 59 der Vierten Richtlinie 78/660/EWG des Rates vom 25. Juli 1978 aufgrund von Art. 54 Abs. 3 Buchstabe g des Vertrages über den Jahresabschluß von Gesellschaften bestimmter Rechtsformen (ABl. L 222, S. 11; Vierte Richtlinie) in der Fassung der Siebenten Richtlinie 83/349/EWG des Rates vom 13. Juni 1983 aufgrund von Art. 54 Abs. 3 Buchstabe g des Vertrages über den konsolidierten Abschluß (ABl. L 193, S. 1) zur Vorabentscheidung vorgelegt.

2. Diese Frage stellt sich in einem Rechtsstreit zwischen Frau Tomberger (Klägerin) und der Gebrüder von der Wettern GmbH (Beklagte), einer Gesellschaft deutschen Rechts mit Sitz in Deutschland. [...]

8. Die Klägerin, Gesellschafterin der Beklagten, wendet sich gegen deren Jahresabschluß, wie er für das Geschäftsjahr 1. Januar 1989 bis 31. Dezember 1989 aufgestellt und von der Gesellschafterversammlung am 19. Oktober 1990 festgestellt wurde.

9. Die Beklagte hält insbesondere Beteiligungen an der Technische Sicherheitssystem GmbH (TSS) und an der Gesellschaft für Bauwerksabdichtungen mbH (GfB).

10. Am 29. Juni 1990 faßten die Gesellschafterversammlungen der TSS und der GfB Beschluß über die Feststellung der für das Geschäftsjahr 1. Januar 1989 bis 31. Dezember 1989 aufgestellten Jahresabschlüsse. Aus diesen Jahresabschlüssen ergab sich, daß der Beklagten für das Geschäftsjahr 1989 bestimmte Gewinne zugewiesen, aber noch nicht an sie ausgeschüttet worden waren.

11. Im Jahresabschluß der Beklagten für das Jahr 1989 sind die an sie ausgeschütteten Gewinne der TSS und der GfB für das Geschäftsjahr 1988 ausgewiesen, nicht aber die ihr für das Geschäftsjahr 1989 zugewiesenen Gewinne.[3]

12. Die Klägerin war der Auffassung, daß die der Beklagten für das Geschäftsjahr 1989 seitens der TSS und der GfB zugewiesenen Gewinne gemäß der Vierten Richtlinie in ihrem Jahresabschluß für dieses Geschäftsjahr hätten ausgewiesen werden müssen, und klagte vor dem Landgericht auf Nichtigerklärung des Beschlusses der Gesellschafterversammlung, mit dem der Jahresabschluß 1989 festgestellt worden war. Das in erster Instanz und im Berufungsverfahren abgewiesene Klagebegehren wurde mit der Revision vor dem Bundesgerichtshof weiter verfolgt.

13. Der Bundesgerichtshof ist der Ansicht, daß der Gewinnanspruch eines Unternehmens (Muttergesellschaft), das an einem anderen Unternehmen (Tochtergesellschaft) allein oder mit Mehrheit beteiligt sei, bereits zum Stichtag der Bilanz der Tochtergesellschaft so weitgehend konkretisiert sei, daß er als zu seinem Vermögen gehörig angesehen werden könne. Daraus folge, daß diese Forderung „phasengleich" mit der Entstehung der entsprechenden Verpflichtung bei der Tochtergesellschaft in den Jahresabschluß der

---

3 Die Beklagte hatte also phasen*verschoben* aktiviert.

Muttergesellschaft aufgenommen werden müsse. Der Bundesgerichtshof fragt sich jedoch, ob dieser Standpunkt mit den Anforderungen der Vierten Richtlinie vereinbar sei.

IV. Vorlagefrage

14. Daher hat der Bundesgerichtshof das Verfahren ausgesetzt und dem Gerichtshof folgende Frage zur Vorabentscheidung vorgelegt:

> Verstößt es gegen die in Art. 31 Abs. 1 Buchstabe c Unterabs. aa der Vierten Richtlinie vom 25. Juli 1978 (78/660/EWG) getroffene Regelung, nach der nur die am Stichtag realisierten Gewinne ausgewiesen werden, sowie die in Art. 59 dieser Richtlinie niedergelegten Grundsätze zur sogenannten „Equity"-Methode, wenn der Gewinnanspruch, der einem Unternehmen gegenüber einer Gesellschaft mit beschränkter Haftung zusteht, an der es allein beteiligt ist und für die die Vermutung der Abhängigkeit im Sinne des § 17 Abs. 2 AktG und der Konzernzugehörigkeit i. S. d. § 18 Abs. 1 S. 3 AktG nicht widerlegt sind, unter der Voraussetzung bereits zum Stichtag des Jahresabschlusses der abhängigen Gesellschaft als zum Vermögen des allein oder mit Mehrheit beteiligten Unternehmens gehörig angesehen und damit „phasengleich" aktiviert wird, daß die Geschäftsjahre beider Unternehmen deckungsgleich sind und die Gesellschafterversammlung der abhängigen Gesellschaft mit beschränkter Haftung über die Feststellung des Jahresabschlusses und die Gewinnverwendung in einem Zeitpunkt beschließt, in dem die Prüfung des Jahresabschlusses des alleinbeteiligten Unternehmens noch nicht abgeschlossen ist?

V. Entscheidungsgründe

15. Diese Frage stellt sich, wie aus ihrem Wortlaut und dem des Vorlagebeschlusses hervorgeht, in einem ganz spezifischen Zusammenhang:

– Die Muttergesellschaft ist Alleingesellschafterin der Tochtergesellschaft und kontrolliert sie;

– die Mutter- und die Tochtergesellschaft bilden nach nationalem Recht einen Konzern;

– die Geschäftsjahre beider Gesellschaften sind deckungsgleich;

– der Jahresabschluß der Tochtergesellschaft für das fragliche Geschäftsjahr wurde von ihrer Gesellschafterversammlung vor Abschluß der Prüfung des Jahresabschlusses der Muttergesellschaft für dieses Geschäftsjahr festgestellt;

– aus dem Jahresabschluß der Tochtergesellschaft für das fragliche Geschäftsjahr, wie er von ihrer Gesellschafterversammlung festgestellt wurde, geht hervor, daß die Tochtergesellschaft an ihrem Bilanzstichtag – d. h. am letzten Tag dieses Geschäftsjahres – der Muttergesellschaft einen Gewinn zugewiesen hat;

– das nationale Gericht ist aufgrund der nach nationalem Recht für die Beziehungen zwischen der Mutter- und der Tochtergesellschaft geltenden Vermutungen der Ansicht, daß der Gewinnanspruch der Muttergesellschaft bereits zum Stichtag der Bilanzen beider Gesellschaften so weitgehend konkretisiert sei, daß er von diesem Tag an als zum Vermögen der Muttergesellschaft gehörig angesehen werden könne.

16. Wie der Generalanwalt in Nr. 12 seiner Schlußanträge ausgeführt hat, kann Art. 59 der Vierten Richtlinie in der geänderten Fassung, auf den das vorlegende Gericht verweist, für die Entscheidung über den Ausgangsrechtsstreit nicht maßgeblich sein, da der deutsche Gesetzgeber von der ihm dort eingeräumten Befugnis keinen Gebrauch gemacht hat, so daß die in diesem Artikel vorgesehenen Bewertungsmethoden in Deutschland keine Anwendung finden.

17. Was Art. 31 der Vierten Richtlinie betrifft, so soll mit dieser Richtlinie eine Koordinierung der einzelstaatlichen Vorschriften über die Gliederung und den Inhalt des Jahresabschlusses von Gesellschaften bestimmter Rechtsformen erreicht werden (vgl. die erste Begründungserwägung). Zur Koordinierung des Inhalts der Jahresabschlüsse sieht diese Richtlinie den Grundsatz der Bilanzwahrheit vor, dessen Beachtung ihre Hauptzielsetzung darstellt. Nach diesem Grundsatz müssen die Jahresabschlüsse der Gesellschaften, für die die Vierte Richtlinie gilt, ein den tatsächlichen Verhältnissen entsprechendes Bild ihrer Vermögens-, Finanz- und Ertragslage vermitteln (vgl. vierte Begründungserwägung und Art. 2 Abs. 3 und 5 der Vierten Richtlinie).

18. Die Anwendung des Grundsatzes der Bilanzwahrheit hat sich möglichst weitgehend an den in Art. 31 der Vierten Richtlinie enthaltenen allgemeinen Grundsätzen zu orientieren. Im vorliegenden Fall kommt den in Art. 31 Abs. 1 Buchstabe c Unterabs. aa und bb und Buchstabe d vorgesehenen Grundsätzen besondere Bedeutung zu.

19. Zunächst dürfen nach Art. 31 Abs. 1 Buchstabe c Unterabs. aa nur die am Bilanzstichtag realisierten Gewinne ausgewiesen werden.

20. Dann müssen nach Art. 31 Abs. 1 Buchstabe d alle Aufwendungen und Erträge für das Geschäftsjahr, auf das sich der Jahresabschluß bezieht, berücksichtigt werden, ohne Rücksicht auf den Zeitpunkt ihrer Ausgabe oder Einnahme.

21. Schließlich verlangt Art. 31 Abs. 1 Buchstabe c Unterabs. bb die Berücksichtigung von Risiken und Verlusten, die in einem Geschäftsjahr entstanden sind, auch dann, wenn sie erst zwischen dem Bilanzstichtag und dem Tag der Aufstellung der Bilanz für dieses Geschäftsjahr bekannt geworden sind.

22. Nach diesen Bestimmungen gestattet es die Berücksichtigung aller Faktoren – realisierte Gewinne, Aufwendungen, Erträge, Risiken und Verluste –, die sich tatsächlich auf das fragliche Geschäftsjahr beziehen, die Beachtung des Grundsatz 1 der Bilanzwahrheit sicherzustellen.

23. Im vorliegenden Fall ergibt sich jedoch aus dem Jahresabschluß der Tochtergesellschaft, daß sie die fraglichen Gewinne im Geschäftsjahr 1989 realisiert und der Muttergesellschaft am 31. Dezember 1989, also vor Abschluß dieses Geschäftsjahres, zugewiesen hat. Das nationale Gericht hat sich vor der Prüfung des Jahresabschlusses der Muttergesellschaft zu vergewissern, daß nichts dagegen spricht, daß diese Darstellung der wirtschaftlichen Lage der Tochtergesellschaft dem Grundsatz der Bilanzwahrheit entspricht.

24. Sofern der Jahresabschluß der Tochtergesellschaft selbst dem Grundsatz der Bilanzwahrheit entspricht, verstößt es somit nicht gegen Art. 31 Abs. 1 Buchstabe c Unterabs. aa der Vierten Richtlinie, wenn das nationale Gericht befindet, daß die fraglichen Gewinne im beschriebenen Zusammenhang in der Bilanz der Muttergesellschaft für das Geschäftsjahr auszuweisen sind, in dem sie von der Tochtergesellschaft zugewiesen wurden.

25. Folglich ist auf die Frage des vorlegenden Gerichts zu antworten, daß, sofern

– eine Gesellschaft (Muttergesellschaft) Alleingesellschafterin einer anderen Gesellschaft (Tochtergesellschaft) ist und sie kontrolliert,

– die Mutter- und die Tochtergesellschaft nach nationalem Recht einen Konzern bilden,

– die Geschäftsjahre beider Gesellschaften deckungsgleich sind,

– der Jahresabschluß der Tochtergesellschaft für das fragliche Geschäftsjahr von ihrer Gesellschafterversammlung vor Abschluß der Prüfung des Jahresabschlusses der Muttergesellschaft für dasselbe Geschäftsjahr festgestellt wurde,

– aus dem Jahresabschluß der Tochtergesellschaft für das fragliche Geschäftsjahr, wie er von ihrer Gesellschafterversammlung festgestellt wurde, hervorgeht, daß die Tochtergesellschaft an ihrem Bilanzstichtag – d. h. am letzten Tag dieses Geschäftsjahres – der Muttergesellschaft einen Gewinn zugewiesen hat, und

– das nationale Gericht sich vergewissert hat, daß der Jahresabschluß der Tochtergesellschaft für das fragliche Geschäftsjahr ein den tatsächlichen Verhältnissen entsprechendes Bild ihrer Vermögens-, Finanz- und Ertragslage vermittelt,

es nicht gegen Art. 31 Abs. 1 Buchstabe c Unterabs. aa der Vierten Richtlinie verstößt, wenn ein nationales Gericht befindet, daß die fraglichen Gewinne in der Bilanz der Muttergesellschaft für das Geschäftsjahr auszuweisen sind, in dem sie von der Tochtergesellschaft zugewiesen wurden.

B. Beschluß vom 10. Juli 1997 (Urteilsberichtigung)[4]

I. Tenor

Sofern

– eine Gesellschaft (Muttergesellschaft) Alleingesellschafterin einer anderen Gesellschaft (Tochtergesellschaft) ist und sie kontrolliert,

– die Mutter- und die Tochtergesellschaft nach nationalem Recht einen Konzern bilden,

– die Geschäftsjahre beider Gesellschaften deckungsgleich sind,

---

4 Abgedruckt in BB 1997, 1577 = DStR 1997, 1416 = GmbHR 1997, 798 = IStR 1997, 509. Ergangen nach Art. 66 § 1 2. Fall der Verfahrensordnung des Gerichtshofes.

– die Gesellschafterversammlung der Tochtergesellschaft der Zuweisung bestimmter Gewinne an die Muttergesellschaft für das fragliche Geschäftsjahr zugestimmt hat;

– diese Gesellschafterversammlung vor Abschluß der Prüfung des Jahresabschlusses der Muttergesellschaft für dasselbe Geschäftsjahr stattgefunden hat und

– das nationale Gericht sich vergewissert hat, daß der Jahresabschluß der Tochtergesellschaft für das fragliche Geschäftsjahr ein den tatsächlichen Verhältnissen entsprechendes Bild ihrer Vermögens-, Finanz- und Ertragslage vermittelt,

verstößt es nicht gegen Artikel 31 Absatz 1 Buchstabe c Unterabsatz aa der Vierten Richtlinie 78/660/EWG des Rates vom 25. Juli 1978 aufgrund von Artikel 54 Absatz 3 Buchstabe g des Vertrages über den Jahresabschluß von Gesellschaften bestimmter Rechtsformen in der Fassung der Siebenten Richtlinie 83/349/EWG des Rates vom 13. Juni 1983 aufgrund von Artikel 54 Absatz 3 Buchstabe g des Vertrages über den konsolidierten Abschluß, wenn ein nationales Gericht befindet, daß die fraglichen Gewinne in der Bilanz der Muttergesellschaft für das Geschäftsjahr auszuweisen sind, für das sie von der Tochtergesellschaft zugewiesen wurden.

II. Aus den Entscheidungsgründen

1. Randnummer 10 des EuGH-Urteils vom 27. 6. 1996 ist wie folgt zu lesen:

„Am 29. Juni 1990 faßten die Gesellschafterversammlungen der TSS und der GfB Beschluß über die Feststellung der für das Geschäftsjahr 1. Januar 1989 bis 31. Dezember 1989 aufgestellten Jahresabschlüsse. Auf Vorschlag der Geschäftsführungen dieser beiden Gesellschaften – jeweils enthalten in ihren Jahresberichten für dieses Geschäftsjahr, die gemäß Artikel 47 der Vierten Richtlinie die Jahresabschlüsse begleiten mußten – stimmten diese Gesellschafterversammlungen für das am 31. Dezember 1989 abgeschlossene Geschäftsjahr der Zuweisung bestimmter Gewinne an die Beklagte zu, die aber noch nicht an diese ausgeschüttet worden waren."

2. Randnummer 15 ist wie folgt zu lesen:

„Diese Frage stellt sich, wie aus ihrem Wortlaut und dem des Vorlagebeschlusses hervorgeht, in einem ganz spezifischen Zusammenhang:

– Die Muttergesellschaft ist Alleingesellschafterin der Tochtergesellschaft und kontrolliert sie;

– die Mutter- und die Tochtergesellschaft bilden nach nationalem Recht einen Konzern;

– die Geschäftsjahre beider Gesellschaften sind deckungsgleich;

– die Gesellschafterversammlung der Tochtergesellschaft hat der Zuweisung bestimmter Gewinne an die Muttergesellschaft für das fragliche Geschäftsjahr zugestimmt;

– diese Gesellschafterversammlung hat vor Abschluß der Prüfung des Jahresabschlusses der Muttergesellschaft für dasselbe Geschäftsjahr stattgefunden; und

– das nationale Gericht ist aufgrund der nach nationalem Recht für die Beziehungen zwischen der Mutter- und der Tochtergesellschaft geltenden Vermutungen der Ansicht, daß der Gewinnanspruch der Muttergesellschaft bereits zum Stichtag der Bilanzen beider Gesellschaften so weitgehend konkretisiert sei, daß er von diesem Tag an als zum Vermögen der Muttergesellschaft gehörig angesehen werden könne."

3. Randnummer 23 ist wie folgt zu lesen:

„Im vorliegenden Fall scheinen die fraglichen Gewinne von der Tochtergesellschaft jedoch im Geschäftsjahr 1989 realisiert und der Muttergesellschaft für dieses Geschäftsjahr zugewiesen worden zu sein. Das nationale Gericht hat sich vor der Prüfung des Jahresabschlusses der Muttergesellschaft zu vergewissern, daß nichts dagegen spricht, daß die Darstellung der wirtschaftlichen Lage der Tochtergesellschaft dem Grundsatz der Bilanzwahrheit entspricht."

4. Randnummer 24 ist wie folgt zu lesen:

„Sofern der Jahresabschluß der Tochtergesellschaft dem Grundsatz der Bilanzwahrheit entspricht, verstößt es somit nicht gegen Artikel 31 Absatz 1 Buchstabe c Unterabsatz aa der Vierten Richtlinie, wenn das nationale Gericht befindet, daß die fraglichen Gewinne im beschriebenen Zusammenhang in der Bilanz der Muttergesellschaft für das Geschäftsjahr auszuweisen sind, für das sie von der Tochtergesellschaft zugewiesen wurden."

5. Randnummer 25 ist wie folgt zu lesen:

„Folglich ist auf die Frage des vorlegenden Gerichts zu antworten, daß, sofern

– eine Gesellschaft (Muttergesellschaft) Alleingesellschafterin einer anderen Gesellschaft (Tochtergesellschaft) ist und sie kontrolliert,

– die Mutter- und die Tochtergesellschaft nach nationalem Recht einen Konzern bilden,

– die Geschäftsjahre beider Gesellschaften deckungsgleich sind,

– die Gesellschafterversammlung der Tochtergesellschaft der Zuweisung bestimmter Gewinne an die Muttergesellschaft für das fragliche Geschäftsjahr zugestimmt hat,

– diese Gesellschafterversammlung vor Abschluß der Prüfung des Jahresabschlusses der Muttergesellschaft für dasselbe Geschäftsjahr stattgefunden hat, und

– das nationale Gericht sich vergewissert hat, daß der Jahresabschluß der Tochtergesellschaft für das fragliche Geschäftsjahr ein den tatsächlichen Verhältnissen entsprechendes Bild ihrer Vermögens-, Finanz- und Ertragslage vermittelt,

es nicht gegen Artikel 31 Absatz 1 Buchstabe c Unterabsatz aa der Vierten Richtlinie verstößt, wenn ein nationales Gericht befindet, daß die fraglichen Gewinne in der Bilanz der Muttergesellschaft für das Geschäftsjahr auszuweisen sind, für das sie von der Tochtergesellschaft zugewiesen wurden."

C. Anmerkungen

I. Europarecht[5]

Der BGH möchte wissen, ob es unter den im Ausgangsverfahren gegebenen Umständen mit der Jahresabschlußrichtlinie vereinbar ist, daß eine Gesellschaft Dividendenansprüche, die ihr gegenüber einer Tochtergesellschaft zustehen, nach nationalem Recht schon in dem Jahr in seiner Bilanz zu aktivieren[6] hat, für das die Tochtergesellschaft den Gewinn ausgeschüttet hat, auf den sich die Dividendenansprüche beziehen.[7]

Eine bilanzierungspflichtige Person hat grundsätzlich[8] all diejenigen ihr zustehenden Vermögensgegenstände zu aktivieren, die aktivierungsfähig sind. Dies ergibt sich aus dem Grundsatz der Vollständigkeit der Bilanz, der in der Jahresabschlußrichtlinie nicht ausdrücklich verankert wurde, sich jedoch ohne weiteres aus Art. 2 Abs. 3 ableiten läßt.[9] Da der Dividendenanspruch ebenso wie die in Erfüllung dieses Anspruchs ausgeschüttete Dividende als Gewinn anzusehen ist,[10] ist Maßstab für die Aktivierungsfähigkeit des Dividendenanspruchs vor allem das in Art. 31 Abs. 1 lit. c) Unterabs. aa) verankerte Realisationsprinzip, demzufolge Gewinne erst dann ausgeschüttet werden dürfen, wenn sie realisiert sind. Ferner ist das ebenfalls in Art. 31 Abs. 1 lit. c) Unterabs. aa) enthaltene Stichtagsprinzip zu beachten, nach dem die Gewinnrealisierung bis zum Bilanzstichtag eingetreten sein muß.[11]

1. Grundsätzlich sind Dividendenansprüche nur dann als realisiert und damit aktivierungsfähig anzusehen, wenn sie rechtlich entstanden und ihrer Durchsetzung keine Hindernisse im Wege stehen. Ein Dividendenanspruch entsteht, nachdem die Gesellschafterversammlung der Gesellschaft durch den Gewinnverwendungsbeschluß über die Ausschüttung von Gewinnen entschieden hat. Der Gewinnverwendungsbeschluß wird regel-

---

5 Vorweg ist zu bemerken, daß die Ausführungen des Gerichtshofs in der Sache *Tomberger* kaum verständlich sind (siehe auch die Nachweise in Fn. 37). Daran hat auch die Urteilsberichtigung nichts wesentliches geändert. Dies wird auch darauf zurückzuführen sein, daß der Gerichtshof mit den streitgegenständlichen bilanzrechtlichen Zusammenhängen nicht vertraut war (vgl. *Klauer*, S. 235: „Unsicherheit in der Behandlung des Themas").

6 Das bedeutet, daß der Vermögensgegenstand auf der Aktivseite der Bilanz (Art. 9 1. Teil) zu erfassen ist.

7 Von dieser Rechtslage – also einer Aktivierungspflicht – geht der BGH aus, vgl. ausführlich BB 1994, 1674 ff. sowie die deutsche Anmerkung unter II.

8 Sofern nicht ausnahmsweise ein Aktivierungsverbot eingreift.

9 Vgl. für Deutschland § 246 Abs. 1 S. 1 HGB, auf den sich der BGH (BB 1994, 1673, 1674) ausdrücklich beruft.

10 Ebenso *Moxter*, DB 2000, 2333, 2334. Siehe auch Art. 23 Nr. 9, Art. 24 B. Nr. 9, Art. 25 B. Nr. 3 der Richtlinie.

11 Durch das Stichtagsprinzip werden also Gewinne den verschiedenen Wirtschaftsjahren („Perioden") zugeordnet.

mäßig gegen Mitte bzw. Ende des auf das Wirtschaftsjahr folgenden Jahres gefaßt. Denn zuvor muß der Jahresabschluß aufgestellt, festgestellt und geprüft werden. Dann ist die Gesellschafterversammlung zur Fassung des Gewinnverwendungsbeschlusses einzuberufen, was ebenfalls Zeit verstreichen läßt. Rechtlich entstanden ist der Dividendenanspruch somit erst in dem Jahr, das dem Geschäftsjahr nachfolgt. Grundsätzlich müssen Dividendenansprüche als phasen*verschoben* aktiviert werden.

2. Es fragt sich aber, ob hiervon mit Blick auf die besonderen Umstände des Ausgangsfalles eine Ausnahme zu machen ist. Denn es ist nicht zu verkennen, daß die Fassung eines Gewinnverwendungsbeschlusses in Gesellschaften, deren Anteile sich vollständig in den Händen eines anderen Unternehmens befinden, letztlich eine bloße Formalie ist. Es ließe sich argumentieren, daß die Entstehung eines Dividendenanspruches gegen eine vollständig beherrschte Tochtergesellschaft deswegen schon zum Ende des Wirtschaftsjahres der Muttergesellschaft dermaßen sicher ist, daß der Gewinn, den der Dividendenanspruch verkörpert, als realisiert angesehen werden kann,[12] zumindest sofern sich zum Abschlußstichtag eine entsprechende Ausschüttungsabsicht der Muttergesellschaft feststellen läßt.[13] Daß der Dividendenanspruch rechtlich noch nicht entstanden ist, kann diese Argumentation nicht von vornherein zu Fall bringen, da im Bilanzrecht anerkanntermaßen letztlich eine wirtschaftliche Betrachtungsweise den Ausschlag gibt.[14] Im Ergebnis schließt sich der EuGH dieser Auffassung an und billigt auf diese Weise die phasengleiche Aktivierung, allerdings nur für die besonderen, überdeutlich hervorgehobenen Umstände des Falles (Leitsatz, Rn. 15 und Rn. 25):

– Zunächst ist erforderlich, daß die „Muttergesellschaft Alleingesellschafterin der Tochtergesellschaft“ ist (1. Spiegelstrich). Eine Aussage für den praktisch viel wichtigeren

12 Das vom EuGH gefundene Ergebnis läßt sich also durchaus als Auslegung des Begriffs „realisiert“ in Art. 31 Abs. 1 lit. c) Unterabs. aa) begreifen (so von *Klauer*, S. 236, Fn. 747 erwogen). Ein Rückgriff auf Art. 2 Abs. 5 ist somit nicht zwingend erforderlich (vgl. *Klauer*, S. 236).

13 Dem Gesichtspunkt der Ausschüttungsabsicht legt der EuGH offenbar überhaupt keine Bedeutung bei. Er wird nicht einmal in der Aufzählung der für den Fall charakteristischen Umstände erwähnt (vgl. Rn. 15). In der in Deutschland geführten Diskussion kommt diesem Punkt hingegen ganz wesentliche Bedeutung zu (etwa *Henssler*, JZ 1998, 701, 704). Denn eine Absicht der Muttergesellschaft zur Ausschüttung der in der Tochtergesellschaft angefallenen Gewinne ist erste Voraussetzung, um eine hinreichend sichere Entstehung des Dividendenanspruchs annehmen zu können. Es stellt sich dann natürlich die Frage, auf welche Weise diese Absicht festgestellt werden soll. Die Rechtsprechung behilft sich hier mit der Figur der sog. wertaufhellenden Faktoren (hierzu näher BFH, BStBl. II 1999, 551, 553 ff.).

14 Hierzu *Herzig*, DB 1996, 1401; *Weber-Grellet*, in: Herzig, 95, 96.

Fall, daß die Muttergesellschaft lediglich eine Mehrheitsbeteiligung hält, ist damit also nicht getroffen worden.[15]

– Ferner muß die Muttergesellschaft die Tochtergesellschaft „kontrollieren" (1. Spiegelstrich). Welche Bedeutung diesem Merkmal gegenüber der hundertprozentigen Beherrschung zukommen soll, bleibt unklar.

– Gleiches gilt für das Erfordernis, daß Mutter- und Tochtergesellschaft „nach nationalem Recht einen Konzern bilden" müssen (2. Spiegelstrich).

– Die Geschäftsjahre beider Gesellschaften müssen deckungsgleich sein (3. Spiegelstrich).

– Die Gesellschafterversammlung der Tochtergesellschaft muß „der Zuweisung bestimmter Gewinne an die Muttergesellschaft für das fragliche Geschäftsjahr zugestimmt" haben (4. Spiegelstrich in der durch die Urteilsberichtigung korrigierten Fassung). Was mit der Zuweisung von Gewinnen gemeint sein soll, war schon für das Ausgangsurteil zweifelhaft und ist durch die Urteilsberichtigung nicht deutlicher geworden. Vor Erlaß der Urteilsberichtigung wurde gemutmaßt, daß hierunter nur die Bilanzaufstellung unter Berücksichtigung der vollständigen oder teilweisen Verwendung des Jahresergebnisses verstanden werden könne.[16] Nach der Urteilsbegründung wird man davon auszugehen haben, daß der EuGH mit Gewinnzuweisung den Gewinnverwendungsvorschlag meint,[17] mit dem die den Jahresabschluß aufstellende Geschäftsführung ihre Ansichten über die Gewinnverwendung zum Ausdruck bringt. Die Zustimmung der Gesellschafterversammlung hierzu ist dann der Gewinnverwendungsbeschluß.

– Ferner muß „diese Gesellschafterversammlung vor Abschluß der Prüfung des Jahresabschlusses der Muttergesellschaft für dasselbe Geschäftsjahr stattgefunden" haben (5. Spiegelstrich in der durch die Urteilsberichtigung korrigierten Fassung). Dieses Kriterium war immer wieder besonderer Kritik unterzogen worden. Nimmt man nämlich einen Zwang zu phasengleicher Aktivierung nur an, wenn der Gewinnverwendungsbeschluß *vor* Abschluß der Prüfung des Jahresabschlusses der Muttergesellschaft gefaßt worden ist, so räumt man der Muttergesellschaft letztlich ein Wahlrecht ein.[18] Denn die Muttergesellschaft kann die Fassung des Gewinnverwendungsbeschlusses ohne weiteres so lange hinauszögern, wie die Prüfung ihres Jahresabschlusses noch andauert.

---

15 Hierzu *Haselmann/Schick*, DB 1996, 1529, 1532; *Herzig*, DB 1996, 1401, 1402; *Jonas*, in: Herzig, 41, 48 mit zahlreichen Nachweisen.

16 *Herzig*, DB 1996, 1401, 1402.

17 *Forster*, AG 1996, 419; *Haselmann/Schick*, DB 1996, 1529, 1531; *Jonas*, in: Herzig, 41, 49.

18 *Herzig*, DB 1996, 1401, 1402 („faktisches Wahlrecht"); *Hoffmann*, BB 1996, 1493, 1494; *ders.*, in: Herzig, 1, 19; *Jonas*, in: Herzig, 41, 50; *Theile*, IStR 395, 398.

– Schließlich fordert der EuGH, daß „sich das nationale Gericht vergewissert hat, daß der Jahresabschluß der Tochtergesellschaft für das fragliche Geschäftsjahr ein den tatsächlichen Verhältnissen entsprechendes Bild ihrer Vermögens-, Finanz- und Ertragslage vermittelt". Dieses Kriterium bleibt vollends unverständlich. Wie soll die Antwort auf die (rein materiellrechtliche) Frage nach der Zulässigkeit phasengleicher Aktivierung davon abhängen können, in welchem Umfange sich das Gericht über die Richtigkeit des Jahresabschlusses der Tochter vergewissert hat? Auf der anderen Seite ist es eine reine Selbstverständlichkeit, daß der Jahresabschluß der Tochtergesellschaft den gesetzlichen Vorschriften zu entsprechen hat.[19]

II. Deutschland

1. Die Problematik der phasengleichen Aktivierung von Dividendenansprüchen hat im deutschen Schrifttum geradezu eine Flut von Beiträgen hervorgerufen.[20] Dies liegt vor allem an der immensen praktischen Bedeutung dieser Frage. Sie soll deswegen kurz dargestellt werden.

a) Vergleichsweise leicht erkennbar wird die Bedeutsamkeit des Problems, wenn ein Gesellschafter zum Ende des Geschäftsjahres aus der Gesellschaft austritt oder stirbt

---

19 *Forster*, AG 1996, 419.

20 Aus dem umfangreichen Schrifttum: *Forster*, Anmerkung zum Tomberger-Urteil des EuGH, AG 1996, 419; *Groh*, Der Fall Tomberger – Nachlese und Ausblick, DStR 1998, 813; *ders.*, Kein Abschied von der phasengleichen Bilanzierung – Anmerkungen zum Beschluß des Großen Senats vom 7. 8. 2000 GrS 2/99, DB 2000, 2444; *Haselmann/Schick*, Phasengleiche Aktivierung von Dividendenansprüchen: Das Verwirrspiel im EuGH-Verfahren ist noch nicht beendet, DB 1996, 1529; *Heni*, Anmerkung zum Tomberger-Urteil des EuGH, DStR 1996, 1095; *Henssler*, Die phasengleiche Aktivierung von Gewinnansprüchen im GmbH-Konzern, JZ 1998, 701; *Herzig*, Anmerkung zum Tomberger-Urteil des EuGH, DB 1996, 1401; *Hoffmann*, Anmerkung zum Tomberger-Urteil des EuGH, BB 1997, 1493; *ders.*, Phasengleiche Vereinnahmung von Dividenden, BB 1997, 1679; *ders.*, Anmerkung zum Urteil des BFG vom 28. 2. 2001, DB 2001, 1066; *Hoffmann/Sauter*, Vom Pyrrhussieg zur blinden Justitia?, GmbHR 1997, 639; *Hofmeister*, Anmerkung zum Tomberger-Urteil des EuGH, BB 1997, 1578; *Kessler*, Die Wahrheit über das Vorsichtsprinzip?, DB 1997, 1; *Kraneis*, Phasengleiche Aktivierung von Dividendenansprüchen: Ein Verwirrspiel?, DB 1997, 57; *List*, Die phasengleiche Aktivierung von Dividendenansprüchen – ein Problem zwischen EuGH, BGH und BFH, WM 2001, 941; *Moxter*, Phasengleiche Dividendenaktivierung: Der Große Senat des BFH im Widerstreit zu den handelsrechtlichen GoB, DB 2000, 2333; *Schüppen*, Die „Zuweisung von Gewinnen im Jahresabschluß" – Delphisches Orakel oder Salomonische Lösung?, DB 1996, 1481; *Schulze-Osterloh*, Phasengleiche Aktivierung von Dividendenansprüchen – Besprechung des Beschlusses des Großen Senats des Bundesfinanzhofs BStBl. II 2000, 632 -, ZGR 2001, 497; *Theile*, Zeitkongruente Aktivierung von Dividendenansprüchen und Realisationsprinzip, IStR 1996, 395; *Wassermeyer*, Der Zu- und Abfluß von Gewinnausschüttungen – Bilanzrechtlich und steuerrechtlich gesehen, Festschrift für Döllerer, S. 705; *Weber-Grellet*, Anmerkung zum Tomberger-Urteil des EuGH, DStR 1996, 1094; *ders.*, Bilanzrecht im Lichte, Bilanzsteuerrecht im Schatten des EuGH, DB 1996, 2089.

oder ausgeschlossen wird oder seinen Gesellschaftsanteil verkauft.[21] Der Gesellschafter (bzw. dessen Erbe) wird dann daran interessiert sein, daß er den Dividendenanspruch für das Jahr aktivieren kann, in dem er noch Mitglied der Gesellschaft war.

b) Der Zeitpunkt der Vereinnahmung kann unter steuerlichen Gesichtspunkten in vielfältiger Weise relevant werden. Beispielsweise kann mit dem Zufluß des Dividendenanspruchs ein Anspruch auf Anrechnung, z. B. der Kapitalertragsteuer, verbunden sein.[22] Ferner mag ein Verlust aus Vorjahren nur bis zu dem betreffenden Jahr vorgetragen werden können.[23]

c) Darüber hinaus kann es bei größeren Unternehmen vorkommen, daß der Kapitalmarkt die Ausschüttung einer Dividende für das betreffende Geschäftsjahr erwartet, was bei Berücksichtigung der Gewinne der Tochterunternehmen auch möglich wäre. Hier kann es für das Unternehmen ausgesprochen unangenehm sein, diese Erwartung aufgrund eines Zwangs zu phasenverschobener Vereinnahmung enttäuschen zu müssen.[24]

d) Auch bei der praktisch wichtigen Gestaltungsvariante der sog. Betriebsaufspaltung kommt eine phasengleiche Aktivierung der Dividendenansprüche in Betracht.[25]

e) Interessant ist schließlich, daß hiervon auch der Problemkreis des konzernrechtlichen Minderheitenschutzes betroffen wird. Nach Angaben der Verfahrensbeteiligten *Eilers/Heinemann*[26] hat die Klägerin Tomberger dem geschäftsführenden Mehrheitsgesellschafter auch den Vorwurf gemacht, durch die phasenverschobene Aktivierung der Ansprüche gegen die Tochtergesellschaften die Aktivseite der Bilanz der Muttergesellschaft möglichst gering zu halten, um damit die Passivseite aufzublähen.[27] Ziel dieser Maßnahme sei es, dem Minderheitsgesellschafter das Interesse an seinem Engagement in der Gesellschaft zu nehmen[28] („Aushungerung des Minderheitsgesellschafters“[29]). Hieran wird deutlich, wie das Bilanzrecht zum Anwendungsfall des gesellschaftsrechtlichen Minderheitenschutzes werden kann.[30]

---

21 Vgl. auch *Wassermeyer*, 705, 706.

22 Dazu näher *Wassermeyer*, 705, 706.

23 So beispielsweise in dem Fall, der dem Beschluß des Großen Senats des BFH zur phasengleichen Aktivierung (dazu in der deutschen Anmerkung unter 3.) zugrunde liegt.

24 Hierzu näher *Jonas*, in: Herzig, 41, 44.

25 Hierzu BFHE 187, 492 und *Groh*, DStR 1998, 813 ff.

26 In: Herzig, 25, 27.

27 *Eilers/Heinemann*, in: Herzig, 25, 27.

28 *Eilers/Heinemann*, in: Herzig, 25, 27.

29 Vgl. auch BGHZ 83, 122, 126 (*Holzmüller*).

30 *Eilers/Heinemann*, in: Herzig, 25, 27.

2. In Deutschland wurde erstmals 1975 höchstrichterlich über die Frage der phasengleichen Vereinnahmung von Dividendenansprüchen entschieden.[31] Der BGH hatte hier ein Wahlrecht zur phasengleichen Aktivierung angenommen.[32] Der BFH hatte in mehreren Entscheidungen[33] Gelegenheit, den Ansatz des BGH fortzuentwickeln. Hierbei wurde durchweg auf Aktivierungspflicht entschieden.[34] Demzufolge entsprach es in Deutschland weit verbreiteter Praxis, Dividendenansprüche gegen Tochterunternehmen phasengleich zu aktivieren. Deshalb sorgten die vorab veröffentlichen Schlußanträge des Generalanwalts Tesauro, in denen er die Möglichkeit zu phasengleicher Aktivierung generell verwarf, geradezu für eine Panik in deutschen Wirtschaftskreisen.[35] Mit entsprechender Spannung wurde die Entscheidung des EuGH erwartet. Die Entscheidung, die dem Vorschlag des Generalanwalts nicht folgt, sondern die in Deutschland geübte Praxis für grundsätzlich zulässig erklärt, ist im Ergebnis auf breite Zustimmung gestoßen und hat insofern die Wogen wieder geglättet.[36] Hinsichtlich Umfang und Qualität der Begründung dieser Entscheidung sieht sich der EuGH jedoch ungewohnt harscher Kritik ausgesetzt.[37] In der Tat ist die zu beobachtende Art und Weise der Entscheidungsfindung unter mehreren Gesichtspunkten bedenklich. Dies ist jedoch keine Besonderheit der *Tomberger*-Entscheidung, sondern gilt für viele Entscheidungen des Gerichtshofs.[38] In der *Tomberger*-Entscheidung treten diese Versäumnisse freilich besonders offen zu Tage: Selbst die nur zwei Sätze umfassende Begründung enthielt noch solche Ungenauigkei-

---

31 BGHZ 65, 230 = BB 1976, 9.

32 Näher *Haselmann/Schick*, DB 1996, 1529; *Henssler*, JZ 1998, 701, 706; *Tesauro*, DB 1996, 316, 317. Mit nicht überzeugenden Ausführungen wird dies von *Kraneis*, DB 1997, 57 bestritten.

33 BFHE 132, 80; 156, 443; 164, 34.

34 *Hoffmann*, in: Herzig, 1, 5 f. Die hierbei entwickelten Argumentationsstrukturen dienten dem BGH in der *Tomberger*-Entscheidung als Vorlage (vgl. *Hoffmann*, BB 1997, 1679, 1680, Fn. 9). Dem BFH folgend war im *Tomberger*-Verfahren nunmehr auch der BGH der Ansicht, das deutsche Bilanzrecht fordere eine phasengleiche Aktivierung des Dividendenanspruchs. An einer abschließenden Entscheidung sah er sich aber mit Blick auf Art. Art. 31 Abs. 1 lit. c) Unterabs. aa) und lit. d), der dem streitgegenständlichen § 252 Abs. 1 Nr. 4 HGB zugrunde liegt, gehindert und hat deswegen dem EuGH gemäß Art. 234 EGV vorgelegt.

35 Vgl. *Jonas*, in: Herzig, 41, 42.

36 Etwa *Forster*, AG 1996, 419; *Herzig*, DB 1996, 1401, 1402.

37 *Biener*, in: Herzig, 63, 67 („Verzicht auf den Versuch jeder Art einer nachvollziehbaren Begründung"); *Haselmann/Schick*, DB 1996, 1529, 1531 („nicht aus sich heraus verständlich"); *Herzig*, DB 1996, 1402 („außerordentlich beklagenswerte", „inhaltlich mehr als dürftige" Begründung); *Hoffmann*, in: Herzig, 1, 19 („zwei dürre Sätze" als Begründung); *ders.*, BB 1997, 1679 (spricht immer nur von „Begründung", also in Anführungszeichen); *Thömmes*, IWB 1996, 114 („minimalistische Urteilsbegründung" mit „merkwürdigen Feststellungen"). Allein verteidigend: *Eilers/Heinemann*, in: Herzig, 25, 38.

38 Aus diesem Casebook siehe die Entscheidungen in Sachen *Centros* (Fall Nr. 3), *Marleasing* (Fall Nr. 6), *Rabobank* (Fall Nr. 7) und *Continental Can* (Fall Nr. 12).

ten, daß sich der EuGH genötigt sah, sein Urteil wegen „offenbarer Unrichtigkeiten" (Art. 66 § 1 2. Fall der Verfahrensordnung des Gerichtshofes) zu berichtigen.[39]

3. Die durch die *Tomberger*-Entscheidung zunächst eingetretene Ruhe in der Diskussion um die phasengleiche Aktivierung währte nur kurz. Denn schon im Jahre 1998 bekundete der erste Senat des BFH seine Absicht, die Aktivierungsfähigkeit von Dividendenansprüchen grundsätzlich nicht mehr zuzulassen.[40] Da er hierbei eine Divergenz zur Rechtsprechung der anderen Senate des BFH sah, legte er die Frage nach der Zulässigkeit phasengleicher Aktivierung von Dividendenansprüchen dem Großen Senat des BFH vor.[41] Der Große Senat schloß sich der Auffassung des ersten Senats zumindest in der Tendenz an.[42] Danach ist eine phasengleiche Aktivierung von Dividendenansprüchen auch bei mehrheitlicher Beteiligung grundsätzlich nicht mehr zulässig.[43] Dies gilt nur dann nicht, wenn „den Gesellschaftern der ausschüttungsfähige Gewinn am Bilanzstichtag bekannt" ist und die Gesellschafter „endgültig entschlossen sind, eine bestimmte Gewinnverwendung künftig zu beschließen", wobei – und dies ist zu betonen[44] – diese Voraussetzungen „anhand objektiver Anhaltspunkte" zum Bilanzstichtag nachgewiesen werden müssen.[45] Die Berufung auf eine wertaufhellende Wirkung eines erst später gefaßten Gewinnverwendungsbeschlusses[46] wird damit vom Großen Senat als unzulässig zurückgewiesen.[47]

4. Bemerkenswert ist, daß sowohl der I. Senat des BFH[48] in seinem Anrufungsbeschluß als auch der Große Senat[49] eine Pflicht zur Vorlage an den EuGH (Art. 234 Abs. 3 EGV) ausdrücklich als nicht gegeben ansehen.[50]

---

39 Oben B. Zur Urteilsberichtigung *Eilers/Heinemann*, in: Herzig, 25, 39; *Haselmann/Schick*, DB 1996, 1529, 1531; *Henssler*, JZ 1998, 701, 702; *Hoffmann*, BB 1997, 1679.

40 BStBl. II 1999, 551.

41 Sog. Divergenzvorlage nach § 11 Abs. 4 FGO (vgl. auch § 132 Abs. 2 GVG).

42 Beschluß v. 7. 8. 2000, BStBl. II 2000, 632 = DB 2000, 1993 = NZG 2001, 332. Hierzu ausführlich *Schulze-Osterloh*, ZGR 2001, 497.

43 Leitsatz der Entscheidung, DB 2000, 1993.

44 Die von *Groh* in DB 2000, 2444 vertretene Auffassung, den vom Großen Senat zusätzlich aufgestellten Anforderungen könne „ohne weiteres" genügt werden, muß daher als bedenklich bezeichnet werden. Der Große Senat selbst hält seine Kriterien für nur schwer erfüllbar (DB 2000, 1993, 1994; *Moxter*, DB 2000, 2333).

45 DB 2000, 1993, 1994.

46 Die Heranziehung des sog. Wertaufhellungsprinzips erweist sich als unerläßlich, wenn man die phasengleiche Aktivierung bei mehrheitlicher Beteiligung grundsätzlich zulassen (und damit fordern, § 246 Abs. 1 S. 1 HGB) will (so insbesondere die bisherige Rechtsprechung, etwa BFH, BStBl. II, 1989, 714, 717; BGH, JZ 1998, 735, 737; hierzu *Groh*, DB 2000, 2444; *Moxter*, DB 2000, 2333, 2334).

47 *Moxter*, DB 2000, 2333, 2334.

48 BStBl. II 1999, 551, 558.

a) Der Große Senat begründet dies damit, daß sich seine Entscheidung allein auf das Jahr 1985 beziehe, das Bilanzrichtliniengesetz zu diesem Zeitpunkt aber noch nicht „allgemein anzuwenden" gewesen sei.[51] Diese Begründung ist schon deswegen bedenklich, weil der Große Senat gleichzeitig „davon ausgeht", daß die in der Entscheidung entwikkelten Grundsätze gleichwohl auch für spätere Bilanzstichtage Anwendung finden.[52] Im übrigen kommt es für das Bestehen einer Vorlagepflicht überhaupt nicht darauf an, wann das Bilanzrichtliniengesetz, also das deutsche Umsetzungsgesetz zur Bilanzrichtlinie, in Kraft getreten (oder anwendbar gewesen) ist. Maßgeblich ist vielmehr der Zeitpunkt des Inkrafttretens der Richtlinie selbst.

b) Der I. Senat des BFH hatte zusätzlich angeführt, er sei auch deswegen nicht zur Vorlage an den EuGH verpflichtet, weil er sein Ergebnis allein unter steuerrechtlichen Gesichtspunkten gefunden habe und die „Beurteilungskompetenz des EuGH nicht auf steuerrechtliche Bilanzierungsfragen ausstrahle".[53] Hierbei nimmt er Bezug auf seine im Beschluß vom 9. 9. 1998 geäußerte Auffassung, wonach „im finanzgerichtlichen Verfahren Fragen nach dem Inhalt der Bilanzrichtlinie nicht vorab dem EuGH zur Entscheidung vorzulegen sind".[54] Diese Rechtsauffassung ist im Schrifttum zu Recht auf weitgehende Ablehnung gestoßen.[55] Bezeichnend ist bereits die Formulierung der Vorlagefrage, die der erste Senat in dieser Entscheidung dem Großen Senat des BFH stellt: „Ist der BFH verpflichtet, Fragen nach dem Inhalt von Vorschriften der 4. Richtlinie des Rates über den Jahresabschluß von Gesellschaften in bestimmter Rechtsform vom 25. 7. 1978 dem EuGH vorzulegen?" An der (bejahenden) Antwort besteht wegen Art. 234 Abs. 3 EGV nicht der geringste Zweifel. Der erste Senat wollte indes eine ganz andere Frage geklärt wissen, nämlich ob sich bei der Anwendung deutschen Bilanzsteuerrechts überhaupt Fragen nach Inhalt und Auslegung der Bilanzrichtlinie stellen können. Aber auch hierauf fällt die Antwort nicht schwer. Das sog. Bilanzsteuerrecht ist wegen des in § 5 Abs. 1 S. 1 EStG normierten Maßgeblichkeitsgrundsatzes[56] weitestgehend Handels-

---

49 DB 2000, 1993, 1996 f.

50 Auch eine Pflicht zur Vorlage an den Gemeinsamen Senat der Obersten Gerichtshöfe des Bundes (§ 2 Abs. 1 des Gesetzes zur Wahrung der Einheitlichkeit der Rechtsprechung der obersten Gerichtshöfe des Bundes vom 19. Juni 1968, BGBl. I, 661) lehnen beide Senate mit fragwürdiger Begründung ab (BStBl. II 1999, 551, 557 f. und DB 2000, 1993, 1997). Vgl. auch BGH, DB 1998, 1553, wo eine Vorlage an den Gemeinsamen Senat dann für nicht erforderlich befunden wird, wenn in derselben Sache eine EuGH-Entscheidung ergangen ist.

51 DB 2000, 1993, 1996 f.

52 DB 2000, 1993, 1996. Vgl. *Moxter*, DB 2000, 2333.

53 BStBl. II 1999, 551, 558.

54 GmbHR 1999, 362.

55 *Groh*, DB 2000, 2444, 2446; *Moxter*, DB 2000, 2333, 2335.

56 Im Körperschaftsteuerrecht kommt der Maßgeblichkeitsgrundsatz über § 8 Abs. 1 KStG zur Anwendung.

recht. Originär steuerrechtliche Vorschriften nehmen lediglich Modifikationen an dem vom Handelsrecht gelieferten Ergebnis vor. Sofern sich im finanzgerichtlichen Verfahren bei der Anwendung der handelsrechtlichen Vorschriften Probleme stellen, besteht also sehr wohl eine Pflicht zur Vorlage an den EuGH.[57]

A. K.

III. Frankreich

Die *Tomberger*-Entscheidung widmet sich dem Prinzip der Bilanzwahrheit. Die Entscheidung verpflichtet Konzerne zur Erfassung der für die Muttergesellschaft bestimmten Gewinne einer Tochtergesellschaft in der Bilanz der Muttergesellschaft.

Diese Prinzipien sind in das französische Recht übernommen worden (Art. L 123-12 ff. Code de Commerce). Art. L 123-14 Code de Commerce regelt demzufolge, daß „die Bilanz geordnet und wahrheitsgemäß aufgestellt werden und ein wahrheitsgetreues Abbild des Vermögens, der finanziellen Lage und des Geschäftsergebnisses des Unternehmens wiedergeben muß. Reicht die Anwendung einer Rechnungslegungsvorschrift nicht aus, um ein wahrheitsgetreues Abbild – wie in dieser Vorschrift erwähnt – wiederzugeben, müssen im Anhang vervollständigende Informationen aufgeführt werden."

Das Prinzip, das in der *Tomberger*-Entscheidung wiedergegeben wurde, gilt in Frankreich seit die Gesetzgebung bezüglich der konsolidierten Bilanzen existiert (Art. L 233-16 Code de Commerce). Grundsätzlich umfaßt der Umfang der Konsolidierung alle Tochtergesellschaften und Beteiligungen, die der direkten oder indirekten Kontrolle der beherrschenden Gesellschaft unterstehen oder über die diese einen beachtlichen Einfluß ausübt (Art. L 233-19 Code de Commerce).

Literatur: *C. H. Gavalda / G. Parléani*, Droit des affaires de l'Union Européenne, S. 141; *Ph. Merle*, Sociétés commerciales, 7. Aufl., Nr. 664 ff.

D. L.

IV. Vereinigtes Königreich

Obwohl das Erfordernis, daß der Jahresabschluß einen „true and fair view" in Vermögensverhältnisse der Gesellschaft gewähren muß, schon seit langem Bestandteil des britischen Rechts ist, hat dieser Rechtssatz bislang keine gerichtliche Konkretisierung erfahren, auch nicht nach der Umsetzung der Vierten Richtlinie der EU. In England wird

---

57 Mit bilanzsteuerrechtlichen Fragen befaßt sich auch die *DE + ES Bauunternehmung*-Entscheidung des EuGH, Slg. 1999, I-5331 = EuZW 2000, 314. Zu diesem Urteil ausführlich *Hermanns*, GmbHR 1999, 1123 ff.

vor allem die Bedeutung der sog. accounting standards betont, die gegenüber den gesetzlichen Vorschriften häufig in den Vordergrund gerückt werden. Dies scheint sich mit der Ansicht des EuGH zu decken.

Zu bemerken ist, daß sich der Sachverhalt des *Tomberger*-Verfahrens im Vereinigten Königreich so nicht hätte zutragen können. Der Jahresabschluß wird von den „directors" aufgestellt und der Gesellschafterversammlung vorgelegt. Dieser steht jedoch nicht das Recht zu, den Jahresabschluß zu billigen bzw. zu mißbilligen. Deswegen könnte kein Anteilseigner Klage erheben mit der Begründung, der Jahresabschluß verstoße gegen gesetzliche Vorschriften. Diese Möglichkeit steht lediglich der Gesellschaft und – sollte sich die Gesellschaft im Abwicklungsstadium befinden – ihren Liquidatoren zu. Der Gesellschafter kann die Überprüfung des Jahresabschlusses lediglich über einen Umweg erreichen, indem er den „directors" einen Bruch ihrer organschaftlichen Pflichten vorwirft. Ein solcher Prozeß kann bei nicht ordnungsgemäßer Aufstellung des Jahresabschlusses zur Haftung der „directors" führen, nicht aber kann die Nichtigkeit des Jahresabschlusses festgestellt werden. Einem Minderheitsgesellschafter ist selbst diese Klagemöglichkeit im Grundsatz verwehrt (*Devlin v Slough Estates Ltd* [1983] BCLC 497). Ein besonders schwerer oder dauerhafter Verstoß, vor allem in kleineren Gesellschaften, kann allerdings als „unfair prejudice" i. S. v. Section 459 Companies Act 1985 anzusehen sein.

Die gesetzlichen Vorgaben im Vereinigten Königreich können wie folgt zusammengefaßt werden. Die Bilanz einer Gesellschaft muß einen „true and fair view" der Vermögensverhältnisse der Gesellschaft am Ende des Wirtschaftsjahres, die Gewinn- und Verlustrechnung einen „true and fair view" der im Wirtschaftsjahr angefallenen Gewinne und Verluste geben (Section 226 (2) Companies Act 1985). Diese Erfordernisse sind von fundamentaler Bedeutung und setzen sich gegenüber anderen bilanzrechtlichen Vorschriften, die vor allem in Schedule 4 enthalten sind, durch (Section 226 (5) Companies Act 1985). Das Gesetz behandelt zwei Situationen, in denen das Ergebnis, das die Anwendung der gesetzlichen Vorschriften liefert, modifiziert werden muß. Zum einen kann es sein, daß auch ein in Übereinstimmung mit den Erfordernissen der Schedule 4 aufgestellter Jahresabschluß ein nicht ausreichendes Maß an Information liefert. Das zusätzlich erforderliche Informationsmaterial muß dann entweder am Anfang der Bilanz bzw. der Gewinn- und Verlustrechnung oder im Anhang aufgeführt werden (Section 226 (4)). Zweitens kann die strikte Anwendung der gesetzlichen Vorschriften mit dem Erfordernis eines „true and fair view" im Widerspruch stehen. In diesem Fall sind die „directors" berechtigt, von der Anwendung der jeweiligen Vorschrift abzusehen. Sie sind jedoch verpflichtet, im Anhang zum Jahresabschluß die Umstände darzulegen, die die Abweichung rechtfertigen (Sections 226 (5)). Ferner muß ausgeführt werden, wie sich die Nichtanwendung der Vorschrift auf das vom Jahresabschluß vermittelte Bild auswirkt.

Die 1989 eingeführte Bestimmung der Section 256 bestimmt die einzelnen Bilanzierungsvorschriften. Hierzu wird auf die „statements of standard accounting practice" verwiesen, die vom *Accounting Standards Board* veröffentlicht werden. Außer kleinen und mittelgroßen Unternehmen müssen alle bilanzierungspflichtigen Unternehmen erklären, daß sie ihren Jahresabschluß in Übereinstimmung mit den anzuwendenden Bilanzierungsregeln aufgestellt haben.

Wie bereits angedeutet, sind die meisten dieser Erfordernisse bislang noch nicht durch eine höchstrichterliche Entscheidung konkretisiert worden. In *Lloyd Cheynham & Co v Littlejohn & Co* [1986] PCC wurde lediglich entschieden, daß ein Verstoß gegen Bilanzierungsvorschriften regelmäßig eine Pflichtverletzung der Abschlußprüfer begründet. Besonderer Bedeutung kommt daneben einer erstmals im Jahre 1983 von *Leonard Hoffmann QC* (jetzt *Lord Hoffmann*) und *Mary Arden* (jetzt *Arden LJ*) vertretenen Auffassung zu. Danach soll das Gericht bei der Konkretisierung des „true and fair view" die Gepflogenheiten professioneller Buchhalter und sonstiger mit Bilanzierungsfragen betrauter Personen zu Rate ziehen. Deren Praxis dient als prima-facie-Beweis für die Bejahung eines „true and fair view".

J. B.

Fall Nr. 11 – Daihatsu[1]

PARTEIEN: *Verband deutscher Daihatsu-Händler e. V.* gegen *Daihatsu Deutschland GmbH*
AKTENZEICHEN: Rechtssache C-97/96
FUNDSTELLE: Slg. 1997, I-6843[2]

A. Urteil des EuGH vom 4. Dezember 1997

I. Leitsätze

1. Artikel 6 der Ersten Richtlinie 68/151/EWG des Rates vom 9. März 1968 zur Koordinierung der Schutzbestimmungen, die in den Mitgliedstaaten den Gesellschaften im Sinne des Artikels 58 Absatz 2 EGV [nunmehr Art. 48 Abs. 2 EGV] im Interesse der Gesellschafter sowie Dritter vorgeschrieben sind, um diese Bestimmungen gleichwertig zu gestalten, ist dahin auszulegen, daß er den Rechtsvorschriften eines Mitgliedstaats entgegensteht, die nur den Gesellschaftern, den Gläubigern und dem Gesamtbetriebsrat bzw. dem Betriebsrat der Gesellschaft das Recht einräumen, die Verhängung der Maßregel zu beantragen, die das nationale Recht für den Fall vorsieht, daß eine Gesellschaft den durch die Erste Richtlinie 68/151 aufgestellten Pflichten auf dem Gebiet der Offenlegung des Jahresabschlusses nicht nachkommt.

2. Da eine Richtlinie nicht selbst Verpflichtungen für einen einzelnen begründen kann, so daß ihm gegenüber eine Berufung auf die Richtlinie als solche nicht möglich ist, braucht nicht geprüft zu werden, ob Artikel 6 der Ersten Richtlinie 68/151 unmittelbare Wirkung entfaltet.

---

1 Dieses Vorlageverfahren ist vom Vertragsverletzungsverfahren zu unterscheiden, das die Kommission gegen die Bundesrepublik Deutschland wegen unzureichender Umsetzung des Art. 6 1. Spiegelstrich eingeleitet hat (mit abschließendem Urteil des EuGH vom 29. 9. 1998 – Rs. C-191/95, EuZW 1998, 758 = EWS 1998, 419 = BB 1998, 2200; Schlußanträge des Generalanwalts *Cosmas* in ZIP 1997, 1330 ff. = DB 1997, 1695 ff.). Zu diesem Verfahren *de Weerth*, BB 1998, 2204; *Gehringer*, EWS 1999, 65; *Hommelhoff*, in: Lutter/Wiedemann (Hrsg.), Gestaltungsfreiheit im Gesellschaftsrecht, 1998, S. 41; *Hirte*, NJW 1996, 2827, 2829; *Klos*, WiB 1996, 246; *Leible*, ZHR 1998, 594, 596 f.

2 NJW 1998, 129 = JZ 1998, 193 = DB 1997, 2598 = BB 1998, 156 = EWS 1998, 59 = EuZW 1998, 45 = ZIP 1997, 2155.

II. Rechtsgrundlagen

1. Nationales Recht

a) § 335 S. 1 1. Hs. Nr. 6 HGB a. F.[3]

Mitglieder des vertretungsberechtigten Organs einer Kapitalgesellschaft, die § 325 über die Pflicht zur Offenlegung des Jahresabschlusses, des Lageberichts, des Konzernabschlusses, des Konzernlageberichts und anderer Unterlagen der Rechnungslegung nicht befolgen, sind hierzu vom Registergericht durch Festsetzung von Zwangsgeld nach § 132 Abs. 1 des Gesetzes über die Angelegenheiten der freiwilligen Gerichtsbarkeit anzuhalten.

b) § 335 S. 2 1. Hs. HGB a. F.

Das Registergericht schreitet jedoch nur ein, wenn ein Gesellschafter, Gläubiger oder der Gesamtbetriebsrat oder, wenn ein solcher nicht besteht, der Betriebsrat der Kapitalgesellschaft dies beantragt.

c) § 325 I 1 1. Hs. HGB a. F.

Die gesetzlichen Vertreter von Kapitalgesellschaften haben den Jahresabschluß unverzüglich nach seiner Vorlage an die Gesellschafter, jedoch spätestens vor Ablauf des neunten Monats des dem Abschlußstichtag nachfolgenden Geschäftsjahrs, mit dem Bestätigungsvermerk oder dem Vermerk über dessen Versagung zum Handelsregister des Sitzes der Kapitalgesellschaft einzureichen.

2. Gemeinschaftsrecht

a) Art. 6 1. Spiegelstrich der Publizitätsrichtlinie

Die Mitgliedstaaten drohen geeignete Maßregeln für den Fall an, daß die in Artikel 2 Absatz 1 Buchstabe f) vorgeschriebene Offenlegung der Bilanz und der Gewinn- und Verlustrechnung unterbleibt.

b) Art. 2 lit. f) der Publizitätsrichtlinie

Die Mitgliedstaaten treffen die erforderlichen Maßnahmen, damit sich die Pflicht zur Offenlegung hinsichtlich der Gesellschaften mindestens auf folgende Urkunden und Angaben erstreckt: ... f) die Bilanz und die Gewinn- und Verlustrechnung für jedes Ge-

---

3 Die streitgegenständlichen Vorschriften sind vom deutschen Gesetzgeber am 24. 2. 2000 (BGBl. I S. 154) aufgrund des hier zu besprechenden Urteils des EuGH (sowie der in Fn. 1 genannten Entscheidung) geändert worden. Hierzu noch in der deutschen Anmerkung (B. II.).

schäftsjahr. In das Dokument, das die Bilanz enthält, sind die Personalien derjenigen aufzunehmen, die aufgrund gesetzlicher Vorschriften einen Bestätigungsvermerk zu der Bilanz zu erteilen haben. Für die in Artikel 1 genannten Gesellschaften mit beschränkter Haftung des deutschen, des belgischen, des französischen, des griechischen, des italienischen, des luxemburgischen oder des portugiesischen Rechts sowie für geschlossene Aktiengesellschaften des niederländischen Rechts und „private companies" des irischen Rechts und „private companies" des nordirischen Rechts wird die Pflicht zur Anwendung dieser Bestimmung jedoch bis zum Zeitpunkt der Anwendung einer Richtlinie aufgeschoben, die sowohl Vorschriften über die Koordinierung des Inhalts der Bilanzen und der Gewinn- und Verlustrechnungen enthält, als auch diejenigen dieser Gesellschaften, deren Bilanzsumme einen in der Richtlinie festzusetzenden Betrag nicht erreicht, von der Pflicht zur Offenlegung aller oder eines Teils dieser Schriftstücke befreit.

c) Art. 44 Abs. 2 lit. g) EGV

III. Zum Sachverhalt

Das Oberlandesgericht Düsseldorf hat mit Beschluß vom 22. November 1995,[4] beim Gerichtshof eingegangen am 26. März 1996, gemäß Artikel 177 EGV [nunmehr Art. 234 EGV] eine Frage nach der Auslegung des Artikels 6 der Ersten Richtlinie 68/151/EWG des Rates vom 9. März 1968 zur Koordinierung der Schutzbestimmungen, die in den Mitgliedstaaten den Gesellschaften im Sinne des Artikels 58 Absatz 2 EGV [nunmehr Art. 48 Abs. 2 EGV] im Interesse der Gesellschafter sowie Dritter vorgeschrieben sind, um diese Bestimmungen gleichwertig zu gestalten (ABl. L 65, S. 8; im folgenden: Erste Richtlinie), zur Vorabentscheidung vorgelegt.

Diese Frage stellt sich in einem vom Verband deutscher Daihatsu-Händler e. V. beim Amtsgericht – Registergericht – eingeleiteten Verfahren. Der Verband stellte beim Amtsgericht Kempen den Antrag, der Daihatsu Deutschland GmbH, der deutschen Generalimporteurin für Daihatsu-Fahrzeuge, unter Androhung von Zwangsmaßnahmen aufzugeben, ihre Jahresbilanzen vorzulegen, die seit 1989 nicht mehr offengelegt wurden.

Dieser Antrag wurde vom Amtsgericht Kempen mit Entscheidung vom 24. Oktober 1994 abgelehnt; mit Beschluß vom 13. Dezember 1994 bestätigte das Landgericht Krefeld diese Entscheidung.

Das Landgericht stützte sich, wie schon das Amtsgericht, auf § 335 Satz 1 Nummer 6[5] in Verbindung mit Satz 2 des deutschen Handelsgesetzbuchs, wonach ein Verfahren mit Zwangsmaßnahmen nur auf Antrag eines Gesellschafters, eines Gläubigers oder des Betriebsrats der Gesellschaft eingeleitet werden kann. Der Antragsteller des Ausgangsverfahrens gehört jedoch zu keiner dieser Personengruppen.

---

4 WiB 1996, 488 = EuZW 1996, 672 = EWiR § 325 HGB 1/96 mit Anm. *Bork*. Siehe auch die Anmerkung von *Wilken*, ZIP 1996, 230.

Das vom Verband im Wege der Beschwerde angerufene Oberlandesgericht Düsseldorf hat die Entscheidung der vorinstanzlichen Gerichte bestätigt.

Es ist jedoch der Ansicht, daß § 335 des deutschen Handelsgesetzbuchs Artikel 6 der Ersten Richtlinie nicht korrekt umsetze, der die Mitgliedstaaten verpflichte, geeignete Maßregeln für den Fall anzudrohen, daß die in Artikel 2 Absatz 1 Buchstabe f vorgeschriebene Offenlegung der Bilanz und der Gewinn- und Verlustrechnung unterbleibt.

IV. Vorlagefragen

Das Oberlandesgericht Düsseldorf hat dem Gerichtshof daher folgende Frage zur Vorabentscheidung vorgelegt:

> Stellt Artikel 6 der Ersten gesellschaftsrechtlichen Richtlinie vom 9. März 1968 eine unmittelbar wirkende Vorschrift dar, wenn nach deutschem Recht als (einzige) Maßregel zur Erzwingung der Pflicht zur Offenlegung des Jahresabschlusses einer GmbH die Festsetzung von Zwangsgeld bis zu 10 000 DM durch das Registergericht vorgesehen ist, das Registergericht aber nur einschreitet auf Antrag eines Gesellschafters, Gläubigers oder des Gesamtbetriebsrats bzw. Betriebsrats der Gesellschaft, und bewirkt eine etwaige unmittelbare Geltung der Richtlinienbestimmung, daß über den nach deutschem Recht zur Antragstellung befugten Personenkreis hinaus jedermann die Festsetzung von Zwangsgeld beantragen kann oder daß dieses Recht zumindest einem Händlerverband zusteht, der satzungsgemäß die Interessen seiner Mitglieder wahrzunehmen hat, welche in vertraglicher Beziehung stehen zu der gegen die Offenlegungspflicht verstoßenden GmbH?

V. Entscheidungsgründe

9. Diese Frage wirft drei verschiedene Probleme auf.

10.[6] Zunächst möchte das nationale Gericht wissen, ob Artikel 6 der Ersten Richtlinie dahin auszulegen ist, daß er den Rechtsvorschriften eines Mitgliedstaats entgegensteht, die nur den Gesellschaftern, den Gläubigern und dem Gesamtbetriebsrat bzw. dem Betriebsrat der Gesellschaft das Recht einräumen, die Verhängung der Maßregel zu beantragen, die das nationale Recht für den Fall vorsieht, daß eine Gesellschaft den durch die Erste Richtlinie aufgestellten Pflichten auf dem Gebiet der Offenlegung des Jahresabschlusses nicht nachkommt.

11. Für den Fall, daß dies verneint wird, fragt das vorlegende Gericht, ob Artikel 6 der Ersten Richtlinie hinreichend klar, genau und unbedingt ist, um in der innerstaatlichen Rechtsordnung eines Mitgliedstaats unmittelbare Wirkung zu entfalten.

12. Für den Fall der Bejahung fragt es, ob sich ein einzelner, der nach den nationalen Vorschriften nicht zu dem zur Stellung eines solchen Antrags befugten Personenkreis ge-

---

5 Der EuGH zitiert hier ungenau. Gemeint ist § 335 S. 1 1. Hs. Nr. 6 HGB.

6 Zur Umformulierung von Vorlagefragen siehe Fn. 3 der *Factortame*-Entscheidung (Fall Nr. 1 in diesem Casebook).

hört, auf die Erste Richtlinie berufen kann, um bei der zuständigen nationalen Stelle die Verhängung einer Maßregel gegen eine Gesellschaft zu beantragen, die die Offenlegung ihres Jahresabschlusses unterlassen hat.

Zur Umsetzung der Richtlinie

13. Die deutsche Regierung macht in erster Linie geltend, die durch Artikel 6 der Ersten Richtlinie aufgestellte Pflicht zur Einführung geeigneter Maßregeln für die Nichtoffenlegung der Bilanzen oder der Gewinn- und Verlustrechnungen gelte für die Gesellschaften mit beschränkter Haftung des deutschen Rechts noch nicht. Für diese habe Artikel 2 Absatz 1 Buchstabe f der Ersten Richtlinie das Inkrafttreten der Offenlegungspflicht nämlich „bis zum Zeitpunkt der Anwendung einer Richtlinie aufgeschoben, die ... Vorschriften über die Koordinierung des Inhalts der Bilanzen und der Gewinn- und Verlustrechnungen enthält". Eine derartige Richtlinie sei aber noch nicht erlassen worden.

14. Hierzu genügt die Feststellung, daß die durch die Erste Richtlinie gelassene Regelungslücke durch die Vierte Richtlinie 78/660/EWG des Rates vom 25. Juli 1978 aufgrund von Artikel 54 Absatz 3 Buchstabe g des Vertrages über den Jahresabschluß von Gesellschaften bestimmter Rechtsformen (ABl. L 222, S. 11; im folgenden: Vierte Richtlinie) geschlossen wurde.

15. Diese Richtlinie, deren zweite Begründungserwägung ausdrücklich auf Artikel 2 Absatz 1 Buchstabe f der Ersten Richtlinie Bezug nimmt, hat die einzelstaatlichen Vorschriften über die Gliederung und den Inhalt des Jahresabschlusses und des Lageberichts sowie über die Bewertungsmethoden und die Offenlegung dieser Unterlagen bei den Kapitalgesellschaften, und insbesondere bei den Gesellschaften mit beschränkter Haftung, koordiniert (erste Begründungserwägung der Vierten Richtlinie).

16. Zur Offenlegung des Jahresabschlusses bestimmt Artikel 47 Absatz 1 der Vierten Richtlinie:

Der ordnungsgemäß gebilligte Jahresabschluß und der Lagebericht sowie der Bericht der mit der Abschlußprüfung beauftragten Person sind nach den in den Rechtsvorschriften der einzelnen Mitgliedstaaten gemäß Artikel 3 der Richtlinie 68/151/EWG vorgesehenen Verfahren offenzulegen. Die Rechtsvorschriften eines Mitgliedstaats können jedoch den Lagebericht von der genannten Offenlegung freistellen. In diesem Fall ist der Lagebericht am Sitz der Gesellschaft in dem betreffenden Mitgliedstaat zur Einsichtnahme für jedermann bereitzuhalten. Eine vollständige oder teilweise Ausfertigung dieses Berichts muß auf bloßen Antrag kostenfrei erhältlich sein.

17. Die deutsche Regierung macht weiter geltend, die Bundesrepublik Deutschland habe Artikel 6 der Ersten Richtlinie richtig umgesetzt. Denn nach Artikel 54 Absatz 3 Buchstabe g EGV [nunmehr Art. 44 Abs. 3 Buchstabe g EGV] diene die Harmonisierung des nationalen Gesellschaftsrechts dem Schutz der Interessen der Gesellschafter und Dritter. Zu letzteren gehörten nicht alle natürlichen und juristischen Personen, sondern nur diejenigen, die zu der Gesellschaft in einer Rechtsbeziehung stünden. In diesem Zusammenhang werde im deutschen Schrifttum allgemein angenommen, daß der Begriff „Dritte"

in Artikel 54 Absatz 3 Buchstabe g EGV [nunmehr Art. 44 Abs. 3 Buchstabe g EGV] lediglich die Gläubiger der Gesellschaft meine.

18. Artikel 54 Absatz 3 Buchstabe g [nunmehr Art. 44 Abs. 3 Buchstabe g EGV] ist in Verbindung mit den Artikeln 52 und 54 EGV [nunmehr Art. 43 und 44 EGV], wonach die Koordinierung der gesellschaftsrechtlichen Vorschriften Bestandteil des allgemeinen Programms zur Aufhebung der Beschränkungen der Niederlassungsfreiheit ist, und mit Artikel 3 Buchstabe h EGV [Art. 3 Buchstabe h EGV] zu sehen, wonach die Tätigkeit der Gemeinschaft die Angleichung der nationalen Rechtsvorschriften umfaßt, soweit dies für das Funktionieren des Gemeinsamen Marktes erforderlich ist.

19. Zudem ist in Artikel 54 Absatz 3 Buchstabe g EGV [nunmehr Art. 44 Abs. 3 Buchstabe g EGV] selbst vom Ziel des Schutzes der Interessen Dritter ganz allgemein die Rede, ohne daß insoweit einzelne Gruppen unterschieden oder ausgeschlossen würden.

20. Der Begriff der Dritten im Sinne des Artikels 54 Absatz 3 Buchstabe g EGV [nunmehr Art. 44 Abs. 3 Buchstabe g EGV] kann daher nicht auf die Gläubiger der Gesellschaft beschränkt werden.

21. Im übrigen wird das Ziel, die Beschränkungen der Niederlassungsfreiheit aufzuheben, das dem Rat und der Kommission durch Artikel 54 Absätze 1 und 2 [nunmehr Art. 44 Abs. 1 und 2 EGV] in sehr weit gefaßten Wendungen aufgegeben ist, nicht durch Artikel 54 Absatz 3 EGV [nunmehr Art. 44 Abs. 3 EGV] eingeschränkt. Dieser enthält nämlich, wie die Verwendung des Wortes „insbesondere" in Artikel 54 Absatz 3 [nunmehr Art. 44 Abs. 3 EGV] belegt, lediglich eine nicht abschließende Liste von Maßnahmen, die zur Verwirklichung dieses Zieles zu ergreifen sind.

22. Zu Artikel 6 der Ersten Richtlinie ergibt sich aus deren vierter Begründungserwägung, daß die Offenlegung des Jahresabschlusses hauptsächlich der Unterrichtung Dritter dient, die die buchhalterische und finanzielle Situation der Gesellschaft nicht hinreichend kennen oder kennen können. Die Bestimmungen des Artikels 3 der Richtlinie, die die Führung eines öffentlichen Registers, in das alle offenzulegenden Urkunden und Angaben einzutragen sind, sowie für jedermann die Möglichkeit vorsehen, Abschriften der Jahresabschlüsse zugesandt zu bekommen, bestätigen das Bestreben, diese Informationen jeder interessierten Person zugänglich zu machen. Dieses Bestreben findet auch in den Begründungserwägungen der Vierten Richtlinie Ausdruck, in denen auf das Erfordernis hingewiesen wird, hinsichtlich des Umfangs der zu veröffentlichenden finanziellen Angaben in der Gemeinschaft gleichwertige rechtliche Mindestbedingungen für miteinander im Wettbewerb stehende Gesellschaften herzustellen (siehe insbesondere die dritte Begründungserwägung).

23. Aufgrund all dessen ist zu antworten, daß Artikel 6 der Ersten Richtlinie dahin auszulegen ist, daß er den Rechtsvorschriften eines Mitgliedstaats entgegensteht, die nur den Gesellschaftern, den Gläubigern und dem Gesamtbetriebsrat bzw. dem Betriebsrat der Gesellschaft das Recht einräumen, die Verhängung der Maßregel zu beantragen, die das nationale Recht für den Fall vorsieht, daß eine Gesellschaft den durch die Erste Richtlinie aufgestellten Pflichten auf dem Gebiet der Offenlegung des Jahresabschlusses nicht nachkommt.

Zu der Frage, ob Artikel 6 der Ersten Richtlinie unbedingt und hinreichend klar ist und ob der einzelne sich auf ihn berufen kann, um bei der zuständigen staatlichen Stelle die Verhängung von Maßregeln gegen eine privatrechtliche Gesellschaft zu beantragen

24. Da nach ständiger Rechtsprechung des Gerichtshofes (vgl. u. a. Urteile vom 26. Februar 1986 in der Rechtssache 152/84, Marshall I, Slg. 1986, 723, Randnr. 48, vom 14. Juli 1994 in der Rechtssache C-91/92, Faccini Dori, Slg. 1994, I-3325, Randnr. 20, und vom 7. März 1996 in der Rechtssache 192/94, El Corte Inglés, Slg. 1996, I-1281, Randnr. 15) eine Richtlinie nicht selbst Verpflichtungen für einen einzelnen begründen kann, so daß ihm gegenüber eine Berufung auf die Richtlinie als solche nicht möglich ist, braucht nicht geprüft zu werden, ob Artikel 6 der Ersten Richtlinie in der innerstaatlichen Rechtsordnung eines Mitgliedstaats unmittelbare Wirkung entfalten kann.

25. Dieses Ergebnis steht der etwaigen Anwendbarkeit des Grundsatzes nicht entgegen, daß das Gemeinschaftsrecht die Mitgliedstaaten zum Ersatz des Schadens verpflichtet, der dem einzelnen durch die unterlassene oder unrichtige Umsetzung einer Richtlinie entstanden ist (Urteile vom 5. März 1996 in den verbundenen Rechtssachen 46/93 und 48/93, Brasserie du Pêcheur und Factortame, Slg. 1996, I-1029, Randnr. 51, und vom 26. März 1996 in der Rechtssache C-392/93, British Telecommunications, Slg. 1996, I-1631, Randnr. 39).

26. Demgemäß ist dem vorlegenden Gericht zu antworten: Da eine Richtlinie nicht selbst Verpflichtungen für einen einzelnen begründen kann, so daß ihm gegenüber eine Berufung auf die Richtlinie als solche nicht möglich ist, braucht nicht geprüft zu werden, ob Artikel 6 der Ersten Richtlinie unmittelbare Wirkung entfaltet.

B. Anmerkungen

I. Europarecht

1. Zunächst hatte der EuGH zu klären, ob der deutsche Gesetzgeber Art. 6 1. Spiegelstrich ordnungsgemäß umgesetzt hat.

a) Ein Verstoß der §§ 335 S. 1 1. Hs., S. 2 HGB gegen Art. 6 1. Spiegelstrich kommt dann nicht in Betracht, wenn die von Art. 6 1. Spiegelstrich vorausgesetzte Offenlegungspflicht nach Art. 2 Abs. 1 lit. f S. 1 überhaupt nicht besteht. Geht es – wie im Fall – um eine GmbH, so steht die Anwendbarkeit dieser Bestimmung unter dem Vorbehalt des Art. 2 Abs. 1 lit. f S. 3. Danach ist Art. 2 Abs. 1 lit. f S. 1 auf die GmbH erst dann anwendbar, wenn eine Richtlinie erlassen ist, die sowohl Vorschriften über die Koordinierung des Inhalts der Bilanzen und der Gewinn- und Verlustrechnungen enthält, als auch diejenigen dieser Gesellschaften, deren Bilanzsumme einen in der Richtlinie festzusetzenden Betrag nicht erreicht, von der Pflicht zur Offenlegung aller oder eines Teils dieser Schriftstücke befreit. Zu Recht kommt der EuGH zu dem Ergebnis, daß die Bilanzrechtlinie eine Richtlinie i. S. v. Art. 2 Abs. 1 lit. f S. 3 darstellt (vgl. Rn. 15 – 16).

b) Art. 6 1. Spiegelstrich schreibt vor, daß die Mitgliedstaaten Maßregeln anzudrohen haben, wenn die vorgeschriebene Offenlegung von Bilanz und Gewinn- und Verlustrechnung unterbleibt. Dies hat der deutsche Gesetzgeber in § 335 HGB getan, indem er dem Registergericht die Möglichkeit einräumt, gegenüber dem säumigen Organ ein Zwangsgeld zu verhängen (§ 335 S. 1 HGB), was jedoch nur auf Antrag eines bestimmten Personenkreises, also nicht von Amts wegen,[7] möglich ist (§ 335 S. 2 HGB).

c) Die entscheidende Frage war, ob diese Art der Sanktion auch als geeignet i. S. v. Art. 6 1. Spiegelstrich angesehen werden kann (Rn. 17 – 20). Dazu hatte die deutsche Bundesregierung ausgeführt, der Schutzzweck der Richtlinie könne nicht weiter reichen als der der Ermächtigungsgrundlage (Art. 44 Abs. 2 lit. g EGV) und mit den dort erwähnten „Dritten" seien nur Gläubiger und Arbeitnehmer gemeint (Rn. 17).[8] Deswegen genüge es, wenn Gesellschafter, Gläubiger und Arbeitnehmervertreter die Möglichkeit hätten, ein Zwangsgeld gegenüber der Gesellschaft zu erwirken (vgl. § 335 S. 2 HGB). Dieser These tritt der EuGH mit kurzen Worten[9] entgegen. Der Begriff des „Dritten" sei offen. Eine Beschränkung lediglich auf Personen, die mit der Gesellschaft in einer Rechtsbeziehung stehen, sei nicht gewollt. Damit steht für den EuGH fest, daß die §§ 335 S. 1, 2 HGB Art. 6 1. Spiegelstrich nicht in ordnungsgemäßer Weise umsetzen.[10]

Die vom EuGH gewählten Formulierungen lassen vermuten, daß er eine einschränkende Auslegung des Begriffs des „Dritten" schlechthin ablehnt. Das hätte zur Konsequenz, daß sich z. B. auch Konkurrenzunternehmen oder die Medien den Jahresabschluß der publizitätspflichtigen Gesellschaft zugänglich machen könnten.[11] Hierin könnte man nach deutscher Betrachtung einen Eingriff in das Recht auf informationelle Selbstbe-

---

7 Man kann mit *Crezelius*, ZGR 1999, 252, 259 von einem „Sanktionensystem auf Antrag" sprechen und hierin einen rechtssystematischen Grundfehler sehen (S. 258 und S. 263).

8 Zu entsprechenden Überlegungen im Schrifttum vgl. *Crezelius*, ZGR 1999, 252, 259 (Fn. 15). Zum Tatbestandsmerkmal der „Schutzbestimmung", das der EuGH nicht näher erörtert, vgl. *Schön*, JZ 1998, 194.

9 Ein Argument kann man allenfalls Rn. 19 entnehmen. In Rn. 17 wird lediglich die Auffassung der deutschen Bundesregierung referiert, in Rn. 20 findet sich das Ergebnis. In Rn. 18 wird auf die Niederlassungsfreiheit und Art. 3 lit. h) EGV a. F. hingewiesen, ohne daß dieser Hinweis für die Lösung fruchtbar gemacht wird. Er ist offenbar als Beitrag zu der Frage zu verstehen, ob Art. 44 Abs. 2 lit. g) EGV nur als Anhang zur Niederlassungsfreiheit zu sehen oder ob die Vorschrift eher im Lichte der allgemeinen Kompetenzgrundlagen (Art. 95, 96 EGV) auszulegen ist (dazu *Schön*, JZ 1998, 194 m. w. N.). Bemerkenswert ist ferner, daß diese fallentscheidende Frage vom EuGH so kurz behandelt wird, während er die Anwendbarkeit von Art. 6 1. Spiegelstrich ausführlich prüft (Rn. 13 – 16), obwohl es sich hierbei um einen wenig problematischen Punkt handelte (*Schulze-Osterloh*, ZIP 1997, 2157 findet es zu Recht „nahezu unverständlich", daß sich die Bundesregierung hierauf überhaupt berufen hat; ähnlich *Hirte*, NJW 1999, 36, 37).

10 Näher zu diesem Aspekt *Leible*, ZHR 1998, 594, 600 f.

11 Vgl. *Crezelius*, ZGR 1999, 252, 260.

stimmung (Art. 2 Abs. 1 GG i. V. m. Art. 1 Abs. 1 GG) sehen.[12] Zwar hat der EuGH kein nationales Verfassungsrecht zu prüfen. Man hätte jedoch erörtern müssen, ob nicht auch dem europäischen Recht als Bestandteil eines europäischen Grundrechtsschutzes[13] ein Recht auf informationelle Selbstbestimmung zu entnehmen ist.[14] Dieses hätte dann bei der Auslegung des Begriffs „geeignet" i. S. v. Art. 6 1. Spiegelstrich berücksichtigt werden müssen.[15]

2. Bejaht man mit dem EuGH eine nicht ordnungsgemäße Umsetzung von Art. 6 1. Spiegelstrich, so stellt sich als zweites die Frage, ob diese Vorschrift unmittelbare Wirkung im Sinne der *van Duyn*-Rechtsprechung entfaltet.[16] Denn dann hätte der Händlerverband vor dem deutschen Gericht als antragsbefugt angesehen werden müssen,[17] ohne daß er auf eine entsprechende Änderung des § 335 HGB durch den deutschen Gesetzgeber hätte warten müssen.[18] Eine Richtlinienbestimmung wirkt nach dem EuGH dann unmittelbar, wenn sie hinreichend klar und bestimmt formuliert ist. Mit dieser Frage setzt sich der EuGH indes zu Recht nicht näher auseinander, sondern verweist in Rn. 24 vielmehr auf seine Rechtsprechung zur Richtlinienwirkung unter Privaten (sog. horizontale Wirkung), nach der eine unmittelbare Anwendung einer Richtlinienbestimmung zu Lasten Privater nicht in Betracht kommt, insbesondere Privaten keine Verpflichtungen auferlegt werden können.[19] Da sowohl der Händlerverband als auch die *Daihatsu Deutschland GmbH* Private sind, scheidet eine unmittelbare Anwendung der Richtlinie aus.[20]

---

12 Hierzu näher in der deutschen Anmerkung (B. II.).

13 Zu den gemeinschaftsrechtlichen Grundrechten *Bleckmann*, Rn. 587 ff.; *Herdegen*, Rn. 165 ff.; *Schmitz*, Die EU-Grundrechtscharta aus grundrechtsdogmatischer und grundrechtstheoretischer Sicht, JZ 2001, 883; *Schwarze*, Der Grundrechtsschutz für Unternehmen in den Europäischen Grundrechtscharta, EuZW 2001, 517; *Streinz*, Rn. 355 ff.

14 Zutreffend schon *Wilken*, WiB 1996, 489.

15 In Deutschland hat sich hierfür der von *Hesse*, Rn. 317 ff. geprägte Begriff der Herstellung „praktischer Konkordanz" eingebürgert.

16 Hierzu Grundzüge, C.

17 Vgl. *Leible*, ZHR 1998, 594, 596 m. w. N. Entgegen *Hirte*, NJW 1999, 36, 38 (zutreffend hingegen *Leible*, ZHR 1998, 594, 602) kann das Gericht zu diesem Ergebnis *nicht* durch richtlinienkonforme Auslegung des nationalen Rechts gelangen, da es insofern an Auslegungsspielraum fehlt (hierzu ausführlich in der *Marleasing*-Entscheidung unter B. I. 2. c).

18 Zu möglichen Regelungen *Schön*, JZ 1998, 194, 195.

19 Hier ist insbesondere die *Dori*-Entscheidung zu nennen (Fall Nr. 11 im Casebook zum Europäischen Verbraucherrecht).

20 Hält man dieses Ergebnis für letztlich offensichtlich, so kann man die Vorlage durch das OLG Düsseldorf mit *Schön*, JbFASt. 1996/97, 95 als „unnötig" bezeichnen. Siehe hingegen *Leible*, ZHR 1998, 594, 603, der mit beachtlichen Argumenten zu dem Ergebnis kommt, daß *kein* horizontales Verhältnis betroffen ist. Die unmittelbare Wirkung hätte dann bejaht werden müssen.

3. Damit bleiben dem Händlerverband allenfalls Schadensersatzansprüche gegen die Bundesrepublik Deutschland nach europäischem Staatshaftungsrecht,[21] worauf der EuGH in Rn. 25 hinweist.[22]

II. Deutschland[23]

Aus deutscher Sicht ist vor allem auf die verfassungsrechtliche Dimension des Falles aufmerksam zu machen.[24] Wenn der deutsche Gesetzgeber jedem die Möglichkeit gibt, Einsicht in den Jahresabschluß aller publizitätspflichtigen Gesellschaften zu erhalten, geriete diese Regelung in Konflikt mit dem Recht auf informationelle Selbstbestimmung der betroffenen Gesellschaft.[25] Dieses Recht ist in der Rechtsprechung des BVerfG seit langem anerkannt und wird auf Art. 2 Abs. 1 GG i. V. m. Art. 1 Abs. 1 GG gestützt.[26] Ferner sieht das BVerfG die Voraussetzungen des Art. 19 Abs. 3 GG als gegeben an, so daß auch inländischen juristischen Personen[27] das Recht auf informationelle Selbstbestimmung zusteht. Man kann davon ausgehen, daß die Beschränkung der Antragsbefugnis in § 335 S. 2 HGB gerade dem Ausgleich dieser widerstreitenden Interessen dienen sollte. Mit Spannung kann daher die Neufassung dieser Norm erwartet werden.

Auch diese Entscheidung hat somit das Verhältnis von nationalem Verfassungsrecht und Gemeinschaftsrecht zum Gegenstand.[28] Viele der Fragen, die sich hier stellen, sind bis

---

21 Grundgelegt vor allem durch die EuGH-Urteile *Francovich* (Slg. 1991, I-5357 = Fall Nr. 3 im Casebook zum Europäischen Privatrecht) und *Dillenkofer* (Slg. 1996, I-4845). Näher zu diesem Bereich *Saenger*, Staatshaftung wegen Verletzung europäischen Gemeinschaftsrechts, JuS 1997, 865 mit zahlreichen Nachweisen.

22 Zu den Erfolgsaussichten einer entsprechenden Klage und insbesondere zu der Frage, in welchen Konstellationen ein Schaden anzunehmen sein könnte, vgl. *Crezelius*, ZGR 1999, 252, 262; *Hirte*, NJW 1999, 36, 38; *Schön*, JZ 1998, 194, 195.

23 Literatur: *Bork*, Kurzkommentar zur Entscheidung des OLG Düsseldorf vom 22. 11. 1995, EWiR § 325 HGB, 1/96; *Crezelius*, Jahresabschlußpublizität bei deutscher Kapitalgesellschaft – Besprechung der Entscheidung EuGH DB 1997, 2598 – „Daihatsu", ZGR 1999, 252; *Gehringer*, Anmerkung zum Urteil des EuGH vom 29. 9. 1998, EWS 1999, 65; *Leible*, Bilanzpublizität und Effektivität des Gemeinschaftsrechts, ZHR 1998, 594; *Schön*, Anmerkung zur Daihatsu-Entscheidung des EuGH, JZ 1998, 194; *Strobel*, Anpassung des HGB-Bilanzrechts an EU-Vorgaben, BB 1999, 1054; *Wilken*, Anmerkung zur Entscheidung des OLG Düsseldorf vom 22. 11. 1995, WiB 1996, 489.

24 *Leible*, ZHR 1998, 594, 614 ff.

25 *Wilken*, WiB 1996, 489; siehe auch *Friauf*, GmbHR 1985, 245 und 1991, 397. Nach *Schön*, JZ 1998, 194, 195 ist die Gefahr der mißbräuchlichen bzw. nachteiligen Verwertung unternehmerbezogener Daten hingegen nicht als allzu hoch einzuschätzen.

26 Grundlegend BVerfG 65, 1 (*Volkszählung*).

27 Zur Anwendung von Art. 19 Abs. 3 GG auf andere Gesellschaften siehe etwa *Jarass/Pieroth*, Art. 19 Rn. 13 f.

28 Hierzu ausführlich *Bleckmann*, Rn. 1045 ff.; *Lecheler*, S. 53 ff.; *Oppermann*, Rn. 523; *Streinz*, Rn. 168 ff.

heute nicht geklärt. Als anerkannt kann die Aussage gelten, daß sämtliches, unmittelbar geltendes europäisches Recht nationalem Recht einschließlich dem Verfassungsrecht vorgeht.[29,30] Eine europarechtliche Vorschrift kann also nicht deswegen unangewendet bleiben, weil sie inhaltlich gegen nationales Verfassungsrecht verstößt. Hier handelt es sich jedoch um eine andere Konstellation: Europarecht zwingt den deutschen Gesetzgeber, bewußt (möglicherweise) verfassungswidriges nationales Recht zu setzen. Nationales einfaches Recht muß sich eigentlich uneingeschränkt am Maßstab des nationalen Verfassungsrechts messen lassen. Ob man hiervon für *umgesetztes* nationales Recht[31] eine generelle Ausnahme machen kann, ist bislang offen, erscheint mit Blick auf Art. 20 Abs. 3 1. Hs. GG aber höchst zweifelhaft.

Im übrigen kann die Entscheidung nur begrüßt werden, da es um die „Offenlegungsmentalität" deutscher Unternehmen schlecht bestellt ist.[32] Es ergibt sich dann aber unweigerlich die Frage, ob die sonstigen im deutschen Recht vorgesehen Modalitäten ausreichen, um von einer effektiven Sanktion bei Verstoß gegen die Offenlegungsverpflichtung sprechen zu können.[33] Dabei hat man insbesondere zu klären, ob eine Ahndung durch Zwangsgeld[34] die nötige Effektivität aufweist oder ob der Verstoß gegen die Offenlegungspflicht nicht vielmehr durch entsprechende Erweiterung des § 334 Abs. 1 HGB als Ordnungswidrigkeit erfaßt werden muß.[35] Auch erscheint fraglich, ob von 10 000 DM als der maximalen Höhe des Zwangsgelds (§ 14 S. 2 HGB) überhaupt abschreckende Wirkung ausgehen kann.[36] Daneben erscheint es angebracht, die in § 335 S. 2 2. Hs. HGB angeordnete Ausnahme von § 14 S. 1 HGB zu beseitigen, mit der Folge, daß das Registergericht bei nicht rechtzeitigem Einreichen des Jahresabschlusses von Amts wegen einzuschreiten hat.

Am 24. 2. 2000 hat der deutsche Gesetzgeber das im HGB enthaltene Sanktionssystem geändert, um den europarechtlichen Vorgaben Rechnung zu tragen.[37] Der Verstoß gegen die Offenlegungspflicht wurde zwar nicht in den Rang einer Ordnungswidrigkeit erhoben (vgl. § 334 HGB), ist also nach wie vor nicht Straftat im verfassungsrechtlichen

29 Im Sinne eines Anwendungsvorrangs, nicht im Sinne eines Geltungsvorrangs, wie er etwa dem deutschen Recht zugrunde liegt (sog. Nichtigkeitsdogma, Art. 20 Abs. 3 GG). Hierzu Grundzüge, B. I.

30 Grundzüge, B.

31 Man kann diese Rechtssätze auch als angeglichenes Recht (*Lutter*, JZ 1992, 593) oder Umsetzungsrecht bezeichnen.

32 Noch Anfang der neunziger Jahre des vergangenen Jahrhunderts sind nur ca. 10 % der deutschen Unternehmen ihrer Offenlegungspflicht aus § 325 HGB nachgekommen (*Kilian*, Rn. 526).

33 Vgl. den interessanten Überblick zu den Sanktionssystemen anderer Länder bei *Leible*, ZHR 1998, 594, 611 ff.

34 Vgl. auch § 33 Abs. 1 S. 1 FGG.

35 Hierzu *Leible*, ZHR 1998, 594, 610.

36 Hierzu *Leible*, ZHR 1998, 594, 613.

37 BGBl. I S. 154.

Sinne. Immerhin ordnet das Gesetz jetzt aber die Verhängung eines Ordnungsgeldes, nicht nur eines Zwangsgeldes an (§§ 335 a HGB, 140 a Abs. 1 FGG). Damit hat sich die mögliche finanzielle Belastung für die Mitglieder des vertretungsberechtigten Organs deutlich erhöht (vgl. § 335 a S. 4 1. Hs. HGB).

Das Offizialprinzip wurde ebenfalls nicht eingeführt. § 14 1. Hs. HGB gilt in diesem Bereich weiterhin nicht (§ 335 a S. 3 2. Hs. HGB), so daß das Registergericht nur auf Antrag einschreiten kann (§ 335 a S. 3 1. Hs. HGB). Die Beschränkung des Kreises der Antragsberechtigten ist beseitigt worden. Damit stellt sich für die Neufassung die Frage nach dem oben angesprochenen verfassungsrechtlichen Konflikt.

A. K.

III. Spanien

Die Pflicht der Kapitalgesellschaften zur Offenlegung des Jahresabschlusses stellte eine absolute Neuheit für das spanische Recht dar. Sie wird in Art. 218 ff. LSA und Art. 365 ff. RRM geregelt. Diese Vorschriften gelten sowohl für die S. A. und für die S. Com. p. A. (gemäß des allgemeinen Verweises des Art. 152 Ccom) als auch für die S. R. L. (gemäß des Verweises des Art. 84 LSRL). Die Überprüfung und Aufbewahrung (während sechs Jahren) der hinterlegten Unterlagen (Jahresabschluß, Lagebericht und ggf. Abschlußprüfung) werden dem Handelsregister anvertraut. Ebenso wird es diese Unterlagen jeder interessierten Person zugänglich machen. Dies bedeutete eine wichtige Ausbreitung der Funktionen des Handelsregisters (siehe Art. 2 RRM).

Allerdings stellt die handelsregisterrechtliche Kontrolle („calificación registral") der Offenlegung des Jahresabschlusses und der begleitenden Unterlagen einen Sonderfall im Rahmen dieser Kontrolle dar, weil es sich um eine reine Formkontrolle handelt: Es wird überprüft, ob die vom Gesetz verlangten Unterlagen hinterlegt wurden, ob ihnen von der Hauptversammlung rechtmäßig zugestimmt worden ist und ob sie von den nötigen Unterschriften begleitet werden (siehe Art. 219 LSA und Art. 368 RRM). Die allgemeine Regel ist die Legalitätskontrolle (vgl. Art. 6 und 58 ff. RRM), aber dies wäre hier nicht geeignet, da der Handelsregisterführer kein Bilanzfachmann ist.

Der Vorstand muß die Offenlegungspflicht im Monat nach der Billigung des Jahresabschlusses durch die Hauptversammlung erfüllen. Die Maßnahmen, die für den Fall der Nichtoffenlegung bzw. der unpünktlichen Offenlegung des Jahresabschlusses vorgesehen worden sind, werden in Art. 221 LSA und Art. 371 RRM festgelegt. Das spanische Recht sieht eine doppelte Sanktion vor: Sperre des Handelsregisters gegenüber der Gesellschaft und Erhebung einer Geldbuße. (1) Solange die Nichterfüllung der Offenlegung andauert, bleibt das Handelsregister für alle zur Eintragung vorgelegten Unterlagen bzgl. der Gesellschaft gesperrt. Ausnahmsweise werden diejenigen Unterlagen eingetragen, die die Kündigung oder die Abberufung von Vorstandsmitgliedern, Verwaltern, Generaldirektoren oder Liquidatoren, den Widerruf oder den Verzicht auf Bevollmächtigungen, die Auflösung der Gesellschaft und Bestellung von Liquidatoren und die von Gerichten oder Behörden befohlenen Eintragungen betreffen. (2) Außerdem berichtet der Handelsregisterführer dem Zentralhandelsregister im Januar jeden Jahres über diejenigen Gesellschaften, die die Offenlegungspflicht nicht erfüllt haben. Seinerseits leitet das Zentralhandelsregister dem *Instituto de Contabilidad y Auditoría de Cuentas* (Institut für Bilanzierung und Abschlußprüfung; im folgenden: ICAC) diese Auskunft im Februar jeden Jahres weiter. Der ICAC ist die Aufsichtsbehörde in diesem Bereich und ist dafür zuständig und dazu verpflichtet, ein Ordnungswidrigkeitsverfahren einzuleiten. Dieses Verfahren kann zu einer Geldbuße von 200 000 Pesetas (ca. 1 202 Euro) bis zu 10 Millionen Pesetas (ca. 60 101 Euro) – wenn der jährliche Gesamtumsatz der Gesellschaft 1 000 Millionen Pesetas (ca. 6 010 121 Euro) überschreitet, steigt die Obergrenze bis zu 50 Millionen Pesetas (ca. 300 506 Euro) – für jedes Verspätungsjahr führen. Weiter werden sowohl Kriterien für die Bemessung der Geldbuße als auch eine Geldbußeermäßigung (bis zur Hälfte der Untergrenze) für diejenigen Gesellschaften gesetzlich bestimmt, die, auch wenn mit Verspätung, den Jahresabschluß vor der Einleitung des Ordnungswidrigkeitsverfahrens offenlegen (was in der Regel neun Monaten ab dem Zeitpunkt einer pünktlichen Offenlegung dauert, da den meisten Jahresabschlüssen bis zum 30. Juni zugestimmt werden muß).

Spanien hat sich also für eine öffentlich-rechtliche Maßnahme entschieden, um die Erfüllung der Offenlegungspflicht zu gewährleisten (Art. 6 Erste Richtlinie). Diese wird in das allgemeine verwaltungsrechtliche Ordnungswidrigkeitsverfahren eingebaut; d. h. das Verwaltungsverfahrensgesetz[38] und die Verordnung zum Ordnungswidrigkeitsverfahren[39] (im folgenden: RPS) sind anwendbar. Gemäß Art. 11 Abs. 1 Buchst. d RPS, auch wenn es in diesem Fall unüblich sein wird, darf jede Person – d. h. „Dritte" in sehr weitem Sinne und nicht nur die Gläubiger der Gesellschaft – die Nichterfüllung der für das Verwaltungsrecht gesetzlichen Pflicht zur Offenlegung anzeigen. Wenn die Anzeige vom Ersuchen der Einleitung eines Ordnungswidrigkeitsverfahren begleitet wird, dann muß der ICAC dem Anzeiger mitteilen, ob das Verfahren eingeleitet worden ist oder nicht. Es besteht allerdings keine Beschwerdemöglichkeit gegen eine negative Entscheidung des ICAC (siehe Art. 11 Abs. 2 RPS). Im spanischen Recht wird dem Dritten also kein privatrechtlicher Anspruch eingeräumt, weder um die Erfüllung der Pflicht zur Offenlegung seitens der Gesellschaften zu erzwingen noch um die Erteilung einer Geldbuße zu beantragen. Letztendlich hängt in Spanien die effektive Erfüllung der Pflicht zur

---

38 Ley 30/10992, de 26 de noviembre, de Régimen Jurídico de las Administraciones Públicas y del Procedimiento Administrativo Común.

39 Real Decreto 1398/1993, de 4 de agosto, por el que se aprueba el Reglamento para el ejercicio de la potestad sancionadora.

Offenlegung von der Tätigkeit (oder Untätigkeit) des Handelregisters und des ICAC ab. In der Tat ist nicht unerheblich, ob der nationale Gesetzgeber die EG-Richtlinien mittels öffentlichen Rechts oder Privatrechts umsetzt (siehe dazu die nicht so unbegründete Stellungnahme der spanischen Regierung im Schlußantrag des Generalanwalts Cosmas zu dieser Rechtssache, S. I-6853 bis I-6855).

Literatur: *R. Illescas Oritz,* Las cuentas anuales de la sociedad anónima: auditoría, aprobación, depósito y publicidad de las cuentas anuales (Artículos 203 a 222 de la Ley de Sociedades Anónimas), in: Comentario al régimen legal de las sociedades mercantiles, Bd. VIII, 2, Madrid: Civitas, 1993; *F. León Sánz,* La publicidad de las cuentas anuales en el Registro Mercantil, Madrid: McGraw-Hill, 1997; *J. C. Vázquez Cueto*, La sociedad anónima: las cuentas y la documentación contable de la sociedad anónima, in: Tratado de Derecho Mercantil, Bd. IX, 5, Madrid/Barcelona: Marcial Pons, 2001.

P. B.

IV. Vereinigtes Königreich

Im Unterschied zu Deutschland scheint das Vereinigte Königreich den sich aus der Ersten Richtlinie ergebenden Umsetzungsverpflichtungen bei der Einführung von Sanktionen für Gesellschaften, die ihre Bilanz oder ihre Gewinn- und Verlustrechnung nicht offenlegen, nachgekommen zu sein.

Section 242 Companies Act 1985 erlegt den „directors" einer Gesellschaft die Verpflichtung auf, den Jahresabschluß der Gesellschaft beim *Registrar of Companies* einzureichen. Der Verstoß gegen diese Pflicht stellt eine Straftat dar, die mit einer Geldbuße geahndet werden kann. Der Geschäftsführer kann sich von der Haftung befreien, wenn er nachweisen kann, daß er alle zur Übermittlung des Jahresabschlusses erforderlichen Schritte unternommen hat. Er kann sich jedoch nicht damit verteidigen, daß der Jahresabschluß überhaupt nicht aufgestellt worden sei. Zusätzlich kann die Gesellschaft mit einer zivilrechtlichen Sanktion nach Section 242 A belegt werden, die im Jahre 1989 eingeführt wurde, um die Europarechtskonformität des englischen Sanktionensystems sicherzustellen. Die Gesellschaft wird mit einer Buße belegt, die sich nach der Dauer der Verzögerung bemißt. Eine „public company" schuldet 500 £, eine „private company" 100 £ bei einem bis zu drei Monate währenden Verstoß. Bei einer Verzögerung von über einem Jahr erhöht sich das Bußgeld auf 5 000 £ bzw. 1 000 £. Es ist vom Registrar of Companies geltend zu machen, der bei dauerhaften Verstößen gegen die Offenlegungspflicht ferner die Möglichkeit hat, die Gesellschaft gemäß Section 652 aus dem Handelsregister zu streichen.

Das Strafverfahren gegen die geschäftsführenden Personen ist vor den zuständigen „magistrates' courts" durchzuführen (siehe Section 731). Es muß aber nicht von den in Section 732 genannten Personen eingeleitet werden. Vielmehr kann jede Privatperson die Einleitung des Verfahrens erreichen, so daß sich die englische Rechtslage im Einklang mit den Vorgaben des Art. 6 der Richtlinie befindet, wie sie der EuGH in der vorliegenden Entscheidung konkretisiert hat. Section 242 (3) gibt dem Gericht die Kompetenz, besondere Sanktionen gegen die geschäftsführenden Personen zu verhängen, wenn sie auch nach einer gesonderten Aufforderung den Jahresabschluß nicht einreichen. Dies kann allerdings nur ein Gesellschafter oder ein Gläubiger der Gesellschaft geltend machen. Diese besondere Sanktionsmöglichkeit soll nach dem Willen des Gesetzgebers nicht jedermann zur Verfügung stehen, wobei davon ausgegangen wird, daß diese Beschränkung keinen Widerspruch zur Richtlinie darstellt.

J. B.

Fall Nr. 12 – Continental Can

PARTEIEN: *Europemballage Corporation* und *Continental Can Company Inc.* gegen *Kommission der Europäischen Gemeinschaften*
AKTENZEICHEN: Rs. 6/72
FUNDSTELLE: Slg. 1973, 215[1]

A. Urteil des EuGH vom 21. Februar 1973

I. Aus[2] den Leitsätzen

4. Der Umstand, daß die Tochtergesellschaft eigene Rechtspersönlichkeit besitzt, vermag noch nicht auszuschließen, daß ihr Verhalten der Muttergesellschaft zugerechnet werden kann. Dies gilt namentlich dann, wenn die Tochtergesellschaft ihr Marktverhalten nicht autonom bestimmt, sondern im wesentlichen Weisungen der Muttergesellschaft befolgt.

5. Auf eine Transaktion, welche die Marktbedingungen innerhalb der Gemeinschaft beeinflußt, ist das Gemeinschaftsrecht unabhängig davon anwendbar, ob das auftretende Unternehmen einen Sitz im Hoheitsgebiet eines der Mitgliedstaaten der Gemeinschaft hat.

6. Auf die Unterscheidung zwischen Maßnahmen, welche die Struktur des Unternehmens betreffen, und Verhaltensweisen, die sich auf den Markt auswirken, kann es nicht ankommen, denn jede strukturelle Maßnahme kann die Marktverhältnisse beeinflussen, sofern sie das Unternehmen größer und wirtschaftlich stärker macht.

7. Das Argument, Art. 3 Buchstabe f EGV [Art. 3 Buchstabe f EGV] enthalte nur einen allgemeinen, rechtlich unverbindlichen Programmsatz, verkennt, daß Art. 3 [Art. 3 EGV] die Verfolgung der Ziele, die er aufstellt, als unerläßlich für die Erfüllung der Aufgaben der Gemeinschaft ansieht.

8. Wenn Art. 3 Buchstabe f [Art. 3 Buchstabe f EGV] die Errichtung eines Systems vorsieht, das den Wettbewerb innerhalb des Gemeinsamen Marktes vor Verfälschungen schützt, so fordert er erst recht, daß der Wettbewerb nicht ausgeschaltet wird.

9. Die Wettbewerbsbeschränkungen, die der Vertrag unter bestimmten Voraussetzungen deshalb zuläßt, weil die verschiedenen Vertragsziele miteinander in Einklang gebracht werden müssen, finden in den Erfordernissen der Art. 2 und 3 [Art. 2 und 3 EGV] eine Grenze, bei deren Überschreiten die Gefahr besteht, daß eine Abschwächung des Wettbewerbs den Zielsetzungen des Gemeinsamen Marktes zuwiderläuft.

---

1 NJW 1973, 966.

2 Die verfahrensrechtlichen Probleme des Falles (vgl. Rn. 1 – 13) werden hier ausgespart.

10. Für die Entscheidung muß auf Geist, Aufbau und Wortlaut von Art. 86 [nunmehr Art. 82 EGV] sowie auf System und Ziele des Vertrages zurückgegriffen werden. Die hier anstehenden Probleme lassen sich daher nicht durch einen Vergleich zwischen diesem Artikel und einigen Bestimmungen des EGKS-Vertrags lösen.

11. Auf verschiedenen Ebenen streben die Art. 85 und 86 [nunmehr Art. 81 und 82 EGV] das gleiche Ziel der Aufrechterhaltung eines wirksamen Wettbewerbs im Gemeinsamen Markt an. Die Beeinträchtigung des Wettbewerbs, die verboten ist, wenn sie das Ergebnis eines unter Art. 85 [nunmehr Art. 81 EGV] fallenden Verhaltens ist, kann nicht dadurch zulässig werden, daß dieses Verhalten unter dem Einfluß eines beherrschenden Unternehmens zum Erfolg führt und in einen Zusammenschluß der beteiligten Unternehmen mündet.

12. Art. 86 EGV [nunmehr Art. 82 EGV] nennt eine Reihe von mißbräuchlichen Verhaltensweisen, gibt aber keine erschöpfende Aufzählung der Arten der nach dem Vertrag verbotenen mißbräuchlichen Ausnutzung einer beherrschenden Stellung.

Art. 86 [nunmehr Art. 82 EGV] bezieht sich nicht nur auf Verhaltensweisen, durch die den Verbrauchern ein unmittelbarer Schaden erwachsen kann, sondern auch auf solche, die ihnen durch einen Eingriff in die Struktur des tatsächlichen Wettbewerbs, von dem Art. 3 Buchstabe f EGV [Art. 3 Buchstabe f EGV] handelt, Schaden zufügen. Ein mißbräuchliches Verhalten kann daher vorliegen, wenn ein Unternehmen in beherrschender Stellung diese – gleichgültig mit welchen Mitteln und Verfahren – dergestalt verstärkt, daß der erreichte Beherrschungsgrad den Wettbewerb wesentlich behindert, daß also nur noch Unternehmen auf dem Markt bleiben, die in ihrem Marktverhalten von dem beherrschenden Unternehmen abhängen.

Es kann unabhängig von einem Verschulden als mißbräuchlich angesehen werden, wenn ein Unternehmen eine so beherrschende Stellung einnimmt, daß durch eine wesentliche, die Handlungsfreiheit des Verbrauchers auf dem Markt ernstlich gefährdende Änderung der Angebotsstruktur die Vertragsziele umgangen werden; ein solcher Fall ist notwendig gegeben, wenn praktisch jeder Wettbewerb ausgeschaltet wird.

13. Auf die Frage des ursächlichen Zusammenhangs zwischen der beherrschenden Stellung und der mißbräuchlichen Ausnutzung kommt es nicht an, denn die Verstärkung der Stellung eines Unternehmens kann ohne Rücksicht darauf, mit welchen Mitteln und Verfahren sie erreicht worden ist, mißbräuchlich und nach Art. 86 EGV [nunmehr Art. 82 EGV] verboten sein, sofern sie bewirkt, daß der Wettbewerb wesentlich behindert wird.

14. Die Abgrenzung des betroffenen Marktes ist von wesentlicher Bedeutung, denn die Wettbewerbsmöglichkeiten lassen sich nur nach Maßgabe derjenigen Merkmale der fraglichen Erzeugnisse beurteilen, die sie zur Befriedigung eines gleichbleibenden Bedarfs besonders geeignet und mit anderen Erzeugnissen nur in geringem Maße austauschbar erscheinen lassen. Es kann aber nur dann davon ausgegangen werden, daß Erzeugnisse einen besonderen Markt haben, wenn sie nicht nur durch die bloße Tatsache zu individualisieren sind, daß sie für die Verpackung bestimmter Erzeugnisse verwendet werden, sondern außerdem durch besondere Produktionsmerkmale, die ihnen für diese Zweckbestimmung eine spezifische Eignung verleihen.

15. Eine beherrschende Stellung auf dem Markt der Leichtmetallverpackungen für Fleisch- und Fischkonserven kann nicht ausschlaggebend sein, solange nicht nachgewiesen ist, daß die Wettbewerber aus anderen Bereichen des Marktes für Leichtmetallverpackungen nicht in der Lage sind, dank einer einfachen Umstellung auf diesem Markt mit hinreichender Stärke aufzutreten, um ein ernst zu nehmendes Gegengewicht zu bilden.

II. Rechtsgrundlagen: Art. 81 Abs. 1, 82 Abs. 1, 3 lit. g)[3] EGV

III. Zum Sachverhalt

1. Die Continental Can Company Inc. (Continental) in New York (USA), die Metallverpackungen, Verpackungsmaterial aus Papier und Kunststoff sowie Maschinen zur Herstellung und zur Verwendung solcher Verpackungen produziert, hat durch mehrere Käufe im Jahre 1969 nach und nach ihre Beteiligung an der Firma Schmalbach-Lubeca-Werke AG (SLW) in Braunschweig (Deutschland) auf 85,8 % des Grundkapitals erhöht.

Im selben Jahre faßte Continental mit der Firma The Metal Box Company Ltd. (MB) in London den Plan, eine europäische Verpackungsholdinggesellschaft zu gründen; die Lizenznehmer von Continental in den Niederlanden und in Frankreich, Thomassen & Drijver-Verblifa NV (TDV) in Deventer bzw. J. J. Carnaud et Forges de Basse-Indre (Carnaud) in Paris, sollten aufgefordert werden, sich zu beteiligen. Carnaud teilte jedoch Ende August 1969 mit, sie könne sich an dieser geplanten Holdinggesellschaft nicht beteiligen.

Am 16. Februar 1970 wurde zwischen Continental und TDV eine Vereinbarung („agreement") unterzeichnet, die unter anderem folgendes vorsah:

a) Continental wird in Delaware eine Gesellschaft („Europemballage Corporation") gründen, in die sie ihre gegenwärtigen Beteiligungen an SLW einbringen wird.

b) Continental wird Europemballage veranlassen, den Aktionären von TDV mit Ausnahme von MB und Carnaud einen Barbetrag von 140 Gulden für eine TDV-Aktie mit einem Nennbetrag von 20 Gulden anzubieten. Jeder TDV-Aktionär, der seine Aktien anbietet, wird gleichzeitig ein Zertifikat über ein Vorzugsrecht für den Kauf von öffentlich angebotenen Stammaktien der Europemballage erhalten. Continental wird Europemballage die zum Ankauf der TDV-Aktien erforderlichen Mittel zur Verfügung stellen, indem sie zusätzliche Aktien von Europemballage erwirbt.

Aufgrund dieser Vereinbarung

– ist am 20. Februar 1970 in Wilmington nach dem Recht des Bundesstaates Delaware (USA) die Holdinggesellschaft Europemballage Corporation (Europemballage) gegründet worden;

– hat TDV am 16. März 1970 das Kaufangebot von Europemballage veröffentlicht.

---

3 Art. 3 lit. f) EGV a. F.

Im März und April machte die Kommission die Beteiligten auf die mögliche Unvereinbarkeit des Vorhabens mit den Bestimmungen des Art. 86 EGV [nunmehr Art. 82 EGV] sowie auf die rechtlichen und finanziellen Folgen aufmerksam, die für sie daraus entstehen könnten. MB teilte daraufhin mit, daß sie ihre Pläne, sich Europemballage anzuschließen, aufgeschoben habe.

Am 8. April 1970 kaufte Europemballage die zu diesem Zeitpunkt angebotenen Aktien und Obligationen der TDV an und erhöhte so die ursprüngliche Beteiligung der Continental an TDV auf 91,07 %.

2. Am 9. April 1970 entschied die Kommission, gegen Continental und ihre Tochtergesellschaft Europemballage wegen des Erwerbs der Aktienmehrheit von TDV durch Europemballage von Amts wegen ein Verfahren (nach Art. 3 Abs. 1 der Verordnung Nr. 17/62) einzuleiten. Das Verfahren endete damit, daß die Kommission am 9. Dezember 1971 eine Entscheidung nach Art. 86 EGV [nunmehr Art. 82 EGV] erließ. [...]

IV. Aus den Entscheidungsgründen

[...][4]

1. Zur Zuständigkeit der Kommission

14. Die Klägerinnen machen geltend, nach den allgemeinen Grundsätzen des Völkerrechts unterliege Continental als Unternehmen mit Sitz außerhalb der Gemeinschaft weder der Verwaltungshoheit der Kommission noch der Jurisdiktion des Gerichtshofes. Die Kommission habe daher keine Zuständigkeit besessen, um gegenüber Continental die streitige Entscheidung zu erlassen und an sie die in Art. 2 dieser Entscheidung enthaltene Aufforderung zu richten. Überdies sei das von der Kommission verfolgte rechtswidrige Verhalten nicht unmittelbar Continental, sondern der Firma Europemballage zuzurechnen.

15. Die Klägerinnen können nicht bestreiten, daß die am 20. Februar 1970 von Continental gegründete Firma Europemballage eine Tochtergesellschaft von Continental ist. Der Umstand, daß die Tochtergesellschaft eigene Rechtspersönlichkeit besitzt, vermag noch nicht auszuschließen, daß ihr Verhalten der Muttergesellschaft zugerechnet werden kann. Dies gilt namentlich dann, wenn die Tochtergesellschaft ihr Marktverhalten nicht autonom bestimmt, sondern im wesentlichen Weisungen der Muttergesellschaft befolgt.

16. Es steht fest, daß Continental die Firma Europemballage veranlaßt hat, in den Niederlanden den Aktionären von TDV ein Kaufangebot zu machen, und hierfür die erforderlichen Mittel bereitgestellt hat. Am 8. April 1970 hat Europemballage die zu diesem Zeitpunkt angebotenen Aktien und Obligationen der TDV angekauft. Somit ist diese Transaktion, aufgrund deren die Kommission die streitige Entscheidung getroffen hat, nicht nur Europemballage, sondern auch und in erster Linie Continental zuzurechnen.

---

4 Siehe Fn. 2.

Auf einen solchen Erwerb, der die Marktbedingungen innerhalb der Gemeinschaft beeinflußt, ist das Gemeinschaftsrecht anwendbar. Der Umstand, daß Continental keinen Sitz im Hoheitsgebiet eines der Mitgliedstaaten hat, reicht nicht aus, um dieses Unternehmen dem Zugriff des Gemeinschaftsrechts zu entziehen.

17. Die Rüge der Unzuständigkeit ist daher zurückzuweisen.

2. Zu Art. 86 des Vertrages [nunmehr Art. 82 EGV]

18. In den Art. 1 und 2 der Entscheidung der Kommission vom 9. Dezember 1971 wird der Firma Continental vorgeworfen, gegen Art. 86 EGV [nunmehr Art. 82 EGV] verstoßen zu haben, indem sie die beherrschende Stellung mißbräuchlich ausgenutzt habe, die sie angeblich über die Schmalbach-Lubeca-Werke AG in Braunschweig (im folgenden SLW genannt) in einem wesentlichen Teil des Gemeinsamen Marktes auf dem Markt der Leichtverpackungen für Fleisch-, Fleischwaren-, Fisch- und Krustentierkonserven sowie auf dem Markt der Metalldeckel für Glasbehälter innehatte. Nach Art. 1 besteht die mißbräuchliche Ausnutzung darin, daß Continental im April 1970 über ihre Tochtergesellschaft Europemballage etwa 80 % der Aktien und Wandelobligationen von TDV erworben hat. Dadurch sei der Wettbewerb für die genannten Verpackungen auf einem wesentlichen Teil des gemeinsamen Marktes praktisch ausgeschaltet worden.

19. Die Klägerinnen machen geltend, die Kommission versuche durch ihr Vorgehen, gestützt auf eine irrige Auslegung des Art. 86 EGV [nunmehr Art. 82 EGV], unter Überschreitung ihrer Befugnisse mit Hilfe dieser Vorschrift eine Kontrolle über Unternehmenszusammenschlüsse einzuführen. Ein solcher Versuch laufe dem Willen der Verfasser des Vertrages zuwider, wie er nicht nur aus einer wörtlichen Auslegung des Art. 86 [nunmehr Art. 82 EGV], sondern auch aus einem Vergleich des EGV mit dem EGKS-Vertrag und den nationalen Rechtsvorschriften der Mitgliedstaaten deutlich werde. Die in Art. 86 [nunmehr Art. 82 EGV] angeführten Beispiele für eine mißbräuchliche Ausnutzung einer beherrschenden Stellung bestätigten diese Schlußfolgerung, denn sie zeigten, daß der Vertrag nur Praktiken meine, die sich auf den Markt auswirken und die Verbraucher oder Handelspartner schädigen. Außerdem lasse Art. 86 [nunmehr Art. 82 EGV] erkennen, daß der Gebrauch der mit einer beherrschenden Stellung verbundenen wirtschaftlichen Stärke nur dann als eine mißbräuchliche Ausnutzung dieser Stellung anzusehen sei, wenn er das Mittel darstellt, mit dem der Mißbrauch begangen wird. Strukturelle Maßnahmen der Unternehmen – wie z. B. die Verstärkung einer beherrschenden Stellung im Wege des Zusammenschlusses – erfüllten dagegen nicht den Begriff der mißbräuchlichen Ausnutzung dieser Stellung i. S. v. Art. 86 EGV [nunmehr Art. 82 EGV]. Die angefochtene Entscheidung sei daher wegen Fehlens der erforderlichen Rechtsgrundlage aufzuheben.

20. Art. 86 Abs. 1 EGV [nunmehr Art. 82 Abs. 1 EGV] erklärt für „mit dem Gemeinsamen Markt unvereinbar und verboten ... die mißbräuchliche Ausnutzung einer beherrschenden Stellung auf dem Gemeinsamen Markt oder auf einem wesentlichen Teil desselben durch ein oder mehrere Unternehmen, soweit dies dazu führen kann, den Handel zwischen Mitgliedstaaten zu beeinträchtigen". Es ist zu prüfen, ob in Art. 86 [nunmehr Art. 82 EGV] mit dem Ausdruck „mißbräuchliche Ausnutzung" nur solche Verhaltensweisen von Unternehmen gemeint sind, die sich unmittelbar auf den Markt auswir-

ken können und nachteilig für Erzeugung oder Absatz, Abnehmer oder Verbraucher sind, oder ob er sich auch auf Veränderungen der Struktur eines Unternehmens bezieht, die zu schweren Beeinträchtigungen des Wettbewerbs auf einem wesentlichen Teil des Gemeinsamen Marktes führen.

21. Auf die Unterscheidung zwischen Maßnahmen, welche die Struktur des Unternehmens betreffen, und Verhaltensweisen, die sich auf den Markt auswirken, kann es indessen nicht ankommen, denn jede strukturelle Maßnahme kann die Marktverhältnisse beeinflussen, sofern sie das Unternehmen größer und wirtschaftlich stärker macht.

22. Für die Entscheidung dieser Frage muß auf Geist, Aufbau und Wortlaut von Art. 86 [nunmehr Art. 82 EGV] sowie auf System und Ziele des Vertrages zurückgegriffen werden. Die hier anstehenden Probleme lassen sich daher nicht durch einen Vergleich zwischen diesem Artikel und einigen Bestimmungen des EGKS-Vertrags lösen.

23. Art. 86 [nunmehr Art. 82 EGV] gehört zu dem Kapitel, das den gemeinsamen Regeln über die Politik der Gemeinschaft auf dem Gebiet des Wettbewerbs gewidmet ist. Diese Politik beruht auf Art. 3 Buchstabe f EGV [Art. 3 Buchstabe f EGV], wonach die Tätigkeit der Gemeinschaft die Errichtung eines Systems umfaßt, das den Wettbewerb des Gemeinsamen Marktes vor Verfälschungen schützt. Das Vorbringen der Klägerinnen, diese Bestimmung enthalte nur einen allgemeinen, rechtlich unverbindlichen Programmsatz, verkennt, daß Art. 3 [Art. 3 EGV] die Verfolgung der Ziele, die er aufstellt, als unerläßlich für die Erfüllung der Aufgaben der Gemeinschaft ansieht. Was insbesondere das in Buchstabe f genannte Ziel angeht, so regelt der Vertrag Näheres hierzu in mehreren Bestimmungen, für deren Auslegung diese Zielsetzung maßgebend ist.

24. Wenn aber Art. 3 Buchstabe f [Art. 3 Buchstabe f EGV] die Errichtung eines Systems vorsieht, das den Wettbewerb innerhalb des gemeinsamen Marktes vor Verfälschungen schützt, so fordert er erst recht, daß der Wettbewerb nicht ausgeschaltet wird. Dieses Erfordernis ist so wesentlich, daß bei seinem Fehlen zahlreiche Vertragsvorschriften gegenstandslos wären. Es entspricht überdies dem Gebot des Art. 2 EGV [Art. 2 EGV], demzufolge die Gemeinschaft die Aufgabe hat, „eine harmonische Entwicklung des Wirtschaftslebens innerhalb der Gemeinschaft ... zu fördern". Somit finden die Wettbewerbsbeschränkungen, die der Vertrag unter bestimmten Voraussetzungen deshalb zuläßt, weil die verschiedenen Vertragsziele miteinander in Einklang gebracht werden müssen, in den Erfordernissen der Art. 2 und 3 [Art. 2 und 3 EGV] eine Grenze, bei deren Überschreiten die Gefahr besteht, daß eine Abschwächung des Wettbewerbs den Zielsetzungen des Gemeinsamen Marktes zuwiderläuft.

25. Der Wahrung der Grundsätze der Art. 2 und 3 EGV [Art. 2 und 3 EGV] und der Erreichung der dort aufgezeigten Ziele dienen die in den Art. 85 bis 90 [nunmehr Art. 81 – 86 EGV] enthaltenen allgemeinen Vorschriften für die Unternehmen. Art. 85 [nunmehr Art. 81 EGV] betrifft Vereinbarungen zwischen Unternehmen, Beschlüsse von Unternehmensvereinigungen und aufeinander abgestimmte Verhaltensweisen, während Art. 86 [nunmehr Art. 82 EGV] das einseitige Tätigwerden eines oder mehrerer Unternehmen zum Gegenstand hat. Auf verschiedenen Ebenen streben die Art. 85 und 86 [nunmehr Art. 81 und 82 EGV] das gleiche Ziel der Aufrechterhaltung eines wirksamen Wettbewerbs im Gemeinsamen Markt an. Die Beeinträchtigung des Wettbewerbs, die verbo-

ten ist, wenn sie das Ergebnis eines unter Art. 85 [nunmehr Art. 81 EGV] fallenden Verhaltens ist, kann nicht dadurch zulässig werden, daß dieses Verhalten unter dem Einfluß eines beherrschenden Unternehmens zum Erfolg führt und in einen Zusammenschluß der beteiligten Unternehmen mündet. In Ermangelung ausdrücklicher Vorschriften kann dem Vertrag, der in Art. 85 [nunmehr Art. 81 EGV] bestimmte, den Wettbewerb beeinträchtigende, jedoch nicht beseitigende Beschlüsse gewöhnlicher Unternehmensvereinigungen untersagt, nicht unterstellt werden, er habe es in Art. 86 [nunmehr Art. 82 EGV] erlauben wollen, daß Unternehmen durch ihren Zusammenschluß zu einer organischen Einheit eine so beherrschende Stellung erlangen, daß jede ernst zu nehmende Wettbewerbsmöglichkeit praktisch ausgeschlossen ist. Eine so unterschiedliche rechtliche Behandlung würde in das gesamte Wettbewerbsrecht eine Bresche schlagen, die das ordnungsmäßige Funktionieren des gemeinsamen Marktes in Frage stellen könnte. Wenn es zur Umgehung der Verbote des Art. 85 [nunmehr Art. 81 EGV] ausreichte, die Verbindungen zwischen den Unternehmen so eng zu gestalten, daß sie der Verbotsvorschrift des Art. 85 [nunmehr Art. 81 EGV] entgingen, ohne in den Anwendungsbereich von Art. 86 [nunmehr Art. 82 EGV] zu fallen, so würde damit im Widerspruch zu den grundlegenden Prinzipien des Gemeinsamen Marktes die Abschottung eines wesentlichen Teils dieses Marktes erlaubt. Das Bestreben der Verfasser des Vertrages, auch in den Fällen, in denen Wettbewerbsbeschränkungen zugelassen sind, auf dem Markt einen tatsächlichen oder potentiellen Wettbewerb zu erhalten, hat in Art. 85 Abs. 3 Buchstabe b EGV [nunmehr Art. 81 Abs. 3 Buchstabe b EGV] seinen ausdrücklichen Niederschlag gefunden. Wenn Art. 86 [nunmehr Art. 82 EGV] nicht die gleiche ausdrückliche Bestimmung enthält, so erklärt sich das daraus, daß die dort für beHerrschende Stellungen getroffene Regelung im Gegensatz zu Art. 85 Abs. 3 [nunmehr Art. 81 Abs. 3 EGV] keine Ausnahmen vom Verbot kennt. Bei einer solchen Regelung ergibt sich die Bindung an die grundlegenden Vertragsziele, insbesondere an das des Art. 3 Buchstabe f [Art. 3 Buchstabe f EGV], aus der zwingenden Geltung dieser Ziele. Jedenfalls können die Art. 85 und 86 [nunmehr Art. 81 und 82 EGV] nicht in einander widersprechendem Sinne ausgelegt werden, da sie der Verwirklichung desselben Zieles dienen.

26. Im Lichte dieser Erwägungen ist das Tatbestandsmerkmal des Art. 86 [nunmehr Art. 82 EGV] auszulegen, wonach die Ausnutzung einer beherrschenden Stellung mißbräuchlich sein muß, um unter das Verbot zu fallen. Die Vorschrift zählt eine Reihe von mißbräuchlichen Verhaltensweisen auf, die sie untersagt. Sie gibt lediglich Beispiele, also keine erschöpfende Aufzählung der Arten der nach dem Vertrag verbotenen mißbräuchlichen Ausnutzung einer beherrschenden Stellung. Wie ferner die Buchstaben c und d von Abs. 2 erkennen lassen, bezieht sich die Bestimmung nicht nur auf Verhaltensweisen, durch die den Verbrauchern ein unmittelbarer Schaden erwachsen kann, sondern auch auf solche, die ihnen durch einen Eingriff in die Struktur des tatsächlichen Wettbewerbs, von dem Art. 3 Buchstabe f EGV [Art. 3 Buchstabe f EGV] handelt, Schaden zufügen. Ein mißbräuchliches Verhalten kann daher vorliegen, wenn ein Unternehmen in beherrschender Stellung diese dergestalt verstärkt, daß der erreichte Beherrschungsgrad den Wettbewerb wesentlich behindert, daß also nur noch Unternehmen auf dem Markt bleiben, die in ihrem Marktverhalten von dem beherrschenden Unternehmen abhängen.

27. Bei diesem Sinn und dieser Tragweite des Art. 86 EGV [nunmehr Art. 82 EGV] kommt es auf die von den Klägerinnen aufgeworfene Frage des ursächlichen Zusammenhangs, der nach ihrer Ansicht zwischen der beherrschenden Stellung und der mißbräuchlichen Ausnutzung bestehen muß, nicht an, denn die Verstärkung der Stellung eines Unternehmens kann ohne Rücksicht darauf, mit welchen Mitteln und Verfahren sie erreicht worden ist, mißbräuchlich und nach Art. 86 EGV [nunmehr Art. 82 EGV] verboten sein, sofern sie die vorstehend beschriebenen Wirkungen hervorruft.

3. Zu dem in der Entscheidungsbegründung festgestellten Sachverhalt

28. Die Kommission hat ihre Entscheidung unter anderem darauf gestützt, daß der Erwerb der Mehrheitsbeteiligung an einem konkurrierenden Unternehmen durch ein Unternehmen oder eine Unternehmensgruppe in beherrschender Stellung unter bestimmten Umständen eine mißbräuchliche Ausnutzung dieser Stellung darstellen könne. Dies sei der Fall, wenn ein Unternehmen in beherrschender Stellung diese im Wege eines Zusammenschlusses derart verstärke, daß der tatsächliche oder potentielle Wettbewerb für die betroffenen Waren in einem wesentlichen Teil des Gemeinsamen Marktes praktisch ausgeschaltet werde.

29. In der Tat kann es unabhängig von einem Verschulden als mißbräuchlich angesehen werden, wenn ein Unternehmen eine so beherrschende Stellung einnimmt, daß durch eine wesentliche, die Handlungsfreiheit des Verbrauchers auf dem Markt ernstlich gefährdende Änderung der Angebotsstruktur die Vertragsziele umgangen werden; ein solcher Fall ist notwendig gegeben, wenn praktisch jeder Wettbewerb ausgeschaltet wird. Obwohl eine so einschränkende Voraussetzung wie die Ausschaltung jeglichen Wettbewerbs nicht in allen Fällen gegeben zu sein braucht, mußte die Kommission, wenn sie ihre Entscheidung auf eine solche Ausschaltung des Wettbewerbs stützte, hierfür rechtlich zureichende Gründe anführen oder zumindest nachweisen, daß der Wettbewerb so wesentlich beeinträchtigt war, daß die verbleibenden Wettbewerber kein ausreichendes Gegengewicht mehr bilden konnten.

30. Zur Begründung ihrer These hat die Kommission die Folgen des streitigen Zusammenschlusses unter verschiedenen Blickwinkeln untersucht. Hierzu sind in der Entscheidungsbegründung vier wesentliche Gesichtspunkte zu unterscheiden:

a) der derzeitige Marktanteil der zusammengeschlossenen Unternehmen bei den betroffenen Erzeugnissen,

b) die relativen Größenverhältnisse der durch den Zusammenschluß geschaffenen neuen Unternehmenseinheit im Vergleich zur Größe etwaiger Wettbewerber auf diesem Markt,

c) die wirtschaftliche Stärke der Abnehmer gegenüber der neuentstandenen Unternehmenseinheit und

d) der potentielle Wettbewerb entweder von Herstellern der gleichen Erzeugnisse, die in anderen geographischen Märkten ansässig sind, oder von im Gemeinsamen Markt ansässigen Herstellern anderer Waren.

Bei der Prüfung dieser verschiedenen Faktoren stützt sich die Entscheidung einerseits auf den sehr hohen Marktanteil, den SLW bei Metalldosen bereits innehatte, auf die schwache Wettbewerbsstellung der auf dem Markt verbleibenden Konkurrenten, auf die wirtschaftliche Schwäche der meisten Verbraucher gegenüber der neuen Unternehmenseinheit und auf die zahlreichen rechtlichen und tatsächlichen Bindungen zwischen Continental und etwaigen Konkurrenten; andererseits geht sie von den finanziellen und technischen Schwierigkeiten des Eindringens in einen durch eine starke Konzentration gekennzeichneten Markt aus.

31. Die Klägerinnen bestreiten die Richtigkeit der Angaben, auf welche die Kommission ihre Entscheidung stützt. Daraus, daß der Marktanteil von SLW bereits 70 bis 80 % bei Dosen für Fleischkonserven, 80 bis 90 % bei Dosen für Fische und Krustentiere sowie 50 bis 55 % bei Metallverschlüssen mit Ausnahme der Kronenkorken betragen habe – Prozentsätze, die im übrigen zu hoch angesetzt seien und von der Beklagten nicht hätten bewiesen werden können –, könne nicht geschlossen werden, daß dieses Unternehmen den Markt für Leichtmetallverpackungen beherrsche. Die Entscheidung habe außerdem die Möglichkeit eines Wettbewerbs von Substitutionserzeugnissen (Glas- und Plastikverpackungen) ausgeschlossen und sich dafür auf Gründe berufen, die einer Prüfung nicht standhielten. Die Feststellungen über Möglichkeiten tatsächlichen oder potentiellen Wettbewerbs sowie über die angeblich schwache Stellung der Verbraucher seien daher unzutreffend.

32. Für die Beurteilung der beherrschenden Stellung von SLW und der Folgen des streitigen Zusammenschlusses ist die Abgrenzung des betroffenen Marktes von wesentlicher Bedeutung, denn die Wettbewerbsmöglichkeiten lassen sich nur nach Maßgabe derjenigen Merkmale der fraglichen Erzeugnisse beurteilen, die sich zur Befriedigung eines gleichbleibenden Bedarfs besonders geeignet und mit anderen Erzeugnissen nur in geringem Maße austauschbar erscheinen lassen.

33. In diesem Zusammenhang befassen sich die Begründungserwägungen 5 bis 7 des zweiten Teils der Entscheidung nacheinander mit einem „Markt der Leichtverpackungen für Fleischkonserven", einem „Markt der Leichtverpackungen für Fischkonserven" und einem „Markt der Metallverschlüsse für die Konservenindustrie, mit Ausnahme der Kronenkorken", die alle drei von SLW beherrscht würden und auf denen der streitige Zusammenschluß den Wettbewerb auszuschalten drohe. In der Entscheidung wird jedoch nicht näher angegeben, welche Besonderheiten diese drei Märkte voneinander unterscheiden und deshalb zu deren getrennter Betrachtung nötigen. Ebensowenig wird gesagt, durch welche Besonderheiten sich diese drei Märkte von dem allgemeinen Markt für Leichtmetallverpackungen, namentlich dem Markt der Metallverpackungen für Obst- und Gemüsekonserven, Kondensmilch, Olivenöl, Fruchtsäfte und chemisch-technische Erzeugnisse, unterscheiden. Es kann aber nur dann davon ausgegangen werden, daß die fraglichen Erzeugnisse einen besonderen Markt haben, wenn sie nicht nur durch die bloße Tatsache zu individualisieren sind, daß sie für die Verpackung bestimmter Erzeugnisse verwendet werden, sondern außerdem durch besondere Produktionsmerkmale, die ihnen für diese Zweckbestimmung eine spezifische Eignung verleihen. Hiernach kann eine beherrschende Stellung auf dem Markt der Leichtmetallverpackungen für Fleisch- und Fischkonserven nicht ausschlaggebend sein, solange nicht nachgewiesen ist, daß die Wettbewerber aus anderen Bereichen des Marktes für

Leichtmetallverpackungen nicht in der Lage seien, dank einer einfachen Umstellung auf diesem Markt mit hinreichender Stärke aufzutreten, um ein ernst zu nehmendes Gegengewicht zu bilden.

34. Im übrigen finden sich auch in der Entscheidung selbst Anhaltspunkte, die daran zweifeln lassen, daß die drei Märkte von anderen Märkten für Leichtmetallverpackungen getrennt zu sehen sind, vielmehr den Schluß nahelegen, daß sie Teile eines größeren Marktes sind. Im ersten Teil der Begründung, wo sie sich unter Buchstabe J mit dem wichtigsten Konkurrenten von SLW in Deutschland und von TDV in den Beneluxstaaten befaßt, erwähnt die Entscheidung ein deutsches Unternehmen, das einen größeren Anteil an der Erzeugung von Leichtmetallverpackungen für Obst- und Gemüsekonserven halte als SLW, und ein anderes Unternehmen, das 38 bis 40 % der deutschen Nachfrage nach Kronenkorken decke: Dies scheint zu bestätigen, daß die Erzeugung von Metalldosen für Fleisch- und Fischkonserven nicht getrennt von der Metalldosenproduktion für andere Zweckbestimmungen gesehen werden darf und daß bei der Beurteilung der Erzeugung von Metallverschlüssen die Kronenkorken nicht unberücksichtigt bleiben dürfen. Weiterhin beschränkt sich die Entscheidung bei der Untersuchung der Möglichkeiten für einen Substitutionswettbewerb in Nr. 16 ihres zweiten Teils nicht auf die drei fraglichen „Märkte", sondern befaßt sich auch mit dem Markt der Leichtmetallverpackungen für andere Zwecke; in diesem Zusammenhang führt sie aus, daß diese Verpackungen nur im begrenzten Umfang durch Verpackungen aus anderem Material ersetzt werden könnten. Der Umstand, daß die Kommission diese Behauptung angesichts der von den Klägerinnen vorgebrachten Tatsachen im Rechtsstreit nicht aufrechterhalten konnte, beweist schon für sich allein, wie notwendig es ist, den zu berücksichtigenden Markt hinreichend genau abzugrenzen, damit sich die relative Stärke der Unternehmen auf einem solchen Markt beurteilen läßt.

35. Da in der Entscheidung Angaben darüber fehlen, aufgrund welcher besonderen Merkmale die Metallverpackungen für Fleisch- und Fischkonserven sowie die Metallverschlüsse für die Konservenindustrie mit Ausnahme der Kronenkorken je eigene Märkte haben sollen, die von dem Hersteller mit dem größten Anteil auf diesem Markt beherrscht werden können, haftet ihr von Grund auf eine Unsicherheit an, die sich auf die anderen Feststellungen auswirkt, aus denen die Entscheidung das Fehlen eines tatsächlichen oder potentiellen Wettbewerbs auf dem fraglichen Markt ableitet. Was insbesondere den Wettbewerb anderer Metallverpackungshersteller anbelangt, so hat die Kommission im Rechtsstreit vorgetragen, daß die Lizenznehmer von Continental „im Rahmen des ... unter D 4 b beschriebenen sogenannten Marktinformationsverfahrens Wettbewerbsbeschränkungen vereinbart haben", doch macht sie andererseits geltend, TDV und SLW hätten „die Möglichkeit (gehabt), miteinander in Wettbewerb zu treten". Das in der 19. Begründungserwägung vorgebrachte Argument, die Werke einiger Hersteller in den Nachbarländern Deutschlands lägen von der Mehrzahl der deutschen Verbraucher zu weit entfernt, als daß sich diese entschließen könnten, ständig von ihnen zu beziehen, wird nicht begründet und ist im übrigen schwer mit der Behauptung in der 25. Begründungserwägung (Buchstabe a) zu vereinbaren, daß die Rentabilitätsgrenzen beim Transport der leeren Verpackungen zwischen 150 und 300 km bei verhältnismäßig großen Verpackungen und zwischen 500 und 1000 km bei kleineren Verpackungen lä-

gen. Außerdem spielen für die Metalldeckel die Transportkosten unstreitig keine wesentliche Rolle.

36. Im übrigen wird in der angefochtenen Entscheidung bezüglich des potentiellen Wettbewerbs durch Großabnehmer, die Eigenhersteller werden können, unter Nr. 18 behauptet, ein solcher Wettbewerb scheide wegen der Höhe der für eine integrierte Fabrikation erforderlichen Investitionen und wegen des technologischen Vorsprungs der Continentalgruppe auf diesem Gebiet aus, wohingegen im letzten Absatz der Begründungserwägung J Nr. 3 ausgeführt wird, daß auf dem belgischen Markt die Konservenfabrik Marie Thumas durch ihre Tochtergesellschaft Eurocan Blechverpackungen für den eigenen Verbrauch und für den Verkauf an andere Verbraucher herstelle. Dieser Widerspruch ist ein weiteres Indiz für die Unsicherheit der Kommission hinsichtlich der Abgrenzung des oder der betroffenen Märkte. In Buchstabe e der 30. Begründungserwägung der Entscheidung heißt es ferner, daß „abgesehen von Marie Thumas/Eurocan ... die Eigenhersteller nicht über ihren eigenen Verbrauch hinaus (produzieren) und sie ... auf dem Markt keine leeren Metallverpackungen an(bieten)", während in der Begründungserwägung K Nr. 2 zweiter Absatz dagegen die Rede davon ist, daß einige deutsche Eigenhersteller ebenfalls begonnen hätten, ihre überschüssige Produktion von Metallverpackungen in den Handel zu bringen. Aus alledem geht hervor, daß einige Unternehmen, die bereits zur integrierten Fabrikation von Verpackungen übergangen sind, die technologischen Schwierigkeiten überwinden konnten, daß aber der Entscheidung keine Anhaltspunkte für die Beurteilung der Wettbewerbsfähigkeit dieser Unternehmen zu entnehmen sind. Diese Begründungserwägungen lassen somit neue Widersprüche erkennen, die gleichfalls die Rechtmäßigkeit der angefochtenen Entscheidung beeinträchtigen.

37. Nach alledem hat die Entscheidung die Tatsachen und Bewertungen, auf die sie sich stützt, nicht hinlänglich dargetan. Sie ist daher aufzuheben.

B. Anmerkungen

I. Europarecht

1. Der EuGH hatte zu prüfen, ob das von *Continental Can* verfolgte Vorgehen, das in dem Erwerb von Aktien und Wandelobligationen an *TDV* bestand, als unvereinbar mit dem Gemeinsamen Markt anzusehen ist.

a) Als Maßstab ist zunächst Art. 81 Abs. 1 EGV in Betracht zu ziehen. Diese Vorschrift ist aber nur auf Vereinbarungen zwischen Unternehmen, Beschlüsse von Unternehmensvereinigungen und aufeinander abgestimmte Verhaltensweisen anwendbar. Die *Continental Can* zur Last gelegte Handlung ist der Erwerb von Aktien und Wandelobligationen. Dieses Verhalten läßt sich unter Art. 81 Abs. 1 EGV nicht subsumieren.

Zwar sollte es mit Blick auf den eindeutigen Wortlaut von Art. 81 Abs. 1 EGV selbstverständlich sein, daß die Vorschrift auf Unternehmenszusammenschlüsse nicht angewendet werden kann. Hiervon ist der EuGH jedoch bereits 1988 in der *BAT/Reynolds*-

Entscheidung abgerückt, in der eine Zusammenschlußkontrolle auf der Grundlage von Art. 81 Abs. 1 EGV zumindest in Betracht gezogen wird.[5] Der EuGH war jedoch nicht gezwungen, diese Linie weiterzuverfolgen, da kurze Zeit später die Fusionskontrollverordnung (FKVO)[6] in Kraft trat.[7] Deshalb wurde zu keiner Zeit ausdrücklich ausgesprochen, daß Zusammenschlüsse einer Kontrolle nach Art. 81 Abs. 1 EGV zu unterziehen sind.

b) In Betracht kommt vielmehr ein Verstoß gegen Art. 82 Abs. 1 EGV.

aa) *Continental Can* ist ein Unternehmen im Sinne dieser Vorschrift.[8]

bb) Diesem müßte eine beherrschende Stellung auf dem Gemeinsamen Markt zukommen.

Eine beherrschende Stellung kann sich nur auf einem bestimmten Markt, dem sog. relevanten Markt bilden.[9] Dieser muß in sachlicher, räumlicher und ggf. zeitlicher Hinsicht bestimmt werden.[10] Zur Bestimmung des sachlich relevanten Marktes ist auch im europäischen Recht das Bedarfsmarktkonzept heranzuziehen.[11] Danach bilden solche Produkte oder Dienstleistungen einen gemeinsamen Markt, die aus der Sicht der Marktgegenseite austauschbar sind. Die Kommission hatte drei verschiedene eigenständige Märkte ausgemacht: einen Markt für Leichtmetallverpackungen für Fleischkonserven, einen Markt für Leichtmetallverpackungen für Fischkonserven und einen Markt für Metallverschlüsse mit Ausnahme der Kronenkorken (Rn. 33). Auf jedem dieser Märkte kam der Klägerin nach Auffassung der Kommission eine beherrschende Stellung zu. Der EuGH verwirft jedoch die von der Kommission vorgenommene Marktabgrenzung. Jedenfalls sei sie nicht hinreichend begründet (Rn. 35). Schon aus diesem Grunde ist die Entscheidung der Kommission aufzuheben (Rn. 37). Daneben scheint der EuGH einen grundsätzlich einheitlichen Markt für Leichtmetallverpackungen annehmen zu wollen (Rn. 34).

cc) Folgt man hingegen der Auffassung der Kommission, so ist weiter zu fragen, ob die Klägerin ihre beherrschende Stellung ausgenutzt hat.

---

5 Slg. 1988, 5249 = NJW 1988, 3082. Hierzu etwa *Immenga/Fuchs*, NJW 1988, 3052.

6 Zu dieser Verordnung ausführlich in der *Kali + Salz*-Entscheidung (Fall Nr. 14 in diesem Casebook).

7 Am 21. 9. 1990.

8 Zum Unternehmensbegriff der Art. 81 ff. EGV *Emmerich*, in: Dauses, H. I. Rn. 61 ff. sowie EuGH, Slg. 1991, 1979, 2016 (*Höfner und Elser*).

9 Sog. Marktmachtkonzept (hierzu *Emmerich*, in: Dauses, H. I. Rn.186).

10 Die Wichtigkeit einer genauen Marktabgrenzung hebt der EuGH mit Recht ausdrücklich hervor (Leitsatz Nr. 14 und Rn. 34 a. E.). Vgl. hierzu auch *Montag/Heinemann*, ZIP 1992, 1367, 1373.

11 Leitsatz Nr. 14 sowie Rn. 32 der Entscheidung. Siehe ferner *Emmerich*, in: Dauses, H. I. Rn. 189 ff. m. w. N.

(1) Dazu bedarf es zunächst der Klärung, ob die streitgegenständliche Handlung überhaupt als Handlung von *Continental Can* qualifiziert werden kann. Denn die Aktien an *TDV* hatte nicht *Continental Can*, sondern *Europemballage* erworben. Das Verhalten der *Europemballage* ist *Continental Can* nach der zutreffenden Auffassung des Gerichtshofes jedoch wie eigenes Verhalten zuzurechnen, da *Continental Can* sämtliche Anteile an *Europemballage* hält und *Europemballage* vollständig den Weisungen von *Continental Can* unterliegt (Rn. 15 und 16 1. und 2. Satz).[12]

(2) Diese Handlung müßte sich als Ausnutzung der beherrschenden Stellung auf dem Gemeinsamen Markt darstellen. Bereits an dieser Stelle zeigt sich, daß die Anwendung von Art. 82 Abs. 1 EGV auf den Erwerb von Anteilen an einem anderen Unternehmen sowie auf sonstige Formen des Unternehmenszusammenschlusses nicht reibungslos gelingen kann. Denn bei dem Erwerb der Anteile an *TDV* hat *Continental Can* eher ihre Finanzkraft ausgenutzt denn ihre beherrschende Stellung auf dem Gemeinsamen Markt. Hieran wird deutlich, daß Art. 82 Abs. 1 EGV darauf zugeschnitten ist, einzelne wettbewerbswidrige Verhaltensweisen zu erfassen (Marktverhalten), nicht jedoch die Veränderung der Markt*strukturen*.[13] Zwar ist dem Gerichtshof darin zuzustimmen, daß Art. 81 Abs. 2 EGV keine abschließende Aufzählung beinhaltet und Art. 81 Abs. 1 EGV demgemäß grundsätzlich auch auf andere als die in Art. 81 Abs. 2 EGV genannten Fälle angewendet werden kann. Art. 82 Abs. 2 EGV belegt jedoch, daß die Vorschrift allein ganz bestimmte wettbewerbswidrige Maßnahmen im Blick hat. Hätten die Mitgliedstaaten bei Gründung der EG eine europäische Fusionskontrolle installieren wollen, hätten sie dies ausdrücklich im Vertrag vorsehen müssen.[14] Denn die Kontrolle von Unternehmenszusammenschlüssen wird seit jeher als eigenständiges wettbewerbsrechtliches Problem angesehen und deswegen gewöhnlicherweise auch durch eine eigenständige Normierung geregelt, wie z. B. in Art. 66 des EGKS-Vertrages, worauf sich die Klägerin mit Recht beruft (Rn. 19). Auch der Umstand, daß Art. 82 Abs. 1 EGV im Unterschied zu Art. 81 EGV (vgl. dessen Abs. 3) keine Freistellungen zuläßt,[15] unterstreicht die mangelhafte Eignung dieser Vorschrift.

Dieser Argumentation folgt der EuGH nicht. In der *Continental Can*-Entscheidung subsumiert er erstmals auch einen Fall des Unternehmenszusammenschlusses unter Art. 82

---

12 Die Anwendung dieses Instruments enthebt von der Notwendigkeit, sich mit der Frage nach der extraterritorialen Anwendbarkeit des europäischen Kartellrechts zu befassen. Sie stellt sich aber in der *Zellstoff*-Entscheidung (Fall Nr. 13 in diesem Casebook). Zur Zurechnung auch *Emmerich*, in: Dauses, H. I. Rn. 65 a.

13 *Heynen*, NJW 1973, 1526, 1527.

14 Siehe auch die Gemeinsame Erklärung von Rat und Kommission aus dem Jahre 1989, nach der der EGV „keine spezifische Bestimmung über die vorherige Kontrolle von Unternehmenszusammenschlüssen enthält" (WuW 1990, 240, 243).

15 *Heynen*, NJW 1973, 1526, 1528.

Abs. 1 EGV und etabliert damit eine Zusammenschlußkontrolle auf europäischer Ebene. Hierzu beruft er sich vor allem auf Art. 3 lit. f) EGV a. F.,[16] demzufolge „die Tätigkeit der Gemeinschaft nach Maßgabe dieses Vertrages und der darin vorgesehenen Zeitfolge ein System umfaßt, das den Wettbewerb innerhalb des Binnenmarktes vor Verfälschungen schützt". Die Vorschrift enthalte nicht etwa „nur einen allgemeinen, rechtlich unverbindlichen Programmsatz" (Rn. 25). Indem sie die Errichtung eines Systems zum Schutze des Wettbewerbs vor Verfälschungen vorsehe, fordere sie gleichzeitig, daß der Wettbewerb nicht ausgeschaltet werde (Rn. 26). Diese Schlußfolgerung ist sicherlich überzeugend. Nur besagt sie nichts zu der Frage, ob Art. 82 Abs. 1 auf Unternehmenszusammenschlüsse angewendet werden kann. Auch die erste vom Gerichtshof vertretene These, Art. 3 lit. f) EGV a. F. enthalte einen vollwertigen Rechtssatz, ist zumindest angreifbar. Denn die Vorschrift ist durchaus wie ein allgemeiner Programmsatz formuliert. Für diesen Charakter spricht auch ihre systematische Stellung direkt zu Beginn des Vertrages im Teil „Grundsätze". Vor allem aber die Bezugnahme auf die sonstigen Bestimmungen des Vertrages („nach Maßgabe dieses Vertrages") läßt darauf schließen, daß diese Vorschrift keine eigenständigen Rechtsfolgen zeitigt.[17]

dd) Zu klären bleibt, ob der Anwendung von Art. 82 Abs. 1 die Tatsache entgegensteht, daß *Continental Can* seinen Sitz nicht im Gemeinschaftsgebiet, sondern in den Vereinigten Staaten von Amerika hat. Diese Frage soll in der *Zellstoff*-Entscheidung[18] genauer untersucht werden.

2. Folgt man dem EuGH in der Annahme, daß sich auf der Grundlage von Art. 82 Abs. 1 EGV eine Kontrolle des Zusammenschlusses von Unternehmen durchführen läßt, stellt sich die Frage, wie weit diese Kontrolle reichen kann. Dabei muß beachtet werden, daß Art. 82 Abs. 1 zur Voraussetzung hat, daß dem Unternehmen bereits vor Vornahme der schädigenden Handlung – hier des Zusammenschlusses – eine beherrschende Stellung auf dem Gemeinsamen Markt zukommt. Es genügt also nicht, wenn eine beherrschende Stellung durch den Zusammenschluß erst begründet wird. Es werden also lediglich sog. Konzentrationen zweiten Grades erfaßt.[19] Hierdurch wird die Anwendbarkeit von Art. 82 Abs. 1 EGV auf Unternehmenszusammenschlüsse ganz erheblich beschränkt, so daß auch die *Continental Can*-Entscheidung eine wirksame Kontrolle von Unternehmenszusammenschlüssen auf europäischer Ebene nicht etabliert hat.[20]

---

16 Art. 3 lit. g) EGV.

17 Dies schließt freilich nicht aus, daß Art. 3 EGV bei der Auslegung anderer Vertragsbestimmungen Bedeutung zukommen kann, EuGH, Slg. 1978, 2317 (*Schumalla*); Slg. 1980, 2057 (*National Panasonic*).

18 Fall Nr. 13 in diesem Casebook.

19 *Heynen*, NJW 1973, 1526, 1527.

20 *Heynen*, NJW 1973, 1526, 1527.

Vor diesem Hintergrund ist das bereits erwähnte[21] *BAT/Reynolds*-Urteil zu sehen. Mit der dort angedeuteten Anwendbarkeit von Art. 81 Abs. 1 EGV auf Unternehmenszusammenschlüsse hätte sich der Anwendungsbereich einer gemeinschaftsrechtlichen Zusammenschlußkontrolle ganz erheblich erweitert. Denn diese Vorschrift setzt nicht voraus, daß die beherrschende Stellung bereits bei Vornahme der fraglichen Handlung gegeben ist.

Sowohl die in der *Continental Can-* als auch die in der *BAT/Reynolds*-Entscheidung vertretenen Thesen sind bedenklich[22] und haben dementsprechend eine größere Anhängerschaft nicht gewinnen können. Offen tritt die Absicht des Gerichtshofes zu Tage, Zustände zu schaffen, die sich auf politischem Wege nicht haben erreichen lassen, oder doch zumindest den Bemühungen zur Verabschiedung einer Fusionskontrollverordnung neuen Anschub zu geben. Dies ist ihm mit der *BAT/Reynolds*-Entscheidung zweifellos gelungen:[23] Bereits ca. zwei Jahre später ist die FKVO in Kraft getreten. Es fragt sich jedoch, ob derartige „Entwicklungsanstöße" in die Zuständigkeit des Gerichtshofes fallen.

Mit Erlaß der FKVO ist die Zulässigkeit eines Zusammenschlusses allein nach dieser Verordnung zu beurteilen. Zwar ist zuzugeben, daß durch Verordnung gesetztes Recht das Primärrecht nicht verdrängen kann.[24] Die Kontrolle von Zusammenschlüssen auf der Grundlage von Art. 85 und 86 EGV vermochte jedoch von Anfang an nicht zu überzeugen, so daß zu hoffen ist, daß der EuGH seine in *Continental Can* und *BAT/Reynolds* entwickelte Rechtsprechung ändert, soweit er noch einmal mit den Art. 85 und 86 EGV im Bereich der Fusionskontrolle befaßt wird. Die FKVO und die nationalen Kartellrechtsordnungen[25] sind die spezielleren und sachgerechteren Rechtsgrundlagen.

II. Deutschland

Die *Continental Can*-Entscheidung ist in Deutschland mit eher gemischten Gefühlen aufgenommen worden.[26] Zu deutlich ist es, daß Art. 82 Abs. 1 EGV auf Unternehmenszusammenschlüsse nicht recht passen will und für diesen Fall einfach nicht gedacht war. Gleiches gilt für Art. 81 Abs. 1 EGV, den der EuGH in der *BAT/Reynolds*-Entscheidung ebenfalls als Grundlage für die Kontrolle von Unternehmenszusammenschlüssen in Be-

---

21 Oben B. I. 1. a).

22 Dazu etwa *Sedemund*, NJW 1988, 601, 608 („dogmatisch schwer nachvollziehbar").

23 *Emmerich*, in: Dauses, H. I. Rn. 256; *Sedemund*, NJW 1988, 601, 609; vgl. auch *Hauschka*, NJW 1989, 3048, 3054.

24 *Emmerich*, in: Dauses, H. I. Rn. 331.

25 Die Art. 85, 86 EGV sollten auch bei Zusammenschlüssen mit *nicht* gemeinschaftsweiter Bedeutung i. S. v. Art. 1 Abs. 1 FKVO nicht mehr angewendet werden (anders aber *Emmerich*, in: Dauses, H. I. Rn. 331). In diesem Bereich gilt das nationale Kartellrecht der Mitgliedstaaten.

26 *Schmidt*, in: Wettbewerbspolitik an der Schwelle zum europäischen Binnenmarkt, 1989, S. 69.

tracht gezogen hat. Diese Vorschriften sind viel zu knapp gefaßt, als daß sie den komplexen Vorgang des Unternehmenszusammenschlusses in angemessener Weise regeln könnten.[27] Es fehlt jeglicher Anhaltspunkt zu bedeutenden Problemen der Fusionskontrolle, z. B. zu der Frage, welche Formen des Zusammenschlusses erfaßt sein sollen. Insbesondere bleibt offen, welcher Beteiligungsumfang erforderlich ist, um einen Kontrollerwerb annehmen zu können, oder wie sich eine europäischen Fusionskontrolle zu den nationalen fusionskontrollrechtlichen Regelungen verhalten soll. Die beiden Urteile haben daher mehr Fragen aufgeworfen als beantwortet und bereits deshalb für ein unangenehm hohes Maß an Rechtsunsicherheit gesorgt.[28] Letztlich erfolgte also die durch den EuGH in den beiden Urteilen in Gang gesetzte, an sich zu begrüßende Entwicklung hin zu einer Fusionskontrollverordnung auf Kosten der am Wirtschaftsverkehr beteiligten Unternehmen. Dies kann nicht gutgeheißen werden.

Mit entsprechender Erleichterung ist dann auch der Erlaß der FKVO im Jahre 1990 aufgenommen worden. Mit ihr wurde eine angemessene Rechtsgrundlage für den Bereich der Fusionskontrolle geschaffen. Insbesondere für das Verhältnis zwischen nationalem und gemeinschaftsrechtlichem Kartellrecht enthält sie klare Vorgaben (vgl. Art. 1 Abs. 2 und 3 sowie Art. 9).

A. K.

III. Frankreich

Die *Continental Can*-Entscheidung ist von großer Bedeutung, denn sie ist Ausgangspunkt der Rechtsprechung des EuGH für die Definition der Begriffe „beherrschende Stellung“ und „Mißbrauch einer beherrschenden Stellung“ i. S. v. Art. 82 EGV. Das französische Recht weist kaum Unterschiede zum Gemeinschaftsrecht auf.

Der Mißbrauch einer beherrschenden Stellung wird definiert durch Art. L 420-2 des Code de Commerce (ehemals Art. 8 der Verordnung vom 1. Dezember 1986). Darin ist der Mißbrauch einer beherrschenden Stellung auf dem Binnenmarkt oder einem wesentlichen Teil desselben verboten. Die mißbräuchliche Ausbeutung wird unter den gleichen Voraussetzungen wie die in Art. L 420-1 (ehemals Art. 7 der Verordnung) behandelten Übereinkünfte sanktioniert. Das Verhalten muß also die Verhinderung, Erschwerung oder die Verfälschung der Wettbewerbsbedingungen auf einem Markt zum Ziel haben. Dieses mißbräuchliche Verhalten, so Art. L 420-2 Code de Commerce, kann insbesondere in einer Verkaufsweigerung, in diskriminierenden Verkaufsbedingungen sowie im Bruch bestehender Handelsbeziehungen bestehen, wenn der Vertragspartner es ablehnt, sich verbotenen Geschäftsbedingungen zu unterwerfen.

---

27 Vgl. Inhalt und Aufbau der heute geltenden FKVO.

28 Dazu etwa *Sedemund*, NJW 1988, 601, 609.

Der Cour de Paris versteht unter einer beherrschende Stellung die Möglichkeit, eine effektive Konkurrenz zu verhindern. Das Gericht geht davon aus, daß das betrachtete Unternehmen auf dem Markt eine vorherrschende Stellung einnehmen muß, die diesem insbesondere die Mehrheit der von ihm gehaltenen Marktanteile, die Ungleichgewichtigkeit zwischen den Marktanteilen dieses Unternehmens und denen der Konkurrenzunternehmen, sowie gegebenenfalls seine Stellung und sein Handelsgebaren sichert.[29]

Die Beherrschung des Marktes muß das Ergebnis eines Monopols oder einer offensichtlichen Konzentration wirtschaftlicher Macht sein. Ein Unternehmen hat dann eine marktbeherrschende Stellung, wenn es in der Lage ist, das Funktionieren der Konkurrenz zu stören, weil kein Mitbewerber den Kunden oder Zulieferern eine bedeutsame Alternative bieten kann und wenn es fast völlig ungehindert die Funktionsweise des Marktes bestimmen kann: Zugang zum Markt, Handelspolitik, Wahl der Technologien, Preisniveau.[30]

Die beherrschende Stellung eines Unternehmens wird grundsätzlich vermutet, sobald dieses Unternehmen die Hälfte oder mehr als die Hälfte der Marktanteile hält. Die Wettbewerbsbehörde untersucht indessen wie der EuGH, „ob sich eine Gesellschaft in einer Position befindet, in der sie sich von den auf demselben Markt tätigen Unternehmen abhebt“.[31]

Die sanktionierten Verhaltensweisen sind an erster Stelle Ergebnis der durch das Unternehmen verwendeten Praktiken. Zweitens können sie das Ergebnis der bloßen Tatsache sein, daß das Unternehmen den Markt beherrscht. Indessen scheint das Gericht – im Unterschied zum EuGH – die Anwendung der Theorie vom Strukturmißbrauch nicht zuzulassen. So wird jedenfalls deren Entscheidung vom 6. April 1999 betreffend die *France Télécom* interpretiert.[32] Wie der EuGH verwendet auch das französische Recht die sog. „essential facilities doctrine“.[33]

Literatur: L‘arrêt Continental Can, Grands arrêts de la CJCE, 255, par Boulouis et Chevalier Edition; *Sirey*: Lamy droit économique 2001, Nr. 887 ff.

D. L.

---

29 CA Paris 1 ch. 13 avril 1999, SA Dectra et autres BOCCRF 12 mai S. 254.

30 Lamy droit économique Nr. 906.

31 Rapport Cons. Conc. pour 1997, S. 74.

32 M. Malaurie Vignal, obs. Contrats, conc. consom. Juill. 1999, comm. 113.

33 Cass. com. 25 janv. 2000, Contrats, conc. consom. Avril 2000, comm. 61, obs. M. Malaurie Vignal.

Fall Nr. 13 – Zellstoff

PARTEIEN: *A. Ahlström Osakeyhtiö* und andere Zellstoffhersteller sowie *The Pulp, Paper and Paperboard Export Association* und andere Verbände von Zellstoffherstellern gegen *Kommission der Europäischen Gemeinschaften*
AKTENZEICHEN: verbundene Rs. 89/85, 114/85, 116/85, 117/85, 128/85, 129/85
FUNDSTELLE: Slg. 1988, 5193

A. Urteil des EuGH vom 27. September 1988

I. Leitsätze

1. Art. 85 EGV [nunmehr Art. 81 EGV] ist auf Unternehmen mit Sitz außerhalb der Europäischen Gemeinschaft anwendbar, wenn diese sich über die Preise für ihre in der Gemeinschaft ansässigen Kunden abstimmen und tatsächlich zu den koordinierten Preisen verkaufen, weil diese Abstimmung eine Einschränkung des Wettbewerbs innerhalb des gemeinsamen Marktes bezweckt oder bewirkt (Wirkungsprinzip).

2. Die Anwendung des Art. 85 EGV [nunmehr Art. 81 EGV] auf ein derartiges Preiskartell ist durch das Territorialitätsprinzip gedeckt und verstößt deshalb nicht gegen Völkerrecht, weil das Preiskartell innerhalb des gemeinsamen Marktes durchgeführt wird. Dabei ist es unerheblich, ob die Unternehmen in der Gemeinschaft ansässige Tochterunternehmen, Agenten, Unteragenten oder Zweigniederlassungen eingeschaltet haben, um Kontakte zwischen sich und den dort ansässigen Abnehmern zu knüpfen.

3. Das Freihandelsabkommen mit Finnland schließt die Anwendung von Art. 85 und 86 EGV [nunmehr Art. 81 und 82 EGV] nicht aus. Eine Anrufung des Gemischten Ausschusses vor Erlaß kartellrechtlicher Maßnahmen ist nicht erforderlich, wenn an dem beanstandeten Verhalten auch Unternehmen aus Staaten beteiligt sind, die nicht Partei des Freihandelsabkommens sind.

II. Tenor

1. Der Klagegrund, der räumliche Geltungsbereich des Art. 85 EGV [nunmehr Art. 81 EGV] sei falsch beurteilt und die Entscheidung IV/29.725 der Kommission vom 19. Dezember 1984 sei völkerrechtswidrig, wird zurückgewiesen.

2. Die Entscheidung IV/29.725 der Kommission vom 19. Dezember 1984 wird insoweit aufgehoben, als sie die Pulp, Paper and Paperboard Export Association of the United States betrifft.

3. Der Klagegrund, die im Freihandelsabkommen zwischen der Gemeinschaft und Finnland enthaltenen Wettbewerbsvorschriften seien ausschließlich anzuwenden, wird zurückgewiesen.

4. Die Rechtssache wird zur Prüfung des übrigen Vorbringens an die Fünfte Kammer verwiesen.

5. Die Kostenentscheidung bleibt vorbehalten.

III. Rechtsgrundlagen: Art. 81 Abs. 1 EGV

IV. Zum Sachverhalt

1. Eine Reihe von Zellstoffherstellern sowie zwei ihrer Verbände, die alle ihren Sitz außerhalb der Gemeinschaft haben, haben gem. Art. 173 Abs. 2 EGV [nunmehr Art. 230 EGV] Klage erhoben auf Aufhebung der Entscheidung IV/29.725 der Kommission vom 19. 12. 1984 (ABl. L 85 v. 26. 3. 1985, S. 1), in der die Kommission feststellte, daß sie mehrere Verstöße gegen Art. 85 EWGV begangen hätten, und gegen sie Geldbußen festsetzte.

2. Bei diesen Verstößen handelte es sich nach der Entscheidung um eine von den genannten Herstellern vorgenommene Abstimmung über die den in der Gemeinschaft ansässigen Kunden vierteljährlich angekündigten Preise und die diesen gegenüber tatsächlich praktizierten Verkaufspreise (siehe Artikel 1 Absätze 1 und 2 der Entscheidung), um Preisempfehlungen, die die Pulp, Paper and Paperboard Export Association of the United States (im folgenden: KEA, früherer Name: Kraft Export Association), zu der eine Reihe von in den Vereinigten Staaten ansässigen Herstellern gehören, an ihre Mitglieder gerichtet habe (siehe Artikel 1 Absatz 3), und im Fall der Fincell, der gemeinsamen Verkaufsorganisation von ungefähr zehn in Finnland ansässigen Herstellern, um den Austausch von individualisierten Preisangaben mit bestimmten anderen Zellstoffherstellern im Rahmen des Forschungs- und Informationszentrums für die europäische Zellstoff- und Papierindustrie, das von der Schweizer Treuhandgesellschaft Fides geleitet wird (Artikel 1 Absatz 4).

3. Die Kommission gab in Absatz 79 der streitigen Entscheidung die Gründe an, aus denen sich ihrer Meinung nach die Zuständigkeit der Gemeinschaft für die Anwendung des Art. 85 EGV [nunmehr Art. 81 EGV] auf die genannte Abstimmung ergibt. Sie führte zunächst aus, daß alle Unternehmen, die Adressaten der Entscheidung waren, entweder direkt an in der Gemeinschaft ansässige Käufer exportiert oder in der Gemeinschaft über dort ansässige Tochterunternehmen, Zweigniederlassungen, Agenturen oder andere Einrichtungen Geschäfte gemacht hätten. Sie bemerkte weiter, daß die überwiegende Anzahl der Fälle, in denen diese Unternehmen Verkäufe in die EWG und innerhalb der EWG vorgenommen hätten, Gegenstand der Abstimmung gewesen sei. Sie wies schließlich darauf hin, daß von dieser Abstimmung zwei Drittel der Lieferungen und 60 % des Verbrauchs des fraglichen Erzeugnisses in der EWG betroffen gewesen seien. Die Kommission gelangte daher zu folgendem Ergebnis: „Die Auswirkungen der Vereinbarungen und Verhaltensweisen auf die angekündigten und/oder den Abnehmern in Rechnung gestellten Preise sowie auf den Weiterverkauf von Zellstoff in der EWG waren ... durchaus erheblich sowie auch beabsichtigt, und das hauptsächliche und direkte Ergebnis der Vereinbarungen und Verhaltensweisen."

4. Was insbesondere die in Finnland ansässigen Unternehmen und ihre Vereinigung Fincell angeht, führte die Kommission aus, das Freihandelsabkommen zwischen der Gemeinschaft und Finnland (ABl. L 328 v. 28. 11. 1973) enthalte „keine Regelung, daß die Kommission Art. 85 Absatz 1 EGV [nunmehr Art. 81 Abs. 1 EGV] nicht unmittelbar anwenden dürfe, wenn der Handel zwischen Mitgliedstaaten berührt ist".

5. Mehrere Klägerinnen haben das Fehlen der Zuständigkeit der Gemeinschaft für die Anwendung der Wettbewerbsvorschriften ihnen gegenüber gerügt. Der Gerichtshof hat am 8. Juli 1987 beschossen, die Parteien zunächst zu diesem Klagegrund zu hören. Er hat die Rechtssachen durch Beschluß vom 16. Dezember 1987 zu gemeinsamer mündlicher Verhandlung und Entscheidung verbunden.

6. Alle Klägerinnen, die das Fehlen der Zuständigkeit gerügt haben, machen zunächst geltend, daß die Kommission bei der Anwendung der Wettbewerbsvorschriften des EGV ihnen gegenüber den räumlichen Geltungsbereich des Art. 85 [nunmehr Art. 81 EGV] falsch beurteilt habe. Sie weisen in diesem Zusammenhang darauf hin, daß der Gerichtshof sich in seinem Urteil vom 14. Juli 1972 in der Rechtssache 48/69 (ICI/Kommission, Slg. 1972, 619) nicht das Auswirkungsprinzip zu eigen gemacht habe, sondern darauf abgestellt habe, daß aufgrund des Vorgehens von Tochtergesellschaften, das den Muttergesellschaften habe zugerechnet werden können, ein wettbewerbsbeschränkendes Verhalten innerhalb des Gemeinsamen Marktes stattgefunden habe. Sie fügen hinzu, selbst wenn es für die Anwendung des Art. 85 [nunmehr Art. 81 EGV] ihnen gegenüber eine Grundlage im Gemeinschaftsrecht gäbe, verstieße der Rechtsakt, mit dem die so ausgelegte Vorschrift angewandt werde, gegen das Völkerrecht, denn dieses verbiete es der Gemeinschaft, gegen wettbewerbsbeschränkende Verhaltensweisen, die außerhalb ihres Gebietes stattgefunden hätten, vorzugehen, nur weil sie in diesem Gebiet wirtschaftliche Auswirkungen gehabt hätten.

7. Die Klägerinnen, die Mitglieder der KEA sind, tragen außerdem vor, eine solche Anwendung verstoße gegen das Völkerrecht, da sie das Interventionsverbot verletze. Im vorliegenden Fall habe die Anwendung des Art. 85 [nunmehr Art. 81 EGV] dem Interesse der Vereinigten Staaten an einer Förderung der Ausfuhrtätigkeiten ihrer Unternehmen geschadet, das diese im Webb-Pomerene Act von 1918 verankert hätten, wonach Exportvereinigungen wie die KEA nicht den amerikanischen Antitrustgesetzen unterlägen.

8. Einige kanadische Klägerinnen haben ebenfalls vorgetragen, die Gemeinschaft habe dadurch, daß sie ihnen Geldbußen auferlegt und der Herabsetzung von einer Verpflichtungserklärung in bezug auf ihr künftiges Verhalten abhängig gemacht habe, die Souveränität Kanadas verletzt und damit gegen die Völkercourtoisie (comitas gentium) verstoßen.

9. Die finnischen Klägerinnen meinen, auf jeden Fall dürften nur die im Freihandelsabkommen zwischen der Gemeinschaft und Finnland enthaltenen Wettbewerbsvorschriften auf ihr Verhalten angewandt werden, nicht dagegen Art. 85 EGV [nunmehr Art. 81 EGV]; die Gemeinschaft hätte deshalb Finnland gemäß Art. 27 dieses Abkommens zu den Maßnahmen konsultieren müssen, die sie wegen des fraglichen Kartells zu ergreifen beabsichtigte.

10. Wegen weiterer Einzelheiten des Sachverhalts, des Verfahrensablaufs und des Parteivorbringens wird auf den Sitzungsbericht verwiesen. Der Akteninhalt wird im folgenden nur insoweit wiedergegeben, als die Begründung des Urteils dies erfordert.

V. Entscheidungsgründe

Zur falschen Beurteilung des räumlichen Geltungsbereichs des Art. 85 EGV [nunmehr Art. 81 EGV] und zur Völkerrechtswidrigkeit der Entscheidung

a) Die Einzelunternehmen

11. Soweit die Verletzung des Art. 85 EGV [nunmehr Art. 81 EGV] gerügt wird, ist daran zu erinnern, daß nach dieser Bestimmung alle Vereinbarungen oder aufeinander abgestimmten Verhaltensweisen zwischen Unternehmen verboten sind, die den Handel zwischen Mitgliedstaaten zu beeinträchtigen geeignet sind und eine Einschränkung des Wettbewerbs innerhalb des Gemeinsamen Marktes bezwecken oder bewirken.

12. Sodann ist darauf hinzuweisen, daß sich die Hauptbezugsquellen für Zellstoff außerhalb der Gemeinschaft befinden, nämlich in Kanada, den Vereinigten Staaten, Schweden und Finnland, und daß der Markt daher eine weltweite Dimension besitzt. Wenn in diesen Ländern ansässige Zellstoffhersteller direkt an in der Gemeinschaft ansässige Abnehmer verkaufen und in einen Preiswettbewerb miteinander treten, um Aufträge dieser Kunden zu erhalten, findet ein Wettbewerb innerhalb des Gemeinsamen Marktes statt.

13. Daraus folgt, daß diese Hersteller, wenn sie sich über die Preise abstimmen, die sie ihren in der Gemeinschaft ansässigen Kunden bewilligen werden, und diese Abstimmung durchführen, indem sie zu tatsächlich koordinierten Preisen verkaufen, an einer Abstimmung beteiligt sind, die eine Einschränkung des Wettbewerbs innerhalb des Gemeinsamen Marktes i. S. d. Art. 85 EGV [nunmehr Art. 81 EGV] bezweckt oder bewirkt.

14. Mithin ist festzustellen, daß die Kommission den räumlichen Geltungsbereich des Art. 85 EGV [nunmehr Art. 81 EGV] nicht falsch beurteilt hat, als sie unter den Umständen des vorliegenden Falles die Wettbewerbsvorschriften des EGV auf Unternehmen angewandt hat, die ihren Sitz außerhalb der Gemeinschaft haben.

15. Soweit die Unvereinbarkeit der Entscheidung mit dem Völkerrecht gerügt wird, machen die Klägerinnen geltend, die Anwendung der Wettbewerbsvorschriften im vorliegenden Fall sei allein auf die wirtschaftlichen Auswirkungen der wettbewerbsbeschränkenden Verhaltensweisen innerhalb des Gemeinsamen Marktes gestützt worden, die außerhalb der Gemeinschaft vorgenommen worden seien.

16. Dazu ist zu bemerken, daß ein Verstoß gegen Art. 85 EGV [nunmehr Art. 81 EGV], wie der Abschluß einer Vereinbarung, die eine Einschränkung des Wettbewerbs innerhalb des Gemeinsamen Marktes bewirkt hat, zwei Verhaltensmerkmale aufweist, nämlich die Bildung des Kartells und seine Durchführung. Wenn man die Anwendbarkeit der wettbewerbsrechtlichen Verbote von dem Ort der Bildung des Kartells abhängig machen würde, so liefe dies offensichtlich darauf hinaus, daß den Unternehmen ein einfaches Mittel

an die Hand gegeben würde, sich diesen Verboten zu entziehen. Entscheidend ist somit der Ort, an dem das Kartell durchgeführt wird.

17. Im vorliegenden Fall haben die Hersteller ihr Preiskartell innerhalb des Gemeinsamen Marktes durchgeführt. Dabei ist es unerheblich, ob sie in der Gemeinschaft ansässige Tochterunternehmen, Agenten, Unteragenten oder Zweigniederlassungen eingeschaltet haben, um Kontakte zwischen sich und den dort ansässigen Abnehmern zu knüpfen, oder ob sie das nicht getan haben.

18. Unter diesen Umständen ist die Zuständigkeit der Gemeinschaft für die Anwendung ihrer Wettbewerbsvorschriften auf derartige Verhaltensweisen durch das Territorialitätsprinzip gedeckt, das im Völkerrecht allgemein anerkannt ist.

19. Zu dem Argument, das Interventionsverbot sei verletzt, ist festzustellen, daß sich die Klägerinnen, die Mitglieder der KEA sind, auf eine Regel bezogen haben, wonach dann, wenn zwei Staaten für den Erlaß und die Durchführung von Vorschriften zuständig seien und ihre Vorschriften dazu führten, daß jemandem widersprüchliche Anordnungen für sein Verhalten erteilt würden, jeder Staat verpflichtet sei, seine Zuständigkeit maßvoll auszuüben. Die Klägerinnen leiten daraus her, daß die Gemeinschaft dadurch, daß sie ihr Wettbewerbsrecht unter Verstoß gegen diese Regel angewandt habe, das Interventionsverbot verletzt habe.

20. Ohne daß die Frage geprüft zu werden braucht, ob es im Völkerrecht eine derartige Regel gibt, genügt die Feststellung, daß ihre Tatbestandsmerkmale jedenfalls nicht erfüllt sind. Im vorliegenden Fall besteht nämlich kein Widerspruch zwischen dem von den Vereinigten Staaten und dem von der Gemeinschaft vorgeschriebenen Verhalten, denn der Webb-Pomerene Act beschränkt sich darauf, die Vereinbarung von Exportkartellen von der Anwendung der amerikanischen Antitrustgesetze auszunehmen, ohne zum Abschluß solcher Vereinbarungen zu verpflichten.

21. Im übrigen ist darauf hinzuweisen, daß die Behörden der Vereinigten Staaten keine Einwände aufgrund eines eventuellen Kompetenzkonflikts erhoben haben, als sie von der Kommission gemäß der Empfehlung des Rates der OECD vom 25. 10. 1979 (Rechtsakte der Organisation, Band 19, S. 376) über die Zusammenarbeit der Mitgliedstaaten im Fall von Handelspraktiken, die den internationalen Handelsverkehr beschränken, konsultiert wurden.

22. Zu dem Argument, die Völkercourtoisie (comitas gentium) sei nicht beachtet worden, ist lediglich zu bemerken, daß dieses Argument darauf hinausläuft, die Zuständigkeit der Gemeinschaft für die Anwendung ihrer Wettbewerbsvorschriften auf Verhaltensweisen wie diejenigen, die im vorliegenden Fall festgestellt wurden, in Frage zu stellen und daß dieses Argument bereits zurückgewiesen worden ist.

23. Mithin ist festzustellen, daß die Entscheidung der Kommission weder gegen Art. 85 EWGV noch gegen die von den Klägerinnen herangezogenen Regeln des Völkerrechts verstößt.

b) Die Vereinigung *KEA*

24. Aus der Satzung der KEA ergibt sich, daß diese eine gemeinnützige Vereinigung ist, die den Zweck hat, die kommerziellen Interessen ihrer Mitglieder zu fördern, wenn diese ihre Erzeugnisse ausführen, und daß sie im wesentlichen als Zentrum für den Informationsaustausch für ihre Mitglieder über deren Exportmärkte dient. Die KEA selbst ist nicht in Herstellung, Verkauf oder Vertrieb tätig.

25. Ferner ist darauf hinzuweisen, daß sich innerhalb der KEA mehrere Gruppen, unter ihnen insbesondere die Gruppe Zellstoff, gebildet haben, um die verschiedenen Zweige der Zellstoff- und der Papierindustrie abzudecken. Nach Art. 1 der Geschäftsordnung der KEA können die Unternehmen dieser Vereinigung nur beitreten, wenn sie Mitglied einer der Gruppen werden, aus denen die KEA besteht. Nach Art. 2 der Geschäftsordnung können diese Gruppen ihre Angelegenheiten völlig selbständig regeln.

26. Schließlich ist zu bemerken, daß nach einer Grundsatzerklärung der Gruppe Zellstoff, auf die in Abs. 32 der Entscheidung verwiesen wird, die Mitglieder dieser Gruppe bei ihren von Zeit zu Zeit stattfindenden Zusammenkünften Preisvereinbarungen treffen können, sofern jedes Mitglied im voraus darüber unterrichtet wird, daß die Preise erörtert werden, und bei der fraglichen Zusammenkunft das Quorum erreicht wird. Der einstimmige Beschluß der Anwesenden ist auch für die Mitglieder bindend, die bei der Beschlußfassung abwesend waren.

27. Aus den vorstehenden Überlegungen folgt, daß die Preisempfehlungen der KEA nicht von den Preisvereinbarungen zu unterscheiden sind, die von den Unternehmen, die Mitglieder der Gruppe Zellstoff sind, getroffen wurden, und daß die KEA keine eigene Rolle bei der Durchführung dieser Vereinbarungen gespielt habe.

28. Unter diesen Umständen ist die Entscheidung insoweit aufzuheben, als sie die KEA betrifft.

Zur ausschließlichen Anwendung der im Freihandelsabkommen zwischen der Gemeinschaft und Finnland enthaltenen Wettbewerbsvorschriften

29. Es ist zu prüfen, ob, wie die Klägerinnen vortragen, Art. 23 und 27 des Freihandelsabkommens die Anwendung von Art. 85 EGV [nunmehr Art. 81 EGV] auf die Beziehungen zwischen der Gemeinschaft und Finnland ausschließen.

30. Insoweit ist zunächst darauf hinzuweisen, daß nach Art. 23 I des Freihandelsabkommens mit dem guten Funktionieren dieses Abkommens insbesondere alle Vereinbarungen und aufeinander abgestimmten Verhaltensweisen, die eine Einschränkung des Wettbewerbs bezwecken oder bewirken, unvereinbar sind, soweit sie geeignet sind, den Warenverkehr zwischen der Gemeinschaft und Finnland zu beeinträchtigen. Nach Art. 23 II kann eine Vertragspartei, die der Auffassung ist, daß eine Praktik mit diesem Artikel unvereinbar ist, gemäß dem in Art. 27 festgelegten Verfahren geeignete Maßnahmen treffen. Im Rahmen dieses Verfahrens konsultiert sie die andere Vertragspartei in einem gemischten Ausschuß, um zu einer Einigung über die Maßnahmen zu gelangen, die sie zu treffen beabsichtigt, um die beanstandeten Praktiken abzustellen. Kommt es zu keiner Einigung, so kann die betroffene Vertragspartei Schutzmaßnahmen ergreifen.

31. Weiterhin ist zu bemerken, daß die Art. 23 und 27 des Freihandelsabkommens voraussetzen, daß die Vertragsparteien über Vorschriften verfügen, die es ihnen ermöglichen, die Kartelle zu verfolgen, die sie für mit dem Abkommen unvereinbar halten. Was die Gemeinschaft betrifft, können diese Vorschriften nur die Art. 85 und 86 EGV [nunmehr Art. 81 und 82 EGV] sein. Das Freihandelsabkommen schließt somit deren Anwendung nicht aus.

32. Schließlich ist darauf hinzuweisen, daß die Gemeinschaft im vorliegenden Fall ihre Wettbewerbsvorschriften auf die finnischen Klägerinnen nicht deshalb angewandt hat, weil diese sich untereinander abgestimmt haben, sondern weil sie an einer umfassenderen Abstimmung mit amerikanischen, kanadischen und schwedischen Unternehmen beteiligt waren, die den Wettbewerb innerhalb der Gemeinschaft beschränkt hat. Es war daher nicht nur der Warenverkehr mit Finnland beeinträchtigt. In einer solchen Lage hätte die Anrufung des Gemischten Ausschusses nicht zum Erlaß geeigneter Maßnahmen führen können.

33. Der Klagegrund, die im Freihandelsabkommen zwischen der Gemeinschaft und Finnland enthaltenen Wettbewerbsvorschriften seien ausschließlich anzuwenden, ist somit zurückzuweisen.

B. Anmerkungen

I. Europarecht

Zu prüfen ist, ob die Kommission in rechtsfehlerfreier Weise einen Verstoß gegen Art. 81 Abs. 1 EGV angenommen hat.

1. Es muß ein von Art. 81 Abs. 1 EGV erfaßtes Verhalten vorliegen.

a) Die Hersteller von Zellstoff und Papier haben eine Preisabstimmung vorgenommen. Hierin liegt eine Vereinbarung zwischen Unternehmen i. S. v. Art. 81 Abs. 1 EGV, die sogar als Spezialfall in Art. 81 Abs. 1 lit. a) EGV erwähnt wird. Das an dieser Abstimmung ausgerichtete Anbieten zu einem bestimmten Preis ist als abgestimmte Verhaltensweise zu qualifizieren.

b) Die Preisempfehlungen, welche die *KEA* an ihre Mitglieder gerichtet hat, lassen sich als Beschlüsse einer Unternehmensvereinigung i. S. v. Art. 81 Abs. 1 EGV qualifizieren. Mit Recht gelangt der EuGH jedoch in Rn. 24 – 27 zu dem Ergebnis, daß diesen Empfehlungen gegenüber den von den Herstellern getroffenen Vereinbarungen keine eigenständige Bedeutung zukommt. Die Kommissionsentscheidung ist also insoweit aufzuheben, als sie auch gegenüber der *KEA* ergangen ist (Rn. 28).

2. Die Vereinbarungen zwischen den Herstellern und die daraufhin erfolgte abgestimmte Verhaltensweise müssen eine Beschränkung des Wettbewerbs innerhalb des Gemeinsa-

men Marktes bezweckt oder bewirkt haben. Dies läßt sich mit Blick auf die Marktanteile der beteiligten Unternehmen unschwer bejahen (Rn. 12 und 13).

3. Art. 81 Abs. 1 EGV ist damit seinem Wortlaut nach gegeben. Es fragt sich aber, ob der Anwendung dieser Vorschrift nicht die Tatsache entgegensteht, daß zumindest einige der Zellstoffhersteller ihren Sitz nicht im Gebiet der Europäischen Gemeinschaft haben. Angesprochen ist damit das viel diskutierte Problem der extraterritorialen Wirkung des europäischen Kartellrechts.[1] Hierzu lassen sich verschiedene Ansätze vertreten.

a) Am weitesten geht man, wenn man es genügen läßt, daß sich das fragliche Verhalten auf dem Gemeinsamen Markt auswirkt (sog. Auswirkungsprinzip). Es hat dann keine Bedeutung, wo die beteiligten Unternehmen ihren Sitz haben oder wo die Handlung vorgenommen wird. Auch wenn das Auswirkungsprinzip nicht als international anerkannt bezeichnet werden kann,[2] findet es gleichwohl viele Anhänger,[3] von denen allerdings niemand bestreitet, daß dieses Prinzip sachgerechter Eingrenzungen bedarf. Denn seine uneingeschränkte Anwendung würde unweigerlich Konflikte mit der Souveränität anderer Staaten nach sich ziehen. Vor allem bei der Durchsetzung des europäischen Kartellrechts gegenüber Unternehmen aus Drittstaaten kann leicht eine Einmischung in die Angelegenheiten fremder Staaten erfolgen.[4] Hauptsächlich wegen der sich hier ergebenden und teilweise heiklen Zweifelsfragen hat es der EuGH bislang vermieden, sich ausdrücklich zum Auswirkungsprinzip zu bekennen.[5] Daran hat entgegen dem ersten Anschein auch das vorliegende Urteil nichts geändert: Auch wenn im ersten Leitsatz der Begriff „Wirkungsprinzip" benutzt wird, stützen sich die Entscheidungsgründe allein auf das Territorialitätsprinzip.[6]

b) Nach dem Territorialitätsprinzip ist der Sitz des Unternehmens ebenfalls ohne Belang. Erforderlich ist aber, daß die wettbewerbswidrige Maßnahme auf dem Territorium der Europäischen Gemeinschaft vorgenommen wird. Allein entscheidend ist also der Ort der Handlung.

---

1 Dasselbe Problem stellt sich für nationales Kartellrecht, siehe dazu in der deutschen Anmerkung (B. II.).

2 *Mestmäcker*, RabelsZ 52 (1988), 205, 220. Ablehnend steht dem Auswirkungsprinzip insbesondere das Vereinigte Königreich gegenüber.

3 Vor allem in den USA, aber auch in mehreren europäischen Ländern (vgl. die Nachweise bei *Schödermeier*, WuW 1989, 21, Fn. 3 – 5).

4 Vgl. *Knebel*, EuZW 1991, 265, 268; *Basedow*, NJW 1989, 627, 630.

5 Auch wenn nicht zu übersehen ist, daß sich manche Aussagen des Gerichtshofes (deutlich z. B. Rn. 12 der *Béguelin*-Entscheidung, Slg. 1971, 959 f.) allein mit dem Auswirkungsprinzip begründen lassen.

6 Ebenso *Knebel*, EuZW 1991, 265, 269. Die Formulierung des ersten Leitsatzes muß deswegen als irreführend bezeichnet werden.

aa) Dieses Prinzips hatte sich der EuGH bislang vor allem in Verbindung mit dem Gedanken von der wirtschaftlichen Unternehmenseinheit bedient.[7] Danach gehören zum Unternehmen nicht nur alle seine Vertreter, Agenten etc., sondern vor allem auch seine Tochtergesellschaften und Zweigniederlassungen. Das Verhalten dieser Personen oder Stellen wird dem Unternehmen zugerechnet mit der Folge, daß es für die Anwendung europäischen Kartellrechts ausreicht, wenn die Person oder Stelle im Gemeinschaftsgebiet gehandelt hat. Diese Konstruktion hat der Gerichtshof in der *Farbstoff*-Entscheidung[8] entwickelt und später mehrfach verwendet.[9] Im *Zellstoff*-Fall konnte sie nicht fruchtbar gemacht werden, da zumindest einige der Hersteller über keine Zweigniederlassung o. ä. in einem der Mitgliedstaaten der EG verfügten.[10]

bb) Gleichwohl gelingt es dem EuGH in der vorliegenden Entscheidung, das europäische Kartellrecht zur Anwendung zu bringen, ohne auf das Auswirkungsprinzip zurückzugreifen.[11] In Rn. 16 führt der Gerichtshof aus, daß es weniger auf die zwischen den Zellstoffherstellern getroffene Vereinbarung ankomme, sondern vielmehr auf die *Durchführung* dieser Vereinbarung, womit nur der Verkauf der Ware gemeint sein kann.[12] Hierin soll die maßgebliche Handlung liegen. Sie hat im Gemeinschaftsgebiet stattgefunden, so daß sich die Anwendung europäischen Rechts nach der Auffassung des EuGH auch gegenüber den Zellstoffherstellern aus Drittstaaten allein unter Berufung auf das Territorialitätsprinzip legitimieren läßt.

Diese Argumentation ist zumindest angreifbar. Es entspricht keineswegs der Systematik des Art. 81 Abs. 1 EGV, der Alternative „Vereinbarung zwischen Unternehmen" keine Bedeutung mehr zuzumessen, sobald es zur Aus- bzw. Durchführung dieser Vereinbarung gekommen ist. Zwar mag sich die Ausführung einer Vereinbarung vom Wortsinn her als abgestimmte Verhaltensweise i. S. v. Art. 81 Abs. 1 EGV qualifizieren lassen. Diese Alternative dient ihrer ratio nach jedoch einem ganz anderen Zweck: Sie soll diejenigen Fälle erfassen, in denen es an einer Vereinbarung fehlt oder sich eine Vereinbarung nicht nachweisen läßt. Sie hat also Auffangcharakter. Läßt sich eine Vereinbarung ausmachen, so kommt es allein auf sie an. Hinzu kommt, daß die Argumentation des EuGH letztlich zu willkürlichen Ergebnissen führen muß: Im vorliegenden Fall läßt sich Art. 81 Abs. 1 EGV beispielsweise nur dann anwenden, wenn ein Vertreter der Zellstoffhersteller die Kaufverträge mit den Abnehmern im Gemeinschaftsgebiet abge-

---

7 *Basedow*, NJW 1989, 627, 634; *Knebel*, EuZW 1991, 265, 268; *Schödermeier*, WuW 1989, 21, 22. Der Gerichtshof folgt insoweit der Kommission (Knebel, EuZW 1991, 265, 268).

8 Slg. 1972, 664 ff.

9 Nachweise bei *Knebel*, EuZW 1991, 265, 267.

10 *Schödermeier*, WuW 1989, 21, 22.

11 Hierzu könnten den Gerichtshof politische Gründe bewogen haben (*Schödermeier*, WuW 1989, 21, 24).

12 *Schödermeier*, WuW 1989, 21, 23.

schlossen hat. Denn nur dann kann man davon sprechen, daß der Verkauf im Gemeinschaftsgebiet erfolgt ist. Das europäische Kartellrecht könnte hingegen nicht angewendet werden, wenn die Verträge durch einen Vertreter der Abnehmer am Sitz der Zellstoffhersteller abgeschlossen worden wären,[13] obwohl dies für die Frage nach der Beeinträchtigung des Wettbewerbs überhaupt keinen Unterschied macht, zumal sich der Ort eines Vertragsabschlusses in Zeiten des elektronischen Geschäftsverkehrs häufig nur schwer ausmachen läßt.

Aus diesen Gründen wäre es naheliegender gewesen, wenn der EuGH den *Zellstoff*-Fall zum Anlaß genommen hätte, sich mit dem Auswirkungsprinzip auseinanderzusetzen und vielleicht schon erste Andeutungen zu den erforderlichen Eingrenzungen dieses Prinzips zu machen. Wirklich überzeugend kann allein eine Regelung auf globaler Ebene sein, die jedoch in näherer Zukunft nicht zu erreichen sein wird.[14]

Von der Frage nach dem Geltungsbereich materiellen Kartellrechts zu trennen ist die praktische Durchsetzung kartellrechtlicher Verhaltensregeln sowie der Sanktionen, die sich aus Verstößen gegen Kartellrecht ergeben. Hier ist die Kommission weitgehend auf die Kooperation der Wettbewerbsbehörden der Drittstaaten angewiesen, da die Vornahme von Hoheitsakten auf dem Gebiet fremder Staaten nur zulässig ist, wenn der betroffene Staat einwilligt. Dies folgt aus der Territorialhoheit eines jeden Staates, wie der Ständige Internationale Gerichtshof im wichtigen *Lotus*-Urteil aus dem Jahre 1927 festgestellt hat.[15]

II. Deutschland

Das in der *Zellstoff*-Entscheidung angesprochene Problem der extraterritorialen Wirkung des Kartellrechts stellt sich in gleicher Weise für jedes nationale Kartellrecht, also auch für das deutsche. Die Anwendbarkeit des GWB auf Unternehmen mit Sitz außerhalb Deutschlands gehört zu den klassischen und seit langem diskutierten Fragen des deutschen Kartellrechts.[16] Sie hat dabei weniger im Rahmen des allgemeinen Kartellver-

---

13 *Basedow*, NJW 1989, 627, 634; *Schödermeier*, WuW 1989, 21, 24.

14 Vgl. *Mestmäcker*, RabelsZ 52 (1988), 205, 223.

15 StIGHE 5, 71 ff.

16 Aus dem umfangreichen Schrifttum (auch zum Gemeinschaftsrecht): *Basedow*, Wirtschaftskollisionsrecht – Theoretischer Versuch über die ordnungspolitischen Normen des Forumstaates, RabelsZ 52 (1988), 8; *ders.*, Entwicklungslinien des Internationalen Kartellrechts, NJW 1989, 627; *Beck*, Die extraterritoriale Anwendung nationalen Wettbewerbsrechts, 1986; *Drobnig*, Das Profil des Wirtschaftskollisionsrechts – Einführende Bemerkungen, zum Symposium „Extraterritoriale Anwendung von Wirtschaftsrecht", RabelsZ 52 (1988), 1; *Haymann*, Extraterritoriale Wirkungen des EWG-Wettbewerbsrechts, 1974; *Kevekordes*, Auslandszusammenschlüsse im internationalen und materiellen Recht, 1986; *Knebel*, Die Extraterritorialität des Europäischen Kartellrechts, EuZW 1991, 265; *Martinek*, Das uneingestandene Auswirkungsprinzip des EuGH zur extraterritorialen Anwendbarkeit

bots (§ 1 GWB), als vielmehr bei der Fusionskontrolle (§§ 35 ff. GWB) Bedeutung erlangt.[17]

Bemerkenswerterweise hat der deutsche Gesetzgeber diese Frage einer ausdrücklichen Regelung zugeführt: § 130 Abs. 2 GWB ordnet die Anwendung des GWB für alle Wettbewerbsbeschränkungen an, „die sich im Geltungsbereich auswirken, auch wenn sie außerhalb des Geltungsbereiches dieses Gesetzes veranlaßt werden".[18] Damit wird das Auswirkungsprinzip in unmißverständlicher Weise festgeschrieben, in Übereinstimmung mit der herrschenden Auffassung im Schrifttum. Dabei ist nach dem deutlichen Wortlaut von § 130 Abs. 2 GWB eine tatsächliche Auswirkung erforderlich. Es genügt also nicht, daß sich die Wettbewerbsbeschränkung lediglich im Inland auswirken *kann* (str.[19]). Daneben besteht Einigkeit, daß § 130 Abs. 2 GWB einschränkend angewandt werden muß, so daß entgegen dem unbefangenen Wortlautverständnis nicht jegliche Auswirkung auf den Wettbewerb in der Bundesrepublik Deutschland genügt. Insbesondere müssen die völkerrechtlichen Grundsätze über den Rechtsmißbrauch sowie das Einmischungsverbot beachtet werden.[20] Ferner werden nur spürbare Beeinträchtigungen erfaßt.[21]

Die Notwendigkeit der Beschränkung des Auswirkungsprinzips nach völkerrechtlichen Grundsätzen macht deutlich, daß die Frage nach dem Umfang dieses Prinzips immer auch von politischer Dimension ist. Dies ist zuletzt bei der von *General Electric* beabsichtigten Übernahme von *Honeywell International* deutlich geworden, einem Geschäft mit einem Volumen von ca. 42 Milliarden US-Dollar.[22] Obwohl beide Unternehmen ihren Sitz in den Vereinigten Staaten haben, hat die europäische Kommission den Zusammenschluß einer Prüfung nach europäischem Kartellrecht unterzogen. Dabei kam sie zu dem Ergebnis, daß der Erwerb zu einer beherrschenden Stellung von *General Electric* auf dem Markt für Flugzeugtriebwerke sowie auf dem Markt für Hubschraubertriebwerke führt. Deswegen hat die Kommission die Billigung des Zusammenschlus-

---

der EG-Wettbewerbsregeln, Besprechungsaufsatz zu EuGH, Urt. v. 27. 9. 1988, verb. Rs. 89/85 „Zellstoff", IPRax, 347; *Meesen*, Kollisionsrecht der Zusammenschlußkontrolle, 1984; *Mestmäcker*, Staatliche Souveränität und offene Märkte, RabelsZ 52 (1988), 205; *Rehbinder*, Extraterritoriale Wirkungen des deutschen Kartellrechts, 1965; *Roth*, Die Fusionskontrolle internationaler Unternehmenszusammenschlüsse, RabelsZ 45 (1981), 501; *Schödermeier*, Die vermiedene Auswirkung, WuW 1989, 21; *Schuhmacher*, Anmerkung zu EuGH 27. 9. 1988 – „Zellstoff", WBl. 1988, 430; *Schwarze*, Die Jurisdiktionsabgrenzung im Völkerrecht, Neuere Entwicklungen im internationalen Wirtschaftsrecht, 1996, S. 43 ff.

17 *Basedow*, NJW 1989, 627, 630; *Bechtold*, § 130 Rn. 16 ff.; *Emmerich*, S. 22.

18 Die Vorschrift geht auf § 98 Abs. 2 S. 1 GWB a. F. zurück; hierzu *Basedow*, NJW 1989, 627 ff.

19 Näher *Bechtold*, § 130 Rn. 14 m. w. N.

20 *Bechtold*, § 130 Rn. 12.

21 BGHZ 74, 322, 325.

22 Vgl. hierzu EuZW 2001, 514.

ses von zahlreichen Bedingungen abhängig gemacht, die weit über die Forderungen der amerikanischen Kartellbehörden hinausgehen. Vor allem dieser Umstand hat dafür gesorgt, daß auch auf höchster politischer Ebene Stellungnahmen zum Ausgang dieses Verfahrens zu vernehmen waren.

A. K.

III. Spanien

Dieses Urteil betrifft die extraterritoriale Anwendung des Gemeinschaftskartellrechts. Weder die Staatsangehörigkeit noch der Sitz einer Gesellschaft in einem Mitgliedstaat sind Voraussetzungen für die Anwendung des Gemeinschaftsrechts, sondern die Lokalisierung einer Wettbewerbsbeschränkung im Gemeinschaftsmarkt. Die Kompetenz der Gemeinschaft folgt dem Territorialitätsprinzip. Ausschlaggebend für dessen Anwendung ist nicht der Handlungsort, sondern der Erfolgsort, d. h. die Tatsache, daß der Wettbewerb im Gemeinschaftsmarkt betroffen ist.

Das spanische Kartellrecht folgt der Wirkungstheorie.[23] So verbietet Art. 1 des spanischen Gesetzes[24] jegliche Handlung, deren Wirkung eine Wettbewerbsbeschränkung des spanischen Marktes oder eines Teilmarktes darstellt.[25] Art. 8 des Gesetzes schreibt die Mitverantwortung jener Gesellschaften vor, die einen dominierenden Einfluß ausüben, auch wenn die wettbewerbsbeschränkende Handlung durch eine Person ausgeübt wurde, die grundsätzlich als juristisch selbständig anzusehen ist. Ausschlaggebend sind die wirtschaftliche Abhängigkeit und die Kontrollmöglichkeiten der dominierenden Gesellschaft über die handelnde Rechtsperson.

Literatur: *J. A. Perez Bevià*, La aplicación extraterritorial del Derecho comunitario europeo de la competencia (a propósito de la sentencia del TJCE de 27 de septiembre de 1988), in: La Ley Comunidades europeas Nr. 64, S. 1; *M. Eslava Rodriguez*, La aplicación del Derecho de la competencia, según la doctrina de los efectos calificados, in: Noticias CEE 1993, S. 41; *F. Esteban de la Rosa*, Aplicación del Derecho antitrust y tecnicas de Derecho internacional privado, in: Revista de Derecho privado 1996, S. 815 – 848.

C. G.

---

23 Zu dieser bereits im europarechtlichen Teil unter B. I. 3. a).

24 Gesetz 16/19809, BOE Nr. 170, vom 18. Juli 1989.

25 „Se prohibe todo acuerdo, decisión o recomendación colectiva, práctica concertada o conscientemente paralela, que tenga por objeto, produzca o pueda producir el efecto de impedir, restringir o falsear la competencia en todo o parte del mercado nacional.“

Fall Nr. 14 – Kali und Salz[1]

PARTEIEN: *Französische Republik* gegen *Kommission der Europäischen Gemeinschaft*, letztere unterstützt durch die *Bundesrepublik Deutschland* (Rs. C-68/94) sowie *Société commerciale des potasses et de l'azote (SCPA)* und *Entreprise minière et chimique (EMC)*, unterstützt durch die *Französische Republik*, gegen *Kommission der Europäischen Gemeinschaften*, unterstützt durch *Kali und Salz GmbH* und *Kali und Salz Beteiligungs-AG* (Rs. C-30/95)
AKTENZEICHEN: verbundene Rs. C-68/94 und Rs. C- 30/95
FUNDSTELLE: Slg. 1998, I-1375

A. Urteil des EuGH vom 31. März 1998

I. Gliederung

1. Sachverhalt: Rn. 1 – 25
2. Anträge der Parteien: Rn. 26 – 33
3. Zur Verbindung der Rechtssachen: Rn. 33
4. Zulässigkeit (nur Rs. C-30/95): Rn. 34 – 75
   a) Zur teilweisen Nichtigerklärung: Rn. 35 – 37
   b) Zur Klagebefugnis
      aa) Vorbringen der Beteiligten: Rn. 38 – 47
      bb) EuGH: Rn. 48 – 59
   c) Zur Möglichkeit, die streitige Entscheidung anzufechten, soweit sie die Zusage in bezug auf die Firma *Potacan* betrifft
      aa) Vorbringen der Parteien: Rn. 60 – 61
      bb) EuGH: Rn. 62 – 69
   d) Zum mangelnden Rechtsschutzinteresse
      aa) Vorbringen der Parteien: Rn. 70 – 71
      bb) EuGH: Rn. 72 – 75
5. Begründetheit: Rn. 76 – 261
   a) Zur Nichterfüllung der Verpflichtung zur Zusammenarbeit mit den nationalen Behörden (A)
      aa) Vorbringen der Parteien: Rn. 77 – 83
      bb) EuGH: Rn. 84 – 89

---

1 Wegen des besonders großen Umfangs dieser Entscheidung wird sie nur gekürzt wiedergegeben. Der Sachverhalt (Rn. 1 – 32) ist in eigenen Worten dargestellt (A. IV.). Probleme der Zulässigkeit (Rn. 34 – 75) sowie Verfahrensfragen (Rn. 77 – 89) wurden ausgespart. Die übrigen Entscheidungsgründe sind in Auszügen abgedruckt (A. V.). Einen Überblick über den Aufbau der Entscheidung kann man sich mit Hilfe der Gliederung verschaffen (A. I.).

b) Zur falschen Würdigung der Auswirkungen des Zusammenschlusses auf den deutschen Markt (B)
   aa) Vorbringen der Parteien: Rn. 90 – 108
   bb) EuGH: Rn. 109 – 125
c) Zur unrichtigen Beurteilung des Zusammenschlusses auf dem Markt der Gemeinschaft außer Deutschland (C)
   aa) Zur Abgrenzung des relevanten geographischen Marktes
      (1) Vorbringen der Parteien: Rn. 127 – 142
      (2) EuGH: Rn. 143 – 151
   bb) Zur Anwendbarkeit der Verordnung auf kollektive beherrschende Stellungen
      (1) Vorbringen der Parteien: Rn. 152 – 164
      (2) EuGH: Rn. 165 – 178
   cc) Zur Feststellung des Bestehens einer kollektiven beherrschenden Stellung im vorliegenden Fall
      (1) Vorbringen der Parteien: Rn. 179 – 218
         (a) Zum Konzentrationsgrad des Marktes: Rn. 181 f.
         (b) Zum Zustand des ausgeschalteten Wettbewerbers: Rn. 183 – 185
         (c) Zur Stellung der Wettbewerber: Rn. 186 – 191
         (d) Zur Marktposition von *K + S/MdK* und *SCPA*: Rn. 192 – 195
         (e) Zur Wirtschaftskraft der Abnehmer: Rn. 196 f.
         (f) Zu den Beschränkungen für den Zugang von Kalierzeugnissen zur Gemeinschaft: Rn. 198 – 200
         (g) Zu den Merkmalen des Marktes und des Erzeugnisses: Rn. 201 f.
         (h) Zum Vorliegen von parallelen Verhaltensweisen: Rn. 203 f.
         (i) Zum Vorliegen struktureller Verflechtungen zwischen den Unternehmen: Rn. 205 – 218
      (2) EuGH: Rn. 219 – 250
   dd) Zur vollständigen oder teilweisen Nichtigerklärung
      (1) Vorbringen der Parteien / Anträge: 251 – 253
      (2) EuGH: 254 – 259
d) Kosten: Rn. 260 – 261

6. Tenor

II. Tenor

1. Die Entscheidung 94/449/EG der Kommission vom 14. Dezember 1993 in einem Verfahren nach der Verordnung (EWG) Nr. 4064/89 des Rates (Fall Nr. IV/M.308 – Kali + Salz/MdK/Treuhand) wird für nichtig erklärt.

2. In der Rechtssache C-68/94 trägt die Kommission der Europäischen Gemeinschaften die Kosten des Verfahrens.

3. In der Rechtssache C-30/95 trägt die Kommission der Europäischen Gemeinschaften die Kosten des Verfahrens. Die Kali und Salz GmbH und die Kali und Salz Beteiligungs-AG tragen ihre eigenen Kosten.

4. Die Bundesrepublik Deutschland, Streithelferin in der Rechtssache C-68/94, und die Französische Republik, Streithelferin in der Rechtssache C-30/95, tragen ihre eigenen Kosten.

III. Rechtsgrundlagen: Gemeinschaftsrecht: Fusionskontrollverordnung (FKVO)[2]

1. Art. 2 Abs. 2 FKVO

Zusammenschlüsse, die keine beherrschende Stellung begründen oder verstärken, durch die wirksamer Wettbewerb im Gemeinsamen Markt oder in einem wesentlichen Teil desselben erheblich behindert würde, sind für vereinbar mit dem Gemeinsamen Markt zu erklären.

2. Art. 2 Abs. 4 Unterabs. 1 FKVO

Insoweit die Gründung eines Gemeinschaftsunternehmens, das einen Zusammenschluß gemäß Artikel 3 darstellt, die Koordinierung des Wettbewerbsverhaltens unabhängig bleibender Unternehmen bezweckt oder bewirkt, wird eine solche Koordinierung nach den Kriterien des Artikels 85 Absätze 1 und 3 des Vertrags beurteilt, um festzustellen, ob das Vorhaben mit dem Gemeinsamen Markt vereinbar ist.

3. Art. 3 Abs. 1 lit. b) FKVO

Ein Zusammenschluß wird dadurch bewirkt, daß eine oder mehrere Personen, die bereits mindestens ein Unternehmen kontrollieren oder eine oder mehre Unternehmen durch den Erwerb von Anteilsrechten oder Vermögenswerten, durch Vertrag oder in sonstiger Weise die unmittelbare oder mittelbare Kontrolle über die Gesamtheit oder über Teile eines oder mehrerer anderer Unternehmen erwerben.

4. Art. 3 Abs. 2 FKVO

Die Gründung eines Gemeinschaftsunternehmens, das auf Dauer alle Funktionen einer selbständigen wirtschaftlichen Einheit erfüllt, stellt einen Zusammenschluß im Sinne von Absatz 1 Buchstabe b) dar.

IV. Zum Sachverhalt

Die *Kali und Salz AG* (*K + S*) ist eine Tochtergesellschaft der deutschen *BASF* und im wesentlichen in den Bereichen Kali, Steinsalz und Entsorgung tätig. *K + S* wollte die *Mitteldeutsche Kali AG* (*MdK*) von der Treuhandanstalt erwerben, in der die Kali- und Steinsalzaktivitäten der ehemaligen Deutschen Demokratischen Republik zusammengefaßt waren. Hierzu sollte die finanziell angeschlagene *MdK* in eine Gesellschaft mit beschränkter Haftung unter der Firma *MdK GmbH* umgewandelt werden, in die *K + S* ihre

---

2 Verordnung Nr. 4064/89 des Rates vom 21. 12. 1989 über die Kontrolle von Unternehmenszusammenschlüssen, ABl. 1990, L 257, S. 13, in der Fassung der Änderungsverordnung vom 30. Juni 1997, ABl. 1997, L 180, S. 1.

Kali- und Steinsalzaktivitäten und die *Treuhand* 1 044 Millionen DM einbringen wollte. An der so entstandenen Gesellschaft sollte *K + S* mit 51 % und die *Treuhand* mit 49 % der Stimmrechte beteiligt sein. Auf dem deutschen Markt für Erzeugnisse auf Kalibasis für die Landwirtschaft, zu denen sowohl Kali für die unmittelbare Verwendung in der Landwirtschaft als auch für die Herstellung von Mehrnährstoffdüngemitteln bestimmtes Kali gehört, hatte *K + S* einen Marktanteil von 79 %, während *MdK* über 19 % des Marktes verfügte. Auf dem europäischen Markt für Kalierzeugnisse für die Landwirtschaft war neben *K + S* und *MdK* vor allem die *Société commerciale des potasses et de l'azote* (*SCPA*), eine mit dem Kalivertrieb betraute Tochtergesellschaft des französischen Konzerns *Entreprise minière et chimique* (*EMC*), tätig, die ebenfalls über eine starke Stellung verfügte. Zusammen kamen der *MdK GmbH* und *SCPA* ein Marktanteil von ca. 60 % zu.

Die Kommission hat den Zusammenschluß genehmigt.[3] Hierbei hat sie sich auf folgende Erwägungen gestützt: Auf dem deutschen Markt habe die *MdK GmbH* zwar eine beherrschende Stellung inne gehabt. Unter Anwendung der Theorie der sog. „failing company defence" sei jedoch davon auszugehen, daß es am Kausalzusammenhang zwischen Zusammenschluß und beherrschender Stellung fehle. Den Markt der Gemeinschaft außerhalb Deutschlands beherrsche die *MdK GmbH* zwar nicht allein, jedoch zusammen mit *SCPA*. Dies genüge, da die beiden Unternehmen unter mehreren Gesichtspunkten miteinander verflochten seien. Diese Verflechtungen bestünden im wesentlichen: a) in der Kontrolle über ein gemeinsames Unternehmen in Kanada, *Potacan*, an dessen Kapital *K + S* und *SCPA* jeweils einen Anteil von 50 % hielten, b) in der Zusammenarbeit in dem Exportkartell *Kali-Export GmbH*, einer Gesellschaft österreichischen Rechts mit Sitz in Wien, die den Absatz von Kaliprodukten ihrer Gesellschafter in Drittländern koordiniere und an deren Kapital *K + S*, *MdK*, *EMC/SCPA* und der spanische Kaliproduzent *Coposa* mit jeweils 25 % beteiligt seien, und c) in den langjährigen Beziehungen, aufgrund deren *SCPA* in Frankreich nahezu alle Lieferungen von *K + S* tätige. Angesichts der Zusage von *K + S* und *MdK*, aus dem Kali Export GmbH auszuscheiden und eine eigene Vertriebsorganisation einzurichten, hat die Kommission den Zusammenschluß indes auch für den Markt der Gemeinschaft außerhalb Deutschlands freigegeben.

Gegen diese Entscheidung der Kommission erhoben Frankreich, *SCPA* und *EMC* Nichtigkeitsklage.

3 Fall Nr. IV/M.308 – Kali + Salz/MdK/Treuhand, Entscheidung 94/449/EG vom 14. Dezember 1993, ABl. 1994, L 186, S. 38.

V. Aus den Entscheidungsgründen

1. Deutscher Markt: Kausalität zwischen Zusammenschluß und Beherrschung

Für den deutschen Markt hatte die Kommission die Entstehung einer beherrschenden Stellung *durch* den Zusammenschluß unter Berufung auf die Theorie der „failing company defence" verneint. Hierzu führt der EuGH aus:

111. Aus Randnummer 71 der streitigen Entscheidung ergibt sich, daß nach Ansicht der Kommission ein Zusammenschluß, der normalerweise als zur Entstehung oder Verstärkung einer marktbeherrschenden Stellung des erwerbenden Unternehmens führend zu sehen wäre, als nicht ursächlich für diese Marktstellung angesehen werden kann, wenn der Erwerber im Fall einer Untersagung des Zusammenschlusses zwangsläufig ebenfalls eine marktbeherrschende Stellung erlangen oder verstärken würde. In derselben Randnummer wird festgestellt, daß allgemein ein Zusammenschluß nicht kausal für die Verschlechterung der Wettbewerbsstruktur sei, wenn feststehe,

– daß das erworbene Unternehmen ohne die Übernahme durch ein anderes Unternehmen kurzfristig aus dem Markt ausscheiden würde,

– daß die Marktposition des erworbenen Unternehmens im Falle seines Ausscheidens aus dem Markt dem erwerbenden Unternehmen zuwachsen würde,

– daß es keine weniger wettbewerbsschädliche Erwerbsalternative gebe.

112. Erstens ist es für sich genommen kein Grund für die Ungültigkeit der streitigen Entscheidung, daß sich die von der Kommission für den Schluß auf das Nichtvorliegen eines Kausalzusammenhangs zwischen dem Zusammenschluß und der Verschlechterung der Wettbewerbsstruktur aufgestellten Voraussetzungen nicht vollständig mit den im Rahmen der amerikanischen Theorie der „Failing company defence" zugrunde gelegten Kriterien decken. Denn nur der Umstand, daß die von der Kommission aufgestellten Voraussetzungen nicht geeignet wären, die Ursächlichkeit eines Zusammenschlusses für die Verschlechterung der Wettbewerbsstruktur des Marktes auszuschließen, könnte einen Grund für die Ungültigkeit der streitigen Entscheidung darstellen.

113. Im vorliegenden Fall bestreitet die französische Regierung die Stichhaltigkeit des Kriteriums, daß zu prüfen ist, ob das erwerbende Unternehmen auf jeden Fall den Marktanteil des erworbenen Unternehmens erhalten würde, wenn dieses aus dem Markt ausschiede.

114. Jedoch könnte ohne dieses Kriterium ein Zusammenschluß, sofern die übrigen Kriterien erfüllt wären, selbst dann als nicht kausal für die Verschlechterung der Wettbewerbsstruktur des Marktes angesehen werden, wenn sich zeigen würde, daß das erwerbende Unternehmen ohne den Zusammenschluß nicht den gesamten Marktanteil des erworbenen Unternehmens erhielte. So könnte das Vorliegen eines Kausalzusammenhangs zwischen dem Zusammenschluß und der Verschlechterung der Wettbewerbsstruktur des Marktes selbst dann verneint werden, wenn ohne den Zusammenschluß die Verschlechterung der Wettbewerbsstruktur des Marktes geringer ausfiele.

115. Die Einführung dieses Kriteriums soll nämlich gewährleisten, daß das Vorliegen eines Kausalzusammenhangs zwischen dem Zusammenschluß und der Verschlechterung der Wettbewerbsstruktur des Marktes nur dann ausgeschlossen werden kann, wenn die Verschlechterung der Wettbewerbsstruktur, zu der es nach dem Zusammenschluß kommt, auch ohne diesen in gleicher Weise eintreten würde.

116. Obwohl die Kommission das Kriterium der Absorbierung der Marktanteile allein selbst nicht als ausreichend erachtet, um die Schädlichkeit des Zusammenschlusses für den Wettbewerb auszuschließen, bietet es doch mit Gewähr für die Neutralität des genannten Vorgangs für die Verschlechterung der Wettbewerbsstruktur des Marktes, was dem Kausalitätsbegriff des Artikels 2 Absatz 2 der Verordnung entspricht.

117. Zu der Rüge, die Kommission habe nicht dargetan, daß MdK ohne den Zusammenschluß unausweichlich aus dem Markt ausscheiden würde, ist auszuführen, daß die Kommission in Randnummer 73 der streitigen Entscheidung festgestellt hat, daß MdK auch nach ihrer zum 1. Januar 1993 beendeten Umstrukturierung im Lauf des ersten Quartals weiter erhebliche Verluste erlitten habe. Die schwierige wirtschaftliche Situation von MdK sei im wesentlichen auf ihre veraltete Betriebsstruktur und die Absatzkrise zurückzuführen, die insbesondere auf das Wegbrechen der Märkte in Osteuropa zurückzuführen sei. Auch fehle es MdK an einem leistungsfähigen Vertriebsapparat (vgl. Randnummern 74 und 75 der streitigen Entscheidung).

118. In Randnummer 76 der streitigen Entscheidung hob die Kommission hervor, daß MdK ihren Betrieb bisher nur dank des Eingreifens der Treuhand habe fortsetzen können, die ihre Verluste ständig abgedeckt habe. Die Verluste von MdK könnten jedoch nicht auf Dauer von der Treuhand mit Hilfe staatlicher Beihilfen gedeckt werden, da eine solche Lösung auf alle Fälle mit den Beihilferegeln des Vertrages unvereinbar sei.

119. Nach allem kann nicht beanstandet werden, daß die Kommission ausgeführt hat, MdK sei wirtschaftlich nicht mehr lebensfähig und werde, auf sich allein gestellt, wahrscheinlich auch dann auf Dauer Verluste erwirtschaften, wenn ihm von der Treuhand die gleichen Finanzmittel zu Sanierungszwecken zur Verfügung gestellt würden, wie sie im Rahmen des beabsichtigten Zusammenschlusses vorgesehen seien.

120. Daher kann nicht davon ausgegangen werden, daß die Prognose der Kommission, ohne Übernahme durch ein Privatunternehmen sei die Stillegung von MdK in naher Zukunft sehr wahrscheinlich, nicht auf schlüssigen Beweisen beruht.

121. Schließlich ist daran zu erinnern, daß die Rüge der französischen Regierung bezüglich der Voraussetzung, daß es keine weniger wettbewerbsschädliche Alternative für den Erwerb von MdK gebe, dahin geht, daß die Kommission wegen der fehlenden Transparenz im Ausschreibungsverfahren die Erfüllung dieser Voraussetzung nicht dargetan habe.

122. Hierzu genügt die Feststellung, daß die französische Regierung nur ausgeführt hat, die bei MdK vertretenen Gewerkschaften hätten mangelnde Transparenz im Ausschreibungsverfahren gerügt, und daß sie keine erläuternden Angaben dazu gemacht hat, worin dieser angebliche Mangel an Transparenz bestanden haben soll.

123. Da diese Rüge in keiner Weise erläutert worden ist, kann sie nicht durchgreifen.

124. Nach allem konnte das Fehlen eines Kausalzusammenhangs zwischen dem Zusammenschluß und der Verschlechterung der Wettbewerbsstruktur auf dem deutschen Markt nicht stichhaltig in Frage gestellt werden. Daher ist festzustellen, daß der Zusammenschluß in bezug auf diesen Markt dem in Artikel 2 Absatz 2 der Verordnung aufgestellten Kriterium entspricht, so daß er ohne Änderungen für mit dem Gemeinsamen Markt vereinbar erklärt werden konnte. Entgegen dem Vorbringen der französischen Regierung würde es demnach dieser Feststellung widersprechen, wenn verlangt würde, daß die Kommission ihre Erklärung der Vereinbarkeit des Zusammenschlusses bezüglich des deutschen Marktes mit irgendeiner Bedingung versehen würde.

2. Zur Anwendbarkeit der FKVO auf Fälle kollektiver Marktbeherrschung

Von besonderer Bedeutung sind ferner die Ausführungen des EuGH zu der Frage, ob sich die FKVO auch dann anwenden läßt, wenn dem Zusammenschluß nur gemeinsam mit einem oder mehreren anderen Unternehmen eine beherrschende Stellung auf dem relevanten Markt zukommt (sog. kollektive Marktbeherrschung).

165. Erstens kann dem Argument der Klägerinnen, die Wahl der Rechtsgrundlagen spreche für sich genommen dafür, daß die Verordnung nicht auf kollektive beherrschende Stellungen anwendbar sei, nicht gefolgt werden. Denn, wie der Generalanwalt in Nummer 83 seiner Schlußanträge ausgeführt hat, können die Artikel 87 und 235 EGV [nunmehr Art. 83 und 308 EGV] grundsätzlich als Rechtsgrundlage für eine Regelung verwendet werden, die ein vorbeugendes Tätigwerden gegenüber Zusammenschlüssen ermöglicht, die eine kollektive beherrschende Stellung begründen oder verstärken, die geeignet ist, den Wettbewerb erheblich zu beeinträchtigen.

166. Zweitens läßt sich dem Wortlaut von Artikel 2 der Verordnung nicht entnehmen, daß nur Zusammenschlüsse unter diese Verordnung fallen, die eine individuelle beherrschende Stellung begründen oder verstärken, d. h. eine beherrschende Stellung, die von den Beteiligten des Zusammenschlusses eingenommen wird. Denn Artikel 2 der Verordnung schließt nicht insofern, als er „Zusammenschlüsse, die eine beherrschende Stellung begründen oder verstärken", erfaßt, als solcher die Möglichkeit der Anwendung der Verordnung auf Fälle aus, in denen die Zusammenschlüsse zur Begründung oder Verstärkung einer kollektiven beherrschenden Stellung führen, d. h. einer beherrschenden Stellung, die die Beteiligten des Zusammenschlusses gemeinsam mit einer an diesem Zusammenschluß nicht beteiligten Einheit einnehmen.

167. Drittens geht in bezug auf die vorbereitenden Arbeiten aus den Akten hervor, daß nicht davon ausgegangen werden kann, daß sie die Absicht der Verfasser der Verordnung in bezug auf die Bedeutung des Ausdrucks „beherrschende Stellung" eindeutig zum Ausdruck bringen. Unter diesen Umständen können die vorbereitenden Arbeiten keine sachdienlichen Anhaltspunkte für die Auslegung des streitigen Begriffes liefern (vgl. dahingehend Urteil vom 1. Juni 1961 in der Rechtssache 15/60, Simon/Gerichtshof, Slg. 1961, 241).

168. Da die wörtliche und die historische Auslegung der Verordnung, insbesondere des Artikels 2, nicht die Beurteilung ihrer genauen Bedeutung in bezug auf die Art der erfaßten beherrschenden Stellung ermöglichen, ist für die Auslegung der betreffenden Regelung sowohl auf ihre Zielsetzung als auch auf ihre Systematik abzustellen (vgl. dahingehend Urteil vom 7. Februar 1979 in der Rechtssache 11/76, Niederlande/Kommission, Slg. 1979, 245, Randnr. 6).

169. In diesem Zusammenhang ist darauf hinzuweisen, daß die Verordnung, wie sich aus ihren ersten beiden Begründungserwägungen ergibt, auf der Prämisse beruht, daß das Ziel der Errichtung eines Systems, das den Wettbewerb innerhalb des Gemeinsamen Marktes vor Verfälschungen schützt, wesentlich für die Verwirklichung des einheitlichen Binnenmarktes bis zum Jahr 1992 und für seinen späteren Ausbau ist.

170. Im übrigen geht aus der sechsten, siebten, zehnten und elften Begründungserwägung hervor, daß die Verordnung im Unterschied zu den Artikeln 85 und 86 EGV [nunmehr Art. 81 und 82 EGV] auf alle Zusammenschlüsse von gemeinschaftsweiter Bedeutung angewandt werden soll, sofern sich diese wegen ihrer Auswirkungen auf die Wettbewerbsstruktur in der Gemeinschaft als unvereinbar mit dem vom Vertrag geforderten System des unverfälschten Wettbewerbs erweisen könnten.

171. Ein Zusammenschluß, der eine beherrschende Stellung der Beteiligten gemeinsam mit einer am Zusammenschluß unbeteiligten Einheit begründet oder verstärkt, kann sich als unvereinbar mit dem vom Vertrag geforderten System des unverfälschten Wettbewerbs erweisen. Wenn daher davon ausgegangen würde, daß nur solche Zusammenschlüsse, die eine beherrschende Stellung der an ihnen Beteiligten begründen oder verstärken, von der Verordnung erfaßt würden, so wäre deren Zielsetzung so, wie sie sich insbesondere aus den erwähnten Begründungserwägungen ergibt, teilweise gefährdet. Der Verordnung würde auf diese Weise ein nicht unerheblicher Teil ihrer praktischen Wirksamkeit genommen, ohne daß dies in Anbetracht der allgemeinen Systematik der gemeinschaftlichen Fusionskontrollregelung geboten wäre.

172. In diesem Zusammenhang ist festzustellen, daß weder das Argument mit dem Fehlen von Verfahrensgarantien noch das Argument mit der fünfzehnten Begründungserwägung der Verordnung geeignet ist, die Anwendbarkeit der Verordnung auf Fälle einer kollektiven beherrschenden Stellung, die auf einem Zusammenschluß beruht, in Frage zu stellen.

173. Zum ersten Argument ist festzustellen, daß die Verordnung nicht ausdrücklich vorsieht, daß am Zusammenschluß unbeteiligten Unternehmen, die als externer Pol des beherrschenden Oligopols betrachtet werden, Gelegenheit gegeben werden muß, ihren Standpunkt sachdienlich zum Ausdruck zu bringen, wenn die Kommission die „Genehmigung" des Zusammenschlusses von sie besonders belastenden Bedingungen oder Auflagen abhängig machen möchte. Das gleiche gilt für den Fall, daß die Kommission einen Zusammenschluß, der nur zur Begründung oder Verstärkung einer individuellen beherrschenden Stellung führt, von dritte Unternehmen belastenden Bedingungen oder Auflagen abhängig machen möchte.

174. Wenn man unterstellt, daß die Feststellung der Kommission, daß der beabsichtigte Zusammenschluß eine kollektive beherrschende Stellung der beteiligten Unternehmen

einerseits und eines dritten Unternehmens andererseits begründet oder verstärkt, für sich genommen letzteres beschweren kann, ist auf jeden Fall daran zu erinnern, daß die Beachtung der Verteidigungsrechte in allen Verfahren, die zu einer eine bestimmte Person beschwerenden Maßnahme führen können, ein fundamentaler Grundsatz des Gemeinschaftsrechts ist, dem auch dann Rechnung zu tragen ist, wenn es an einer Regelung für das betreffende Verfahren fehlt (vgl. dahingehend die Urteile vom 13. Februar 1979 in der Rechtssache 85/76, Hoffmann-La Roche/Kommission, Slg. 1979, 461, und vom 24. Oktober 1996 in der Rechtssache C-32/95 P, Kommission/Lisrestal u. a., Slg. 1996, I-5373, Randnr. 21).

175. Angesichts dieses Grundsatzes und unter Berücksichtigung der Zielsetzung der Verordnung, wie sie zuvor herausgearbeitet worden ist, kann es nicht als entscheidender Beleg für die Unanwendbarkeit der Verordnung auf kollektive beherrschende Stellungen betrachtet werden, daß der Gemeinschaftsgesetzgeber im Rahmen der Verordnung nicht ausdrücklich ein Verfahren vorgesehen hat, das die Verteidigungsrechte dritter Unternehmen, die zusammen mit den am Zusammenschluß beteiligten Unternehmen als mutmaßliche Inhaber einer kollektiven beherrschenden Stellung angesehen werden, gewährleistet.

176. Zum zweiten Argument ist festzustellen, daß die in der fünfzehnten Begründungserwägung der Verordnung aufgeführte Vermutung der Vereinbarkeit von Zusammenschlüssen mit dem Gemeinsamen Markt, bei denen die beteiligten Unternehmen insgesamt einen Marktanteil von weniger als 25 % halten, im verfügenden Teil der Verordnung nicht dargelegt ist.

177. Die fünfzehnte Begründungserwägung der Verordnung ist nämlich insbesondere im Hinblick auf die ihr zugrundeliegenden Marktverhältnisse so auszulegen, daß bei einem Zusammenschluß, der den an ihm beteiligten Unternehmen zusammen keinen Anteil von mindestens 25 % am Referenzmarkt verschafft, davon auszugehen ist, daß er eine wettbewerbswidrige beherrschende Stellung dieser Unternehmen weder begründet noch verstärkt.

178. Nach allem sind die kollektiven beherrschenden Stellungen nicht vom Geltungsbereich der Verordnung ausgeschlossen.

B. Anmerkungen

I. Europarecht

Als Rechtsgrundlage für die Entscheidung der Kommission kommt Art. 2 Abs. 2 FKVO in Betracht.

1. Dazu muß diese Bestimmung überhaupt anwendbar sein. Hieran könnte es mit Blick auf Art. 2 Abs. 4 Unterabs. 1 FKVO jedoch fehlen. Nach dieser Bestimmung wird die Gründung eines Gemeinschaftsunternehmens, das die Koordinierung des Wettbewerbsverhaltens unabhängig bleibender Unternehmen bezweckt oder bewirkt (sog. kooperatives Gemeinschaftsunternehmen) nach den Kriterien des Art. 85 Abs. 1 und 3 Vertrags

beurteilt. Entgegen dem unbefangenen Verständnis dieser Vorschrift soll damit aber nicht etwa die FKVO für unanwendbar erklärt werden.[4] Vielmehr ist diese durch die Änderungsverordnung vom 30. 6. 1997[5] eingeführte Bestimmung rein klarstellender Natur. Sie weist nach ganz h. M.[6] lediglich darauf hin, daß die Gründung kooperativer Gemeinschaftsunternehmen im Gegensatz zur Gründung konzentrativer Gemeinschaftsunternehmen *auch* nach Art. 81 Abs. 1 EGV zu bemessen ist. Dies folgt aus der gleichzeitig vorgenommenen Änderung von Art. 3 Abs. 2 FKVO. Nach der Neufassung kann die Gründung eines Gemeinschaftsunternehmens auch dann einen Zusammenschluß i. S. d. FKVO darstellen, wenn das Gemeinschaftsunternehmen *nicht* zu dem Zweck gegründet wurde, das Wettbewerbsverhalten der Muttergesellschaften zu koordinieren. Dieses Erfordernis der alten Fassung (Art. 3 Abs. 2 Unterabs. 2 FKVO) hat der Verordnungsgeber bewußt gestrichen. Deswegen fallen alle Gemeinschaftsunternehmen, die die Voraussetzungen von Art. 3 Abs. 2 FKVO erfüllen, unter die Verordnung.[7] Ihr Anwendungsbereich wird nicht durch Art. 2 Abs. 4 Unterabs. 1 FKVO begrenzt.

Für kooperative Vollfunktionsgemeinschaftsunternehmen bringt diese Änderung gleich mehrere Vorteile mit sich. Das Verfahren nach der FKVO wird jedenfalls durch eine förmliche Entscheidung abgeschlossen, während das Verwaltungsverfahren nach Art. 85 Abs. 1 EGV i. V. m. der VO Nr. 17[8] auch durch sog. comfort letters beendet werden kann.[9] Ferner sieht die FKVO in Art. 10 genaue und vergleichsweise kurze Fristen für die insbesondere nach Art. 6 und 8 FKVO zu treffenden Verfahrensentscheidungen vor.[10] Dadurch wird die Planungssicherheit für die beteiligten Unternehmen erheblich erhöht. Überdies können Genehmigungen nach der FKVO im Unterschied zur VO Nr. 17 (vgl. Art. 8 Abs. 1) nicht befristet werden.[11] Schließlich ist in der FKVO das Verhältnis der Kommission zu den Befugnissen der nationalen Kartellbehörden genau geregelt (Art. 1, 9, 21). Im Bereich von Art. 85 EGV i. V. m. der VO Nr. 17 kann dieses Maß an Klarheit trotz der Bekanntmachung der Kommission über die Zusammenarbeit

---

4 Dies hätte der Verordnungsgeber auch gar nicht tun können (*Emmerich*, S. 483 m. w. N. in Fn. 10).

5 Oben Fn. 2; in Kraft getreten am 1. 3. 1998.

6 Siehe nur *Emmerich*, S. 486; *Sedemund/Montag*, in: Dauses, Rn. 270.

7 *Emmerich*, S. 483 f.

8 Erste Durchführungsverordnung zu den Artikeln 85 und 86 des Vertrages vom 6. 2. 1962, ABl. 1962, L 13, S. 204 (zumeist einfach „VO Nr. 17 genannt"). Diese Verordnung ist eine Durchführungsverordnung zu den Art. 81, 82 EGV auf der Grundlage von Art. 83 EGV. Zu weiteren Durchführungsverordnungen *Emmerich*, in: Dauses, H. I. Rn. 338.

9 *Hirsbrunner*, EuZW 1998, 69, 72.

10 Die FKVO enthält eine äußerst wirksame Sanktion für den Fall, daß die Kommission in Art. 10 FKVO bestimmte Fristen nicht einhält: Gemäß Art. 10 Abs. 6 FKVO gilt der Zusammenschluß nach Ablauf der Frist als mit dem Gemeinsamen Markt vereinbar. Die Vereinbarkeit des Zusammenschlusses mit europäischem Recht wird also fingiert.

11 Die Kommission hat nach Art. 8 Abs. 5 FKVO allerdings die Möglichkeit zum Widerruf, jedoch nur unter den dort genannten Voraussetzungen.

der Kommission und den Wettbewerbsbehörden der Mitgliedstaaten bei der Bearbeitung von Fällen im Anwendungsbereich der Art. 85 und 86 EGV[12] nicht festgestellt werden.[13]

2. Es muß ein Zusammenschluß i. S. v. Art. 3 FKVO vorliegen. In Betracht kommt der Spezialtatbestand des Art. 3 Abs. 2 FKVO.

a) Art. 3 Abs. 2 FKVO setzt als erstes die Gründung eines Gemeinschaftsunternehmens voraus. Diese Voraussetzung ist mißverständlich formuliert. Maßgebliches Kriterium ist vielmehr die gemeinsame Kontrolle eines Unternehmens, wie sich aus dem Verweis von Art. 3 Abs. 2 FKVO auf Art. 3 Abs. 1 lit. b) FKVO ergibt.[14] Deswegen ist nicht nur die Gründung eines Gemeinschaftsunternehmens erfaßt, sondern auch der spätere Erwerb eines Anteils an einem Gemeinschaftsunternehmen. Außerdem genügt nicht jede Beteiligung an der Gründung eines Gemeinschaftsunternehmen, sondern nur eine solche, die einen bestimmenden Einfluß auf die Tätigkeit des Unternehmens (Art. 3 Abs. 1 lit. b), Abs. 3 FKVO) gewährt. *K + S* und *MdK* strebten die Gründung eines Gemeinschaftsunternehmens, der *MdK GmbH*, an, das durch Umwandlung der *MdK* entstehen sollte (Rn. 3) und an dem *K + S* und die *Treuhand* als Muttergesellschaft der *MdK* herrschend beteiligt sind (51 % und 49 % [Rn. 3]). Dadurch wird ein Unternehmen gemeinsam kontrolliert.

b) Zweitens fordert Art. 3 Abs. 2 FKVO, daß das Gemeinschaftsunternehmen alle Funktionen einer selbständigen Einheit erfüllen soll, es muß also ein sog. Vollfunktionsgemeinschaftsunternehmen vorliegen.[15] Hierzu muß das Gemeinschaftsunternehmen auf dem relevanten Markt Funktionen ausüben, die auch von den anderen Unternehmen in diesem Markt wahrgenommen werden.[16] Dazu ist beispielsweise erforderlich, daß das Unternehmen über ein sich dem Tagesgeschäft widmendes Management und ausreichende Ressourcen, wie finanzielle Mittel, Personal, materielle und immaterielle Vermögenswerte, verfügt.[17] Voraussetzung ist also, daß das Gemeinschaftsunternehmen als eigenständiges Unternehmen am Markt auftritt, also nicht lediglich Hilfsfunktionen der

---

12 ABl. 1993, C 39, S. 6.

13 Hierzu *Hirsbrunner*, EuZW 1998, 69, 72.

14 Vgl. Ziffer 3 und 9 der Mitteilung der Kommission über den Begriff des Vollfunktionsgemeinschaftsunternehmens, siehe sogleich Fn. 15.

15 Hierzu hat die Kommission die Mitteilung über den Begriff des Vollfunktionsgemeinschaftsunternehmens (ABl. 1998, C 66, S. 1) erlassen. Ferner hat sie sich in den Verfahren *Lucas/Eaton* (Entscheidung vom 9. 12. 1991, ABl. 1991, C 328) und *Merck* (Entscheidung vom 5. 7. 1993, ABl. 1993, C 188) mit diesem Begriff auseinandergesetzt.

16 Ziffer 12 der Mitteilung der Kommission über den Begriff des Vollfunktionsgemeinschaftsunternehmens (soeben Fn. 15).

17 Ziffer 12 der Mitteilung der Kommission über den Begriff des Vollfunktionsgemeinschaftsunternehmens (oben Fn. 15).

Muttergesellschaften wahrnimmt[18] (sog. Teilfunktionsgemeinschaftsunternehmen). Die *MdK GmbH* sollte die gesamten Kali- und Steinsalzaktivitäten von *K + S* und *MdK* übernehmen und in dieser Eigenschaft selbständig am Markt agieren. Es ist daher ein Vollfunktionsgemeinschaftsunternehmen.

c) Dies soll auch auf Dauer geschehen.

d) Ein Zusammenschluß i. S. d. FKVO liegt demnach vor.

3. An der gemäß Art. 1 Abs. 1 FKVO erforderlichen gemeinschaftsweiten Bedeutung des Zusammenschlusses i. S. v. Art. 1 Abs. 2 und 3 FKVO bestehen keine Zweifel.

4. Dieser Zusammenschluß darf nicht zu einer beherrschenden Stellung führen. Hierbei hat die Kommission zwischen dem deutschen und dem Markt der Gemeinschaft außerhalb Deutschlands unterschieden (Rn. 10).[19]

a) Deutscher Markt

Der deutsche Markt ist wesentlicher Teil des Gemeinsamen Marktes i. S. v. Art. 2 Abs. 2 FKVO. Diese Vorschrift würde also bereits dann als Rechtsgrundlage für die Entscheidung der Kommission ausscheiden, wenn der Zusammenschluß zur einer beherrschenden Stellung auf dem deutschen Markt geführt hätte.[20]

aa) Hierzu muß in einem ersten Schritt der relevante Markt ermittelt werden. Nach den nicht angefochten Feststellungen der Kommission ist dies in sachlicher Hinsicht der Markt für Erzeugnisse auf Kalibasis für die Landwirtschaft (Rn. 10). Hierzu gehört nicht nur die unmittelbare Verwendung von Kali in der Landwirtschaft, sondern auch der Verkauf von Kali für die Herstellung von Mehrnährstoffdüngemitteln (Rn. 10). In geographischer Hinsicht ist der deutsche Markt nach den unangegriffenen Feststellungen der Kommission als eigenständiger Markt anzusehen.

bb) Das durch den Zusammenschluß entstandene Gemeinschaftsunternehmen muß eine beherrschende Stellung auf diesem Markt haben. Maßgebliches Kriterium ist vor allem der Marktanteil. *K + S* verfügte über einen Marktanteil von 79 % und *MdK* über 19 %. Das Gemeinschaftsunternehmen kam also auf einen Marktanteil von 98 %. Bei so hohen Marktanteilen spricht man von Quasi-Monopol oder faktischem Monopol. Das Gemeinschaftsunternehmen *MdK GmbH* hatte also eine beherrschende Stellung auf dem deutschen Markt für landwirtschaftliche Kaliprodukte.

---

18 So die Formulierung in Ziffer 13 der Mitteilung der Kommission über den Begriff des Vollfunktionsgemeinschaftsunternehmens (oben Fn. 15).

19 So die von den Parteien nicht angefochtene Annahme der Kommission.

cc) Zu klären bleibt, ob diese beherrschende Stellung auch durch den Zusammenschluß herbeigeführt worden ist. Damit ist der Kausalzusammenhang zwischen Zusammenschluß und beherrschender Stellung angesprochen. Im amerikanischen Kartellrecht wird die Kausalität verneint, wenn die Voraussetzungen der Theorie der „failing company defence" gegeben sind. Die Anwendung dieser Theorie kommt in Betracht, wenn einem der am Zusammenschluß beteiligten Unternehmen die Zahlungsunfähigkeit bevorsteht (im Englischen sog. „failing company"[21]). Die Kausalität ist nach dieser Theorie zu verneinen, wenn davon auszugehen ist, daß sich das Unternehmen nicht mit Aussicht auf Erfolg umstrukturieren kann, es kein weniger wettbewerbsgefährdendes Mittel als den Zusammenschluß gibt und das zahlungsunfähige Unternehmen aus dem Markt ausscheiden würde, wenn der Zusammenschluß nicht vollzogen würde (Rn. 91 und 111).[22] Die Kommission hat die Theorie der „failing company defence" zugunsten von *K + S* und *MdK* zur Anwendung gebracht. Der EuGH billigt dieses Vorgehen in Rn. 112 – 125 (insbesondere Rn. 114). Die dem amerikanischen Recht entstammende Theorie der „failing company defence" ist damit zum Bestandteil auch des europäischen Kartellrechts zu zählen. Ob die im amerikanischen Recht stets restriktiv gehandhabten Voraussetzungen dieser Theorie wirklich vorlagen, erscheint jedoch fraglich. Vor allem die französische Regierung hat dies mit guten Gründen in Zweifel gezogen (Rn. 90 – 99). Bisweilen wird die Anwendung dieser Theorie im vorliegenden Fall als Ergebnis politischer Einflußnahme gewertet. Unklar ist auch, ob Kommission und EuGH die einzelnen Voraussetzungen der Theorie der „failing company defence" aus dem amerikanischen Recht übernehmen oder vielmehr spezifisch europarechtliche Kriterien entwickeln wollen (vgl. Rn. 112).

b) Markt der Gemeinschaft außerhalb Deutschlands

Auch auf dem Markt der Gemeinschaft außerhalb Deutschlands, ebenfalls ein wesentlicher Teil des Gemeinsamen Marktes i. S. v. Art. 2 Abs. 2 FKVO, könnte der Zusammenschluß zu einer beherrschenden Stellung führen.

aa) Dazu muß als erstes der Markt der Gemeinschaft außerhalb Deutschlands einen eigenständigen räumlichen Markt darstellen. Maßgebliches Kriterium für die Bestimmung des geographisch relevanten Marktes ist die hinreichende Homogenität der Wettbewerbsbedingungen.[23] Der EuGH verweist hierzu in Rn. 143 auf sein Urteil in Sachen *United Brands*.[24] Indes ergibt sich dies unmittelbar aus der Verordnung (Art. 9 Abs. 7

---

20 Ausführlich zum Begriff der marktbeherrschenden Stellung etwa *Rösler*, Der Begriff der marktbeherrschenden Stellung in der europäischen Fusionskontrolle, NZG 2000, 857.

21 Etwa *Venit*, CMLR 35 (1998), 1101, 1107.

22 Siehe auch *Venit*, CMLR 35 (1998), 1101, 1107, Fn. 16.

23 Vgl. *Kerber*, WuW 1994, 21, 23 („Konzept homogener Wettbewerbsbedingungen").

24 Slg. 1978, 207, Rn. 11 und 44.

S. 1 1. Hs. FKVO). Die französische Regierung (Rn. 129 – 135) und *SCPA* sowie *EMC* (Rn. 127 – 128) hatten insbesondere unter Hinweis auf die Marktstrukturen in Spanien, Frankreich, Belgien und Luxemburg bestritten, daß das Gebiet der Gemeinschaft außerhalb Deutschlands die erforderliche Homogenität aufweise. Der EuGH folgt dem nicht, sondern schließt sich der Auffassung der Kommission, die sie im Verfahren nochmals verteidigt hatte (Rn. 136 – 142), an (Rn. 143 - 151).

bb) Auf diesem Markt muß der *MdK GmbH* eine beherrschende Stellung zukommen. Hieran fehlt es, da mit *SCPA* auf dem Markt der Gemeinschaft außerhalb Deutschlands ein etwa ebenbürtiger Wettbewerber vorhanden ist.

(1) Damit ist die Frage aufgeworfen, ob es für die Anwendung der FKVO ausreicht, daß der Zusammenschluß nur zusammen mit einem oder mehreren weiteren Unternehmen eine beherrschende Stellung auf dem relevanten Markt besitzt. Man spricht von duopolistischer bzw. oligopolistischer oder kollektiver Marktbeherrschung. Mit diesem Problem war die Kommission schon in früheren Verfahren befaßt.[25] In der viel beachteten[26] *Nestlé/Perrier*-Entscheidung[27] hat sie diese Streitfrage erstmals bejaht. Die Antwort hat beim Wortlaut anzusetzen. Nach Auffassung des EuGH ist der Wortlaut der Art. 2 Abs. 2 und 3 FKVO insoweit offen (Rn. 166).[28] Dem ist zu widersprechen.[29] Art. 2 Abs. 3 FKVO setzt voraus, daß *der Zusammenschluß*, also das Unternehmen, das Gegenstand des Zusammenschlusses ist oder aus ihm hervorgeht, den Markt beherrscht. Über die Berücksichtigung anderer Unternehmen besagt die Vorschrift nichts. Dieses Ergebnis wird durch die systematische Auslegung bestätigt. Denn Art. 82 Abs. 1 EGV läßt es ausdrücklich genügen, daß der Markt durch mehrere Unternehmen beherrscht wird.[30]

Entgegen der Auffassung des EuGH kann es also nur um die Frage gehen, ob Art. 2 Abs. 2 und 3 FKVO auf diesen Fall entsprechend anzuwenden ist. Ein Umkehrschluß zu Art. 82 Abs. 1 EGV wird dem nicht zwingend entgegenstehen. Im Rahmen der historischen Auslegung ist zunächst der Wille des Gesetzgebers zu berücksichtigen. Der EuGH gelangt zu dem Ergebnis, daß sich den Materialien zur FKVO eine eindeutige

---

25 Nachweise bei *Kerber*, WuW 1994, 21, 22 f. und *Montag/Heinemann*, ZIP 1992, 1367, 1378, Fn. 150.

26 Hierzu die Nachweise bei *Kerber*, WuW 1994, 21, Fn. 1; *Venit*, CMLR 35 (1998), 1101, Fn. 3.

27 Vom 22. 7. 1992 – IV/M. 190, ABl. 1992, L 356, S. 1 = AG 1993, 144.

28 Ebenso *Venit*, CMLR 35 (1998), 1101, 1102 („does not define what is meant by a ‚dominant position'").

29 Ebenso etwa *Montag/Heinemann*, ZIP 1992, 1367, 1378 sowie die französischen Regierung im vorliegenden Verfahren (Rn. 152).

30 Wobei unbestritten ist, daß dies der Eingrenzung bedarf. Siehe sogleich (bb).

Stellungnahme des Gesetzgebers nicht entnehmen läßt (Rn. 167).[31] Es kann also nicht davon ausgegangen werden, daß der Text von Art. 2 Abs. 2 und 3 FKVO bewußt auf die Marktbeherrschung durch ein Unternehmen beschränkt wurde. Somit kommt es maßgeblich auf Sinn und Zweck der Vorschriften über die Fusionskontrolle an. Ratio des gesamten Kartellrechts ist der Schutz des Wettbewerbs vor Verfälschungen, was sich nicht zuletzt aus Art. 3 Abs. 1 lit. g) EGV ergibt.[32] Hierauf weist der EuGH in Rn. 169 zutreffend hin. Die Umgehungsgefahren liegen auf der Hand. Dabei darf aber nicht übersehen werden, daß eine derart allgemeine Beschreibung des Zwecks der kartellrechtlichen Vorschriften nicht zur Ableitung konkreter Ergebnisse geeignet ist.[33] Deswegen bedarf es zusätzlich der Feststellung, daß die oligopolistische Marktbeherrschung die gleichen Gefahren für den Wettbewerb mit sich bringt wie die Beherrschung durch nur ein Unternehmen. Diese Einschätzung entspricht der herrschenden Meinung und liegt verschiedenen nationalen Kartellrechtsordnungen zugrunde.[34] Nicht zwingend ist hingegen das von der Kommission vorgetragene Argument, daß ohne eine Erstreckung des Anwendungsbereichs der FKVO auf bestimmte Fälle kollektiver Marktmacht Zusammenschlüsse, die vor Erlaß der FKVO in bestimmten Mitgliedstaaten nach dem nationalen Kartellrecht einer Oligopolkontrolle unterworfen wurden, aber „jetzt nur noch der Gemeinschaftskontrolle in bezug auf das Vorliegen einer individuellen beherrschenden Stellung unterlägen" (Rn. 160).[35] Insoweit läge einfach ein Versäumnis des Gesetzgebers vor.

Eine hiernach gebotene erweiterte Anwendung der FKVO kommt jedoch dann nicht in Betracht, wenn dem zwingende Gesichtspunkte entgegenstehen sollten. Hierzu hatte vor allem die französische Regierung vorgetragen, daß bei einer Erstreckung der FKVO auf Fälle oligopolistischer Marktbeherrschung die einbezogenen Unternehmen von dem Verfahren nachteilig betroffen würden, ohne förmlich Beteiligter des Verfahrens zu sein und deswegen auch keine Verfahrensgarantien zu genießen (Rn. 156). Zu den Rechten förmlich Beteiligter zählt vor allem das Anhörungsrecht nach Art. 18 Abs. 1 FKVO. Diesem Einwand schließt sich der EuGH im Prinzip an. Er ist jedoch der Auffassung, daß sich die Rechte Dritter auch dann in angemessener Weise schützen lassen, wenn für sie in der FKVO keine speziellen Verfahrensvorschriften vorgesehen sind. Hierzu ver-

---

31 Der EuGH folgt insoweit der Kommission (Rn. 159). A. A. sind *Montag/Heinemann*, ZIP 1992, 1367, 1379 („bewußt vom Anwendungsbereich ausgenommen"; „angesichts politischer Uneinigkeit unter den Mitgliedstaaten offen geblieben").

32 Rn. 113 der *Nestlé/Perrier*-Entscheidung, oben Fn. 27.

33 Auch der Hinweis, daß anderenfalls „der Verordnung [...] ein nicht unerheblicher Teil ihrer praktischen Wirksamkeit genommen" werde, kann eine Begründung nicht ersetzen.

34 Section 6 (2) des britischen Fair Trading Act, Art. 38 des französischen Kartellgesetzes und § 19 Abs. 2. S. 2 des deutschen GWB (hierzu näher in der deutschen Anmerkung unter 1.). Vgl. Rn. 115 der *Nestlé/Perrier*-Entscheidung (oben Fn. 27) sowie *Montag/Heinemann*, ZIP 1992, 1367, 1379.

35 So auch *Kerber*, WuW 1994, 21, 34.

weist er auf seine Rechtsprechung in Sachen *Hoffmann-La Roche,*[36] nach der „die Beachtung der Verteidigungsrechte in allen Verfahren, die zu einer eine bestimmte Person beschwerenden Maßnahme führen können, ein fundamentaler Grundsatz des Gemeinschaftsrechts ist, dem auch dann Rechnung zu tragen ist, wenn es an einer Regelung für das betreffende Verfahren fehlt".

(2) Sind demnach grundsätzlich auch andere Unternehmen zur Bestimmung der Marktbeherrschung in die Betrachtung einzubeziehen, stellt sich die Frage, wie weit diese Einbeziehung reichen kann.[37] Zu diesem Problem nimmt der EuGH nicht ausdrücklich Stellung.[38] Es bietet sich an, die in den nationalen Kartellrechtsordnungen verwendeten Kriterien heranzuziehen.[39] Danach ist erforderlich, daß zwischen den beteiligten Unternehmen kein wirksamer Wettbewerb besteht.[40] Nur dann weisen sie die einem einzelnen Unternehmen vergleichbare Gefährlichkeit für den Wettbewerb auf. Das Erfordernis des fehlenden Binnenwettbewerbs wird auch zur Eingrenzung des insoweit zu weit geratenen Art. 82 Abs. 1 EGV verwendet.[41]

Diese Voraussetzung hatte die Kommission unter Hinweis auf angebliche Verflechtungen zwischen *K + S* sowie *MdK* einerseits und *SCPA* andererseits bejaht. *K + S* und damit das entstehende Gemeinschaftsunternehmen[42] kontrolliere gemeinsam mit *SCPA* das kanadische Unternehmen *Potacan*. Ferner arbeiteten beide Unternehmen in einem Exportkartell zusammen, das in einer GmbH österreichischen Rechts zusammengefaßt ist. Schließlich bestünden bei der Belieferung des französischen Marktes langjährige Beziehungen zwischen *K + S* und *SCPA*. Diese Verflechtungen lassen nach Auffassung der Kommission den Schluß zu, daß zwischen dem Gemeinschaftsunternehmen und *SCPA* kein wesentlicher Wettbewerb stattfindet. Um diese Bedenken zu zerstreuen, hatten *K + S* und *MdK* der Kommission verschiedene Zusagen gemacht. *K + S* versicherte, daß sowohl *K + S* als auch das Gemeinschaftsunternehmen aus dem Exportkartell ausscheiden und für den europäischen und insbesondere französischen Markt eine eigene Vertriebsorganisation errichten würden. Daraufhin hat die Kommission den Zusammen-

---

36 Slg. 1979, 461. Zusätzlich verweist der Gerichtshof auf Slg. 1996, I-5373, Rn. 21 (*Lisrestal*).

37 Diese Einbeziehung ist selbstverständlich nicht uneingeschränkt möglich (anschaulich *Kerber*, WuW 1994, 21, 34).

38 Zumindest grenzt er es nicht deutlich von der Prüfung der Marktbeherrschung (sogleich unter (c)) ab.

39 Für Deutschland siehe § 19 Abs. 2 S. 2 GWB (zu dieser Vorschrift noch in der deutschen Anmerkung).

40 Der fehlende Binnenwettbewerb ist typische Folge eines oligopolistisch strukturierten Marktes, jedoch nicht Begriffsbestandteil.

41 Siehe nur *Emmerich*, S. 434.

42 *K + S* will seine gesamten Kali- und Steinsalzaktivitäten, also auch die Beteiligung an dem Kali-Unternehmen *Potacan*, in die *MdK GmbH* einbringen.

schluß auch hinsichtlich des Marktes der Gemeinschaft außerhalb Deutschlands freigegeben.

Der EuGH würdigt die Ansicht der Kommission in Rn. 227 – 232. Das Gericht kommt zu dem Ergebnis, daß „das Gewebe der strukturellen Verflechtungen zwischen K + S und SCPA [...] insgesamt nicht so dicht und nicht so schlüssig erwiesen [ist], wie dies die Kommission darzustellen versucht hat“ (Rn. 232). Die von der Kommission getroffenen Feststellungen reichen also nicht aus, um von einem fehlenden Binnenwettbewerb zwischen dem Gemeinschaftsunternehmen und *SCPA* ausgehen zu können. In diesem Punkt ist die Entscheidung der Kommission demnach rechtsfehlerhaft.

(3) Folgt man hingegen der Auffassung der Kommission, bleibt schließlich zu prüfen, ob die *MdK GmbH* und *SCPA* gemeinsam den Markt beherrschen (Art. 2 Abs. 3 FKVO). Auch insoweit verwirft der EuGH die Ausführungen der Kommission (Rn. 233 – 250). Seiner Auffassung nach tragen die Feststellungen der Kommission nicht die Annahme, daß das Gemeinschaftsunternehmen und *SCPA* – bei unterstellter Einbeziehung von *SCPA* in die Betrachtung – den Markt für Kalierzeugnisse in der Landwirtschaft in der Gemeinschaft außerhalb Deutschlands beherrschen. Auch insoweit ist die Entscheidung rechtsfehlerhaft.

II. Deutschland

Das Problem der kollektiven Marktbeherrschung ist vom deutschen Gesetzgeber einer ausdrücklichen Regelung zugeführt worden. § 19 Abs. 2 S. 2 GWB bestimmt, daß „zwei oder mehrere Unternehmen marktbeherrschend sind, soweit zwischen ihnen für eine bestimmte Art von Waren oder gewerblichen Leistungen ein wesentlicher Wettbewerb nicht besteht und soweit sie in ihrer Gesamtheit die Voraussetzungen des Satzes 1 erfüllen“. Der Rechtsfolge nach definiert § 19 Abs. 2 S. 2 GWB ebenso wie § 19 Abs. 2 S. 1 GWB das Tatbestandsmerkmal der marktbeherrschenden Stellung i. S. v. § 19 Abs. 1 GWB. Das deutsche Recht enthält also im Unterschied zum Gemeinschaftsrecht eine gesetzliche Definition dieses Begriffs. Überdies finden sich im GWB (vor allem in § 19 Abs. 3 GWB) verschiedene sog. Beherrschungsvermutungen. Hierdurch versucht der Gesetzgeber, das offene Kriterium der Marktbeherrschung zumindest ein Stück weit zu konkretisieren und auf diese Weise besser handhabbar zu machen.

Erste Voraussetzung ist, daß zwischen den beteiligten Unternehmen kein wesentlicher Wettbewerb besteht. Man spricht von fehlendem Binnenwettbewerb. Wie im europarechtlichen Teil bereits ausgeführt,[43] eignet sich dieses Kriterium zur Übernahme ins europäische Recht. Bei Art. 82 Abs. 1 EGV hat diese Übertragung bereits stattgefunden; auch für Art. 2 Abs. 2 und 3 FKVO ist sie zu empfehlen. Ob zwischen zwei Unterneh-

---

43 B. I. 4. b) bb) (2).

men kein wesentlicher Wettbewerb besteht, ist anhand einer Vielzahl möglicher Anhaltspunkte zu beurteilen. Hierbei ist auch die Struktur des Oligopols zu berücksichtigen.[44] Voraussetzung ist grundsätzlich ein sog. Gruppenbewußtsein. Die beteiligten Unternehmen müssen sich darüber im klaren sein, daß sie gleichgerichtete Interessen verfolgen und in gewissem Maße voneinander abhängig sind.[45]

Zweitens fordert § 19 Abs. 2 S. 2 GWB, daß die Unternehmen in ihrer Gesamtheit die Voraussetzungen des S. 1 erfüllen, also marktbeherrschend sind. Dieses folgt letztlich bereits aus dem Grundtatbestand des § 19 Abs. 1 GWB. Im Rahmen der FKVO müßte es daher nicht eigens hergeleitet werden. Vielmehr läßt es sich unmittelbar aus Art. 2 Abs. 2 und 3 FKVO entnehmen.

Die Rechtsprechung hat die Oligopolklausel bislang eher restriktiv gehandhabt. Sowohl im Rahmen der Mißbrauchsaufsicht als auch bei der Fusionskontrolle ist bislang nur vereinzelt eine oligopolistische Marktbeherrschung angenommen worden.[46] Damit § 19 Abs. 2 S. 2 GWB nicht weiter an Bedeutung verliert, wird sich im Schrifttum für eine weniger restriktive Auslegung der Vorschrift ausgesprochen.[47] Da das Problem der kollektiven Marktbeherrschung demnach dem deutschen Kartellrecht nicht unbekannt ist, hat die *Kali und Salz*-Entscheidung des EuGH unter diesem Gesichtspunkt nur wenig Beachtung gefunden.

A. K.

III. Frankreich[48]

Die französische Lehre unterstreicht, daß diese Entscheidung die Theorie der „failing company defence“ betrifft. Diese aus dem amerikanischen Antitrustrecht stammende Theorie erlaubt es, daß ein Zusammenschluß, durch den normalerweise eine beherrschende Position geschaffen oder verstärkt würde, als nicht dafür ursächlich angesehen wird, wenn in dem Fall, in dem die Fusion untersagt würde, die übernehmende Gesellschaft (ebenfalls) unvermeidbarerweise eine beherrschende Stellung erhielte oder eine solche verstärkt würde.

Indem er Art. 2 der Verordnung 4064 interpretiert, stellt der EuGH fest, daß die Fusion, falls sie nicht die Ursache für die Schaffung oder Verstärkung einer beherrschenden

---

44 Man unterscheidet vor allem zwischen symmetrischen und asymmetrischen Oligopolen (*Bechtold*, § 19 Rn. 43).

45 *Bechtold*, § 19 Rn. 43.

46 Überblick bei *Emmerich*, S. 182.

47 *Emmerich*, S. 182.

48 Zur Fuionskontrolle in Frankreich *Berlin/Süß*, Reform der französischen Fusionskontrolle, EuZW 2001, 549.

Stellung ist, für vereinbar mit dem gemeinsamen Markt erklärt werden muß. Es muß dabei notwendigerweise ein Kausalzusammenhang bestehen.[49] Dies wurde von der Kommission in ihrer Mitteilung vom 31. Januar 1996 ebenfalls vertreten. Sie führte aus, daß die Tatsache, daß ein Unternehmen dank des Kaufes durch ein Konkurrenzunternehmen nicht vom Markt verschwindet, unter bestimmten Bedingungen einen wirtschaftlichen Fortschritt bedeuten könne.[50]

Eine Mitteilung des Finanz- und Handelsministers vom 14. Juni 1996 unterstreicht dies ebenfalls.[51] Dennoch unterscheidet sich das französische Recht vom Gemeinschaftsrecht insoweit, als sich der Minister nicht auf die dritte Voraussetzung für die Anwendung der Theorie bezieht, so wie sie durch die Kommission angewendet wurde, nämlich die Kenntnis vom Übertragungsrisiko von Marktanteilen auf den Erwerber im Falle des Verschwindens des Zielunternehmens.[52]

Der zweite Punkt der Entscheidung, der durch die Lehre[53] hervorgehoben wird, ist die Zulassung der Möglichkeit, sich im Kartellrecht auf den Begriff der kollektiven beherrschenden Stellung zu berufen. Um dies beurteilen zu können, wurde wie in der *Continental Can*-Entscheidung von der teleologischen Methode Gebrauch gemacht. Der EuGH nähert sich mit Hilfe verschiedener Kriterien an. Das französische Recht unterscheidet sich nicht grundlegend vom Gemeinschaftsrecht. Der Begriff des Mißbrauchs der beherrschenden Stellung ist durch das französische Recht eingeführt worden.

Literatur: Commentaires Europe 1998, 167, obs. *L. Idot*; *Cangémi*, Contrôle des concentrations et position dominante collective, in: Rev. Marché unique eur. 1995, Nr. 1 S. 113.

D. L.

IV. Spanien

Art. 6 des spanischen Kartellgesetzes[54] verbietet die sittenwidrige Ausnutzung einer marktbeherrschenden Stellung durch eine oder mehrere Gesellschaften. Das bedeutet, daß die marktbeherrschende Position auch eine kollektive sein kann. Im Schrifttum streitet man aber über die Voraussetzungen einer solchen kollektiven Stellung. Mehrere Autoren fordern, daß entweder der Wettbewerb zwischen den Gesellschaften, die kollektiv den Markt dominieren, ausgeschlossen sein muß oder daß der Wettbewerb durch

49 Lamy économique Nr. 571.
50 Cons. Conc. Avis 96 - A - 01, 31 janv. 1996, Société de mécanique, BOCCRF 20 Août S. 415.
51 Contrats concurrence, consommation, nov. 1996, S. 14, obs. L. Vogel.
52 *L. Vogel* op. cit.
53 L. Idot Rev. Europe mai 1998, comm. 168.
54 Gesetz 16/19809, BOE Nr. 170, vom 18. Juli 1989.

Dritte unbedeutend ist. Für andere sind beide Voraussetzungen nebeneinander anzuwenden, da jeglicher Wettbewerb die marktbeherrschende Stellung ausschließe.

Die spanische Kartellbehörde hat sich in zwei Entscheidungen hierzu geäußert. In einer Entscheidung vom 7. Januar 1992[55] – im Fall *Arbora-Ausonia* – wurde bestimmt, daß eine kollektive marktbeherrschende Position eine faktische Situation sein kann. Es reiche also aus, wenn beide Gesellschaften in der Kenntnis ihrer Marktsituation ihr Verhalten aneinander und in derselben Richtung ausrichten. In der Entscheidung zum Fall *Construcciones y Contratas* vom 30. Januar 1997[56] wurde bekräftigt, daß eine kollektive Marktdominanz keiner Einigung bedürfe, sondern eine rein faktische Koordinierung genüge.

Literatur: *J. M. Fernandez Lopez*, Algunas consideraciones sobre la determinación del abuso de posición de dominio, con especial referencia a la doctrina del Tribunal de defensa de la competencia, in: Anuario de la competencia, 1999, S. 121.

C. G.

---

55 Resolución TDC 7/01/92.

56 Resolución TDC 30/06/97.

Fall Nr. 15 – Volkswagen[1]

PARTEIEN: *Volkswagen AG* gegen *Kommission*
AKTENZEICHEN: T-62/98
FUNDSTELLE: Slg. 2000, II-2707[2]

A. Urteil des EuG[3] vom 6. Juli 2000

I. Gliederung

1. Sachverhalt und rechtlicher Rahmen: Rn. 1 – 31
2. Verfahren und Anträge der Parteien: Rn. 32 – 37
3. Begründetheit: Rn. 38 – 349
   a) Erster Klagegrund: Sachverhaltsirrtümer bei der Anwendung von Art. 81 EGV: Rn. 40 – 202
      aa) Zu den Reexportbehinderungen: Rn. 40 – 169
         (1) Einleitende Feststellungen: Rn. 40 – 43
         (2) Zur Behinderung infolge des Bonussystems: Rn. 44 – 60
            (a) Vorbringen der Parteien: Rn. 44 – 47
            (b) Würdigung durch das Gericht: Rn. 48 – 60
         (3) Zur Einführung eines Splitmargensystems: Rn. 61 – 72
            (a) Vorbringen der Parteien: Rn. 61 – 64
            (b) Würdigung durch das Gericht: Rn. 65 – 72
         (4) Zur Behinderung infolge der Maßnahmen auf der Ebene der Belieferung: Rn. 73 – 93
            (a) Vorbringen der Parteien: Rn. 73 – 78
            (b) Würdigung durch das Gericht: Rn. 79 – 93
         (5) Zur Behinderung infolge des Geschäftsverhaltens gegenüber den Verbrauchern: Rn. 94 – 118

---

1 Ebenso wie das *Kali + Salz*-Urteil (Fall Nr. 14 in diesem Casebook) wird die *Volkswagen*-Entscheidung wegen ihres besonders großen Umfangs nur gekürzt wiedergegeben. Der Sachverhalt (Rn. 1 – 31) ist unter A. IV. zusammengefaßt (siehe noch Fn. 7). Verfahrensfragen (Rn. 245 – 318) wurden ausgespart. Die übrigen Entscheidungsgründe sind in Auszügen abgedruckt (A. V.). Die Übersicht über die Entscheidung soll eine Gliederung (A. I.) erleichtern.

2 EWiR 2000, 1111 = WuW 2000, 782 (Auszüge).

3 Es handelt sich um ein Urteil des Europäischen Gerichts erster Instanz (EuG), das wegen seiner besonderen Bedeutung in dieses Casebook aufgenommen wurde. Rechtsgrundlagen für das EuG sind der Beschluß des Rates zur Errichtung eines Gerichts erster Instanz der Europäischen Gemeinschaften vom 24. 10. 1988 (ABl. 1998, Nr. L 319, S. 1), der mehrfach geändert wurde und nunmehr weitgehend in Art. 225 EGV aufgeht, sowie die Verfahrensordnung des Gerichts erster Instanz der Europäischen Gemeinschaften vom 2. 5. 1991 (ABl. 1991, Nr. L 136, S. 1).

II. Tenor

1. Die Entscheidung 98/273/EG der Kommission vom 28. Januar 1998 in einem Verfahren nach Artikel 85 EGV [nunmehr Art. 81 EGV] (Sache IV/35.733 – VW)[4] wird insoweit für nichtig erklärt, als mit ihr festgestellt wird,

a) daß ein Splitmargensystem und die Kündigung einiger Händlerverträge als Sanktion Maßnahmen darstellten, die ergriffen wurden, um Reexporte von Fahrzeugen der Marken Volkswagen und Audi aus Italien durch Endverbraucher und Vertragshändler dieser Marken aus anderen Mitgliedstaaten zu behindern,

b) daß die Zuwiderhandlung in der Zeit vom 1. Oktober 1996 bis zum Erlaß der Entscheidung nicht vollständig beendet war.

2. Der Betrag der in Artikel 3 der angefochtenen Entscheidung gegen die Klägerin verhängten Geldbuße wird auf 90 000 000 EUR herabgesetzt.

3. Im übrigen wird die Klage abgewiesen.

III. Rechtsgrundlagen: Gemeinschaftsrecht

1. Art. 81 Abs. 1 EGV

2. VO Nr. 123/85[5]

a) Art. 1

Artikel 85 Absatz 1 des Vertrages wird gemäß Artikel 85 Absatz 3 des Vertrages unter den in dieser Verordnung genannten Voraussetzungen für nicht anwendbar erklärt auf

4 ABl. 1998, L 124, S. 60 = WuW 1998, 630.

5 Verordnung über die Anwendung von Artikel 85 Abs. 3 des Vertrages auf Gruppen von Vertriebs- und Kundendienstvereinbarungen über Kraftfahrzeuge, ABl. 1985, L 15, S. 16.

Vereinbarungen, an denen nur zwei Unternehmen beteiligt sind und in denen sich ein Vertragspartner dem anderen gegenüber verpflichtet, zum Zwecke des Weiterverkaufs bestimmte zur Benutzung auf öffentlichen Wegen vorgesehene drei- oder mehrrädrige Kraftfahrzeuge ... innerhalb eines abgegrenzten Gebietes des Gemeinsamen Marktes

1. nur an ihn oder

2. nur an ihn und eine bestimmte Anzahl von Unternehmen des Vertriebsnetzes zu liefern.

b) Art. 2

Nach Artikel 2 der Verordnung Nr. 123/85 gilt die Freistellung auch, wenn die in Artikel 1 genannte Verpflichtung mit der Verpflichtung des Lieferanten verbunden ist, innerhalb des Vertragsgebiets keine Vertragswaren an Endverbraucher zu vertreiben ...

c) Art. 3

Die Erklärung ... gilt auch, wenn [die selektive Vertriebsvereinbarung] mit der Verpflichtung des Händlers verbunden ist, [...]

8. außerhalb des Vertragsgebiets

a) für den Vertrieb von Vertragswaren und ihnen entsprechenden Waren keine Niederlassungen oder Auslieferungslager zu unterhalten,

b) für Vertragswaren und ihnen entsprechende Waren keine Kunden zu werben;

9. Dritte nicht damit zu betrauen, außerhalb des Vertragsgebiets Vertragswaren und ihnen entsprechende Waren zu vertreiben oder Kundendienst für sie zu leisten;

10. an einen Wiederverkäufer

a) Vertragswaren und ihnen entsprechende Waren nur zu liefern, wenn er ein Unternehmen des Vertriebsnetzes ist, [...]

11. Kraftfahrzeuge [...] Endverbrauchern, die einen Vermittler eingeschaltet haben, nur zu verkaufen, wenn der Vermittler vorher schriftlich zum Kauf eines bestimmten Kraftfahrzeugs und bei Abholung durch diesen auch zur Abnahme bevollmächtigt wurde.

3. Art. 15 Abs. 2 der VO Nr. 17/62[6]

Die Kommission kann gegen Unternehmen und Unternehmensvereinigungen durch Entscheidung Geldbußen in Höhe von eintausend bis einer Million Rechnungseinheiten der über diesen Betrag hinaus bis zu zehn vom Hundert des von dem einzelnen an der Zuwiderhandlung beteiligten Unternehmen im letzten Geschäftsjahr erzielten Umsatzes festsetzen, wenn sie vorsätzlich oder fahrlässig: a) gegen Artikel 85 Absatz (1) oder Artikel 86 des Vertrages verstoßen, b) einer nach Artikel 8 Absatz (1) erteilten Auflage zuwiderhandeln. Bei der Festsetzung der Höhe der Geldbuße ist neben der Schwere des Verstoßes auch die Dauer der Zuwiderhandlung zu berücksichtigen.

IV. Zum Sachverhalt[7]

Die Klägerin ist die Dachgesellschaft des *Volkswagen*-Konzerns (im nachfolgenden auch Volkswagen genannt). Die geschäftlichen Aktivitäten des Konzerns umfassen die Herstellung und den Vertrieb von Fahrzeugen der Marken *Volkswagen*, *Audi*, *Seat* und *Skoda* sowie die Fertigung von Komponenten und Teilen. Weitere Tätigkeiten des Konzerns betreffen die Bereiche Industriemotoren, Finanzdienstleistungen und Versicherungen. Die Klägerin hält eine Beteiligung von 98,99 % an der *Audi* AG (im folgenden: *Audi*). Die Geschäftstätigkeit von *Audi*, die ihren Sitz in Ingolstadt (Deutschland) hat, umfaßt im wesentlichen die Herstellung und den Vertrieb von Fahrzeugen der Marke *Audi* sowie die Herstellung von Fahrzeugteilen und Motoren.

Die Kraftfahrzeuge der Marken *Volkswagen* und *Audi* werden innerhalb der Gemeinschaft über selektive Händlernetze vertrieben. Der Import dieser Fahrzeuge sowie ihrer Ersatzteile und ihres Zubehörs nach Italien wird ausschließlich von der Gesellschaft italienischen Rechts *Autogerma SpA* (im folgenden: *Autogerma*) mit Sitz in Verona (Italien) abgewickelt. Diese ist eine 100 %-ige Tochtergesellschaft der Klägerin und bildet demnach mit dieser und *Audi* wirtschaftlich eine Einheit. Der Vertrieb in Italien wird über rechtlich und wirtschaftlich selbständige Händler organisiert, die in einem Vertragsverhältnis zu *Autogerma* stehen.

Ab September 1992 sank die italienische Lira stark im Verhältnis zur Deutschen Mark. Die Klägerin erhöhte jedoch ihre Verkaufspreise in Italien nicht entsprechend. Die sich daraus ergebenden Preisdifferenzen machten den Reexport von Fahrzeugen der Marken

---

6 Siehe Fn. 8 der *Kali + Salz*-Entscheidung (Fall Nr. 14).

7 Verschiedene Bestandteile des Sachverhalts waren strittig und bedurften einer umfassenden Würdigung durch das Gericht. Hier wird aus Platzgründen lediglich das Ergebnis dieser Würdigung wiedergegeben. Die jeweiligen Passagen der Entscheidung können unter den genannten Fundstellen nachgelesen werden. Die Lektüre erweist sich als besonders interessant, da das EuG zahlreiche Schriftstücke im Wortlaut zitiert (interne Anweisungen der Konzernführung, Beschwerden von Kunden gegenüber Volkswagen, Beschwerden von Händlern gegenüber Volkswagen etc.).

Volkswagen und *Audi* aus Italien nach Deutschland wirtschaftlich interessant. *Volkswagen* war deswegen daran interessiert, daß die von den italienischen Händlern vertriebenen Fahrzeuge allein an italienische Kunden[8] abgesetzt werden.

Zur Erreichung dieses Ziels wurden zunächst Änderungen an dem zwischen *Autogerma* und den Vertragshändlern bestehenden Bonussystem vorgenommen.[9] Dieses System gewährt den Vertragshändlern einen Quartalsbonus, wenn der Händler eine bestimmte Umsatzgrenze erreicht. Die Änderung bestand darin, daß bei Bemessung der Umsatzgrenze Verkäufe außerhalb des Vertragsgebiets fortan nur bis zu einer Grenze von 15 % der insgesamt getätigten Verkäufe berücksichtigt wurden.[10] Entgegen des Vorbringens von *Volkswagen* wurde diese Regelung auch in der Praxis angewandt.[11] Dieses geänderte Bonussystem war jedenfalls[12] für die Zeit vom 1. Januar 1988 bis zum 30. September 1996 ununterbrochen in Kraft.[13] Nicht geklärt werden konnte hingegen, ob die Klägerin darüber hinaus ein sog. Splitmargensystem dergestalt eingeführt hat, daß die den Händlern von *Volkswagen* typischerweise gewährten Rabatte zum Teil davon abhängig gemacht werden, daß das verkaufte Fahrzeug im Vertragsgebiet zugelassen wird.[14] Ferner hat die Klägerin die Belieferung italienischer Vertragshändler verzögert und kontingentiert. Dadurch wurde erreicht, daß die Vertragshändler nur noch die Nachfrage vor Ort befriedigen konnten, nicht hingegen Interessenten aus anderen Mitgliedstaaten einen Wagen anbieten konnten. Auch diese Maßnahme diente dem Zweck, den Vertrieb von Fahrzeugen des *Volkswagen*-Konzerns außerhalb Italiens einzudämmen und nach Möglichkeit ganz zu verhindern.[15] Die Einhaltung der genannten Vereinbarungen wurden von der Klägerin systematisch überwacht sowie durch Warnungen sichergestellt. Nicht festgestellt werden konnte hingegen, daß die Klägerin die Belieferung von Abnehmern außerhalb Italiens auch mit der Kündigung der Händlerverträge sanktioniert hat.[16]

---

8 D. h. Endabnehmer. Das Gericht sieht es als erwiesen an, daß die von Volkswagen ergriffenen Maßnahmen nicht lediglich darauf abzielten, den Export an Wiederverkäufer zu unterbinden (Rn. 133 – 152).

9 Die zwischen Autogerma und den Vertragshändlern bestehenden Verträge wurden also insoweit novelliert. Die Mitwirkung der Vertragshändler an dieser Änderung erklärt sich aus der starken Stellung von Volkswagen.

10 Rn. 48 – 49.

11 Rn. 50 – 57.

12 Für die Zeit danach siehe die Rn. 190 – 192 und Rn. 201 sowie in der deutschen Anmerkung unter B. II. 3.

13 Rn. 189.

14 Rn. 65 – 72, 198.

15 Rn. 79 – 93.

16 Rn. 198.

V. Aus den Entscheidungsgründen

1. Zur Qualifizierung der Maßnahmen

236. Nach ständiger Rechtsprechung stellt eine Aufforderung eines Kraftfahrzeugherstellers an seine Vertragshändler keine einseitige Handlung dar, die sich dem Anwendungsbereich des Artikels 85 Absatz 1 EGV [nunmehr Art. 81 Abs. 1 EGV] entzieht, sondern eine Vereinbarung im Sinne dieser Bestimmung, wenn sie im Rahmen laufender Geschäftsbeziehungen erfolgt, die einer im voraus getroffenen allgemeinen Vereinbarung unterliegen (Urteile des Gerichtshofes vom 17. September 1985 in den Rechtssachen 25/84 und 26/84, Ford/Kommission, Slg. 1985, 2725, Randnr. 21, und Bayerische Motorenwerke, Randnrn. 15 und 16). Dies gilt auch hier. Denn die Prüfung des ersten Klagegrundes (vgl. oben, insbesondere Randnrn. 49, 58, 89 bis 92 und 162 bis 165) hat ergeben, daß die 15 %-Regelung, die Kontingentierung der Belieferung, die Kontrollen und die Warnungen allesamt bezweckten, die italienischen Vertragshändler bei der Erfüllung ihres Vertrages mit Autogerma zu beeinflussen.

237. Außerdem kann bei einer Zuwiderhandlung, die aus mehreren miteinander verbundenen Verhaltensweisen besteht, von der Kommission nicht verlangt werden, daß sie die verschiedenen Bestandteile der Zuwiderhandlung entweder als Vereinbarung oder als abgestimmte Verhaltensweise qualifiziert. Denn in jedem Fall werden beide Formen der Zuwiderhandlung von Artikel 85 EGV [nunmehr Art. 81 EGV] erfaßt (vgl. Urteil des Gerichtshofes vom 8. Juli 1999 in der Rechtssache C-49/92 P, Kommission/Anic Partecipazioni SpA, Slg. 1999, I-4125, Randnrn. 132 und 133).

2. Zur Anwendbarkeit der VO Nr. 123/85

240. Über den vierten Teil des zweiten Klagegrundes braucht nicht mehr entschieden zu werden, soweit er sich auf den Verstoß gegen die Verordnung Nr. 1475/95 erstreckt. Denn das Gericht hat bereits festgestellt, daß die Kommission das Vorliegen einer Zuwiderhandlung über den 30. September 1996 hinaus nicht nachgewiesen hat (vgl. oben, Randnrn. 190 bis 192). Die Einschätzung der Kommission insbesondere in Randnummer 191 der Entscheidung, für den Zeitraum ab 1. Oktober 1996 seien die von Volkswagen, Audi und Autogerma auferlegten Reexportbehinderungen nicht von der Verordnung Nr. 1475/95 gedeckt, verliert daher angesichts der obigen Feststellung zwangsläufig ihre Bedeutung.

241. Im Hinblick auf den angeblichen Verstoß gegen die Verordnung Nr. 123/85 ist erneut darauf hinzuweisen, daß die Kommission nachgewiesen hat, daß die Klägerin zusammen mit ihren Tochtergesellschaften Audi und Autogerma die Reexporte aus Italien behindert hat (vgl. oben die Prüfungen und Schlußfolgerungen zum ersten Klagegrund). Nach ständiger Rechtsprechung kann Artikel 85 Absatz 1 EGV [nunmehr Art. 81 Abs. 1 EGV] keinesfalls für nicht anwendbar erklärt werden, wenn die Parteien einer selektiven Vertriebsvereinbarung sich so verhalten, daß die Parallelimporte eingeschränkt werden (Urteil des Gerichtshofes vom 21. Februar 1984 in der Rechtssache 86/82, Hasselblad/Kommission, Slg. 1984, 883, Randnr. 35; Urteil Dunlop Slazenger/Kommission, Randnr. 88; Urteil des Gerichts vom 11. Dezember 1996 in der Rechtssache T-49/95, Van Megen Sports/Kommission, Slg. 1996, II-1799, Randnr. 35). Denn der Geist einer Verordnung

zur Gruppenfreistellung von Vertriebsvereinbarungen besteht darin, die in der Verordnung vorgesehene Freistellung von der Voraussetzung abhängig zu machen, daß durch die Möglichkeit von Parallelimporten die Verbraucher angemessen an den durch den Alleinvertrieb entstehenden Vorteilen beteiligt werden (Urteil des Gerichts vom 6. April 1995 in der Rechtssache T-141/89, Tréfileurope/Kommission, Slg. 1995, II-791, Randnr. 119).

3. Zur Höhe der Geldbuße

332. Nach Artikel 15 Absatz 2 der Verordnung Nr. 17 kann die Kommission gegen Unternehmen, die vorsätzlich oder fahrlässig gegen Artikel 85 Absatz 1 EGV [nunmehr Art. 81 Abs. 1EGV] verstoßen haben, durch Entscheidung Geldbußen in Höhe von eintausend bis einer Million Rechnungseinheiten oder über diesen Betrag hinaus bis zu 10 % des von dem einzelnen an der Zuwiderhandlung beteiligten Unternehmen im letzten Geschäftsjahr erzielten Umsatzes festsetzen. Die Höhe der Geldbuße wird unter Berücksichtigung sowohl der Schwere des Verstoßes als auch der Dauer der Zuwiderhandlung festgesetzt.

333. Diese Bestimmung behandelt nach ihrem klaren und eindeutigen Wortlaut zwei verschiedene Fragen. Sie nennt zum einen die Voraussetzungen, die erfüllt sein müssen, damit die Kommission Geldbußen festsetzen kann (Anwendungsvoraussetzungen). Zu diesen Voraussetzungen zählt der vorsätzliche oder fahrlässige Charakter der Zuwiderhandlung (Unterabsatz 1). Zum anderen regelt sie die Festsetzung der Höhe der Geldbuße, die von der Schwere und der Dauer der Zuwiderhandlung abhängt (Unterabsatz 2) (Beschluß des Gerichtshofes vom 25. März 1996 in der Rechtssache C-137/95 P, SPO u. a./Kommission, Slg. 1996, I-1611, Randnr. 53).

334. Hinsichtlich der ersten Frage steht fest, daß die Kommission im vorliegenden Fall festgestellt hat, daß die Zuwiderhandlung vorsätzlich und nicht nur fahrlässig begangen worden ist (Randnr. 214 der Entscheidung). Diese Beurteilung erweist sich als völlig gerechtfertigt. Denn wie im Rahmen des ersten Klagegrundes festgestellt, hat die Klägerin Maßnahmen ergriffen, die die Abschottung des italienischen Marktes und damit eine Behinderung des Wettbewerbs bezweckten (vgl. oben, insbesondere Randnrn. 88, 89 und 193). Außerdem ist es für eine vorsätzlich begangene Zuwiderhandlung gegen die Wettbewerbsregeln des Vertrages nicht erforderlich, daß sich das Unternehmen des Verstoßes gegen diese Regeln bewußt gewesen ist, sondern es genügt, daß es sich nicht in Unkenntnis darüber befinden konnte, daß sein Verhalten eine Einschränkung des Wettbewerbs bezweckte (vgl. Urteile des Gerichts vom 2. Juli 1992 in der Rechtssache T-61/89, Dansk Pelsdyravlerforening/Kommission, Slg. 1992, II-1931, Randnr. 157, und vom 6. April 1995 in der Rechtssache T-143/89, Ferriere Nord/Kommission, Slg. 1995, II-917, Randnr. 41). Da es eine gefestigte Rechtsprechung gibt, wonach Verhaltensweisen zur Abschottung der Märkte mit den gemeinschaftsrechtlichen Wettbewerbsregeln unvereinbar sind (vgl. oben, Randnr. 179), konnte sich die Klägerin nicht in Unkenntnis darüber befinden, daß ihr Verhalten den Wettbewerb behinderte.

335. Bezüglich der zweiten Frage ist zunächst darauf hinzuweisen, daß die Wahl der Höhe der Geldbuße ein Instrument der Wettbewerbspolitik der Kommission ist, um die Unternehmen dazu anhalten zu können, die Wettbewerbsregeln einzuhalten (Urteile Martinelli/Kommission, Randnr. 59, und Van Megen Sports/Kommission, Randnr. 53). Das Ge-

richt hat jedoch nachzuprüfen, ob der Betrag der festgesetzten Geldbuße in einem angemessenen Verhältnis zur Schwere und Dauer der Zuwiderhandlung steht (Urteil Deutsche Bahn/Kommission, Randnr. 127). Das Gericht muß insbesondere die Schwere der Zuwiderhandlung und die von der Klägerin geltend gemachten Umstände gegeneinander abwägen (Urteil des Gerichtshofes vom 14. November 1996 in der Rechtssache C-333/94 P, Tetra Pak/Kommission, Slg. 1996, I-5951, Randnr. 48).

336. Wie die Prüfung des ersten Klagegrundes ergeben hat, verfügte die Kommission über eine Fülle von Beweismitteln dafür, daß die Zuwiderhandlung zur Abschottung des italienischen Marktes stattgefunden hat. Eine solche Zuwiderhandlung ist ihrem Wesen nach besonders schwerwiegend. Sie läuft den grundlegenden Zielsetzungen der Gemeinschaft und insbesondere der Schaffung eines Gemeinsamen Marktes zuwider (Urteil des Gerichts vom 22. April 1993 in der Rechtssache T-9/92, Peugeot/Kommission, Slg. 1993, II-493, Randnr. 42). Die Klägerin hat nämlich zusammen mit ihren Tochtergesellschaften die Verbraucher daran gehindert, die im EGV niedergelegten Freiheiten des Gemeinsamen Marktes ungehindert wahrzunehmen, und damit eine der wichtigsten Errungenschaften des Aufbaus Europas beeinträchtigt. Die Zuwiderhandlung wiegt hier noch schwerer wegen der Größe des Volkswagen-Konzerns (vgl. Urteil des Gerichtshofes vom 7. Juni 1983 in den Rechtssachen 100/80 bis 103/80, Musique Diffusion Française/Kommission, Slg. 1983, 1825, Randnr. 120) und deswegen, weil sie trotz der Warnung begangen wurde, die die ständige Gemeinschaftsrechtsprechung zu Paralleleinfuhren im Kraftfahrzeugsektor darstellte (vgl. Urteil des Gerichts vom 14. Mai 1998 in der Rechtssache T-304/94, Europa Carton/Kommission, Slg. 1998, II-869, Randnr. 91). Angesichts dieser verschiedenen Umstände kann die fehlende Harmonisierung im Währungs- und Steuerbereich (vgl. oben, Randnr. 325), auch wenn sie der Klägerin geschäftliche Schwierigkeiten verursacht haben mag, keine Rechtfertigung für die fragliche Zuwiderhandlung und nicht einmal einen mildernden Umstand darstellen. Denn die fehlende Harmonisierung entband die Klägerin nicht von ihrer Pflicht, die wichtigsten Regeln des Gemeinsamen Marktes zu beachten, zu denen das Verbot der Marktabschottung gehört. [...]

345. Wie vom Gericht bereits festgestellt, hat die Kommission bei der Festsetzung der Geldbuße auch ihre nicht bewiesene Schlußfolgerung berücksichtigt, daß die Zuwiderhandlung nach dem 30. September 1996 fortgesetzt worden sei (vgl. oben, Randnr. 200), und hat bei der Bestimmung der Schwere des Verstoßes ihre unzutreffenden Feststellungen erwähnt, daß ein Splitmargensystem und die Kündigung einiger Händlerverträge als Sanktion Maßnahmen darstellten, die zur Behinderung der Reexporte ergriffen worden seien (vgl. oben, Randnr. 197).

346. Daraus ergibt sich, daß die Dauer der Zuwiderhandlung, die bei der Festsetzung der Geldbuße zu berücksichtigen ist, nur ungefähr drei Jahre beträgt und daß die Beschreibung der Zuwiderhandlung, wie sie die Kommission vorgenommen hat, um die Schwere des Verstoßes zu beurteilen, nicht in vollem Umfang zutrifft. Unter diesen Umständen ist es angezeigt, daß das Gericht im Rahmen seiner Befugnis zur unbeschränkten Nachprüfung die angefochtene Entscheidung abändert und den Betrag der Geldbuße herabsetzt (vgl. entsprechend Urteil Dunlop Slazenger, Randnr. 154). [...]

348. Nach alledem hält es das Gericht, das in Wahrnehmung seiner Befugnis zu unbeschränkter Nachprüfung im Sinne des Artikels 172 EGV [nunmehr Artikel 229 EGV] und des Artikels 17 der Verordnung Nr. 17 entscheidet (vgl. Urteile des Gerichtshofes vom 15. Dezember 1994 in der Rechtssache C-320/92 P, Finsider/Kommission, Slg. 1994, I-5697, Randnr. 46, und vom 17. Dezember 1998 in der Rechtssache C-185/95 P, Baustahlgewebe/Kommission, Slg. 1998, I-8417, Randnr. 129), für gerechtfertigt, den Betrag der Geldbuße, der gemäß Artikel 2 Absatz 1 der Verordnung (EG) Nr. 1103/97 des Rates vom 17. Juni 1997 über bestimmte Vorschriften im Zusammenhang mit der Einführung des Euro (ABl. L 162, S. 1) in Euro ausgedrückt wird, auf 90 000 000 EUR herabzusetzen.

B. Anmerkungen

I. Europarecht

In der Begründetheit der von der Klägerin erhobenen Nichtigkeitsklage ist zu prüfen, ob die ihr gegenüber ergangene Kommissionsentscheidung rechtmäßig ist. In materieller Hinsicht setzt dies voraus, daß ein Verstoß gegen Art. 81 Abs. 1 EGV vorliegt (hierzu unter 1.) und keine Freistellung nach Art. 81 Abs. 3 EGV gegeben ist (unter 2.). Ferner muß überprüft werden, ob die Kommission die Höhe der Geldbuße in rechtmäßiger Weise festgesetzt hat (unter 3.)

1. Verstoß gegen Art. 81 Abs. 1 EGV

a) *Autogerma* und die italienischen Vertragshändler sind Unternehmen i. S. d. Vorschrift.[17] Da die Klägerin eine Beteiligung in Höhe von ca. 99 % an *Autogerma* hält und *Autogerma* Weisungen erteilt, ist ihr das Handeln von *Autogerma* zuzurechnen.[18] Sie ist ebenfalls ein Unternehmen.

b) Zwischen *Autogerma* und den Vertragshändlern müssen Vereinbarungen bestehen. Diese liegen in den Händlerverträgen, die *Autogerma* mit den einzelnen Vertragshändlern abschließt. Als Vereinbarung i. S. v. Art. 81 Abs. 1 EGV sind dabei nach Auffassung von Kommission und EuG nicht nur der eigentliche Vertrag mit etwaigen Änderungen seines Inhalts anzusehen, sondern auch die im Rahmen des Vertragsverhältnisses erteilten Weisungen, Ermahnungen, Hinweise und sonstige Maßnahmen einseitiger oder informeller Natur, sofern sie der Gestaltung oder Durchführung des bestehenden Vertragsverhältnisses dienen (Rn. 236).[19] Danach ist eine Gesamtbetrachtung geboten, da es gekünstelt wirkt, eine von einer einheitliche Strategie getragene Vorgehensweise in ihre einzelnen Bestandteile zu untergliedern (Rn. 233 – 234 m. w. N.; vgl. auch Rn. 237).

---

17 Zum Unternehmensbegriff siehe die Nachweise in Fn. 8 der *Continental Can*-Entscheidung (Fall Nr. 12 in diesem Casebook).

18 Zu Zurechnungsfragen i. R. v. Art. 81 Abs. 1 EGV siehe bereits *Continental Can* (Fall Nr. 12 in diesem Casebook), unter B. I. 1. b) cc) (1).

19 Siehe die Nachweise in Rn. 236 – 237 sowie *Ensthaler/Stopper*, RIW 2000, 729, 730.

In der Literatur wird die Anwendung von Art. 81 Abs. 1 EGV auf einseitige Verhaltensweisen teilweise auch dann abgelehnt, wenn sie im Rahmen eines bestehenden Vertragsverhältnisses vorgenommen werden.[20] Einseitigen Weisungen, Drohungen etc. müßten Vereinbarungen, die nur durch den Druck des stärkeren Teils zustande gekommen sind und deswegen anerkanntermaßen Art. 81 Abs. 1 EGV nicht unterfallen, gleichgestellt werden. Hiernach könnte Art. 81 Abs. 1 EGV auf die von *Volkswagen* veranlaßten Änderungen der Händlerverträge sowie auf die erteilten Weisungen etc. nicht angewendet werden.

Das Gericht folgt dieser Auffassung nicht, sondern legt das Tatbestandsmerkmal „Vereinbarung" weiterhin eher großzügig aus. Diese Linie hat das EuG in seiner *Adalat*-Entscheidung[21] weiterverfolgt.[22]

c) Art. 81 Abs. 1 EGV stellt – im Unterschied beispielsweise zum deutschen Recht (§§ 1, 14 GWB) – keine weiteren Anforderungen an die Beteiligten der Vereinbarung. Deswegen fallen auch Vereinbarungen zwischen Unternehmen, die nicht miteinander in Wettbewerb stehen, sondern verschiedenen Wirtschaftsstufen[23] angehören (sog. Vertikalvereinbarungen), in den Anwendungsbereich der Vorschrift.[24]

d) Diese Vereinbarungen müssen eine Beschränkung des Wettbewerbs bewirken oder bezwecken.

aa) Hierzu muß auch bei Art. 81 Abs. 1 EGV zunächst der relevante Markt ermittelt werden, auch wenn dieser Frage nicht dieselbe Bedeutung zukommt wie bei der Anwendung von Art. 82 Abs. 1 EGV (Rn. 230). Sachlich relevanter Markt ist der Markt für Neufahrzeuge der unteren Mittelklasse.[25] In räumlicher Hinsicht genügt es nach Auffassung des Gerichts (Rn. 230) festzustellen, daß die Vereinbarung den Handel zwischen den Mitgliedstaaten zu beeinträchtigen geeignet ist (dazu sogleich unter cc)).

bb) Weiterhin muß eine Wettbewerbsbeschränkung zumindest bezweckt sein. Die durch den Abschluß der verschiedenen Händlerverträge bewirkte Errichtung eines Vertriebssystems, zu dem nur ausgewählte Händler zugelassen werden (sog. selektives Vertriebssystem), genügt hierzu noch nicht ohne weiteres. Denn es muß dem Wettbewerb nicht ab-

---

20 Etwa *Springer*, WRP 1998, 1058.

21 Slg. 2000, II-3383. Zu unterscheiden von EuGH, Slg. 1996, II-381 (hierzu *Lasok*, CMLR 34 (1997), 1309).

22 Rn. 66 ff. Gleichwohl kommt das Gericht zu dem Ergebnis, daß die Feststellungen der Kommission die Annahme einer Vereinbarung (zwischen der *Bayer AG* und den französischen sowie spanischen Großhändlern) nicht tragen (Rn. 73 ff.).

23 Hier: Produktion (*Volkswagen* bzw. *Autogerma*) und Vertrieb (Vertragshändler).

24 Durch den EuGH erstmals in *Consten ./. Grundig*-Entscheidung (Slg. 1966, 299) bestätigt.

25 Ungenau insoweit Rn. 204.

träglich sein, wenn ein Hersteller oder Lieferant die von ihm eingesetzten Händler nach bestimmten Merkmalen aussucht, solange gewährleistet ist, daß grundsätzlich jeder Händler diesem System beitreten kann (sog. offenes System[26]). Wettbewerbsrechtlich bedenklich ist es hingegen, wenn die Händler zusätzlich bestimmte wettbewerbsbeschränkende Verpflichtungen übernehmen. Besondere Bedenken bestehen gegen Klauseln, mit denen dem Händler die Verpflichtung auferlegt wird, die Ware nur im Vertragsgebiet abzusetzen, während sich der Hersteller im Gegenzug regelmäßig verpflichtet, im Vertragsgebiet keinen anderen mit der Ware zu beliefern (sog. Gebietsschutz). Solche Klauseln sind in den Händlerverträgen der *Volkswagen*-Gruppe zwar nicht ausdrücklich enthalten. Die von *Autogerma* durchgesetzte 15 %-Regelung kommt nach der zutreffenden Auffassung des Gerichts einem solchen Gebietsschutz jedoch gleich (Rn. 179). Hiermit hat *Volkswagen* die Abschottung des italienischen Marktes – und damit eine Wettbewerbsbeeinträchtigung – zumindest bezweckt (Rn. 178).

Aber auch das Bewirken einer Wettbewerbsbeeinträchtigung sieht das Gericht als gegeben an (Rn. 179). Als Nachweis dienen insoweit vor allem die zahlreichen Beschwerden österreichischer und deutscher Kunden (Rn. 180, 106 ff.).

cc) Die Abschottung des italienischen Marktes insbesondere durch die 15 %-Regelung und die kontingentierte Belieferung der italienischen Händler ist auch dazu geeignet, den Handel zwischen den Mitgliedstaaten zu beeinträchtigen (Rn. 179).

e) Ein Verstoß gegen Art. 81 Abs. 1 EGV ist demzufolge gegeben.

2. Die Vereinbarung kann aber nach Art. 81 Abs. 3 EGV vom Kartellverbot des Art. 81 Abs. 1 EGV freigestellt sein. Nach dieser Vorschrift kann Art. 81 Abs. 1 EGV unter bestimmten Voraussetzungen für nicht anwendbar erklärt werden. Dies kann durch sog. Einzelfreistellung geschehen (jeweils 1. Alt. von Art. 81 Abs. 3 Spiegelstrich 1 – 3 EGV). Größere Bedeutung hat jedoch die Freistellung ganzer Gruppen von Vereinbarungen, Beschlüssen oder abgestimmten Verhaltensweisen (jeweils 2. Alt. von Art. 81 Abs. 3 Spiegelstrich 1 – 3 EGV), die durch Verordnung ausgesprochen wird (sog. Gruppenfreistellungsverordnungen).[27] Den Besonderheiten des Kfz-Sektors meinte man nur durch eigene Verordnung gerecht werden zu können, so daß im Jahre 1985 die VO Nr. 123/85 über die Anwendung von Artikel 85 Abs. 3 des Vertrages auf Gruppen von Vertriebs- und Kundendienstvereinbarungen über Kraftfahrzeuge erlassen wurde, die mit Wirkung vom 1. Oktober 1995 durch die VO Nr. 1475/95[28] ersetzt worden ist (vgl.

---

26 Siehe näher *Emmerich*, in: Dauses, H. I. Rn. 112.

27 Ein Überblick findet sich bei *Emmerich*, in: Dauses, H. I. Rn. 43 ff.

28 Verordnung der Kommission über die Anwendung von Artikel 85 Absatz 3 des Vertrages auf Gruppen von Vertriebs- und Kundendienstvereinbarungen über Kraftfahrzeuge der Kommission vom 28. Juni 1995, ABl. 1995, L 145, S. 25.

Art. 7 der VO Nr. 1475/95).[29] Von der neuen VO Nr. 2790/1999, die grundsätzlich für alle vertikalen Vereinbarungen gilt, wird der Automobilsektor frühestens ab 2002 erfaßt (vgl. Art. 2 Abs. 5 der VO Nr. 2790/1999).[30] Da sich Verstöße gegen Art. 81 Abs. 1 EGV durch *Volkswagen* über das Jahr 1995 hinaus nicht feststellen ließen, ist für die Beurteilung des Falles allein die VO Nr. 123/85 maßgeblich (Rn. 240).[31]

Zu prüfen ist also, ob die zwischen *Autogerma* und den italienischen Händlern geschlossenen Verträge der Verordnung Nr. 123/85 unterfallen. Die Verträge begründen jeweils die Verpflichtung von *Autogerma* (bzw. *Volkswagen*), innerhalb des Vertragsgebiets Ware nur an Händler zu liefern. Da es sich bei dieser Ware um zur Benutzung auf öffentlichen Wegen vorgesehene drei- oder mehrrädrige Kraftfahrzeuge handelt und die Belieferung zum Zwecke des Weiterverkaufs erfolgt, sind die Voraussetzungen des Art. 1 gegeben, so daß die Händlerverträge grundsätzlich vom Kartellverbot freigestellt sind. Gemäß Art. 2 steht dem auch nicht etwa entgegen, daß die Händlerverträge gleichzeitig die Verpflichtung von *Volkswagen* enthalten, innerhalb des Vertragsgebiets keine Vertragswaren an Endverbraucher zu vertreiben.

Nach ständiger Rechtsprechung des EuGH[32] und des EuG ist der Anwendungsbereich der Verordnung jedoch einzugrenzen. Danach kann Art. 81 Abs. 1 EGV keinesfalls für nicht anwendbar erklärt werden, wenn die Parteien einer selektiven Vertriebsvereinbarung sich so verhalten, daß Parallelimporte eingeschränkt werden.[33] Dem schließt sich das EuG in Rn. 241 an: „Denn der Geist einer Verordnung zur Gruppenfreistellung von Vertriebsvereinbarungen besteht darin, die in der Verordnung vorgesehene Freistellung von der Voraussetzung abhängig zu machen, daß durch die Möglichkeit von Parallelimporten die Verbraucher angemessen an den durch den Alleinvertrieb entstehenden Vorteilen beteiligt werden." Dieser Gedanke wurde in Art. 6 Abs. 1 Nr. 7 der nunmehr für den Automobilbereich geltenden VO Nr. 1475/95 ausdrücklich niedergelegt: „Die Freistellung gilt nicht, [...] wenn der Hersteller, der Lieferant oder ein anderes Unternehmen des Vertriebsnetzes unmittelbar oder mittelbar die Freiheit der Endverbraucher, der bevollmächtigten Vermittler oder der Vertragshändler einschränkt, innerhalb des Gemeinsamen Markts bei einem Unternehmen des Vertriebsnetzes ihrer Wahl Vertragswaren oder ihnen entsprechende Waren zu erwerben." Im Rahmen der VO Nr. 123/85 läßt sich dieser Gesichtspunkt in Art. 10 Nr. 2 dogmatisch verorten, worauf das EuG in Rn. 242

---

29 Zum zeitlichen Anwendungsbereich der Verordnungen Nr. 123/85 und Nr. 1475/95 siehe etwa *Ensthaler/Stopper*, RIW 2000, 729, 730 f.

30 *Pukall*, NJW 2000, 1375.

31 Siehe auch *Ensthaler/Stopper*, RIW 2000, 729, 730.

32 Etwa Slg. 1984, 883 (*Hasselblad*), Rn. 35.

33 Slg. 1994, II-441, Rn. 88 (*Dunlop Slazenger*); Slg. 1995, II-791 (*Tréfileurope*), Rn. 119; Slg. 1996, II-1799 (*Van Megen Sports*), Rn. 35.

zutreffend hinweist.[34] Da *Volkswagen* durch die Abschottung des italienischen Markts Parallelimporte unterbinden wollte und hiermit auch größtenteils erfolgreich war, unterfällt das von *Volkswagen* verfolgte Verhalten nicht der Gruppenfreistellungsverordnung Nr. 123/85.[35]

3. Damit steht fest, daß die Kommission gegen *Volkswagen* einschreiten kann. Zu klären ist nur noch, ob die Kommission auch die richtige Sanktion gewählt hat. Hierbei sind insbesondere die Vorgaben der VO Nr. 17/62 zu beachten, die wegen ihrer besonderen Bedeutung kurz „VO Nr. 17" genannt wird. Nach Art. 15 Abs. 2 Unterabs. 1 lit. a) dieser Verordnung kann die Kommission gegen Unternehmen durch Entscheidung (vgl. Art. 249 Abs. 4 EGV) Geldbußen in Höhe von bis zu zehn vom Hundert des von dem einzelnen an der Zuwiderhandlung beteiligten Unternehmen im letzten Geschäftsjahr erzielten Umsatzes festsetzen, wenn sie vorsätzlich oder fahrlässig gegen Artikel 85 Abs. 1 verstoßen haben. Zur weiteren Konkretisierung hat die Kommission Leitlinien für das Verfahren zur Festsetzung von Geldbußen, die gemäß Art. 15 Abs. 2 der VO Nr. 17 und gemäß Art. 65 Abs. 5 EGKS-Vertrag festgesetzt werden, erlassen.[36] Unter Anwendung dieser Leitlinien hat die Kommission eine Geldbuße i. H. v. 102 Mio. ECU festgesetzt.[37] Das Gericht korrigiert den Betrag auf 90 Mio. Euro, weil die Kommission bei Bemessung der Geldbuße zum Teil von falschen Tatsachen ausgegangen ist (Rn. 344 ff.). Die Dauer des Wettbewerbsverstoßes hat die Kommission nicht richtig beurteilt (Rn. 346, 200). Auch hätte sie sich zur Begründung der Höhe der Geldbuße nicht auf das Splitmargensystem sowie auf Kündigungen der Händlerverträge berufen dürfen, da sich diese nicht zweifelsfrei nachweisen ließen. Im übrigen aber folgt das Gericht der Kommission in der Annahme, daß es sich um einen besonders schwerwiegenden Verstoß seitens *Volkswagen* handele und deswegen die Geldbuße besonders hoch ausfallen müsse (vgl. Art. 15 Abs. 2 Unterabs. 2 der VO Nr. 17). Marktabschottungsmaßnahmen sind schon an und für sich als besonders wettbewerbsgefährdend zu beurteilen. Im vorliegenden Fall kommt erschwerend hinzu, daß *Volkswagen* sogar vorsätzliches Handeln zur Last zu legen ist (Rn. 334). Im übrigen war der besonders hohe Marktanteil von *Volkswagen* auf dem Gemeinsamen Markt zu berücksichtigen sowie die lange Dauer des Wettbewerbsverstoßes.

---

34 Hierzu *Ensthaler/Stopper*, RIW 2000, 729, 730 und 731.

35 Die Problematik der sog. überschießenden Wettbewerbsbeschränkungen stellt sich im *Volkswagen*-Fall also nicht (hierzu *Ensthaler/Stopper*, RIW 2000, 729, 731 m. w. N.).

36 Ausführlich zur Bemessung von Geldbußen nach Art. 15 der VO Nr. 17 *Wegner*, Die Systematik der Zumessung unternehmensbezogener Geldbußen, Berlin u. a. 2000.

37 Es handelt sich um die höchste Geldbuße, die von der Kommission jemals verhängt worden ist. In jüngster Zeit sind indes vermehrt ähnlich hohe Geldbußen zu verzeichnen. Am 18. Juli 2001 hat die Kommission einen in Deutschland ansässigen Hersteller von Graphit-Elektroden mit einer Geldbuße i. H. v. 80,2 Mio. Euro belegt.

II. Deutschland

1. Das *Volkswagen*-Verfahren wurde in jedem seiner Abschnitte von der deutschen Öffentlichkeit genauestens beobachtet,[38] was vor allem darauf zurückzuführen ist, daß der *Volkswagen*-Konzern zu einem der größten Arbeitgeber des Landes gehört und damit von nicht unerheblicher Bedeutung für die volkswirtschaftliche Lage Deutschlands ist. Die *Volkswagen AG* selbst hatte vor allem damit argumentiert, daß sie die Vertragshändler zu schützen suche, also überhaupt keine rein eigennützigen Interessen verfolge. In der Tat sind Leidtragende von Parallelimporten in erster Linie die Vertragshändler der betroffenen Länder oder Regionen. Im Unterschied zum Lieferanten verfügen sie häufig nicht über die finanziellen Mittel, um einen plötzlichen und längerfristigen Gewinnausfall abfedern zu können. Es ist zuzugeben, daß das Urteil des Gerichts erster Instanz diesen Gesichtspunkt nicht in gebührender Weise würdigt.

2. Mit dem Urteil des Gerichts in Sachen *Volkswagen* ist die Frage angesprochen, wie die Vertriebsstrukturen im Automobilsektor zukünftig beschaffen sein werden. Für den Augenblick läßt sich lediglich feststellen, daß sich diese Strukturen im Umbruch befinden.[39] Das zeigt nicht nur die Entscheidung des EuG. In letzter Zeit sind vermehrt Vertriebsmethoden zu beobachten, die mit den herkömmlichen Mittel nicht mehr zu vergleichen sind. Besonders anschauliches Beispiel ist die Vertriebsstrategie, die die *Edeka*-Kette für den *Fiat Punto* Cabrio entwickelt hat. Das Modell wurde über einen Zeitraum von einem Monat in den Geschäftsräumen der *Edeka*-Kette, also in Supermärkten, angeboten. Das Angebot bezog sich nicht auf den Wagen allein, sondern umfaßte zudem wahlweise einen Laptop oder einen Motorroller sowie weitere Elektronikprodukte (Handy, Drucker, Fotokamera etc.). Ausgewiesen wurde ein Gesamtpreis, der ca. 25 % unter dem addierten Preis der Komponenten liegen soll.[40] Bestellt werden konnte nicht nur in den Filialen der *Edeka*-Märkte, sondern auch über eine Hotline und über das Internet. Die Fahrzeuge sollten von einem deutschen *Fiat*-Vertragshändler geliefert werden. Nach Angaben von *Edeka* soll der Verbraucher dieses Angebot ausgesprochen positiv angenommen haben, so daß sich mutmaßen läßt, daß der Verbraucher auch gegenüber unge-

---

38 Aus dem juristischen Schrifttum etwa *Bayreuther*, Absoluter Gebietsschutz und quantitativ-selektiver Vertrieb im Kfz-Handel, WuW 1998, 820; *Bechtold*, VW-Neufahrzeuge jetzt auch im freien Handel?, BB 1998, 496; *Bunte*, Die Entscheidung der EG-Kommission „VW-Bußgeld", ZIP 1998, 853; *Creutzig*, Zum Fortbestand des selektiven und exklusiven Vertriebssystems der VW AG nach der Kartellentscheidung der Kommission, EuZW 1998, 293; *Ensthaler/Stopper*, Geldbuße gegen VW wegen Verstoßes gegen europäische Wettbewerbsregeln – Kritik und Rechtsfolgen, RIW 2000, 729; *Niebling*, VW-Neufahrzeuge jetzt auch im freien Handel?, BB 1998, 335; *ders.*, Automobilvertrieb im Umbruch, DAR 1999, 8; *Springer*, Die „Volkswagen"-Entscheidung der Kommission – Das Ende des selektiven Vertriebs durch VW und Audi?, WRP 1998, 1058; *Wegner*, EuG setzt Geldbuße im Verfahren Volkswagen AG / Kommission herab, EWS 2001, 65.

39 Hierzu näher *Niebling*, DAR 1999, 8 ff.

40 *Fiat* hat das stets bestritten.

wöhnlichen Vertriebsformen aufgeschlossen ist. Augenscheinlich lassen sich nicht nur Computer[41] und sonstige High-Tech-Güter, sondern sogar Kraftfahrzeuge in Supermärkten an den Mann bringen.

Ob diese Art der Vermarktung rechtlich zulässig ist, muß indes bezweifelt werden. Die *Fiat AG Deutschland* beantragte vor verschiedenen Gerichten unverzüglich eine einstweilige Verfügung, um diese Form des Vertriebs zu unterbinden. Hierzu stützte sie sich vor allem auf wettbewerbsrechtliche Gesichtspunkte (§§ 3, 1 UWG). Sowohl das LG Offenburg[42] als auch das LG Karlsruhe haben den Antrag zurückgewiesen. Insbesondere waren die Gerichte der Auffassung, daß das von *Edeka* „geschnürte" Gesamtpaket nicht als unzulässiges Koppelungsgeschäft i. S. v. § 1 UWG anzusehen sei. Das LG Köln hat dem Antrag insoweit stattgegeben, als er sich auf die Vermarktung des *Punto* im Internet bezieht. Auch das Kammergericht Berlin hat zugunsten von *Fiat* entschieden. Der Berliner *Fiat*-Händler, der in der *Edeka*-Werbung als Lieferant ausgewiesen war, sei mangels eines Vertragsabschlusses (§§ 145 ff. BGB) zur Lieferung von Fahrzeugen nicht verpflichtet.

3. Mit Entscheidung der Kommission vom 30. Mai 2001 ist *Volkswagen* inzwischen zu einer zweiten hohen Geldbuße herangezogen worden (ca. 30 Mio. Euro). Diese bezieht sich auf die Jahre 1996 – 1999, also auf den der hier zu besprechenden Entscheidung nachfolgenden Zeitraum, und betrifft den Vertrieb des Modells *Passat*. Dem Konzern wird zur Last gelegt, den in Deutschland ansässigen Vertriebshändlern untersagt zu haben, beim Verkauf des im Jahre 1996 eingeführten neuen *Passat*-Modells Rabatte auf den Listenpreis zu gewähren. Hiermit wird nach Auffassung der Kommission in einer gegen Art. 81 Abs. 1 EGV und die VO Nr. 1795/95 verstoßenden Weise auf die Preisbildungsfreiheit der Händler eingewirkt, die bereits von der VO Nr. 1475/95 besonders betont wurde. In der neuen VO Nr. 2790/1999 wird die Preisbildungsfreiheit zusätzlich in den Vordergrund gerückt (vgl. Art. 4 lit. a) 1. Hs. VO Nr. 2790/1999). Zum Nachweis der Vorwürfe stützt sich die Kommission wiederum vor allem auf interne Papiere des *Volkswagen*-Konzerns und auf Beschwerdeschreiben von Verbrauchern. Weiterhin qualifiziert die Kommission auch in diesem Fall die von *Volkswagen* ergriffenen Maßnahmen als besonders schweren Verstoß gegen die Wettbewerbsregeln.

4. Häufig vergessen wird, daß die Maßnahmen, die der *Volkswagen*-Konzern zur Sicherung und Förderung des Absatzes seiner Fahrzeuge angewandt hat, keinen Einzelfallcharakter aufweisen, sondern in der gesamten Branche verbreitet sind. Deswegen stellt

---

41 Discount-Supermärkte wie *Aldi* und *Lidl* sind bereits seit Jahren mit dem Verkauf von Computern außerordentlich erfolgreich.

42 Urteil vom 18. 5. 2001. *Fiat* hat gegen dieses Urteil Berufung zum OLG Karlsruhe eingelegt, welches das Urteil des LG Offenburg jedoch im wesentlichen gebilligt hat, OLGR Karlsruhe 2001, 370 = WRP 2001, 1238.

die Kommission auch bei anderen Automobilherstellern Nachforschungen an, insbesondere bei *Daimler-Chrysler AG* sowie der französischen *PSA Peugeot Citroen S. A.* Gegen *Opel* wurde – in den Niederlanden – bereits ein Bußgeld verhängt, ebenfalls in einer nicht unbeträchtlichen Höhe (43 Mio. Euro).[43] Bleibt die Kommission gegenüber anderen Herstellern untätig, erhebt sich die Frage, ob es einen Anspruch der Wettbewerber auf Einschreiten der Kommission geben kann. Als maßgebliche Wertungsgesichtspunkte stehen sich das Opportunitätsprinzip, das der Kommission grundsätzlich für alle Entscheidungen eingeräumt ist,[44] und der auch im Gemeinschaftsrecht existierende Gleichheitssatz gegenüber. Eine herrschende Meinung, geschweige denn eine geschlossene Dogmatik, hat sich in diesem Bereich noch nicht entwickelt. Insbesondere mit Blick auf die nicht unerheblichen Wettbewerbsnachteile, die von Geldbußen in der beschriebenen Höhe ausgehen, wird man einen Anspruch auf Einschreiten jedenfalls nicht von vornherein ausschließen können.

A. K.

III. Frankreich

Die *Volkswagen*-Entscheidung bestätigt die Geldbuße gegen einen Automobilhersteller wegen der Verhinderung von Reimporten von Italien nach Deutschland. Diese Entscheidung bestätigt ebenfalls das durch das europäische Wettbewerbsrecht aufgestellte Verbot von Ausschließlichkeitsklauseln und von Praktiken, die zu einer Abschottung innerhalb des Gemeinsamen Marktes führen.

Es darf nicht übersehen werden, daß die Entscheidung die Entstehung von Parallelmärkten begünstigt. Denn sie verbessert die Stellung von Wiederverkäufern, die nicht Vertragshändler sind. Es sind die Vertragshändler, also die offiziellen Mitglieder des Vertriebskanals, die unter den Folgen zu leiden haben. Der Schutz der Vertragshändler vollzieht sich in Frankreich durch das Recht des unlauteren Wettbewerbs. Der nicht zugelassene Wiederverkäufer kann verurteilt werden, wenn er sich auf rechtswidrige Weise hat beliefern lassen. Der Beweis dieser Tatsache ist allerdings schwierig zu erbringen, was das Vorgehen gegen die nicht zugelassenen Händler erheblich erschwert. Deswegen hat die Kammer für Handelssachen des *Cour de Cassation* in einer Entscheidung vom 19. Oktober 1999 entschieden, daß es dem Vertragshändler obliegt zu beweisen, daß er die zum Wiederverkauf vorgesehenen Neuwagen auf rechtmäßigem Wege, also über einen zugelassenen Wiederverkäufer oder von einem anderen Vertragshändler, erstanden hat. Jedoch müssen die Vertragshändler oder die Fabrikanten den Beweis des rechtmäßigen Erwerbs der in Streit stehenden Fahrzeuge durch den Verkäufer, an den

43 ABl. 2000, L 59, S. 1.
44 Hierzu etwa *Ensthaler/Stopper*, RIW 2000, 729, 732.

der Händler sich gewandt hat, erbringen, wenn diesem keine Vermutung der Belieferung entgegengehalten werden kann.

Literatur: TPI 6 juill. 2000 Rev. Europe Oct. 2000, S. 20.

D. L.

Fall Nr. 16 – ICI

PARTEIEN: *Imperial Chemical Industries plc (ICI)* gegen *Kenneth Hall Colmer (HM Inspector of Taxes)*
AKTENZEICHEN: Rs. C-264/96
FUNDSTELLE: Slg. 1998, 4695[1]

A. Urteil des EuGH vom 16. Juli 1998

I. Leitsätze

1. Artikel 52 EGV [nunmehr Art. 43 EGV] steht Rechtsvorschriften eines Mitgliedstaats entgegen, die bei in diesem Mitgliedstaat ansässigen Gesellschaften, die zu einem Konsortium gehören, über das ihnen eine Holdinggesellschaft gehört, und die von ihrer Niederlassungsfreiheit Gebrauch machen, um über diese Holdinggesellschaft Tochtergesellschaften in anderen Mitgliedstaaten zu gründen, den Anspruch auf eine Steuerermäßigung an die Voraussetzung knüpfen, daß die Tätigkeit der Holdinggesellschaft ganz oder hauptsächlich im Halten der Aktien von in dem betreffenden Mitgliedstaat ansässigen Tochtergesellschaften besteht.

2. Unter Umständen wie denen des Ausgangsrechtsstreits schreibt Artikel 5 EGV [nunmehr Art. 10 EGV] dem nationalen Gericht weder vor, seine Rechtsvorschriften gemeinschaftsrechtskonform auszulegen, noch, sie in einer Situation, die nicht in den Anwendungsbereich des Gemeinschaftsrechts fällt, unangewendet zu lassen.

II. Rechtsgrundlagen

1. Nationales Recht

a) Section 258 des britischen Income and Corporation Taxes Act 1970[2]

(1) Ein Abzug für Geschäftsverluste und sonstige im Rahmen der Körperschaftsteuer abzugsfähige Beträge kann gemäß den folgenden Vorschriften dieses Kapitels von einer Gesellschaft (abtretende Gesellschaft), die zu einem Konzern gehört, abgetreten und auf Antrag einer anderen Gesellschaft (antragstellende Gesellschaft), die zu demselben Konzern gehört, der antragstellenden Gesellschaft in Form eines als Konzernsteuerabzug bezeichneten Abzugs von der Körperschaftsteuer gewährt werden.

---

1 EuZW 1999, 20 = EWS 1998, 344 = IStR 1998, 467.

2 Wiedergegeben nach Rn. 6.

(2) Der Konzernsteuerabzug kann gemäß diesen Vorschriften auch gewährt werden, wenn die abtretende oder die antragstellende Gesellschaft Mitglied eines Konsortiums und die jeweils andere Gesellschaft

a) eine Handelsgesellschaft ist, die dem Konsortium gehört und keine 75 %ige Tochtergesellschaft einer Gesellschaft ist, oder

b) eine Handelsgesellschaft ist, die

i) eine 90 %ige Tochtergesellschaft einer Holdinggesellschaft ist, die dem Konsortium gehört, und

ii) keine 75 %ige Tochtergesellschaft einer anderen Gesellschaft als der Holdinggesellschaft ist, oder

c) eine Holdinggesellschaft ist, die dem Konsortium gehört und keine 75 %ige Tochtergesellschaft einer Gesellschaft ist, [...].

(5) Im Sinne dieser Section und der folgenden Sections dieses Kapitels

a) gelten zwei Gesellschaften als Mitglieder eines Konzerns, wenn die eine die 75 %ige Tochtergesellschaft der anderen ist oder beide 75 %ige Tochtergesellschaften einer dritten Gesellschaft sind;

b) bedeutet Holdinggesellschaft: eine Gesellschaft, deren Geschäftstätigkeit ganz oder hauptsächlich im Halten von Aktien oder Effekten von 90 %igen Tochtergesellschaften besteht, die Handelsgesellschaften sind;

c) bedeutet Handelsgesellschaft: eine Gesellschaft, deren Geschäftstätigkeit ganz oder hauptsächlich in der Ausübung eines oder mehrerer Handelsgewerbe besteht. [...]

(7) Als Gesellschaft im Sinne dieser und der folgenden Sections dieses Kapitels gelten nur Körperschaften mit Sitz im Vereinigten Königreich; für die im Rahmen dieser und der folgenden Sections dieses Kapitels zu treffende Bestimmung, ob eine Gesellschaft eine 75 %ige Tochtergesellschaft einer anderen Gesellschaft ist, gilt die andere Gesellschaft nicht als Eigentümer

a) von Aktienkapital einer Körperschaft, das ihr unmittelbar gehört, wenn ein Gewinn aus dem Verkauf der Aktien als Einkünfte aus ihrem Handelsgewerbe behandelt würde, oder

b) von Aktienkapital, das ihr mittelbar gehört und das unmittelbar einer Körperschaft gehört, für die ein Gewinn aus dem Verkauf der Aktien Einkünfte aus Erwerbstätigkeit wären, oder

c) von Aktienkapital einer nicht im Vereinigten Königreich ansässigen Körperschaft, das ihr unmittelbar oder mittelbar gehört.

(8) Im Sinne dieser und der folgenden Sections dieses Kapitels gehört eine Gesellschaft einem Konsortium, wenn mindestens drei Viertel des Stammkapitals der Gesellschaft in der Weise im Eigentum mehrerer Gesellschaften stehen (‚beneficially owned'), daß keine dieser Gesellschaften Eigentümer von weniger als einem Zwanzigstel dieses Kapitals ist (‚beneficially owns'); diese Gesellschaften werden als Mitglieder des Konsortiums bezeichnet.

b) Section 259 (1) des britischen Income and Corporation Taxes Act 1970[3]

Hat die abtretende Gesellschaft in einem Geschäftsjahr bei der Ausübung eines Handelsgewerbes einen gemäß Section 177 (2) dieses Gesetzes berechneten Verlust erlitten, so kann dieser Verlust bei der Körperschaftsteuer vom Gesamtgewinn der antragstellenden Gesellschaft im entsprechenden Geschäftsjahr abgesetzt werden.

2. Gemeinschaftsrecht

a) Art. 10 EGV

b) Art. 43 und 48 EGV

III. Zum Sachverhalt

1. Das House of Lords hat mit Beschluß vom 24. Juli 1996, beim Gerichtshof eingegangen am 29. Juli 1996, gemäß Artikel 177 EGV [nunmehr Art. 234 EGV] zwei Fragen nach der Auslegung der Artikel 5 und 52 EGV [nunmehr Art. 10 und 43 EGV] zur Vorabentscheidung vorgelegt.

2. Diese Fragen stellen sich in einem Rechtsstreit zwischen der Imperial Chemical Industries plc (im folgenden: ICI) und der britischen Steuerverwaltung über deren Weigerung, ICI eine Steuerermäßigung für Geschäftsverluste zu gewähren, die eine Tochtergesellschaft der Holdinggesellschaft, die ICI über ein Konsortium gehört, erlitten hat.

3. ICI hat ihren Sitz im Vereinigten Königreich und bildet mit der Wellcome Foundation Ltd, die ihren Sitz ebenfalls in diesem Mitgliedstaat hat, ein Konsortium, über das ihnen die Gesellschaft Coopers Animal Health (Holdings) Ltd (im folgenden: Holdings), und zwar ICI zu 49 % und der Wellcome Foundation Ltd zu 51 %, gehört.

4. Die einzige Tätigkeit von Holdings besteht im Halten der Aktien von 23 Tochterhandelsgesellschaften, die in zahlreichen Ländern tätig sind. Von diesen 23 Tochtergesellschaften haben vier, darunter die Coopers Animal Health Ltd (im folgenden: CAH), ih-

---

3 Wiedergegeben nach Rn. 6.

ren Sitz im Vereinigten Königreich, sechs in anderen Mitgliedstaaten und 13 in Drittländern.

5. CAH erlitt bei ihrer geschäftlichen Tätigkeit im Vereinigten Königreich in den Geschäftsjahren 1985, 1986 und 1987 Verluste. ICI beantragte gemäß den Sections 258 bis 264 des Income and Corporation Taxes Act 1970 (Einkommen- und Körperschaftsteuergesetz von 1970; im folgenden: Gesetz), im Wege der Steuerermäßigung von den steuerpflichtigen Gewinnen, die sie in diesen Geschäftsjahren erzielt hatte, einen Betrag in Höhe von 49 % (entsprechend ihrem Anteil an Holdings) der in diesen Zeiträumen bei CAH angefallenen Verluste abzusetzen.

7. Die von ICI beantragte Steuerermäßigung wurde abgelehnt. Die Steuerverwaltung begründete dies damit, daß Holdings keine Holdinggesellschaft im Sinne von Section 258 (5) (b) in Verbindung mit Section 258 (7) sei. Die Tätigkeit von Holdings bestehe zwar nur im Halten der Aktien oder Effekten von Handelsgesellschaften, die 90 %ige Tochtergesellschaften von ihr seien, doch könne Holdings nach Section 258 (7) erster Halbsatz nicht als Holdinggesellschaft im Sinne von Section 258 (5) (b) mit den damit verbundenen Vorteilen anerkannt werden, da die meisten ihrer Tochtergesellschaften, nämlich 19 von 23, keine Körperschaften mit Sitz im Vereinigten Königreich seien; ihre Haupttätigkeit sei somit nicht die einer Holdinggesellschaft im Sinne dieser Vorschriften.

8. Da ICI Zweifel an dieser Auslegung des nationalen Rechts hatte, erhob sie gegen die ablehnende Entscheidung Klage, der der High Court stattgab, was anschließend vom Court of Appeal bestätigt wurde.

9. Auf das Rechtsmittel der Steuerverwaltung hin entschied das House of Lords, die ablehnende Entscheidung der Steuerverwaltung sei nach dem Gesetz zwar gerechtfertigt, doch müsse das gemeinschaftsrechtliche Vorbringen geprüft werden, mit dem ICI diese Ablehnung in Frage gestellt habe.

10. ICI trug insoweit vor, das Erfordernis, daß die einzige oder hauptsächliche Tätigkeit der Holdinggesellschaft im Halten von Anteilen an Gesellschaften mit Sitz im Vereinigten Königreich bestehe, beschränke durch eine diskriminierende Steuerregelung die Niederlassungsfreiheit der Gesellschaften und verstoße damit gegen die Artikel 52 und 58 EGV.

11. Diese Diskriminierung ergebe sich daraus, daß die Steuerermäßigung für Verluste einer gebietsansässigen Gesellschaft, die Tochtergesellschaft einer selbst gebietsansässigen Holdinggesellschaft sei, Mitgliedern eines Konsortiums gewährt werde, sofern die Holdinggesellschaft nur oder hauptsächlich gebietsansässige Tochtergesellschaften kontrolliere, während sie unter sonst gleichen Umständen verweigert werde, wenn die Holdinggesellschaft, weil sie von ihrer im Vertrag gewährleisteten Niederlassungsfreiheit Gebrauch gemacht habe, hauptsächlich Tochtergesellschaften mit Sitz in anderen Mitgliedstaaten kontrolliere.

12. Angesichts einer solchen Diskriminierung habe das nationale Gericht auch in einem Fall wie dem beim House of Lords anhängigen, in dem die Holdinggesellschaft 23 Tochtergesellschaften kontrolliere, von denen nur zehn ihren Sitz im Vereinigten Königreich oder in einem anderen Mitgliedstaat hätten, die gesetzliche Voraussetzung bezüglich

des Sitzes wegen Unvereinbarkeit mit dem Gemeinschaftsrecht unangewendet zu lassen.

13. Das House of Lords ist der Ansicht, daß es für die Frage der Vereinbarkeit der Voraussetzungen bezüglich des Sitzes, an die das Gesetz die von ICI verlangte Steuerermäßigung knüpfe, mit den Vorschriften des Vertrages und für die Frage, wie das nationale Gericht in einem solchen Fall zu verfahren habe, wenn das Gesetz gegen das Gemeinschaftsrecht verstoßen sollte, auf die Auslegung des Gemeinschaftsrechts ankomme.

IV. Vorlagefragen

[noch] 13. Daher hat das Gericht das Verfahren ausgesetzt und dem Gerichtshof folgende Fragen vorgelegt:

1. Stellt in dem Fall, daß

i) eine Gesellschaft (Gesellschaft A) ihren Sitz in einem Mitgliedstaat der Europäischen Union hat,

ii) die Gesellschaft A mit einer anderen Gesellschaft (Gesellschaft B), die ihren Sitz ebenfalls in diesem Mitgliedstaat hat, ein Konsortium bildet,

iii) den Gesellschaften A und B gemeinsam eine Holdinggesellschaft (Gesellschaft C) gehört, die ihren Sitz ebenfalls in dem Mitgliedstaat hat,

iv) die Gesellschaft C eine Reihe von Tochterhandelsgesellschaften hat, die ihren Sitz in diesem Mitgliedstaat, in anderen Mitgliedstaaten der Europäischen Union oder anderswo haben, und

v) die Gesellschaft A nicht verlangen kann, daß von ihrer Körperschaftsteuerschuld Geschäftsverluste einer (ebenfalls in diesem Mitgliedstaat ansässigen) Tochterhandelsgesellschaft der Gesellschaft C abgesetzt werden, weil nach den vor dem Hintergrund des nationalen Rechts ausgelegten nationalen Rechtsvorschriften die Geschäftstätigkeit der Gesellschaft C ganz oder hauptsächlich im Halten von Aktien von Tochtergesellschaften bestehen muß, die ihren Sitz in diesem Mitgliedstaat haben,

die in v genannte Voraussetzung eine Beschränkung der Niederlassungsfreiheit nach Artikel 52 EGV [nunmehr Art. 43 EGV] dar? Wenn ja, ist eine solche Behandlung nach dem Gemeinschaftsrecht gerechtfertigt?

2. Wenn die in v genannte Voraussetzung nach dem Gemeinschaftsrecht eine nicht gerechtfertigte Beschränkung darstellt, hat dann ein nationales Gericht nach Artikel 5 EGV [nunmehr Art. 10 EGV] die einschlägigen nationalen Rechtsvorschriften soweit wie möglich gemeinschaftsrechtskonform auszulegen, auch wenn weder die Gesellschaft A noch die Gesellschaft B oder die Gesellschaft C vom Gemeinschaftsrecht verliehene Rechte ausüben und eine gemeinschaftsrechtskonforme Auslegung der nationalen Rechtsvorschriften dazu führen würde, daß der Steuerabzug gewährt wird, wenn die Geschäftstätigkeit der Gesellschaft C hauptsächlich im Halten von Aktien von außerhalb der EG oder des EWR niedergelassenen Tochtergesellschaften

besteht? Oder hat Artikel 5 [nunmehr Art. 10 EGV] nur zur Folge, daß die nationalen Rechtsvorschriften – ungeachtet ihrer Auslegung – nur dann vorbehaltlich der gemeinschaftsrechtlichen Erfordernisse gelten, wenn diese Erfordernisse im konkreten Fall betroffen sind?

V. Aus den Entscheidungsgründen

14. Die Regierung des Vereinigten Königreichs bezweifelt, daß die erste Frage für die Entscheidung des Ausgangsrechtsstreits erheblich ist. Auch wenn festgestellt werden sollte, daß das Gesetz eine mit Artikel 52 EGV [nunmehr Art. 43 EGV] unvereinbare Beschränkung der Niederlassungsfreiheit zur Folge habe, habe dies keine Auswirkung auf die Entscheidung des Ausgangsrechtsstreits. Die im Gesetz vorgesehene Steuerermäßigung werde ICI jedenfalls versagt, weil die Mehrzahl der von Holdings kontrollierten Gesellschaften, nämlich 13 von 23, ihren Sitz nicht in anderen Mitgliedstaaten, sondern in Drittländern hätten.

15. Nach ständiger Rechtsprechung ist es allein Sache der nationalen Gerichte, bei denen der Rechtsstreit anhängig ist und die die Verantwortung für die zu erlassende gerichtliche Entscheidung tragen, unter Berücksichtigung der Besonderheiten der jeweiligen Rechtssache sowohl die Erforderlichkeit einer Vorabentscheidung für den Erlaß ihres Urteils als auch die Erheblichkeit der von ihnen dem Gerichtshof vorgelegten Fragen zu beurteilen (vgl. insbesondere Urteile vom 27. Oktober 1993 in der Rechtssache C-127/92, Enderby, Slg. 1993, I-5535, Randnr. 10, vom 3. März 1994 in den Rechtssachen C-332/92, C-333/92 und C-335/92, Eurico Italia u. a., Slg. 1994, I-711, Randnr. 17, und vom 7. Juli 1994 in der Rechtssache C-146/93, McLachlan, Slg. 1994, I-3229, Randnr. 20). Das Ersuchen eines nationalen Gerichts kann nur zurückgewiesen werden, wenn offensichtlich kein Zusammenhang zwischen der erbetenen Auslegung des Gemeinschaftsrechts und den Gegebenheiten oder dem Gegenstand des Ausgangsverfahrens besteht (vgl. Urteile vom 6. Juli 1995 in der Rechtssache C-62/93, BP Soupergaz, Slg. 1995, I-1883, Randnr. 10, und vom 26. Oktober 1995 in der Rechtssache C-143/94, Furlanis, Slg. 1995, I-3633, Randnr. 12).

16. Dies ist im Ausgangsverfahren jedoch nicht der Fall. Nach den Ausführungen des vorlegenden Gerichts bestehen nämlich unterschiedliche Meinungen bezüglich der Auslegung des Erfordernisses in Section 258 (5), wonach eine Holdinggesellschaft im Sinne des Gesetzes nur dann vorliegt, wenn ausschließlich oder hauptsächlich Anteile an Gesellschaften mit Sitz im Vereinigten Königreich gehalten werden, und insbesondere bezüglich der Auslegung des Begriffes der Kontrolle einer Mehrzahl von Tochtergesellschaften mit Sitz im Vereinigten Königreich, wobei für eine der möglichen Auslegungen die Prüfung der Vereinbarkeit des Gesetzes mit Artikel 52 des Vertrages erforderlich ist.

17. Daher sind die Fragen des vorlegenden Gerichts zu prüfen.

18. Die erste Frage des vorlegenden Gerichts geht im wesentlichen dahin, ob Artikel 52 EGV [nunmehr Art. 43 EGV] Rechtsvorschriften eines Mitgliedstaats entgegensteht, die bei in diesem Mitgliedstaat ansässigen Gesellschaften, die zu einem Konsortium gehören, über das ihnen eine Holdinggesellschaft gehört, den Anspruch auf eine Steuerermäßigung an die Voraussetzung knüpfen, daß die Tätigkeit der Holdinggesellschaft

ganz oder hauptsächlich im Halten der Aktien von in dem betreffenden Mitgliedstaat ansässigen Tochtergesellschaften besteht.

19. Die direkten Steuern fallen zwar in die Zuständigkeit der Mitgliedstaaten, doch müssen diese ihre Zuständigkeit unter Wahrung des Gemeinschaftsrechts ausüben (vgl. Urteile vom 14. Februar 1995 in der Rechtssache C-279/93, Schumacker, Slg. 1995, I-225, Randnr. 21, vom 11. August 1995 in der Rechtssache C-80/94, Wielockx, Slg. 1995, I-2493, Randnr. 16, vom 27. Juni 1996 in der Rechtssache C-107/94, Asscher, Slg. 1996, I-3089, Randnr. 36, und vom 15. Mai 1997 in der Rechtssache C-250/95, Futura Participations und Singer, Slg. 1997, I-2471, Randnr. 19).

20. Nach ständiger Rechtsprechung ist mit der Niederlassungsfreiheit, die Artikel 52 [nunmehr Art. 43 EGV] den Staatsangehörigen der Mitgliedstaaten zuerkennt und die für sie die Aufnahme und Ausübung selbständiger Erwerbstätigkeiten nach den gleichen Bestimmungen wie den im Niederlassungsstaat für dessen eigene Angehörigen festgelegten umfaßt, gemäß Artikel 58 EGV [nunmehr Art. 48 EGV] für die nach den Rechtsvorschriften eines Mitgliedstaats gegründeten Gesellschaften, die ihren satzungsmäßigen Sitz, ihre Hauptverwaltung oder ihre Hauptniederlassung innerhalb der Gemeinschaft haben, das Recht verbunden, ihre Tätigkeit in dem betreffenden Mitgliedstaat durch eine Zweigniederlassung oder Agentur auszuüben. In bezug auf die Gesellschaften ist in diesem Zusammenhang hervorzuheben, daß ihr Sitz im genannten Sinne, ebenso wie die Staatsangehörigkeit bei natürlichen Personen, dazu dient, ihre Zugehörigkeit zur Rechtsordnung eines Staates zu bestimmen (vgl. Urteile vom 28. Januar 1986 in der Rechtssache 270/83, Kommission/Frankreich, Slg. 1986, 273, Randnr. 18, und vom 13. Juli 1993 in der Rechtssache C-330/91, Commerzbank, Slg. 1993, I-4017, Randnr. 13).

21. Auch wenn die Bestimmungen über die Niederlassungsfreiheit nach ihrem Wortlaut insbesondere die Inländerbehandlung im Aufnahmemitgliedstaat sichern sollen, so verbieten sie es doch auch, daß der Herkunftsstaat die Niederlassung seiner Staatsangehörigen oder einer nach seinem Recht gegründeten Gesellschaft, die im übrigen der Definition des Artikels 58 EGV [nunmehr Art. 48 EGV] entspricht, in einem anderen Mitgliedstaat behindert (vgl. Urteil vom 27. September 1988 in der Rechtssache 81/87, Daily Mail und General Trust, Slg. 1988, 5483, Randnr. 16).

22. Die im Ausgangsverfahren in Rede stehenden Rechtsvorschriften verweigern gebietsansässigen Konsortialgesellschaften, die über eine Holdinggesellschaft von ihrer Niederlassungsfreiheit Gebrauch gemacht haben, um in anderen Mitgliedstaaten Tochtergesellschaften zu gründen, die Steuerermäßigung für Verluste, die eine gebietsansässige Tochtergesellschaft der Holdinggesellschaft erlitten hat, wenn die Holdinggesellschaft hauptsächlich Tochtergesellschaften mit Sitz außerhalb des Vereinigten Königreichs kontrolliert.

23. Derartige Rechtsvorschriften verwenden somit das Kriterium des Sitzes der kontrollierten Tochtergesellschaften, um eine unterschiedliche steuerliche Behandlung der im Vereinigten Königreich ansässigen Konsortialgesellschaften einzuführen. Sie behalten nämlich die Gewährung des Steuervorteils, den der Konsortiumsteuerabzug darstellt, den Gesellschaften vor, die ausschließlich oder hauptsächlich Tochtergesellschaften mit Sitz im Inland kontrollieren.

24. Daher ist zu prüfen, ob diese Ungleichbehandlung nach den Bestimmungen des Vertrages über die Niederlassungsfreiheit gerechtfertigt ist.

25. Die Regierung des Vereinigten Königreichs macht insoweit geltend, daß bei den direkten Steuern die Situation der gebietsansässigen und die der gebietsfremden Gesellschaften in aller Regel nicht vergleichbar seien, und begründet dies unter zwei Gesichtspunkten. Zum einen sollten die fraglichen Rechtsvorschriften die Gefahr der Steuerumgehung verringern, die im vorliegenden Fall in der Möglichkeit bestehe, daß die Mitglieder eines Konsortiums einen Lastenübergang von den gebietsfremden Tochtergesellschaften auf eine im Vereinigten Königreich ansässige Tochtergesellschaft vornähmen und umgekehrt darauf achteten, daß die Gewinne bei den gebietsfremden Tochtergesellschaften ausgewiesen würden. Die fraglichen Rechtsvorschriften zielten also darauf ab zu verhindern, daß die Gründung von Tochtergesellschaften im Ausland dazu benutzt werde, dem britischen Fiskus steuerbare Gelder zu entziehen. Zum anderen sollten diese Rechtsvorschriften eine Verringerung der Einnahmen verhindern, die nur auf dem Vorhandensein gebietsfremder Tochtergesellschaften beruhe und damit zusammenhänge, daß der britische Fiskus die aus dem Abzug der Verluste der gebietsansässigen Tochtergesellschaften resultierende Steuerermäßigung nicht durch die Besteuerung der Gewinne der außerhalb des Vereinigten Königreichs ansässigen Tochtergesellschaften ausgleichen könne.

26. Zu der auf die Gefahr einer Steuerumgehung gestützten Rechtfertigung genügt die Feststellung, daß die im Ausgangsverfahren in Rede stehenden Rechtsvorschriften nicht speziell bezwecken, rein künstliche Konstruktionen, die auf eine Umgehung des Steuerrechts des Vereinigten Königreichs gerichtet sind, von einem Steuervorteil auszuschließen, sondern generell jede Situation erfassen, in der die Mehrzahl der Tochtergesellschaften eines Konzerns ihren Sitz, aus welchen Gründen auch immer, außerhalb des Vereinigten Königreichs hat. Die Niederlassung einer Gesellschaft außerhalb des Vereinigten Königreichs impliziert aber als solche nicht die Steuerumgehung, da die betreffende Gesellschaft auf jeden Fall dem Steuerrecht des Niederlassungsstaats unterliegt.

27. Außerdem hängt vorliegend die Gefahr eines Lastenübergangs, den die Rechtsvorschriften verhindern sollen, keineswegs davon ab, ob eine Mehrzahl von Tochtergesellschaften ihren Sitz im Vereinigten Königreich hat. Die Existenz einer einzigen gebietsfremden Tochtergesellschaft genügt nämlich, damit die von der Regierung des Vereinigten Königreichs erwähnte Gefahr eintritt.

28. Was das Argument angeht, die sich aus dem Abzug der Verluste der gebietsansässigen Tochtergesellschaften ergebende Steuerermäßigung könne nicht durch die Besteuerung der Gewinne der außerhalb des Vereinigten Königreichs ansässigen Tochtergesellschaften ausgeglichen werden, so ist darauf hinzuweisen, daß die daraus resultierenden Steuermindereinnahmen nicht zu den in Artikel 56 EGV [nunmehr Art. 46 EGV] genannten Gründen gehören und daher nicht als zwingender Grund des Allgemeininteresses anzusehen sind, der zur Rechtfertigung einer mit Artikel 52 EGV [nunmehr Art. 43 EGV] grundsätzlich unvereinbaren Ungleichbehandlung angeführt werden kann.

29. Der Gerichtshof hat zwar entschieden, daß die Notwendigkeit, die Kohärenz eines Steuersystems zu wahren, unter bestimmten Umständen eine Regelung rechtfertigen kann, die geeignet ist, die Grundfreiheiten zu beschränken (vgl. Urteile vom 28. Januar 1992 in der Rechtssache C-204/90, Bachmann, Slg. 1992, I-249, und in der Rechtssache C-300/90, Kommission/Belgien, Slg. 1992, I-305). In diesen Rechtssachen bestand jedoch ein unmittelbarer Zusammenhang zwischen der Abzugsfähigkeit von Versicherungsbeiträgen und der Besteuerung der Beträge, die von Versicherern nach den Alters- und Todesfallversicherungsverträgen geschuldet wurden; dieser Zusammenhang mußte gewahrt werden, um die Kohärenz der betreffenden Steuerregelung zu sichern. Im vorliegenden Fall besteht kein derartiger unmittelbarer Zusammenhang zwischen der Steuerermäßigung, die der Konsortialgesellschaft für die Verluste einer ihrer im Vereinigten Königreich ansässigen Tochtergesellschaften gewährt wird, und der Besteuerung der Gewinne der außerhalb des Vereinigten Königreichs ansässigen Tochtergesellschaften.

30. Daher ist auf die erste Frage zu antworten, daß Artikel 52 EGV [nunmehr Art. 43 EGV] Rechtsvorschriften eines Mitgliedstaats entgegensteht, die bei in diesem Mitgliedstaat ansässigen Gesellschaften, die zu einem Konsortium gehören, über das ihnen eine Holdinggesellschaft gehört, und die von ihrer Niederlassungsfreiheit Gebrauch machen, um über diese Holdinggesellschaft Tochtergesellschaften in anderen Mitgliedstaaten zu gründen, den Anspruch auf eine Steuerermäßigung an die Voraussetzung knüpfen, daß die Tätigkeit der Holdinggesellschaft ganz oder hauptsächlich im Halten der Aktien von in dem betreffenden Mitgliedstaat ansässigen Tochtergesellschaften besteht.

31. Die zweite Frage des vorlegenden Gerichts geht im wesentlichen dahin, welchen Umfang die in Artikel 5 EGV [nunmehr Art. 10 EGV] verankerte Verpflichtung zur loyalen Zusammenarbeit hat. Genauer gesagt, fragt sich das vorlegende Gericht, falls sich aus der Antwort auf die erste Frage ergibt, daß die im Ausgangsverfahren in Rede stehenden Rechtsvorschriften mit dem Gemeinschaftsrecht unvereinbar sind, soweit sie die Steuerermäßigung für den Fall verweigern, daß die dem Konsortium gehörende Holdinggesellschaft hauptsächlich Tochtergesellschaften mit Sitz in anderen Mitgliedstaaten kontrolliert, ob es diese Rechtsvorschriften auch dann unangewendet lassen oder gemeinschaftsrechtskonform auslegen muß, wenn die Holdinggesellschaft hauptsächlich Tochtergesellschaften mit Sitz in Drittländern kontrolliert.

32. Dazu ist festzustellen, daß die unterschiedliche Behandlung je nachdem, ob die Tätigkeit der dem Konsortium gehörenden Holdinggesellschaft ganz oder hauptsächlich im Halten von Anteilen an Tochtergesellschaften mit Sitz in Drittländern besteht, nicht in den Anwendungsbereich des Gemeinschaftsrechts fällt.

33. Folglich stehen die Artikel 52 und 58 EGV [nunmehr Art. 43 und 48 EGV] nationalen Rechtsvorschriften nicht entgegen, wonach einer gebietsansässigen Konsortialgesellschaft die Steuerermäßigung versagt wird, wenn die Tätigkeit der dem Konsortium gehörenden Holdinggesellschaft ganz oder hauptsächlich im Halten der Anteile an Tochtergesellschaften mit Sitz in Drittländern besteht. Artikel 5 EGV [nunmehr Art. 10 EGV] findet ebenfalls keine Anwendung.

34. Betrifft der Rechtsstreit vor dem nationalen Gericht also einen Sachverhalt, der nicht in den Anwendungsbereich des Gemeinschaftsrechts fällt, so ist dieses Gericht nach

dem Gemeinschaftsrecht weder verpflichtet, seine Rechtsvorschriften gemeinschaftsrechtskonform auszulegen, noch, sie unangewendet zu lassen. Falls ein und dieselbe Vorschrift in einer in den Anwendungsbereich des Gemeinschaftsrechts fallenden Situation unangewendet bleiben müßte, in einer nicht in diesen Anwendungsbereich fallenden Situation jedoch weiterhin angewandt werden könnte, wäre das zuständige Organ des betreffenden Staates verpflichtet, diese Rechtsunsicherheit zu beseitigen, soweit sie die sich aus Gemeinschaftsvorschriften ergebenden Rechte beeinträchtigen könnte.

35. Daraus folgt, daß unter Umständen wie denen des Ausgangsrechtsstreits Artikel 5 EGV [nunmehr Art. 10 EGV] dem nationalen Gericht weder vorschreibt, seine Rechtsvorschriften gemeinschaftsrechtskonform auszulegen, noch, sie in einer Situation, die nicht in den Anwendungsbereich des Gemeinschaftsrechts fällt, unangewendet zu lassen.

B. Anmerkungen

I. Vorbemerkungen

Zum Verständnis der Urteils ist es zunächst erforderlich, sich einen Überblick über Regelungsgegenstand und Systematik der Sections 259 ff. des britischen Income and Corporation Taxes Act zu verschaffen. Die Vorschriften regeln den sog. Konzernsteuerabzug (Section 258 (1)), d. h. die Voraussetzungen, unter denen eine Konzernobergesellschaft (antragstellende Gesellschaft i. S. v. Section 258 (1)) einen bei ihrer Tochtergesellschaft (abtretende Gesellschaft i. S. v. Section 258 (1)) entstandenen Verlust bei sich gewinnmindernd in Ansatz bringen kann, um auf diese Weise die eigene Steuerlast zu reduzieren (vgl. Section 259 Abs. 1). Dies will *ICI* unter Berufung auf die bei *CAH* in den Geschäftsjahren 1985 – 1987 angefallenen Verluste erreichen. Die Möglichkeit hierzu räumt das englische Recht nicht nur bei reinen Konzernen (Section 258 (1) und (5) lit. a), sondern auch dann ein, wenn die antragstellende Gesellschaft Mitglied eines Konsortiums ist.[4] Die besonderen Voraussetzungen hierfür sind in Section 258 (2) enthalten, wobei hier alleine die zweite Alternative dieser Vorschrift in Betracht kommt (also lit. b), deren Tatbestandsvoraussetzungen zum Teil von den Absätzen (5), (7) und (8) definiert werden. Aus Abs. (5) lit. b) i. V. m. Abs. (7) 1. Hs. folgt, daß *Holdings* nur dann als Holdinggesellschaft i. S. v. Abs. 5 b) angesehen werden kann, wenn sie zumindest hauptsächlich Anteile an Gesellschaften hält, die ihren Sitz im Vereinigten Königreich haben. Diese Voraussetzung hatte die britische Finanzverwaltung verneint, weil lediglich 4 der 23 von *Holdings* verwalteten Gesellschaften ihren Sitz im Vereinigten Königreich haben. Das vorlegende Gericht fragt, ob dieses Ergebnis mit Gemeinschaftsrecht vereinbar ist.

---

4 Im Englischen sog. „consortium relief“ (etwa Generalanwalts *Tesauro*, Slg. 1998, I-4702, Rn. 26 – 27).

II. Europarecht

1. a) Der EuGH prüft zunächst die Zulässigkeit des Vorabentscheidungsverfahrens (Rn. 14 – 17).[5] Hierzu ist insbesondere erforderlich, daß die gestellten Vorlagefragen für die Entscheidung des Ausgangsrechtsrechtsstreits erheblich sind. Ob diese Voraussetzung gegeben ist, fällt grundsätzlich in die Entscheidungszuständigkeit des vorlegenden, nationalen Gerichts.[6] Der Gerichtshof nimmt hier lediglich eine Evidenzkontrolle vor. Das Vorabentscheidungsersuchen kann also nur zurückgewiesen werden, wenn es z. B. rein hypothetischer Natur ist[7] oder „offensichtlich kein Zusammenhang zwischen der erbetenen Auslegung des Gemeinschaftsrechts und den Gegebenheiten oder dem Gegenstand des Ausgangsverfahrens besteht“ (Rn. 15). Da das in Section 258 (7) 1. Hs. enthaltene Sitzerfordernis durchaus diskriminierender Natur sein kann, können diese Voraussetzungen nicht bejaht werden. Das Verfahren ist mithin zulässig.

b) Maßstab für die Begründetheit des Verfahrens ist die Niederlassungsfreiheit nach Art. 43 EGV, der nach ständiger Rechtsprechung unmittelbar anwendbar ist.[8]

aa) Art. 43 EGV muß seinem Regelungsbereich nach überhaupt auf den vorliegenden Sachverhalt anwendbar sein. Hierzu ließe sich anführen, daß der Bereich der direkten Steuern in die Zuständigkeit der Mitgliedstaaten fällt.[9] Dies hat jedoch lediglich zur Folge, daß die Gemeinschaft in diesem Bereich nicht rechtsetzend aktiv werden darf. Vielmehr verbleibt den Mitgliedstaaten die Regelungskompetenz. Diese müssen sie jedoch nach ständiger Rechtsprechung des EuGH unter Wahrung des geltenden Gemeinschaftsrechts, insbesondere der Grundfreiheiten, ausüben (Rn. 19[10]). Art. 43 EGV ist folglich anwendbar.

bb) Ferner muß ein Akt der freien Niederlassung vorliegen. Gemäß Art. 43 Abs. 1 S. 2 ist insbesondere die Gründung von Tochtergesellschaften geschützt. Diese *ICI*[11] i. V. m.

---

5 Siehe auch die Ausführungen des Generalanwalts *Tesauro*, Slg. 1998, I-4702, Rn. 11 – 14.

6 Hierzu bereits im europarechtlichen Teil der *Meilicke*-Entscheidung unter B. I. 1. a).

7 So angenommen im Fall *Meilicke* (Fall Nr. 8 in diesem Casebook), dort unter B. I. 1. a).

8 Nachweise in den Grundzügen bei D. I.

9 Hierzu näher *Klein*, in: Lehner: 7, 18; *Voß*, in: Dauses, J. Rn. 13.

10 Siehe auch die dortigen Nachweise.

11 *ICI* – und nicht etwa *Holdings* (so aber offenbar *de Weerth*, IStR 1998, 467) – beruft sich auf die Niederlassungsfreiheit. Es ist also zu prüfen, ob eine von *ICI* verfolgte Tätigkeit in den Schutzbereich der Niederlassungsfreiheit fällt und in relevanter Weise beschränkt wird. Da *ICI* über Holdings an *CAH* beteiligt ist, kann es sich nur um eine mittelbare Beeinträchtigung handeln. Sowohl den Schlußanträgen des Generalanwalts als auch den Urteilsgründen ist vorzuhalten, zu diesem Punkt nicht ausdrücklich Stellung bezogen zu haben. Gleichwohl wird deutlich, daß der Gerichtshof Art. 43 EGV allein auf *ICI* anwendet (z. B. Rn. 22: „...Konsortialgesellschaften, die über eine Holdinggesellschaft von ihrer Niederlassungsfreiheit Gebrauch gemacht haben ...“).

Art. 48 EGV zustehende Freiheit wird durch Section 258 (5) lit. b)[12] – mittelbar – beeinträchtigt, da hiernach ein Abzug von Verlusten dieser Gesellschaft nur zulässig ist, wenn die Konsortialgesellschaft, zu der die Gesellschaft gehört, ganz oder überwiegend Anteile an Gesellschaften mit Sitz im Inland hält (Rn. 22). Die Gründung von Tochtergesellschaften wird dadurch weniger attraktiv.[13]

cc) Nach dem Wortlaut des Art. 43 Abs. 2 EGV kann die Vorschrift nur gegenüber dem Aufnahmestaat geltend gemacht werden (Rn. 21 am Anfang). Wie schon in anderen Entscheidungen[14] gesehen, wendet der Gerichtshof die Niederlassungsfreiheit aber auch im Verhältnis des Betroffenen zu seinem eigenen Mitgliedstaat an (Rn. 21). Dieser Gesichtspunkt steht einer Anwendung von Art. 43 EGV mithin nicht entgegen.

dd) Damit liegt eine Beschränkung der von Art. 43 EGV gewährten Freiheit vor. Diese begründet aber nur dann eine Verletzung der Niederlassungsfreiheit, wenn sie sich nicht rechtfertigen läßt. Als Grundlage für eine Rechtfertigung zieht der Gerichtshof offenbar allein Art. 46 Abs. 1 EGV heran (vgl. Rn. 28). Das ist folgerichtig, wenn man der Beschränkung diskriminierenden Charakter zuschreibt,[15] wovon der Gerichtshof in den Rn. 23 – 24 ausgeht.[16]

(1) Zur Rechtfertigung hatte die britische Regierung als erstes angeführt, die streitgegenständliche Regelung diene der Vermeidung von Steuerumgehungen (Rn. 25). Dieses Argument weist der Gerichtshof mit der zutreffenden Begründung zurück, daß die Vorschriften der Sections 258 ff. hierzu viel zu allgemein gefaßt seien (Rn. 26). Sie stellen sich als Bestandteil des allgemeinen britischen Körperschaftsteuerrechts dar, und nicht als ein Spezialtatbestand zur Bekämpfung von Umgehungskonstruktionen. Nur eine solch eng gefaßte, auf bestimmte Konstellationen zugeschnittene Norm hätte sich unter Berufung auf Umgehungsgesichtspunkte rechtfertigen lassen.

(2) Als Rechtfertigung hat sich das Vereinigte Königreich weiterhin auf das sog. Prinzip der steuerlichen Kohärenz berufen.[17] Diesen Gesichtspunkt hat der Gerichtshof in der *Bachmann*-Entscheidung[18] entwickelt.[19] Diese betraf eine belgische Steuervorschrift,

---

12 In der vom vorlegenden Gericht vorgenommen Auslegung.

13 Generalanwalt *Tesauro*, Slg. 1998, I-4702, Rn. 18.

14 Überblick in den Grundzügen unter D. I. 2. b).

15 Diskriminierende Regelungen lassen sich nur nach Art. 46 Abs. 1 EGV rechtfertigen (hierzu Grundzüge, D. I. 3.).

16 Zu dieser Frage näher Generalanwalt *Tesauro* in den Schlußanträgen, Slg. 1998, I-4698, Rn. 21 – 24.

17 Hierzu *Hirsch*, DStZ 1998, 489, 493 m. w. N.; *Ebke/Deutschmann*, JZ 1999, 1131, 1138 m. w. N.

18 Slg. 1992, I-249, insb. Rn. 21.

19 Auch in anderen Entscheidungen spielt dieser Grundsatz eine Rolle, etwa im *St. Gobain*-Urteil (Fall Nr. 18 in diesem Casebook, dort unter B. II. 2. a) bb) sowie in der *Wielockx*-Entscheidung (Slg.

nach der die Abzugsfähigkeit von Beiträgen zu Lebensversicherungen, Pensionen oder Renten von der Voraussetzung abhängig ist, daß die Leistungen in Belgien ausgezahlt worden sind. Grund für diese Regelung sind die mit einer Besteuerung im Ausland verbundenen Schwierigkeiten. Nur bei einer Besteuerung im Inland ist gewährleistet, daß der durch die Abzugsfähigkeit der Beiträge entstehende Steuerausfall später – durch die Besteuerung der Auszahlung der Lebensversicherung, Pension oder Rente – wieder ausgeglichen wird. Diesen Gesichtspunkt sah der EuGH als ausreichend an, um die Regelung zu rechtfertigen.[20]

Auf diese Rechtsprechung hatte sich die Regierung des Vereinigten Königreichs mit der Begründung berufen, daß die streitgegenständliche Regelung lediglich vermeiden wolle, daß Konzern- oder Konsortialunternehmen mit Sitz im Vereinigten Königreich sich zur Minderung ihrer Steuerlast zwar die Verluste von Tochtergesellschaften zurechnen lassen, die bei den Tochtergesellschaften mit Sitz im Ausland entstandenen Gewinne hingegen bei diesen ausweisen und damit der Besteuerung nach den Vorschriften des jeweiligen Staates unterwerfen (Rn. 25).[21] Bei dieser Vorgehensweise sei es dem britischen Fiskus unmöglich, die mit der Gewährung eines Konzern- bzw. Konsortialabzugs verbundenen Steuerausfälle zu kompensieren. Die streitgegenständliche Regelung diene alleine der Verhinderung dieses Ergebnisses und sei somit gemäß den Grundsätzen der *Bachmann*-Entscheidung als gerechtfertigt anzusehen.

Der EuGH tritt diesen durchaus nachvollziehbaren Argumenten nur knapp entgegen. In Rn. 29 führt er aus, der Fall *Bachmann* sei durch einen unmittelbaren Zusammenhang zwischen Abzugsfähigkeit der Beiträge und Besteuerung der späteren Ausschüttung gekennzeichnet. An diesem unmittelbaren Zusammenhang zwischen dem den Steuerausfall bedingenden Vorgang und der späteren Kompensation fehle es im vorliegenden Fall. Eine Begründung dieses Ergebnisses bleibt der Gerichtshof schuldig. Auch den Schlußanträgen des Generalanwalts[22] läßt sich nicht entnehmen, worin genau der Unterschied

---

1995, I-2508), in dem es um eine niederländische Regelung ging, nach der Ausländer im Unterschied zu gebietsansässigen Personen nicht berechtigt sind, aus dem steuerpflichtigen Einkommen eine Altersrücklage zu bilden.

20 Als zwingendes Erfordernis des Allgemeininteresses i. S. d. *Cassis de Dijon*-Rechtsprechung (hierzu Grundzüge, D. I. 3.). Den Gedanken der steuerlichen Kohärenz will der Gerichtshof aber offenbar auch im Rahmen von Art. 46 Abs. 1 EGV realisieren, da er nicht näher problematisiert (Rn. 28 – 29), daß im vorliegenden Fall im Unterschied zur *Bachmann*-Entscheidung allein Art. 46 Abs. 1 EGV als Rechtfertigungsmöglichkeit in Betracht kommt.

21 Vor dem Hintergrund, daß diese Vorschriften regelmäßig einen niedrigeren Steuersatz vorsehen.

22 Slg. 1998, I-4698, Rn. 28 – 30.

zum *Bachmann*-Fall bestehen soll.[23] In diesem Punkt vermag die Entscheidung folglich nicht zu überzeugen.

2. Mit seiner zweiten Frage will das vorlegende Gericht wissen, ob die Vorschriften über den Konsortialabzug auch dann gemeinschaftsrechtlich bedenklich sind, wenn zwar Tochtergesellschaften mit Sitz in den Mitgliedstaaten, nicht jedoch Tochtergesellschaften mit Sitz in Drittländern den Tochtergesellschaften mit Sitz im Vereinigten Königreich gleichstellt werden. Hierzu stellt der EuGH in der gebotenen Kürze fest, daß dieser Fall dem Gemeinschaftsrecht nicht unterliegt (Rn. 32). Art. 43 EGV schützt lediglich die Gründung von Tochtergesellschaften in den Mitgliedstaaten, nicht hingegen die Gründung von Tochtergesellschaften in Drittstaaten. Dieser Fall ist also aus dem nationalen Recht zu lösen, ohne daß europarechtliche Einflüsse zu beachten sind (Rn. 34).

III. Deutschland

1. In Deutschland wird immer wieder der Grundkonflikt herausgestellt, der die durch die Rechtsprechung des Gerichtshofs bewirkte Angleichung der nationalen Steuerrechtsordnungen nicht ganz unproblematisch macht: Die Souveränität der Mitgliedstaaten und die Integrationswirkungen eines gemeinsamen Binnenmarktes stehen in einem offenen Spannungsverhältnis.[24] Die Steuerhoheit kann als einer der wichtigsten Bestandteile mitgliedstaatlicher Souveränität bezeichnet werden.[25] Deswegen wird dieser Bereich auch im EGV keiner umfassenden Regelung unterworfen.[26] Insbesondere wird der Gemeinschaft im besonders wichtigen Bereich der direkten Steuern keine Zuständigkeit eingeräumt,[27] was der Gerichtshof im vorliegenden Urteil noch einmal betont (Rn. 19). Die Steuerhoheit der Mitgliedstaaten wird also auch vom Gemeinschaftsrecht geachtet. Es liegt auf der Hand, daß das Ziel der Verwirklichung eines einheitlichen Binnenmarktes hiermit in Konflikt geraten muß.

Entgegen dem ersten Anschein entspricht es nicht mehr dem aktuellen Rechtsverständnis, daß es auf gemeinschaftsrechtlicher Ebene an Instrumenten fehle, im Bereich der direkten Steuern Vorgaben für die nationalen Steuerrechtsordnungen aufzustellen. Die Grundfreiheiten des Vertrages erfassen ihrem Wortlaut nach sämtliche Diskriminierun-

---

23 Man kann mit *Ebke/Deutschmann*, JZ 1999, 1131, 1138 davon ausgehen, daß der EuGH den Fall *Bachmann* heute wohl anders entscheiden würde. Mit den Urteilen *Wielockx* (Fn. 19) und *ICI* läßt sich diese Rechtsprechung in der Tat kaum vereinbaren.

24 Etwa *Hirsch*, DStZ 1998, 489, 491.

25 *Oppermann*, S. 390.

26 Lediglich Diskriminierungen im Binnenhandel sind nach Maßgabe der Art. 90 ff. EGV unzulässig.

27 Etwas anderes gilt für die indirekten Steuern. Für diesen Bereich enthält Art. 93 EGV eine Ermächtigungsgrundlage zur Sekundärrechtssetzung. Rechtsakte im Bereich der direkten Steuern lassen sich lediglich auf Art. 94 EGV gründen (*Birk*, Rn. 195). Art. 95 Abs. 1 EGV ist wegen Art. 95 Abs. 2 EGV nicht anwendbar (*Ebke/Deutschmann*, JZ 1999, 1131).

gen,[28] also auch steuerrechtliche. Es kommt also entscheidend darauf an, mit welcher Reichweite der Gerichtshof die Grundfreiheiten ausstatten will. Zunächst schreckte der Gerichtshof mit Blick auf die unausweichlichen Konflikte mit nationalen Souveränitätsrechten davor zurück, nationale Steuervorschriften einer gemeinschaftsrechtlichen Kontrolle zu unterziehen. Dies änderte sich mit der *avoir fiscal*-Entscheidung aus dem Jahre 1986.[29] Seitdem wendet der Gerichtshof Art. 43 EGV nunmehr in vollem Umfange auch im Steuerrecht an,[30] was in Deutschland nicht immer positiv aufgenommen worden ist.[31] Kritisch anführen läßt sich vor allem, daß Art. 43 EGV nicht das passende Instrument ist, um eine Angleichung der Steuersysteme vorzunehmen. Denn das Steuerrecht ist ein Rechtsgebiet von besonderem Umfang und vor allem besonderer Komplexität. Seine ausdifferenzierten Regelungen an der ganz allgemein gefaßten Vorschrift über die Niederlassungsfreiheit zu messen und auf diese Weise mitunter sehr konkrete Vorgaben für das nationale Steuerrecht aufzustellen,[32] ist nicht ganz unbedenklich.

2. Insbesondere diese Entscheidungspraxis des EuGH hat dafür gesorgt, daß zahlreiche Änderungen der deutschen Steuergesetze unter europarechtlichen Gesichtspunkten vorgenommen worden sind. Zu nennen ist vor allem die Einführung des § 1 a EStG (vgl. auch § 1 Abs. 3 EStG), zu der die *Schumacker*-Entscheidung[33] des Gerichtshofs aus dem Jahre 1995 nötigte. Die dieser Regelung zugrundeliegende 90 %-Grenze zur Grenzpendlerbesteuerung (§ 1 Abs. 3 S. 2 EStG) ist gemeinschaftsrechtlich nicht zu beanstanden. Das hat der EuGH im Fall *Gschwind*[34] klargestellt.[35] Auf Änderungen des Körperschaftsteuerrechts ist bei der Besprechung des *St. Gobain*-Urteils[36] einzugehen.

Im unmittelbaren Zusammenhang mit der vorliegenden Entscheidung stehen allerdings die §§ 14 ff. KStG. Die dort geregelte Organschaft ist das deutsche Pendant zum englischen Konzern- bzw. Konsortialabzug. Dieses Institut gibt Konzernobergesellschaften

---

28 Sowie ggf. sonstige Beschränkungen (hierzu Grundzüge, D. I. 2. a).

29 Slg. 1986, 273 = RIW 1986, 739. Zu diesem Urteil noch in der *St. Gobain*-Entscheidung (Fall Nr. 18 in diesem Casebook), unter B. II. b) bb). Siehe auch *Hirsch*, DStZ 1998, 489, 491; *Voß*, in: Dauses, J. Rn. 20.

30 *Eilers/Schmidt*, DStR 1999, 1977, 1978. Man kann den EuGH deswegen auch im Bereich der Steuern als „Schrittmacher" der Europäisierung bezeichnen (*Ebke/Deutschmann*, JZ 1999, 1131, 1132).

31 Vgl. etwa *Saß*, in: Lehner, S. 31.

32 *Lang*, in: Lehner, S. 46.

33 Slg. 1995, I-249. Hierzu *Lenz*, DStZ 1997, 541, 542; *Hirsch*, DStZ 1998, 489, 491; *Klein*, in: Lehner, S. 21 f.

34 Slg. 1999, I-5451 = BB 2000, 25 = DB 1999, 2041 = DStR 1999, 1609 = IStR 1999, 597 = FR 1999, 1076 = RIW 1999, 890. Hierzu *de Weerth*, RIW 2000, 509, 512; *Ebke/Deutschmann*, JZ 1999, 1131, 1138.

35 Hierzu *Ebke/Deutschmann*, JZ 1999, 1131, 1138; *de Weerth*, RIW 2000, 509, 513 m. w. N. in Fn. 37.

36 Fall Nr. 18 in diesem Casebook.

(Organträgern) die Möglichkeit, sich das Einkommen von Tochtergesellschaften (Organgesellschaften) zuzurechnen. Insbesondere kann es attraktiv sein, durch die Zurechnung von Verlusten das eigene Einkommen und damit die Bemessungsgrundlage für die Körperschaftsteuer (§§ 7 Abs. 1 1. Fall, Abs. 2 KStG) zu mindern. Teilweise werden Anteile an Gesellschaften nur mit dem Ziel erworben, sich diese Gestaltungsmöglichkeit zunutze zu machen. Damit diese Rechtsfolge eintreten kann, müssen die Voraussetzungen erfüllt sein, die die §§ 14 ff. KStG an die Organgesellschaft, den Organträger und an das Verhältnis zwischen beiden stellt.

In europarechtlicher Hinsicht ist interessant, daß eine Organschaft nur mit einem Organträger begründet werden kann, der seinen Sitz im Inland hat (§ 14 S. 1 KStG a. A.). Ein ausländischer Organträger kann die organschaftliche Zurechnung nur erreichen, wenn er im Inland eine Zweigniederlassung unterhält und die übrigen Voraussetzungen des § 18 S. 1 KStG erfüllt sind.[37] Hierzu gehört insbesondere, daß der Gewinnabführungsvertrag unter der Firma der Zweigniederlassung abgeschlossen worden ist (§ 18 S. 1 Nr. 1 KStG). Zu betonen ist, daß auch in diesem Fall der Gewinnabführungsvertrag allein mit dem Organträger abgeschlossen wird. Die Zweigniederlassung kann mangels Rechtsfähigkeit selbst nicht Beteiligte eines Rechtsverhältnisses sein.[38] Unter der Firma der Zweigniederlassung ist der Vertrag jedenfalls dann abgeschlossen, wenn die Hauptgesellschaft dabei von Angehörigen der Zweigniederlassung vertreten worden ist.

Die Beschränkung des Anwendungsbereichs der Organschaft auf Organträger mit zumindest inländischer Zweigniederlassung (§§ 14 S. 1, 18 S. 1 KStG) wird bisweilen als Verstoß gegen Art. 43 EGV gewertet.[39] Diese Annahme ist jedoch nicht zwingend, da die Wertung der §§ 14 S. 1, 18 S. 1 KStG letztlich unmittelbar aus der europarechtlich unbedenklichen Differenzierung zwischen unbeschränkter und beschränkter Steuerpflicht (§ 1 KStG) folgt.[40] Man kann jedoch darüber nachdenken, ob §§ 14 S. 1, 18 S. 1 KStG nicht zumindest im systematischen Widerspruch zur Regelung des § 8 b Abs. 1 KStG stehen, der seit der Änderung durch das Steuerentlastungsgesetz 1999/2000/2002 weder auf den Sitz der ausschüttenden noch auf den Sitz der empfangenden Körperschaft abstellt.[41]

A. K.

---

37 Ein Beispiel liefert der Sachverhalt der *St. Gobain*-Entscheidung (Fall Nr. 18 in diesem Caseboook).

38 Siehe noch Fn. 1 der *St. Gobain*-Entscheidung (Fall Nr. 18 in diesem Casebook).

39 *De Weerth*, RIW 2000, 509, 512; *Koblenzer*, EWS 1999, 418, 420. Zu § 15 Nr. 2, 3 KStG siehe *Eilers/Schmidt*, DStR 1999, 1977, 1979 f.

40 Siehe die Ausführungen zur *St. Gobain*-Entscheidung, B. II. 2. b) aa) und B. III. 1. a).

41 Hierzu näher in der deutschen Anmerkung zur *St. Gobain*-Entscheidung (Fall Nr. 18 in diesem Casebook), unter B. III. 2. b).

IV. Frankreich

In der *ICI*-Entscheidung arbeitet der EuGH eine Unterscheidung zwischen den dem besonderen Fall entsprechenden Kontrollen der Niederlassungsfreiheit, die genehmigt worden sind, und den diesbezüglichen ausgesprochenen generellen Verboten heraus. Für die französische Lehre begrüßt, „daß diese Entscheidung den Steuerbehörden die Möglichkeit offenläßt, von dem, was man in Frankreich unter dem Schlagwort des Rechtsmißbrauches kennt, Gebrauch zu machen, also einen Vorgang, dessen ausschließliches Ziel die Vermeidung von Steuerzahlungen ist, nicht rechtlich zu billigen".[42]

Die Theorie vom Rechtsmißbrauch wird häufig von den französischen Steuerbehörden in Anspruch genommen. Es handelt sich dabei um eine der wesentlichen Theorien der Rechtsprechung, die in zwei Fällen angewandt wird. Zum einen spricht man von Rechtsmißbrauch im Fall der Vortäuschung. Dieser Fall wird angenommen, wenn die rein fiktiv ist und nur auf dem Papier besteht. Sie wird dann als für den Fiskus nicht existent behandelt. Ein Rechtsmißbrauch ist desweiteren gegeben, wenn eine Gesetzesumgehung vorliegt. Die Gerichte halten den Klagegrund des Steuerbetrugs nur aufrecht, wenn die Gesellschaft lediglich aus steuerlichen Gründen gegründet worden ist. Nach Ansicht von *M. Viandier* und *Cozian* wird die Gesellschaft als rechtmäßig angesehen, wenn die Gesellschafter neben steuerlichen Gründen auch noch andere plausible Motive beibringen können, wie z. B. rechtliche, finanzielle, familiäre, organisatorische Erwägungen. Es ist selten genug, daß eine Gesellschaft allein wegen Gesetzesumgehung für steuerrechtlich unzulässig erklärt wird.[43]

Literatur: RTD eur. 1999, S. 738, Anmerkung *Perruzzeto*; *Fl. Deboissy*, La simulation en droit fiscal: LGDJ, préf. *M. Cozian.*

D. L.

42 Perruzzetto RTD eur. Oct. 1999, S. 738.

43 *M. Viandier/M. Cozian*, Droit des sociétés, Litec 2000, Nr. 232.

Fall Nr. 17 – Halliburton Services

PARTEIEN: *Halliburton Services BV* gegen *Staatssecretaris van Financien*
AKTENZEICHEN: Rs. C-1/93
FUNDSTELLE: Slg. 1994, I-1137

A. Urteil des EuGH vom 12. April 1994

I. Leitsatz

Die Artikel 52 und 58 EGV [nunmehr Art. 43 und 48 EGV] stehen einer rechtlichen Regelung eines Mitgliedstaats entgegen, die die Befreiung von der Grunderwerbsteuer, die gewöhnlich bei Veräußerungen oder Verkäufen geschuldet wird, die anläßlich der Umstrukturierung innerhalb eines Konzerns erfolgen, auf die Fälle beschränkt, in denen die Gesellschaft, der diese Steuerbefreiung zugute kommen soll, unbewegliches Vermögen von einer Gesellschaft erwirbt, die nach nationalem Recht errichtet worden ist, und diese Vergünstigung versagt, wenn die veräußernde Gesellschaft nach dem Recht eines anderen Mitgliedstaats errichtet worden ist.

II. Rechtsgrundlagen

1. Nationales Recht

a) Wet op belastingen van rechtsverkeer[1] (Gesetz über Verkehrssteuern)

aa) Art. 2 (Grundtatbestand)

Der Erwerb eines inländischen Grundstücks unterliegt der Steuer.

bb) Art. 15 Abs. 1 lit. h

Der Erwerb eines Grundstücks, der im Rahmen einer internen Umstrukturierung von Aktiengesellschaften und Gesellschaften mit beschränkter Haftung vorgenommen wird, ist von der Steuer befreit.

---

1 Vom 24. Dezember 1970. Wiedergegeben nach Rn. 5; siehe auch Rn. 5 der Schlußanträge des Generalanwalts *Lenz*, Slg. 1994, I-1139.

b) Uitvöringsbesluit belastingen van rechtsverkeer[2] (Durchführungsverordnung)

aa) Art. 5 Abs. 1

Der Erwerb muß zwischen Gesellschaften desselben Konzerns stattfinden.

bb) Art. 5 Abs. 3

Unter Konzern ist eine Gesellschaft zu verstehen, deren Anteile sich nicht vollständig oder beinahe vollständig im Besitz einer anderen Gesellschaft befinden, zusammen mit allen anderen Gesellschaften, an denen sie unmittelbar oder mittelbar alle oder beinahe alle Anteile besitzt.

cc) Art. 5 Abs. 4

Unter Gesellschaften sind Aktiengesellschaften und Gesellschaften mit beschränkter Haftung zu verstehen.

2. Gemeinschaftsrecht

a) Art. 12 Abs. 1 EGV

b) Art. 43 und 48 EGV

III. Sachverhalt

1. Der Hoge Raad der Nederlanden hat mit Urteil vom 23. Dezember 1992, beim Gerichtshof eingegangen am 4. Januar 1993, gemäß Artikel 177 EGV [nunmehr Art. 234 EGV] eine Frage nach der Auslegung der Artikel 7, 52 und 58 EGV [nunmehr Art. 43 und 48 EGV] zur Vorabentscheidung vorgelegt.

2. Diese Frage stellt sich in einem Rechtsstreit zwischen der in Den Haag niedergelassenen Gesellschaft niederländischen Rechts Halliburton Services BV und dem Staatssecretaris van Financiën (im folgenden: Finanzverwaltung) über die Voraussetzungen der Befreiung von der Grunderwerbsteuer, die in der Wet op belastingen van rechtsverkeer vom 24. Dezember 1970 (Gesetz über Verkehrsteuern, im folgenden: Gesetz) und im Uitvöringsbesluit belastingen van rechtsverkeer vom 21. Juni 1971 (Durchführungsverordnung betreffend Verkehrsteuern, im folgenden: Durchführungsverordnung) vorgesehen ist.

3. Der Halliburton-Konzern ist eine internationale Holdinggesellschaft, deren Muttergesellschaft, Halliburton Inc., in den Vereinigten Staaten von Amerika niedergelassen ist. Sie hält sämtliche Anteile an ihrer deutschen (Halliburton Co. Germany GmbH) und ihrer niederländischen Tochtergesellschaft (Halliburton Services BV). Die Letztgenannte be-

---

2 Vom 21. Juni 1971.

sitzt die Rechtsform einer Gesellschaft mit beschränkter Haftung niederländischen Rechts (besloten vennootschap met beperkte aansprakelijkheid).

4. Im Rahmen einer Umstrukturierung der Tätigkeit des Halliburton-Konzerns in Europa veräußerte die deutsche Tochtergesellschaft mit notariell beurkundetem Vertrag vom 22. Dezember 1986 ihre ständige Niederlassung in den Niederlanden, zu der ein in Emmen belegenes Grundstück im Wert von 3 178 926 HFL gehörte, an die niederländische Tochtergesellschaft.

5. In den Niederlanden unterliegt die Übertragung des Eigentums an Grundstücken der Verkehrsteuer. Nach Artikel 15 Absatz 1 Buchstabe h des Gesetzes sind diese Transaktionen jedoch von der Steuer befreit, wenn sie „im Rahmen einer internen Umstrukturierung von Aktiengesellschaften und von Gesellschaften mit beschränkter Haftung" vorgenommen werden.

6. Nach Artikel 5 der Durchführungsverordnung gilt diese Steuerbefreiung nur für Veräußerungsgeschäfte zwischen Aktiengesellschaften und Gesellschaften mit beschränkter Haftung, die zu einem Konzern gehören, dessen Muttergesellschaft ebenfalls eine dieser beiden Rechtsformen besitzt. Wie sich jedoch aus den Akten ergibt, hat das vorlegende Gericht bereits entschieden, daß der Halliburton Services die Steuerbefreiung aufgrund des im Doppelbesteuerungsabkommen zwischen den Niederlanden und den Vereinigten Staaten von Amerika niedergelegten Diskriminierungsverbots nicht deshalb versagt werden dürfe, weil es sich bei der Muttergesellschaft des Halliburton-Konzerns um eine nach nordamerikanischem Recht errichtete Gesellschaft handle.

7. Die niederländische Finanzverwaltung vertrat die Auffassung, die Übertragung des Eigentums an dem Grundstück durch die deutsche an die niederländische Gesellschaft könne nicht von der Steuer befreit werden und forderte von der Halliburton Services BV die Zahlung der Verkehrsteuer.

8. Mit Urteil vom 11. Dezember 1990 wies der Gerechtshof Den Haag die von dieser Gesellschaft erhobene Klage mit der Begründung ab, das das Grundstück veräußernde Unternehmen – Halliburton Co. Germany GmbH – sei keine Gesellschaft niederländischen Rechts im Sinne von Artikel 5 Absatz 4 der Durchführungsverordnung und die in Frage stehende Transaktion könne daher nicht von der Steuer befreit werden.

9. Die Klägerin legte Rechtsmittel beim Hoge Raad ein und machte u. a. geltend, die vorstehend beschriebenen Voraussetzungen der Steuerbefreiung stellten eine gegen den EWG-Vertrag verstoßende Diskriminierung aufgrund der Staatsangehörigkeit dar.

IV. Vorlagefrage

10. Der Hoge Raad hat Zweifel an der Vereinbarkeit des Gesetzes und der Durchführungsverordnung mit den Artikeln 7 und 52 bis 58 EGV [nunmehr Art. 12 Abs. 1, 43 – 48 EGV]; er hat daher beschlossen, das Verfahren auszusetzen und dem Gerichtshof folgende Frage zur Vorabentscheidung vorzulegen:

> Wenn ein Mitgliedstaat eine Steuer auf den Erwerb von in diesem Staat belegenen unbeweglichen Gegenständen oder dinglichen Rechten an diesen Gegenständen

erhebt und für den Erwerb im Rahmen einer internen Umstrukturierung eine Befreiung vorsieht – Artikel 2 und 15 Absatz 1 Buchstabe h der Wet op belastingen van rechtsverkeer in Verbindung mit Artikel 5 des Uitvöringsbesluit belastingen van rechtsverkeer (Fassung 1986) –, läßt es dann Artikel 7 EGV [nunmehr Art. 12 Abs. 1 EGV] – u. a. unter Berücksichtigung der Artikel 52 bis 58 EGV [nunmehr Art. 43 – 48 EGV] – zu, daß diese Befreiung zwar gewährt wird, wenn die betreffenden Gegenstände von einer nach dem Recht dieses Mitgliedstaats errichteten Gesellschaft – im vorliegenden Fall einer Aktiengesellschaft oder einer Gesellschaft mit beschränkter Haftung – veräußert werden, nicht jedoch dann, wenn eine entsprechende, nach dem Recht eines anderen Mitgliedstaats errichtete und dort ansässige Gesellschaft – im vorliegenden Fall eine Gesellschaft mit beschränkter Haftung deutschen Rechts – Veräußerer ist?

V. Entscheidungsgründe

11. Vorab ist festzustellen, daß weder das vorlegende Gericht noch die Parteien des Ausgangsverfahrens angezweifelt haben, daß die streitige Eigentumsübertragung allen im niederländischen Gesetz und in der Durchführungsverordnung vorgesehenen Voraussetzungen für die Steuerbefreiung mit Ausnahme derjenigen entsprach, die das für die Gründung der beteiligten Gesellschaften geltende Recht betrifft. Es ist demnach davon auszugehen, daß die streitige Steuerbefreiung für die im Rahmen der Umstrukturierung des Halliburton-Konzerns vorgenommene Übertragung des Eigentums an dem Grundstück gewährt worden wäre, wenn beide an der Übertragung der ständigen Niederlassung in den Niederlanden beteiligten Gesellschaften die Rechtsform von Aktiengesellschaften oder Gesellschaften mit beschränkter Haftung des niederländischen Rechts besessen hätten.

12. Was Artikel 7 EGV [nunmehr Art. 12 Abs. 1 EGV] angeht, ist zunächst darauf hinzuweisen (vgl. Urteil vom 30. Mai 1989 in der Rechtssache 305/87, Kommission/Griechenland, Slg. 1989, 1461, Randnr. 13), daß diese Vorschrift autonom nur auf durch das Gemeinschaftsrecht geregelte Fallgestaltungen angewendet werden kann, für die der Vertrag keine besonderen Diskriminierungsverbote vorsieht. Es steht aber fest (vgl. Urteil vom 14. Januar 1988 in der Rechtssache 63/86, Kommission/Italien, Slg. 1988, 29, Randnr. 12), daß Artikel 52 [nunmehr Art. 43 EGV] im wesentlichen darauf abzielt, für das Gebiet der selbständigen Tätigkeiten den in Artikel 7 verankerten Grundsatz der Gleichbehandlung zu verwirklichen. Die letztgenannte Vorschrift findet im vorliegenden Fall daher keine Anwendung.

13. Die Frage des vorlegenden Gerichts geht somit im wesentlichen dahin, ob die Artikel 52 und 58 EGV [nunmehr Art. 43 und 48 EGV] es einem Mitgliedstaat verwehren, eine Steuerbefreiung beim Erwerb von in seinem Hoheitsgebiet belegenen unbeweglichen Sachen oder von dinglichen Rechten an solchen Sachen im Rahmen einer internen Umstrukturierung nur dann zu gewähren, wenn die Sachen von einer nach seinem eigenen Recht errichteten Gesellschaft erworben werden, nicht aber, wenn sie von einer gleichartigen, nach dem Recht eines anderen Mitgliedstaats errichteten Gesellschaft erworben werden.

14. Die den Staatsangehörigen eines Mitgliedstaats durch Artikel 52 [nunmehr Art. 43 EGV] zuerkannte Niederlassungsfreiheit, die für sie die Aufnahme und Ausübung selb-

ständiger Erwerbstätigkeiten unter den Voraussetzungen umfaßt, die nach dem Recht des Aufnahmemitgliedstaats für seine eigenen Staatsangehörigen gelten, schließt für nach den Rechtsvorschriften eines Mitgliedstaats gegründete Gesellschaften, die ihren satzungsmäßigen Sitz, ihre Hauptverwaltung oder ihre Hauptniederlassung innerhalb der Gemeinschaft haben, das Recht ein, ihre Tätigkeit in dem betreffenden Mitgliedstaat über eine Filiale oder eine Agentur auszuüben.

15. Aus der Rechtsprechung des Gerichtshofes (vgl. Urteil vom 13. Juli 1993 in der Rechtssache C-330/91, Commerzbank, Slg. 1993, I-4017, Randnr. 14) ergibt sich, daß die Vorschriften über die Gleichbehandlung nicht nur offensichtliche Diskriminierungen aufgrund der Staatsangehörigkeit oder – was Gesellschaften angeht – des Sitzes, sondern auch alle versteckten Formen der Diskriminierung verbieten, die durch die Anwendung anderer Unterscheidungsmerkmale tatsächlich zu dem gleichen Ergebnis führen.

16. Schließlich ist Artikel 52 EGV [nunmehr Art. 43 EGV], wie der Gerichtshof wiederholt festgestellt hat (vgl. u. a. Urteil vom 28. April 1977 in der Rechtssache 71/76, Thieffry, Slg. 1977, 765), seit dem Ablauf der Übergangszeit eine unmittelbar anwendbare Vorschrift, auch wenn in einem bestimmten Bereich die in Artikel 54 Absatz 2 und 57 Absatz 1 EGV [nunmehr Art. 44 Abs. 1 und Art. 47 Abs. 1 EGV] vorgesehenen Richtlinien fehlen.

17. Im vorliegenden Fall ist festzustellen, daß die streitige Steuervorschrift die Befreiung von der Grunderwerbsteuer auf die Geschäfte beschränkt, die zwischen Gesellschaften niederländischen Rechts stattfinden, die in der Form von Aktiengesellschaften oder Gesellschaften mit beschränkter Haftung errichtet worden sind, so wie diese nach dem Recht dieses Staates definiert sind, und zwar unter Ausschluß der im Recht der anderen Mitgliedstaaten vorgesehenen gleichwertigen Gesellschaftsformen.

18. Die niederländische Regierung ist der Auffassung, diese gesetzliche Regelung sei nicht diskriminierend, weil Steuerpflichtiger nicht die deutsche Gesellschaft, sondern die niederländische Gesellschaft sei. Der Sachverhalt spiele sich nur innerhalb der Rechtsordnung der Niederlande ab und falle daher nicht unter das Gemeinschaftsrecht.

19. Die Zahlung einer Abgabe anläßlich des Verkaufs eines Grundstücks stellt jedoch eine Belastung dar, die den Verkauf des Gegenstandes erschwert und daher Auswirkungen auf die Lage des Veräußerers hat. In einem Fall wie dem vorliegenden befindet sich der Verkäufer in einer deutlich weniger günstigen Lage als dann, wenn er für seinen Tätigkeitsbereich in den Niederlanden die Form der Aktiengesellschaft oder der Gesellschaft mit beschränkter Haftung anstelle der Form einer ständigen Niederlassung gewählt hätte.

20. Auch wenn die unterschiedliche Behandlung nur eine mittelbare Auswirkung auf die Lage der nach dem Recht der anderen Mitgliedstaaten errichteten Gesellschaften hat, stellt sie eine nach Artikel 52 EGV [nunmehr Art. 43 EGV] verbotene Diskriminierung aufgrund der Staatsangehörigkeit dar.

21. Die niederländische Regierung macht geltend, die Beschränkung der Steuerbefreiung auf nach nationalem Recht errichtete Gesellschaften sei erforderlich, weil die zuständige Finanzverwaltung nicht in der Lage sei, die Gleichwertigkeit der Rechtsformen der Körperschaften der anderen Mitgliedstaaten mit den Rechtsformen der Aktienge-

sellschaft und der Gesellschaft mit beschränkter Haftung im Sinne des nationalen Rechts zu überprüfen.

22. Diesem Vorbringen ist nicht zu folgen. Die die Merkmale der Gesellschaftsformen der anderen Mitgliedstaaten betreffenden Angaben lassen sich nämlich zur Anwendung der Verkehrsteuer mit Hilfe des Systems beschaffen, das in der Richtlinie 77/799/EWG des Rates vom 19. Dezember 1977 über die gegenseitige Amtshilfe zwischen den zuständigen Behörden der Mitgliedstaaten im Bereich der direkten und indirekten Steuern (ABl. L 336, S. 15) in der durch die Richtlinien 79/1070/EWG des Rates vom 6. Dezember 1979 (ABl. L 331, S. 8) und 92/12/EWG des Rates vom 25. Februar 1992 (ABl. L 76, S. 1) geänderten Fassung vorgesehen ist. Nach Artikel 1 Absatz 2 dieser Richtlinie gilt das System der gegenseitigen Erteilung von Auskünften nämlich für Steuern auf die Veräußerung beweglichen oder unbeweglichen Vermögens. Außerdem gilt dieses System nach Artikel 1 Absatz 1 für alle Auskünfte, die für die zutreffende Festsetzung der unter die Richtlinie fallenden Steuern durch die zuständigen Behörden der Mitgliedstaaten geeignet sein können.

23. Auf die Frage des vorlegenden Gerichts ist folglich zu antworten, daß die Artikel 52 und 58 EGV [nunmehr Art. 43 und 48 EGV] einer rechtlichen Regelung eines Mitgliedstaats entgegenstehen, die die Befreiung von der Grunderwerbsteuer, die gewöhnlich bei Veräußerungen oder Verkäufen geschuldet wird, die anläßlich der Umstrukturierung innerhalb eines Konzerns erfolgen, auf die Fälle beschränkt, in denen die Gesellschaft, der diese Steuerbefreiung zugute kommen soll, unbewegliches Vermögen von einer Gesellschaft erwirbt, die nach nationalem Recht errichtet worden ist, und diese Vergünstigung versagt, wenn die veräußernde Gesellschaft nach dem Recht eines anderen Mitgliedstaats errichtet worden ist.

B. Anmerkungen

I. Europarecht

1. Die in der Vorlagefrage beschriebene Rechtslage könnte gegen das mittlerweile in Art. 12 Abs. 1 EGV niedergelegte[3] allgemeine Diskriminierungsverbot verstoßen. Wie der EuGH in Rn. 12 zutreffend feststellt, ist dieses indes nur anwendbar, wenn nicht eines der speziellen Diskriminierungsverbote eingreift. Hierzu zählt insbesondere dasjenige, welches aus der Niederlassungsfreiheit folgt. Ist der sachliche Schutzbereich des Art. 43 Abs. 1 EGV einschlägig, kommt also eine Anwendung der allgemeinen Vorschrift des Art. 12 Abs. 1 EGV nicht mehr in Betracht. Es muß verwundern, daß der EuGH die Anwendbarkeit von Art. 12 Abs. 1 EGV ablehnt (Rn. 12 a. E.), bevor er geklärt hat, ob ein Akt der freien Niederlassung i. S. v. Art. 43 Abs. 1 EGV vorliegt.[4]

---

3 Die Vorschrift ist entgegen FG Hamburg, DStRE 2000, 761 nicht aufgehoben, sondern lediglich umplaziert worden.

4 Auch das in der Vorlagefrage (A. IV.) offenbarte Verständnis des Hoge Raad der Niederlanden über das Verhältnis von Art. 12 Abs. 1 EGV und Art. 43, 48 EGV kann nicht überzeugen. Das Gericht

Denn die Anwendbarkeit einer allgemeinen Regelung kann erst ausgeschlossen werden, wenn die spezielle Regelung einschlägig ist. Deswegen bedarf es einer vorrangigen Prüfung von Art. 43 Abs. 1 EGV.[5]

2. In Betracht kommt ein Verstoß gegen die der holländischen *Halliburton Services BV* nach Art. 48 Abs. 1 EGV zustehende Niederlassungsfreiheit. An der unmittelbaren Anwendbarkeit der Vorschrift[6] bestehen keine Zweifel (Rn. 16).

Es muß eine von *Halliburton Services BV* ausgeübte Tätigkeit in relevanter Weise beschränkt worden sein. Das niederländische Steuerrecht knüpft an den von *Halliburton Services BV* getätigten Grundstückserwerb eine Grunderwerbsteuerpflicht, ohne der Gesellschaft die in Art. 15 Abs. 1 lit. h) des Gesetzes über Verkehrssteuern vorgesehene Steuerbefreiung für einen Erwerb im Rahmen von Konzernumstrukturierungen zu gewähren, da die veräußernde Gesellschaft entgegen Art. 15 Abs. 1 lit. h) des Gesetzes über Verkehrssteuern und Art. 5 Abs. 4 der Durchführungsverordnung nicht nach niederländischem Recht gegründet wurde.[7] Sieht man hierin die relevante Beschränkung, muß die Frage beantwortet werden, ob *Halliburton Services BV* die Niederlassungsfreiheit überhaupt gegenüber dem eigenen Staat, der niederländischen Finanzverwaltung, geltend machen kann.[8] Denn angesichts der Tatsache, daß nach niederländischem Verkehrsteuerrecht allein der Erwerber Steuerschuldner ist,[9] könnte es sich um einen rein internen, dem Gemeinschaftsrecht nicht unterfallenden Sachverhalt handeln. Diesem naheliegenden Einwand der niederländischen Regierung (Rn. 18) geht der EuGH nicht näher nach, sondern weist sogleich darauf hin, daß die Regelung auch für den Veräußerer, also die *Halliburton Co. Germany GmbH* mit Sitz in Deutschland, belastende Wirkung habe (Rn. 19) und in diesem Verhältnis – so ist zu ergänzen – jedenfalls ein grenzüberschreitender Sachverhalt gegeben ist.

3. Es muß demnach geklärt worden, ob das niederländische Recht die Niederlassungsfreiheit der *Halliburton Co. Germany GmbH* verletzt.

---

zieht als primären Prüfungsmaßstab das allgemeine Diskriminierungsverbot heran, bei dessen Anwendung Art. 43, 48 EGV lediglich „zu berücksichtigen“ sein sollen.

5 Ebenso Generalanwalt *Lenz* in den Schlußanträgen, Slg. 1994, I-1139, Rn. 10.

6 Näher Grundzüge, D. I.

7 Das Erfordernis, wonach der Veräußerer eine Gesellschaft niederländischen Rechts sein muß, folgt wohl nicht erst aus Art. 5 Abs. 4 der Durchführungsverordnung, sondern bereits aus Art. 15 Abs. 1 lit. h) des niederländischen Gesetzes über Verkehrssteuern. Dieser Auffassung ist offenbar auch der Gerichtshof (Rn. 11: „im niederländischen Gesetz *und* in der Durchführungsverordnung“).

8 Zu diesem Problem näher in den Grundzügen unter D. I. 2. b).

9 Schlußanträge des Generalanwalts *Lenz*, Slg. 1994, I-1139, Rn. 16. Anders regelmäßig im deutschen Recht (§ 13 Nr. 1 GrEStG).

a) In Zweifel ziehen kann man zunächst, ob Rechte der *Halliburton Co. Germany GmbH* im vorliegenden Vorabentscheidungsverfahren überhaupt berücksichtigt werden können. Denn an dem Verfahren sind allein *Halliburton Services BV* und die niederländische Finanzverwaltung beteiligt. Indes unterzieht der EuGH das nationale Recht im Vorabentscheidungsverfahren einer umfassenden gemeinschaftsrechtlichen Kontrolle. Demnach sind auch Rechte Unbeteiligter zu prüfen, sofern sie Maßstab für die Gemeinschaftsrechtskonformität der streitgegenständlichen Vorschriften sind.

b) Als erstes muß der sachliche Schutzbereich der Niederlassungsfreiheit betroffen sein. Die *Halliburton Co. Germany GmbH* hat das Grundstück nicht erworben, sondern veräußert. Zu klären ist somit, ob die Veräußerung eines Grundstücks in den Schutzbereich der Niederlassungsfreiheit fällt. Der EuGH geht hierauf nicht ein, obwohl sich Generalanwalt *Lenz* in seinen Schlußanträgen mit dieser Frage ausführlich auseinandersetzt,[10] wobei er in zutreffender Weise differenziert.

aa) Zunächst muß danach gefragt werden, ob die Veräußerung der (gesamten) Zweigniederlassung, in deren Rahmen vorliegend das Grundstück übertragen wurde (Rn. 4), einen Akt der freien Niederlassung darstellt. Seinem Wortlaut nach schützt Art. 43 Abs. 1 EGV nur die *Gründung* von Zweigniederlassungen (S. 2). Die Aufgabe einer einmal begründeten Zweigniederlassung bedarf indes eines gleichen, vielleicht noch wirksameren Schutzes als die Gründung einer Zweigniederlassung. Deswegen muß der Anwendungsbereich der Niederlassungsfreiheit mit der Auffassung des Generalanwalts auf die Veräußerung der Zweigniederlassung erstreckt werden. Man kann dies als „negativen Niederlassungsakt“ bezeichnen.[11]

bb) Damit ist noch nicht beantwortet, ob auch die Veräußerung eines zum Betriebsvermögen der Zweigniederlassung zu rechnenden Grundstücks in den Schutzbereich der Niederlassungsfreiheit fällt. In Rede steht also die *teilweise* Aufgabe oder Veräußerung der Zweigniederlassung.[12] Man wird dies zumindest für wesentliche Teile des Betriebsvermögens der Zweigniederlassung, wozu insbesondere das Betriebsgrundstück als „ständige Präsenz“[13] der Zweigniederlassung zu zählen ist, zu bejahen haben. Die beeinträchtigte Tätigkeit stellt demnach einen Akt der freien Niederlassung dar.

c) Weiterhin muß die geschützte Tätigkeit beschränkt worden sein.

aa) Dies setzt zum einen voraus, daß die nationale Rechtsvorschrift den Berechtigten überhaupt in relevanter Weise belastet. Das niederländische Verkehrssteuerrecht belegt

---

10 Slg. 1994, I-1139, Rn. 17 – 22. Siehe auch Rn. 13 der Schlußanträge.

11 So auch die von der Kommission in diesem Verfahren vertretene Auffassung (Slg. 1994, I-1139, Rn. 13).

12 So Generalanwalt *Lenz* in den Schlußanträgen, Slg. 1994, I-1139, Rn. 20.

13 Schlußanträge des Generalanwalts *Lenz*, Slg. 1994, I-1139, Rn. 18.

zwar allein den Grundstückserwerber, also die *Halliburton Services BV*, mit der Steuerpflicht. Hierdurch wird jedoch mittelbar auch der Veräußerer des Grundstücks nachteilig betroffen, da „die Besteuerung beim Erwerber normalerweise einen Druck auf den Kaufpreis erzeugt".[14] Diesen Aspekt sieht wohl auch der Gerichtshof, wenn er in Rn. 19 der Entscheidung ausführt, „die Zahlung einer Abgabe anläßlich des Verkaufs eines Grundstücks stellt [...] eine Belastung dar, die den Verkauf des Gegenstands erschwert und daher Auswirkungen auf die Lage des Verkäufers hat". Da der Nachteil nicht unmittelbar von der nationalen Rechtsvorschrift ausgeht, sondern durch verschiedene Umstände vermittelt[15] wird, läßt sich von einer mittelbaren Diskriminierung sprechen,[16] die nicht mit einer versteckten Diskriminierung[17] verwechselt werden darf.

Die belastende Wirkung entfiele jedoch, wenn der *Halliburton Services GmbH* die Befreiungsvorschrift des Art. 15 Abs. 1 lit. h) des Gesetzes über Verkehrssteuern zugute käme. Dies ist jedoch nicht der Fall, da die Befreiung Gesellschaften niederländischen Rechts vorbehalten ist. Die *Halliburton Services GmbH* ist daher vom niederländischen Steuerrecht nachteilig betroffen.

bb) Diese Belastung muß eine Benachteiligung gegenüber anderen Gesellschaften darstellen. Das niederländische Recht behält die Steuerbefreiung Gesellschaften vor, die nach niederländischem Recht gegründet worden sind. Die *Halliburton Services GmbH* wird folglich gegenüber niederländischen Gesellschaften benachteiligt. Die Sachverhalte sind auch vergleichbar,[18] da die deutsche GmbH der niederländischen BV im wesentlichen entspricht.

cc) Da diese Benachteiligung unmittelbar an den Sitz der Gesellschaft anknüpft, handelt es sich eindeutig um eine offene[19] Diskriminierung.[20] Es ist daher unverständlich, wenn der Gerichtshof in Rn. 15 seine Rechtsprechung zu versteckten Formen der Diskriminierung anführt.

d) Zu prüfen bleibt, ob die Diskriminierung nach Art. 46 Abs. 1 EGV gerechtfertigt ist.[21] Hierzu hatte sich die niederländische Regierung lediglich darauf berufen, eine Ein-

---

14 So Generalanwalt *Lenz* in den Schlußanträgen, Slg. 1994, I-1139, Rn. 24. Ebenso die Kommission (Slg. 1994, I-1139, Rn. 24).

15 Unter anderem durch die zwischen Veräußerer und Erwerber getroffene Kaufpreisvereinbarung (so zutreffend die niederländische Regierung, Slg. 1994, I-1139, Rn. 16).

16 Ähnlich auch der EuGH in Rn. 20 („mittelbare Auswirkung") sowie Generalanwalt *Lenz* in seinen Schlußanträgen, Slg. 1994, I-1139, Rn. 25 („Kausalkette").

17 Grundzüge, D. I. 2. a) aa).

18 Hierzu in den Grundzügen unter D. I. 2. a) aa).

19 Näher hierzu in den Grundzügen unter D. I. 3.

20 So wohl auch Generalanwalt *Lenz*, Slg. 1994, I-1139, Rn. 29.

21 Ausführlich in den Grundzügen, D. I. 3.

beziehung ausländischer Gesellschaften könne nicht erfolgen, weil es einen zu großen Aufwand erfordere, die Vergleichbarkeit der Gesellschaftsform ausländischen Rechts mit den in Art. 15 Abs. 1 lit. h) des Gesetzes über Verkehrssteuern genannten Gesellschaftsformen zu überprüfen. Sollte dieser Einwand durchgreifen, käme eine Anwendung der Niederlassungsfreiheit auf Gesellschaften (Art. 43 EGV i. V. m. Art. 48 EGV) im allgemeinen kaum noch in Betracht. Der EuGH verwirft diese Überlegung daher in der gebotenen Kürze (Rn. 22).

4. Somit steht fest, daß Art. 15 Abs. 1 lit. h) des niederländischen Gesetzes über Verkehrssteuern gegen Art. 43 Abs. 1 EGV verstößt.

II. Deutschland

1. Rechtsgrundlage für die Erhebung der Grunderwerbsteuer ist in Deutschland das Grunderwerbsteuergesetz[22] (GrEStG). Grundtatbestand ist § 1 Abs. 1 Nr. 1 GrEStG, demzufolge ein Kaufvertrag oder ein anderes Rechtsgeschäft über ein inländisches Grundstück, das den Anspruch auf Übereignung des Grundstücks begründet, der Grunderwerbsteuer unterliegt. Das Gesetz knüpft also primär an das dem Eigentumswechsel zugrundeliegende Kausalgeschäft an. Nur wenn es hieran fehlt, ist der Übergang des Eigentums Grundlage der Besteuerung (§ 1 Abs. 1 Nr. 3 GrEStG). Von besonderer Bedeutung für das Gesellschaftsrecht ist § 1 Abs. 3 Nr. 1 GrEStG. Diese Vorschrift regelt den Fall, daß nicht unmittelbar das Eigentum an einem Grundstück übertragen wird, sondern lediglich Anteile an einer Gesellschaft, zu deren Vermögen ein (im Inland belegenes) Grundstück gehört, den Inhaber wechseln. Das auf die Anteilsübertragung gerichtete Rechtsgeschäft unterliegt nach der bislang geltenden Fassung von § 1 Abs. 3 Nr. 1 1. Fall GrEStG der Besteuerung, wenn durch die Übertragung alle Anteile der Gesellschaft in der Hand des Erwerbers vereinigt würden. Nach Änderung der Vorschrift durch das Steuerentlastungsgesetz 1999/2000/2002 tritt die Grunderwerbsteuerpflicht nach dieser Vorschrift bereits ein, wenn 95 % der Anteile an der Gesellschaft in der Hand des Erwerbers vereinigt würden.[23] Ferner wurde durch das Steuerentlastungsgesetz 1999/2000/2002 klargestellt, daß § 1 Abs. 3 Nr. 1 1. Fall GrEStG auch den mittelbaren, also den über ein abhängiges Unternehmen getätigten Erwerb erfaßt. Dies entspricht der zur früheren Gesetzesfassung vertretenen h. M.[24]

2. Die Besteuerung nach dem GrEStG knüpft in geographischer Hinsicht allein an den Belegenheitsort des Grundstücks an. Ohne Bedeutung ist demnach der Ort, an dem die

---

22 Neu bekanntgemacht am 26. 2. 1997 (BGBl. I S. 418, berichtigt auf S. 1804). Zuletzt geändert durch das Steuerentlastungsgesetz 1999/2000/2002 vom 24. 3. 1999 (BGBl. I S. 402); zu einigen Änderungen sogleich im Text.

23 Zur erstmaligen Anwendbarkeit der Vorschrift siehe § 23 Abs. 6 S. 2 GrEStG.

24 Etwa BFHE 153, 63.

Erwerbshandlungen erfolgen. Eine Besteuerung nach deutschem Recht tritt also auch dann ein, wenn die Erwerbshandlungen vollständig im Ausland vorgenommen werden. Hierdurch erhält vor allem § 1 Abs. 3 Nr. 1 GrEStG – in Verbindung mit der Tatsache, daß auch der mittelbare Erwerb erfaßt wird – einen außerordentlich weiten Anwendungsbereich. Die Vorschrift ist beispielsweise auch dann einschlägig, wenn eine ausländische Gesellschaft alle Anteile an einer anderen ausländischen Gesellschaft erwirbt, die wiederum sämtliche Anteile an einer Gesellschaft mit Grundbesitz in Deutschland hält. Dieses Ergebnis ist vor allem deswegen bemerkenswert, weil in einem solchen Fall weder das Eigentum am Grundstück noch die Inhaberschaft an den Anteilen der Gesellschaft, die Eigentümerin des Grundstücks ist, übergeht und überdies keine Handlung auf deutschem Hoheitsgebiet vorgenommen wird. Aus diesen Gründen wurde in einem ganz ähnlich gelagerten Verfahren vor dem FG Hamburg von der Klägerin geltend gemacht, die Besteuerung verstieße gegen ihr nationales Verfassungsrecht sowie gegen Europarecht.[25] Der Rüge eines Verstoßes gegen nationales Verfassungsrecht geht das Gericht indes nicht näher nach, sondern verweist auf die insoweit einschlägige ständige Rechtsprechung.[26] Geprüft wird hingegen ein Verstoß gegen Gemeinschaftsrecht. Unter ausdrücklicher Bezugnahme auf das *Halliburton Services*-Urteil behandelt das Gericht die Frage, ob die aus den Art. 43 und 48 EGV folgende Niederlassungsfreiheit der Klägerin verletzt ist. Ein Verstoß wird unter zwei Gesichtspunkten verneint.

a) Zunächst führt das FG Hamburg aus, „der EuGH hat einen Verstoß nur dann bejaht, wenn eine Befreiung von der Grunderwerbsteuer bei Umstrukturierung innerhalb eines Konzerns auf den Erwerb von einer nationalen Gesellschaft beschränkt und wenn die Vergünstigung bei veräußernden Gesellschaften eines anderen Mitgliedstaates versagt wird".[27] Dieser Ansatz verdient keine Zustimmung. Der EuGH hat in der *Halliburton Services*-Entscheidung keineswegs ausgesprochen, daß eine Verletzung der Niederlassungsfreiheit durch gewerbesteuerliche Vorschriften *nur dann* in Betracht kommt, wenn einer Gesellschaft eines Mitgliedstaats die Befreiung für den Erwerb im Rahmen einer Konzernumstrukturierung versagt wird. Er hat lediglich entschieden, daß in diesem Fall ein Verstoß gegen Art. 43, 48 EGV vorliegt. Über andere Vorschriften des Gewerbesteuerrechts hat der Gerichtshof keine Aussagen getroffen. Sofern es um die Befreiung von der Gewerbesteuer bei Erwerb im Rahmen einer Konzernumstrukturierung geht, kann das *Halliburton Services*-Urteil schon deswegen nicht maßgeblich sein, weil es eine entsprechende Vorschrift im deutschen Gewerbesteuerrecht überhaupt nicht gibt.

---

25 DStRE 2000, 761 = EFG 2000, 696. Das Urteil ist nicht rechtskräftig (Revision zum BFH, AZ II R 23/00).

26 Erstmals RFH, RStBl. 1929, 498.

27 DStRE 2000, 761. Ebenso *Hardt*, KFR 2000, 463 f.

b) Zutreffend ist hingegen die zweite Erwägung des FG Hamburg. Die Vorschrift des § 1 Abs. 3 Nr. 1 1. Fall GrEStG stellt keine Diskriminierung ausländischer Gesellschaften dar. Anknüpfungspunkt für die Vorschriften des GrEStG ist allein der Belegenheitsort des Grundstücks, nicht die Staatsangehörigkeit oder der Sitz des Eigentümers oder Erwerbers. Diese Regelung benachteiligt auch nicht de facto primär ausländische Personen oder Gesellschaften, so daß auch eine versteckte Diskriminierung[28] nicht vorliegt.

A. K.

28 Hierzu Grundzüge, D. I. 2. a) aa).

Fall Nr. 18 – St. Gobain

PARTEIEN: *Compagnie de Saint-Gobain, Zweigniederlassung Deutschland*[1] gegen *Finanzamt Aachen-Innenstadt*
RECHTSSACHE: C-307/97
FUNDSTELLE: Slg. 1999, I-6161[2]

A. Urteil des EuGH vom 21. September 1999[3]

I. Leitsätze

Die Artikel 52 und 58 EGV [nunmehr Art. 43 und 48 EGV] stehen einer Regelung entgegen, nach der einer in Deutschland gelegenen Betriebsstätte einer Kapitalgesellschaft mit Sitz in einem anderen Mitgliedstaat nicht unter den gleichen Voraussetzungen wie Kapitalgesellschaften mit Sitz in Deutschland folgende steuerliche Vergünstigungen gewährt werden:

– Befreiung von der Körperschaftsteuer für die Dividenden, die in Drittstaaten ansässige Gesellschaften ausgeschüttet haben (internationales körperschaftsteuerliches Schachtelprivileg), aufgrund eines Doppelbesteuerungsabkommens mit einem Drittstaat;

– Anrechnung der Körperschaftsteuer, die in einem anderen Mitgliedstaat als der Bundesrepublik Deutschland auf die Gewinne einer dort ansässigen Tochtergesellschaft erhoben worden ist, auf die deutsche Körperschaftsteuer gemäß den nationalen Rechtsvorschriften.

---

1 Die Bezeichnung der Zweigniederlassung von *St. Gobain* (*St. Gobain ZN*) als Partei des Verfahrens ist unrichtig. Die Klage vor dem FG Köln hatte vielmehr *St. Gobain SA* erhoben (IStR 1997, 557). Die Zweigniederlassung *St. Gobain ZN* wäre als rechtlich unselbständige Betriebsstätte (vgl. § 12 AO sowie Rn. 52) nämlich nicht parteifähig gewesen.

2 DStRE 1999, 836 = IStR 1999, 592 = NZG 1999, 1044 = DB 1999, 2037 = EWS 2000, 18 = FR 1999, 1138 = GmbHR 1999, 1149 = RIW 1999, 978.

3 Gegenstand der Entscheidung waren auch Vorschriften des Vermögensteuerrechts, deretwegen die Kommission bereits ein Vertragsverletzungsverfahren gegen Deutschland eingeleitet hat (*Meilicke*, BB 1992, 1626). Die hiermit verbundenen Probleme werden hier ausgespart, da die Vermögensteuer im Anschluß an die Entscheidung des BVerfG vom 22. Juni 1995 (BVerfGE 93, 121) seit dem 1. Januar 1997 nicht mehr erhoben wird. Dazu wurden die Leitsätze, der Sachverhalt, die Vorlagefrage und die Entscheidungsgründe entsprechend gekürzt.

II. Rechtsgrundlagen[4]

1. Nationales Recht

a) DBA[5]-Vereinigte Staaten[6]

aa) Artikel XV Abs. 1

Eine Doppelbesteuerung ist in der folgenden Weise zu vermeiden: [...] b) 1. Bei einer natürlichen Person mit Wohnsitz in der Bundesrepublik und einer deutschen Gesellschaft wird die Steuer der Bundesrepublik wie folgt festgesetzt: aa) Von der Bemessungsgrundlage der Steuer der Bundesrepublik werden die Einkünfte aus Quellen innerhalb der Vereinigten Staaten ... ausgenommen, die nach diesem Abkommen in den Vereinigten Staaten nicht steuerbefreit sind. ... Bei Einkünften aus Dividenden ist Satz 1 jedoch nur auf die Dividenden anzuwenden, die nach dem Recht der Vereinigten Staaten steuerpflichtig sind und einer deutschen Kapitalgesellschaft von einer amerikanischen Körperschaft gezahlt werden, deren stimmberechtigte Anteile zu mindestens 25 vom Hundert der erstgenannten Gesellschaft unmittelbar gehören. [...]

bb) Art. II Abs. 1 lit. f)

Eine deutsche Gesellschaft ist eine juristische Person, die ihre Geschäftsleitung oder ihren Sitz in Deutschland hat.

b) Artikel 24 Abs. 1 DBA-Schweiz[7]

Bei einer Person, die in der Bundesrepublik Deutschland ansässig ist, wird die Doppelbesteuerung wie folgt vermieden: 1) Von der Bemessungsgrundlage der deutschen Steuer werden die folgenden aus der Schweiz stammenden Einkünfte, die nach den vorstehenden Artikeln in der Schweiz besteuert werden können, ausgenommen: [...] b) Dividenden im Sinne des Artikels 10, die eine in der Schweiz ansässige Kapitalgesellschaft an eine in der Bundesrepublik Deutschland unbeschränkt steuerpflichtige Kapitalgesell-

---

4 Maßgeblich ist das im Streitjahr 1988 geltende Recht. Vorschriften des deutschen Rechts, welche Probleme des Falles mittlerweile zumindest teilweise regeln (vor allem § 8 b KStG), sind erst 1993 in Kraft getreten (vgl. die hier nicht wiedergegebene Rn. 30 sowie die deutsche Anmerkung).

5 Doppelbesteuerungsabkommen (genauer: Abkommen zur Vermeidung der Doppelbesteuerung).

6 Abkommen zwischen der Bundesrepublik Deutschland und den Vereinigten Staaten von Amerika zur Vermeidung der Doppelbesteuerung auf dem Gebiet der Steuern vom Einkommen und einiger anderer Steuern vom 22. Juli 1954 (BGBl. 1954 II S. 1118) in der Fassung des Protokolls vom 17. September 1965 (BGBl. 1966 II S. 745). Wiedergegeben nach Rn. 17 der Entscheidungsgründe.

7 Abkommen zwischen der Bundesrepublik Deutschland und der Schweizerischen Eidgenossenschaft zur Vermeidung der Doppelbesteuerung auf dem Gebiet der Steuern vom Einkommen und vom Vermögen vom 11. August 1971 (BGBl. 1972 II S. 1022), geändert durch das Protokoll vom 30. November 1978 (BGBl. 1980 II S. 750).

schaft ausschüttet, wenn nach deutschem Steuerrecht auf eine davon zu erhebende deutsche Körperschaftsteuer auch eine vom Gewinn der ausschüttenden Gesellschaft erhobene schweizerische Steuer angerechnet werden könnte. [...]

c) § 26 KStG[8]

aa) § 26 Abs. 1 KStG

Bei unbeschränkt Steuerpflichtigen, die mit ausländischen Einkünften in dem Staat, aus dem die Einkünfte stammen, zu einer der deutschen Körperschaftsteuer entsprechenden Steuer herangezogen werden, ist die festgesetzte und gezahlte und keinem Ermäßigungsanspruch mehr unterliegende ausländische Steuer auf die deutsche Körperschaftsteuer anzurechnen, die auf die Einkünfte aus diesem Staat entfällt.

bb) § 26 Abs. 2 S. 1 und 2

Ist eine unbeschränkt steuerpflichtige Körperschaft [...] (Muttergesellschaft) ununterbrochen seit mindestens 12 Monaten vor dem Ende des Veranlagungszeitraums [...] mindestens zu einem Zehntel unmittelbar am Nennkapital einer Kapitalgesellschaft mit Sitz und Geschäftsleitung außerhalb des Geltungsbereichs dieses Gesetzes (Tochtergesellschaft) beteiligt, [...] so ist auf Antrag der Muttergesellschaft auf deren Körperschaftsteuer von Gewinnanteilen, die die Tochtergesellschaft an sie ausschüttet, auch eine vom Gewinn erhobene Steuer der Tochtergesellschaft anzurechnen. Anrechenbar ist die der inländischen Körperschaftsteuer entsprechende Steuer, die die Tochtergesellschaft für das Wirtschaftsjahr, für das sie die Ausschüttung vorgenommen hat, entrichtet hat [...].

d) § 14 KStG

Verpflichtet sich eine Aktiengesellschaft oder Kommanditgesellschaft auf Aktien mit Geschäftsleitung und Sitz im Inland (Organgesellschaft) durch einen Gewinnabführungsvertrag im Sinne des § 291 Abs. 1 des Aktiengesetzes, ihren ganzen Gewinn an ein anderes inländisches gewerbliches Unternehmen abzuführen, so ist das Einkommen der Organgesellschaft [grundsätzlich] dem Träger des Unternehmens (Organträger) zuzurechnen, wenn [die in § 14 näher bezeichneten] Voraussetzungen erfüllt sind [...].

---

8 Die beiden Absätze des § 26 KStG sind streng voneinander zu unterscheiden. § 26 Abs. 1 KStG bestimmt die Voraussetzungen, unter denen eine unbeschränkt steuerpflichtige Gesellschaft im Ausland geschuldete und gezahlte Steuern auf die deutsche Körperschaftsteuer anrechnen lassen kann. Es geht also um die Anrechnung „eigener" Steuern. § 26 Abs. 2 KStG regelt hingegen die Frage,

e) § 15 Nr. 2 S. 1 KStG

Bei der Ermittlung des Einkommens der Organgesellschaft gilt abweichend von den allgemeinen Vorschriften folgendes: [...] Die Vorschriften eines Abkommens zur Vermeidung der Doppelbesteuerung, nach denen Gewinnanteile aus der Beteiligung an einer ausländischen Gesellschaft außer Ansatz bleiben, sind nur anzuwenden, wenn der Organträger zu den durch diese Vorschriften begünstigten Steuerpflichtigen gehört.

2. Gemeinschaftsrecht: Art. 43 und 48 EGV

III. Zum Sachverhalt

1. Das Finanzgericht Köln hat mit Beschluß vom 30. Juni 1997, beim Gerichtshof eingegangen am 2. September 1997, gemäß Artikel 177 EGV [nunmehr Art. 234 EGV] drei Fragen nach der Auslegung der Artikel 52 EGV und 58 EGV [nunmehr Art. 43 und 48 EGV] zur Vorabentscheidung vorgelegt.

2. Diese Fragen stellen sich in einem Rechtsstreit zwischen der Compagnie de Saint-Gobain, Zweigniederlassung Deutschland (nachstehend: Saint-Gobain ZN), und dem Finanzamt Aachen-Innenstadt (nachstehend: Finanzamt).

3. Die Saint-Gobain ZN ist eine deutsche Zweigniederlassung der Compagnie de Saint-Gobain SA (nachstehend: Saint-Gobain SA), einer Gesellschaft französischen Rechts, deren Sitz und Geschäftsleitung sich in Frankreich befinden.

4. Die Saint-Gobain ZN, die in Deutschland im Handelsregister eingetragen ist, wird in Deutschland steuerrechtlich als Betriebsstätte der Saint-Gobain SA behandelt.

5. Die Saint-Gobain SA ist in Deutschland beschränkt steuerpflichtig,[9] da sich weder ihr Sitz noch ihre Geschäftsleitung in diesem Mitgliedstaat befinden. Die beschränkte Steuerpflicht der Saint-Gobain SA erstreckt sich nach § 2 Absatz 1 Körperschaftsteuergesetz (KStG) auf die inländischen Einkünfte ihrer Betriebsstätte.

6. Nach § 8 Absatz 1 KStG in Verbindung mit § 49 Absatz 1 Nummer 2 Buchstabe a Einkommensteuergesetz (EStG) fallen unter die inländischen Einkünfte im Sinne der beschränkten Steuerpflicht die Einkünfte aus einem inländischen Gewerbebetrieb.

8. Im Rahmen des Ausgangsrechtsstreits versagte das Finanzamt der Saint-Gobain SA bestimmte Steuervergünstigungen bei der Besteuerung von Dividendeneinkünften aus

---

wann eine Gesellschaft auch Steuern vom Gewinn einer im Ausland ansässigen Tochtergesellschaft auf *ihre* Körperschaftsteuer anrechnen lassen kann.

9 Die Zweigniederlassung (*St. Gobain ZN*) ist mangels Rechtsfähigkeit selbst nicht steuerpflichtig (§ 2 KStG). Steuerpflichtig nach deutschem Körperschaftsteuerrecht ist allein *St. Gobain SA*, und zwar beschränkt steuerpflichtig i. S. v. § 2 Nr. 1 KStG. *St. Gobain ZN* ist als Betriebsstätte i. S. v. §§ 8 Abs. 1 KStG, 49 Abs. 1 Nr. 2 lit. a) EStG, 12 S. 1 AO lediglich (inländische) Einkunfts*quelle*.

Beteiligungen an ausländischen Kapitalgesellschaften. Diese Steuervergünstigungen sind Gesellschaften vorbehalten, die in Deutschland unbeschränkt steuerpflichtig sind.[10]

9. In dem im Ausgangsrechtsstreit maßgeblichen Jahr 1988 hielt die Saint-Gobain SA über das Betriebskapital ihrer deutschen Zweigniederlassung Saint-Gobain ZN folgende Beteiligungen:

– 10,2 % der Aktien der in den Vereinigten Staaten von Amerika ansässigen Certain Teed Corporation;

– 98,63 % des Kapitals der in Deutschland ansässigen Grünzweig + Hartmann AG (nachstehend: Grünzweig);

– 99 % des Kapitals der in Deutschland ansässigen Gevetex Textilglas GmbH (nachstehend: Gevetex).

10. Die in Deutschland ansässigen Tochtergesellschaften der Saint-Gobain SA, Grünzweig und Gevetex, sind durch einen Organvertrag nach § 18 KStG mit der Saint-Gobain ZN verbunden.[11] Im Rahmen der deutschen Organschaftsregelung ist alleine die Muttergesellschaft einer Gruppe von Gesellschaften (beherrschende Gesellschaft oder Organträger) für das von der Gruppe erzielte Ergebnis steuerpflichtig. Die Gewinne und die Verluste der beherrschten Gesellschaften (Organgesellschaften) werden den Ergebnissen der beherrschenden Gesellschaft hinzugerechnet und gegebenenfalls der Steuer unterworfen, die von letzterer zu entrichten ist, sofern die inländischen beherrschten Gesellschaften finanziell, wirtschaftlich und organisatorisch einem deutschen Unternehmen – oder, wie im vorliegenden Fall, unter bestimmten Bedingungen einer inländischen Betriebsstätte einer ausländischen Gesellschaft – eingegliedert sind und zwischen den beherrschten Gesellschaften und der beherrschenden Gesellschaft ein mindestens fünfjähriger Gewinnabführungsvertrag besteht (§ 14 KStG).

11. Die Gewinne von Grünzweig und Gevetex, die 1988 aufgrund solcher Gewinnabführungsverträge an die Saint-Gobain ZN abgeführt wurden, enthielten Schachteldividenden ausländischer Tochtergesellschaften.

12. 1988 flossen Grünzweig Dividenden der in der Schweiz ansässigen Isover SA und der in Österreich ansässigen Linzer Glasspinnerei Franz Haider AG zu, an denen das Unternehmen 1988 33,34 % bzw. 46,67 % der Anteile hielt.

13. Im selben Jahr erhielt Gevetex Dividenden aus einer Beteiligung zu 24,8 % an der italienischen Tochtergesellschaft Vitrofil SpA.

14. Nach den Akten des Ausgangsrechtsstreits waren die übrigen Voraussetzungen einer Organschaft erfüllt, so daß diese Einkünfte aus den Beteiligungen nach deutschem

---

10 Dies folgt aus den jeweiligen DBA-Bestimmungen und § 26 Abs. 2 S. 1 KStG.

11 Hiermit ist nicht gemeint, daß *St. Gobain ZN* selbst Partei des Organvertrages ist. Das ist wegen der fehlenden Rechtsfähigkeit der Zweigniederlassung nicht möglich. Partei des Organvertrages ist vielmehr *St. Gobain SA*, die diesen Vertrag unter der Firma der Zweigniederlassung (vgl. § 18 S. 1 Nr. 1 KStG) abgeschlossen hat.

Recht unmittelbar der inländischen Betriebsstätte (Saint-Gobain ZN) und damit der beschränkt steuerpflichtigen beherrschenden Gesellschaft (Saint-Gobain SA) zugerechnet wurden (§§ 14 und 18 KStG).

15. Die Saint-Gobain ZN focht vor dem vorlegenden Gericht die Entscheidung des Finanzamts an, ihr für die Dividenden nicht zwei steuerliche Vergünstigungen zu gewähren, durch die vermieden werden soll, daß die in Deutschland Gesellschaften mit Beteiligungen an ausländischen Gesellschaften zugeflossenen Dividenden, die im Ausland bereits besteuert worden sind, in Deutschland noch einmal besteuert werden.

16. Erstens lehnte das Finanzamt es ab, die der Saint-Gobain ZN aus den Vereinigten Staaten von Amerika und aus der Schweiz zugeflossenen Dividenden von der deutschen Körperschaftsteuer zu befreien, und begründete dies damit, daß die zweiseitigen Doppelbesteuerungsabkommen zwischen der Bundesrepublik Deutschland und diesen beiden Drittstaaten zwar eine solche Befreiung vorsähen, sie aber den deutschen Gesellschaften bzw. den in Deutschland unbeschränkt steuerpflichtigen Gesellschaften vorbehielten. Es handelt sich hierbei um das internationale körperschaftsteuerliche Schachtelprivileg.

19. Zweitens gewährte das Finanzamt der Saint-Gobain SA zwar die Vergünstigung der unmittelbaren Anrechnung nach § 26 Absatz 1 KStG. Es rechnete nämlich auf die Körperschaftsteuer, die von der Saint-Gobain SA aufgrund der ihr über die Saint-Gobain ZN zugeflossenen Dividenden geschuldet wurde, die von ihr bereits gezahlte ausländische Quellensteuer an, die in den einzelnen Ansässigkeitsstaaten der ausschüttenden Gesellschaften erhoben worden war. Es lehnte aber die Anrechnung der ausländischen Körperschaftsteuer ab, die auf die Gewinne der Tochter- und Enkelgesellschaften der Saint-Gobain SA in den Staaten, in denen diese Gesellschaften ansässig sind, erhoben worden war (indirekte Anrechnung gemäß § 26 Absatz 2 KStG), da das Gesetz diese Vergünstigung nur den in Deutschland unbeschränkt steuerpflichtigen Gesellschaften vorbehalte.

23. Die Saint-Gobain SA ist der Ansicht, daß der Ausschluß einer deutschen Betriebsstätte einer in Frankreich ansässigen Kapitalgesellschaft von den genannten Vergünstigungen (indirekte Anrechnung und internationale Schachtelprivilegien im Körperschaftsteuerrecht) einen Verstoß gegen Artikel 52 in Verbindung mit Artikel 58 EGV [nunmehr Art. 43 und 48 EGV] darstelle.

24. Das Finanzgericht Köln[12] stellte fest, daß die Versagung dieser Vergünstigungen im Fall einer deutschen Betriebsstätte einer ausländischen Kapitalgesellschaft dem im Jahr 1988 geltenden deutschen Recht entsprochen habe. Es ist aber der Meinung, daß diese Verweigerung insbesondere unter Berücksichtigung des Urteils vom 28. Januar 1986 in der Rechtssache 270/83 (Kommission/Frankreich, Slg. 1986, 273, Randnr. 18)[13] eine gegen Artikel 52 EGV [nunmehr Art. 43 EGV] verstoßende Diskriminierung sein könnte.

---

12 IStR 1997, 557.

13 *Avoir fiscal.* Zu dieser Entscheidung näher im europarechtlichen Teil unter B. II. b) bb).

IV. Vorlagefragen

31. Das Finanzgericht Köln hat daher beschlossen, das Verfahren auszusetzen und dem Gerichtshof folgende Fragen zur Vorabentscheidung vorzulegen:

> 1. Ist es mit dem geltenden Gemeinschaftsrecht, insbesondere mit Artikel 52 in Verbindung mit Artikel 58 EGV [nunmehr Art. 43 und 48 EGV] vereinbar, daß einer in Deutschland gelegenen Betriebsstätte einer Kapitalgesellschaft mit Sitz in einem anderen Mitgliedstaat nicht unter den gleichen Voraussetzungen das Schachtelprivileg für Dividenden aufgrund eines Doppelbesteuerungsabkommens mit einem Drittstaat gewährt wurde wie Kapitalgesellschaften mit Sitz in Deutschland?
>
> 2. Ist es mit dem geltenden Gemeinschaftsrecht, insbesondere mit Artikel 52 in Verbindung mit Artikel 58 EGV [nunmehr Art. 43 und 48 EGV] vereinbar, daß bei einer in Deutschland gelegenen Betriebsstätte einer Kapitalgesellschaft mit Sitz in einem anderen Mitgliedstaat die in einem Drittstaat vom Gewinn einer dort ansässigen Tochtergesellschaft der in Deutschland gelegenen Betriebsstätte erhobene Steuer nicht unter den gleichen Voraussetzungen auf die deutsche Körperschaftsteuer angerechnet wurde wie bei Kapitalgesellschaften mit Sitz in Deutschland?

V. Aus den Entscheidungsgründen

32. Mit seinen drei[14] Fragen, die zusammen zu prüfen sind, möchte das vorlegende Gericht wissen, ob die Artikel 52 und 58 EGV [nunmehr Art. 43 und 48 EGV] einer Regelung entgegenstehen, nach der einer in Deutschland gelegenen Betriebsstätte einer Kapitalgesellschaft mit Sitz in einem anderen Mitgliedstaat nicht unter den gleichen Voraussetzungen wie Kapitalgesellschaften mit Sitz in Deutschland folgende steuerliche Vergünstigungen gewährt werden:

– Befreiung von der Körperschaftsteuer für Dividenden, die in Drittstaaten ansässige Gesellschaften ausgeschüttet haben (internationales körperschaftsteuerliches Schachtelprivileg), aufgrund eines Doppelbesteuerungsabkommens mit einem Drittstaat;

– Anrechnung der Körperschaftsteuer, die in einem anderen Mitgliedstaat als der Bundesrepublik Deutschland auf die Gewinne einer dort ansässigen Tochtergesellschaft erhoben worden ist, auf die deutsche Körperschaftsteuer gemäß den nationalen Rechtsvorschriften.

33. Nach ständiger Rechtsprechung ist Artikel 52 EGV [nunmehr Art. 43 EGV] eine der grundlegenden Vorschriften der Gemeinschaft und seit dem Ablauf der Übergangszeit in den Mitgliedstaaten unmittelbar anwendbar (vgl. u. a. Urteile vom 28. April 1977 in der Rechtssache 71/76, *Thieffry*, Slg. 1977, 765; *Kommission/Frankreich*, Randnr. 1315, und vom 29. April 1999 in der Rechtssache C-311/97, *Bank of Scotland*, Slg. 1999, I-2651, Randnr. 22).

---

14 Hier werden nur zwei dieser Fragen behandelt, siehe Fn. 3.

15 *Avoir fiscal*, siehe B. II. b) bb).

34. Mit der Niederlassungsfreiheit, die Artikel 52 [nunmehr Art. 43 EGV] den Staatsangehörigen der Mitgliedstaaten zuerkennt und die für sie die Aufnahme und Ausübung selbständiger Erwerbstätigkeiten sowie die Gründung und Leitung von Unternehmen nach den gleichen Bestimmungen wie den im Niederlassungsstaat für dessen eigene Angehörigen festgelegten umfaßt, ist gemäß Artikel 58 EGV [nunmehr Art. 48 EGV] für die nach den Rechtsvorschriften eines Mitgliedstaats gegründeten Gesellschaften, die ihren satzungsmäßigen Sitz, ihre Hauptverwaltung oder ihre Hauptniederlassung innerhalb der Gemeinschaft haben, das Recht verbunden, ihre Tätigkeit in dem betreffenden Mitgliedstaat durch eine Tochtergesellschaft, Zweigniederlassung oder Agentur auszuüben (siehe Urteil vom 16. Juli 1998 in der Rechtssache C-264/96, *ICI*, Slg. 1998, I-4695[16], Randnr. 20, und zitierte Rechtsprechung). Die genannten Bestimmungen stellen sicher, daß die Gemeinschaftsangehörigen, die von ihrer Niederlassungsfreiheit Gebrauch gemacht haben, sowie die ihnen dort gleichgestellten Gesellschaften im Aufnahmestaat wie Inländer behandelt werden.

35. Bezüglich der Gesellschaften ist in diesem Zusammenhang hervorzuheben, daß ihr Sitz in dem genannten Sinne, ebenso wie die Staatsangehörigkeit bei natürlichen Personen, dazu dient, ihre Zugehörigkeit zur Rechtsordnung eines Staates zu bestimmen (vgl. Urteil *ICI*[17], Randnr. 20, und zitierte Rechtsprechung).

36. Nach der im Ausgangsverfahren streitigen Praxis werden einer ausländischen Kapitalgesellschaft, die in Deutschland eine Zweigniederlassung unterhält, über die sie Beteiligungen an Gesellschaften hält, die in anderen Staaten als der Bundesrepublik Deutschland ansässig sind, und über die sie Dividenden aus diesen Beteiligungen bezieht, bei der Besteuerung dieser Beteiligungen oder Dividenden bestimmte Steuervergünstigungen versagt, die den Gesellschaften, die in Deutschland unbeschränkt steuerpflichtig sind, entweder aufgrund des nationalen Steuerrechts oder aufgrund von bilateralen Doppelbesteuerungsabkommen mit Drittländern vorbehalten sind.

37. Unbeschränkt körperschaftsteuerpflichtig in Deutschland sind nach deutschem Recht die Gesellschaften, die als Steuerinländer angesehen werden, d. h. die ihre Geschäftsleitung oder ihren Sitz im Inland haben (§ 1 KStG). Die Versagung der im Ausgangsverfahren streitigen Vergünstigungen trifft daher in erster Linie die ausländischen Gesellschaften und gründet sich auf das Kriterium des Sitzes, das bestimmt, nach welcher Regelung die Beteiligungen an Kapitalgesellschaften, die in anderen Mitgliedstaaten als der Bundesrepublik Deutschland ansässig sind, sowie die Dividenden aus diesen Beteiligungen in Deutschland zu besteuern sind.

38. Es ist unstreitig, daß die Steuervergünstigungen des körperschaftsteuerlichen Schachtelprivilegs und der indirekten Anrechnung für die Begünstigten eine Steuererleichterung darstellen, so daß die Betriebsstätten von Gesellschaften mit Sitz in einem anderen Mitgliedstaat (nachstehend: ausländische Gesellschaften), die diese Vergünstigungen nicht erhalten können, gegenüber inländischen Gesellschaften einschließlich der deutschen Tochtergesellschaften ausländischer Gesellschaften benachteiligt sind.

---

16 Fall Nr. 16 in diesem Casebook.

17 Fall Nr. 16 in diesem Casebook.

42. Wenn danach die im Ausgangsverfahren streitigen Steuervergünstigungen den in Deutschland gelegenen Betriebsstätten ausländischer Gesellschaften versagt werden, sind für letztere Schachtelbeteiligungen über deutsche Betriebsstätten weniger attraktiv, da nach den deutschen Rechtsvorschriften und den Doppelbesteuerungsabkommen nur die deutschen Tochtergesellschaften, die als juristische Personen unbeschränkt steuerpflichtig sind, in den Genuß der betreffenden Steuererleichterungen kommen können, wodurch die freie Wahl der für die Ausübung einer Tätigkeit in einem anderen Mitgliedstaat geeigneten Rechtsform, die Artikel 52 Absatz 1 Satz 2 EGV [nunmehr Art. 43 Abs. 1 S. 2 EGV] den Wirtschaftsteilnehmern ausdrücklich einräumt, eingeschränkt wird.

43. Die unterschiedliche Behandlung der Zweigniederlassungen ausländischer Gesellschaften und der inländischen Gesellschaften sowie die Einschränkung der freien Wahl der Form des Zweigbetriebs sind somit als ein einheitlicher Verstoß gegen die Artikel 52 und 58 EGV [nunmehr Art. 43 und 48 EGV] anzusehen.

44. Es stellt sich daher die Frage, ob diese unterschiedliche Behandlung nach den Bestimmungen des Vertrages über die Niederlassungsfreiheit gerechtfertigt werden kann.

45. Die deutsche Regierung macht zunächst geltend, daß im Bereich der direkten Steuern die Lage der inländischen Gesellschaften grundsätzlich nicht mit der der ausländischen Gesellschaften vergleichbar sei.

46. Die Betriebsstätten ausländischer Gesellschaften in Deutschland befänden sich nämlich in einer objektiv anderen Situation als die inländischen Gesellschaften. Bezüglich der Einkünfte, die sie über ihre Zweigniederlassungen in Deutschland bezögen, und ihrer Anteile am Vermögen dieser Niederlassungen seien die ausländischen Gesellschaften in Deutschland beschränkt steuerpflichtig, während die inländischen Gesellschaften in Deutschland unbeschränkt steuerpflichtig seien.

47. Zur Steuerbarkeit von Dividenden, die in Deutschland aus Beteiligungen an ausländischen Tochter- und Enkelgesellschaften bezogen werden, und zur Steuerbarkeit solcher Beteiligungen ist festzustellen, daß die ausländischen Gesellschaften mit einer inländischen Betriebsstätte und die inländischen Gesellschaften sich in einer objektiv vergleichbaren Lage befinden. Zum einen ist nämlich der Bezug von Dividenden in Deutschland steuerbar, unabhängig davon, ob es sich um eine inländische oder um eine ausländische Gesellschaft handelt, wenn letztere die Dividenden über eine in Deutschland gelegene Betriebsstätte bezieht. Zum andern sind Anteile, die in Deutschland an ausländischen Tochter- und Enkelgesellschaften gehalten werden, dort steuerbar, unabhängig davon, ob es sich um eine inländische oder um eine ausländische Gesellschaft handelt, wenn letztere solche Anteile über eine inländische Betriebsstätte hält.

48. Inländische und ausländische Gesellschaften befinden sich vor allem deshalb in einer vergleichbaren Lage, weil die unterschiedliche Behandlung in Wirklichkeit erst auf der Stufe der streitigen Steuervergünstigungen auftritt. Diese Vergünstigungen erlauben es den inländischen Gesellschaften, die im Ausland entrichtete Steuer, mit der die Dividenden aus Beteiligungen an ausländischen Gesellschaften belastet worden sind, von der Körperschaftsteuer abzuziehen oder diese Dividenden oder Beteiligungen von ihren

in Deutschland steuerpflichtigen Einkünften und ihrem dort steuerpflichtigen Welteinkommen auszunehmen. Die Verweigerung dieser Vergünstigungen im Falle ausländischer Gesellschaften, die in Deutschland eine Betriebsstätte unterhalten, hat zur Folge, daß ihre theoretisch auf die „inländischen" Einkünfte beschränkte Steuerpflicht sich in Wirklichkeit auf die aus dem Ausland stammenden Dividenden und Beteiligungen an ausländischen Kapitalgesellschaften erstreckt. Für die streitigen Fragen sind die sonstigen Unterschiede zwischen beschränkter und unbeschränkter Steuerpflicht ohne Bedeutung, weil das Welteinkommen[18] aufgrund der Gewährung der genannten Steuervergünstigungen, die den beschränkt Steuerpflichtigen gerade nicht zugute kommen, weder die von ausländischen Gesellschaften ausgeschütteten Dividenden noch die Beteiligungen an diesen Gesellschaften umfassen.

49. Die deutsche Regierung trägt weiter vor, die Entscheidung, ausländischen Gesellschaften, die in Deutschland eine Betriebsstätte unterhielten, bestimmte, den inländischen Gesellschaften gewährte Steuervergünstigungen nicht zu gewähren, sei dadurch gerechtfertigt, daß eine Minderung der Einnahmen vermieden werden müsse, die sonst einträte, weil der deutsche Fiskus den sich aus der Gewährung der genannten Steuererleichterungen ergebenden Steuerausfall nicht durch die Besteuerung der Dividenden ausgleichen könne, die von ausländischen Kapitalgesellschaften mit einer Betriebsstätte in Deutschland ausgeschüttet würden. Während der Einnahmeausfall, der in einem Mitgliedstaat aufgrund der Gewährung der betreffenden Steuervergünstigungen entstehe, teilweise durch die Besteuerung der Dividenden bei ihrer Ausschüttung durch die Muttergesellschaft ausgeglichen werde (Kapitalertragsteuer, Aktionärsteuer), komme der Staat, der diese Steuervergünstigungen einer Betriebsstätte einer ausländischen Kapitalgesellschaft gewähre, nicht in den Genuß dieses Ausgleichs, da er an der Besteuerung der Erträge der Muttergesellschaft nicht beteiligt sei.

50. Die Vermeidung von Mindereinnahmen wegen nicht teilweise ausgleichbarer Steuerausfälle, die entstünden, wenn ausländischen Gesellschaften mit einer Betriebsstätte in Deutschland die einzelnen in Rede stehenden Steuervergünstigungen gewährt würden, findet sich nicht unter den in Artikel 56 EGV [nunmehr Art. 46 EGV] aufgeführten Gründen und kann nicht als zwingender Grund des Allgemeininteresses angesehen werden, der eine mit Artikel 52 EGV [nunmehr Art. 43 EGV] grundsätzlich unvereinbare Ungleichbehandlung rechtfertigen könnte (vgl. in diesem Sinne Urteil *ICI*,[19] Randnr. 28).

51. Nach Ansicht der Bundesregierung ist die Versagung der Vergünstigungen auch durch den Vorteil gerechtfertigt, den die Betriebsstätten gegenüber den inländischen Tochtergesellschaften bei der Abführung von Gewinnen an die ausländische Haupt- oder Muttergesellschaft hätten.

52. Da die Betriebsstätten keine eigene Rechtspersönlichkeit hätten, könnten sie ihre Gewinne nicht wie die unabhängigen Tochtergesellschaften in Form von Dividenden an die Hauptgesellschaft abführen. Ihre Gewinne würden dem ausländischen Hauptunternehmen direkt zugerechnet, das mit diesen Gewinnen in Deutschland nur be-

---

18 Vgl. § 1 Abs. 2 KStG sowie die Ausführungen in den Vorbemerkungen unter B. I. 2.

19 Fall Nr. 16 in diesem Casebook.

schränkt steuerpflichtig sei. Die Abführung der Gewinne der Betriebsstätte an den Sitz der Gesellschaft biete, worauf auch die portugiesische Regierung hingewiesen hat, anders als die Ausschüttung der Gewinne einer Tochtergesellschaft an ihre Muttergesellschaft nicht die Möglichkeit, darauf in Deutschland eine Quellensteuer zu erheben. Die von der Betriebsstätte an den Sitz der Gesellschaft abgeführten Gewinne würden daher nicht erfaßt. Dies gelte auch für eventuell spätere Ausschüttungen der ausländischen Gesellschaft, während die Gewinne der inländischen Gesellschaften bei der Ausschüttung von Dividenden an die Aktionäre besteuert würden.

53. Die unterschiedliche steuerliche Behandlung von inländischen Gesellschaften und Zweigniederlassungen kann jedoch auch nicht durch andere Vorteile gerechtfertigt werden, die die Zweigniederlassungen gegenüber den inländischen Gesellschaften genießen und die nach Ansicht der deutschen Regierung die sich aus der Versagung der betreffenden Steuervergünstigungen ergebenden Nachteile ausglichen. Selbst wenn man unterstellen wollte, daß solche Vorteile bestünden, könnten sie keinen Verstoß gegen die Verpflichtung aus Artikel 52 EGV [nunmehr Art. 43 EGV], die Inländerbehandlung hinsichtlich der betreffenden Steuervergünstigungen zu gewähren, rechtfertigen (vgl. in diesem Sinne Urteil Kommission/Frankreich,[20] Randnr. 21).

54. Die deutsche Regierung hat schließlich zur Rechtfertigung der Versagung der Vergünstigungen angeführt, daß der Abschluß bilateraler Abkommen mit einem Drittstaat nicht in den Zuständigkeitsbereich der Gemeinschaft falle. Das Ertragsteuerrecht falle in die Zuständigkeit der Mitgliedstaaten, die somit frei seien, Doppelbesteuerungsabkommen mit Drittstaaten abzuschließen. Mangels gemeinschaftsrechtlicher Harmonisierungsregelungen für diesen Bereich unterliege die Frage, ob Betriebsstätten im Rahmen eines Doppelbesteuerungsabkommens mit einem Drittstaat das internationale Schachtelprivileg für Dividenden zu gewähren sei, nicht dem Gemeinschaftsrecht. Die Ausdehnung der in den Abkommen mit Drittstaaten vorgesehenen steuerlichen Vergünstigungen auf andere Sachverhalte wäre mit dieser sich aus dem Gemeinschaftsrecht ergebenden Kompetenzverteilung nicht vereinbar.

55. Die schwedische Regierung hat zusätzlich vorgetragen, daß die Doppelbesteuerungsabkommen auf dem Grundsatz der Gegenseitigkeit beruhten und das ihnen innewohnende Gleichgewicht verlorenginge, wenn ihre Bestimmungen auch auf Gesellschaften angewandt würden, die in Mitgliedstaaten ansässig seien, die nicht an diesen Abkommen beteiligt seien.

56. In Ermangelung gemeinschaftlicher Maßnahmen zur Vereinheitlichung oder Harmonisierung insbesondere nach Artikel 220 zweiter Gedankenstrich EGV [nunmehr Art. 293 zweiter Gedankenstrich EGV) sind die Mitgliedstaaten weiterhin dafür zuständig, die Kriterien für die Besteuerung des Einkommens und des Vermögens festzulegen, um gegebenenfalls im Vertragswege die Doppelbesteuerung zu vermeiden. In diesem Zusammenhang steht es den Mitgliedstaaten frei, im Rahmen bilateraler Doppelbesteuerungsabkommen die Anknüpfungspunkte für die Aufteilung der Steuerhoheit festzulegen (vgl.

---

20 *Avoir fiscal*, siehe B. II. b) bb).

in diesem Sinne Urteil vom 12. Mai 1998 in der Rechtssache C-336/96, *Gilly*, Slg. 1998, I-2793, Randnrn. 24 und 30).

57. Bei der Ausübung der auf diese Weise aufgeteilten Steuerhoheit können die Mitgliedstaaten sich jedoch nicht über die gemeinschaftlichen Rechtsvorschriften hinwegsetzen. Nach ständiger Rechtsprechung des Gerichtshofes fallen die direkten Steuern zwar in die Zuständigkeit der Mitgliedstaaten, doch müssen diese ihre Zuständigkeit unter Wahrung des Gemeinschaftsrechts ausüben (Urteil *ICI*,[21] Randnr. 19, und zitierte Rechtsprechung).

58. In dem vorliegenden Fall eines Doppelbesteuerungsabkommens zwischen einem Mitgliedstaat und einem Drittland verpflichtet der Grundsatz der Inländerbehandlung den an diesem Abkommen beteiligten Mitgliedstaat, die in diesem Abkommen vorgesehenen Vorteile den Betriebsstätten ausländischer Gesellschaften unter den gleichen Voraussetzungen wie den inländischen Gesellschaften zu gewähren.

59. Wie der Generalanwalt in Nummer 81 seiner Schlußanträge ausgeführt hat, stellen die gemeinschaftsrechtlichen Verpflichtungen der Bundesrepublik Deutschland keineswegs ihre Verpflichtungen aus ihren Vereinbarungen mit den Vereinigten Staaten von Amerika oder der Schweizerischen Eidgenossenschaft in Frage. Das Gleichgewicht und die Gegenseitigkeit der Abkommen zwischen der Bundesrepublik Deutschland und diesen beiden Ländern werden durch eine einseitig von der Bundesrepublik Deutschland beschlossene Ausdehnung des persönlichen Geltungsbereichs der in diesen Abkommen vorgesehenen Steuervergünstigungen in Deutschland, im vorliegenden Fall des internationalen körperschaftsteuerlichen Schachtelprivilegs, nicht gefährdet, da eine solche Ausdehnung in keiner Weise die Rechte der an den Abkommen beteiligten Drittstaaten beeinträchtigt und ihnen keine neuen Verpflichtungen auferlegt.

60. Außerdem ist der deutsche Gesetzgeber nicht der Ansicht gewesen, daß die Bestimmungen der mit Drittländern geschlossenen Doppelbesteuerungsabkommen einem einseitigen Verzicht der Bundesrepublik Deutschland auf die Besteuerung der Dividenden aus Beteiligungen an ausländischen Gesellschaften entgegenstünden, da er mit Erlaß des Standortsicherungsgesetzes vom 13. September 1993 die körperschaftsteuerlichen Vergünstigungen auf die Betriebsstätten ausländischer Gesellschaften einseitig ausgedehnt und damit die unterschiedliche steuerliche Behandlung der Betriebsstätten gegenüber den Gesellschaften mit Sitz oder Geschäftsleitung in Deutschland beseitigt hat.

61. Die schwedische Regierung hat in ihren schriftlichen Erklärungen vorgetragen, daß in bestimmten Extremfällen die Ausdehnung des Anwendungsbereichs bilateraler Doppelbesteuerungsabkommen dazu führen könnte, daß eine Besteuerung völlig entfalle.

62. Wie der Generalanwalt in Nummer 88 seiner Schlußanträge ausgeführt hat, spielt dieses Argument im Ausgangsrechtsstreit keine Rolle, da nicht geltend gemacht worden ist, es bestehe die Gefahr, daß die Gewinne in keinem Land besteuert würden.

---

21 Fall Nr. 16 in diesem Casebook.

63. Somit ist auf die Fragen des vorlegenden Gerichts i. S. d. Leitsätze zu antworten.

B. Anmerkungen

I. Vorbemerkungen

Die der *St. Gobain*-Entscheidung zugrundeliegenden Zusammenhänge sind sowohl in tatsächlicher als auch in rechtlicher Hinsicht nicht ohne weiteres zugänglich. Deswegen bedarf es einiger allgemeiner Vorbemerkungen.

1. Bei der Besteuerung von Dividenden[22] stellt sich ein grundsätzliches Regelungsproblem: Der Gewinnanteil, aus dem die Dividendenzahlung besteht, ist bereits auf Ebene der ausschüttenden Gesellschaft mit Körperschaftsteuer belastet worden. Würde man auch den Zufluß der Dividende beim Gesellschafter in vollem Umfang der Besteuerung unterwerfen, wäre der Gewinnanteil steuerlich doppelt erfaßt. Dies gilt es weitestgehend zu vermeiden (Verbot der Doppelbesteuerung).[23] Diese Vorgabe wird in den verschiedenen Mitgliedstaaten durch unterschiedliche rechtstechnische Mittel umgesetzt. Zum einen kann das Problem in der Weise gelöst werden, daß die von der Gesellschaft gezahlte Körperschaftsteuer auf die vom Gesellschafter zu zahlende Körperschaft- oder Einkommensteuer angerechnet wird. Diesem sog. Anrechnungsverfahren[24] steht das Halbeinkünfteverfahren gegenüber. Bei diesem Verfahren wird die Hälfte der Dividende steuerfrei gestellt. Dieser Teil geht also gar nicht in die für die Besteuerung des Gesellschafters maßgebliche Bemessungsgrundlage ein.

2. Der Grundsatz des Verbots der Doppelbesteuerung kann darüber hinaus in einem zweiten, ganz anderen Zusammenhang Bedeutung erlangen, nämlich bei grenzüberschreitenden Sachverhalten (sog. internationales Steuerrecht). Unterhält eine Person mit Sitz in einem Mitgliedstaat z. B. einen Gewerbebetrieb, der in einem anderen Mitgliedstaat angesiedelt ist, so stellt sich die Frage, welchem Mitgliedstaat das Besteuerungsrecht für die Einkünfte aus dem Gewerbebetrieb zusteht. Fast alle Staaten erheben den Anspruch, zum einen das gesamte Einkommen der Personen zu besteuern, die in ihrem Gebiet ansässig sind (sog. Welteinkommensprinzip oder worldwide taxation), zum anderen alle Einkünfte der Besteuerung zu unterwerfen, die aus inländischen Quellen

---

22 Das Problem besteht auch bei anderen Ausschüttungen der Gesellschaft an den Gesellschafter (vgl. die in § 8 b Abs. 2 S. 1 KStG genannten Vorgänge) sowie bei der Veräußerung von Anteilen an der Gesellschaft. Hier soll die Dividendenzahlung als besonders anschauliches Beispiel herausgegriffen werden.

23 Daß es Doppelbesteuerungen zu vermeiden gilt, wird heute nicht mehr in Frage gestellt. Zum einen ist die doppelte steuerliche Erfassung von Einkünften mit Blick auf den Steuerpflichtigen ungerecht. Bei grenzüberschreitenden Sachverhalten kommt hinzu, daß der Doppelbesteuerung wettbewerbsverzerrende Wirkung zukommen kann (hierzu etwa *Birk*, Rn. 198).

24 Zum deutschen Anrechnungsverfahren näher in der deutschen Anmerkung unter B. III. 2. a).

(z. B. einem Gewerbebetrieb) stammen, ohne Rücksicht darauf, ob die Person, die diese Einkünfte bezieht, im Gebiet des Staates ansässig ist (sog. Quellenprinzip oder source taxation).[25] Verfolgten alle Staaten diese Ansprüche uneingeschränkt, so würde bei den meisten grenzüberschreitenden Sachverhalten eine Doppelbesteuerung festzustellen sein. Deswegen reduzieren die meisten Staaten ihren Steueranspruch bei grenzüberschreitenden Sachverhalten entweder indem schon im nationalen Steuerrecht auf die Besteuerung bestimmter Sachverhalte verzichtet wird[26] oder durch den Abschluß von DBA. DBA sind völkerrechtliche Verträge und gehen nationalem Steuerrecht vor.[27] Sie bedienen sich zwei unterschiedlicher Instrumente, um die Doppelbesteuerung zu vermeiden: Nach der Anrechnungsmethode wird die ausländische Steuer auf die inländische Steuer angerechnet. Hier wird also der Steueranspruch nicht prinzipiell verkürzt. Die Höhe der – entstandenen – Steuer wird lediglich reduziert, sofern die Einkünfte auch in einem anderen Staat der Besteuerung unterliegen. Hiervon zu unterscheiden ist die Freistellungsmethode, nach der die Einkünfte bereits von der Bemessungsgrundlage der nationalen Steuer ausgenommen werden.

3. Geht es um die Besteuerung von Dividenden, die eine ausländische Gesellschaft an eine inländische Gesellschaft ausschüttet, sind gleich beide der angesprochenen Problemfelder berührt: Da es sich hierbei um einen grenzüberschreitenden Vorgang handelt, erhebt sich die Frage, ob beide Staaten einen Anspruch auf Besteuerung der Dividendenzahlung erheben (vgl. oben 1. b). Von der Besteuerung der Dividendenzahlung streng zu trennen ist die Besteuerung des Gewinnanteils, aus dem die Dividende gewährt wird.[28] Dieser unterliegt auf Ebene der ausschüttenden Gesellschaft einer eigenständigen Besteuerung, so daß sich für beide Steueransprüche die Frage stellt, ob die Besteuerung des Gewinns der ausschüttenden Gesellschaft bei der Besteuerung der Dividende zu berücksichtigen ist (vgl. oben 1. a). In diesem Sinne ist der Grundsatz, daß eine Doppelbesteuerung zu vermeiden ist, bei der grenzüberschreitenden Dividendenzahlung in zwei unterschiedlichen Dimensionen von Bedeutung. Dies macht die rechtliche Lösung besonders kompliziert.

II. Europarecht

1. Als gemeinschaftsrechtlichen Maßstab für die Prüfung der Vorlagefragen könnte man zunächst die Mutter-Tochter-Richtlinie[29] heranziehen. Indes ist bereits problematisch,

---

25 *Birk*, Rn. 200; *Tipke/Lang*, § 2 Rn. 36 m. w. N.

26 Für Deutschland ist im vorliegenden Zusammenhang vor allem § 8 b KStG zu nennen (hierzu in der deutschen Anmerkung unter C. III. 1.).

27 Siehe für Deutschland § 2 AO.

28 Auf diesen Unterschied wird auch in manchen DBA aufmerksam gemacht (z. B. Art. 10 Abs. 2 Unterabs. 2 DBA-Italien).

29 Siehe Grundzüge, Fn. 104.

ob die Richtlinie überhaupt im Verhältnis zwischen *St. Gobain SA*, *St. Gobain ZN* und den beiden deutschen Tochtergesellschaften angewendet werden könnte. Denn seinem Wortlaut nach gilt Art. 4 Abs. 1 der Richtlinie nur für Dividenden, die (unmittelbar) von der Tochtergesellschaft an die Muttergesellschaft ausgeschüttet werden. Es finden sich allerdings Stimmen, die die Richtlinie auch dann anwenden wollen, wenn zwischen Mutter- und Tochtergesellschaft eine Betriebsstätte geschaltet worden ist.[30] Auf der Grundlage dieser Auffassung käme die Anwendung der Richtlinie also in Betracht. Letztlich ist die Richtlinie für den vorliegenden Fall aber schon deshalb ohne Bedeutung, weil sie erst im Jahre 1990 in Kraft getreten ist, sich der dem *St. Gobain*-Verfahren zugrundeliegende Sachverhalt aber bereits 1988 zugetragen hat.[31]

2. Prüfungsmaßstab ist also allein die – unmittelbar anwendbare (Rn. 33) – Niederlassungsfreiheit nach Art. 43 EGV.

a) *St. Gobain SA* fällt als nach französischem Recht wirksam gegründete Kapitalgesellschaft in den persönlichen Schutzbereich der Niederlassungsfreiheit (i. V. m. Art. 48 Abs. 1 EGV). Ferner muß ein Akt der freien Niederlassung vorliegen. Hierzu gehört gemäß Art. 43 Abs. 1 S. 2 EGV die Gründung von Zweigniederlassungen, hier *St. Gobain ZN*, sowie deren Betrieb (vgl. Art. 43 Abs. 2 EGV: „Gründung und Leitung"). Der Schutzbereich der Niederlassungsfreiheit ist daher betroffen.

b) Die *St. Gobain SA* zustehende Niederlassungsfreiheit muß durch die deutschen Steuervorschriften in relevanter Weise beeinträchtigt werden.

aa) Dies ist jedenfalls dann anzunehmen, wenn eine Diskriminierung vorliegt. Hierzu muß zunächst eine Ungleichbehandlung festgestellt werden, wobei der EuGH die Besteuerung einer ausländischen Gesellschaft mit inländischer Betriebsstätte der Besteuerung einer deutschen Gesellschaft gegenüberstellt.[32] Diese werden vom deutschen Steuerrecht unterschiedlich behandelt, da deutsche, also unbeschränkt steuerpflichtige Gesellschaften, bei der Besteuerung von Dividenden, die sie von ausländischen Gesellschaften beziehen, besser gestellt sind als ausländische Gesellschaften, die über eine Betriebsstätte Anteile einer ausländischen Gesellschaft halten. Dies folgt aus dem Umstand, daß die Möglichkeiten zur Berücksichtigung der von der ausländischen Gesellschaft gezahlten Körperschaftsteuer, die in den von Deutschland geschlossenen DBA enthalten sind,[33] unbeschränkt steuerpflichtigen Gesellschaften vorbehalten sind. Gleiches gilt für die Vorschrift des § 26 Abs. 2 S. 1 KStG. Eine Ungleichbehandlung liegt

30 *Meilicke*, BB 1992, 1626; *Saß*, DB 1999, 2381.

31 Ferner wäre der Nachweis zu führen, daß den Vorschriften der Mutter-Tochter-Richtlinie unmittelbare Wirkung zukommt.

32 Vgl. zu diesem Vergleichspaar *de Weerth*, RIW 2000, 509, 510.

33 Freistellung oder Anrechnung (vgl. Vorbemerkungen, B. I. 2.).

also vor. Diese Ungleichbehandlung knüpft auch an den Sitz der Gesellschaft an.[34] Fraglich ist allein, ob es sich auch um vergleichbare Sachverhalte handelt.[35] Im *Schumacker*-Urteil hat der EuGH[36] die Differenzierung zwischen unbeschränkter und beschränkter Steuerpflicht und die damit notwendigerweise einhergehenden Ungleichbehandlungen grundsätzlich für zulässig erklärt.[37] Hiernach müßte man das Vorliegen einer Diskriminierung an sich verneinen. Schon im *ICI*-Urteil[38] wurde indes dargelegt, daß die Grundsätze des *Schumacker*-Urteils nicht mehr der aktuellen Rechtsauffassung des Gerichtshofes entsprechen.[39] So kommt es, daß der Gerichtshof in Rn. 36 – 38, 46 – 48 das Vorliegen einer Diskriminierung mit Argumenten bejaht, die ihn in der *Schumacker*-Entscheidung noch zum gegenteiligen Ergebnis kommen ließen.[40]

bb) Die Niederlassungsfreiheit könnte unter einem zweiten Gesichtspunkt als beschränkt anzusehen sein. Generalanwalt *Mancini* hat bereits 1985 in seinen Schlußanträgen zur *avoir fiscal*-Entscheidung[41] die Auffassung vertreten, Art. 43 Abs. 1 S. 2 EGV lasse „den Wirtschaftsteilnehmern die Möglichkeit, die geeignete Rechtsform[42] für die Ausübung ihrer Tätigkeit in einem anderen Mitgliedstaat frei zu wählen".[43] Dem ist der Gerichtshof im wesentlichen gefolgt.[44] Hiernach enthält Art. 43 EGV nicht nur ein Recht auf Gleichbehandlung mit inländischen Gesellschaften, sondern darüber hinausgehend auch ein Recht zur freien Wahl der Organisationsform für das zu betreibende Unternehmen. Das Unternehmen kann als rechtlich unselbständige Betriebsstätte organisiert oder als rechtlich selbständige Tochtergesellschaft verfaßt werden. Beide Organisationsformen haben ihre Vor- und Nachteile.[45] Versteht man mit der heute ganz h. M.[46] die Niederlassungsfreiheit auch als Organisationsfreiheit, so kann die ausländische Gesellschaft frei zwischen diesen beiden Organisationsformen wählen und die gleiche Behandlung dieser Organisationsformen durch das nationale Recht einfordern. Unter diesem Gesichtspunkt liegt jedenfalls eine Beschränkung der *St. Gobain SA* zustehenden

---

34 Hierzu Grundzüge, D. I. 2. a) cc).

35 Hierzu Grundzüge, D. I. 2. a) cc). Diese Frage prüft der Gerichtshof erst auf Rechtfertigungsebene, was systematisch unkorrekt ist und sich nicht mit dem üblichen Vorgehen des Gerichtshofs deckt.

36 Slg. 1995, 225 = FR 1995, 224.

37 *Klein*, in: Lehner, 7, 19. Auf dieses Urteil hatte sich auch die Bundesregierung berufen (siehe Rn. 38 der Schlußanträge des Generalanwalts *Mischo*, Slg. 1999, I-6163).

38 Fall Nr. 16 in diesem Casebook.

39 Dies ist insofern bedauerlich, als niemals eine ausdrückliche Aufgabe der *Schumacker*-Rechtsprechung erfolgt ist.

40 Vgl. zur Vergleichbarkeitsprüfung Toifl, IStR 1999, 182, 183; de Weerth, RIW 2000, 509, 510.

41 Slg. 1986, 273.

42 Treffender ist der Begriff „Organisationsform".

43 Slg. 1986, 275, Rn. 11.

44 3. Leitsatz der Entscheidung (Slg. 1986, 274).

45 Anschaulich *Schön*, EWS 2000, 281, 283.

46 *Schön*, EWS 2000, 281, 283. Ebenso BT-Drucksache 1/93, S. 40 f.

Niederlassungsfreiheit vor (Rn. 42). Denn hätte *St. Gobain SA* die deutsche Niederlassung als Tochtergesellschaft organisiert, so wäre diese unbeschränkt steuerpflichtig i. S. v. § 1 KStG und könnte sich so ohne weiteres auf die Schachtelprivilegien aus DBA und § 26 Abs. 2 S. 1 KStG berufen.[47]

cc) Es liegen demnach zwei voneinander zu trennende Verstöße gegen Art. 43 EGV vor. In Rn. 43 weist der Gerichtshof darauf hin, daß diese beiden Ungleichbehandlungen (gleichwohl) „als einheitlicher Verstoß" gegen die Art. 43, 48 EGV anzusehen sind. Nicht klar wird, ob dieser Feststellung für die weitere Prüfung Bedeutung zukommt.

c) Schließlich ist zu fragen, ob sich die genannten Beschränkungen rechtfertigen lassen. Folgt man dem EuGH in der Annahme, daß in der unterschiedlichen Behandlung einer ausländischen Gesellschaft mit inländischer Betriebsstätte und einer inländischen Gesellschaft eine Diskriminierung liegt, so muß es verwundern, wenn der Gerichtshof in Rn. 50 neben Art. 46 Abs. 1 EGV die „zwingenden Gründe des Allgemeininteresses", also die *Cassis de Dijon*-Rechtsprechung, als Rechtfertigungsgrundlage[48] heranzieht. Dies mag darauf zurückzuführen sein, daß der Gerichtshof in dem Verstoß gegen die Freiheit zur Organisationswahl keine Diskriminierung sieht und insofern auch eine Rechtfertigung nach der *Cassis de Dijon*-Rechtsprechung zulassen will.

aa) Die deutsche Regierung beruft sich vor allem darauf, daß die deutsche Regelung allein der Verhinderung von Steuerausfällen diene (Rn. 49). Die Befreiung deutscher Gesellschaften von der Körperschaftsteuer könne erfolgen, weil diese Einkünfte jedenfalls dann der deutschen Besteuerung (nach Einkommensteuerrecht) unterworfen seien, wenn sie an einen Endaktionär ausgeschüttet werden. Schütten hingegen ausländische Gesellschaften Gewinn an ausländische Endaktionäre aus, so könne Deutschland diese Ausschüttungen auch dann nicht mehr besteuern, wenn hierin letztlich „deutsche" Anteile enthalten sind. Es entstünden dann empfindliche Steuerausfälle. Dies könne nur dadurch vermieden werden, daß bereits die Dividendenzahlung an die ausländische Gesellschaft besteuert wird.

Diese steuersystematische[49] Argumentation weist der EuGH mit der Feststellung, daß es sich hierbei nicht um in Art. 46 EGV genannte Gründe handele, und dem Verweis auf das *ICI*-Urteil[50] zurück. Auch an dieser Stelle wird deutlich, daß der EuGH von den Grundsätzen des *Schumacker*-Urteils deutlichen Abstand genommen hat.

---

47 Auch Generalanwalt *Mischo* scheint eine Verletzung der Niederlassungsfreiheit letztlich unter diesem Gesichtspunkt annehmen zu wollen (Rn. 68 seiner Schlußanträge, Slg. 1999, I-6163).

48 Hierzu Grundzüge, D. I. 3.

49 Treffend *Saß*, DB 1999, 2381, 2382.

50 Dort Rn. 28. Siehe Fall Nr. 16 in diesem Casebook.

bb) In Rn. 51 – 52 versucht die Bundesregierung die deutsche Rechtslage damit zu rechtfertigen, daß sie auf die steuerlichen Vorteile verweist, die sich für eine Betriebsstätte einer ausländischen Gesellschaft gegenüber der Tochtergesellschaft einer ausländischen Gesellschaft ergeben. Denn Einkünfte der Tochtergesellschaft sind kraft Zurechnung gleichzeitig Einkünfte des rechtsfähigen Stammhauses, da der Betriebsstätte selbst keine Rechtsfähigkeit zukommt. Hier fehlt es also an einem steuerbaren Vorgang, während bei einer Tochtergesellschaft die Dividendenausschüttung an die Muttergesellschaft besteuert werden kann. Hiermit beruft sich die Bundesregierung auf den bereits im *ICI*-Urteil erwähnten Grundsatz der steuerlichen Kohärenz.[51] Wie in der *ICI*-Entscheidung läßt der EuGH diese Argumente nicht gelten (Rn. 53). Eine Begründung seiner Ansicht bleibt er schuldig.

cc) Als dritten Punkt prüft der EuGH die Frage, ob sich zumindest die Versagung des internationalen Schachtelprivilegs nach den DBA[52] mit der besonderen Natur dieser Abkommen rechtfertigen läßt. Die deutsche Regierung hatte hierzu ausgeführt, der Abschluß bilateraler Abkommen mit einem Drittstaat falle nicht in den Zuständigkeitsbereich der Gemeinschaft (Rn. 54). Die Bundesregierung ist also der Auffassung, daß ein gemeinschaftsrechtlicher Anspruch auf Gleichbehandlung dann nicht bestehen könne, wenn sich die erstrebte Vergünstigung aus völkerrechtlichen Verträgen, die mit Drittstaaten geschlossen worden sind, ergibt.[53] Diesen Verträgen wohne ein besonderes „Gleichgewicht" inne, das es unmöglich mache, den Anwendungsbereich dieser Abkommen auch auf Gesellschaften zu erstrecken, die nicht in einem der Staaten ansässig sind, die am Abschluß des Abkommens beteiligt sind (Rn. 55).

Der Gerichtshof folgt dieser Argumentation nicht (Rn. 56 – 62). Insbesondere betont er, daß die Bundesrepublik den Kreis der aus den DBA Berechtigten auf Ansässige aus anderen Mitgliedstaaten der EG erweitern könne, ohne dadurch die Rechte der an den Abkommen beteiligten Drittstaaten zu beeinträchtigen (Rn. 59). In der Tat hat die Erstreckung der DBA-Vergünstigungen auf Gesellschaften mit Sitz in anderen Mitgliedstaaten lediglich eine Minderung des Steueraufkommens zur Folge, nicht jedoch eine Kollision mit Verpflichtungen, die Deutschland aufgrund von DBA gegenüber einem Drittstaat obliegen.[54] Zusätzlich hätte sich der Gerichtshof auf die Ausführungen des Generalanwalts *Mischo* in Rn. 77 seiner Schlußanträge[55] stützen können. Dort legt der

---

51 Fall Nr. 16 in diesem Casebook, dort unter B. II. 1. b) dd) (2). Bemerkenswerterweise erwähnt der Gerichtshof – im Unterschied zum Generalanwalt (Slg. 1999, I–6163, Rn. 63) – diesen Begriff nicht. Vgl. auch *Toifl*, IStR 1999, 182, 183 f.

52 Vgl. die erste Vorlagefrage (A. IV. 1.).

53 Hieran wird deutlich, daß es sich eher um ein Rechtsfolgen- als um ein Rechtfertigungsproblem handelt.

54 Vgl. auch Generalanwalt *Mischo*, Slg. 1999, I-6163, Rn. 81; *de Weerth*, RIW 2000, 509, 511.

55 Slg. 1999, I-6163.

Generalanwalt – auch am Beispiel des neu eingeführten § 26 Abs. 7 KStG (Rn. 83) – dar, daß im vorliegenden Zusammenhang kein wesentlicher Unterschied zwischen Vorschriften, die „rein innerstaatlichen Ursprungs" sind, und DBA-Bestimmungen besteht. Demnach können sich Mitglieder der Gemeinschaft kraft der gemeinschaftsrechtlichen Gleichbehandlungsansprüche auch auf Vergünstigungen berufen, die in DBA enthalten sind.

3. Eine Verletzung der Niederlassungsfreiheit liegt demnach vor. Folge ist ein Anspruch der Klägerin auf steuerliche Gleichbehandlung ihrer Betriebsstätte mit inländischen Gesellschaften. Einzuräumen sind nicht nur die Vergünstigungen, die das (rein) nationale Recht gewährt; die Klägerin kann sich zugunsten ihrer Betriebsstätte auch auf Befreiungs- bzw. Anrechnungsvorschriften aus DBA berufen.[56]

III. Deutschland

In Deutschland wurde der *St. Gobain*-Entscheidung große Aufmerksamkeit geschenkt.[57] Dies ist vor allem darauf zurückzuführen, daß der deutsche Gesetzgeber die Besteuerung ausländischer Gesellschaften sowie der Einkünfte aus Beteiligungen an ausländischen Gesellschaften 1993 einer ausführlichen gesetzlichen Regelung zugeführt hat, insbesondere durch Einfügung der §§ 8 b, 26 Abs. 7 KStG. Die *St. Gobain*-Entscheidung hat die Frage aufgeworfen, ob diese Regelungen mit Gemeinschaftsrecht in Einklang stehen (dazu unter 1.), zumal diese Gesetzesänderungen von dem Bestreben getragen

---

56 Dadurch wird eine Betriebsstätte einer Person in abkommensrechtlicher Hinsicht gleichgestellt. Dieses Ergebnis deckt sich nicht mit den Vorgaben des OECD-Musterabkommens (*de Weerth*, IStR 1999, 628), entspricht aber der Wertung der 1993 eingefügten §§ 8 b Abs. 4, 26 Abs. 7 KStG (zu diesen in der deutschen Anmerkung unter B. III. 1.).

57 Siehe etwa die Beiträge von *de Weerth*, EG-Recht und direkte Steuern – Jahresüberblick 1999, RIW 2000, 509; *Eilers/Schmidt*, Diskriminierungsverbot gegenüber ausländischen EU-Kapitalgesellschaften nach dem EuGH-Urteil Saint Gobain vom 21. 9. 1999, DStR 1999, 1977; *Saß*, Verbotene Diskriminierungen inländischer Betriebsstätten aufgrund der Niederlassungsfreiheit der EU – Anmerkungen zum „St. Gobain"-Urteil des EuGH, DB 1999, 2381; *Schön*, Freie Wahl zwischen Zweigniederlassung und Tochtergesellschaft – ein Grundsatz des Europäischen Unternehmensrechts, EWS 2000, 281; *Toifl*, Anmerkungen zu den Schlußanträgen des Generalanwaltes Mischo, IStR 1999, 182; *Wagner*, Anmerkung zum St. Gobain-Urteil des EuGH, NZG 1999, 1048. Die Frage wurde bereits vor Erlaß des Urteils diskutiert (*Lausterer*, IStR 1997, 557, 559; weitere Nachweise im Urteil des FG Köln, IStR 1997, 557, 558). Zu europarechtlichen Einflüssen auf das deutsche Steuerrecht im allgemeinen siehe aus jüngerer Zeit *Birkenfeld*, Der Einfluß des Gemeinschaftsrechts auf die Rechtsverwirklichung im Steuerrecht, StuW 1998, 55; *Ebke/Deutschmann*, Einkommensbesteuerung im Recht der Europäischen Union, JZ 1999, 1131; *Hirsch*, Wichtige Einflüsse der EuGH-Rechtsprechung auf das deutsche Steuerrecht, DStZ 1998, 489; *Lehner* (Hrsg.), Steuerrecht im europäischen Binnenmarkt, 1996; *Spengel/Jaeger/Müller*, Europarechtliche Beurteilung des Gesetzesentwurfs zur Senkung der Steuersätze und zur Reform der Unternehmensbesteuerung, IStR 2000, 257.

waren, eine europarechtskonforme Rechtslage zu schaffen.[58] Durch das Steuersenkungsgesetz 1999/2000/2002 vom 24. 3. 1999[59] wurde dieser Rechtsbereich einigen, mitunter grundsätzlichen Änderungen unterzogen, so daß auch auf diese neue Rechtslage einzugehen ist (unter 2.).

1. Die alte Fassung des § 8 b KStG trug die (amtliche) Überschrift „Beteiligung an ausländischen Gesellschaften“. Betrachtete man allein den Grundtatbestand dieser Norm, § 8 b Abs. 1 S. 1 KStG,[60] mußte diese Bezeichnung auf den ersten Blick verwundern, da die Vorschrift an einen rein inländischen Sachverhalt anknüpft (dazu unter a)). Lediglich die sonstigen Vorschriften des § 8 b KStG, also die Absätze 2 – 6, erfaßten unmittelbar Sachverhalte mit Auslandsbezug (dazu unter b) und c)).

a) Nach § 8 b Abs. 1 S. 1 KStG waren Dividenden, die eine deutsche[61] Gesellschaft von einer anderen deutschen Gesellschaft erhält, bei der Ermittlung des Einkommens der empfangenden Gesellschaft außer Ansatz zu lassen.[62] Dies galt jedoch nur für Dividenden, die aus dem Teilbetrag i. S. v. § 30 Abs. 2 Nr. 1 KStG (sog. Teilbetrag EK 01 oder nur EK 01) gewährt wurden.[63] In diesen Teilbetrag fanden vor allem Eigenkapitalanteile an ausländischen Gesellschaften, die nach den Vorschriften eines DBA der deutschen Körperschaftsteuer nicht unterliegen (vgl. § 30 Abs. 1 Nr. 3 KStG), Eingang. Insofern wies also auch § 8 b Abs. 1 S. 1 KStG Auslandsbezug auf.[64] § 8 b Abs. 1 S. 1 KStG ermöglichte die sog. steuerfreie Weiterausschüttung bzw. Durchschüttung von Auslandsdividenden, insbesondere in Konzern- und Holdingstrukturen.[65] Im Unterschied zum davor geltenden Recht löst also nicht jeder Ausschüttungsvorgang eine neue Steuerbelastung aus. Ansatzpunkt für eine europarechtliche Prüfung ist der Umstand, daß gemäß § 8 b Abs. 1 S. 1 KStG nur inländische Gesellschaften in den Genuß dieser Regelung kamen. Hatte die Gesellschaft, die Dividenden von einer inländischen Gesellschaft bezog, ihren Sitz hingegen im Ausland (beschränkte Steuerpflicht nach § 2 KStG), so blieb es bei den allgemeinen Vorschriften: Die Dividenden unterlagen als inländische

---

58 BR-Drucksache 1/93, S. 40.

59 BGBl. 1999, I S. 402.

60 Die Vorschrift lautete: „Bezüge im Sinne des § 20 Abs. 1 Nr. 1 und 2 des Einkommensteuergesetzes, die eine unbeschränkt steuerpflichtige Körperschaft im Sinne des § 1 Abs. 1 Nr. 1, 2, 3 oder 6 von einer unbeschränkt steuerpflichtigen Kapitalgesellschaft oder von einer sonstigen Körperschaft im Sinne des § 43 erhält, bleiben bei der Ermittlung des Einkommens außer Ansatz, soweit dafür der Teilbetrag im Sinne des § 30 Abs. 2 Nr. 1 als verwendet gilt.“

61 Vereinfachend für unbeschränkt steuerpflichtig i. S. v. § 1 Abs. 1 KStG.

62 Die Vorschrift ist im Zusammenhang mit § 40 Nr. 1 KStG a. F. zu sehen.

63 In der Formulierung des Gesetzes: „soweit dafür der Teilbetrag im Sinne von § 30 Abs. 2 Nr. 1 als verwendet gilt“.

64 Man kann auch von mittelbarem Auslandsbezug des § 8 b Abs. 1 S. 1 KStG sprechen.

65 Es war erklärter Zweck des Standortsicherungsgesetzes, die Bundesrepublik Deutschland als Holding-Standort attraktiver zu machen.

Einkünfte i. S. v. §§ 2 KStG, 49 Abs. 1 Nr. 5 lit. a), 20 Abs. 1 Nr. 1 EStG der Besteuerung.[66] Eine Möglichkeit zur Berücksichtigung der bereits von der ausschüttenden Gesellschaft gezahlten Körperschaftsteuer bestand grundsätzlich nicht.

Dieses Ergebnis läßt an der Vereinbarkeit der deutschen Vorschriften mit Art. 43 EGV zweifeln.[67] Hielte man sich alleine an die Grundsätze der *Schumacker*-Entscheidung, dürfte eine Verletzung von Europarecht zu verneinen sein, da die von § 8 b Abs. 1 S. 1 KStG vorgenommene Ungleichbehandlung unmittelbar aus der Unterscheidung zwischen unbeschränkter und beschränkter Steuerpflicht (§§ 1, 2 KStG) folgt.[68] Nach der *St. Gobain*-Entscheidung läßt sich diese Auffassung hingegen nicht mehr aufrecht erhalten.[69] Jedenfalls im Zusammenspiel mit der sogleich unter b) zu behandelnden Vorschrift des § 8 b Abs. 4 S. 1 KStG mußte § 8 b Abs. 1 S. 1 KStG als gemeinschaftsrechtswidrig bezeichnet werden.

b) § 8 b Abs. 4 S. 1 EStG[70] war – im Unterschied zu § 8 b Abs. 1 S. 1 KStG – eine für beschränkt steuerpflichtige, also ausländische Gesellschaften geltende Vorschrift. Sie gewährte auch ausländischen Gesellschaften die Möglichkeit, bei der Gewinnermittlung bestimmte Dividendenzahlungen außer Ansatz zu lassen, dies jedoch nur unter engen Voraussetzungen. Erforderlich war vor allem, daß die Anteile über eine im Inland belegene Betriebsstätte (vgl. § 12 AO) gehalten wurden. Aus dem Zusammenspiel zwischen § 8 b Abs. 4 S. 1 EStG und § 8 b Abs. 1 S. 1 EStG ergab sich also folgende Rechtslage: Eine ausländische Gesellschaft hatte nur dann die Möglichkeit, bestimmte Auslandsdividenden bei der Ermittlung ihres Einkommens außer Ansatz zu lassen, wenn die Anteile über eine Betriebsstätte gehalten wurden. Hatte sich die Muttergesellschaft hingegen dafür entschieden, nicht eine (rechtlich unselbständige) Betriebsstätte, sondern eine (rechtlich selbständige) Tochtergesellschaft zu gründen, so schied eine Steuerbefreiung aus (§ 8 b Abs. 1 S. 1 KStG, siehe oben a).

Dieses Ergebnis muß man jedenfalls dann als gemeinschaftsrechtlich bedenklich einstufen, wenn man Art. 43 EGV auch ein Recht zur freien Wahl der Organisationsform entnimmt. Dies fordert, daß Betriebsstätten und Tochtergesellschaften ausländischer Gesellschaften gleich zu behandeln sind. Insoweit war § 8 b Abs. 1 S. 1 KStG gemein-

---

66 *Eilers/Heinemann*, DStR 1999, 1977, 1979.

67 Vgl. z. B. *Eilers/Heinemann*, DStR 1999, 1977, 1979.

68 Hierzu bereits im europarechtlichen Teil unter B. II. 2. b) aa).

69 *Koblenzer*, EWS 1999, 418, 419.

70 Die Vorschrift lautete: „Gewinnanteile, die von einer ausländischen Gesellschaft auf Anteile ausgeschüttet werden, die einer inländischen gewerblichen Betriebsstätte einer beschränkt steuerpflichtigen Körperschaft zuzurechnen sind, bleiben bei der Ermittlung des der inländischen gewerblichen Betriebsstätte zuzurechnenden Einkommens außer Ansatz, soweit sie nach einem Abkommen zur Vermeidung der Doppelbesteuerung oder nach Absatz 5 befreit wären, wenn die beschränkt steuerpflichtige Körperschaft unbeschränkt steuerpflichtig wäre."

schaftsrechtswidrig. § 8 b Abs. 4 S. 1 KStG sucht hingegen, die vom EuGH im *St. Gobain*-Urteil aufgestellten Vorgaben umzusetzen. Diese Vorschrift ist in europarechtlicher Hinsicht unbedenklich.

Eine andere Frage stellt sich in bezug auf die Reichweite von § 8 b Abs. 4 S. 1 KStG. Dieser Aspekt läßt sich anschaulich am Sachverhalt des *St. Gobain*-Urteils verdeutlichen. Da der EuGH in den Rn. 25 – 26[71] ausdrücklich auf diese Vorschrift hinweist, scheint er davon auszugehen, daß § 8 b Abs. 4 S. 1 KStG uneingeschränkt hätte angewendet werden können. Für die von *St. Gobain ZN* gehaltene Beteiligung an *Certain Teed* trifft diese Annahme zu.[72] Da die Gesellschaft *Certain Teed* ihren Sitz in den USA hat, wird man jedoch mit Blick auf die Ausführungen des EuGH im *ICI*-Urteil[73] davon auszugehen haben, daß insoweit kein Sachverhalt mit Gemeinschaftsbezug vorliegt und die deutsche Vorschrift somit nicht am Gemeinschaftsrecht gemessen werden könnte. Die sonstigen von *St. Gobain ZN* gehaltenen Beteiligungen unterfallen § 8 b Abs. 4 S. 1 KStG hingegen nicht, da die Vorschrift voraussetzt, daß die ausländischen Beteiligungen unmittelbar von der Betriebsstätte gehalten werden müssen. Nicht erfaßt ist der vorliegende Fall, daß zwischen Betriebsstätte und ausländischer Gesellschaft noch eine inländische Gesellschaft (*Grünzweig* und *Gevetex*) geschaltet ist.[74] Versteht man die Niederlassungsfreiheit als Organisationsfreiheit, so muß man auch dieses Ergebnis für bedenklich halten.[75]

Darüber hinaus war § 8 b Abs. 4 S. 1 KStG auch insofern zu eng gefaßt, als er nur Dividenden erfaßte, nicht hingegen Zinsen und Lizenzgebühren.[76]

c) Von großer Bedeutung war auch § 8 b Abs. 2 S. 1 KStG. Diese Vorschrift stellte unter bestimmten Voraussetzungen insbesondere[77] Gewinne aus der Veräußerung von Anteilen, die an einer ausländischen Gesellschaft gehalten werden, von der Besteuerung frei. Diese Möglichkeit war wiederum auf deutsche Gesellschaften beschränkt. Was die Europarechtskonformität dieser Regelung anbelangt, wird man ähnlich wie zu § 8 b Abs. 1 S. 1 KStG zu argumentieren haben: Die Regelung des § 8 b Abs. 2 S. 1 KStG ist unmittelbare Folge der Differenzierung zwischen unbeschränkter und beschränkter Steuerpflicht und wirkt damit nicht diskriminierend.[78] Indem aber § 8 b Abs. 4 S. 2

71 Hier nicht wiedergegeben.

72 *Lausterer*, IStR 1997, 559.

73 Fall Nr. 16 in diesem Casebook, Rn. 31 ff.; vgl. die Ausführungen dort unter B. II. 2.

74 *Eilers/Heinemann*, DStR 1999, 1977, 1979; *Lausterer*, IStR 1997, 559.

75 Ähnlich *Eilers/Heinemann*, DStR 1999, 1977, 1979; *Lausterer*, IStR 1997, 559.

76 Hierzu *de Weerth*, IStR 1999, 628; *ders.*, RIW 2000, 509, 511.

77 Erfaßt sind weiterhin Gewinne, die bei der Auflösung der Gesellschaft und bei der Herabsetzung des Nennkapitals entstehen.

78 So auch *Eilers/Heinemann*, DStR 1999, 1977, 1980.

KStG die Möglichkeiten des § 8 b Abs. 2 S. 1 KStG auch inländischen Betriebsstätten beschränkt steuerpflichtiger Gesellschaft einräumte, wird das Recht auf freie Wahl der Organisationsform verletzt.

2. Die dargestellten Bedenken hat der deutsche Gesetzgeber durch das Steuerentlastungsgesetz 1999/2000/2002 zumindest zum Teil auszuräumen versucht. Hierbei wurde das deutsche Körperschaftsteuerrecht grundsätzlichen Änderungen unterzogen.

a) Zu nennen ist insbesondere der Übergang vom Anrechnungssystem zum Halbeinkünfteverfahren. Nach dem deutschen Anrechnungssystem war die von der ausschüttenden Gesellschaft gezahlte Körperschaftsteuer auf die beim Gesellschafter auf die Dividende erhobene Steuer anzurechnen, wobei sich der Körperschaftsteuersatz im Fall der Ausschüttung von 40 % auf 30 % reduzierte. Bereits bei der Besteuerung der Körperschaft sorgte dieses System für eine sehr komplizierte Rechtslage,[79] was vor allem für die nach § 30 KStG a. F. durchzuführende Gliederungsrechnung galt.[80] Das Halbeinkünfteverfahren ist demgegenüber weit weniger komplex. Für die Körperschaft gilt ein Steuersatz von einheitlich 25 % (§ 23 Abs. 1 KStG). Schüttet die Gesellschaft eine Dividende aus, so unterliegt diese der Besteuerung beim Gesellschafter. Eine Doppelbesteuerung des Gewinnanteils wird in der Weise vermieden, daß die für die Besteuerung des Gesellschafters maßgebliche Bemessungsgrundlage korrigiert wird. Ist der Gesellschafter eine nach Einkommensteuerrecht steuerpflichtige Person, so geht die Dividende nur zur Hälfte in die Bemessungsgrundlage ein; die andere Hälfte ist steuerfrei (§ 3 Nr. 40 EStG). Erfolgt die Ausschüttung an eine andere Körperschaft, ist sogar die gesamte Dividende grundsätzlich steuerfrei (§ 8 b Abs. 1 KStG, dazu näher unter b)). Eine Besteuerung der Dividende erfolgt dann also erst, wenn die Dividende die körperschaftliche Ebene verläßt, indem sie an eine natürliche Person ausgeschüttet wird.

b) Bemerkenswert ist ferner die komplette Neufassung von § 8 b Abs. 1 KStG.[81] Dividendenzahlungen an eine Körperschaft sind nunmehr unabhängig davon steuerfrei, ob die empfangende Gesellschaft ihren Sitz im Inland hat oder nicht. Dies gilt allerdings nur im Grundsatz. Eine versteckte und gewichtige Einschränkung ergibt sich aus § 8 b Abs. 5 KStG i. V. m. § 3 c Abs. 1 1. Hs. EStG. Danach „gelten 5 % der Dividende aus Anteilen an einer ausländischen Gesellschaft, die von der Körperschaftsteuer befreit sind, als Betriebsausgaben, die mit den Einnahmen in unmittelbarem wirtschaftlichen Zusammenhang stehen". Mit dieser gesetzlichen Fiktion soll der Anwendungsbereich von § 3 c Abs. 1 1. Hs. EStG (i. V. m. § 8 Abs. 1 KStG) eröffnet werden, nach dem solche Betriebsausgaben in Modifikation der allgemeinen Grundsätze nicht als Betriebs-

---

79 BT-Drucksache 14/2683, S. 94.

80 BT-Drucksache 14/2683, S. 94.

81 Die Vorschrift lautet: „Bezüge im Sinne des § 20 Abs. 1 Nr. 1, 2, 9 und 10 Buchstabe a des Einkommensteuergesetzes bleiben bei der Ermittlung des Einkommens außer Ansatz."

ausgaben abgezogen werden dürfen. Das genaue Verständnis dieser Vorschrift bereitet erhebliche Probleme, die mehrere Stellungnahmen des Schrifttums hervorgerufen haben,[82] auf die hier nur verwiesen werden kann.

c) Auch die Gewinne aus Anteilsverkäufen (§§ 8 Abs. 1 KStG, 17 EStG) werden stärker begünstigt als bisher. Die Freistellung der Veräußerungsgewinne ist nach der Neufassung des § 8 b Abs. 2 KStG nicht mehr auf Anteile an ausländischen Gesellschaften beschränkt. Auch eine besondere Beteiligungsquote oder eine bestimmte Haltefrist wird nicht mehr gefordert. Hierdurch wird vor allem größeren Konzernen die Möglichkeit zu Umstrukturierungsmaßnahmen gegeben. Zu beachten ist allerdings die Ausnahmevorschrift des § 8 b Abs. 4 S. 1 KStG.

3. Das Gemeinschaftsrecht beeinflußt weitere Vorschriften und Problemfelder des deutschen Unternehmensteuerrechts, auf die hier nicht näher eingegangen werden kann. Hinzuweisen ist auf § 8 a Abs. 5 KStG,[83] § 12 Abs. 2 KStG,[84] §§ 14 ff. KStG,[85] Regelungen des AStG,[86] die Frage der gewerbesteuerlichen Hinzurechnung[87] und die Anwendung eines höheren Körperschaftsteuersatzes für Einkünfte aus Betriebsstätten ausländischer Körperschaften (nach altem Recht[88]).[89]

A. K.

---

82 *Dötsch/Pung*, DB 1999, 867; *Füger*, IStR 1999, 257; *Rose*, DB 1999, 1038; *Seip/Krause*, BB 1999, 713.

83 Hierzu *Saß*, FR 1998, 1, 6.

84 Hierzu *Koblenzer*, EWS 1999, 418, 420.

85 Dazu in der deutschen Anmerkung zum *ICI*-Urteil (Fall Nr. 16 in diesem Casebook), unter B. III.

86 Hierzu *Saß*, FR 1998, 1, 7 ff.; *Hahn*, IStR 1998, 432; *Spengel/Jaeger/Müller*, IStR 2000, 257, 260.

87 Hierzu der Fall Eurowings (Slg. 1999, I-7447); *de Weerth*, RIW 2000, 514 m. w. N. in Fn. 59.

88 Diese Differenzierung ist mit der Einführung des Halbeinkünfteverfahren aufgehoben worden (§ 23 KStG n. F. sowie Streichung der §§ 27 ff. KStG a. F.).

89 *Schön*, EWS 2000, 281, 288 mit zahlreichen Nachweisen.

Sachregister

Reiner Schulze/Arno Engel/Jackie Jones (Hrsg.)

Casebook Europäisches Privatrecht

Die Rechtsetzung der Gemeinschaft und die Rechtsprechung des EuGH haben sich gerade während der letzten Jahre mehr und mehr auf das Privatrecht erstreckt.
Den Herausforderungen, die sich daraus für Praxis und Studium ergeben, trägt dieses Werk, das in der Reihe »Casebooks – Entscheidungen des EuGH« erscheint, Rechnung. Die wichtigsten Leitentscheidungen des Europäischen Gerichtshofs, in denen bedeutsame Grundsätze für die nationalen Zivilgerichte entwickelt wurden, werden dargestellt und ihre Auswirkungen auf das Gemeinschaftsrecht und die Privatrechtsordnungen von Deutschland, England und Wales, Frankreich, Italien und (in geeigneten Fällen) Österreich analysiert.
Das Casebook wendet sich an alle interessierten Juristen sowie Studierende und Referendare, eröffnet aber auch für die Rechtswissenschaft einen neuen, europäischen Blickwinkel auf das Privatrecht der Gemeinschaft.
Die Herausgeber und Mitautoren sind Wissenschaftler und Praktiker aus verschiedenen Mitgliedstaaten, die am Centrum für Europäisches Privatrecht der Universität Münster im Rahmen eines von der Europäischen Kommission finanzierten Forschungsnetzwerks zusammenarbeiten.

2000, 425 S., brosch., 40,– €, 69,– sFr, ISBN 3-7890-6596-X
(Casebooks – Entscheidungen des EuGH, Bd. 1)